한 번에 합격,
자격증은 이기적

이렇게
기막힌
적중률

함께 공부하고 특별한 혜택까지!
이기적 스터디 카페

구독자 13만 명, 전강 무료!
이기적 유튜브

자격증 독학, 어렵지 않다!
수험생 합격 전담마크

이기적 스터디 카페

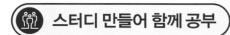 스터디 만들어 함께 공부

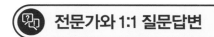 전문가와 1:1 질문답변

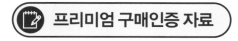 프리미엄 구매인증 자료

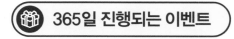 365일 진행되는 이벤트

이기적 스터디 카페 🔍

인증만 하면, **고퀄리티 강의가 무료!**

100% 무료 강의

STEP 1
이기적
홈페이지
접속하기

STEP 2
무료동영상
게시판에서
과목 선택하기

STEP 3
ISBN 코드
입력 & 단어
인증하기

STEP 4
이기적이 준비한
명품 강의로
본격 학습하기

영진닷컴 이기적

1년 365일
이기적이 쏜다!

365일 진행되는 이벤트에 참여하고 다양한 혜택을 누리세요.

EVENT ❶
기출문제 복원

- 이기적 독자 수험생 대상
- 응시일로부터 7일 이내 시험만 가능
- 스터디 카페의 링크 클릭하여 제보

이벤트 자세히 보기 ▶

EVENT ❷
합격 후기 작성

- 이기적 스터디 카페의 가이드 준수
- 네이버 카페 또는 개인 SNS에 등록 후
  이기적 스터디 카페에 인증

이벤트 자세히 보기 ▶

EVENT ❸
온라인 서점 리뷰

- 온라인 서점 구매자 대상
- 한줄평 또는 텍스트 & 포토리뷰 작성 후
  이기적 스터디 카페에 인증

이벤트 자세히 보기 ▶

EVENT ❹
정오표 제보

- 이름, 연락처 필수 기재
- 도서명, 페이지, 수정사항 작성
- book2@youngjin.com으로 제보

이벤트 자세히 보기 ▶

N Pay
네이버페이
포인트 쿠폰
20,000원

영진닷컴 쇼핑몰
30,000원

- N페이 포인트 5,000~20,000원 지급
- 영진닷컴 쇼핑몰 30,000원 적립
- 30,000원 미만의 영진닷컴 도서 증정

※이벤트별 혜택은 변경될 수 있으므로 자세한 내용은 해당 QR을 참고하세요.

이렇게
기막힌
적중률

GTQ 2급
포토샵+일러스트 올인원

1권 · 포토샵

"이" 한 권으로 합격의 "기적"을 경험하세요!

YoungJin.com Y.
영진닷컴

차례

1권·포토샵

Part 01
GTQ 포토샵은 이렇게 준비하세요

Part 02 ▶ 동영상 무료
시험 문항별 기능 익히기

Part 03 ▶ 동영상 무료
최신 기출 유형 따라하기

Part 04 ▶ 동영상 무료
기출 유형 문제

▶ 무료 동영상 강의 제공
① 언제 어디에서든 제공되는 '무료 동영상 강의'는 이기적 홈페이지(license.youngjin.com)에서 시청할 수 있습니다.
② 홈페이지에 로그인 후 '무료 동영상' 게시판의 해당 카테고리에서 간단한 인증 절차 후에 동영상 강의를 시청하세요.
③ 'Part1'은 '시험 소개'에 대한 설명으로 동영상을 제공하지 않습니다. Part2 시험 문항별 기능 익히기부터 동영상을 제공합니다.
④ 본 도서에서 제공하는 동영상 시청은 1판 1쇄 기준 2년간 유효합니다. 단, 출제 기준안에 따라 동영상 내용은 변경될 수 있습니다.

부록 자료 다운로드

이 책에 사용된 이미지 및 완성(정답) 파일은 이기적 홈페이지(license.youngjin.com/)에서 다운받을 수 있습니다.

1. 이기적 홈페이지(license.youngjin.com/)에 접속하세요.

2. [자료실]-[GTQ] 게시판을 클릭하세요.

3. '[6776] 이기적 GTQ 환상의 콤비 2급 ver.CC' 게시글을 클릭하여 다운로드합니다.

답안 전송 프로그램

1. 다운 받은 부록 자료 안에 있는 'SETUP.EXE'를 더블 클릭합니다.

2. 그림과 같이 설치 화면이 나오면 [다음]을 클릭합니다.
(오류가 날 경우, 오른쪽 마우스 버튼을 클릭하여 [관리자 권한으로 실행]을 눌러 주세요.)

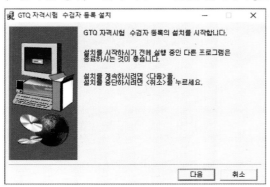

3. 프로그램이 설치될 폴더를 보여주면 [설치시작]을 클릭합니다.

4. [확인]을 클릭하여 설치를 완료합니다.

5. 바탕화면에 'GTQ 수험자용' 아이콘을 더블클릭합니다. [수험자 등록] 화면에 수험번호를 입력한 후 [확인] 버튼을 클릭합니다.
※ 실제 시험장에서는 본인의 수험번호를 입력합니다.
※ 도서에 사용한 수험번호는 기출 유형 문제의 유의사항 페이지에 있습니다.

6. 답안이 모두 완료되면 [답안 전송]을 클릭합니다. 다음과 같이 [상태]가 '성공'으로 바뀌면 [닫기]를 클릭합니다.

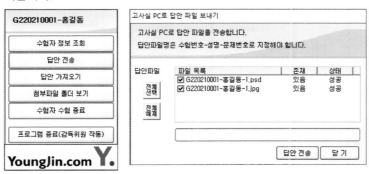

7. 시험 종료 전에 답안 파일을 감독 PC로 전송했는지 다시 확인합니다.

1 포토샵 핵심 기능 익히기

포토샵 CC 2020의 기본 기능을 미리 학습할 수 있도록 소개하였습니다.

※ Adobe CC 버전은 해마다 업데이트 될 수 있고 그에 따른 프로그램의 버전(CC 2021, CC 2022, CC 2023 등)의 메뉴나 용어에서 차이가 있을 수 있습니다.

2 시험 문항별 기능 익히기

출제되는 기능별로 Chapter를 구성하여 이해하기 쉽게 설명하였습니다.

3 최신 기출 유형 따라하기

최신 기출 유형 문제를 따라하기 식으로 구성하였습니다.

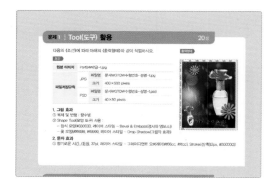

4 기출 유형 문제 5회

기출 유형 문제 5회분을 따라하기 식으로 구성하였습니다.

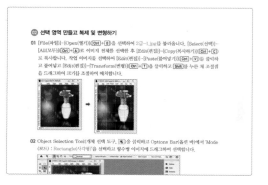

1 일러스트 핵심 기능 익히기

일러스트 CC 2020의 기본 기능을 미리 학습할 수 있도록 소개하였습니다.

※ Adobe CC 버전은 해마다 업데이트 될 수 있고 그에 따른 프로그램의 버전(CC 2021, CC 2022, CC 2023 등)의 메뉴나 용어에서 차이가 있을 수 있습니다.

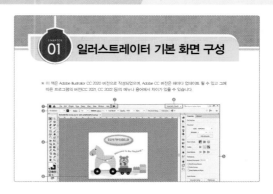

2 시험 문항별 기능 익히기

출제되는 기능별로 Chapter를 구성하여 이해하기 쉽게 설명하였습니다.

3 최신 기출 유형 따라하기

최신 기출 유형 문제를 따라하기 식으로 구성하였습니다.

4 기출 유형 문제 5회

기출 유형 문제 5회분을 따라하기 식으로 구성하였습니다.

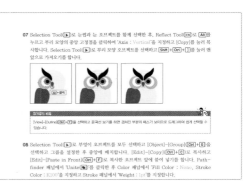

01
PART

GTQ 포토샵은
이렇게 준비하세요

01 자격검정 응시 안내

가. 응시 자격 : 전 국민 누구나 응시 가능

나. 시험 등급 및 버전, 시험시간

등급	문항 및 시험방법	시험 시간	합격 기준	S/W Version
1급	4문항 실무 작업형 실기시험	90분	100점 만점 70점 이상	
2급	4문항 실무 작업형 실기시험	90분	100점 만점 60점 이상	Adobe Photoshop CS4, CS6, CC(한글, 영문)
3급	3문항 실무 작업형 실기시험	60분	100점 만점 60점 이상	

* 시험 접수 기간에 고사장 별로 응시 가능한 S/W 버전을 확인하실 수 있습니다.

02 GTQ 응시 절차

01 응시 자격 조건

남녀노소 누구나 응시 가능

02 원서 접수하기

• license.kpc.or.kr에서 접수
• 인터넷 홈페이지를 통해 접수한 후 수험표를 인쇄하여 직접 선택한 고사장, 날짜, 시험시간 확인(방문 접수 가능)
• 응시료
 1급 : 31,000원 / 2급 : 22,000원 / 3급 : 15,000원

03 시험 응시

90분 만에 답안 파일 작성과 네트워크로 연결된 감독위원 PC로 답안 전송

04 합격자 발표

license.kpc.or.kr에서 확인 후 자격증 발급 신청

CHAPTER 02 시험 소개

01 수험자 유의사항 및 답안 작성 요령

수 험 자 유 의 사 항

- 수험자는 문제지를 받는 즉시 응시하고자 하는 과목 및 급수가 맞는지 확인한 후 수험번호와 성명을 작성합니다.
- 파일명은 본인의 "수험번호—성명—문제번호"로 공백 없이 정확히 입력하고 답안폴더(내 PC₩문서₩GTQ)에 jpg 파일과 psd 파일의 2가지 포맷으로 저장해야 하며, jpg 파일과 psd 파일의 내용이 상이할 경우 0점 처리됩니다. 답안문서 파일명이 "수험번호—성명—문제번호"와 일치하지 않거나, 답안 파일을 전송하지 않아 미제출로 처리될 경우 불합격 처리됩니다.
- 문제의 세부조건은 '영문(한글)' 형식으로 표기되어 있으니 유의하시기 바랍니다.
- 수험자 정보와 저장한 파일명, 저장 위치가 다를 경우 전송이 되지 않으므로, 주의하시기 바랍니다.
- 답안 작성 중에도 주기적으로 '저장'과 '답안 전송'을 이용하여 감독위원 PC로 답안을 전송하셔야합니다.(※ 작업한 내용을 저장하지 않고 전송할 경우 이전의 저장내용이 전송되오니 이점 반드시 유념하시기 바랍니다.)
- 답안문서는 지정된 경로 외의 다른 보조기억장치에 저장하는 행위, 지정된 시험 시간 외에 작성된 파일을 활용한 행위, 기타 통신수단(이메일, 메신저, 네트워크 등)을 이용하여 타인에게 전달 또는 외부 반출하는 행위는 부정으로 간주되어 자격기본법 제32조에 의거 본 시험 및 국가공인 자격시험을 2년간 응시할 수 없습니다.
- 시험 중 부주의 또는 고의로 시스템을 파손한 경우와 〈수험자 유의사항〉에 기재된 방법대로 이행하지 않아 생기는 불이익은 수험자의 책임임을 알려 드립니다.
- 시험을 완료한 수험자는 최종적으로 저장한 답안파일이 전송되었는지 확인한 후 감독위원의 지시에 따라 문제지를 제출하고 퇴실합니다.

❶ 파일 저장 규칙대로 답안문서 파일명은 반드시 "수험번호—성명—문제번호"로 저장하여야 하며 답안폴더인 '내 PC₩문서₩GTQ'에 문제당 각각 jpg 파일과 psd 파일을 저장해야 합니다. 총 8개의 답안 파일이 해당 경로에 저장되어야 합니다.

❷ 제시된 그림 및 문자 효과가 모두 완료되면 완성된 답안을 문제지의 《출력형태》와 비교하여 꼼꼼하게 점검한 후 전송합니다. jpg 파일과 psd 파일의 내용이 다를 경우 0점 처리되므로 반드시 다시 저장해야 합니다. 답안 파일은 수시로 전송 가능하며 최종적으로 저장하여 전송한 답안이 채점이 됩니다.

임시 파일을 수시로 저장하되 문제당 다음과 같은 저장 순서대로 작업을 진행합니다.

1. 원본 psd 파일	2. jpg 파일	3. 축소된 psd 파일
• 작업과정이 담긴 임시 파일로 최종 정답 파일 제출 후 퇴실 전 삭제 • 저장 위치 : 임의 경로	• 정답 파일 제출용 • 문제에서 제시된 원본 크기 • [File(파일)]–[Save As(다른 이름으로 저장)]로 jpg 저장 • 저장 위치 : 내 PC₩문서₩GTQ	• 정답 파일 제출용 • 원본 크기의 1/10로 축소 • [File(파일)]–[Save As(다른 이름으로 저장)]로 psd 저장 • 저장 위치 : 내 PC₩문서₩GTQ

답 안 작 성 요 령

- 온라인 답안 작성 절차
- 수험자 등록 ⇒ 시험 시작 ⇒ 답안파일 저장 ⇒ 답안 전송 ⇒ 시험 종료
- 내 PC\문서\GTQ\Image폴더에 있는 그림 원본파일을 사용하여 답안을 작성하시고 최종답안을 답안폴더(내 PC\문서\GTQ)에 저장하여 답안을 전송하시고, 이미지의 크기가 다른 경우 감점 처리됩니다.
- 배점은 총 100점으로 이루어지며, 점수는 각 문제별로 차등 배분됩니다.
- 각 문제는 주어진 〈조건〉에 따라 작성하고, 언급하지 않은 조건은 《출력형태》와 같이 작성합니다.
- 배치 등의 편의를 위해 주어진 눈금자의 단위는 '픽셀'입니다.
- 그 외는 출력형태(효과, 이미지, 문자, 색상, 레이아웃, 규격 등)와 같이 작업하십시오.
- 문제 조건에 서체의 지정이 없을 경우 한글은 굴림이나 돋움, 영문은 Arial로 작업하십시오.
  (단, 그 외에 제시되지 않은 문자 속성을 기본값으로 작성하지 않은 경우는 감점 처리됩니다.)
- Image Mode(이미지 모드)는 별도의 처리조건이 없을 경우에는 RGB(8비트)로 작업하십시오.
- 모든 답안 파일은 해상도 72 pixels/inch 로 작업하십시오.
- Layer(레이어)는 각 기능별로 분할해야 하며, 임의로 합칠 경우나 각 기능에 대한 속성을 해지할 경우 해당 요소는 0점 처리됩니다.

한 국 생 산 성 본 부

❶ 문제지의 《출력형태》에는 답안 파일의 레이아웃 설정을 위해 눈금자가 표시되어 있습니다. 작업 이미지에 [View(보기)]–[Rulers(눈금자)]([Ctrl]+[R])를 클릭하여 눈금자 보기를 하고 눈금자에 마우스 오른쪽 버튼을 클릭하여 눈금자의 단위를 'Pixels(픽셀)'로 설정합니다. 상단과 왼쪽의 눈금자에서 작업 이미지로 드래그하여 안내선을 표시합니다.

❷ 문제지에서 제시한 문자 효과는 주어진 서체 속성대로 글꼴, 크기, 색상을 지정해야 합니다. 그 외 제시되지 않은 문자 속성인 문자 스타일, 자간, 행간, 문자의 장과 평은 수험자 임의대로 작성하지 말고 기본값으로 작성해야 감점이 없습니다. 서체의 지정이 없을 경우에는 한글은 굴림이나 돋움, 영문은 Arial로 작업합니다.

❸ 새로운 작업 이미지를 설정할 때는 이미지 모드는 [File(파일)]–[New(새로 만들기)] 대화상자에서 반드시 Color Mode(색상 모드)는 'RGB Color(RGB 색상), 8bit(비트)'로 설정합니다. 만약 RGB 색상이 아니면 Filter(필터), Layer(레이어), Image(이미지) 메뉴의 사용이 제한적일 수 있으며 작업 중 [Image(이미지)]–[Mode(모드)]–[RGB color(RGB 색상)]로 변환이 가능합니다.

❹ 새로운 작업 이미지를 설정할 때는 [File(파일)]–[New(새로 만들기)] 대화상자에서 반드시 Resolution(해상도)를 '72 pixels/inch(픽셀/인치)'로 설정합니다. 작업 중 [Image(이미지)]–[Image Size(이미지 크기)]로 확인 및 변경이 가능하지만 이미 작업 완료된 이미지에 영향이 미치므로 처음 설정 시 반드시 확인합니다.

❺ Layer(레이어)는 이미지, 문자, 모양 레이어, 레이어 스타일 등 각각의 기능별로 분리해서 작업이 되어야 하며, 레이어를 임의대로 합치거나 각 기능에 대한 속성이 해지되어 0점 처리되지 않도록 주의합니다.

다음의 《조건》에 따라 아래의 《출력형태》와 같이 작업하시오.

출력형태

조건

원본 이미지	문서₩GTQ₩Image₩Chapter03₩2급-1.jpg		
파일저장규칙	JPG	파일명	문서₩GTQ₩수험번호-성명-1.jpg
		크기	400×500 pixels
	PSD	파일명	문서₩GTQ₩수험번호-성명-1.psd
		크기	40×50 pixels

1. 그림 효과

① 복제 및 변형 : 바이올린
② Shape Tool(모양 도구) 사용 :
   – 프레임 모양(#cccccc, 레이어 스타일 – Drop Shadow(그림자 효과))
   – 음표 모양(#cc0066, #cc9933, 레이어 스타일 – Drop Shadow(그림자 효과))

2. 문자 효과

① Violin(Arial, Bold, 70pt, 레이어 스타일 – 그레이디언트 오버레이(#cc0066, #000066))

★ 자세한 지시사항은 **기출 유형 문제 3회**를 참고하세요.

01 평가 기능

❶ 선택 도구와 복제 기능, 다양한 변형 적용

❷ Custom Shape Tool(사용자 정의 모양 도구)와 레이어 스타일 적용 및 복제, 색상, 변형하기

❸ 문자에 레이어 스타일 및 변형된 텍스트 적용

02 주요 포인트

❶ 제시된 정답파일의 크기에 맞게 소스 이미지를 변형, 배치합니다.

❷ 다양한 선택 도구를 활용하여 제시된 이미지의 일부를 정확하게 선택하고 레이어로 복제합니다.

❸ 변형 메뉴를 활용하여 크기 및 회전, 뒤집기 등을 적용하여 출력형태의 눈금자를 참고하여 동일하게 배치
합니다.

❹ 제시된 두 가지의 모양을 Custom Shape Tool(사용자 정의 모양 도구)을 활용하여 그리고 레이어 스타일
을 적용합니다. 레이어 스타일의 세부 옵션을 조절하여 출력형태와 동일하게 설정합니다.

❺ 사용자 정의 모양 중 하나는 복제하여 색상 및 변형하여 배치합니다. Layers(레이어) 패널의 'Layer
thumbnail(레이어 축소판)'을 더블 클릭하여 Color Picker(색상 픽커) 대화상자에서 제시된 6자리 코드값을
'#' 표시 오른쪽의 입력란에 입력하여 변경합니다.

❻ 제시된 문자의 속성대로 글꼴, 크기, 색상, 변형된 텍스트를 적용하여 입력합니다. 제시되지 않은 문자 속성
은 행간, 자간, 장평 등을 기본값으로 작성합니다. 그레이디언트 오버레이, 선, 그림자 등의 레이어 스타일
을 적용하여 배치합니다.

문제 2 [기능평가] 사진편집 기초 20점

다음의 《조건》에 따라 아래의 《출력형태》와 같이 작업하시오.

출력형태

조건

원본 이미지		문서₩GTQ₩Image₩2급-2.jpg, 2급-3.jpg, 2급-4.jpg	
파일저장규칙	JPG	파일명	문서₩GTQ₩수험번호-성명-2.jpg
		크기	400×500 pixels
	PSD	파일명	문서₩GTQ₩수험번호-성명-2.psd
		크기	40×50 pixels

1. 그림 효과
① 색상 보정 : 2급-3.jpg – 보라색 계열로 보정, 레이어 스타일 – Drop Shadow(그림자 효과)
② 액자 제작 :
　필터 – Mosaic Tiles(모자이크 타일), 안쪽 테두리(5px, #99cc99), 레이어 스타일 – Drop Shadow(그림자 효과)
③ 2급-4.jpg : 레이어 스타일 – Drop Shadow(그림자 효과)

2. 문자 효과
① 반려견과 즐거운 놀이를~(돋움, 30pt, #663333, 레이어 스타일 – Stroke(선/획)(2px, #ffffff))

★ 자세한 지시사항은 **기출 유형 문제 5회**를 참고하세요.

01 평가 기능

❶ 색상 보정

❷ 필터와 안쪽 테두리를 적용하여 액자 제작

❸ 변형된 텍스트 효과

02 주요 포인트

❶ 제시된 정답파일의 크기에 맞게 소스 이미지를 변형, 배치합니다.

❷ 액자의 프레임을 만들기 위해 레이어를 복제하고 제시된 필터를 적용합니다. 대부분 Filter Gallery(필터 갤러리)의 필터가 출제되며 기본 옵션 설정값을 사용하지만 정확하게는 문제지의 출력형태를 참조하여 동일한 필터 효과를 찾아 옵션을 조절하여 적용합니다.

❸ 액자 프레임의 두께는 출력형태의 눈금자를 참고하여 동일하게 배치합니다. 선택의 모서리를 곡선형으로 지정하고 제시된 선의 두께, 색상, 위치 등을 지정합니다.

❹ 조정 레이어를 활용하여 레이어 이미지의 전체 또는 일부에 제시된 계열의 색상으로 보정합니다. 주로 [Hue/Saturation(색조/채도)]에서 'Colorize(색상화) : 체크'를 한 후 색조, 채도, 명도를 출력형태와 동일하게 설정합니다.

❺ 문자는 수평, 세로 문자 도구로 입력합니다. 세부 옵션에 대한 별도의 제시는 없습니다. 옵션 바의 'Create warped text(뒤틀어진 텍스트 만들기)'를 클릭하여 스타일과 Bend의 수치를 설정하여 출력형태와 동일하게 적용하고 레이아웃에 맞게 배치합니다.

다음의 《조건》에 따라 아래의 《출력형태》와 같이 작업하시오.

출력형태 ▶

조건

원본 이미지		문서₩GTQ₩Image₩2급-5.jpg, 2급-6.jpg, 2급-7.jpg, 2급-8.jpg	
파일저장규칙	JPG	파일명	문서₩GTQ₩수험번호-성명-3.jpg
		크기	600×400 pixels
	PSD	파일명	문서₩GTQ₩수험번호-성명-3.psd
		크기	60×40 pixels

1. 그림 효과

① 배경 : #ccccff
② 2급-5.jpg : 필터 – Texturizer(텍스처화), 레이어 마스크 – 가로 방향으로 흐릿하게
③ 2급-6.jpg : 레이어 스타일 – Bevel and Emboss(경사와 엠보스)
④ 2급-7.jpg : 레이어 스타일 – Drop Shadow(그림자 효과)
⑤ 2급-8.jpg : 레이어 스타일 – Inner Glow(내부 광선)
⑥ 그 외 《출력형태》참조

2. 문자 효과

① 향기 가득한 이야기를 담아요!(바탕, 25pt, #ffcccc, 레이어 스타일 – Stroke(선/획)(2px, #660066), Drop Shadow(그림자 효과))
② CANDLE STORY(Arial, Regular, 38pt, 레이어 스타일 – Stroke(선/획)(2px, #660000, 그레이디언트 오버레이(#663399, #ffffff)))

★ 자세한 지시사항은 **최신 기출 유형 따라하기**를 참고하세요.

01 평가 기능

❶ 배경색 채우기
❷ 필터 적용 후 레이어 마스크를 적용하여 합성하기
❸ 이미지 레이어로 다양한 레이어 스타일 적용하기
❹ Custom Shape Tool(사용자 정의 모양 도구)을 활용한 모양 그리고 레이어 스타일 적용하기
❺ 문자 변형 및 효과 적용하기

02 주요 포인트

❶ 배경 이미지에 설정된 색상 채우기는 전경색을 지정하고 Alt + Delete 로 빠르게 설정합니다.
❷ 제시된 필터를 적용한 후 레이어 마스크를 추가하고 가로, 세로, 대각선 방향 등 제시된 방향으로 적용하여 배경색과 흐릿하게 합성합니다.
❸ 문자의 변형은 1개 또는 2개의 문자에 적용됩니다. 세부 옵션에 대한 별도의 제시는 없습니다. 옵션 바의 'Create warped text(뒤틀어진 텍스트 만들기)'를 클릭하여 스타일과 Bend의 수치를 설정하여 출력형태와 동일하게 적용하고 레이아웃에 맞게 배치합니다.

문제 4 : [실무응용] 이벤트 페이지 제작   35점

다음의 《조건》에 따라 아래의 《출력형태》와 같이 작업하시오.

출력형태 ▶

조건

원본 이미지	문서₩GTQ₩Image₩2급-9.jpg, 2급-10.jpg, 2급-11.jpg, 2급-12.jpg, 2급-13.jpg		
파일저장규칙	JPG	파일명	문서₩GTQ₩수험번호-성명-4.jpg
		크기	600×400 pixels
	PSD	파일명	문서₩GTQ₩수험번호-성명-4.psd
		크기	60×40 pixels

1. 그림 효과
① 2급-9.jpg : 필터 - Accented Edges(강조된 가장자리)
② 2급-10.jpg : 레이어 스타일 - Drop Shadow(그림자 효과)
③ 2급-11.jpg : 레이어 스타일 - Drop Shadow(그림자 효과)
④ 2급-12.jpg : 필터 - Texturizer(텍스처화), Opacity(불투명도)(80%)
⑤ 2급-13.jpg : 레이어 스타일 - Bevel and Emboss(경사와 엠보스), Opacity(불투명도)(70%)
⑥ 그 외 《출력형태》참조

2. 문자 효과
① WINTER SALE(Arial, Bold, 55pt, 레이어 스타일 -그레이디언트 오버레이(#00ff99, #003399, #ff9900), Stroke(선/획)(2px, #ffffff))
② UP TO 50% OFF(Times New Roman, Regular, 25pt, #cc0000, 레이어 스타일 - Stroke(선/획)(2px, #cccccc))
③ 보드 고글 / 장갑 / 부츠 / 보드복 / 보드세트 등(돋움, 15pt, 레이어 스타일 -그레이디언트 오버레이(#ffff00, #00ffff), Stroke(선/획)(2px, #000066))

★ 자세한 지시사항은 **기출 유형 문제 1회**를 참고하세요.

01 평가 기능

❶ 필터 적용

❷ 레이어 마스크를 활용한 자연스러운 합성

❸ 이미지 선택과 변형, 다양한 레이어 스타일 및 불투명도 적용

❹ 모양 생성 및 이미지에 필터 적용하고 클리핑 마스크 적용

❺ Custom Shape Tool(사용자 정의 모양 도구)로 모양 생성, 레이어 스타일 및 불투명도 적용

❻ 문자 변형 및 효과 적용

02 주요 포인트

❶ 배경 이미지에 제시된 필터를 빠르고 정확하게 찾아 적용합니다. 필터는 옵션은 문제지의 출력형태와 동일하게 적용되도록 세부 옵션을 미리보기를 체크하여 비교하며 적용합니다.

❷ 이미지별 적절한 선택 도구를 활용하여 레이어로 만들고 변형 및 레이어 스타일, 불투명도를 설정하여 합성합니다.

CHAPTER 03 문제 풀이 TIP

01 답안 파일 저장규칙

❶ 각 문제당 2개의 파일로 총 8개 파일이 저장해야 합니다.

❷ 파일명은 '수험번호−성명−문제번호'로 저장해야 합니다.

문제번호	파일명	예
1	수험번호−성명−1.jpg	G123456789−성명−1.jpg
	수험번호−성명−1.psd	G123456789−성명−1.psd
2	수험번호−성명−2.jpg	G123456789−성명−2.jpg
	수험번호−성명−2.psd	G123456789−성명−2.psd
3	수험번호−성명−3.jpg	G123456789−성명−3.jpg
	수험번호−성명−3.psd	G123456789−성명−3.psd
4	수험번호−성명−4.jpg	G123456789−성명−4.jpg
	수험번호−성명−4.psd	G123456789−성명−4.psd

02 온라인 답안 작성 절차

❶ 수험자 등록 → 시험 시작 → 수시로 답안 저장 및 전송 → 최종 답안 전송 → 시험 종료

❷ 모든 답안을 완성했는데 전체가 0점 처리되는 경우
 • 최종 작업에서 저장하지 않고 답안 전송 프로그램으로 전송했을 경우에 해당됩니다. 반드시 수시로 저장한 후 전송을 하고, 최종 파일 전송 전에는 마지막으로 저장한 후 전송하세요.

❸ 해당 문제 0점 또는 일부가 감점 처리되는 경우
 • 답안 문서 파일명이 "수험번호−성명−문제번호"와 일치하지 않은 경우
 • jpg 파일과 psd 파일의 내용이 상이할 경우
 • 이미지의 크기가 다른 경우
 • 제시되지 않은 문자 속성을 기본값으로 작성하지 않은 경우
 • Layer(레이어)를 각 기능별로 분할하지 않고 임의로 합칠 경우나 각 기능에 대한 속성을 해지할 경우

03 해상도와 색상 모드 설정

❶ Image Mode(이미지 모드)는 별도의 처리조건이 없을 경우에는 RGB(8비트)로 작업합니다.

❷ 모든 답안 파일은 해상도 72 pixels/inch로 작업합니다.

04 이미지 크기 설정

❶ 문제지의 《조건》에는 각각의 문제별로 크기가 다음과 같이 설정되어 있습니다.

원본 이미지	문서₩GTQ₩Image₩2급-1.jpg		
파일저장규칙	JPG	파일명	문서₩GTQ₩수험번호-성명-1.jpg
		크기	400×500 pixels
	PSD	파일명	문서₩GTQ₩수험번호-성명-1.psd
		크기	40×50 pixels
원본 이미지	문서₩GTQ₩Image₩2급-5.jpg, 2급-6.jpg, 2급-7.jpg, 2급-8.jpg		
파일저장규칙	JPG	파일명	문서₩GTQ₩수험번호-성명-3.jpg
		크기	600×400 pixels
	PSD	파일명	문서₩GTQ₩수험번호-성명-3.psd
		크기	60×40 pixels

❷ 문제1과 문제2는 JPG의 크기가 400×500 pixels이며, 문제3과 문제4는 JPG의 크기가 600×400 pixels 입니다.

❸ 최종 제출용 JPG와 PSD의 이미지 크기는 매우 중요합니다.

❹ PSD의 이미지 크기는 작업 중에는 제시된 크기가 아닌 JPG에서 제시된 이미지 크기로 작업을 해야 합니다. 답안 작업이 완료되면 최종 저장 후 전송 전에 JPG로 다른 이름으로 저장을 합니다. 그런 다음에 크기를 1/10로 축소하여 다른 이름으로 저장하여 PSD로 저장한 후 전송합니다.

05 클리핑 마스크 적용

❶ Clipping Mask(클리핑 마스크)를 적용할 때는 반드시 '사용자 정의 모양 도구' 레이어 바로 위에 이미지 레이어를 서로 겹치도록 배치해야 합니다.

❷ 클리핑 마스크 후 이미지 레이어를 출력형태의 레이아웃과 동일하게 이동하여 배치합니다

06 레이아웃 배치

❶ 문제지의 《출력형태》를 보고 동일하게 작성합니다.

• 문제지의 《출력형태》 왼쪽과 위쪽에 표시된 눈금자를 보고 미리 준비한 자를 이용하여 문제지의 《출력형태》 위에 100 pixel 간격으로 가로와 세로 선을 그어 표시합니다.

• [Edit(편집)]-[Preference(환경설정)]-[Guides, Grid & Slices(안내선, 격자와 슬라이스)]에서 Grid(격자)의 'Gridline Every(격자 간격) : 100pixels(픽셀), Subdivisions(세분) : 1'로 설정합니다.

• 포토샵에서 눈금자 보기(Ctrl+R)를 하고 문제지의 《출력형태》와 같이 격자(Ctrl+`) 및 안내선을 표시합니다.

• Ctrl+T로 출력형태와 동일하게 크기, 회전, 방향을 설정합니다. 특히 크기를 조절할 때는 Shift를 누른 채 드래그하여 조절해야 종횡비를 유지할 수 있습니다.

❷ 감점이 되는 경우

• 문제지의 《출력형태》와 다른 경우

출력형태	감점 처리

문제지의 출력형태대로 격자를 표시합니다.	텍스트의 변형 효과와 위치가 다르며, 하단 물고기 이미지의 축소 비율이 다르고 물고기 모양의 위치도 달라 감점이 됩니다.

• 레이어의 순서가 다른 경우

출력형태	감점 처리

	'프로축구 플레이오프' 문자 레이어가 불투명도가 적용된 '사용자 지정 모양 레이어'의 아래쪽에 배치되어 감점이 됩니다.

07 이미지 방향

[Edit(편집)]-[Free Transform(자유변형)]([Ctrl]+[T])을 클릭하고 이미지의 회전, 뒤집기로 이미지의 방향을 출력형태와 동일하게 적용한 후 배치합니다.

출력형태	감점 처리

	오른쪽 요가하는 사람의 좌우방향이 반대이므로 감점됩니다.

08 문자 속성의 기본값

❶ 답안 파일은 해상도 72 pixels/ inch로 설정되어 있어야 합니다. 해상도가 다르면 제시된 문자 크기대로 설정하고 입력하여도 《출력형태》와 크기가 다르게 보입니다.

❷ 문제 조건에 별도의 서체 지정이 없을 경우에는 한글은 굴림이나 돋움, 영문은 Arial로 작업합니다.

❸ 그 외에 제시되지 않은 문자 속성은 기본값으로 작성하지 않은 경우는 감점 처리됩니다.

❹ 문자를 입력하여 문자 레이어를 생성한 후 Transform(변형)을 통해 크기를 조절하지 않도록 합니다.

09 텍스트 변형 조건

❶ 변형된 텍스트는 정확한 모양 및 회전을 평가합니다. 세부 옵션에 대한 별도의 제시는 없습니다. 눈금자와 격자를 활용하여 변형의 정도를 설정하여 크기를 조절합니다.

❷ 문자 도구의 Options Bar(옵션 바)에서 Create warped text(뒤틀어진 텍스트 만들기, 工)를 클릭하여 [Warp Text(텍스트 뒤틀기)] 대화상자에서 'Style(스타일), Horizontal(가로) 또는 Vertical(세로), Bend(구부리기)'를 설정하여 문자의 모양을 왜곡합니다.

출력형태	감점 처리

'DRAWING CONTEST' 문자 레이어에 텍스트 변형이 적용되지 않아서 감점이 됩니다.

10 필터 효과

❶ 필터는 문제지에서 제시한 정확한 필터를 찾아서 적용합니다.

❷ 제시된 필터는 대부분 [Filter(필터)]–[Filter Gallery(필터 갤러리)]에서 찾아서 적용할 수 있습니다.

❸ 필터의 세부 옵션은 기본값을 그대로 적용한 경우가 많으나, 출력형태를 보고 최대한 동일하게 옵션을 조절합니다.

❹ 필터에 따라 'Preview(미리보기)'가 지원되지 않은 필터는 적용 후, 출력형태와 설정이 맞지 않으면 'Undo(명령고 다시 적용합니다.

❺ 필터를 적용하기 전에는 처리 속도와 프로그램 다운을 대비하여 저장을 미리 합니다.

출력형태	감점 처리

	액자 프레임에 적용된 필터가 출력형태와 다르므로 감점이 됩니다.

11 그라데이션

❶ 그라데이션 적용은 문자나 사용자 정의 모양 도구로 그린 모양의 칠 또는 선에 설정합니다.

❷ Layers(레이어) 패널 하단의 'Add a layer style(레이어 스타일 추가, *fx*)'을 클릭하여 [Stroke(획)]-[Fill Type(칠 유형)]-[Gradient(그레이디언트)] 또는 [Gradient Overlay(그레이디언트 오버레이)]를 선택하고 'Click to edit the gradient(클릭하여 그레이디언트 편집)'를 클릭합니다.

❸ 그라데이션의 스타일, 방향 및 각도, 색상이 출력형태와 일치해야 합니다.

출력형태	감점 처리
	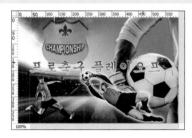
	왼쪽 상단 '사용자 지정 모양 레이어'의 그라데이션의 방향 및 각도가 다르므로 감점이 됩니다.

12 색상 보정

❶ 색상 보정은 레이어에서 적용할 이미지의 범위와 제시된 색상을 출력형태와 동일하게 표현해야 합니다.

❷ 색상 보정은 이미지 메뉴를 활용하여 원본 레이어를 직접 보정하는 것보다는 Layers(레이어) 패널 하단의 'Create new fill or adjustment layer(새 칠 또는 조정 레이어 생성, ◒)'를 클릭하고 [Hue/Saturation(색조/채도)]을 적용합니다.

❸ Properties(속성) 패널에서 'Colorize(색상화)'를 체크하고 'Hue(색조), Saturation(채도), Lightness(명도)'를 각각 설정하여 제시된 계열의 색상으로 보정합니다.

출력형태	감점 처리

	보정된 색상 및 범위가 출력형태와 다르므로 감점이 됩니다.

13 레이어 마스크 적용

❶ 레이어에 마스크를 적용하여 아래쪽 레이어에 적용한 색상과 합성할 때는 출력형태와 최대한 동일하게 설정해야 합니다.

❷ Layers(레이어) 패널에 추가된 레이어 마스크는 적용 후 속성을 병합하면 감점이 되므로 주의해야 합니다.

❸ Gradient Tool(그레이디언트 도구, ▦)로 Options Bar(옵션 바)에서 'Black, White(검정, 흰색)'를 선택하고 지워질 부분에서 시작하여 제시된 방향으로 드래그하여 적용합니다.

출력형태	감점 처리
	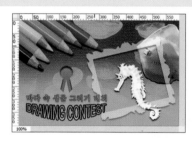
	배경색과 합성된 이미지의 레이어 마스크의 방향과 각도가 다르므로 감점이 됩니다.

14 레이어 속성 유지

❶ 시험지의 답안작성 요령에서 지시한대로 Layer(레이어)는 각 기능별로 분할해야 하며, 임의로 합칠 경우나 각 기능에 대한 속성을 해지할 경우 해당 요소는 0점이 되므로 주의합니다.

❷ 채점시 1/10로 축소 저장한 PSD 파일에서 확인하므로 절대로 병합하지 말고, 불필요하게 생성된 레이어는 삭제합니다.

❸ 레이어 스타일 중 작업 과정에서 적용한 후 가시성(눈 아이콘)이 꺼져 있는 불필요한 스타일은 반드시 삭제합니다.

자주 질문하는 Q&A

Q 새 작업 이미지의 이미지 모드와 해상도, 작업 단위의 설정은 무엇으로 하나요?

답안 파일의 Image Mode(이미지 모드)는 별도의 처리조건이 없을 경우에는 RGB(8비트)로 설정하고 작업조건에서 주어진 모든 답안 파일의 해상도는 '72Pixels/Inch'이며 단위는 'Pixels(픽셀)'를 지정합니다.

Q 한글 폰트의 이름이 영어로 표시되어 쉽게 찾을 수가 없습니다.

[Edit(편집)]-[Preferences(환경설정)]에서 'Type(문자)'의 'Type Options(문자 옵션)'의 'Show Font Names In English(글꼴 이름을 영어로 표시) : 체크 해제'를 설정하면 옵션 바에 한글로 폰트 이름이 표기됩니다.

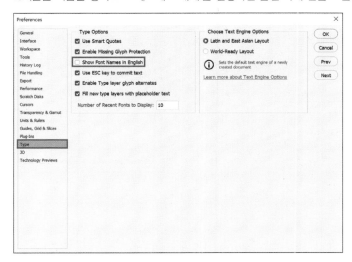

Q 작업 중 일부 패널이 사라져서 안 보일 때는 어떻게 찾나요?

[Window(창)]-[Workspace(작업 영역)]-[Reset Essentials(필수 재설정)]를 클릭하거나 작업 도큐먼트 오른쪽 상단의 '작업 영역 전환기'에서 'Reset Essentials(필수 재설정)'를 클릭하면 모든 패널이 초기값으로 정렬되어 패널이 모두 나타납니다.

Q 문제지에 제시된 색상은 어떻게 적용하나요?

문제지의 색상은 RGB 색상을 16진수로 표현한 색상 코드입니다. Tool Panel(도구 패널) 하단의 'Set foreground color(전경색 설정)'을 클릭하여 Color Picker(색상 픽커) 대화상자에서 '#'의 오른쪽 입력란에 6자리의 코드를 입력합니다.

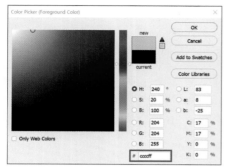

합격생의 비법

색상값 빠르게 입력하기

시험에서 제시된 6자리의 색상 코드는 입력 순서대로 2자리씩 동일합니다. 중복되는 값은 생략하여 3자리만 입력하면 됩니다. 예를 들면 '#ccff00'이면 'cf0'을 입력해도 됩니다.

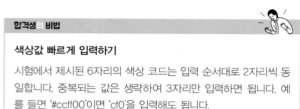

Q 문제지에서 제시한 출력형태와 동일하게 레이아웃을 맞추려면 어떻게 하나요?

자를 미리 준비해 가시면 됩니다. 문제지에서 제시한 출력형태에는 왼쪽과 위쪽에 눈금자가 픽셀 단위로 표시되어 있습니다. 주요 이미지의 배치 상태를 보고 100픽셀 간격으로 수직선과 수평선을 그어서 격자 상태와 동일하게 표시하고 작업하면 됩니다.

작업 이미지의 격자 간격은 [Edit(편집)]–[Preference(환경설정)]([Ctrl]+[K])를 클릭하고 [Guides, Grid & Slices(안내선, 격자와 슬라이스)]를 선택하여 Grid(격자)의 'Gridline Every(격자 간격) : 100pixels(픽셀), Subdivisions(세분) : 1'로 설정한 후 'Grid Color(격자 색상)'를 클릭하여 밝은 색상으로 변경합니다.

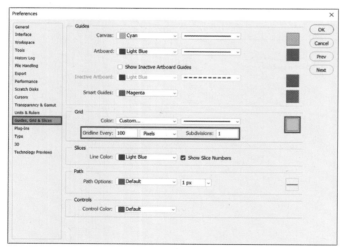

Q Tool(도구)의 Options Bar(옵션 바) 설정을 초기화하려면 어떻게 하나요?

Options Bar(옵션 바) 왼쪽의 선택된 도구 모양에 마우스 오른쪽 버튼을 누르고 'Reset Tool(도구 재설정)'을 클릭하여 현재 도구만 초기화하거나 'Reset All Tools(모든 도구 재설정)'를 클릭하여 포토샵의 모든 도구 옵션을 초기화할 수 있습니다.

Q Custom Shape Tool(사용자 정의 모양 도구, ⬚)의 Options Bar(옵션 바)에서 이전 버전의 사용자 정의 모양이 없어요. 어떻게 찾을 수 있나요?

[Window(창)]–[Shapes(모양)]을 클릭하고 Shapes Panel(모양 패널)의 팝업 메뉴에서 'Legacy Shapes and More (레거시 모양 및 기타)'를 클릭하여 확장하면 이전 버전의 사용자 정의 모양 라이브러리를 추가할 수 있습니다.

  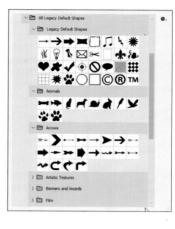

Q 연속해서 사용자 정의 모양 도구로 그릴 때 Fill(칠)을 설정하면 먼저 그린 모양의 색상이 바뀌는데 어떻게 해결하나요?

연속해서 모양을 그릴 때는 이미 그린 모양 레이어가 선택된 상태로 옵션을 설정하므로 색상에 영향을 줍니다. Options Bar(옵션 바)에서 목록 단추를 눌러 새롭게 제시된 Shape(모양)를 선택하여 먼저 그린 후에 'Layer thumbnail(레이어 축소판)'을 더블 클릭하여 Fill(칠)을 변경합니다.

Q 이미 적용한 색상 보정을 수정할 수는 없나요?

Layers(레이어) 패널의 'Hue/Saturation(색조/채도)' 레이어의 'Layer thumbnail(레이어 축소판)'을 더블 클릭한 후 Properties(속성) 패널에서 수정이 가능합니다.

더블 클릭

Q 반복적인 Layer style(레이어 스타일)을 빠르게 적용할 수는 없나요?

Layers(레이어) 패널에서 이미 적용한 레이어 스타일에 마우스 오른쪽 버튼을 눌러 'Copy Layer Style(레이어 스타일 복사)'을 클릭한 후, 적용할 레이어에 마우스 오른쪽 버튼을 눌러 'Paste Layer Style(레이어 스타일 붙여넣기)'을 클릭합니다.

Q 그림자 효과의 Angle(각도)을 레이어별로 각각 따로 적용하려면 어떻게 하나요?

작업 이미지의 Layer Style(레이어 스타일) 대화상자에서 'Use Global Light(전체 조명 사용)'의 체크를 해제하면 이미 적용한 다른 레이어에 영향을 미치지 않고 레이어별로 각도를 따로 설정할 수 있습니다.

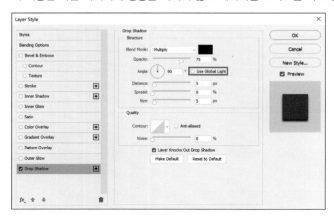

Q 레이어 마스크를 적용할 때 그레이디언트를 빠르게 'Black, White(검정, 흰색)'를 설정하는 방법은 없나요?

- Gradient Tool(그레이디언트 도구, ■)를 클릭하고 Options Bar(옵션 바)에서 'Click to open Gradient picker(클릭하여 그레이디언트 편집)'를 클릭한 후 Presets(사전 설정)에서 Basics(기본 사항)를 클릭하고 'Black, White(검정, 흰색)'를 선택합니다.

- Tool Panel(도구 패널) 하단의 Default Foreground and Background Colors(기본 전경색과 배경색, ■)를 클릭하여 기본값으로 설정한 후 Swatch Foreground and Background Colors(전경색과 배경색 전환, ↰)를 클릭하여 설정하는 방법도 있습니다.

02
PART

시험 문항별 기능 익히기

CHAPTER 01 Tool(도구) 활용

주요 기능	메뉴	단축키	출제빈도
Selection Tool(선택 도구)	▣, ▣, ▣, ▣, ▣, ▣	L, W	★★★★★
Move Tool(이동 도구)	▣	V	★★★★★
Type Tool(문자 도구)	T, IT	T	★★★★★
Shape Tool(모양 도구)	▣	U	★★★★★
Pen Tool(펜 도구)	▣	P	★★★★
Free Transform(자유 변형 메뉴)	[Edit(편집)]-[Free Transform(자유 변형)]	Ctrl + T	★★★★★
Layer Style(레이어 스타일)	[Layer(레이어)]-[Layer Style(레이어 스타일), Layers Panel(레이어 패널) 하단의 fx.]		★★★★★
Color Panel(색상 패널)	[Window(창)]-[Color(색상)]	F6	★★★★★
Character Panel(문자 패널)	[Window(창)]-[Character(문자)]		★★★★★
Layers Panel(레이어 패널)	[Window(창)]-[Layers(레이어)]	F7	★★★★★
Paths Panel(패스 패널)	[Window(창)]-[Paths(패스)]		★★
Options Bar(옵션 바)	[Window(창)]-[Options(옵션)]		★★★★★
Image Size(이미지 크기)	[Image(이미지)]-[Image Size(이미지 크기)]	Alt + Ctrl + I	★★★★★

01 이미지 복제 및 변형하기

▲ 완성 이미지

01 작업할 소스 이미지 불러오기

① [File(파일)]-[Open(열기)]($Ctrl$+O)을 선택하여 찻잔.jpg를 불러옵니다. [View(보기)]-
[Rulers(눈금자)]($Ctrl$+R)를 선택하여 작업 이미지에 눈금자를 표시합니다.

02 찻잔 이미지 선택하기

① 작업 이미지에 그림과 같이 찻잔 이미지의 왼쪽 상단에 안내선을 표시합니다.

 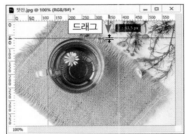

합격생 비법

원형으로 선택 범위를 지정할 때는 안내선을 활용하여 원형의 왼쪽 상단을 표시한 후 안내선의 교차지점에서부터 드래그하
여 원형으로 선택합니다.

② Elliptical Marquee Tool(원형 선택 윤곽 도구, ○)로 안내선의 교차지점에서부터 드래그하
여 원형으로 선택합니다.

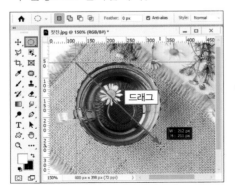 

③ Polygonal Lasso Tool(다각형 올가미 도구, 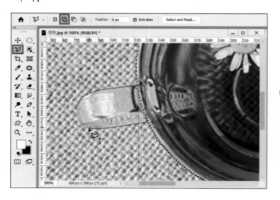)을 클릭하고 Options Bar(옵션 바)에서 'Add to selection(선택 영역에 추가, 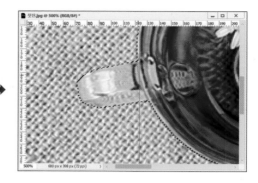)'을 설정한 후 찻잔의 손잡이 부분을 클릭하여 선택합니다.

합격생의 비법

이미 선택된 영역과 겹치도록 클릭하여 설정하고, 더블 클릭하면 선택이 완료됩니다.

03 레이어로 복제하기

① [Layer(레이어)]-[New(새로 만들기)]-[Layer Via Copy(복사한 레이어)] (Ctrl + J)를 선택하고 레이어로 복사합니다.

합격생의 비법

레이어의 이름은 Layers(레이어) 패널에서 'Layer 1' 레이어를 더블 클릭하여 수정이 가능하며, 실제 시험에서는 레이어 이름을 수정할 필요는 없습니다.

04 찻잔 이미지 변형하기

① [Edit(편집)]-[Free Transform(자유 변형)](Ctrl + T)을 선택하고 Shift 를 누른 채 조절점의 모서리점을 드래그하여 크기를 축소합니다. 계속해서 조절점의 모서리 바깥쪽을 드래그하여 그림과 같이 회전하여 배치한 후 Enter 를 눌러 변형을 적용합니다.

합격생의 비법

종횡비에 맞게 크기 조절하기

• Shift 를 누른 채 조절점의 모서리점을 드래그하여 비율에 맞게 크기를 조절할 수 있습니다.

• Options Bar(옵션 바)의 'Maintain aspect ratio(종횡비 유지), 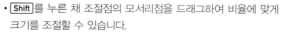'를 클릭한 후 조절점을 드래그합니다. 또는 W(폭)이나 H(높이) 위에 마우스로 드래그하거나 수치를 입력합니다.

05 꽃 이미지 선택하기

① Quick Selection Tool(빠른 선택 도구, 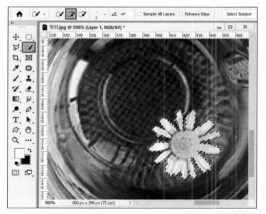)로 꽃 이미지에 드래그하여 선택 영역으로 만듭니다. 브러시의 크기의 크기를 조절하며 선택 영역을 추가 또는 선택 영역을 빼서 완료합니다.

합격생의 비법

• 선택 추가와 빼기

Options Bar(옵션 바)의 'Add to selection(선택 영역에 추가, ⬚)'으로 자동으로 설정되어 선택을 추가로 할 수 있습니다. Alt 를 누른 채 클릭 또는 드래그하면 이미 선택된 영역에서 선택을 뺄 수 있습니다.

• 브러시 크기 조절하기

키보드의 [를 눌러 점증적으로 작게,] 를 눌러 점증적으로 크게 브러시의 크기는 빠르게 조절할 수 있습니다.

06 꽃 이미지를 레이어로 복제하기

① [Layer(레이어)]–[New(새로 만들기)]–[Layer Via Copy(복사한 레이어)] (Ctrl + J)를 선택하고 레이어로 복사합니다.

07 꽃 이미지 반복하여 변형하기

① [Edit(편집)]–[Free Transform(자유 변형)](Ctrl + T)을 선택하고 Shift 를 누른 채 드래그하여 크기를 축소하고 회전하여 그림과 같이 배치한 후 Enter 를 눌러 변형을 적용합니다.

합격생의 비법

변형 완료하기

Enter 를 눌러 변형을 적용하거나 조절점 영역 안쪽에 더블클릭하여 완료할 수 있습니다.

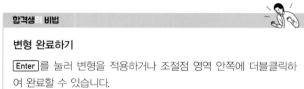

② [Ctrl]+[J]를 눌러 꽃 레이어를 복사한 레이어로 만듭니다. [Ctrl]+[T]를 눌러 크기와 회전을 조절하고 그림과 같이 이동하여 배치한 후 [Enter]를 눌러 변형을 적용합니다.

▲ 완성 이미지

01 작업할 소스 이미지 불러오기

① [File(파일)]−[Open(열기)]([Ctrl]+[O])을 선택하여 눈사람.jpg를 불러옵니다.

02 이미지 선택하고 복제 및 변형하기

① Quick Selection Tool(빠른 선택 도구, [빠른선택]) 로 눈사람 이미지에 드래그하여 선택 영역으로 만듭니다.

② [Layer(레이어)]-[New(새로 만들기)]-[Layer Via Copy(복사한 레이어)]([Ctrl]+[J])를 선택하여 레이어로 복사합니다.

③ [Edit(편집)]-[Free Transform(자유 변형)]([Ctrl]+[T])을 선택하고 [Shift]를 누른 채 드래그하여 크기를 축소하고, 마우스 오른쪽 버튼을 누르고 [Flip Horizontal(가로로 뒤집기)]로 뒤집어 그림과 같이 배치한 후 [Enter]를 눌러 변형을 적용합니다.

03 사용자 모양 도구 옵션 설정 및 변형, 레이어 스타일 적용하기

① Custom Shape Tool(사용자 정의 모양 도구, ⬚)을 클릭하고 Options Bar(옵션 바)에서 'Shape(모양)'를 선택, 목록 단추에서 Legacy Shapes and More(레거시 모양 및 기타)를 클릭하여 확장하고 계속해서 All Legacy Default Shapes(모든 레거시 기본 모양)를 클릭하여 확장한 후 Nature(자연)를 클릭합니다. 'Shape(모양) : Snowflake 2(눈송이 2, ❋), Fill(칠) : #ffffff, Stroke(획) : No Color(색상 없음)'로 설정한 후 [Shift]를 누르고 모양을 그립니다.

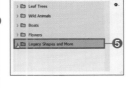

합격생의 비법

이전 버전의 사용자 모양 도구 옵션 추가하기

[Window(창)]-[Shapes(모양)] 패널의 팝업 버튼을 클릭하고 [Legacy Shapes and More(레거시 모양 및 기타)]를 클릭하여
추가합니다.

② Layers(레이어) 패널 하단 'Add a layer style(레이어 스타일 추가, fx.)'을 클릭하여 [Drop
Shadow(드롭 섀도)]를 선택하고 'Opacity(불투명도) : 75%, Angle(각도) : 30°, Distance
(거리) : 3px, Size(크기) : 7px'를 설정하고 [OK(확인)]를 클릭합니다.

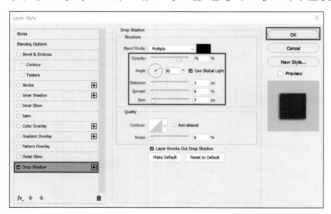

③ [Layer(레이어)]-[New(새로 만들기)]-[Shape Layer Via Copy(복사한 모양 레이어)](Ctrl
+J)를 선택합니다.

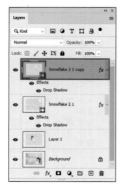

④ [Edit(편집)]–[Free Transform Path(패스 자유 변형)]([Ctrl]+[T])을 선택하고 조절점의 모서리점을 드래그하여 비율에 맞게 크기를 축소합니다. 조절점의 모서리 바깥쪽을 드래그하여 회전한 후 그림과 같이 이동하여 배치한 후 [Enter]를 눌러 적용합니다.

⑤ Custom Shape Tool(사용자 정의 모양 도구, 🔷)을 클릭하고 Options Bar(옵션 바)에서 'Shape(모양), Fill(칠) : #006633, Stroke(획) : No Color(색상 없음), Shape(모양) : Tree(나무, 🌲)'로 설정한 후 [Shift]를 누르고 그림과 같이 모양을 그립니다.

합격생의 비법

[Legacy Shapes and More(레거시 모양 및 기타)]–[All Legacy Default Shapes (모든 레거시 기본 모양)]–[Nature(자연)]

연속해서 사용자 정의 모양 도구로 그릴 때 Fill(칠) 설정하기

Options Bar(옵션 바)에서 목록 단추를 눌러 제시된 Shape(모양)을 선택하여 그린 후에 'Layer thumbnail(레이어 축소판)'을 더블 클릭하여 Fill(칠)을 변경합니다.

⑥ Layers(레이어) 패널 하단에 'Add a layer style(레이어 스타일 추가, fx.)'을 클릭하여 [Inner Glow(내부 광선)]를 선택하고 'Opacity(불투명도) : 35%, Choke(경계 감소) : 8%, Size(크기) : 20px'로 설정하고 [OK(확인)]를 클릭합니다.

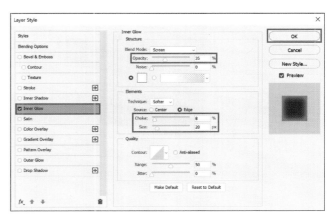

⑦ Ctrl + J 를 눌러 복사한 레이어를 만들고 Ctrl + T 를 눌러 크기를 축소하고 그림과 같이 이동하여 배치합니다.

⑧ Ctrl + [를 눌러 'Tree 1' 레이어 아래쪽에 배치합니다. 레이어 패널에서 복사된 'Tree 1 copy' 레이어의 'Layer thumbnail(레이어 축소판)'를 더블 클릭하여 Color Picker(색상 픽커)에서 'Color(색상) : #003300'으로 설정한 후 [OK(확인)]를 클릭합니다.

⑨ Ctrl + J 를 눌러 복사한 레이어를 만들고 레이어 패널에서 복사된 'Tree 1 copy 2' 레이어의 'Layer thumbnail(레이어 축소판)'를 더블 클릭하여 Color Picker(색상 픽커)에서 'Color(색상) : #336600'으로 설정한 후 [OK(확인)]를 클릭합니다. Ctrl + T 를 눌러 크기를 축소하고 이동하여 배치합니다.

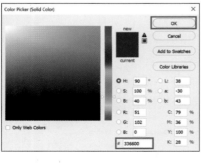

03 문자 입력하고 그레이디언트 적용하기

▶️ 동영상 무료

▲ 완성 이미지

01 작업할 소스 이미지 불러오기

① [File(파일)]-[Open(열기)]([Ctrl]+[O])을 선택하여 소라.jpg를 불러옵니다.

02 말풍선 모양 그리고 그림자 효과 적용하기

① Custom Shape Tool(사용자 정의 모양 도구, 🎨)를 클릭하고 Options Bar(옵션 바)에서
'Shape(모양), Fill(칠) : #ffffff, Stroke(획) : No Color(색상 없음), Shape(모양) : Talk 1
(대화 1, 💬)'로 설정한 후 드래그하여 모양을 그립니다.

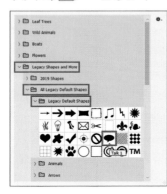

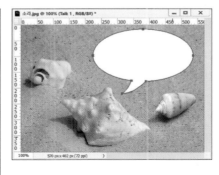

합격생의 비법

• [Legacy Shapes and More(레거시 모양 및 기타)]-[All Legacy Default Shapes(모든 레거시 기본 모양)]-[Legacy Default
  Shapes(레거시 기본 모양)]
• [Legacy Shapes and More(레거시 모양 및 기타)]-[All Legacy Default Shapes(모든 레거시 기본 모양)]-[Talk
  Bubbles(말풍선)]

---

② Layers(레이어) 패널 하단 'Add a layer style(레이어 스타일 추가, 𝑓𝑥.)'을 클릭하여 [Drop
Shadow(드롭 섀도)]를 선택하고 'Opacity(불투명도) : 61%, Angle(각도) : 110°, Distance
(거리) : 6px, Size(크기) : 9px'로 설정하고 [OK(확인)]를 클릭합니다.

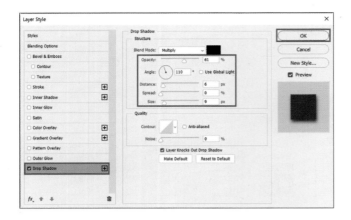

03 문자 입력하고 그레이디언트 효과 적용하기

① Horizontal Type Tool(수평 문자 도구, T)로 작업 이미지를 클릭하고 Options Bar(옵션 바)에서 'Font(글꼴) : Arial, Set font style(글꼴 스타일 설정) : Bold Italic, Set font Size(글꼴 크기) : 65pt, Color(색상) : 임의 색상'을 설정한 후 BEACH를 입력합니다.

② Layers(레이어) 패널 하단에 'Add a layer style(레이어 스타일 추가, fx.)'을 클릭하여 [Gradient Overlay(그레이디언트 오버레이)]를 선택하고 'Click to edit the gradient(클릭하여 그레이디언트 편집)'를 클릭합니다. 그레이디언트 슬라이더 왼쪽 하단의 'Color Stop(색상 정지점)'을 더블 클릭하여 #99ffff로 설정하고 오른쪽 'Color Stop(색상 정지점)'을 더블 클릭하여 #0033ff로 설정한 후 'Style(스타일) : Linear(선형), Angle(각도) : −90°'로 설정합니다.

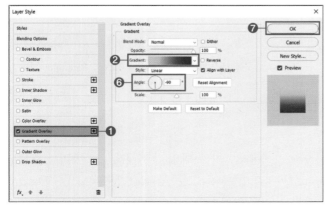 

주요 기능	메뉴	단축키	출제빈도
Selection Tool(선택 도구)	⬚, ⬚, ⬚, ⬚, ⬚, ⬚, ⬚	L, W, M	★★★★★
Move Tool(이동 도구)	⬚	V	★★★★★
Type Tool(문자 도구) 및 옵션	T, IT, Options Bar(옵션 바)의 I	T	★★★★★
Shape Tool(모양 도구)	⬚	U	★★★★★
Pen Tool(펜 도구)	⬚	P	★★★★
Free Transform(자유 변형 메뉴)	[Edit(편집)]–[Free Transform(자유 변형)]	Ctrl + T	★★★★★
Layer Style(레이어 스타일)	[Layer(레이어)]–[Layer Style(레이어 스타일)], Layers Panel(레이어 패널) 하단의 fx.		★★★★★
색상 보정	[Layer(레이어)]–[New Adjustment Layer(새 조정 레이어)]–[Hue/Saturation(색조/채도)], Layers Panel(레이어 패널) 하단의 ⬚.		★★★★★
Color Panel(색상 패널)	[Window(창)]–[Color(색상)]	F6	★★★★★
Character Panel(문자 패널)	[Window(창)]–[Character(문자)]		★★★★★
Layers Panel(레이어 패널)	[Window(창)]–[Layers(레이어)]	F7	★★★★★
Paths Panel(패스 패널)	[Window(창)]–[Paths(패스)]		
Options Bar(옵션 바)	[Window(창)]–[Options(옵션)]		★★★★★
Filter(필터)	[Filter(필터)]–[Filler Gallery(필터 갤러리)], 그 외 필터		★★★★★
Smooth(매끄럽게)	[Select(선택)]–[Modify(수정)]–[Smooth(매끄럽게)]		★★★★★
Stroke(획)	[Edit(편집)]–[Stroke(획)]		★★★★★
Image Size(이미지 크기)	[Image(이미지)]–[Image Size(이미지 크기)]	Alt + Ctrl + I	★★★★★

01 선택 반전하여 이미지 선택하기

▲ 완성 이미지

01 작업할 소스 이미지 불러오기

① [File(파일)]–[Open(열기)]($\boxed{\text{Ctrl}}$+$\boxed{\text{O}}$)을 선택하여 브러시.jpg를 불러옵니다.

02 배경 선택하고 선택 반전하기

① Magic Wand Tool(자동 선택 도구, $\boxed{\nwarrow}$)로 배경을 클릭합니다. Options Bar(옵션 바)에서 Add to selection(선택 영역에 추가, $\boxed{\text{ⵧ}}$)을 선택하고 그림자 부분의 선택을 클릭하여 선택 영역을 추가합니다.

합격생의 비법

- Options Bar(옵션 바)의 Tolerance(허용치)가 클수록 이미지에 클릭할 때 선택되는 색상 범위가 넓어집니다.
- $\boxed{\text{Shift}}$를 누르고 클릭 또는 드래그하여 선택 영역을 추가할 수도 있습니다.

---

② [Select(선택)]–[Inverse(반전)]([Shift]+[Ctrl]+
[I])를 클릭하여 선택 영역을 반전하고 [Edit(편
집)]–[Copy(복사)]([Ctrl]+[C])로 복사합니다.

03 이미지 복사하고 변형 및 외부광선 적용하기

① [File(파일)]–[Open(열기)]([Ctrl]+[O])을 선택하여 화장품.jpg를 불러옵니다. [Edit(편집)]–
[Paste(붙여넣기)]([Ctrl]+[V])로 복사한 이미지를 붙여 넣습니다. [Edit(편집)]–[Free
Transform(자유 변형)]([Ctrl]+[T])을 선택하고 [Shift]를 누른 채 조절점의 모서리점을 드래그
하여 비율에 맞게 크기를 확대합니다. 계속해서 조절점의 밖을 드래그하여 회전하고 [Enter]를
눌러 변형을 적용합니다.

② Layers(레이어) 패널 하단 'Add a layer style(레이어 스타일 추가, [fx.])'을 클릭하여 [Outer
Giow(외부 광선)]를 선택하고 'Opacity(불투명도) : 35%, Spread(스프레드) : 10%, Size(크
기) : 35px'를 설정하고 [OK(확인)]를 클릭합니다.

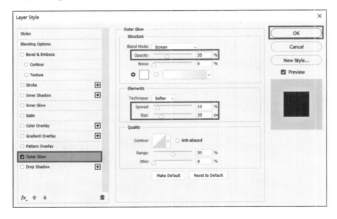

▲ 완성 이미지

01 작업할 소스 이미지 불러오기

① [File(파일)]-[Open(열기)]([Ctrl]+[O])을 선택하여 리본.jpg를 불러옵니다.

02 리본 이미지 선택하고 레이어로 복제하기

① Object Selection Tool(개체 선택 도구, [▣])을 클릭하고 Options Bar(옵션 바)에서 'Mode(모드) : Rectangle(사각형)'을 선택한 후 리본 이미지를 드래그합니다. Quick Selection Tool(빠른 선택 도구, [✒])을 선택하고 Options Bar(옵션 바)에서 Subtract from selection(선택 영역에서 빼기, [✒])을 클릭하고 선택에서 제외할 영역에 클릭합니다.

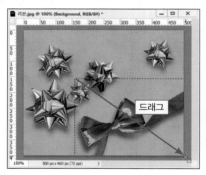

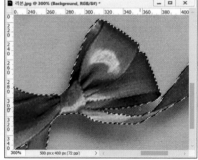

② [Layer(레이어)]-[New(새로 만들기)]-[Layer Via Copy(복사한 레이어)]([Ctrl]+[J])를 클릭합니다. Layers(레이어) 패널에서 복사된 'Layer 1'의 Layer thumbnail(레이어 축소판)을 [Ctrl]을 누른 채 클릭하여 선택 영역으로 전환합니다.

합격생의 비법

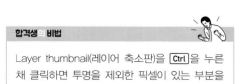

Layer thumbnail(레이어 축소판)을 [Ctrl]을 누른 채 클릭하면 투명을 제외한 픽셀이 있는 부분을 빠르게 선택 영역으로 전환합니다.

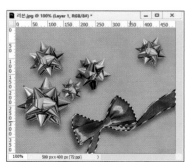

③ Layers(레이어) 패널 하단의 'Create new fill or adjustment layer(새 칠 또는 조정 레이어 생성,)'를 클릭하고 [Hue/Saturation(색조/채도)]을 선택합니다. Properties(속성) 패널에서 'Colorize(색상화) : 체크, Hue(색조) : 290, Saturation(채도) : 60'으로 설정하여 보라색 계열로 색상을 보정합니다.

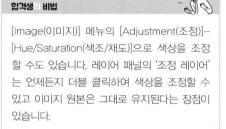

합격생의 비법

[Image(이미지)] 메뉴의 [Adjustment(조정)]–
[Hue/Saturation(색조/채도)]으로 색상을 조정
할 수도 있습니다. 레이어 패널의 '조정 레이어'
는 언제든지 더블 클릭하여 색상을 조정할 수
있고 이미지 원본은 그대로 유지된다는 장점이
있습니다.

④ Layers(레이어) 패널의 'Background(배경)' 이미지를 클릭하고 Object Selection Tool(개체 선택 도구,)로 왼쪽 상단 리본 이미지에 드래그하여 선택 영역으로 만듭니다. Quick Selection Tool(빠른 선택 도구,)로 Options Bar(옵션 바)의 Add to selection(선택 영역에 추가,)을 클릭하고 브러시의 크기를 조절하여 선택 영역을 추가합니다.

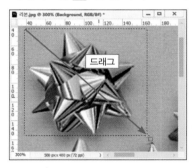
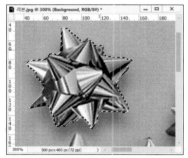

⑤ Ctrl + J 를 눌러 복사한 레이어를 만든 후 Layers(레이어) 패널에서 'Layer 2'의 Layer thumbnail(레이어 축소판)을 Ctrl 을 누른 채 클릭하여 선택 영역으로 전환합니다.

⑥ Layers(레이어) 패널 하단의 'Create new fill or adjustment layer(새 칠 또는 조정 레이어 생성,)'를 클릭하고 [Hue/Saturation(색조/채도)]을 선택합니다. Properties(속성) 패널에서 'Colorize(색상화) : 체크, Hue(색조) : 0, Saturation(채도) : 80'으로 설정하여 빨간색 계열로 보정합니다.

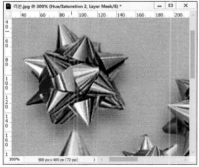

▲ 완성 이미지

01 작업할 소스 이미지 불러오기

① [File(파일)]–[Open(열기)]([Ctrl]+[O])을 선택하여 솔방울.jpg를 불러옵니다.

02 레이어 복제 및 필터 적용하기

① [Layer(레이어)]–[New(새로 만들기)]–[Layer Via Copy(복사한 레이어)]([Ctrl]+[J])를 클릭하고 레이어를 복사합니다.

② [Filter(필터)]–[Filter Gallery(필터 갤러리)]–[Texture(텍스처)]–[Patchwork(패치워크/이어붙이기)]를 선택하고 'Square Size(정사각형 크기) : 4, Relief(부조) : 8'을 설정합니다.

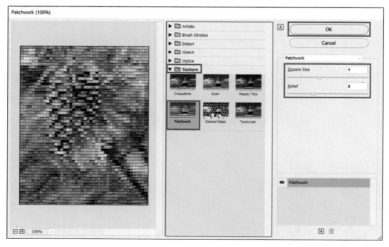

③ [View(보기)]−[Rulers(눈금자)]($\boxed{\text{Ctrl}}$+$\boxed{\text{R}}$)를 클릭하여 눈금자 보기를 합니다. 위쪽의 눈금자에서 아래로 드래그하여 작업 이미지의 세로 중앙인 250px의 위치에, 왼쪽의 눈금자에서 오른쪽으로 드래그하여 가로 중앙인 200px의 위치에 각각 안내선을 표시합니다.

④ Rectangular Marquee Tool(사각형 선택 윤곽 도구, $\boxed{\text{[:]}}$)을 클릭하고 Options Bar(옵션 바)에서 'New selection(새 선택 영역, $\boxed{\text{■}}$), Feather(페더) : 0px, Style(스타일) : Fixed Size(크기 고정), Width(폭) : 320px, Height(높이) : 420px'를 설정합니다.

합격생의 비법

액자 프레임의 간격은 따로 제시되지 않습니다. 'Style(스타일)'을 'Fixed Size(크기 고정)'로 설정한 후 상하좌우 각각의 간격인 40px씩을 뺀 나머지 수치를 'Width(폭)'와 'Height(높이)'에 직접 입력합니다.

⑤ 제시된 액자의 프레임을 만들기 위해서 격자와 눈금자를 참고하여 $\boxed{\text{Alt}}$를 누르고 안내선의 교차지점에 클릭하여 직사각형 모양으로 선택합니다.

합격생의 비법

$\boxed{\text{Alt}}$를 누르고 작업 이미지의 중앙을 클릭하면 작업 이미지의 중앙으로부터 선택이 가능합니다.

⑥ [Select(선택)]-[Modify(수정)]-[Smooth(매끄럽게)]를 클릭하여 'Sample Radius(샘플 반경) : 8pixels(픽셀)'을 설정하고 [OK(확인)]를 클릭하여 모서리를 둥글게 합니다. Delete 를 눌러 선택된 이미지를 삭제하고 프레임을 만듭니다.

합격생의 비법

'Sample Radius(샘플 반경)'은 따로 제시되지 않습니다. 눈금자를 참고하여 적용하고, 결과가 다를 경우는 Ctrl + Z 를 통해 작업 과정을 되돌린 후 다시 변경하여 적용합니다.

⑦ [Edit(편집)]-[Stroke(획)]를 클릭하여 'Width(폭) : 5px, Color(색상) : #33ff33, Location(위치) : Inside(안쪽), Mode(모드) : Normal(표준), Opacity(불투명도) : 100%, Preserve Transparency(투명도 유지) : 체크 해제'를 설정하고 [OK(확인)]를 클릭하여 안쪽 테두리를 적용합니다.

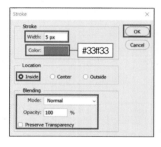

⑧ [Select(선택)]-[Deselect(선택 해제)](Ctrl + D)로 선택을 해제하고, Layers(레이어) 패널 하단 'Add a layer style(레이어 스타일 추가, fx.)'을 클릭하여 [Drop Shadow(드롭 섀도)]를 선택하고 'Opacity(불투명도) : 58%, Angle(각도) : 120°, Distance(거리) : 8px, Size(크기) : 8px'로 설정합니다.

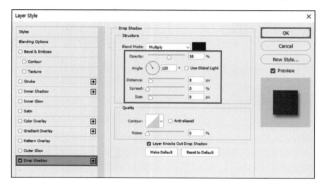

04 문자에 왜곡 및 레이어 스타일 적용하기

▲ 완성 이미지

01 작업할 소스 이미지 불러오기

① [File(파일)]-[Open(열기)](Ctrl + O)을 선택하여 낙엽.jpg를 불러옵니다.

02 문자 입력하고 변형하기

① Horizontal Type Tool(수평 문자 도구, T)로 작업 이미지를 클릭하고 Options Bar(옵션 바)에서 'Font(글꼴) : Arial, Set font style(글꼴 스타일 설정) : Bold, Set font Size(글꼴 크기) : 63pt, Color(색상) : #ffffff'로 설정한 후 FALLEN LEAVES를 입력합니다.

합격생의 비법

• [Window(창)]-[Character(문자)] 패널에서 'Font(글꼴), Set font style(글꼴 스타일 설정), Set font Size(글꼴 크기), Color(색상)' 외에도 다양한 문자 설정을 할 수 있습니다. 시험에서는 제시된 문자의 속성 및 효과 이외의 설정은 기본값으로 작업합니다.

• Horizontal Type Tool(수평 문자 도구, T)로 작업 이미지를 클릭한 후, Ctrl + T를 누르면 [Character(문자)] 패널이 활성화됩니다.

② Options Bar(옵션 바)에서 Create warped text(뒤틀어진 텍스트 만들기, $\boxed{\mathcal{I}}$)를 클릭하여 [Warp Text(텍스트 뒤틀기)] 대화 상자에서 'Style(스타일) : Rise(상승), Horizontal(가로) : 체크, Bend(구부리기) : 60%'를 설정하여 문자 모양을 왜곡합니다.

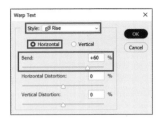

03 레이어 스타일 적용하기

① Layers(레이어) 패널 하단에 'Add a layer style(레이어 스타일 추가, $fx_.$)'을 클릭하여 [Stroke(획)]를 선택하고 'Size(크기) : 5px, Color(색상): #993300'으로 설정합니다.

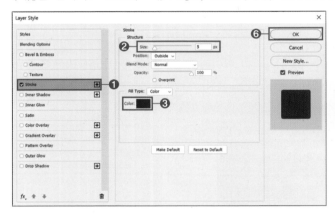
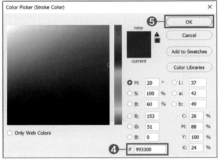

주요 기능	메뉴	단축키	출제빈도
Selection Tool(선택 도구)	⬚, ⬚, ⬚, ⬚, ⬚, ⬚	L, W	★★★★★
Move Tool(이동 도구)	⬚	V	★★★★★
Type Tool(문자 도구) 및 옵션	T, IT, Options Bar(옵션 바)의 ⬚	T	★★★★★
Shape Tool(모양 도구)	⬚	U	★★★★★
Pen Tool(펜 도구)	⬚	P	★★★
Gradient Tool(그레이디언트 도구)	⬚	G	★★★★★
Free Transform(자유 변형 메뉴)	[Edit(편집)]–[Free Transform(자유 변형)]	Ctrl + T	★★★★★
Layer Style(레이어 스타일)	[Layer(레이어)]–[Layer Style(레이어 스타일), Layers Panel(레이어 패널) 하단의 fx.		★★★★★
레이어 마스크	[Layer(레이어)]–[Layer Mask(레이어 마스크)], Layers Panel(레이어 패널) 하단의 ⬚		★★★★★
불투명도	Layers Panel(레이어 패널) 상단의 Opacity(불투명도)		
Color Panel(색상 패널)	[Window(창)]–[Color(색상)]	F6	★★★★★
Character Panel(문자 패널)	[Window(창)]–[Character(문자)]		★★★★★
Layers Panel(레이어 패널)	[Window(창)]–[Layers(레이어)]	F7	★★★★★
Paths Panel(패스 패널)	[Window(창)]–[Paths(패스)]		
Options Bar(옵션 바)	[Window(창)]–[Options(옵션)]		★★★★★
Filter(필터)	[Filter(필터)]–[Filter Gallery(필터 갤러리)], 그 외 필터		★★★★★
Image Size(이미지 크기)	[Image(이미지)]–[Image Size(이미지 크기)]	Alt + Ctrl + I	★★★★★

01 배경색 채우고 필터 및 레이어 마스크 적용하기

▲ 완성 이미지

01 새 작업 이미지 만들고 배경색 채우기

① [File(파일)]-[New(새로 만들기)](Ctrl+N)를 선택하고 'Width(폭) : 600Pixels(픽셀),
Height(높이) : 400Pixels(픽셀), Resolution(해상도) : 72Pixels/Inch(픽셀/인치), Color
Mode(색상 모드) : RGB Color(RGB 색상), 8bit(비트), Background Contents(배경 내용) :
White(흰색)'를 설정하여 새 작업 이미지를 만듭니다.

② Tool Panel(도구 패널) 하단의 'Set foreground color(전경색 설정)'을 클릭하여 #66ccff로
설정하고 Alt+Delete를 눌러 이미지의 배경을 채웁니다.

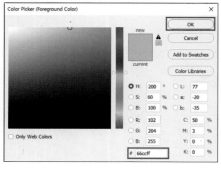
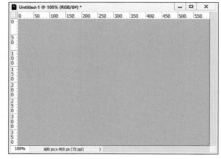

02 필터 적용하기

① [File(파일)]–[Open(열기)]($\boxed{\text{Ctrl}}$+$\boxed{\text{O}}$)을 선택하여 모래.jpg를 불러옵니다. [Select(선택)]–
[All(모두)]($\boxed{\text{Ctrl}}$+$\boxed{\text{A}}$)를 선택하고 전체 이미지를 선택한 후 $\boxed{\text{Ctrl}}$+$\boxed{\text{C}}$를 눌러 복사하고, 작업
이미지를 선택하여 $\boxed{\text{Ctrl}}$+$\boxed{\text{V}}$로 붙여 넣습니다. $\boxed{\text{Ctrl}}$+$\boxed{\text{T}}$를 눌러 $\boxed{\text{Shift}}$를 누른 채 조절점의 모
서리를 드래그하여 비율에 맞게 크기를 조절하여 배치합니다.

합격생의 비법

Options Bar(옵션 바)에서 'Maintain aspect ratio(종횡비 유지, ∞)'를 클릭하고 W 또는 H 글자 위에 좌우로 드래그하거나 값
을 입력하여 비율에 맞게 크기를 조절할 수 있습니다.

② [Filter(필터)]–[Filler Gallery(필터 갤러리)]–[Artistic(예술 효과)]–[Rough Pastels(거친
파스텔 효과]를 선택합니다.

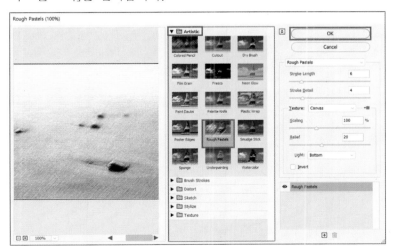

03 레이어 마스크 적용하여 합성하기

① Layers(레이어) 패널에서 하단의 'Add layer mask(레이어 마스크 추가, ▣)'를 클릭하여 레이어 마스크를 추가합니다.

② Tool Panel(도구 패널) 하단의 Set foreground color(전경색 설정)를 #000000, Set background color(배경색 설정)를 #ffffff로 설정한 후 Gradient Tool(그레이디언트 도구, ▣)을 클릭하고 Options Bar(옵션 바)에서 'Type(유형) : Linear Gradient(선형 그레이디언트), Opacity(불투명도) : 100%'로 설정한 후 위쪽에서 아래쪽으로 Shift 를 누른 채 세로 방향으로 드래그합니다.

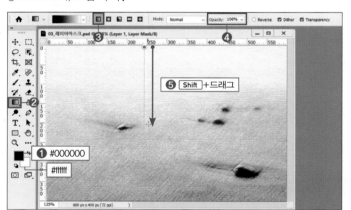

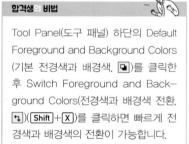

합격생의 비법

Tool Panel(도구 패널) 하단의 Default Foreground and Background Colors(기본 전경색과 배경색, ▣)를 클릭한 후 Switch Foreground and Background Colors(전경색과 배경색 전환, ↰)(Shift + X)를 클릭하면 빠르게 전경색과 배경색의 전환이 가능합니다.

③ 이미지의 상단 일부가 지워지며 Background(배경)의 배경색과 자연스럽게 합성됩니다.

▲ 완성 이미지

01 작업할 소스 이미지 불러오기

① [File(파일)]−[Open(열기)]([Ctrl]+[O])을 선택하여 ducky.jpg를 불러옵니다.

02 Shape Tool(모양 도구)로 모양 그리고 다중 레이어 스타일 적용하기

① Custom Shape Tool(사용자 정의 모양 도구, 🐠)을 클릭하고 Options Bar(옵션 바)에서 'Shape(모양)'를 설정하고 목록 단추에서 Legacy Shapes and More(레거시 모양 및 기타)를 클릭하여 확장하고 계속해서 All Legacy Default Shapes(모든 레거시 기본 모양)를 클릭하여 확장한 후 Frames(프레임)를 클릭합니다. 'Shape(모양) : Frame 6(프레임 6, ▣), Fill(칠) : #ff9966, Stroke(획) : No Color(색상 없음)'로 설정한 후 드래그하여 모양을 그립니다.

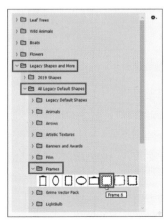
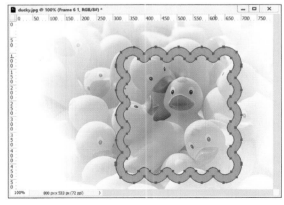

② [Ctrl]+[T]를 눌러 조절점 밖을 드래그하여 회전한 후 이동하고 [Enter]를 눌러 변형을 적용합니다.

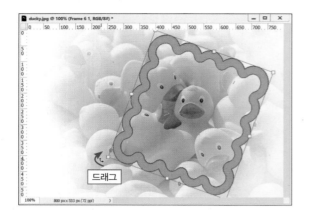

③ Layers(레이어) 패널 하단 'Add a layer style(레이어 스타일 추가, fx.)'을 클릭하여 [Inner Shadow(내부 그림자)]를 선택하고 'Opacity(불투명도) : 35%, Angle(각도) : 135°, Distance(거리) : 5px, Choke(경계 감소) : 5%, Size(크기) : 9px'로 설정합니다. [Outer Glow(외부 광선)]를 선택하고 'Opacity(불투명도) : 35%, Spread(스프레드) : 20%, Size(크기) : 20px'로 설정합니다.

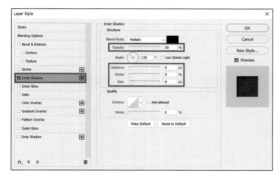

④ Custom Shape Tool(사용자 정의 모양 도구, ✍)을 클릭하고 Options Bar(옵션 바)에서 'Shape(모양), Fill(칠) : #990099, Stroke(획) : No Color(색상 없음), Shape(모양) : Bow(나비매듭 리본, 🎀)'로 설정한 후 드래그하여 모양을 그립니다.

합격생의 비법

[Legacy Shapes and More(레거시 모양 및 기타)]-[All Legacy Default Shapes(모든 레거시 기본 모양)]-[Objects(물건)]

⑤ Layers(레이어) 패널 하단 'Add a layer style(레이어 스타일 추가, fx.)'을 클릭하여 [Inner Glow(내부 광선)]를 선택하고 'Opacity(불투명도) : 35%, Choke(경계 감소) : 14%, Size(크기) : 8px'로 설정합니다. 계속해서 [Drop Shadow(드롭 섀도)]를 선택하고 'Opacity(불투명도) : 60%, Angle(각도) : 40°, Use Global Light(전체 조명 사용) : 체크 해제, Distance(거리) : 5px, Spread(스프레드) : 0%, Size(크기) : 4px'로 설정합니다.

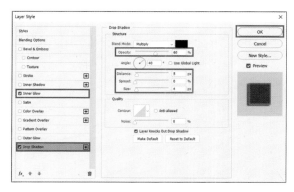

03 불투명도 적용하기

① Custom Shape Tool(사용자 정의 모양 도구, )을 클릭하고 Options Bar(옵션 바)에서 'Shapes(모양), Fill(칠) : #99ffcc, Stroke(획) : No Color(색상 없음), Shape(모양) : Heart Card(하트 모양 카드, ♥)'로 설정한 후 Shift 를 누른 채 드래그하여 모양을 그립니다.

합격생의 비법

[Legacy Shapes and More(레거시 모양 및 기타)]–[All Legacy Default Shapes(모든 레거시 기본 모양)]–[Shapes(모양)]]

② Ctrl + T 를 눌러 조절점 밖을 드래그하여 그림과 같이 회전하여 배치하고 Enter 를 눌러 변형을 적용합니다. Layers(레이어) 패널 상단의 'Opacity(불투명도) : 70%'로 불투명도를 설정합니다. 패널 하단 'Add a layer style(레이어 스타일 추가, fx.)'을 클릭하여 [Drop Shadow(드롭 섀도)]를 선택하고 'Opacity(불투명도) : 60%, Angle(각도) : 130°, Distance(거리) : 9px, Size(크기) : 9px'로 설정합니다.

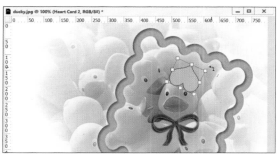

③ Custom Shape Tool(사용자 정의 모양 도구,)을 클릭하고 Options Bar(옵션 바)에서 'Shapes(모양), Fill(칠) : #ccccff, Stroke(획) : No Color(색상 없음), Shape(모양) : Blob 2(얼룩 2, ✦)'로 설정한 후 Shift 를 누른 채 드래그하여 모양을 그립니다.

합격생의 비법

[Legacy Shapes and More(레거시 모양 및 기타)]–[All Legacy Default Shapes(모든 레거시 기본 모양)]–[Shapes(모양)]

④ Layers(레이어) 패널 상단의 'Opacity(불투명도) : 60%'로 설정합니다. 패널 하단 'Add a layer style(레이어 스타일 추가, fx.)'을 클릭하여 [Drop Shadow(드롭 섀도)]를 선택하고 'Angle(각도) : 40°'로 설정합니다.

04 문자 입력하고 변형하기

① Horizontal Type Tool(수평 문자 도구, T)로 작업 이미지를 클릭하고 Options Bar(옵션 바)에서 'Font(글꼴) : Arial, Set font style(글꼴 스타일 설정) : Bold, Set font Size(글꼴 크기) : 70pt, Color(색상) : 임의 색상'을 설정한 후 DUCKY를 입력합니다.

② Options Bar(옵션 바)에서 Create warped text(뒤틀어진 텍스트 만들기, ⅉ)를 클릭하여 [Warp Text(텍스트 뒤틀기)] 대화 상자에서 'Style(스타일) : Arc Upper(위 부채꼴), Horizontal(가로) : 체크, Bend(구부리기) : 30%'를 설정하여 문자 모양을 왜곡합니다.

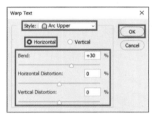 

③ Layers(레이어) 패널 하단 'Add a layer style(레이어 스타일 추가, fx.)'을 클릭하여 [Stroke(획)]를 선택하고 'Size(크기) : 5px, Color(색상): #ffffff'로 설정합니다. [Gradient Overlay(그레이디언트 오버레이)]를 선택하고 'Click to edit the gradient(클릭하여 그레이디언트 편집)'를 클릭합니다. 그레이디언트 슬라이더 왼쪽 하단의 'Color Stop(색상 정지점)'을 더블 클릭하여 #66cccc를, 오른쪽 'Color Stop(색상 정지점)'을 더블 클릭하여 #663366으로 설정한 후 'Style(스타일) : Linear(선형), Angle(각도) : 90°'로 설정합니다.

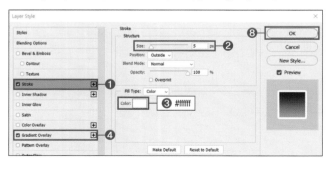 

주요 기능	메뉴	단축키	출제빈도
Selection Tool(선택 도구)	🖌️, 🖊️, 🖼️, 🔲, 🔳, 🔳	L, W	★★★★★
Move Tool(이동 도구)	⊕	V	★★★★★
Type Tool(문자 도구) 및 옵션	T, IT, Options Bar(옵션 바)의 ⊼	T	★★★★★
Shape Tool(모양 도구)	▨	U	★★★★★
Pen Tool(펜 도구)	✒️	P	★★★★
Free Transform(자유 변형 메뉴)	[Edit(편집)]–[Free Transform(자유 변형)]	Ctrl + T	★★★★★
Layer Style(레이어 스타일)	[Layer(레이어)]–[Layer Style(레이어 스타일), Layers Panel(레이어 패널) 하단의 ⓕ𝑥		★★★★★
Clipping Mask(클리핑 마스크)	[Layer(레이어)]–[Create Clipping Mask(클리핑 마스크 만들기)]	Alt + Ctrl + G	★★★★★
불투명도	Layers Panel(레이어 패널) 상단의 Opacity(불투명도)		★★★★★
Color Panel(색상 패널)	[Window(창)]–[Color(색상)]	F6	★★★★★
Character Panel(문자 패널)	[Window(창)]–[Character(문자)]		★★★★★
Layers Panel(레이어 패널)	[Window(창)]–[Layers(레이어)]	F7	★★★★★
Paths Panel(패스 패널)	[Window(창)]–[Paths(패스)]		★★★
Options Bar(옵션 바)	[Window(창)]–[Options(옵션)]		★★★★★
Filter(필터)	[Filter(필터)]–[Filter Gallery(필터 갤러리)], 그 외 필터		★★★★★
Image Size(이미지 크기)	[Image(이미지)]–[Image Size(이미지 크기)]	Alt + Ctrl + I	★★★★★

01 패스로 이미지 선택하기

▲ 완성 이미지

01 작업할 소스 이미지 불러오기

① [File(파일)]−[Open(열기)]([Ctrl]+[O])을 선택하여 모래시계.jpg를 불러옵니다.

02 패스 작업하기

① Pen Tool(펜 도구, ✐)을 클릭하고 Options Bar(옵션 바)에서 'Path(패스), Exclude Overlapping Shapes(모양 오버랩 제외, ⬚)'로 설정한 후 모래시계의 외곽선을 따라 닫힌 패스를 완성합니다. [Ctrl]+[Enter]를 눌러 작업 패스를 선택 영역으로 전환한 후, [Ctrl]+[C]를 눌러 복사합니다.

② [File(파일)]-[Open(열기)]([Ctrl]+[O])을 선택하여 모카포트.jpg를 불러온 후 [Ctrl]+[V]로 붙여 넣기를 합니다. [Ctrl]+[T]를 눌러 [Shift]를 누른 채 크기를 조절하여 배치합니다. Layers(레이어) 패널 하단에 'Add a layer style(레이어 스타일 추가, [fx.])'을 클릭하여 [Outer Glow(외부 광선)]를 선택하고 'Opacity(불투명도) : 35%, Spread(스프레드) : 20%, Size(크기) : 25px'로 설정합니다.

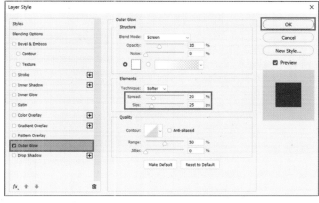

③ [File(파일)]-[Open(열기)]([Ctrl]+[O])을 선택하여 커피나무.jpg를 불러옵니다. Pen Tool(펜 도구, [✎])을 클릭하고 Options Bar(옵션 바)에서 'Path(패스), Exclude Overlapping Shapes(모양 오버랩 제외, [🗗])'로 설정한 후 외곽선을 따라 닫힌 패스를 완성합니다. 계속해서 나무줄기와 잎 사이 공간의 외곽선을 따라 닫힌 패스를 완성합니다.

합격생의 비법

- [✎₊] : 곡선 패스를 그린 후 직선 또는 방향선이 다른 패스를 연결하여 그릴 때 [Alt]를 누른 채 기준점에 클릭시 표시입니다.
- [✎ₒ] : 패스의 시작점과 연결하는 끝 기준점을 표시하며 클릭하면 닫힌 패스를 만들 수 있습니다.

④ Ctrl + Enter 를 눌러 작업 패스를 선택 영역으로 전환하고 Ctrl + C 를 눌러 복사한 후 작업 이미지를 선택하고 Ctrl + V 로 붙여넣기를 합니다. Ctrl + T 를 눌러 Shift 를 누른 채 크기를 조절하고 시계방향으로 회전하여 배치합니다.

⑤ Layers(레이어) 패널 하단에 'Add a layer style(레이어 스타일 추가, fx.)'을 클릭하여 [Drop Shadow(드롭 섀도)]를 선택하고 'Opacity(불투명도) : 60%, Angle(각도) : 55°, Distance(거리) : 10px, Size(크기) : 10px'로 설정하고 [OK(확인)]를 클릭합니다.

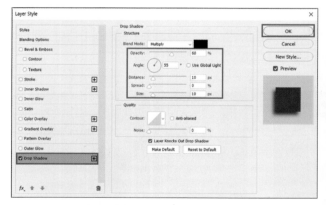

02 클리핑 마스크 적용하기

▲ 완성 이미지

01 작업할 소스 이미지 불러오기

① [File(파일)]−[Open(열기)]($\boxed{\text{Ctrl}}$+$\boxed{\text{O}}$)을 선택하여 빙하.jpg를 불러옵니다.

02 Shape Tool(모양 도구)로 모양 그리고 레이어 스타일 적용하기

① Custom Shape Tool(사용자 정의 모양 도구, 📐)을 클릭하고 Options Bar(옵션 바)에서 'Shape(모양), Fill(칠) : 임의 색상, Stroke(획) : No Color(색상 없음), Shape(모양) : Puz-zle 4(퍼즐 4, 💠)'로 설정한 후 $\boxed{\text{Shift}}$를 누른 채 드래그하여 모양을 그립니다.

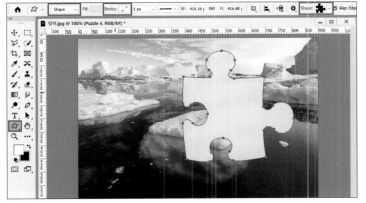

합격생의 비법

[Legacy Shapes and More(레거시 모양 및 기타)]−[All Legacy Default Shapes(모든 레거시 기본 모양)]− [Objects(물건)]

② Ctrl + T 를 누르고 조절점의 모서리 바깥쪽을 드래그하여 회전하고 배치한 후 Enter 를 눌러 변형을 적용합니다.

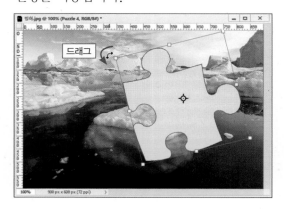

③ Layers(레이어) 패널 하단에 'Add a layer style(레이어 스타일 추가, fx.)'을 클릭하여 [Bevel & Emboss(경사와 엠보스)]를 선택하고 'Style(스타일) : Inner Bevel(내부 경사), Direction(방향) : Up(위로), Depth(깊이) : 100%, Size(크기) : 13px, Angle(각도) : 140° 로 설정합니다. 계속해서 [Stroke(획)]를 선택하고 'Size(크기) : 10px, Color(색상) : #ffffff' 로 설정한 후 [OK(확인)]을 클릭합니다.

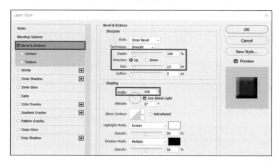 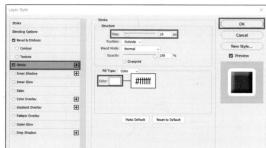

03 클리핑 마스크 및 필터 적용하기

① [File(파일)]-[Open(열기)](Ctrl + O)을 선택하여 북극곰.jpg를 불러옵니다. Ctrl + A 를 눌러 전체 선택한 후, Ctrl + C 로 복사하고 작업 이미지에 Ctrl + V 로 붙여 넣습니다.

② Ctrl + T 를 누르고, 마우스 오른쪽 버튼을 누른 후 [Flip Horizontal(가로로 뒤집기)]로 뒤집고 퍼즐 모양과 겹치도록 배치합니다.

③ Layers(레이어) 패널에서 'Layer 1' 레이어와 'Puzzle 4' 레이어 사이에 마우스 커서를 놓고 Alt 를 누르고 클릭하여 Clipping Mask(클리핑 마스크)를 적용합니다. Ctrl + T 를 눌러 Shift 를 누른 채 크기를 조절합니다.

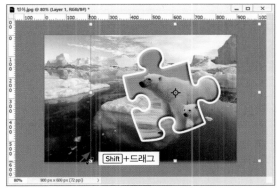

④ [Filter(필터)]-[Filter Gallery(필터 갤러리)]-[Texture(텍스처)]-[Texturizer(텍스처화)]를 선택합니다.

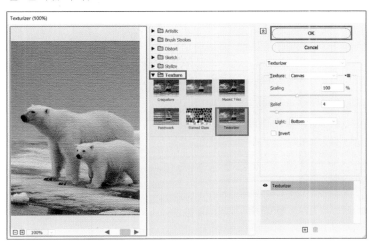

04 Opacity(불투명도) 적용하여 합성하기

① Custom Shape Tool(사용자 정의 모양 도구,)을 클릭하고 Options Bar(옵션 바)에서 'Shape(모양), Fill(칠) : #336699, Stroke(획) : No Color(색상 없음), Shape(모양) : Puzzle 3(퍼즐 3, ▣)'으로 설정한 후 Shift 를 누른 채 드래그하여 모양을 그립니다.

합격생 비법

[Legacy Shapes and More(레거시 모양 및 기타)]–[All Legacy Default Shapes(모든 레거시 기본 모양)]–[Objects(물건)]

② Ctrl + T 를 눌러 시계·방향으로 회전하여 배치합니다. [Layer(레이어)]–[Arrange(정돈)]– [Send to Back(맨 뒤로 보내기)](Shift + Ctrl + [ )으로 'Puzzle 4' 레이어의 아래쪽으로 배치합니다.

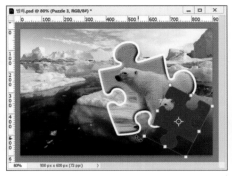

③ Layers(레이어) 패널 하단에 'Add a layer style(레이어 스타일 추가, fx)'을 클릭하여 [Inner Shadow(내부 그림자)]를 선택하고 'Opacity(불투명도) : 75%, Angle(각도) : 90°, Distance (거리) : 9px, Size(크기) : 9px'로 설정합니다. 계속해서 [Outer Glow(외부 광선)]를 선택하고 'Spread(스프레드) : 10%, Size(크기) : 10px'로 설정하고 [OK(확인)]를 클릭합니다.

④ Layers(레이어) 패널 상단의 'Opacity(불투명도) : 80%'로 불투명도를 설정하고 합성합니다.

⑤ Ctrl + J 를 눌러 레이어로 복사한 후 Layers(레이어) 패널에서 복사된 'Puzzle 3 copy' 레이어의 'Layer thumbnail(레이어 축소판)'을 더블 클릭하여 Color Picker(색상 피커(단색))에서 'Color(색상) : #6699ff'로 설정한 후 [OK(확인)]를 클릭합니다.

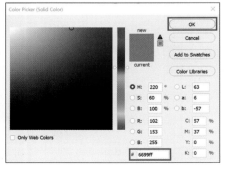

⑥ Ctrl+T를 눌러 축소와 회전을 조절하여 배치합니다. Layers(레이어) 패널 상단의 'Opacity (불투명도) : 60%'를 설정하여 합성합니다.

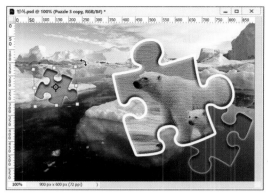 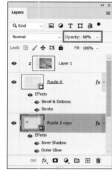

05 문자 입력하고 왜곡 및 레이어 스타일 적용하기

① Horizontal Type Tool(수평 문자 도구, T)로 작업 이미지를 클릭하고 Options Bar(옵션 바)에서 'Font(글꼴) : Times New Roman, Set font style(글꼴 스타일 설정) : Bold, Set font Size(글꼴 크기) : 68pt, Color(색상) : #ffffff'를 설정한 후 Polar Bear를 입력합니다.

② Options Bar(옵션 바)에서 Create warped text(뒤틀어진 텍스트 만들기, 工)를 클릭하여 [Warp Text(텍스트 뒤틀기)] 대화상자에서 'Style(스타일) : Shell Lower(아래가 넓은 조개), Horizontal(가로) : 체크, Bend(구부리기) : 50%'를 설정하여 문자 모양을 왜곡합니다.

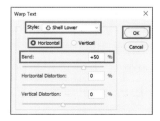

③ Layers(레이어) 패널 하단에 'Add a layer style(레이어 스타일 추가, fx.)'을 클릭하여 [Stroke(획)]를 선택한 후 'Size(크기) : 5px, Color(색상) : #993300'으로 설정합니다. 계속해서 [Drop Shadow(드롭 섀도)]를 선택하고 'Angle(각도) : 120°, Use Global Light(전체 조명 사용) : 체크 해제, Distance(거리) : 10px, Size(크기) : 9px'로 설정하고 [OK(확인)]를 클릭합니다.

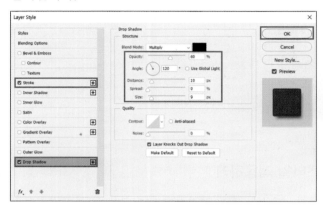

④ Horizontal Type Tool(수평 문자 도구, T)로 작업 이미지를 클릭하고 Options Bar(옵션 바)에서 'Font(글꼴) : 돋움, Set font Size(글꼴 크기) : 25pt, Set anti-aliasing method(앤티 앨리어싱 방법 설정) : Strong(강하게), Color(색상) : #ffffff'를 설정한 후 기후변화로부터 북극의 빙하를 지켜 주세요!를 입력합니다.

⑥ Options Bar(옵션 바)에서 Create warped text(뒤틀어진 텍스트 만들기, ㅈ)를 클릭하여 [Warp Text(텍스트 뒤틀기)] 대화상자에서 'Style(스타일) : Flag(깃발), Horizontal(가로) : 체크, Bend(구부리기) : 50%'를 설정하여 문자 모양을 왜곡합니다.

⑦ Layers(레이어) 패널 하단에 'Add a layer style(레이어 스타일 추가, fx.)'을 클릭하여 [Stroke(획)]를 선택한 후 'Size(크기) : 2px, Color (색상) : #996633'으로 설정하고 [OK(확인)]를 클릭합니다.

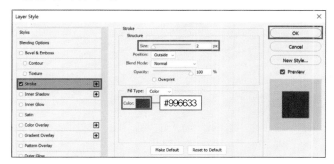

03
PART

최신 기출 유형
따라하기

최신 기출 유형 따라하기

▶ 동영상 무료

급수	문제유형	시험시간	수험번호	성명
2급	A	90분		

수 험 자 유 의 사 항

- 수험자는 문제지를 받는 즉시 응시하고자 하는 **과목 및 급수가 맞는지 확인**한 후 수험번호와 성명을 작성합니다.
- 파일명은 본인의 "수험번호−성명−문제번호"로 공백 없이 정확히 입력하고 답안폴더(내 PC\문서\GTQ)에 jpg 파일과 psd 파일의 2가지 포맷으로 저장해야 하며, jpg 파일과 psd 파일의 내용이 상이할 경우 0점 처리됩니다. 답안문서 파일명이 "수험번호−성명−문제번호"와 일치하지 않거나, 답안 파일을 전송하지 않아 미제출로 처리될 경우 불합격 처리됩니다.
- 문제의 세부조건은 '영문(한글)' 형식으로 표기되어 있으니 유의하시기 바랍니다.
- 수험자 정보와 저장한 파일명, 저장 위치가 다를 경우 전송이 되지 않으므로, 주의하시기 바랍니다.
- 답안 작성 중에도 **주기적으로 '저장'과 '답안 전송'**을 이용하여 감독위원 PC로 답안을 전송하셔야 합니다.(※ 작업한 내용을 **저장하지 않고 전송할 경우** 이전의 저장내용이 전송되오니 이점 반드시 유념하시기 바랍니다.)
- 답안문서는 지정된 경로 외의 다른 보조기억장치에 저장하는 행위, 지정된 시험 시간 외에 작성된 파일을 활용한 행위, 기타 통신수단(이메일, 메신저, 네트워크 등)을 이용하여 타인에게 전달 또는 외부 반출하는 행위는 부정으로 간주되어 자격기본법 제32조에 의거 본 시험 및 국가공인 자격시험을 2년간 응시할 수 없습니다.
- 시험 중 부주의 또는 고의로 시스템을 파손한 경우와 〈수험자 유의사항〉에 기재된 방법대로 이행하지 않아 생기는 불이익은 수험자의 책임임을 알려 드립니다.
- 시험을 완료한 수험자는 최종적으로 저장한 답안파일이 전송되었는지 확인한 후 감독위원의 지시에 따라 문제지를 제출하고 퇴실합니다.

답 안 작 성 요 령

- **온라인 답안 작성 절차**
  수험자 등록 ⇒ 시험 시작 ⇒ 답안파일 저장 ⇒ 답안 전송 ⇒ 시험 종료
- 내 PC\문서\GTQ\Image폴더에 있는 그림 원본파일을 사용하여 답안을 작성하시고 최종답안을 답안폴더(내 PC\문서\GTQ)에 저장하여 답안을 전송하시고, 이미지의 크기가 다른 경우 감점 처리됩니다.
- 배점은 총 100점으로 이루어지며, 점수는 각 문제별로 차등 배분됩니다.
- 각 문제는 주어진 〈조건〉에 따라 작성하고, 언급하지 않은 조건은 《출력형태》와 같이 작성합니다.
- 배치 등의 편의를 위해 주어진 눈금자의 단위는 '픽셀'입니다.
  그 외는 출력형태(효과, 이미지, 문자, 색상, 레이아웃, 규격 등)와 같게 작업하십시오.
- 문제 조건에 서체의 지정이 없을 경우 한글은 굴림이나 돋움, 영문은 Arial로 작업하십시오.
  (단, 그 외에 제시되지 않은 문자 속성을 기본값으로 작성하지 않은 경우는 감점 처리됩니다.)
- Image Mode(이미지 모드)는 별도의 처리조건이 없을 경우에는 RGB(8비트)로 작업하십시오.
- 모든 답안 파일은 해상도 72Pixels/Inch로 작업하십시오.
- Layer(레이어)는 각 기능별로 분할해야 하며, 임의로 합칠 경우나 각 기능에 대한 속성을 해지할 경우 해당 요소는 0점 처리됩니다.

한 국 생 산 성 본 부

다음의 《조건》에 따라 아래의 《출력형태》와 같이 작업하시오.

출력형태

조건

원본 이미지	Part03₩2급−1.jpg		
파일저장규칙	JPG	파일명	문서₩GTQ₩수험번호−성명−1.jpg
		크기	400×500 pixels
	PSD	파일명	문서₩GTQ₩수험번호−성명−1.psd
		크기	40×50 pixels

1. 그림 효과
① 복제 및 변형 : 향수병
② Shape Tool(모양 도구) 사용 :
　– 장식 모양(#330033, 레이어 스타일 – Bevel & Emboss(경사와 엠보스))
　– 꽃 모양(#ff6699, #ff9999, 레이어 스타일 – Drop Shadow(그림자 효과))

2. 문자 효과
① 향기로운 시간...(돋움, 37pt, 레이어 스타일 – 그레이디언트 오버레이(#ff66cc, #ffffcc), Stroke(선/획)(2px, #000000))

다음의 《조건》에 따라 아래의 《출력형태》와 같이 작업하시오.

출력형태

조건

원본 이미지	Part03₩2급−2.jpg, 2급−3.jpg, 2급−4.jpg		
파일저장규칙	JPG	파일명	문서₩GTQ₩수험번호−성명−1.jpg
		크기	400×500 pixels
	PSD	파일명	문서₩GTQ₩수험번호−성명−1.psd
		크기	40×50 pixels

1. 그림 효과
① 색상 보정 : 2급−3.jpg – 자주색 계열로 보정, 레이어 스타일 – Drop Shadow(그림자 효과)
② 액자 제작 :
　필터 – Patchwork(패치워크/이어붙이기), 안쪽 테두리(5px, #ff0066), 레이어 스타일 – Drop Shadow(그림자 효과)
③ 2급−4.jpg : 레이어 스타일 – Drop Shadow(그림자 효과)

2. 문자 효과
① 진한 향의 결정 EAU DE PARFUM(바탕, 25pt, #000000, 레이어 스타일 – Stroke(선/획)(2px, #cc9999))

다음의 《조건》에 따라 아래의 《출력형태》와 같이 작업하시오.

조건

원본 이미지		Part03₩2급-5.jpg, 2급-6.jpg, 2급-7.jpg, 2급-8.jpg	
파일저장규칙	JPG	파일명	문서₩GTQ₩수험번호-성명-3.jpg
		크기	600×400 pixels
	PSD	파일명	문서₩GTQ₩수험번호-성명-3.psd
		크기	60×40 pixels

1. 그림 효과
① 배경 : #ccccff
② 2급-5.jpg : 필터 - Texturizer(텍스처화), 레이어 마스크 - 가로 방향으로 흐릿하게
③ 2급-6.jpg : 레이어 스타일 - Bevel and Emboss(경사와 엠보스)
④ 2급-7.jpg : 레이어 스타일 - Drop Shadow(그림자 효과)
⑤ 2급-8.jpg : 레이어 스타일 - Inner Glow(내부 광선)
⑥ 그 외 《출력형태》 참조

2. 문자 효과
① 향기 가득한 이야기를 담아요!(바탕, 25pt, #ffffcc, 레이어 스타일 - Stroke(선/획)(2px, #660066), Drop Shadow(그림자 효과))
② CANDLE STORY(Arial, Regular, 38pt, 레이어 스타일 - Stroke(선/획)(2px, #660000, 그레이디언트 오버레이 (#663399, #ffffff)))

출력형태

Shape Tool(모양 도구) 사용
레이어 스타일 - Stroke(선/획)(2px, #ffffff),
그레이디언트 오버레이(#333366, #ffcc99)

Shape Tool(모양 도구) 사용
#ff9999,
레이어 스타일 - Drop Shadow(그림자 효과),

다음의 《조건》에 따라 아래의 《출력형태》와 같이 작업하시오.

조건

원본 이미지	Part03₩2급-9.jpg, 2급-10.jpg, 2급-11.jpg, 2급-12.jpg, 2급-13.jpg		
파일저장규칙	JPG	파일명	문서₩GTQ₩수험번호-성명-4.jpg
		크기	600×400 pixels
	PSD	파일명	문서₩GTQ₩수험번호-성명-4.psd
		크기	60×40 pixels

1. 그림 효과

① 2급-9.jpg : 필터 – Dry Brush(드라이 브러시)

② 2급-10.jpg : 레이어 스타일 – Drop Shadow(그림자 효과), Bevel and Emboss(경사와 엠보스)

③ 2급-11.jpg : 레이어 스타일 – Inner Glow(내부 광선)

④ 2급-12.jpg : 필터 – Rough Pastels(거친 파스텔 효과)

⑤ 2급-13.jpg : 레이어 스타일 – Drop Shadow(그림자 효과), Opacity(불투명도)(70%)

⑥ 그 외 《출력형태》 참조

2. 문자 효과

① 천연 디퓨저 만들기 행사(바탕, 22pt, #333366, 레이어 스타일 – Outer Glow(외부 광선))

② 향기로 가득한 나만의 공간(돋움, 25pt, 레이어 스타일 – 그레이디언트 오버레이(#cc0000, #006633), Stroke(선/획) (2px, #ffffff))

③ Perfume Diffuser(Times New Roman, Bold, 48pt, #ffffff, 레이어 스타일 – Drop Shadow(그림자 효과), Stroke(선/획) (3px, #993333))

출력형태

Shape Tool (모양 도구) 사용 Drop Shadow (그림자 효과), Stroke(선/획) (3px,#cc9933)

Shape Tool(모양 도구) 사용 #006600, 레이어 스타일 – Bevel and Emboss(경사와 엠보스)

Shape Tool(모양 도구) 사용 그레이디언트 오버레이 (#006600, #ffff00), Drop Shadow(그림자 효과), Opacity(불투명도)(70%)

작업과정	새 작업 이미지 만들고 파일 저장하기 ▶ 선택 영역 만들고 복제 및 변형하기 ▶ 모양 생성 및 레이어 스타일 적용 ▶ 문자 입력 및 레이어 스타일 적용 ▶ 정답 파일 저장
완성이미지	Part03\정답파일\수험번호-성명-1.jpg, 수험번호-성명-1.psd

01 새 작업 이미지 만들고 파일 저장하기

01 [File(파일)]-[New(새로 만들기)]([Ctrl]+[N])를 선택하고 'Width(폭) : 400Pixels(픽셀),
Height(높이) : 500Pixels(픽셀), Resolution(해상도) : 72Pixels/Inch(픽셀/인치), Color
Mode(색상 모드) : RGB Color(RGB 색상), 8bit(비트), Background Contents(배경 내용)
: White(흰색)'를 설정하여 새 작업 이미지를 만듭니다.

합격생의 비법

새 작업 이미지를 설정하는 화면이 아래와 같다면, [Edit(편집)]-[Preferences(환경설정)]-[General(일반)]의 Options(옵션)에서
'Use Legacy "New Document" Interface'를 체크하여 설정을 바꿀 수 있습니다.

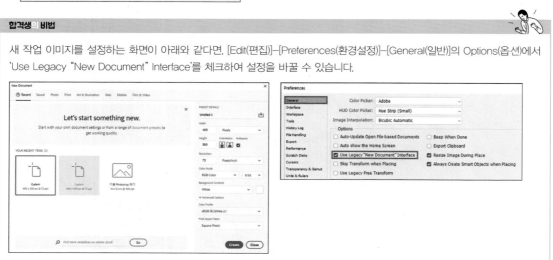

02 [Edit(편집)]-[Preference(환경설정)]([Ctrl]+[K])를 클릭하고 [Guides, Grid & Slices(안내선, 격자와 슬라이스)]를 선택하여 Grid(격자)의 'Color(색상)'를 클릭하여 밝은 색상으로 변경한 후 'Gridline Every(격자 간격) : 100Pixels(픽셀), Subdivisions(세분) : 1'로 설정합니다.

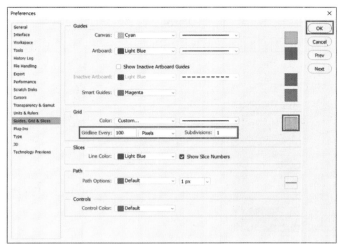

합격생의 비법

'Grid Color(격자 색상)'는 작업 이미지와 구별되는 임의의 밝은 색상으로 변경합니다.

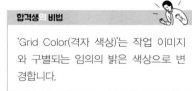

03 [View(보기)]-[Show(표시)]-[Grid(격자)]([Ctrl]+['])와 [View(보기)]-[Rulers(눈금자)]([Ctrl]+[R])를 선택하여 격자와 눈금자를 표시합니다.

합격생의 비법

Grid(격자)는 작업 이미지 전체에 균일한 격자 간격을 표시하여 전체 레이아웃 설정에 도움을 줍니다.

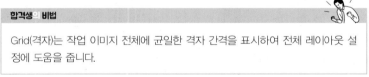

04 [File(파일)]-[Save As(다른 이름으로 저장)]([Shift]+[Ctrl]+[S])를 선택한 후 임의 경로에 '파일 이름 : 수험번호-성명-문제번호, 파일 형식 : Photoshop(*PSD)'으로 지정하여 파일을 저장합니다.

합격생의 비법

임의 경로에 저장한 파일은 작업을 완료한 후 수정사항 및 오류 발생에 대비하여 저장하는 파일로 감독관 컴퓨터로 전송하지는 않습니다. 최종 답안 파일 전송 후 퇴실 전에 삭제합니다.

02 선택 영역 만들고 복제 및 변형하기

01 [File(파일)]-[Open(열기)]([Ctrl]+[O])을 선택하여 2급-1.jpg를 불러옵니다. [Select(선택)]-[All(모두)]([Ctrl]+[A])로 이미지 전체를 선택한 후 [Edit(편집)]-[Copy(복사하기)]([Ctrl]+[C])로 복사합니다. 작업 이미지를 선택하여 [Edit(편집)]-[Paste(붙여넣기)]([Ctrl]+[V])로 붙여넣고, [Edit(편집)]-[Transform(변형)]([Ctrl]+[T])을 클릭하고 [Shift]를 누른 채 조절점을 드래그하여 크기를 조절하여 배치합니다.

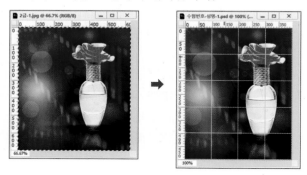

02 Object Selection Tool(개체 선택 도구,)을 클릭하고 Options Bar(옵션 바)에서 'Mode (모드) : Rectangle(사각형)'을 선택하고 향수병 이미지에 드래그하여 선택합니다.

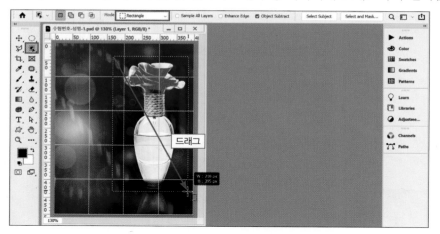

합격생 비법

Object Selection Tool(개체 선택 도구,)로 드래그하여 주변 이미지와 명확한 차이가 있는 복잡한 이미지의 선택 영역을 지정할 수 있습니다. 선택하려는 이미지 영역 이외의 불필요한 배경 또는 겹쳐져 있는 이미지는 선택 영역으로 지정하지 않습니다.

---

03 Quick Selection Tool(빠른 선택 도구,)을 클릭하고 Options Bar(옵션 바)에서 Add to selection(선택 영역에 추가,)를 클릭하고 브러시의 크기를 조절한 후 추가로 선택할 부분에 드래그하여 선택을 추가합니다. Subtract from selection(선택 영역에서 빼기,)을 클릭하고 선택에서 제외할 영역에 클릭 또는 드래그하여 선택합니다.

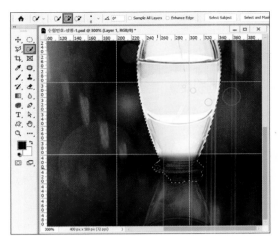
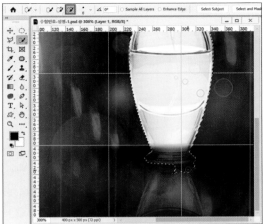

합격생의 비법

브러시 크기를 조절하기

Quick Selection Tool(빠른 선택 도구,)로 선택할 때 키보드의 [[ ], [ ]]를 누르면 옵션 바를 거치지 않고 브러시의 크기를 바로 점증적으로 조절할 수 있습니다.

합격생의 비법

선택 도구로 이미지를 선택하는 도중에 [Shift]를 누르면 선택 영역 추가를, [Alt]를 누르면 기존 선택 영역에서 빼기 옵션으로 변경이 가능합니다.

04 Options Bar(옵션 바)에서 'Select and Mask(선택 및 마스크)'를 클릭하고 'Properties(속성)'에서 'Radius(반경) : 1px, Smooth(매끄럽게) : 1'을 설정한 후 브러시의 크기를 조절하여 이미지의 경계 부분을 드래그하고 [OK(확인)]를 클릭합니다.

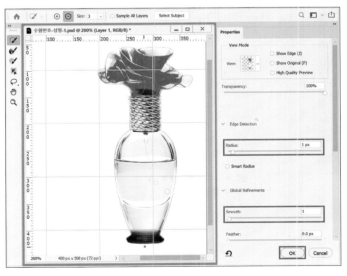

합격생의 비법

'Select and Mask(선택 및 마스크)'에서 'Radius(반경), Smooth(매끄럽게)'의 수치를 조절하고 브러시의 크기를 조절하여 선택을 추가하거나 빼기를 하여 선택을 정교하게 할 수 있습니다.

05 [Layer(레이어)]-[New(새로 만들기)]-[Layer Via Copy(복사한 레이어)](Ctrl)+(J))를 클릭하고 레이어를 복사합니다. [Edit(편집)]-[Free Transform(자유변형)](Ctrl)+(T))을 클릭하고 (Shift)를 누른 채 크기를 조절하고, 마우스 오른쪽 버튼을 눌러 [Flip Horizontal(가로로 뒤집기)]로 뒤집은 후 그림과 같이 회전하여 배치하고 (Enter)를 눌러 적용합니다.

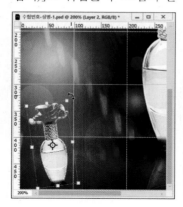

합격생의 비법

종횡비에 맞게 크기 조절하기

• (Shift)를 누른 채 조절점을 드래그 합니다.
• Options Bar(옵션 바)의 'Maintain aspect ratio(종횡비 유지), ∞)'를 클릭한 후 조절점을 드래그 합니다. 또는 W(폭)이나 H(높이) 위에 마우스로 드래그하거나 수치를 입력합니다.

03 모양 생성 및 레이어 스타일 적용

01 Custom Shape Tool(사용자 정의 모양 도구, ☞)을 클릭하고 Options Bar(옵션 바)에서 'Shape(모양), Fill(칠) : #ff6699, Stroke(획) : No Color(색상 없음)'로 설정한 후 목록 단추에서 [Legacy Shapes and More(레거시 모양 및 기타)]-[All Legacy Default Shapes(모든 레거시 기본 모양)]-[Nature(자연)]를 클릭합니다. 'Flower 7(꽃 7, ✳)'을 클릭한 후 (Shift)를 누르고 모양을 그립니다.

합격생의 비법

제시된 6자리의 색상 코드는 입력 순서대로 2자리씩 동일합니다. '#ff6699'면 'f69'를 입력해도 됩니다.

Legacy Shapes and More(레거시 모양 및 기타)로 이전 버전의 사용자 정의 모양 도구 추가하기

[Window(창)]–[Shapes(모양)]을 클릭하고 Shapes Panel(모양 패널)의 팝업 메뉴에서 'Legacy Shapes and More(레거시 모양 및 기타)'를 클릭하여 이전 버전의 사용자 정의 모양 라이브러리를 추가할 수 있습니다.

Custom Shape Tool(사용자 정의 모양 도구, ⬚)로 모양을 그릴 때는 [Shift]를 누른 채 드래그하면 원래 등록된 비율대로 모양을 그릴 수 있습니다.

02 Layers(레이어) 패널 하단에 'Add a layer style(레이어 스타일 추가, [fx.])'을 클릭하여 [Drop Shadow(드롭 섀도)]를 선택하고 'Opacity(불투명도) : 75%, Angle(각도) : 90°, Distance (거리) : 5px, Size(크기) : 5px'를 설정하고 [OK(확인)]를 클릭합니다.

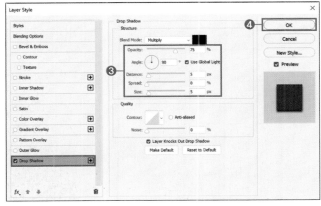

03 [Layer(레이어)]−[New(새로 만들기)]−[Shape Layer Via Copy(복사한 모양 레이어)]([Ctrl]+[J])를 클릭합니다. Layers(레이어) 패널에서 복사한 'Flower 7 1 copy' 레이어의 'Layer thumbnail(레이어 축소판)'을 더블 클릭하여 Color Picker(색상 픽커)에서 'Color(색상) : #ff9999'로 설정한 후 [OK(확인)]를 클릭합니다. [Edit(편집)]−[Free Transform Path(패스 자유 변형)]([Ctrl]+[T])를 클릭하고 조절점 밖을 드래그하여 회전하여 배치합니다.

 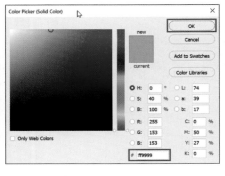 

04 Custom Shape Tool(사용자 정의 모양 도구, 🖈)을 클릭하고 Options Bar(옵션 바)에서 'Shape(모양), Fill(칠) : #330033, Stroke(획) : No Color(색상 없음), Shape(모양) : Hedera 3(헤데라 3, 🥨)을 설정한 후 [Shift]를 누른 채 드래그하여 모양을 그립니다. [Ctrl]+[T]를 눌러 시계방향으로 회전하고 배치합니다.

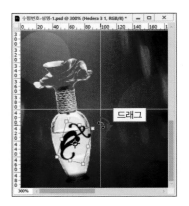

합격생의 비법

[Legacy Shapes and More(레거시 모양 및 기타)]−[All Legacy Default Shapes (모든 레거시 기본 모양)]−[Ornaments(장식)]

05 Layers(레이어) 패널 하단에 'Add a layer style(레이어 스타일 추가, *fx*)'을 클릭하여 [Bevel & Emboss(경사와 엠보스)]를 선택하고 'Style(스타일) : Inner Bevel(내부 경사), Direction(방향) : Up(위), Size(크기) : 5px'를 설정하고 [OK(확인)]를 클릭합니다.

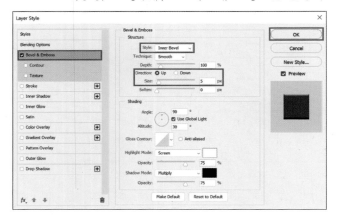

04 문자 입력 및 레이어 스타일 적용

01 Horizontal Type Tool(수평 문자 도구, **T**)로 작업 이미지를 클릭하고 Options Bar(옵션 바)에서 'Font(글꼴) : 돋움, Set font size(글꼴 크기) : 37pt, Set anti-aliasing method(앤티 앨리어싱 방법 설정) : Strong(강하게), Color(색상) : 임의 색상'으로 설정한 후 향기로운 시간...을 입력합니다.

합격생의 비법

한글 글꼴을 적용할 때 Options Bar(옵션 바)에서 'Set anti-aliasing method(앤티 앨리어싱 방법 설정)'을 'Strong(강하게)'으로 설정하면 문자를 진하게 표현할 수 있습니다.

합격생의 비법

한글로 한글 폰트를 표시하는 방법은 [Edit(편집)]-[Preference(환경설정)]-[Type(문자)]를 선택한 후 Type Options(문자 옵션)에서 'Show Font Names in English(글꼴 이름을 영어로 표시)'에 체크를 해제합니다.

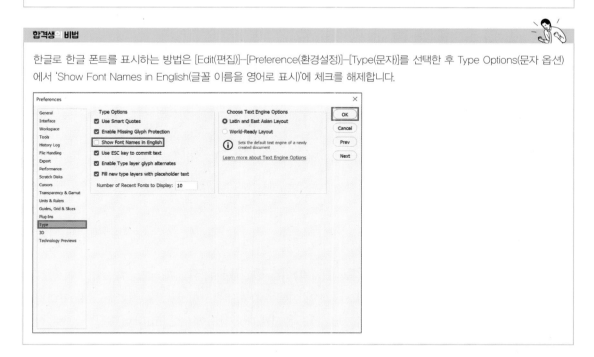

02 Layers(레이어) 패널 하단에 'Add a layer style(레이어 스타일 추가, [fx])'을 클릭하여 [Stroke(획)]를 선택하고 'Size(크기) : 2px, Color(색상) : #000000'으로 설정합니다. 계속해서 [Gradient Overlay(그레이디언트 오버레이)]를 선택하고 'Click to edit the gradient(클릭하여 그레이디언트 편집)'를 클릭합니다. 그레이디언트 슬라이더 왼쪽 하단의 'Color Stop(색상 정지점)'을 더블 클릭하여 #ff66cc를, 오른쪽 'Color Stop(색상 정지점)'을 더블 클릭하여 #ffffcc로 설정한 후 'Style(스타일) : Linear(선형), Angle(각도) : 90°로 설정합니다.

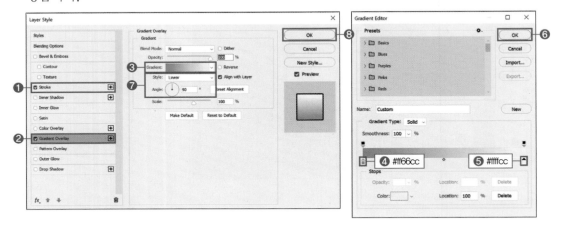

03 [File(파일)]-[Save(저장)]([Ctrl]+[S])를 선택하여 저장합니다.

05 정답 파일 저장

01 [View(보기)]-[Show(표시)]-[Grid(격자)]([Ctrl]+[']')를 선택하여 격자를 가립니다.

02 [File(파일)]-[Save As(다른 이름으로 저장)]([Shift]+[Ctrl]+[S])를 선택하고 '저장 위치 : 내 PC\문서\GTQ, 파일 형식 : JPEG, 파일 이름 : 수험번호-성명-문제번호.jpg'를 입력하고 [저장]을 클릭한 후 [JPEG Options(JPEG 옵션)] 대화상자에서 'Quality(품질) : 8'로 설정하고 [OK(확인)]를 클릭합니다.

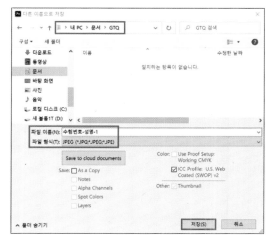

합격생 비법

'파일 형식 : JPEG'를 먼저 설정하면 '파일 이름'에 '.jpg'를 입력하지 않아도 해당 형식으로 저장됩니다.

03 [Image(이미지)]–[Image Size(이미지 크기)]](Alt+Ctrl+I)를 선택하고 'Constrain aspect ratio(종횡비 제한) : 클릭, Width(폭) : 40Pixels(픽셀), Height(높이) : 50Pixels(픽셀)'로 입력하여 이미지 크기를 1/10로 축소한 후 [OK(확인)]를 클릭합니다.

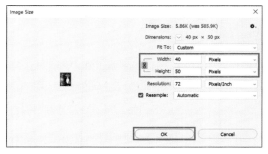
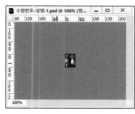

합격생 비법

'Constrain aspect ratio(종횡비 제한) : 클릭'를 하였으므로 'Width(폭) : 40Pixels(픽셀)'만 입력해도 자동으로 'Height(높이) : 50Pixels(픽셀)'이 설정됩니다.

04 [File(파일)]–[Save As(다른 이름으로 저장)]](Shift+Ctrl+S)를 선택하고 '저장 위치 : 내 PC₩문서₩GTQ, 파일 형식 : Photoshop(*.PSD, *.PDD), 파일 이름 : 수험번호–성명–문제번호.psd'를 입력하고 [저장]을 클릭합니다.

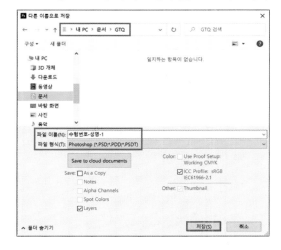

05 답안 저장이 완료가 되면 [File(파일)]-[Close(닫기)]([Ctrl]+[W])를 선택하여 파일을 닫고 수험 프로그램에서 [답안 전송]을 클릭하여 psd와 jpg 파일을 감독관 컴퓨터로 전송합니다.

<table>
<tr><td colspan="2">문제 02   [기능평가] 사진편집 기초</td></tr>
<tr><td>작업과정</td><td>새 작업 이미지 만들기 및 파일 저장하기 ▶ 필터 적용 및 액자 제작 ▶ 이미지 합성 및 색상 보정, 레이어 스타일 적용 ▶ 문자 입력 및 레이어 스타일 적용 ▶ 정답 파일 저장</td></tr>
<tr><td>완성이미지</td><td>Part03₩정답파일₩수험번호-성명-2.jpg, 수험번호-성명-2.psd</td></tr>
</table>

01 새 작업 이미지 만들기 및 파일 저장하기

01 [File(파일)]-[New(새로 만들기)]([Ctrl]+[N])를 선택하고 'Width(폭) : 400Pixels(픽셀), Height(높이) : 500Pixels(픽셀), Resolution(해상도) : 72Pixels/Inch(픽셀/인치), Color Mode(색상 모드) : RGB Color(RGB 색상), 8bit(비트), Background Contents(배경 내용) : White(흰색)'로 설정하여 새 작업 이미지를 만듭니다.

02 [Edit(편집)]-[Preference(환경설정)]([Ctrl]+[K])-[Guides, Grid & Slices(안내선, 격자와 슬라이스)]를 선택하고 Grid(격자)의 'Color(색상)'를 클릭하여 밝은 색상으로 변경한 후 'Gridline Every(격자 간격) : 100Pixels(픽셀), Subdivisions(세분) : 1'로 설정합니다.

03 [View(보기)]-[Show(표시)]-[Grid(격자)]([Ctrl]+['])와 [View(보기)]-[Rulers(눈금자)] ([Ctrl]+[R])를 선택하여 격자와 눈금자를 표시합니다.

04 작업 도큐먼트를 저장하기 위해 [File(파일)]-[Save As(다른 이름으로 저장)]([Shift]+[Ctrl]+ [S])를 선택하고 임의 경로에 수험번호-성명-문제번호.psd로 파일을 저장합니다.

합격생의 비법

작업 중 발생할 수 있는 에러나 시스템 오류에 대비하여 [Ctrl]+[S]를 수시로 눌러 저장합니다.

02 필터 적용 및 액자 제작

01 [File(파일)]-[Open(열기)]([Ctrl]+[O])을 선택하여 2급-2.jpg를 불러옵니다. [Ctrl]+[A]를 눌러 전체를 선택한 후 [Ctrl]+[C]를 눌러 복사하고, 작업 이미지를 선택하여 [Ctrl]+[V]로 붙여넣기를 합니다. [Ctrl]+[T]로 [Shift]를 누른 채 크기를 조절하고 그림과 같이 배치합니다.

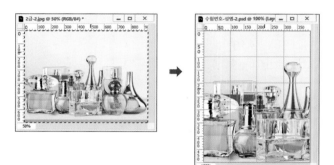

02 [Layer(레이어)]-[New(새로 만들기)]-[Layer Via Copy(복사한 레이어)]($\boxed{\text{Ctrl}}$+$\boxed{\text{J}}$)를 클릭하고 레이어를 복사합니다.

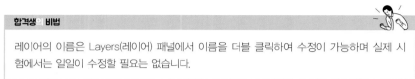

합격생 비법

레이어의 이름은 Layers(레이어) 패널에서 이름을 더블 클릭하여 수정이 가능하며 실제 시험에서는 일일이 수정할 필요는 없습니다.

03 [Filter(필터)]-[Filter Gallery(필터 갤러리)]-[Texture(텍스처)]-[Patchwork(패치워크/이어붙이기)]를 선택합니다.

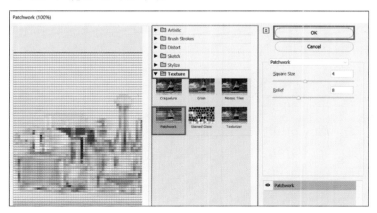

04 위쪽의 눈금자에서 아래로 드래그하여 작업 이미지의 세로 중앙인 250px의 위치에 안내선을 표시합니다.

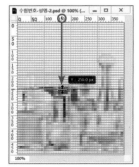

합격생 비법

안내선 표시 : $\boxed{\text{Ctrl}}$+$\boxed{;}$

05 Rectangular Marquee Tool(사각형 선택 윤곽 도구,)을 클릭하고 Options Bar(옵션 바)에서 'New selection(새 선택 영역, ▣), Feather(페더) : 0px, Style(스타일) : Fixed Size (크기 고정), Width(폭) : 280px, Height(높이) : 420px'를 설정합니다.

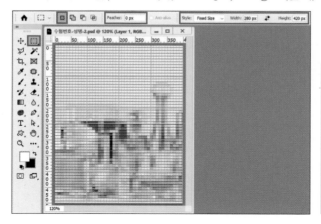

합격생의 비법

- 액자 프레임의 간격은 따로 제시되지 않습니다. 문제지 《출력형태》의 눈금자를 참조하여 제시된 액자 프레임의 간격을 설정합니다.
- 'Style(스타일)'을 'Fixed Size(사이즈 고정)'로 설정한 후 상하좌우 각각의 간격인 60px, 40px씩을 뺀 나머지 수치를 'Width(폭)'와 'Height(높이)'에 직접 입력합니다.

06 제시된 액자의 프레임을 만들기 위해서 격자와 안내선을 참고하여 Alt 를 누르고 작업 이미지의 중앙에 클릭하여 직사각형 모양으로 선택합니다.

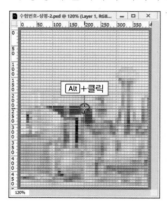 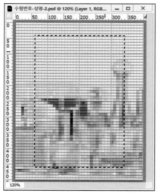

합격생의 비법

Alt 를 누르고 작업 이미지의 중앙을 클릭하면 작업 이미지의 중앙에서부터 선택이 가능합니다.

07 [Select(선택)]-[Modify(수정)]-[Smooth(매끄럽게)]를 클릭하여 'Sample Radius(샘플 반경) : 8pixels(픽셀)'을 설정하고 [OK(확인)]를 클릭하여 모서리를 둥글게 합니다. Delete 를 눌러 선택된 이미지를 삭제하고 프레임을 만듭니다.

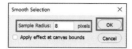 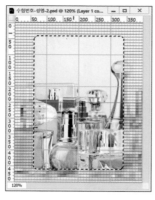

합격생의 비법

'Sample Radius(샘플 반경)'은 따로 제시되지 않습니다. 눈금자를 참고하여 적용하고, 결과가 다를 경우는 Ctrl + Z 로 작업 과정을 되돌린 후 다시 변경하여 적용합니다.

08 [Edit(편집)]─[Stroke(획)]를 클릭하여 'Width(폭) : 5px, Color(색상) : #ff0066, Location(위치) : Inside(안쪽), Mode(모드) : Normal(표준), Opacity(불투명도) : 100%, Preserve Transparency(투명도 유지) : 체크 해제'를 설정하고 [OK(확인)]를 클릭하여 안쪽 테두리를 적용합니다.

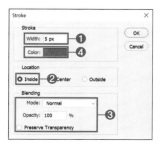 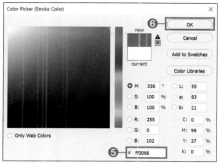 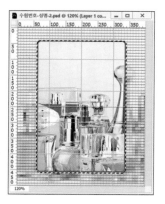

09 Ctrl+D를 눌러 선택을 해제하고 Layers(레이어) 패널 하단에 'Add a layer style(레이어 스타일 추가, fx)'을 클릭하여 [Drop Shadow (드롭 섀도)]를 선택하고 'Opacity (불투명도) : 75%, Angle(각도) : 120°, Distance(거리) : 5px, Size (크기) : 5px'를 설정하고 [OK(확 인)]를 클릭합니다.

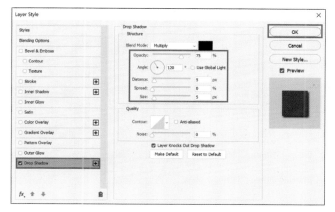

⑬ 이미지 합성 및 색상 보정, 레이어 스타일 적용

01 [File(파일)]─[Open(열기)](Ctrl+O)을 선택하여 2급-3.jpg를 불러온 후 Magic Wand Tool(자동 선택 도구, ✦)을 클릭하고 Options Bar(옵션 바)에서 'Add to selection(선택 영역에 추가, ⬚), Tolerance(허용치) : 32'를 설정하고 배경 부분을 여러 차례 클릭하여 선택 합니다.

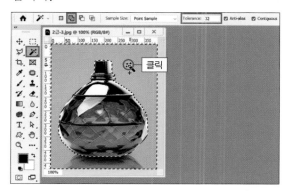

02 [Select(선택)]–[Inverse(선택 반전)]($\boxed{\text{Shift}}$+$\boxed{\text{Ctrl}}$+$\boxed{\text{I}}$)를 클릭한 후 $\boxed{\text{Ctrl}}$+$\boxed{\text{C}}$를 눌러 복사합니다.

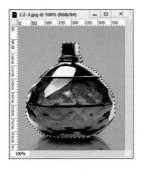

03 작업 이미지를 클릭하고 Layers(레이어) 패널에서 'Layer 1'을 클릭합니다. $\boxed{\text{Ctrl}}$+$\boxed{\text{V}}$로 붙여넣은 후 $\boxed{\text{Ctrl}}$+$\boxed{\text{T}}$를 눌러 $\boxed{\text{Shift}}$를 누른 채 드래그하여 크기를 조절하고 그림과 같이 배치합니다.

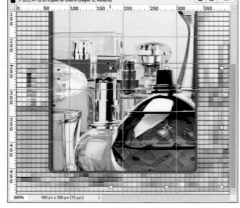

합격생의 비법

$\boxed{\text{Ctrl}}$+$\boxed{\text{V}}$로 붙여넣기를 하면 현재 선택된 레이어의 위쪽으로 붙여넣기가 됩니다.
또는 [Layer(레이어)]–[Arrang(정돈)]–[Send Backward(뒤로 보내기)]($\boxed{\text{Ctrl}}$+$\boxed{\text{[}}$)를 클릭하여 액자 프레임 레이어의 아래쪽으로 배치합니다.

04 Layers(레이어) 패널 하단에 'Add a layer style(레이어 스타일 추가, $\boxed{fx.}$)'을 클릭하여 [Drop Shadow(드롭 섀도)]를 선택하고 'Opacity(불투명도) : 75%, Angle(각도) : 120°, Distance(거리) : 10px, Size(크기) : 5px'를 설정하고 [OK(확인)]를 클릭합니다.

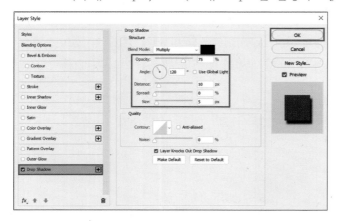

05 Layers(레이어) 패널에서 'Layer 2' 레이어의 'Layer thumbnail(레이어 축소판)'을 Ctrl 을 누르고 클릭하여 향수병 이미지를 빠르게 선택합니다.

 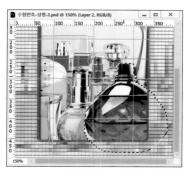

 합격생의 비법

Layers(레이어) 패널에서 'Layer thumbnail(레이어 축소판)'을 Ctrl 을 누르고 클릭하면 레이어의 투명 영역을 제외한 픽셀로 채워진 이미지만을 빠르게 선택할 수 있습니다.

06 Rectangular Marquee Tool(사각형 선택 윤곽 도구, ▦)을 클릭하고 Options Bar(옵션 바)에서 'Subtract from selection(선택 영역 빼기, ▣), Feather(페더) : 0px, Style(스타 일) : Normal(표준)'을 설정하고 향수병의 상단 부분에 그림과 같이 드래그합니다.

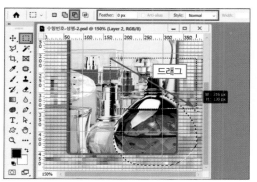 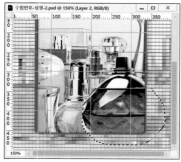

 합격생의 비법

- Subtract from selection(선택 영역 빼기, ▣)은 이미 선택된 이미지 영역에서 특정 영역의 선택을 빼고자 할 때 사용합니다.
- 선택 연산의 다른 설정에서도 Alt 를 누르고 드래그하여 선택 영역을 뺄 수 있습니다.

07 Layers(레이어) 패널 하단의 'Create new fill or adjustment layer(새 칠 또는 조정 레이 어 생성, ◑)'를 클릭하고 [Hue/Saturation(색조/채도)]을 선택합니다. Properties(속성) 패 널에서 'Colorize(색상화) : 체크, Hue(색조) : 320, Saturation(채도) : 95, Lightness(명 도) : −10'으로 설정하여 자주색 계열로 색상을 보정합니다.

  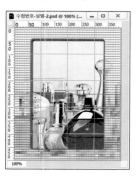

08 [File(파일)]−[Open(열기)]($\boxed{\text{Ctrl}}$+$\boxed{\text{O}}$)을
선택하여 2급-4.jpg를 불러온 후, Ob-
ject Selection Tool(개체 선택 도구,
$\boxed{\text{🔲}}$)을 클릭하고 Options Bar(옵션 바)
에서 'Mode(모드) : Rectangle(사각형)'
을 선택하고 장미 이미지에 드래그하여
선택한 후, $\boxed{\text{Ctrl}}$+$\boxed{\text{C}}$를 눌러 복사합니다.

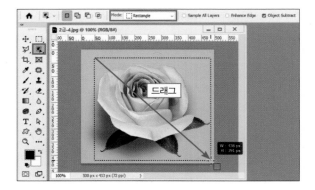

09 작업 이미지를 클릭한 후, Layers(레이어) 패널에서 'Layer 1 copy'를 클릭합니다. $\boxed{\text{Ctrl}}$+$\boxed{\text{V}}$
로 붙여넣은 후 $\boxed{\text{Ctrl}}$+$\boxed{\text{T}}$를 눌러 $\boxed{\text{Shift}}$를 누른 채 드래그하여 크기를 조절하고 그림과 같이 회
전하여 배치합니다.

 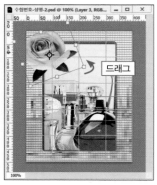

10 Layers(레이어) 패널 하단에 'Add a layer style(레이어 스타일 추가, $\boxed{fx.}$)'을 클릭하여 [Drop
Shadow(드롭 섀도)]를 선택하고 'Distance(거리) : 5px, Size(크기) : 5px'를 설정하고
[OK(확인)]를 클릭합니다.

🄰🄳 문자 입력 및 레이어 스타일 적용

01 Horizontal Type Tool(수평 문자 도구, $\boxed{\text{T}}$)로 작업 이미지를 클릭하고 Options Bar(옵션
바)에서 'Font(글꼴) : 바탕, Set font size(글꼴 크기) : 25pt, Set anti−aliasing
method(앤티 앨리어싱 방법 설정) : Strong(강하게), Center text(텍스트 중앙 정렬, $\boxed{\text{틀}}$),
Color(색상) : #000000'으로 설정한 후 진한 향의 결정 EAU DE PARFUM을 입력합니다.

02 Options Bar(옵션 바)에서 Create warped text(뒤틀어진 텍스트 만들기, 기)를 클릭하여 [Warp Text(텍스트 뒤틀기)] 대화상자에서 'Style(스타일) : Rise(상승), Horizontal(가로) : 체크, Bend(구부리기) : 70%'를 설정하여 문자의 모양을 왜곡합니다.

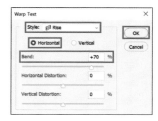 

03 Layers(레이어) 패널 하단에 'Add a layer style(레이어 스타일 추가, fx)'을 클릭하여 [Stroke(획)]를 선택하여 'Size(크기) : 2px, Color(색상) : #cc9999'로 설정합니다.

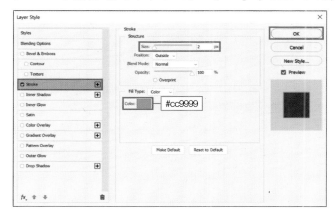

04 [File(파일)]-[Save(저장)](Ctrl+S)를 선택하여 파일을 저장합니다.

05 정답 파일 저장

01 [View(보기)]-[Show(표시)]-[Grid(격자)](Ctrl+')와 [Guides(안내선)](Ctrl+;)를 각각 선택하여 격자와 안내선을 가립니다.

02 [File(파일)]-[Save As(다른 이름으로 저장)]($\boxed{\text{Shift}}$+$\boxed{\text{Ctrl}}$+$\boxed{\text{S}}$)를 선택하고 '저장 위치 : 내 PC₩문서₩GTQ, 파일 형식 : JPEG, 파일 이름 : 수험번호-성명-문제번호.jpg'를 입력하고 [저장]을 클릭한 후 [JPEG Options(JPEG 옵션)] 대화상자에서 'Quality(품질) : 8'로 설정하고 [OK(확인)]를 클릭합니다.

03 [Image(이미지)]-[Image Size(이미지 크기)]($\boxed{\text{Alt}}$+$\boxed{\text{Ctrl}}$+$\boxed{\text{I}}$)를 선택하고 'Constrain aspect ratio(종횡비 제한) : 클릭, Width(폭) : 40Pixels(픽셀), Height(높이) : 50Pixels(픽셀)'로 입력하여 이미지 크기를 1/10로 축소한 후 [OK(확인)]를 클릭합니다.

04 [File(파일)]-[Save As(다른 이름으로 저장)]($\boxed{\text{Shift}}$+$\boxed{\text{Ctrl}}$+$\boxed{\text{S}}$)를 선택하고 '저장 위치 : 내 PC₩문서₩GTQ, 파일 형식 : Photoshop(*.PSD, *.PDD), 파일 이름 : 수험번호-성명-문제번호.psd'를 입력하고 [저장]을 클릭합니다.

05 답안 저장이 완료가 되면 [File(파일)]-[Close(닫기)]($\boxed{\text{Ctrl}}$+$\boxed{\text{W}}$)를 선택하여 파일을 닫고 수험 프로그램에서 [답안 전송]을 클릭하여 psd와 jpg 파일을 감독관 컴퓨터로 전송합니다.

문제 03 [기능평가] 사진편집

작업과정	새 작업 이미지 만들기 및 파일 저장하기 ▶ 배경색 적용 ▶ 필터 및 레이어 마스크 적용하여 합성하기 ▶ 이미지 선택 및 레이어 스타일 적용 ▶ 모양 생성 및 레이어 스타일 적용 ▶ 문자 입력 및 왜곡, 레이어 스타일 적용 ▶ 정답 파일 저장
완성이미지	Part03₩정답파일₩수험번호-성명-3.jpg, 수험번호-성명-3.psd

01 새 작업 이미지 만들기 및 파일 저장하기

01 [File(파일)]-[New(새로 만들기)]($\boxed{\text{Ctrl}}$+$\boxed{\text{N}}$)를 선택하고 'Width(폭) : 600Pixels(픽셀), Height(높이) : 400Pixels(픽셀), Resolution(해상도) : 72Pixels/Inch(픽셀/인치), Color Mode(색상 모드) : RGB Color(RGB 색상), 8bit(비트), Background Contents(배경 내용) : White(흰색)'로 설정하여 새 작업 이미지를 만듭니다.

02 [Edit(편집)]-[Preference(환경설정)]($\boxed{\text{Ctrl}}$+$\boxed{\text{K}}$)-[Guides, Grid & Slices(안내선, 격자와 슬라이스)]를 선택하고 Grid(격자)의 'Color(색상)'를 클릭하여 밝은 색상으로 변경한 후 'Gridline Every(격자 간격) : 100Pixels(픽셀), Subdivisions(세분) : 1'로 설정합니다.

03 [View(보기)]-[Show(표시)]-[Grid(격자)]($\boxed{\text{Ctrl}}$+$\boxed{\text{'}}$)와 [View(보기)]-[Rulers(눈금자)]($\boxed{\text{Ctrl}}$+$\boxed{\text{R}}$)를 선택하여 격자와 눈금자를 표시합니다.

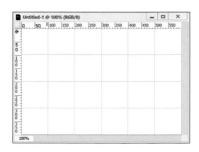

04 작업 도큐먼트를 저장하기 위해 [File(파일)]-[Save As(다른 이름으로 저장)]([Shift]+[Ctrl]+ [S])를 선택하고 임의 경로에 수험번호-성명-문제번호.psd로 파일을 저장합니다.

> **합격생의 비법**
>
> 작업 중 발생할 수 있는 에러나 시스템 오류에 대비하여 [Ctrl]+[S]를 수시로 눌러 저장합니다.

02 배경색 적용

01 Tool Panel(도구 패널) 하단의 'Set foreground color(전경색 설정)'을 클릭하여 #ccccff로 설정하고 [Alt]+[Delete]를 눌러 이미지의 배경을 채웁니다.

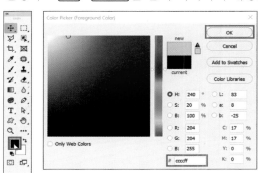 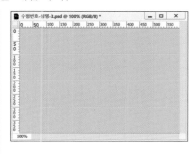

> **합격생의 비법**
>
> Foreground Color(전경색)를 불투명하게 채우기는 [Alt]+[Delete]를, Background Color(배경색)는 [Ctrl]+[Delete]를 눌러 빠르게 채울 수 있습니다.

03 필터 및 레이어 마스크 적용하여 합성하기

01 [File(파일)]-[Open(열기)]([Ctrl]+[O])을 선택하여 2급-5.jpg를 불러옵니다. [Ctrl]+[A]를 눌러 전체를 선택한 후 [Ctrl]+[C]를 눌러 복사하고, 작업 이미지를 선택하여 [Ctrl]+[V]로 붙여넣기를 합니다. [Ctrl]+[T]를 눌러 [Shift]를 누른 채 조절점을 드래그하여 크기를 조절하여 배치합니다.

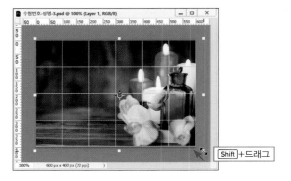

02 [Filter(필터)]–[Filter Gallery(필터 갤러리)]–[Texture(텍스처)]–[Texturizer(텍스처화)] 를 선택합니다.

03 Layers(레이어) 패널에서 하단의 'Add layer mask(레이어 마스크 추가, )'를 클릭하여 레이어 마스크를 추가합니다.

04 Gradient Tool(그레이디언트 도구, ▣)을 클릭하고 Options Bar(옵션 바)에서 'Click to open Gradient picker(클릭하여 그레이디언트 픽커 열기)'를 클릭합니다. Presets(사전 설정)에서 Basics(기본 사항)을 클릭하여 확장하고 Black, White(검정, 흰색)를 클릭한 후 [OK(확인)]을 합니다. 'Type(유형) : Linear Gradient(선형 그레이디언트), Mode(모드) : Normal (표준), Opacity(불투명도) : 100%'로 설정한 후 Shift 를 누르고 왼쪽에서 오른쪽으로 드래그합니다.

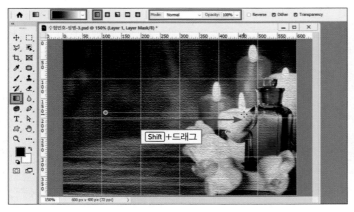

합격생의 비법

Tool Panel(도구 패널) 하단의 Default Foreground and Background Colors(기본 전경색과 배경색, ▣)를 클릭하여 기본값으로 설정한 후 Gradient Tool(그레이디언트 도구, ▣)의 Options Bar(옵션 바)에서 'Reverse(반전) : 체크'를 하여 설정하는 방법도 있습니다.

05 레이어 마스크를 적용하여 그림과 같이 이미지의 일부를 자연스럽게 지워 합성합니다.

04 이미지 선택 및 레이어 스타일 적용

01 [File(파일)]−[Open(열기)]([Ctrl]+[O])을 선택하여 2급−6.jpg를 불러온 후, Polygonal Lasso Tool(다각형 올가미 도구, ▶)을 선택하고 제시된 모양대로 리본 이미지의 경계면에 클릭하여 선택하고 [Ctrl]+[C]로 복사합니다.

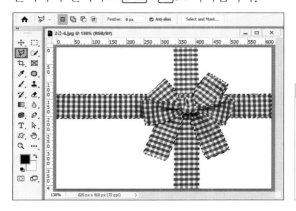

합격생의 비법

Polygonal Lasso Tool(다각형 올가미 도구, ▶)은 다각형 형태의 영역을 클릭하여 선택하는 도구입니다. 중간에 클릭한 특정 지점을 취소하려면 [Back Space] 키를 누르면 됩니다. 마지막에는 더블 클릭하여 선택으로 전환합니다.

02 작업 이미지를 선택하여 [Ctrl]+[V]로 붙여넣고 [Ctrl]+[T]로 [Shift]를 누른 채 크기를 조절하고 그림과 같이 회전하여 배치합니다.

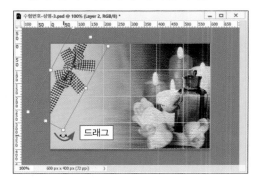

03 Layers(레이어) 패널 하단에 'Add a layer style(레이어 스타일 추가, fx.)'을 클릭하여 [Bevel & Emboss(경사와 엠보스)]를 선택하고 'Style(스타일) : Inner Bevel(내부 경사), Direction(방향) : Up(위로), Size(크기) : 5px'를 설정하고 [OK(확인)]를 클릭합니다.

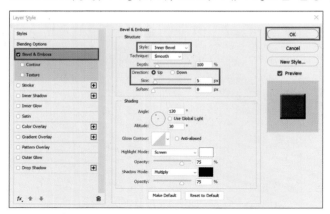

04 [File(파일)]–[Open(열기)]([Ctrl]+[O])을 선택하여 2급-7.jpg를 불러옵니다. Object Selection Tool(개체 선택 도구, 🔲)을 클릭하고 Options Bar(옵션 바)에서 'Mode(모드) : Rectangle(사각형)'을 선택하고 이미지에 드래그하여 선택합니다.

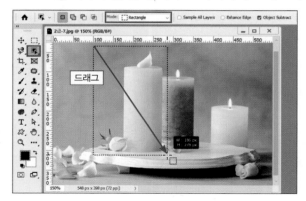

05 Quick Selection Tool(빠른 선택 도구, ☑)을 클릭하고 Options Bar(옵션 바)에서 'Add to selection(선택 영역에 추가, ☑)'를 설정한 후 브러시의 크기를 조절하며 드래그하여 나머지 이미지 영역도 선택한 후 [Ctrl]+[C]로 복사합니다.

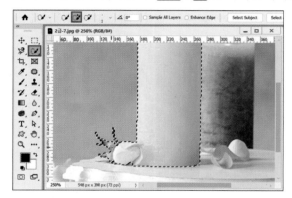

06 작업 이미지를 선택하여 [Ctrl]+[V]로 붙여넣고, [Ctrl]+[T]를 눌러 [Shift]를 누른 채 조절점을 드래그하여 크기를 축소하여 배치합니다.

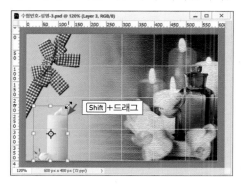

07 Layers(레이어) 패널 하단에 'Add a layer style(레이어 스타일 추가, [fx.])'을 클릭하여 [Drop Shadow(드롭 섀도)]를 선택하고 'Opacity(불투명도) : 75%, Angle(각도) : 120°, Distance (거리) : 7px, Size(크기) : 7px'를 설정하고 [OK(확인)]를 클릭합니다.

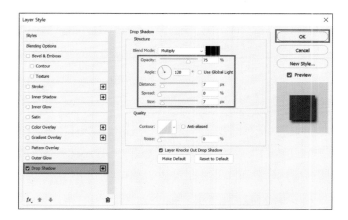

08 [File(파일)]–[Open(열기)]([Ctrl]+[O])을 선택하여 2급–8.jpg를 불러온 후, Quick Selection Tool(빠른 선택 도구, [✓])을 클릭하고 Options Bar(옵션 바)에서 'Add to selection(선택 영역에 추가, [✓])'를 설정한 후 브러시의 크기를 조절하며 드래그하여 선택한 후 [Ctrl]+[C]로 복사합니다.

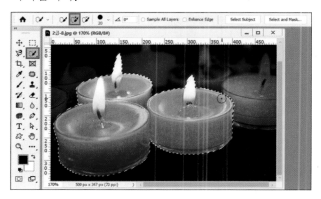

09 작업 이미지를 선택하여 Ctrl+V로 붙여넣고, Ctrl +T를 눌러 마우스 오른쪽 버튼을 클릭하여 [Flip Horizontal(가로로 뒤집기)]로 뒤집고 Shift를 누른 채 크기를 조절하고 회전하여 배치합니다.

10 Layers(레이어) 패널 하단에 'Add a layer style(레이어 스타일 추가, fx.)'을 클릭하여 [Inner Glow(내부 광선)]를 선택하고 'Opacity(불투명도) : 75%, Size(크기) : 24px'로 설정하고 [OK(확인)]를 클릭합니다.

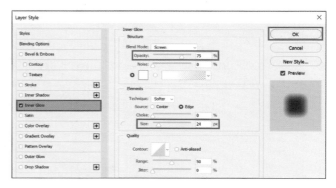

05 모양 생성 및 레이어 스타일 적용

01 Custom Shape Tool(사용자 정의 모양 도구, ✿)을 클릭하고 Options Bar(옵션 바)에서 'Shape(모양), Fill(칠) : #ff9999, Stroke(획) : No Color(색상 없음), Shape(모양) : Leaf 3(나뭇잎 3, ◗)'을 설정한 후 Shift를 누른 채 드래그하여 모양을 그립니다.

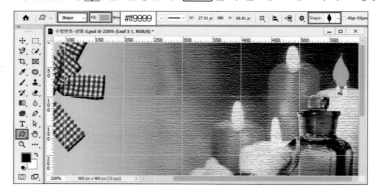

합격생 비법

[Legacy Shapes and More(레거시 모양 및 기타)]-[All Legacy Default Shapes(모든 레거시 기본 모양)]-[Nature(자연)]

02 Layers(레이어) 패널 하단에 'Add a layer style(레이어 스타일 추가, fx.)'을 클릭하여 [Drop Shadow(드롭 섀도)]를 선택하고 'Opacity(불투명도) : 75%, Angle(각도) : 120°, Distance (거리) : 5px, Size(크기) : 5px'를 설정하고 [OK(확인)]를 클릭합니다.

03 Custom Shape Tool(사용자 정의 모양 도구, 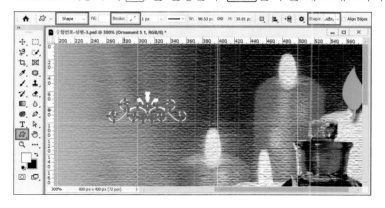)을 클릭하고 Options Bar(옵션 바)에서 'Shape(모양)', Fill(칠) : 임의 색상, Stroke(획) : No Color(색상 없음), Shape(모양) : Ornament 5(장식 5,)'를 설정한 후 Shift 를 누른 채 드래그하여 모양을 그립니다.

합격생 비법

[Legacy Shapes and More(레거시 모양 및 기타)]—[All Legacy Default Shapes(모든 레거시 기본 모양)]—[Ornaments(장식)]

04 Layers(레이어) 패널 하단에 'Add a layer style(레이어 스타일 추가, *fx.*)'을 클릭하여 [Stroke(획)]를 선택하고 'Size(크기) : 2px, Color(색상) : #ffffff'로 설정합니다. 계속해서 [Gradient Overlay(그레이디언트 오버레이)]를 선택하고 'Click to edit the gradient(클릭하여 그레이디언트 편집)'를 클릭합니다. 그레이디언트 슬라이더 왼쪽 하단의 'Color Stop(색상 정지점)'을 더블 클릭하여 #333366을, 오른쪽 'Color Stop(색상 정지점)'을 더블 클릭하여 #ffcc99로 설정한 후 'Style(스타일) : Linear(선형), Angle(각도) : 90˚로 설정합니다.

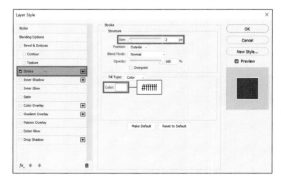 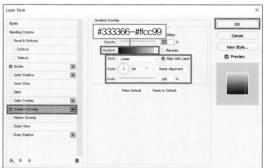

06 문자 입력 및 레이어 스타일 적용

01 Horizontal Type Tool(수평 문자 도구, T)로 작업 이미지를 클릭하고 Options Bar(옵션 바)에서 'Font(글꼴) : 바탕, Set font size(글꼴 크기) : 25pt, Set anti-aliasing method(앤티 앨리어싱 방법 설정) : Strong(강하게), Color(색상) : #ffffcc'로 설정한 후 향기 가득한 이야기를 담아요!를 입력합니다.

02 Options Bar(옵션 바)에서 Create warped text(뒤틀어진 텍스트 만들기, ⬛)를 클릭하고 [Warp Text(텍스트 뒤틀기)] 대화상자에서 'Style(스타일) : Arch(아치), Horizontal(가로) : 체크, Bend(구부리기) : 25%'를 설정하여 문자의 모양을 왜곡합니다.

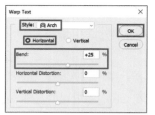
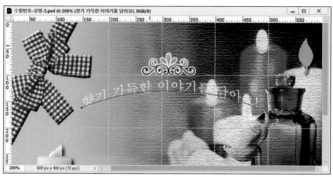

03 Layers(레이어) 패널 하단에 'Add a layer style(레이어 스타일 추가, *fx*)'을 클릭하여 [Stroke(획)]를 선택하고 'Size(크기) : 2px, Color(색상) : #660066'으로 설정합니다. 계속해서 Drop Shadow(드롭 섀도)]를 선택하고 'Opacity(불투명도) : 75%, Angle(각도) : 120°, Distance(거리) : 5px, Size(크기) : 5px'를 설정하고 [OK(확인)]를 클릭합니다.

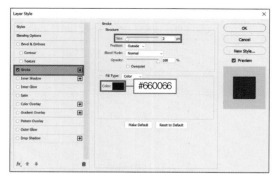
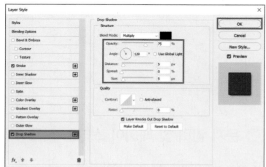

04 Horizontal Type Tool(수평 문자 도구, **T**)로 작업 이미지를 클릭하고 Options Bar(옵션 바)에서 'Font(글꼴) : Arial, Set font style(글꼴 스타일 설정) : Regular, Set font size(글꼴 크기) : 38pt, Color(색상) : 임의 색상'으로 설정한 후 CANDLE STORY를 입력합니다.

05 Options Bar(옵션 바)에서 Create warped text(뒤틀어진 텍스트 만들기, ⬆)를 클릭하고 [Warp Text(텍스트 뒤틀기)] 대화상자에서 'Style(스타일) : Bulge(돌출), Horizontal(가로) : 체크, Bend(구부리기) : 30%'를 설정하여 문자의 모양을 왜곡합니다.

06 Layers(레이어) 패널 하단에 'Add a layer style(레이어 스타일 추가, *fx*)'을 클릭하여 [Stroke(획)]를 선택하고 'Size(크기) : 2px, Color(색상) : #660000'으로 설정합니다. 계속 해서 [Gradient Overlay(그레이디언트 오버레이)]를 선택하고 'Click to edit the gradient (클릭하여 그레이디언트 편집)'를 클릭합니다. 그레이디언트 슬라이더 왼쪽 하단의 'Color Stop(색상 정지점)'을 더블 클릭하여 #663399를, 오른쪽 'Color Stop(색상 정지점)'을 더블 클릭하여 #ffffff로 설정한 후 'Style(스타일) : Linear(선형), Angle(각도) : 90°'로 설정합니 다.

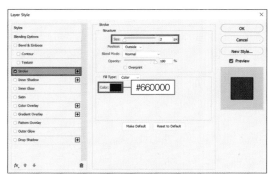
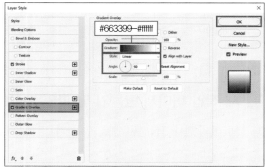

07 [File(파일)]-[Save(저장)]([Ctrl]+[S])를 선택하여 파일을 저장합니다.

07 정답 파일 저장

01 [View(보기)]−[Show(표시)]−[Grid(격자)]($\boxed{Ctrl}$+$\boxed{\text{'}}$)를 선택하여 격자를 가립니다.

02 [File(파일)]−[Save As(다른 이름으로 저장)]($\boxed{Shift}$+$\boxed{Ctrl}$+$\boxed{S}$)를 선택하고 '저장 위치 : 내 PC₩문서₩GTQ, 파일 형식 : JPEG, 파일 이름 : 수험번호−성명−문제번호.jpg'를 입력하고 [저장]을 클릭한 후 [JPEG Options(JPEG 옵션)] 대화상자에서 'Quality(품질) : 8'로 설정하고 [OK(확인)]를 클릭합니다.

03 [Image(이미지)]−[Image Size(이미지 크기)]($\boxed{Alt}$+$\boxed{Ctrl}$+$\boxed{I}$)를 선택하고 'Constrain aspect ratio(종횡비 제한) : 클릭, Width(폭) : 60Pixels(픽셀), Height(높이) : 40Pixels(픽셀)'로 입력하여 이미지 크기를 1/10로 축소한 후 [OK(확인)]를 클릭합니다.

04 [File(파일)]−[Save As(다른 이름으로 저장)]($\boxed{Shift}$+$\boxed{Ctrl}$+$\boxed{S}$)를 선택하고 '저장 위치 : 내 PC₩문서₩GTQ, 파일 형식 : Photoshop(*.PSD, *.PDD), 파일 이름 : 수험번호−성명−문제번호.psd'를 입력하고 [저장]을 클릭합니다.

05 답안 저장이 완료가 되면 [File(파일)]−[Close(닫기)]($\boxed{Ctrl}$+$\boxed{W}$)를 선택하여 파일을 닫고 수험 프로그램에서 [답안 전송]을 클릭하여 psd와 jpg 파일을 감독관 컴퓨터로 전송합니다.

문제 04	[실무응용] 이벤트 페이지 제작
작업과정	새 작업 이미지 만들기 및 파일 저장하기 ▶ 필터 적용하기 ▶ 이미지 선택 및 레이어 스타일 적용 ▶ 모양 생성 및 필터와 클리핑 마스크 적용 ▶ 불투명도 조절하여 합성 ▶ 모양 생성 및 레이어 스타일 적용 ▶ 문자 입력 및 왜곡, 레이어 스타일 적용 ▶ 정답 파일 저장
완성이미지	Part03₩정답파일₩수험번호−성명−4.jpg, 수험번호−성명−4.psd

01 새 작업 이미지 만들기 및 파일 저장하기

01 [File(파일)]−[New(새로 만들기)]($\boxed{Ctrl}$+$\boxed{N}$)를 선택하고 'Width(폭) : 600Pixels(픽셀), Height(높이) : 400Pixels(픽셀), Resolution(해상도) : 72Pixels/Inch(픽셀/인치), Color Mode(색상 모드) : RGB Color(RGB 색상), 8bit(비트), Background Contents(배경 내용) : White(흰색)'로 설정하여 새 작업 이미지를 만듭니다.

02 [Edit(편집)]–[Preference(환경설정)]([Ctrl]+[K])–[Guides, Grid & Slices(안내선, 격자와 슬라이스)]를 선택하고 Grid(격자)의 'Color(색상)'를 클릭하여 밝은 색상으로 변경한 후 'Gridline Every(격자 간격) : 100Pixels(픽셀), Subdivisions(세분) : 1'로 설정합니다.

03 [View(보기)]–[Show(표시)]–[Grid(격자)]([Ctrl]+[']) 와 [View(보기)]–[Rulers(눈금자)] ([Ctrl]+[R])를 선택하여 격자와 눈금자를 표시합니다.

04 작업 도큐먼트를 저장하기 위해 [File(파일)]–[Save As(다른 이름으로 저장)]([Shift]+[Ctrl]+ [S])를 선택하고 임의 경로에 수험번호–성명–문제번호.psd로 파일을 저장합니다.

합격생의 비법

작업 중 발생할 수 있는 에러나 시스템 오류에 대비하여 [Ctrl]+[S]를 수시로 눌러 저장합니다.

02 필터 적용하기

01 [File(파일)]–[Open(열기)]([Ctrl]+[O])을 선택하여 2급–9.jpg를 불러옵니다. [Ctrl]+[A]를 눌러 전체를 선택한 후 [Ctrl]+[C]를 눌러 복사하고, 작업 이미지를 선택하여 [Ctrl]+[V]로 붙여넣기를 합니다. [Ctrl]+[T]를 눌러 [Shift]를 누른 채 조절점을 드래그하여 크기를 조절하여 배치합니다.

02 [Filter(필터)]–[Filter Gallery(필터 갤러리)]–[Artistic(예술 효과)]–[Dry Brush(드라이 브 러시)]를 선택합니다.

03 이미지 선택 및 레이어 스타일 적용

01 [File(파일)]–[Open(열기)]([Ctrl]+[O])을 선택하여 2급-10.jpg를 불러옵니다. Rectangular Marquee Tool(사각형 선택 윤곽 도구, [□])로 나비 이미지를 드래그하여 선택합니다.

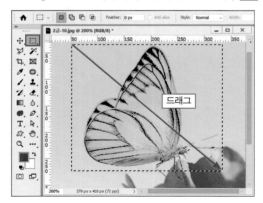

02 Magic Wand Tool(자동 선택 도구, [✦])을 클릭한 후 Options Bar(옵션 바)에서 'Subtract from selection(선택 영역에서 빼기, [▣])'을 클릭하고 선택에서 제외할 배경 부분을 여러 번 클릭하여 선택을 완료한 후 [Ctrl]+[C]를 눌러 복사합니다.

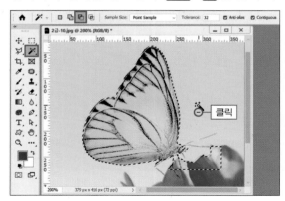 

03 작업 이미지를 선택하여 [Ctrl]+[V]로 붙여넣기를 하고, [Ctrl]+[T]를 눌러 [Shift]를 누른 채 크기를 조절한 후 마우스 오른쪽 버튼을 누르고 [Flip Horizontal(가로로 뒤집기)]로 뒤집고 그림과 같이 회전하여 배치합니다.

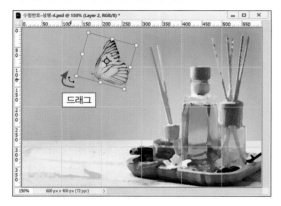

04 Layers(레이어) 패널 하단에 'Add a layer style(레이어 스타일 추가, *fx.*)'을 클릭하여 [Bevel & Emboss(경사와 엠보스)]를 선택하고 'Style(스타일) : Inner Bevel(내부 경사), Direction(방향) : Up(위), Size(크기) : 5px'를 설정합니다. 계속해서 [Drop Shadow(드롭 섀도)]를 선택하고 'Opacity(불투명도) : 75%, Angle(각도) : 90°, Distance(거리) : 5px, Size(크기) : 5px'를 설정하고 [OK(확인)]를 클릭합니다.

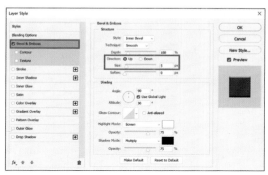 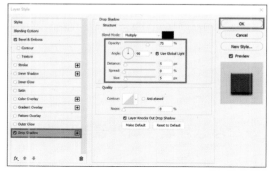

05 [File(파일)]−[Open(열기)]([Ctrl]+[O])을 선택하여 2급−11.jpg를 불러옵니다. Magic Wand Tool(자동 선택 도구, *✦*)을 클릭하고 배경 부분을 클릭하여 선택합니다. [Select(선택)]−[Inverse(선택 반전)]([Shift]+[Ctrl]+[I])를 클릭하고 선택 영역을 반전한 후 [Ctrl]+[C]를 눌러 복사합니다.

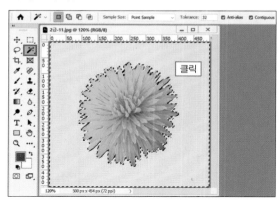 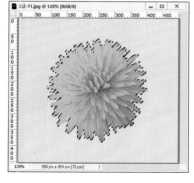

06 작업 이미지를 선택하여 [Ctrl]+[V]로 붙여넣고, [Ctrl]+[T]를 눌러 [Shift]를 누른 채 크기를 조절 하여 배치합니다.

07 Layers(레이어) 패널 하단에 'Add a layer style(레이어 스타일 추가, _fx._)'을 클릭하여 [Inner Glow (내부 광선)]를 선택하고 'Opacity (불투명도) : 75%, Choke(경계 감소) : 0%, Size(크기) : 7px'로 설정하고 [OK(확인)]를 클릭합니다.

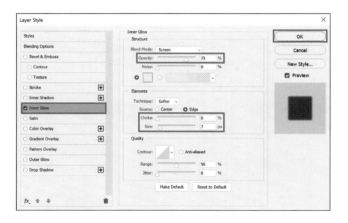

🄜 모양 생성 및 필터와 클리핑 마스크 적용

01 Custom Shape Tool(사용자 정의 모양 도구, 🔊)을 클릭하고 Options Bar(옵션 바)에서 'Shape(모양), Fill(칠) : 임의 색상, Stroke(획) : No Color(색상 없음), Shape(모양) : Flower 1(꽃 1, ⚫)'을 설정한 후 Shift를 누른 채 드래그하여 모양을 그립니다.

합격생의 비법

[Legacy Shapes and More(레거시 모양 및 기타)]–[All Legacy Default Shapes(모든 레거시 기본 모양)]–[Shapes(모양)]

02 Layers(레이어) 패널 하단에 'Add a layer style(레이어 스타일 추가, _fx._)'을 클릭하여 [Stroke(획)]를 선택하고 'Size(크기) : 3px, Color(색상) : #cc9933'으로 설정합니다. 계속해서 [Drop Shadow(드롭 섀도)]를 선택하고 'Opacity(불투명도) : 75%, Angle(각도) : 90°, Distance(거리) : 5px, Size(크기) : 5px'를 설정하고 [OK(확인)]를 클릭합니다.

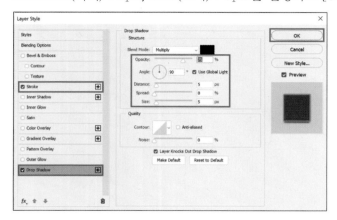

03 [Layer(레이어)]–[Arrang(정돈)]–[Send Backward(뒤로 보내기)]([Ctrl]+[[])를 2번 클릭하여 'Layer 2' 레이어의 아래쪽으로 배치합니다.

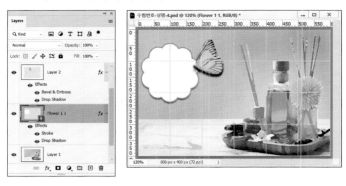

04 [File(파일)]–[Open(열기)]([Ctrl]+[O])을 선택하여 2급-12.jpg를 불러온 후 [Ctrl]+[A]를 눌러 전체를 선택하고 [Ctrl]+[C]를 눌러 복사합니다. 작업 이미지를 선택하고 [Ctrl]+[V]로 붙여넣고 [Ctrl]+[T]를 눌러 [Shift]를 누른 채 조절점을 드래그하여 크기를 조절하여 꽃 모양과 겹치도록 배치합니다.

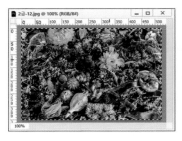 

05 [Filter(필터)]–[Filter Gallery(필터 갤러리)]–[Artistic(예술 효과)]–[Rough Pastels(거친 파스텔 효과)]를 선택합니다.

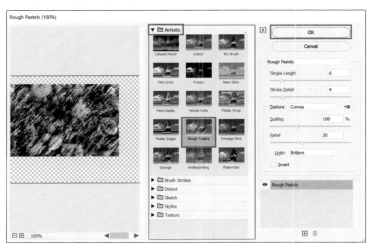

06 Layers(레이어) 패널에서 'Layer 4' 레이어와 'Flower 1 1' 레이어 사이에 마우스 커서를 놓고 Alt 를 누르고 클릭하여 Clipping Mask(클리핑 마스크)를 적용한 후 레이아웃에 맞게 이동하여 배치합니다.

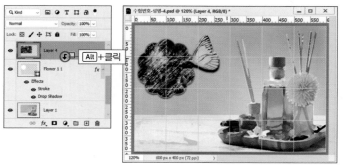

합격생의 비법

Clipping Mask(클리핑 마스크)를 적용할 때는 반드시 'Flower 1 1' 레이어 바로 위에 이미지 레이어를 서로 겹치도록 배치해야 합니다.

합격생의 비법

Clipping Mask(클리핑 마스크) 적용 후 이미지를 Move Tool(이동 도구,)로 제시된 《출력형태》와 최대한 동일하게 이동하여 배치합니다.

05 불투명도 조절하여 합성

01 [File(파일)]-[Open(열기)](Ctrl+O)을 선택하여 2급-13.jpg를 불러온 후 Pen Tool(펜 도구, ⌀)을 클릭하고 Options Bar(옵션 바)에서 'Path(패스), Exclude Overlapping Shapes(모양 오버랩 제외, ▣)'로 설정한 후 이미지의 외곽선을 따라 닫힌 패스로 완료합니다. 패스가 완료되면 Ctrl+Enter 를 눌러 선택 상태로 전환합니다.

02 Ctrl+C 를 눌러 복사를 한 후 작업 이미지를 선택하고 Layers(레이어) 패널에서 'Layer 3' 레이어를 선택합니다. Ctrl+V 로 붙여넣고 Ctrl+T 를 눌러 크기를 축소하고 마우스 오른쪽 버튼을 누르고 [Flip Horizontal(가로로 뒤집기)]로 뒤집고 그림과 같이 배치합니다.

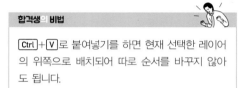

합격생의 비법

Ctrl + V 로 붙여넣기를 하면 현재 선택한 레이어의 위쪽으로 배치되어 따로 순서를 바꾸지 않아도 됩니다.

03 Layers(레이어) 패널 하단에 'Add a layer style(레이어 스타일 추가, fx.)'을 클릭하여 [Drop Shadow(드롭 섀도)]를 선택하고 'Opacity(불투명도) : 75%, Angle(각도) : 90°, Distance(거리) : 5px, Size(크기) : 5px'를 설정하고 [OK(확인)]를 클릭합니다.

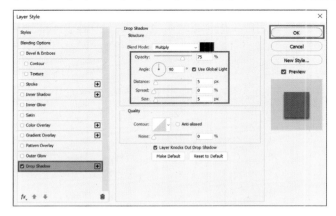

04 Layers(레이어) 패널 상단의 'Opacity(불투명도) : 70%'를 설정하고 불투명도를 적용하여 합성합니다.

🔟 모양 생성 및 레이어 스타일 적용

01 Custom Shape Tool(사용자 정의 모양 도구, ⟨⟩)을 클릭하고 Options Bar(옵션 바)에서 'Shape(모양), Fill(칠) : 임의 색상, Stroke(획) : No Color(색상 없음), Shape(모양) : Fern(고사리, ⟨⟩)'를 설정한 후 Shift 를 누르고 모양을 그립니다. Ctrl + T 를 눌러 마우스 오른쪽 버튼을 누르고 [Flip Horizontal(가로로 뒤집기)]로 뒤집은 후 회전하여 배치합니다.

합격생의 비법

[Legacy Shapes and More(레거시 모양 및 기타)]-[All Legacy
Default Shapes(모든 레거시 기본 모양)]-[Nature(자연)]

02 Layers(레이어) 패널 하단에 'Add a layer style(레이어 스타일 추가, $fx.$)'을 클릭하여
[Gradient Overlay(그레이디언트 오버레이)]를 선택하고 'Click to edit the gradient(클릭
하여 그레이디언트 편집)'를 클릭합니다. 그레이디언트 슬라이더 왼쪽 하단의 'Color Stop(색
상 정지점)'을 더블 클릭하여 #006600을, 오른쪽 'Color Stop(색상 정지점)'을 더블 클릭하여
#ffff00으로 설정한 후 'Style(스타일) : Linear(선형), Angle(각도) : 90°로 설정합니다. 계
속해서 [Drop Shadow(드롭 섀도)]를 선택하고 'Opacity(불투명도) : 75%, Angle(각도) :
90°, Distance(거리) : 5px, Size(크기) : 5px'를 설정하고 [OK(확인)]를 클릭합니다.

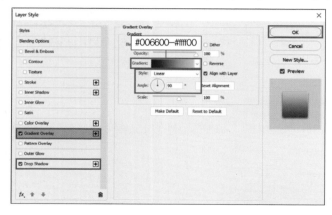

03 Layers(레이어) 패널 상단의 'Opacity(불투명도) : 70%'를 설정하여 불투명도를 적용하여 합
성합니다.

04 Custom Shape Tool(사용자 정의 모양 도구, )을 클릭하고 Options Bar(옵션 바)에서 'Shape(모양), Fill(칠) : #006600, Stroke(획) : No Color(색상 없음), Shape(모양) : Grass 2(풀 2,)'를 설정한 후 Shift 를 누른 채 드래그하여 모양을 그립니다.

합격생의 비법

[Legacy Shapes and More(레거시 모양 및 기타)]–[All Legacy Default Shapes(모든 레거시 기본 모양)]–[Nature(자연)]

05 Layers(레이어) 패널 하단에 'Add a layer style(레이어 스타일 추가, *fx.*)'을 클릭하여 [Bevel & Emboss (경사와 엠보스)]를 선택하고 'Style(스타일) : Inner Bevel(내부 경사), Direction(방향) : Up (위로), Size(크기) : 5px'를 설정하고 [OK(확인)]를 클릭합니다.

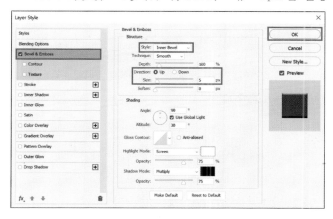

07 문자 입력 및 왜곡, 레이어 스타일 적용

01 Horizontal Type Tool(수평 문자 도구, T)로 작업 이미지를 클릭하고 Options Bar(옵션 바)에서 'Font(글꼴) : 바탕, Set font size(글꼴 크기) : 22pt, Set anti-aliasing method(앤티 앨리어싱 방법 설정) : Strong(강하게), Color(색상) : #333366'으로 설정한 후 천연 디퓨저 만들기 행사를 입력합니다.

02 Layers(레이어) 패널 하단에 'Add a layer style(레이어 스타일 추가, fx)'을 클릭하여 [Outer Glow(외부 광선)]를 선택하고 'Opacity(불투명도) : 75%, Spread(스프레드) : 5%, Size(크기) : 10px'로 설정하고 [OK(확인)]를 클릭합니다.

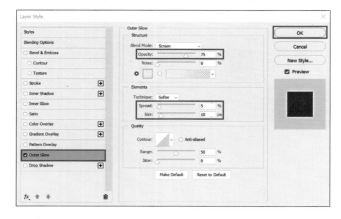

03 Horizontal Type Tool(수평 문자 도구, T)로 작업 이미지를 클릭하고 Options Bar(옵션 바)에서 'Font(글꼴) : 돋움, Set font size(글꼴 크기) : 25pt, Set anti-aliasing method(앤티 앨리어싱 방법 설정) : Strong(강하게), Color(색상) : 임의 색상'으로 설정한 후 향기로 가득한 나만의 공간을 입력합니다.

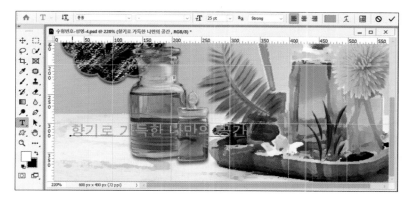

04 Options Bar(옵션 바)에서 Create warped text(뒤틀어진 텍스트 만들기, ⊥)를 클릭하고 [Warp Text(텍스트 뒤틀기)] 대화상자에서 'Style(스타일) : Flag(깃발), Horizontal(가로) : 체크, Bend(구부리기) : 80%'를 설정하여 문자의 모양을 왜곡합니다.

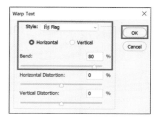

05 Layers(레이어) 패널 하단에 'Add a layer style(레이어 스타일 추가, fx)'을 클릭하여 [Stroke(획)]를 선택하고 'Size(크기) : 2px, Color(색상) : #ffffff'로 설정합니다. 계속해서 [Gradient Overlay(그레이디언트 오버레이)]를 선택하고 'Click to edit the gradient(클릭 하여 그레이디언트 편집)'를 클릭합니다. 그레이디언트 슬라이더 왼쪽 하단의 'Color Stop(색 상 정지점)'을 더블 클릭하여 #cc0000을, 오른쪽 'Color Stop(색상 정지점)'을 더블 클릭하여 #006633으로 설정한 후 'Style(스타일) : Linear(선형), Angle(각도) : 90°'로 설정합니다.

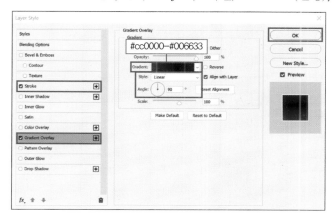

06 Horizontal Type Tool(수평 문자 도구, T)로 작업 이미지를 클릭하고 Options Bar(옵션 바)에서 'Font(글꼴) : Times New Romanl, Set font style(글꼴 스타일 설정) : Bold, Set font size(글꼴 크기) : 48pt, Color(색상) : #ffffff'로 설정한 후 Perfume Diffuser를 입력합니다.

07 Options Bar(옵션 바)에서 Create warped text(뒤틀어진 텍스트 만들기, I)를 클릭하고 [Warp Text(텍스트 뒤틀기)] 대화상자에서 'Style(스타일) : Flag(깃발), Horizontal(가로) : 체크, Bend(구부리기) : 40%'를 설정하여 문자의 모양을 왜곡합니다

08 Layers(레이어) 패널 하단에 'Add a layer style(레이어 스타일 추가, fx)'을 클릭하여 [Stroke(획)]를 선택하고 'Size(크기) : 3px, Color (색상) : #993333'으로 설정합니다. 계속해서 [Drop Shadow(드롭 섀도)]를 선택하고 'Opacity(불투명도) : 75%, Angle(각도) : 120˚, Use Global Light(전체 조명 사용) : 체크 해제, Distance(거리) : 5px, Size(크기) : 5px'를 설정하고 [OK(확인)]를 클릭합니다.

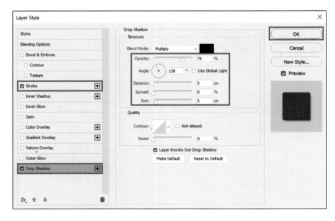

09 [File(파일)]−[Save(저장)]([Ctrl]+[S])를 선택하여 파일을 저장합니다.

08 정답 파일 저장

01 [View(보기)]−[Show(표시)]−[Grid(격자)]([Ctrl]+[']])를 선택하여 격자를 가립니다.

02 [File(파일)]−[Save As(다른 이름으로 저장)]([Shift]+[Ctrl]+[S])를 선택하고 '저장 위치 : 내 PC₩문서₩GTQ, 파일 형식 : JPEG, 파일 이름 : 수험번호−성명−문제번호.jpg'를 입력하고 [저장]을 클릭한 후 [JPEG Options(JPEG 옵션)] 대화상자에서 'Quality(품질) : 8'로 설정하고 [OK(확인)]를 클릭합니다.

03 [Image(이미지)]−[Image Size(이미지 크기)]([Alt]+[Ctrl]+[I])를 선택하고 'Constrain aspect ratio(종횡비 제한) : 클릭, Width(폭) : 60Pixels(픽셀), Height(높이) : 40Pixels(픽셀)'로 입력하여 이미지 크기를 1/10로 축소한 후 [OK(확인)]를 클릭합니다.

04 [File(파일)]−[Save As(다른 이름으로 저장)]([Shift]+[Ctrl]+[S])를 선택하고 '저장 위치 : 내 PC₩문서₩GTQ, 파일 형식 : Photoshop(*.PSD, *.PDD), 파일 이름 : 수험번호−성명−문제번호.psd'를 입력하고 [저장]을 클릭합니다.

05 답안 저장이 완료가 되면 [File(파일)]−[Exit(종료)]([Ctrl]+[Q])를 선택하여 프로그램을 종료하고 수험 프로그램에서 [답안 전송]을 클릭하여 psd와 jpg 파일을 감독관 컴퓨터로 전송합니다.

04
PART

기출 유형 문제

기출 유형 문제 01회

 동영상 무료

급수	문제유형	시험시간	수험번호	성명
2급	A	90분	G220210001	

수 험 자 유 의 사 항

• 수험자는 문제지를 받는 즉시 응시하고자 하는 **과목 및 급수가 맞는지 확인**한 후 수험번호와 성명을 작성합니다.
• 파일명은 본인의 "수험번호–성명–문제번호"로 공백 없이 정확히 입력하고 답안폴더(내 PC₩문서₩GTQ)에 jpg 파일과 psd 파일의 2가지 포맷으로 저장해야 하며, jpg 파일과 psd 파일의 내용이 상이할 경우 0점 처리됩니다. 답안문서 파일명이 "수험번호–성명–문제번호"와 일치하지 않거나, 답안 파일을 전송하지 않아 미제출로 처리될 경우 불합격 처리됩니다.
• 문제의 세부조건은 '영문(한글)' 형식으로 표기되어 있으니 유의하시기 바랍니다.
• 수험자 정보와 저장한 파일명, 저장 위치가 다를 경우 전송이 되지 않으므로, 주의하시기 바랍니다.
• 답안 작성 중에도 **주기적으로 '저장'과 '답안 전송'**을 이용하여 감독위원 PC로 답안을 전송하셔야 합니다.(※ 작업한 내용을 **저장하지 않고 전송할 경우** 이전의 저장내용이 전송되오니 이점 반드시 유념하시기 바랍니다.)
• 답안문서는 지정된 경로 외의 다른 보조기억장치에 저장하는 행위, 지정된 시험 시간 외에 작성된 파일을 활용한 행위, 기타 통신수단(이메일, 메신저, 네트워크 등)을 이용하여 타인에게 전달 또는 외부 반출하는 행위는 부정으로 간주되어 자격기본법 제32조에 의거 본 시험 및 국가공인 자격시험을 2년간 응시할 수 없습니다.
• 시험 중 부주의 또는 고의로 시스템을 파손한 경우와 〈수험자 유의사항〉에 기재된 방법대로 이행하지 않아 생기는 불이익은 수험자의 책임임을 알려 드립니다.
• 시험을 완료한 수험자는 최종적으로 저장한 답안파일이 전송되었는지 확인한 후 감독위원의 지시에 따라 문제지를 제출하고 퇴실합니다.

답 안 작 성 요 령

• **온라인 답안 작성 절차**
  수험자 등록 ⇒ 시험 시작 ⇒ 답안파일 저장 ⇒ 답안 전송 ⇒ 시험 종료
• 내 PC₩문서₩GTQ₩Image폴더에 있는 그림 원본파일을 사용하여 답안을 작성하시고 최종답안을 답안폴더(내 PC₩문서₩GTQ)에 저장하여 답안을 전송하시고, 이미지의 크기가 다른 경우 감점 처리됩니다.
• 배점은 총 100점으로 이루어지며, 점수는 각 문제별로 차등 배분됩니다.
• 각 문제는 주어진 〈조건〉에 따라 작성하고, 언급하지 않은 조건은 《출력형태》와 같이 작성합니다.
• 배치 등의 편의를 위해 주어진 눈금자의 단위는 '픽셀'입니다.
  그 외는 출력형태(효과, 이미지, 문자, 색상, 레이아웃, 규격 등)와 같게 작업하십시오.
• 문제 조건에 서체의 지정이 없을 경우 한글은 굴림이나 돋움, 영문은 Arial로 작업하십시오.
  (단, 그 외에 제시되지 않은 문자 속성을 기본값으로 작성하지 않은 경우는 감점 처리됩니다.)
• Image Mode(이미지 모드)는 별도의 처리조건이 없을 경우에는 RGB(8비트)로 작업하십시오.
• 모든 답안 파일은 해상도 72Pixels/Inch로 작업하십시오.
• Layer(레이어)는 각 기능별로 분할해야 하며, 임의로 합칠 경우나 각 기능에 대한 속성을 해지할 경우 해당 요소는 0점 처리됩니다.

한 국 생 산 성 본 부

문제 1 ⋮ Tool(도구) 활용   20점

다음의 《조건》에 따라 아래의 《출력형태》와 같이 작업하시오.

출력형태

조건

원본 이미지	Part04₩기출유형문제01회₩2급-1.jpg		
파일저장규칙	JPG	파일명	문서₩GTQ₩수험번호-성명-1.jpg
		크기	400×500 pixels
	PSD	파일명	문서₩GTQ₩수험번호-성명-1.psd
		크기	40×50 pixels

1. 그림 효과
① 복제 및 변형 : 요가하는 사람
② Shape Tool(모양 도구) 사용
  – 장식 모양(#66cc99, #99ccff, 레이어 스타일 – Bevel & Emboss(경사와 엠보스))
  – 낮은 음표 모양(#3399ff, 레이어 스타일 – Inner Shadow(내부 그림자))

2. 문자 효과
① YOGA(Times New Roman, Bold, 60pt, 레이어 스타일 – Stroke(선/획)(2px, #ffffff), 그레이디언트 오버레이(#cc0033, #3399cc))

문제 2 ⋮ 사진편집 기초   20점

다음의 《조건》에 따라 아래의 《출력형태》와 같이 작업하시오.

출력형태

조건

원본 이미지	Part04₩기출유형문제01회₩2급-2.jpg, 2급-3.jpg, 2급-4.jpg		
파일저장규칙	JPG	파일명	문서₩GTQ₩수험번호-성명-2.jpg
		크기	400×500 pixels
	PSD	파일명	문서₩GTQ₩수험번호-성명-2.psd
		크기	40×50 pixels

1. 그림 효과
① 색상 보정 : 2급-3.jpg-빨간색 계열로 보정, 레이어 스타일 – Drop Shadow(그림자 효과)
② 액자 제작 :
  필터 – Patchwork(패치워크/이어붙이기), 안쪽 테두리(5px, #ffffff), 레이어 스타일 – Drop Shadow(그림자 효과)
③ 2급-4.jpg : 레이어 스타일 – Bevel & Emboss(경사와 엠보스)

2. 문자 효과
① Learning to Swim(Times New Roman, Bold, 42pt, 레이어 스타일 – Stroke(선/획)(2px, #ccffff), Drop Shadow(그림자 효과), 그레이디언트 오버레이(#ffff33, #000099))

다음의 《조건》에 따라 아래의 《출력형태》와 같이 작업하시오.

조건

원본 이미지	Part04\기출유형문제01회\2급-5.jpg, 2급-6.jpg, 2급-7.jpg, 2급-8.jpg		
파일저장규칙	JPG	파일명	문서\GTQ\수험번호-성명-3.jpg
		크기	600×400 pixels
	PSD	파일명	문서\GTQ\수험번호-성명-3.psd
		크기	60×40 pixels

1. 그림 효과
① 배경 : #669999
② 2급-5.jpg : 필터 – Diffuse Glow(광선 확산), 레이어 마스크 – 대각선 방향으로 흐릿하게
③ 2급-6.jpg : 레이어 스타일 – Bevel and Emboss(경사와 엠보스)
④ 2급-7.jpg : 레이어 스타일 – Drop Shadow(그림자 효과)
⑤ 2급-8.jpg : 레이어 스타일 – Outer Glow(외부 광선)
⑥ 그 외 《출력형태》 참조

2. 문자 효과
① CHAMPIONSHIP(Arial, Bold, 19pt, #cccccc, 레이어 스타일 – Drop Shadow(그림자 효과),
   Stroke(선/획)(2px, #990033))
② 프로축구 플레이오프(궁서, 53pt, 레이어 스타일 – 그레이디언트 오버레이(#cccccc, #cc0033),
   Stroke(선/획)(2px, #ffffcc))

출력형태

Shape Tool(모양 도구) 사용
#990033,
레이어 스타일 – Stroke(선/획)(2px, #cccccc)

Shape Tool(모양 도구) 사용
레이어 스타일 –
그레이디언트 오버레이
(#33cc99, #3399ff),
Inner Shadow(내부 그림자),
Opacity(불투명도)(60%)

문제 4 ┊ 이벤트 페이지 제작   35점

다음의 《조건》에 따라 아래의 《출력형태》와 같이 작업하시오.

조건

원본 이미지	Part04₩기출유형문제01회₩2급-9.jpg, 2급-10.jpg, 2급-11.jpg, 2급-12.jpg, 2급-13.jpg		
파일저장규칙	JPG	파일명	문서₩GTQ₩수험번호-성명-4.jpg
		크기	600×400 pixels
	PSD	파일명	문서₩GTQ₩수험번호-성명-4.psd
		크기	60×40 pixels

1. 그림 효과
① 2급-9.jpg : 필터 – Accented Edges(강조된 가장자리)
② 2급-10.jpg : 레이어 스타일 – Drop Shadow(그림자 효과)
③ 2급-11.jpg : 레이어 스타일 – Drop Shadow(그림자 효과)
④ 2급-12.jpg : 필터 – Texturizer(텍스처화), Opacity(불투명도)(80%)
⑤ 2급-13.jpg : 레이어 스타일 – Bevel and Emboss(경사와 엠보스), Opacity(불투명도)(70%)
⑥ 그 외 《출력형태》 참조

2. 문자 효과
① WINTER SALE(Arial, Bold, 55pt, 레이어 스타일 – 그레이디언트 오버레이(#00ff99, #003399, #ff9900), Stroke(선/획)(2px, #ffffff))
② UP TO 50% OFF(Times New Roman, Regular, 25pt, #cc0000, 레이어 스타일 – Stroke(선/획)(2px, #cccccc))
③ 보드 고글 / 장갑 / 부츠 / 보드복 / 보드세트 등(돋움, 15pt, 레이어 스타일 – 그레이디언트 오버레이(#ffff00, #00ffff), Stroke(선/획)(2px, #000066))

출력형태

Shape Tool(모양 도구) 사용
#ffffff, 레이어 스타일 – Outer
Glow(외부 광선),
Opacity(불투명도)(80%)

Shape Tool(모양 도구) 사용
#000000, 레이어 스타일 –
Inner Shadow(내부 그림자),
Stroke(선/획)(2px, #ffffff)

Shape Tool(모양 도구) 사용
#99cccc, #ccccff,
레이어 스타일 –
Inner Shadow(내부 그림자)

작업과정	새 작업 이미지 만들고 파일 저장하기 ▶ 선택 영역 만들고 복제 및 변형하기 ▶ 모양 생성 및 레이어 스타일 적용 ▶ 문자 입력 및 레이어 스타일 적용 ▶ 정답 파일 저장
완성이미지	Part04₩기출유형문제01회₩정답파일₩G220210001-성명-1.jpg, G220210001-성명-1.psd

01 새 작업 이미지 만들고 파일 저장하기

01 [File(파일)]-[New(새로 만들기)]([Ctrl]+[N])를 선택하고 'Width(폭) : 400Pixels(픽셀), Height(높이) : 500Pixels(픽셀), Resolution(해상도) : 72Pixels/Inch(픽셀/인치), Color Mode(색상 모드) : RGB Color(RGB 색상), 8bit(비트), Background Contents(배경 내용) : White(흰색)'를 설정하여 새 작업 이미지를 만듭니다.

02 [Edit(편집)]-[Preference(환경설정)]([Ctrl]+[K])-[Guides, Grid & Slices(안내선, 격자와 슬라이스)]를 선택하고 Grid(격자)의 'Color(색상)'를 클릭하여 밝은 색상으로 변경한 후 'Gridline Every(격자 간격) : 100Pixels(픽셀), Subdivisions(세분) : 1'로 설정합니다.

03 [View(보기)]-[Show(표시)]-[Grid(격자)]([Ctrl]+['])와 [View(보기)]-[Rulers(눈금자)] ([Ctrl]+[R])를 선택하여 격자와 눈금자를 표시합니다.

04 작업 도큐먼트를 저장하기 위해 [File(파일)]-[Save As(다른 이름으로 저장)]([Shift]+[Ctrl]+ [S])를 선택하고 임의 경로에 수험번호-성명-문제번호.psd로 파일을 저장합니다.

02 선택 영역 만들고 복제 및 변형하기

01 [File(파일)]-[Open(열기)]을 선택하여 2급-1.jpg를 불러옵니다. [Ctrl]+[A]를 눌러 전체를 선택한 후 [Ctrl]+[C]를 눌러 복사합니다. 작업 이미지를 선택하여 [Ctrl]+[V]로 붙여넣고 [Ctrl]+ [T]를 눌러 [Shift]를 누르고 크기를 조절한 후 배치합니다.

 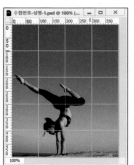

02 Object Selection Tool(개체 선택 도구, 🖼️)을 클릭한 후 Options Bar(옵션 바)에서 'Mode (모드) : Rectangle(사각형)'을 선택하고 이미지에 드래그하여 선택합니다.

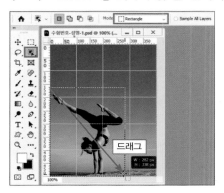

03 Quick Selection Tool(빠른 선택 도구, 🖌️)을 클릭하고 Options Bar(옵션 바)에서 'Add to selection(선택 영역에 추가, 🖌️)'을 설정한 후 브러시의 크기를 조절하며 드래그하여 선택을 추가합니다. 계속해서 'Subtract from selection(선택 영역에서 빼기), 🖌️)'을 클릭하여 양팔 사이의 배경 이미지에 클릭하여 선택 영역에서 빼기를 합니다.

합격생의 비법

- Quick Selection Tool(빠른 선택 도구, 🖌️)로 클릭 또는 드래그하여 선택하면 Options Bar(옵션 바)의 'Add to selection(선택 영역에 추가, 🖌️)'으로 자동으로 설정됩니다.
- Quick Selection Tool(빠른 선택 도구, 🖌️)로 드래그하여 선택할 때 키보드의 [[ ], [ ]]를 누르면 점증적으로 브러시의 크기를 축소, 확대할 수 있습니다.

04 [Layer(레이어)]-[New(새로 만들기)]-[Layer Via Copy(복사한 레이어)]([Ctrl]+[J])를 클릭하고 레이어를 복사합니다. [Edit(편집)]-[Free Transform(자유변형)]([Ctrl]+[T])을 클릭하고 [Shift]를 누른 채 크기를 조절하고 마우스 오른쪽 버튼을 누르고 [Flip Horizontal(가로로 뒤집기)]로 뒤집은 후 그림과 같이 배치합니다.

합격생의 비법

[Ctrl]+[T]로 비율에 맞게 크기 조절하기

- [Shift]를 누른 채 조절점을 드래그합니다.
- Options Bar(옵션 바)의 'Maintain aspect ratio(종횡비 유지), 🔗)'를 클릭한 후 조절점을 드래그합니다. 또는 W(폭)이나 H(높이) 위에 마우스로 드래그하거나 수치를 입력합니다.

03 모양 생성 및 레이어 스타일 적용

01 Custom Shape Tool(사용자 정의 모양 도구, 🎨)을 클릭하고 Options Bar(옵션 바)에서 'Shape(모양), Fill(칠) : #66cc99, Stroke(획) : No Color(색상 없음), Shape(모양) : Ornament 1(장식 1, ∼)'를 설정한 후 드래그하여 모양을 그립니다.

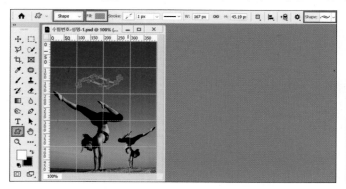

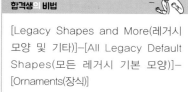

합격생의 비법

[Legacy Shapes and More(레거시 모양 및 기타)]-[All Legacy Default Shapes(모든 레거시 기본 모양)]-[Ornaments(장식)]

02 [Edit(편집)]-[Free Transform Path(패스 자유 변형)](Ctrl + T)를 클릭하고 회전하여 배치합니다. Layers(레이어) 패널 하단에 'Add a layer style(레이어 스타일 추가, *fx.*)'을 클릭하여 [Bevel & Emboss(경사와 엠보스)]를 선택하고 'Style(스타일) : Inner Bevel(내부 경사), Direction(방향) : Up(위로), Size(크기) : 4px'를 설정한 후 [OK(확인)]를 클릭합니다.

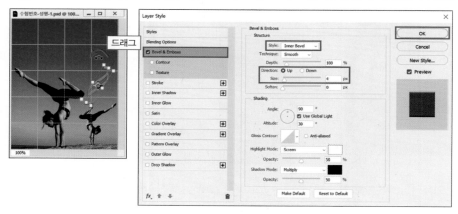

03 Ctrl + J를 눌러 'Ornament 1' 레이어를 복사한 후 Ctrl + T를 눌러 크기를 축소하고 그림과 같이 회전하여 배치합니다. 'Ornament 1 1 copy' 레이어의 'Layer thumbnail(레이어 축소판)'을 더블 클릭하여 'Color(색상) : #99ccff'로 변경합니다.

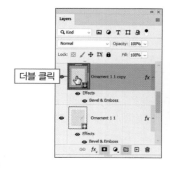

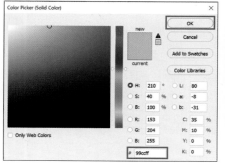

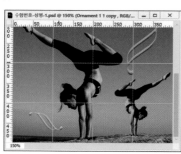

04 Custom Shape Tool(사용자 정의 모양 도구,)을 클릭하고 Options Bar(옵션 바)에서 'Shape(모양), Fill(칠) : #3399ff, Stroke(획) : No Color(색상 없음), Shape(모양) : Bass Clef(낮은음자리표, 𝄢)'를 설정한 후 **Shift**를 누르고 모양을 그립니다.

> **합격생의 비법**
>
> [Legacy Shapes and More(레거시 모양 및 기타)]–[All Legacy Default Shapes(모든 레거시 기본 모양)]–[Music(음악)]
>
> **연속해서 사용자 정의 모양 도구로 그릴 때 Fill(칠) 설정하기**
>
> Options Bar(옵션 바)에서 목록 단추를 눌러 제시된 Shape(모양)을 선택하여 그린 후에 'Layer thumbnail(레이어 축소판)'을 더블 클릭하여 Fill(칠)을 변경합니다.

05 Layers(레이어) 패널 하단에 'Add a layer style(레이어 스타일 추가, _fx._)'을 클릭하여 [Inner Shadow(내부 그림자)]를 선택하고 'Opacity(불투명도) : 75%, Angle(각도) : 90°, Distance (거리) : 3px, Size(크기) : 4px'를 설정하고 [OK(확인)]를 클릭합니다.

④ 문자 입력 및 레이어 스타일 적용

01 Horizontal Type Tool(수평 문자 도구, **T**)로 작업 이미지를 클릭하고 Options Bar(옵션 바)에서 'Font(글꼴) : Times New Roman, Set font style(글꼴 스타일 설정) : Bold, Set font size(글꼴 크기) : 60pt, Color(색상) : 임의 색상'으로 설정한 후 YOGA를 입력합니다.

02 Layers(레이어) 패널 하단에 'Add a layer style(레이어 스타일 추가, _fx._)'을 클릭하여 [Stroke(획)]를 선택하고 'Size(크기) : 2px, Color(색상) : #ffffff'로 설정합니다. 계속해서 [Gradient Overlay(그레이디언트 오버레이)]를 선택하고 'Click to edit the gradient(클릭 하여 그레이디언트 편집)'를 클릭합니다.

03 그레이디언트 슬라이더 왼쪽 하단의 'Color Stop(색상 정지점)'을 더블 클릭하여 #cc0033을, 오른쪽 'Color Stop(색상 정지점)'을 더블 클릭하여 #3399cc로 설정한 후 'Style(스타일) : Linear(선형), Angle(각도) : 90°로 설정합니다. **Ctrl**+**S**를 눌러 파일을 저장합니다.

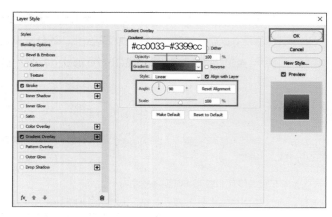 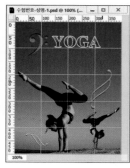

05 정답 파일 저장

01 [View(보기)]-[Show(표시)]-[Grid(격자)]([Ctrl]+[`])를 선택하여 격자를 가립니다.

02 [File(파일)]-[Save As(다른 이름으로 저장)]([Shift]+[Ctrl]+[S])를 선택하고 '저장 위치 : 내 PC\문서\GTQ, 파일 형식 : JPEG, 파일 이름 : 수험번호-성명-문제번호.jpg'를 입력하고 [저장]을 클릭한 후 [JPEG Options(JPEG 옵션)] 대화상자에서 'Quality(품질) : 8'로 설정하고 [OK(확인)]를 클릭합니다.

03 [Image(이미지)]-[Image Size(이미지 크기)]([Alt]+[Ctrl]+[I])를 선택하고 'Constrain aspect ratio(종횡비 제한) : 클릭, Width(폭) : 40Pixels(픽셀), Height(높이) : 50Pixels(픽셀)'로 입력하여 이미지 크기를 1/10로 축소한 후 [OK(확인)]를 클릭합니다.

04 [File(파일)]-[Save As(다른 이름으로 저장)]([Shift]+[Ctrl]+[S])를 선택하고 '저장 위치 : 내 PC\문서\GTQ, 파일 형식 : Photoshop(*.PSD, *.PDD), 파일 이름 : 수험번호-성명-문제번호.psd'를 입력하고 [저장]을 클릭합니다.

05 답안 저장이 완료가 되면 [File(파일)]-[Close(닫기)]([Ctrl]+[W])를 선택하여 파일을 닫고 수험 프로그램에서 [답안 전송]을 클릭하여 psd와 jpg 파일을 감독관 컴퓨터로 전송합니다.

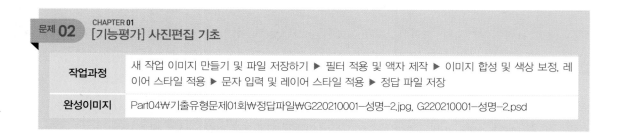

문제 02	CHAPTER 01 [기능평가] 사진편집 기초	
작업과정	새 작업 이미지 만들기 및 파일 저장하기 ▶ 필터 적용 및 액자 제작 ▶ 이미지 합성 및 색상 보정, 레이어 스타일 적용 ▶ 문자 입력 및 레이어 스타일 적용 ▶ 정답 파일 저장	
완성이미지	Part04\기출유형문제01회\정답파일\G220210001-성명-2.jpg, G220210001-성명-2.psd	

01 새 작업 이미지 만들기 및 파일 저장하기

01 [File(파일)]−[New(새로 만들기)](Ctrl+N)를 선택하고 'Width(폭) : 400Pixels(픽셀), Height(높이) : 500Pixels(픽셀), Resolution(해상도) : 72Pixels/Inch(픽셀/인치), Color Mode(색상 모드) : RGB Color(RGB 색상), 8bit(비트), Background Contents(배경 내용) : White(흰색)'로 설정하여 새 작업 이미지를 만듭니다.

02 [Edit(편집)]−[Preference(환경설정)](Ctrl+K)−[Guides, Grid & Slices(안내선, 격자와 슬라이스)]를 선택하고 Grid(격자)의 'Color(색상)'를 클릭하여 밝은 색상으로 변경한 후 'Gridline Every(격자 간격) : 100Pixels(픽셀), Subdivisions(세분) : 1'로 설정합니다

03 [View(보기)]−[Show(표시)]−[Grid(격자)](Ctrl+')와 [View(보기)]−[Rulers(눈금자)](Ctrl+R)를 선택하여 격자와 눈금자를 표시합니다.

04 작업 도큐먼트를 저장하기 위해 [File(파일)]−[Save As(다른 이름으로 저장)](Shift+Ctrl+S)를 선택하고 임의 경로에 수험번호−성명−문제번호.psd로 파일을 저장합니다.

02 필터 적용 및 액자 제작

01 [File(파일)]−[Open(열기)]을 선택하여 2급−2.jpg를 불러옵니다. Ctrl+A를 눌러 전체를 선택한 후 Ctrl+C를 눌러 복사하고 작업 이미지를 선택하여 Ctrl+V로 붙여넣기를 합니다. Ctrl+T로 Shift를 누른 채 크기를 조절하고 배치합니다.

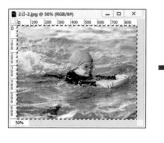 

02 [Layer(레이어)]−[New(새로 만들기)]−[Layer Via Copy(복사한 레이어)](Ctrl+J)를 클릭하고 레이어를 복사합니다.

03 [Filter(필터)]−[Filter Gallery(필터 갤러리)]−[Texture(텍스처)]−[Patchwork(패치워크/이어붙이기)]를 선택합니다. 위쪽의 눈금자에서 아래로 드래그하여 작업 이미지의 세로 중앙인 250px의 위치에 안내선을 표시합니다.

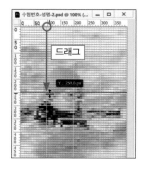

04 Rectangular Marquee Tool(사각형 선택 윤곽 도구,)을 클릭하고 Options Bar(옵션 바)에서 'New selection(새 선택 영역, ▣), Feather(페더) : 0px, Style(스타일) : Fixed Size(크기 고정), Width(폭) : 300px, Height(높이) : 400px'를 설정합니다. 작업 이미지의 중앙 위치인 가로 안내선과 중앙의 격자 교차지점에 [Alt]를 클릭하여 직사각형 모양으로 선택합니다.

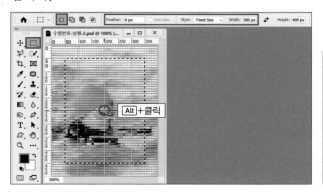

합격생의 비법

액자 프레임의 간격은 따로 제시되지 않습니다. 작업 이미지의 눈금자를 참조하여 액자 프레임의 크기를 지정합니다. 'Style(스타일)'을 Fixed Size(사이즈 고정)로 설정한 후 상하좌우 각각의 간격인 50px씩을 뺀 나머지 수치를 'Width(폭)'와 'Height(높이)'에 직접 입력합니다.

05 [Select(선택)]−[Modify(수정)]−[Smooth(매끄럽게)]를 클릭한 후 'Sample Radius(샘플 반경) : 10pixels(픽셀)'을 설정하고 [OK(확인)]를 클릭하여 모서리를 둥글게 합니다. [Delete]를 눌러 선택된 이미지를 삭제하고 프레임을 만듭니다.

합격생의 비법

'Sample Radius(샘플 반경)'은 따로 제시되지 않습니다. 눈금자를 참고하여 적용하고, 결과가 다를 경우는 [Ctrl]+[Z]로 작업 과정을 되돌린 후 다시 변경하여 적용합니다.

06 [Edit(편집)]−[Stroke(획)]를 클릭하여 'Width(폭) : 5px, Color(색상) : #ffffff, Location(위치) : Inside(안쪽), Mode(모드) : Normal(표준), Opacity(불투명도) : 100%, Preserve Transparency(투명도 유지) : 체크 해제'를 설정하고 [OK(확인)]를 클릭하여 안쪽 테두리를 적용합니다.

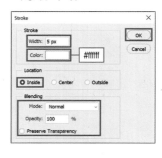

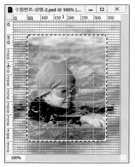

07 [Ctrl]+[D]를 눌러 선택을 해제하고 Layers(레이어) 패널 하단에 'Add a layer style(레이어 스타일 추가, [fx.])'을 클릭하여 [Drop Shadow(드롭 섀도)]를 선택하고 'Opacity(불투명도) : 75%, Angle(각도) : 90°, Distance(거리) : 5px, Size(크기) : 5px'를 설정하고 [OK(확인)]를 클릭합니다.

③ 이미지 합성 및 색상 보정, 레이어 스타일 적용

01 [File(파일)]–[Open(열기)]을 선택하여 2급–3.jpg를 불러온 후 Quick Selection Tool(빠른 선택 도구, [◎])을 클릭하고 Options Bar(옵션 바)에서 'Add to selection(선택 영역에 추가, [◎])'을 설정한 후 브러시의 크기를 조절하며 드래그하여 선택합니다.

02 Options Bar(옵션 바)에서 'Select and Mask(선택 및 마스크)'를 클릭하여 'Properties(속성)'에서 'Radius(반경) : 1px, Smooth(매끄럽게) : 1'을 설정한 후 [OK(확인)]를 클릭하고 [Ctrl]+[C]로 복사합니다.

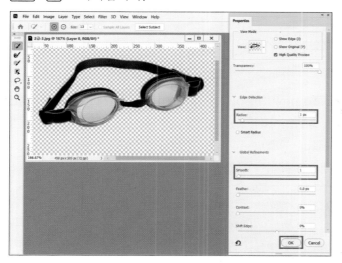

합격생의 비법

Options Bar(옵션 바)에서 'Select and Mask(선택 및 마스크)'의 세부 설정을 통해 선택 이미지의 가장자리를 좀 더 깔끔하게 선택할 수 있습니다.

03 작업 이미지에 Ctrl+V로 붙여넣은 후 Ctrl+T를 눌러 Shift를 누른 채 크기를 축소하고 마우스 오른쪽 버튼을 누르고 [Flip Vertical(세로로 뒤집기)]을 클릭하여 뒤집은 후 회전하여 배치합니다.

04 Layers(레이어) 패널 하단에 'Add a layer style(레이어 스타일 추가, fx.)'을 클릭하여 [Drop Shadow(드롭 섀도)]를 선택하고 'Opacity(불투명도) : 75%, Angle(각도) : 90°, Distance(거리) : 5px, Size(크기) : 5px'를 설정한 후 [OK(확인)]를 클릭합니다.

05 Quick Selection Tool(빠른 선택 도구, ✏)을 클릭하고 브러시의 크기를 조절하며 드래그하여 물안경의 렌즈 부분을 선택합니다.

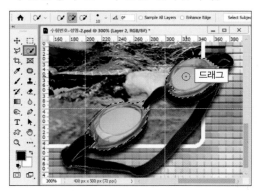

06 Layers(레이어) 패널 하단의 'Create new fill or adjustment layer(새 칠 또는 조정 레이어 생성, ◑)'를 클릭하고 [Hue/Saturation(색조/채도)]을 선택합니다. Properties(속성) 패널에서 'Colorize(색상화) : 체크, Hue(색조) : 340, Saturation(채도) : 85, Lightness(명도) : −20'으로 설정하여 빨간색 계열로 색상을 보정합니다.

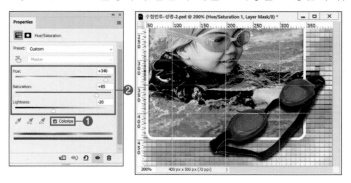

07 [File(파일)]-[Open(열기)]을 선택하여 2급-4.jpg를 불러온 후 Object Selection Tool(개체 선택 도구, [아이콘])을 클릭하고 Options Bar(옵션 바)에서 'Mode(모드) : Rectangle(사각형)'을 선택하고 이미지에 드래그하여 선택합니다.

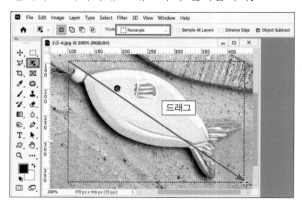
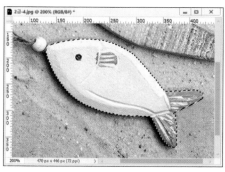

08 Ctrl+C로 복사하고 작업 이미지에 Ctrl+V로 붙여넣은 후 Ctrl+T를 눌러 Shift를 누른 채 크기를 축소한 후, 마우스 오른쪽 버튼을 눌러 [Flip Horizontal(가로로 뒤집기)]로 뒤집고 회전하여 배치합니다.

09 Layers(레이어) 패널 하단에 'Add a layer style(레이어 스타일 추가, [fx.])'을 클릭하여 [Bevel & Emboss(경사와 엠보스)]를 선택하고 'Style(스타일) : Inner Bevel(내부 경사), Direction(방향) : Up(위로), Size(크기) : 9px'를 설정하고 [OK(확인)]를 클릭합니다.

🄬 문자 입력 및 레이어 스타일 적용

01 Horizontal Type Tool(수평 문자 도구, [T])로 작업 이미지를 클릭하고 Options Bar(옵션 바)에서 'Font(글꼴) : Times New Roman, Set font style(글꼴 스타일 설정) : Bold, Set font size(글꼴 크기) : 42pt, Color(색상) : 임의 색상, Center text(텍스트 중앙 정렬, [아이콘])' 로 설정한 후 Learning to Swim을 입력합니다.

02 Options Bar(옵션 바)에서 Create warped text(뒤틀어진 텍스트 만들기, [아이콘])를 클릭하고 [Warp Text(텍스트 뒤틀기)] 대화상자에서 'Style(스타일) : Wave(파형), Horizontal(가로) : 체크, Bend (구부리기) : 60%'를 설정하여 문자의 모양을 왜곡합니다.

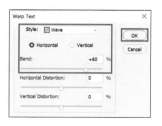

03 Layers(레이어) 패널 하단에 'Add a layer style(레이어 스타일 추가, $fx.$)'을 클릭하여 [Stroke(획)]를 선택하고 'Size(크기) : 2px, Color(색상) : #ccffff'로 설정합니다. 계속해서 [Gradient Overlay(그레이디언트 오버레이)]를 선택하고 'Click to edit the gradient (클릭하여 그레이디언트 편집)'를 클릭합니다.

04 그레이디언트 슬라이더 왼쪽 하단의 'Color Stop(색상 정지점)'을 더블 클릭하여 #ffff33을, 오른쪽 'Color Stop(색상 정지점)'을 더블 클릭하여 #000099로 설정한 후 'Style(스타일) : Linear(선형), Angle(각도) : 90°'로 설정합니다. [Drop Shadow(드롭 섀도)]를 선택하고 'Opacity(불투명도) : 75%, Angle(각도) : 90°, Distance(거리) : 5px, Size(크기) : 5px'를 설정하고 [OK(확인)]를 클릭합니다. Ctrl + S 를 눌러 파일을 저장합니다.

🔟 정답 파일 저장

01 [View(보기)]−[Show(표시)]−[Grid(격자)](Ctrl + ')와 [Guides(안내선)](Ctrl + ;)를 각각 선택하여 격자와 안내선을 가립니다.

02 [File(파일)]−[Save As(다른 이름으로 저장)](Shift + Ctrl + S)를 선택하고 '저장 위치 : 내 PC₩문서₩GTQ, 파일 형식 : JPEG, 파일 이름 : 수험번호−성명−문제번호.jpg'를 입력하고 [저장]을 클릭한 후 [JPEG Options(JPEG 옵션)] 대화상자에서 'Quality(품질) : 8'로 설정하고 [OK(확인)]를 클릭합니다.

03 [Image(이미지)]−[Image Size(이미지 크기)](Alt + Ctrl + I)를 선택하고 'Constrain aspect ratio(종횡비 제한) : 클릭, Width(폭) : 40Pixels(픽셀), Height(높이) : 50Pixels(픽셀)'로 입력하여 이미지 크기를 1/10로 축소한 후 [OK(확인)]를 클릭합니다.

04 [File(파일)]−[Save As(다른 이름으로 저장)](Shift + Ctrl + S)를 선택하고 '저장 위치 : 내 PC₩문서₩GTQ, 파일 형식 : Photoshop(*.PSD, *.PDD), 파일 이름 : 수험번호−성명−문제번호.psd'를 입력하고 [저장]을 클릭합니다.

05 답안 저장이 완료가 되면 [File(파일)]−[Close(닫기)](Ctrl + W)를 선택하여 파일을 닫고 수험 프로그램에서 [답안 전송]을 클릭하여 psd와 jpg 파일을 감독관 컴퓨터로 전송합니다.

작업과정	새 작업 이미지 만들기 및 파일 저장하기 ▶ 배경색 적용 ▶ 필터 및 레이어 마스크 적용하여 합성하기 ▶ 이미지 선택 및 레이어 스타일 적용 ▶ 모양 생성 및 레이어 스타일 적용 ▶ 문자 입력 및 왜곡, 레이어 스타일 적용 ▶ 정답 파일 저장
완성이미지	Part04₩기출유형문제01회₩정답파일₩G220210001-성명-3.jpg, G220210001-성명-3.psd

01 새 작업 이미지 만들기 및 파일 저장하기

01 [File(파일)]–[New(새로 만들기)](Ctrl+N)를 선택하고 'Width(폭) : 600Pixels(픽셀), Height(높이) : 400Pixels(픽셀), Resolution(해상도) : 72Pixels/Inch(픽셀/인치), Color Mode(색상 모드) : RGB Color(RGB 색상), 8bit(비트), Background Contents(배경 내용) : White(흰색)'로 설정하여 새 작업 이미지를 만듭니다.

02 [Edit(편집)]–[Preference(환경설정)](Ctrl+K)–[Guides, Grid & Slices(안내선, 격자와 슬라이스)]를 선택하고 Grid(격자)의 'Color(색상)'를 클릭하여 밝은 색상으로 변경한 후 'Gridline Every(격자 간격) : 100Pixels(픽셀), Subdivisions(세분) : 1'로 설정합니다.

03 [View(보기)]–[Show(표시)]–[Grid(격자)](Ctrl+')와 [View(보기)]–[Rulers(눈금자)] (Ctrl+R)를 선택하여 격자와 눈금자를 표시합니다.

04 작업 도큐먼트를 저장하기 위해 [File(파일)]–[Save As(다른 이름으로 저장)](Shift+Ctrl+S)를 선택하고 임의 경로에 수험번호-성명-문제번호.psd로 파일을 저장합니다.

02 배경색 적용

01 Tool Panel(도구 패널) 하단의 'Set foreground color(전경색 설정)'를 클릭하여 #669999로 설정하고 Alt+Delete를 눌러 이미지의 배경을 채웁니다.

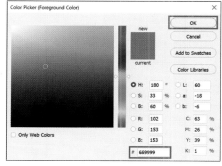
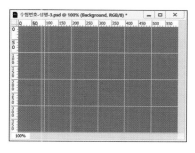

03 필터 및 레이어 마스크 적용하여 합성하기

01 [File(파일)]-[Open(열기)]을 선택하여 2급-5.jpg를 불러옵니다. `Ctrl`+`A`를 눌러 전체를 선택한 후 `Ctrl`+`C`를 눌러 복사하고, 작업 이미지를 선택하여 `Ctrl`+`V`로 붙여넣고 `Ctrl`+`T`를 눌러 `Shift`를 누른 채 조절점을 드래그하여 크기를 조절하여 배치합니다.

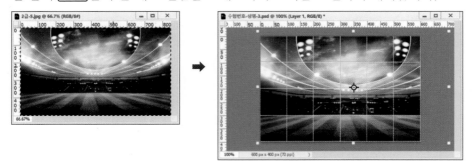

02 [Filter(필터)]-[Filter Gallery(필터 갤러리)]-[Distort(왜곡)]-[Diffuse Glow(광선 확산)]를 선택합니다.

합격생의 비법

[Filter Gallery(필터 갤러리)]의 필터 효과는 보통의 경우 필터 옵션은 기본 설정을 그대로 적용합니다. 적용 결과가 다르면 문제지의 《출력형태》와 비교하면서 옵션의 설정을 조절합니다.

03 Layers(레이어) 패널에서 하단의 'Add layer mask(레이어 마스크 추가, ▣)'를 클릭하여 레이어 마스크를 추가합니다.

04 Gradient Tool(그레이디언트 도구,)을 클릭하고 Options Bar(옵션 바)에서 'Click to open Gradient picker(클릭하여 그레이디언트 픽커 열기)'를 클릭합니다. Basics(기본 사항)에서 Black, White(검정, 흰색)를 선택하고 'Type(유형) : Linear Gradient(선형 그레이디언트), Mode(모드) : Normal(표준), Opacity(불투명도) : 100%'로 설정한 후 대각선 방향으로 드래그하여 이미지의 일부를 자연스럽게 지워 합성합니다.

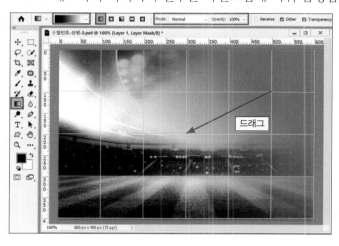

드래그

합격생의 비법

Tool Panel(도구 패널) 하단의 Default Foreground and Background Colors(기본 전경색과 배경색,)를 클릭하여 기본값으로 설정한 후 Switch Foreground and Background Colors(전경색과 배경색 교체, ↰)를 클릭하여 설정하는 방법도 있습니다.

04 이미지 선택 및 레이어 스타일 적용

01 [File(파일)]-[Open(열기)]을 선택하여 2급-6.jpg를 불러온 후, Quick Selection Tool(빠른 선택 도구, ◪)을 클릭하고 Options Bar(옵션 바)에서 'Add to selection(선택 영역에 추가, ◪)'을 설정한 후 브러시의 크기를 조절하며 드래그하여 선택합니다.

합격생의 비법

Quick Selection Tool(빠른 선택 도구, ◪)로 클릭 또는 드래그하여 선택하면 Options Bar(옵션 바)의 'Add to selection(선택 영역에 추가, ◪)'으로 자동으로 설정됩니다.

02 Magnetic Lasso Tool(자석 올가미 도구, ⧂)을 클릭하고 Options Bar(옵션 바)에서 'Subtract from selection(선택 영역에서 빼기, ⧉)'을 설정한 후 팔 안쪽 공간의 경계면을 따라 드래그하여 선택합니다.

합격생의 비법

Magnetic Lasso Tool(자석 올가미 도구, ⧂) 활용하기

• 색상 차이가 뚜렷한 이미지의 경계면을 따라 선택 영역을 자동으로 인식해서 지정할 수 있습니다.
• 잘못된 경계를 따라 고정점이 생기면 Back Space 를 눌러 삭제하고 처음 클릭한 고정점에 클릭 또는 더블 클릭하여 선택을 완료합니다.

03 Ctrl + C 로 복사한 후 작업 이미지를 선택하여 Ctrl + V 로 붙여넣고 Ctrl + T 를 눌러 Shift 를 누른 채 크기 조절을 하여 배치합니다.

04 Layers(레이어) 패널 하단에 'Add a layer style(레이어 스타일 추가, fx.)'을 클릭하여 [Bevel & Emboss(경사와 엠보스)]를 선택한 후 'Style(스타일) : Inner Bevel(내부 경사), Direction(방향) : Up(위로), Size(크기) : 10px'를 설정하고 [OK(확인)]를 클릭합니다.

 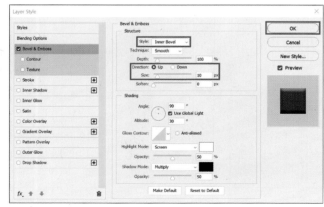

05 [File(파일)]-[Open(열기)]을 선택하여 2급-7.jpg를 불러옵니다. Magic Wand Tool(자동 선택 도구, ✎)을 선택하고 Options Bar(옵션 바)에서 'Tolerance(허용치) : 20'을 설정한 후 배경 부분을 클릭하여 선택합니다.

06 Rectangular Marquee Tool(사각형 선택 윤곽 도구, ▢)을 클릭하고 Options Bar(옵션 바)에서 'Add to selection(선택 영역에 추가, ▣)'을 설정하고 축구공 이미지에 드래그하여 선택을 추가합니다. Shift+Ctrl+I로 선택 영역을 반전하고 Ctrl+C로 복사합니다.

07 작업 이미지를 선택하여 Ctrl+V로 붙여넣고 Ctrl+T를 눌러 Shift를 누른 채 크기를 조절하고 그림과 같이 회전하여 배치합니다.

08 Layers(레이어) 패널 하단에 'Add a layer style(레이어 스타일 추가, fx.)'을 클릭하여 [Drop Shadow(드롭 섀도)]를 선택하고 'Opacity(불투명도) : 75%, Angle(각도) : 90°, Distance (거리) : 6px, Size(크기) : 7px'를 설정하고 [OK(확인)]를 클릭합니다.

09 [File(파일)]-[Open(열기)]을 선택하여 2급-8.jpg를 불러온 후 Quick Selection Tool(빠른 선택 도구,))을 클릭하고 Options Bar(옵션 바)에서 'Add to selection(선택 영역에 추가,))'을 설정한 후 브러시의 크기를 조절하며 드래그하여 선택하고 Ctrl + C 로 복사합니다.

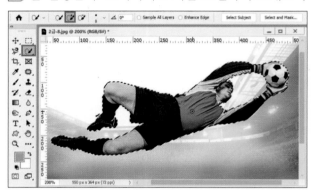

10 작업 이미지에 Ctrl + V 로 붙여 넣고 Ctrl + T 를 눌러 Shift 를 누른 채 크기를 조절하고 마우스 오른쪽 버튼을 누르고 [Flip Horizontal(가로로 뒤집기)]로 뒤집고 그림과 같이 회전하여 배치합니다.

11 Layers(레이어) 패널 하단에 'Add a layer style(레이어 스타일 추가, fx.)'을 클릭하여 [Outer Glow(외부 광선)]를 선택한 후 'Opacity(불투명도) : 75%, Spread(스프레드) : 10%, Size(크기) : 15px'로 설정하고 [OK(확인)]를 클릭합니다.

05 모양 생성 및 레이어 스타일 적용

01 Custom Shape Tool(사용자 정의 모양 도구, )를 클릭하고 Options Bar(옵션 바)에서 'Shape(모양), Shape(모양) : Sign 4(기호 4, ■)'를 클릭합니다.

> **합격생의 비법**
>
> [Legacy Shapes and More(레거시 모양 및 기타)]–[All Legacy Default Shapes (모든 레거시 기본 모양)]–[Symbols (기호)]

02 'Fill(칠) : 임의 색상, Stroke(획) : No Color(색상 없음)'을 설정한 후 Shift 를 누른 채 드래그하여 모양을 그립니다.

> **합격생의 비법**
>
> Custom Shape Tool(사용자 정의 모양 도구, 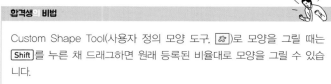)로 모양을 그릴 때는 Shift 를 누른 채 드래그하면 원래 등록된 비율대로 모양을 그릴 수 있습니다.

03 Layers(레이어) 패널 하단에 'Add a layer style(레이어 스타일 추가, *fx.*)'을 클릭하여 [Inner Shadow(내부 그림자)]를 선택하고 'Opacity(불투명도) : 75%, Angle(각도) : 90°, Distance(거리) : 8px, Size(크기) : 5px'를 설정합니다. 계속해서 [Gradient Overlay(그레이디언트 오버레이)]를 선택하고 'Click to edit the gradient(클릭하여 그레이디언트 편집)'를 클릭합니다. 그레이디언트 슬라이더 왼쪽 하단의 'Color Stop(색상 정지점)'을 더블 클릭하여 #33cc99를, 오른쪽 'Color Stop(색상 정지점)'을 더블 클릭하여 #3399ff로 설정한 후 'Style(스타일) : Linear(선형), Angle(각도) : 90°로 설정합니다.

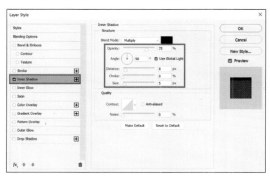
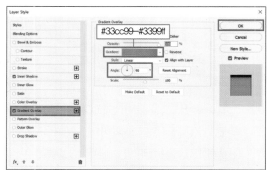

04 Layers(레이어) 패널 상단에 'Opacity(불투명도) : 60%'를 설정합니다.

05 Custom Shape Tool(사용자 정의 모양 도구, 🏵)을 클릭하고 Options Bar(옵션 바)에서 'Shape(모양), Fill(칠) : #990033, Stroke(획) : No Color(색상 없음), Shape(모양) : Fleur-De-Lis(백합, ⚜)'를 설정한 후 Shift 를 누른 채 드래그하여 모양을 그립니다.

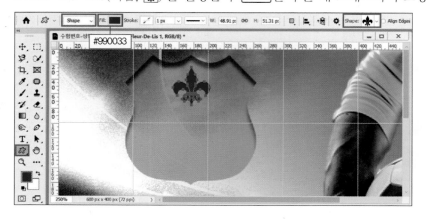

합격생의 비법

[Legacy Shapes and More(레거시 모양 및 기타)]-[All Legacy Default Shapes(모든 레거시 기본 모양)]-[Ornaments(장식)]

06 Layers(레이어) 패널 하단에 'Add a layer style(레이어 스타일 추가, *fx.*)'을 클릭하여 [Stroke(획)]를 선택하고 'Size(크기) : 2px, Color(색상) : #cccccc'로 설정합니다.

06 문자 입력 및 레이어 스타일 적용

01 Horizontal Type Tool(수평 문자 도구, T)로 작업 이미지를 클릭하고 Options Bar(옵션 바)에서 'Font(글꼴) : Arial, Set font style(글꼴 스타일 설정) : Bold, Set font size(글꼴 크기) : 19pt, Color(색상) : #cccccc'로 설정한 후 CHAMPIONSHIP을 입력합니다.

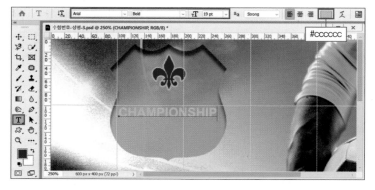

02 Options Bar(옵션 바)에서 Create warped text(뒤틀어진 텍스트 만들기, ⬉)를 클릭하여 [Warp Text(텍스트 뒤틀기)] 대화상자에서 'Style(스타일) : Arc Lower(아래 부채꼴), Horizontal(가로) : 체크, Bend(구부리기) : 50%'를 설정하여 문자의 모양을 왜곡합니다.

03 Layers(레이어) 패널 하단에 'Add a layer style(레이어 스타일 추가, _fx._)'을 클릭하여 [Stroke(획)]를 선택하고 'Size(크기) : 2px, Color(색상) : #990033'으로 설정합니다. 계속해서 Drop Shadow(드롭 섀도)]를 선택하고 'Opacity(불투명도) : 75%, Angle(각도) : 90°, Distance(거리) : 5px, Size(크기) : 5px'를 설정하고 [OK(확인)]를 클릭합니다.

04 Horizontal Type Tool(수평 문자 도구, _T_)로 작업 이미지를 클릭하고 Options Bar(옵션 바)에서 'Font(글꼴) : 궁서, Set font size(글꼴 크기) : 53pt, Set anti-aliasing method(앤티 앨리어싱 방법 설정) : Strong(강하게), Color(색상) : 임의 색상'으로 설정한 후 프로축구 플레이오프를 입력합니다.

05 Layers(레이어) 패널 하단에 'Add a layer style(레이어 스타일 추가, _fx._)'을 클릭하여 [Stroke(획)]를 선택하고 'Size(크기) : 2px, Color(색상) : #ffffcc'로 설정합니다. 계속해서 [Gradient Overlay(그레이디언트 오버레이)]를 선택하고 'Click to edit the gradient(클릭하여 그레이디언트 편집)'를 클릭합니다.

06 그레이디언트 슬라이더 왼쪽 하단의 'Color Stop(색상 정지점)'을 더블 클릭하여 #cccccc를, 오른쪽 'Color Stop(색상 정지점)'을 더블 클릭하여 #cc0033으로 설정한 후 'Style(스타일) : Linear(선형), Angle(각도) : 90°로 설정합니다.

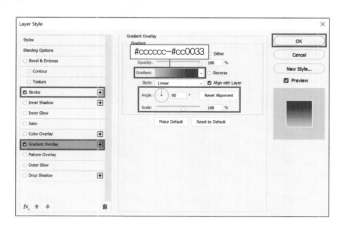

07 정답 파일 저장

01 [View(보기)]-[Show(표시)]-[Grid(격자)]([Ctrl]+['])를 선택하여 격자를 가립니다.

02 [File(파일)]-[Save As(다른 이름으로 저장)]([Shift]+[Ctrl]+[S])를 선택하고 '저장 위치 : 내 PC\문서\GTQ, 파일 형식 : JPEG, 파일 이름 : 수험번호-성명-문제번호.jpg'를 입력하고 [저장]을 클릭한 후 [JPEG Options(JPEG 옵션)] 대화상자에서 'Quality(품질) : 8'로 설정 하고 [OK(확인)]를 클릭합니다.

03 [Image(이미지)]-[Image Size(이미지 크기)]([Alt]+[Ctrl]+[I])를 선택하고 'Constrain as-pect ratio(종횡비 제한) : 클릭, Width(폭) : 60Pixels(픽셀), Height(높이) : 40Pixels(픽셀)'로 입력하여 이미지 크기를 1/10로 축소한 후 [OK(확인)]를 클릭합니다.

04 [File(파일)]-[Save As(다른 이름으로 저장)]([Shift]+[Ctrl]+[S])를 선택하고 '저장 위치 : 내 PC\문서\GTQ, 파일 형식 : Photoshop(*.PSD, *.PDD), 파일 이름 : 수험번호-성명-문제번호.psd'를 입력하고 [저장]을 클릭합니다.

05 답안 저장이 완료가 되면 [File(파일)]-[Close(닫기)]([Ctrl]+[W])를 선택하여 파일을 닫고 수험 프로그램에서 [답안 전송]을 클릭하여 psd와 jpg 파일을 감독관 컴퓨터로 전송합니다.

문제 04 CHAPTER 01
[실무응용] 이벤트 페이지 제작

작업과정	새 작업 이미지 만들기 및 파일 저장하기 ▶ 필터 적용하기 ▶ 이미지 선택 및 레이어 스타일 적용 ▶ 모양 생성 및 필터와 클리핑 마스크 적용 ▶ 불투명도 조절하여 합성 ▶ 모양 생성 및 레이어 스타일 적용 ▶ 문자 입력 및 왜곡, 레이어 스타일 적용 ▶ 정답 파일 저장
완성이미지	Part04\기출유형문제01회\정답파일\G220210001-성명-4.jpg, G220210001-성명-4.psd

01 새 작업 이미지 만들기 및 파일 저장하기

01 [File(파일)]-[New(새로 만들기)]([Ctrl]+[N])를 선택하고 'Width(폭) : 600Pixels(픽셀), Height(높이) : 400Pixels(픽셀), Resolution(해상도) : 72Pixels/Inch(픽셀/인치), Color Mode(색상 모드) : RGB Color(RGB 색상), 8bit(비트), Background Contents(배경 내용) : White(흰색)'로 설정하여 새 작업 이미지를 만듭니다.

02 [Edit(편집)]-[Preference(환경설정)]([Ctrl]+[K])-[Guides, Grid & Slices(안내선, 격자와 슬라이스)]를 선택하고 Grid(격자)의 'Color(색상)'를 클릭하여 밝은 색상으로 변경한 후 'Gridline Every(격자 간격) : 100Pixels(픽셀), Subdivisions(세분) : 1'로 설정합니다.

03 [View(보기)]-[Show(표시)]-[Grid(격자)]([Ctrl]+[']])와 [View(보기)]-[Rulers(눈금자)] ([Ctrl]+[R])를 선택하여 격자와 눈금자를 표시합니다.

04 작업 도큐먼트를 저장하기 위해 [File(파일)]-[Save As(다른 이름으로 저장)]([Shift]+[Ctrl]+ [S])를 선택하고 임의 경로에 수험번호-성명-문제번호.psd로 파일을 저장합니다.

② 필터 적용하기

01 [File(파일)]-[Open(열기)]을 선택하여 2급-9.jpg를 불러 옵니다. Ctrl + A 를 눌러 전체를 선택한 후 Ctrl + C 를 눌러 복사하고 작업 이미지를 선택하여 Ctrl + V 로 붙여넣기를 하고 배치합니다.

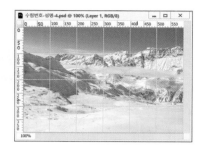

02 [Filter(필터)]-[Filter Gallery(필터 갤러리)]-[Brush Strokes(브러시 선)]-[Accented Edges(강조된 가장자리)]를 선택합니다.

③ 이미지 선택 및 레이어 스타일 적용

01 [File(파일)]-[Open(열기)]을 선택하여 2급-10.jpg를 불러옵니다. Quick Selection Tool(빠른 선택 도구, [아이콘])을 클릭하고 Options Bar(옵션 바)에서 'Add to selection(선택 영역에 추가, [아이콘])'을 설정한 후 브러시의 크기를 조절하며 드래그하여 선택하고 Ctrl + C 로 복사합니다.

합격생의 비법

선택 작업 중 선택 영역에서 제외할 부분은 Alt 를 누른 채 드래그나 클릭하면 'Subtract from selection(선택 영역에서 빼기, [아이콘])'으로 빠르게 전환이 가능합니다.

02 작업 이미지를 선택하여 Ctrl + V 로 붙여넣기를 하고 Ctrl + T 를 눌러 Shift 를 누른 채 크기를 조절하고, 마우스 오른쪽 버튼을 누르고 [Flip Horizontal(가로로 뒤집기)]로 뒤집고 그림과 같이 회전하여 배치합니다.

03 Layers(레이어) 패널 하단에 'Add a layer style(레이어 스타일 추가, fx.)'을 클릭하여 [Drop Shadow(드롭 섀도)]를 선택하고 'Opacity(불투명도) : 75%, Angle(각도) : 90˚, Distance(거리) : 5px, Size(크기) : 5px'를 설정한 후 [OK(확인)]를 클릭합니다.

04 [File(파일)]–[Open(열기)]을 선택하여 2급–11.jpg를 불러옵니다. Magic Wand Tool(자동 선택 도구, ✎)을 선택하고 Options Bar(옵션 바)에서 'Add to selection(선택 영역에 추가, 🔲), Tolerance(허용치) : 60'을 설정한 후 배경 부분을 여러 번 클릭하여 선택합니다.

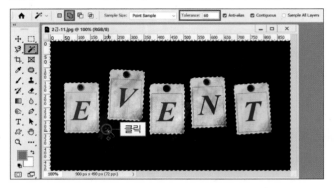

합격생의 비법

Options Bar(옵션 바)에서 'Tolerance(허용치)'가 클수록 유사한 색상 범위를 더 넓게 선택할 수 있습니다.

05 Shift+Ctrl+I 로 선택 영역을 반전하여 Ctrl+C 로 복사합니다. 작업 이미지를 선택하여 Ctrl+V 로 붙여넣고 Ctrl+T 로 Shift 를 누른 채 크기를 조절하여 배치합니다.

06 Layers(레이어) 패널 하단에 'Add a layer style(레이어 스타일 추가, fx.)'을 클릭하여 [Drop Shadow(드롭 섀도)]를 선택하고 'Opacity(불투명도) : 75%, Angle(각도) : 90˚, Distance(거리) : 5px, Size(크기) : 5px'를 설정한 후 [OK(확인)]를 클릭합니다.

04 모양 생성 및 필터와 클리핑 마스크 적용

01 Custom Shape Tool(사용자 정의 모양 도구, 🔊)을 클릭하고 Options Bar(옵션 바)에서 'Shape(모양), Fill(칠) : #000000, Stroke(획) : No Color(색상 없음), Shape(모양) : Puzzle 4(퍼즐 4, ▦)'를 설정한 후 Shift 를 누른 채 드래그하여 모양을 그립니다. Ctrl + T 로 회전하여 배치합니다.

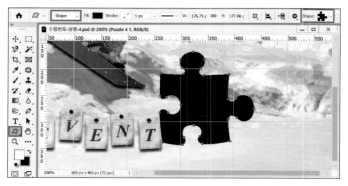 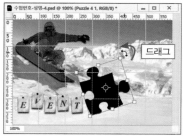

합격생의 비법

[Legacy Shapes and More(레거시 모양 및 기타)]-[All Legacy Default Shapes(모든 레거시 기본 모양)]-[Objects(물건)]

02 Layers(레이어) 패널 하단에 'Add a layer style(레이어 스타일 추가, *fx.*)'을 클릭하여 [Stroke(획)]를 선택하고 'Size(크기) : 2px, Color(색상) : #ffffff'로 설정합니다. 계속해서 [Inner Shadow(내부 그림자)]를 선택하고 'Opacity(불투명도) : 75%, Angle(각도) : 90°, Distance(거리) : 5px, Size(크기) : 5px'를 설정하고 [OK(확인)]를 클릭합니다.

03 [File(파일)]-[Open(열기)]을 선택하여 2급-12.jpg를 불러온 후 Ctrl + A 를 눌러 전체를 선택하고 Ctrl + C 를 눌러 복사합니다. 작업 이미지를 선택하고 Ctrl + V 로 붙여넣고 Ctrl + T 를 눌러 Shift 를 누른 채 조절점을 드래그하여 크기를 조절하고 마우스 오른쪽 버튼을 누르고 [Flip Horizontal(가로로 뒤집기)]로 뒤집고 퍼즐 모양과 겹치도록 배치합니다.

04 [Filter(필터)]-[Filter Gallery(필터 갤러리)]-[Texture(텍스처)]-[Texturizer(텍스처화)] 를 선택합니다.

05 Layers(레이어) 패널에서 'Layer 4' 레이어와 'Puzzle 4 1' 레이어 사이에 마우스 커서를 놓고 Alt 를 누르고 클릭하여 Clipping Mask(클리핑 마스크)를 적용합니다.

합격생의 비법

Clipping Mask(클리핑 마스크)를 적용할 때는 반드시 'Puzzle 4 1' 레이어 바로 위에 이미지 레이어를 서로 겹치도록 배치해야 합니다.

06 Layers(레이어) 패널 상단의 'Opacity(불투명도) : 80%'를 설정하고 불투명도를 적용하여 합성합니다.

05 불투명도 조절하여 합성

01 [File(파일)]-[Open(열기)]을 선택하여 2급-13.jpg를 불러옵니다. Magic Wand Tool(자동 선택 도구, 🪄)을 선택하고 Options Bar(옵션 바)에서 'Add to selection(선택 영역에 추가, 🔳), Tolerance(허용치) : 40'을 설정한 후 배경 부분을 여러 번 클릭하여 선택합니다. Shift +Ctrl+I로 선택 영역을 반전하여 Ctrl+C로 복사합니다.

02 작업 이미지를 선택하고 Ctrl+V로 붙여넣기를 합니다. Ctrl+T를 눌러 Shift를 누른 채 크기를 조절하고 배치합니다.

03 Layers(레이어) 패널 하단에 'Add a layer style(레이어 스타일 추가, $fx.$)'을 클릭하여 [Bevel & Emboss(경사와 엠보스)]를 선택하고 'Style(스타일) : Inner Bevel(내부 경사), Direction(방향) : Up(위로), Size(크기) : 5px'를 설정하고 [OK(확인)]를 클릭합니다.

04 Layers(레이어) 패널 상단의 'Opacity(불투명도) : 70%'를 설정하고 불투명도를 적용하여 합성합니다.

 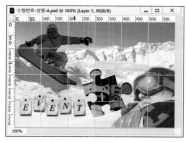

06 모양 생성 및 레이어 스타일 적용

01 Custom Shape Tool(사용자 정의 모양 도구, $\bigcirc$)을 클릭하고 Options Bar(옵션 바)에서 'Shape(모양), Fill(칠) : #99cccc, Stroke(획) : No Color(색상 없음), Shape(모양) : Puzzle 3(퍼즐 3, ■)'을 설정한 후 Shift 를 누른 채 드래그하여 모양을 그립니다. Ctrl + T 로 회전하여 배치합니다.

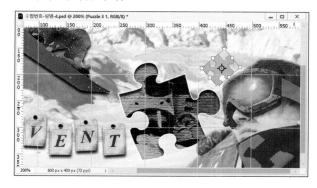

합격생의 비법

[Legacy Shapes and More(레거시 모양 및 기타)]-[All Legacy Default Shapes(모든 레거시 기본 모양)]-[Objects(물건)]

---

02 Layers(레이어) 패널 하단에 'Add a layer style(레이어 스타일 추가, $fx.$)'을 클릭하여 [Inner Shadow(내부 그림자)]를 선택하고 'Opacity(불투명도) : 75%, Angle(각도) : 90°, Distance(거리) : 5px, Size(크기) : 5px'를 설정한 후 [OK(확인)]를 클릭합니다.

03 Ctrl + J 를 눌러 복사한 레이어를 만들고 레이어 페널에서 'Puzzle 3 1 copy' 레이어의 Layer thumbnail(레이어 축소판)을 더블 클릭하여 Color Picker(색상 픽커)에서 '색상 : #ccccff'를 설정합니다.

 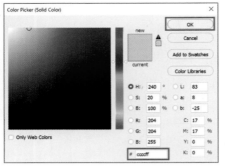

04 `Ctrl`+`T`를 눌러 그림과 같이 회전하여 배치합니다.

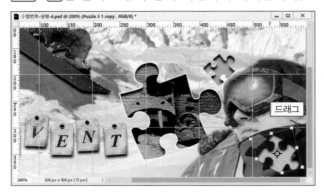

05 Custom Shape Tool(사용자 정의 모양 도구,)을 클릭하고 Options Bar(옵션 바)에서 'Shape(모양), Fill(칠) : #ffffff, Stroke(획) : No Color(색상 없음), Shape(모양) : Snow-flake 1(눈송이 1, ✳)'을 설정한 후 `Shift`를 누르고 모양을 그립니다. `Ctrl`+`T`를 눌러 회전하여 배치합니다.

합격생의 비법

[Legacy Shapes and More(레거시 모양 및 기타)]–[All Legacy Default Shapes(모든 레거시 기본 모양)]–[Nature(자연)]

06 Layers(레이어) 패널 하단에 'Add a layer style(레이어 스타일 추가, *fx.*)'을 클릭하여 [Outer Glow(외부 광선)]를 선택하고 'Opacity(불투명도) : 75%, Size(크기) : 5px'로 설정한 후 [OK(확인)]를 클릭합니다.

07 Layers(레이어) 패널 상단의 'Opacity(불투명도) : 80%'를 설정합니다.

07 문자 입력 및 왜곡, 레이어 스타일 적용

01 Horizontal Type Tool(수평 문자 도구, **T**)로 작업 이미지를 클릭하고 Options Bar(옵션 바)에서 'Font(글꼴) : Arial, Set font style(글꼴 스타일 설정) : Bold, Set font size(글꼴 크기) : 55pt, Set anti-aliasing method(앤티 앨리어싱 방법 설정) : Strong(강하게), Color(색상) : 임의 색상'으로 설정한 후 WINTER SALE을 입력합니다.

02 Layers(레이어) 패널 하단에 'Add a layer style(레이어 스타일 추가, **fx.**)'을 클릭하여 [Stroke(획)]를 선택하고 'Size(크기) : 2px, Color(색상) : #ffffff'로 설정합니다. 계속해서 [Gradient Overlay(그레이디언트 오버레이)]를 선택하고 'Click to edit the gradient(클릭하여 그레이디언트 편집)'를 클릭합니다. 그레이디언트 슬라이더 왼쪽 하단의 'Color Stop(색 상 정지점)'을 더블 클릭하여 #00ff99을, 가운데 빈 곳을 클릭하여 'Color Stop(색상 정지점)' 을 추가하고 더블 클릭하여 #003399로 설정합니다. 오른쪽 'Color Stop(색상 정지점)'을 더 블 클릭하여 #ff9900으로 설정한 후 'Style(스타일) : Linear(선형), Angle(각도) : 0°'로 설 정합니다.

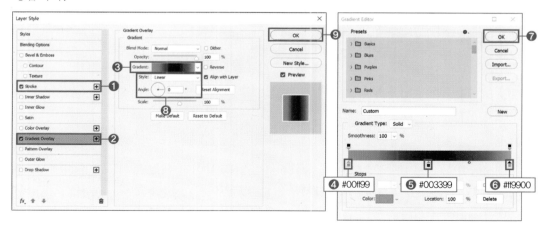

03 Horizontal Type Tool(수평 문자 도구, **T**)로 작업 이미지를 클릭하고 Options Bar(옵션 바)에서 'Font(글꼴) : Times New Roman, Set font style(글꼴 스타일 설정) : Regular, Set font size(글꼴 크기) : 25pt, Set anti-aliasing method(앤티 앨리어싱 방법 설정) : Strong(강하게), Color(색상) : #cc0000'으로 설정한 후 UP TO 50% OFF를 입력합니다.

04 Options Bar(옵션 바)에서 Create warped text(뒤틀어진 텍스트 만들기, 🔲)를 클릭하고 [Warp Text(텍스트 뒤틀기)] 대화상자에서 'Style(스타일) : Rise(상승), Horizontal(가로) : 체크, Bend (구부리기) : 40%'를 설정하여 문자의 모양을 왜곡합니다.

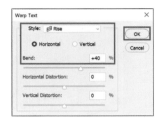

05 Layers(레이어) 패널 하단에 'Add a layer style(레이어 스타일 추가, 🔲)'을 클릭하여 [Stroke(획)]를 선택하고 'Size(크기) : 2px, Color(색상) : #cccccc'로 설정합니다.

06 Horizontal Type Tool(수평 문자 도구, 🔲)로 작업 이미지를 클릭하고 Options Bar(옵션 바)에서 'Font(글꼴) : 돋움, Set font size(글꼴 크기) : 15pt, Set anti-aliasing method(앤티 앨리어싱 방법 설정) : Strong(강하게), Color(색상) : 임의 색상'으로 설정한 후 보드 고글 / 장갑 / 부츠 / 보드복 / 보드세트 등을 입력합니다.

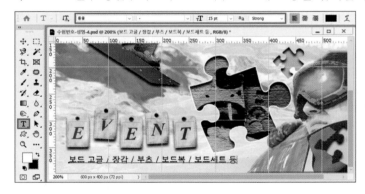

07 Options Bar(옵션 바)에서 Create warped text(뒤틀어진 텍스트 만들기, 🔲)를 클릭하여 [Warp Text(텍스트 뒤틀기)] 대화상자에서 'Style(스타일) : Flag(깃발), Horizontal(가로) : 체크, Bend(구부리기) : 50%'를 설정하여 문자의 모양을 왜곡합니다.

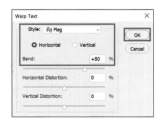

08 Layers(레이어) 패널 하단에 'Add a layer style(레이어 스타일 추가, $fx.$)'을 클릭하여 [Stroke(획)]를 선택하고 'Size(크기) : 2px, Color(색상) : #000066'으로 설정합니다. 계속해서 [Gradient Overlay(그레이디언트 오버레이)]를 선택하고 'Click to edit the gradient (클릭하여 그레이디언트 편집)'를 클릭합니다.

09 그레이디언트 슬라이더 왼쪽 하단의 'Color Stop(색상 정지점)'을 더블 클릭하여 #ffff00을, 오른쪽 'Color Stop(색상 정지점)'을 더블 클릭하여 #00ffff로 설정한 후 'Style(스타일) : Linear(선형), Angle(각도) : 0°'로 설정합니다. Ctrl + S를 눌러 파일을 저장합니다.

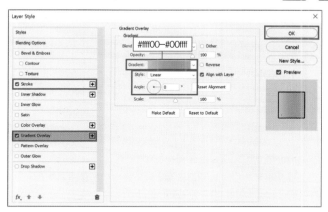

08 정답 파일 저장

01 [View(보기)]–[Show(표시)]–[Grid(격자)](Ctrl + ')를 선택하여 격자를 가립니다.

02 [File(파일)]–[Save As(다른 이름으로 저장)](Shift + Ctrl + S)를 선택하고 '저장 위치 : 내 PCW문서 WGTQ, 파일 형식 : JPEG, 파일 이름 : 수험번호–성명–문제번호.jpg'를 입력하고 [저장]을 클릭한 후 [JPEG Options(JPEG 옵션)] 대화상자에서 'Quality(품질) : 8'로 설정하고 [OK(확인)]를 클릭합니다.

03 [Image(이미지)]–[Image Size(이미지 크기)](Alt + Ctrl + I)를 선택하고 'Constrain aspect ratio(종횡비 제한) : 클릭, Width(폭) : 60Pixels(픽셀), Height(높이) : 40Pixels(픽셀)'로 입력하여 이미지 크기를 1/10로 축소한 후 [OK(확인)]를 클릭합니다.

04 [File(파일)]–[Save As(다른 이름으로 저장)](Shift + Ctrl + S)를 선택하고 '저장 위치 : 내 PCW문서WGTQ, 파일 형식 : Photoshop(*.PSD, *.PDD), 파일 이름 : 수험번호–성명–문제번호.psd'를 입력하고 [저장]을 클릭합니다.

05 답안 저장이 완료가 되면 [File(파일)]–[Exit(종료)](Ctrl + Q)를 선택하여 프로그램을 종료하고 수험 프로그램에서 [답안 전송]을 클릭하여 psd와 jpg 파일을 감독관 컴퓨터로 전송합니다.

기출 유형 문제 02회

▶ 동영상 무료

급수	문제유형	시험시간	수험번호	성명
2급	A	90분	G220210002	

수 험 자 유 의 사 항

- 수험자는 문제지를 받는 즉시 응시하고자 하는 **과목 및 급수가 맞는지 확인**한 후 수험번호와 성명을 작성합니다.
- 파일명은 본인의 "수험번호−성명−문제번호"로 공백 없이 정확히 입력하고 답안폴더(내 PC₩문서₩GTQ)에 jpg 파일과 psd 파일의 2가지 포맷으로 저장해야 하며, jpg 파일과 psd 파일의 내용이 상이할 경우 0점 처리됩니다. 답안문서 파일명이 "수험번호−성명−문제번호"와 일치하지 않거나, 답안 파일을 전송하지 않아 미제출로 처리될 경우 불합격 처리됩니다.
- 문제의 세부조건은 '영문(한글)' 형식으로 표기되어 있으니 유의하시기 바랍니다.
- 수험자 정보와 저장한 파일명, 저장 위치가 다를 경우 전송이 되지 않으므로, 주의하시기 바랍니다.
- 답안 작성 중에도 **주기적으로 '저장'과 '답안 전송'**을 이용하여 감독위원 PC로 답안을 전송하셔야 합니다.(※ 작업한 내용을 **저장하지 않고 전송할 경우** 이전의 저장내용이 전송되오니 이점 반드시 유념하시기 바랍니다.)
- 답안문서는 지정된 경로 외의 다른 보조기억장치에 저장하는 행위, 지정된 시험 시간 외에 작성된 파일을 활용한 행위, 기타 통신수단(이메일, 메신저, 네트워크 등)을 이용하여 타인에게 전달 또는 외부 반출하는 행위는 부정으로 간주되어 자격기본법 제32조에 의거 본 시험 및 국가공인 자격시험을 2년간 응시할 수 없습니다.
- 시험 중 부주의 또는 고의로 시스템을 파손한 경우와 〈수험자 유의사항〉에 기재된 방법대로 이행하지 않아 생기는 불이익은 수험자의 책임임을 알려 드립니다.
- 시험을 완료한 수험자는 최종적으로 저장한 답안파일이 전송되었는지 확인한 후 감독위원의 지시에 따라 문제지를 제출하고 퇴실합니다.

답 안 작 성 요 령

- **온라인 답안 작성 절차**
  수험자 등록 ⇒ 시험 시작 ⇒ 답안파일 저장 ⇒ 답안 전송 ⇒ 시험 종료
- 내 PC₩문서₩GTQ₩Image폴더에 있는 그림 원본파일을 사용하여 답안을 작성하시고 최종답안을 답안폴더(내 PC₩문서₩GTQ)에 저장하여 답안을 전송하시고, 이미지의 크기가 다른 경우 감점 처리됩니다.
- 배점은 총 100점으로 이루어지며, 점수는 각 문제별로 차등 배분됩니다.
- 각 문제는 주어진 〈조건〉에 따라 작성하고, 언급하지 않은 조건은 《출력형태》와 같이 작성합니다.
- 배치 등의 편의를 위해 주어진 눈금자의 단위는 '픽셀'입니다.
  그 외는 출력형태(효과, 이미지, 문자, 색상, 레이아웃, 규격 등)와 같게 작업하십시오.
- 문제 조건에 서체의 지정이 없을 경우 한글은 굴림이나 돋움, 영문은 Arial로 작업하십시오.
  (단, 그 외에 제시되지 않은 문자 속성을 기본값으로 작성하지 않은 경우는 감점 처리됩니다.)
- Image Mode(이미지 모드)는 별도의 처리조건이 없을 경우에는 RGB(8비트)로 작업하십시오.
- 모든 답안 파일은 해상도 72Pixels/Inch로 작업하십시오.
- Layer(레이어)는 각 기능별로 분할해야 하며, 임의로 합칠 경우나 각 기능에 대한 속성을 해지할 경우 해당 요소는 0점 처리됩니다.

한 국 생 산 성 본 부

문제 1 ┊ Tool(도구) 활용   20점

다음의 《조건》에 따라 아래의 《출력형태》와 같이 작업하시오.

출력형태

조건

원본 이미지	Part04₩기출유형문제02회₩2급-1.jpg		
파일저장규칙	JPG	파일명	문서₩GTQ₩수험번호-성명-1.jpg
		크기	400×500 pixels
	PSD	파일명	문서₩GTQ₩수험번호-성명-1.psd
		크기	40×50 pixels

1. 그림 효과
① 복제 및 변형 : 물고기
② Shape Tool(모양 도구) 사용 :
　- 높은음자리표 모양(#ccccff, 레이어 스타일 - Inner Shadow(내부 그림자))
　- 물고기 모양(#ff9933, #ff6600, 레이어 스타일 - Inner Glow(내부 광선))

2. 문자 효과
① Tropical Fish(Arial, Bold, 55pt, 레이어 스타일 - 그레이디언트 오버레이(#33cccc, #ff6600))

문제 2 ┊ 사진편집 기초   20점

다음의 《조건》에 따라 아래의 《출력형태》와 같이 작업하시오.

출력형태

조건

원본 이미지	Part04₩기출유형문제02회₩2급-2.jpg, 2급-3.jpg, 2급-4.jpg		
파일저장규칙	JPG	파일명	문서₩GTQ₩수험번호-성명-2.jpg
		크기	400×500 pixels
	PSD	파일명	문서₩GTQ₩수험번호-성명-2.psd
		크기	40×50 pixels

1. 그림 효과
① 색상 보정 : 2급-3.jpg - 녹색 계열로 보정, 레이어 스타일 - Inner Shadow(내부 그림자)
② 액자 제작 :
　필터 - Stained Glass(스테인드 글라스/채색 유리), 안쪽 테두리(5px, #999999), 레이어 스타일 - Drop Shadow(그림자 효과)
③ 2급-4.jpg : 레이어 스타일 - Drop Shadow(그림자 효과)

2. 문자 효과
① 신비한 바다의 이야기(바탕, 30pt, #cc0000, 레이어 스타일 - Stroke(선/획)(3px, #ffffff))

다음의 《조건》에 따라 아래의 《출력형태》와 같이 작업하시오.

조건

원본 이미지		Part04₩기출유형문제02회₩2급−5.jpg, 2급−6.jpg, 2급−7.jpg, 2급−8.jpg	
파일저장규칙	JPG	파일명	문서₩GTQ₩수험번호−성명−3.jpg
		크기	600×400 pixels
	PSD	파일명	문서₩GTQ₩수험번호−성명−3.psd
		크기	60×40 pixels

1. 그림 효과
① 배경 : #99ff99
② 2급−5.jpg : 필터 − Texturizer(텍스처화), 레이어 마스크 − 가로 방향으로 흐릿하게
③ 2급−6.jpg : 레이어 스타일 − Drop Shadow(그림자 효과)
④ 2급−7.jpg : 레이어 스타일 − Drop Shadow(그림자 효과)
⑤ 2급−8.jpg : 레이어 스타일 − Bevel and Emboss(경사와 엠보스)
⑥ 그 외 《출력형태》 참조

2. 문자 효과
① 바다 속 생물 그리기 대회(바탕, 27pt, #ffffff, 레이어 스타일 − Drop Shadow(그림자 효과), Stroke(선/획)(2px, #666633))
② DRAWING CONTEST(Arial, Narrow, 37pt, 레이어 스타일 − 그레이디언트 오버레이(#ffff00, #00cc99), Stroke(선/획)(3px, #003333))

출력형태

Shape Tool(모양 도구) 사용
레이어 스타일 −
그레이디언트 오버레이
(#339999, #ff6666),
Inner Shadow(내부 그림자)

Shape Tool(모양 도구) 사용
#ffffff, 레이어 스타일 −
Drop Shadow(그림자 효과),
Opacity(불투명도)(50%)

다음의 《조건》에 따라 아래의 《출력형태》와 같이 작업하시오.

조건

원본 이미지		Part04₩기출유형문제02회₩2급-9.jpg, 2급-10.jpg, 2급-11.jpg, 2급-12.jpg, 2급-13.jpg	
파일저장규칙	JPG	파일명	문서₩GTQ₩수험번호-성명-4.jpg
		크기	600×400 pixels
	PSD	파일명	문서₩GTQ₩수험번호-성명-4.psd
		크기	60×40 pixels

1. 그림 효과
① 2급-9.jpg : 필터 – Crosshatch(그물 눈)
② 2급-10.jpg : 레이어 스타일 – Drop Shadow(그림자 효과)
③ 2급-11.jpg : 레이어 스타일 – Drop Shadow(그림자 효과)
④ 2급-12.jpg : 필터 – Texturizer(텍스처화)
⑤ 2급-13.jpg : 레이어 스타일 – Drop Shadow(그림자 효과), Opacity(불투명도)(70%)
⑥ 그 외 《출력형태》 참조

2. 문자 효과
① FISH WORLD(Arial, Bold, 48pt, #ffffff, 레이어 스타일 – Drop Shadow(그림자 효과), Stroke(선/획)(3px, #ff3300))
② 해양생물과 함께 하는 힐링 체험!(돋움, 25pt, 레이어 스타일 – 그레이디언트 오버레이(#cc0000, #006633), Stroke(선/획)(2px, #ffffff))
③ 바다 생물이 가득한 곳으로 놀러 오세요.(궁서, 17pt, #ffff66, 레이어 스타일 – Drop Shadow(그림자 효과))

출력형태

Shape Tool(모양 도구) 사용
레이어 스타일 – Bevel and Emboss(경사와 엠보스),
그레이디언트 오버레이(#669933, #ffff00),
Drop Shadow(그림자 효과)

Shape Tool(모양 도구) 사용
레이어 스타일 –
Stroke(선/획)(5px, #ffffff),
Inner Shadow(내부 그림자)

Shape Tool(모양 도구) 사용
#ffffff, #ccffff,
레이어 스타일 –
Drop Shadow(그림자 효과)

작업과정	새 작업 이미지 만들고 파일 저장하기 ▶ 선택 영역 만들고 복제 및 변형하기 ▶ 모양 생성 및 레이어 스타일 적용 ▶ 문자 입력 및 레이어 스타일 적용 ▶ 정답 파일 저장
완성이미지	Part04₩기출유형문제02회₩정답파일₩G220210002-성명-1.jpg, G220210002-성명-1.psd

01 새 작업 이미지 만들고 파일 저장하기

01 [File(파일)]-[New(새로 만들기)]([Ctrl]+[N])를 선택하고 'Width(폭) : 400Pixels(픽셀), Height(높이) : 500Pixels(픽셀), Resolution(해상도) : 72Pixels/Inch(픽셀/인치), Color Mode(색상 모드) : RGB Color(RGB 색상), 8bit(비트), Background Contents(배경 내용) : White(흰색)'를 설정하여 새 작업 이미지를 만듭니다.

02 [Edit(편집)]-[Preference(환경설정)]([Ctrl]+[K])-[Guides, Grid & Slices(안내선, 격자와 슬라이스)]를 선택하고 Grid(격자)의 'Color(색상)'를 클릭하여 밝은 색상으로 변경한 후 'Gridline Every(격자 간격) : 100Pixels(픽셀), Subdivisions(세분) : 1'로 설정합니다.

03 [View(보기)]-[Show(표시)]-[Grid(격자)]([Ctrl]+[']）와 [View(보기)]-[Rulers(눈금자)] ([Ctrl]+[R])를 선택하여 격자와 눈금자를 표시합니다.

04 작업 도큐먼트를 저장하기 위해 [File(파일)]-[Save As(다른 이름으로 저장)]([Shift]+[Ctrl]+ [S])를 선택하고 임의 경로에 수험번호-성명-문제번호.psd로 파일을 저장합니다.

02 선택 영역 만들고 복제 및 변형하기

01 [File(파일)]-[Open(열기)]을 선택하여 2급-1.jpg를 불러옵니다. [Ctrl]+[A]를 눌러 전체를 선택한 후 [Ctrl]+[C]를 눌러 복사합니다. 작업 이미지를 선택하여 [Ctrl]+[V]로 붙여넣고 [Ctrl]+ [T]를 눌러 [Shift]를 누르고 크기를 조절하여 배치합니다.

02 Quick Selection Tool(빠른 선택 도구, [🖌])을 클릭하고 Options Bar(옵션 바)에서 'Add to selection(선택 영역에 추가, [🖌])'을 설정한 후 브러시의 크기를 조절하며 드래그하여 선택합니다.

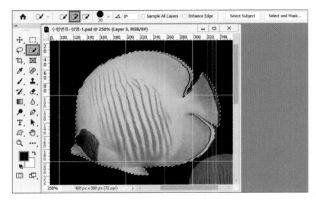

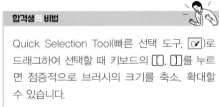

합격생의 비법

Quick Selection Tool(빠른 선택 도구, ☑️)로 드래그하여 선택할 때 키보드의 [,]를 누르면 점증적으로 브러시의 크기를 축소, 확대할 수 있습니다.

03 [Layer(레이어)]-[New(새로 만들기)]-[Layer Via Copy(복사한 레이어)]([Ctrl]+[J])를 클릭하고 레이어를 복사합니다. [Edit(편집)]-[Free Transform(자유변형)]([Ctrl]+[T])을 클릭하고 [Shift]를 누른 채 크기를 조절하고 마우스 오른쪽 버튼을 누르고 [Flip Horizontal(가로로 뒤집기)]로 뒤집은 후 회전하여 배치합니다.

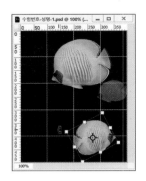

03 모양 생성 및 레이어 스타일 적용

01 Custom Shape Tool(사용자 정의 모양 도구, ☑️)을 클릭하고 Options Bar(옵션 바)에서 'Shape(모양), Fill(칠) : #ff9933, Stroke(획) : No Color(색상 없음), Shape(모양) : Fish(물고기, 🐟)'를 설정한 후 [Shift]를 누른 채 드래그하여 모양을 그리고 [Ctrl]+[T]를 눌러 회전하여 배치합니다.

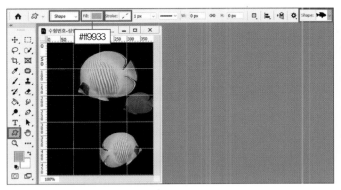

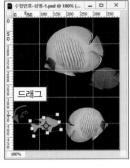

합격생의 비법

[Legacy Shapes and More(레거시 모양 및 기타)]-[All Legacy Default Shapes(모든 레거시 기본 모양)]-[Animals(동물)]

02 Layers(레이어) 패널 하단에 'Add a layer style(레이어 스타일 추가, fx.)'을 클릭하여 [Inner Glow(내부 광선)]를 선택하고 'Opacity(불투명도) : 35%, Choke(경계 감소) : 8%, Size(크기) : 13px'로 설정합니다.

03 Ctrl + J 를 눌러 'Fish 1' 레이어를 복사한 후 Ctrl + T 를 눌러 크기를 축소하고 그림과 같이 회전하여 배치합니다. 'Fish 1 copy' 레이어의 'Layer thumbnail(레이어 축소판)'을 더블 클릭하여 'Color(색상) : #ff6600'으로 변경합니다.

 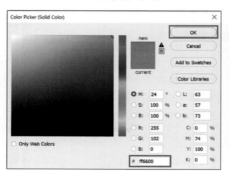 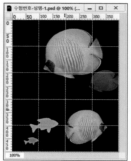

04 Custom Shape Tool(사용자 정의 모양 도구, ✿)을 클릭하여 Options Bar(옵션 바)에서 'Shape(모양), Fill(칠) : #ccccff, Stroke(획) : No Color(색상 없음), Shape(모양) : Treble Clef(높은음자리표, 𝄞)'를 설정한 후 Shift 를 누르고 모양을 그리고 Ctrl + T 를 눌러 회전하여 배치합니다.

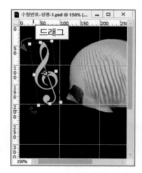

합격생의 비법

[Legacy Shapes and More(레거시 모양 및 기타)]–[All Legacy Default Shapes(모든 레거시 기본 모양)]–[Music(음악)]

합격생의 비법

연속해서 사용자 정의 모양 도구로 그릴 때 Fill(칠) 설정하기

Options Bar(옵션 바)에서 목록 단추를 눌러 제시된 Shape(모양)을 선택하여 그린 후에 'Layer thumbnail(레이어 축소판)'을 더블 클릭하여 Fill(칠)을 변경합니다.

05 Layers(레이어) 패널 하단에 'Add a layer style(레이어 스타일 추가, fx.)'을 클릭하여 [Inner Shadow(내부 그림자)]를 선택하고 'Angle(각도) : 90°, Distance(거리) : 5px, Size(크기) : 5px'를 설정한 후 [OK(확인)]를 클릭합니다.

04 문자 입력 및 레이어 스타일 적용

01 Horizontal Type Tool(수평 문자 도구, [T])로 작업 이미지를 클릭하고 Options Bar(옵션 바)에서 'Font(글꼴) : Arial, Set font style(글꼴 스타일 설정) : Bold, Set font size (글꼴 크기) : 55pt, Color(색상) : 임의 색상'으로 설정한 후 Tropical Fish를 입력합니다.

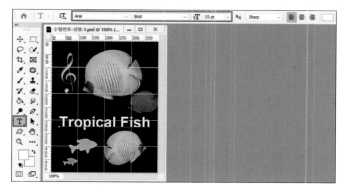

02 Layers(레이어) 패널 하단에 'Add a layer style(레이어 스타일 추가, [fx.])'을 클릭하여 [Gradient Overlay(그레이디언트 오버레이)]를 선택하고 'Click to edit the gradient(클릭 하여 그레이디언트 편집)'를 클릭합니다. 그레이디언트 슬라이더 왼쪽 하단의 'Color Stop(색 상 정지점)'을 더블 클릭하여 #33cccc를, 오른쪽 'Color Stop(색상 정지점)'을 더블 클릭하여 #ff6600으로 설정한 후 'Style(스타일) : Linear(선형), Angle(각도) : 0°'로 설정하고 [OK(확인)]를 클릭합니다. [Ctrl]+[S]를 눌러 파일을 저장합니다.

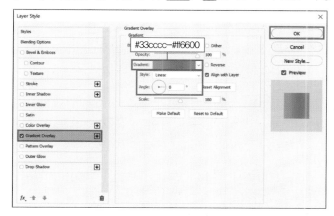

05 정답 파일 저장

01 [View(보기)]-[Show(표시)]-[Grid(격자)]([Ctrl]+['])를 선택하여 격자를 가립니다.

02 [File(파일)]-[Save As(다른 이름으로 저장)]([Shift]+[Ctrl]+[S])를 선택하고 '저장 위치 : 내 PC₩문서₩GTQ, 파일 형식 : JPEG, 파일 이름 : 수험번호-성명-문제번호.jpg'를 입력하고 [저장]을 클릭한 후 [JPEG Options(JPEG 옵션)] 대화상자에서 'Quality(품질) : 8'로 설정 하고 [OK(확인)]를 클릭합니다.

03 [Image(이미지)]-[Image Size(이미지 크기)]([Alt]+[Ctrl]+[I])를 선택하고 'Constrain aspect ratio(종횡비 제한) : 클릭, Width(폭) : 40Pixels(픽셀), Height(높이) : 50Pixels(픽셀)'로 입력하여 이미지 크기를 1/10로 축소한 후 [OK(확인)]를 클릭합니다.

04 [File(파일)]-[Save As(다른 이름으로 저장)]([Shift]+[Ctrl]+[S])를 선택하고 '저장 위치 : 내 PC₩문서₩GTQ, 파일 형식 : Photoshop(*.PSD, *.PDD), 파일 이름 : 수험번호-성명-문제번호.psd'를 입력하고 [저장]을 클릭합니다.

05 답안 저장이 완료가 되면 [File(파일)]-[Close(닫기)]([Ctrl]+[W])를 선택하여 파일을 닫고 수험 프로그램에서 [답안 전송]을 클릭하여 psd와 jpg 파일을 감독관 컴퓨터로 전송합니다.

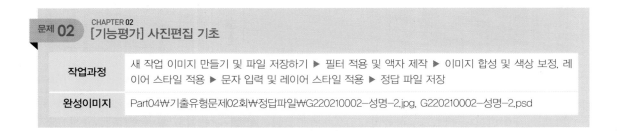

문제 **02**	CHAPTER 02 [기능평가] 사진편집 기초	
작업과정	새 작업 이미지 만들기 및 파일 저장하기 ▶ 필터 적용 및 액자 제작 ▶ 이미지 합성 및 색상 보정, 레이어 스타일 적용 ▶ 문자 입력 및 레이어 스타일 적용 ▶ 정답 파일 저장	
완성이미지	Part04₩기출유형문제02회₩정답파일₩G220210002-성명-2.jpg, G220210002-성명-2.psd	

① 새 작업 이미지 만들기 및 파일 저장하기

01 [File(파일)]-[New(새로 만들기)]([Ctrl]+[N])를 선택하고 'Width(폭) : 400Pixels(픽셀), Height(높이) : 500Pixels(픽셀), Resolution(해상도) : 72Pixels/Inch(픽셀/인치), Color Mode(색상 모드) : RGB Color(RGB 색상), 8bit(비트), Background Contents(배경 내용) : White(흰색)'로 설정하여 새 작업 이미지를 만듭니다.

02 [Edit(편집)]-[Preference(환경설정)]([Ctrl]+[K])-[Guides, Grid & Slices(안내선, 격자와 슬라이스)]를 선택하고 Grid(격자)의 'Color(색상)'를 클릭하여 밝은 색상으로 변경한 후 'Gridline Every(격자 간격) : 100Pixels(픽셀), Subdivisions(세분) : 1'로 설정합니다.

03 [View(보기)]-[Show(표시)]-[Grid(격자)]([Ctrl]+['])와 [View(보기)]-[Rulers(눈금자)]([Ctrl]+[R])를 선택하여 격자와 눈금자를 표시합니다.

04 작업 도큐먼트를 저장하기 위해 [File(파일)]-[Save As(다른 이름으로 저장)]([Shift]+[Ctrl]+[S])를 선택하고 임의 경로에 수험번호-성명-문제번호.psd로 파일을 저장합니다.

② 필터 적용 및 액자 제작

01 [File(파일)]-[Open(열기)]을 선택하여 2급-2.jpg를 불러옵니다. [Ctrl]+[A]를 눌러 전체를 선택한 후 [Ctrl]+[C]를 눌러 복사하고, 작업 이미지를 선택하여 [Ctrl]+[V]로 붙여넣기를 합니다. [Ctrl]+[T]로 [Shift]를 누른 채 크기를 조절하고 배치합니다.

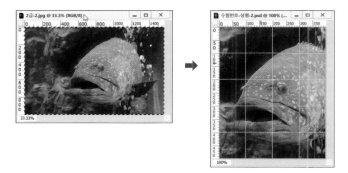

02 [Layer(레이어)]–[New(새로 만들기)]–[Layer Via Copy(복사한 레이어)]([Ctrl]+[J])를 클릭하고 레이어를 복사합니다.

03 Tool Panel(도구 패널) 하단의 Set foreground color(전경색 설정)을 클릭하여 Color Picker(색상 픽커) 대화상자에서 '색상 : #ffffff'를 설정합니다.

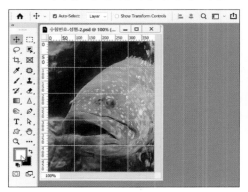 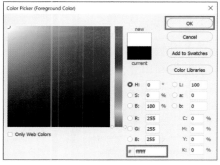

합격생의 비법

'Stained Glass(스테인드 글라스/채색 유리)' 필터는 Foreground color(전경색)가 Border(테두리) 색상이므로 미리 설정합니다.

---

04 [Filter(필터)]–[Filter Gallery(필터 갤러리)]–[Texture(텍스처)]–[Stained Glass(스테인드 글라스/채색 유리)]를 선택합니다. 위쪽의 눈금자에서 아래로 드래그하여 작업 이미지의 세로 중앙인 250px의 위치에 안내선을 표시합니다.

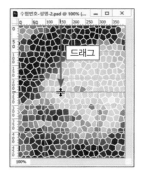

05 Rectangular Marquee Tool(사각형 선택 윤곽 도구, [::])을 클릭하고 Options Bar(옵션 바)에서 'New selection(새 선택 영역, ▣), Feather(페더) : 0px, Style(스타일) : Fixed Size (크기 고정), Width(폭) : 320px, Height(높이) : 420px'를 설정합니다. 제시된 액자의 프레임을 만들기 위해서 격자와 안내선을 참고하여 [Alt]를 누르고 작업 이미지의 중앙에 클릭하여 직사각형 모양으로 선택합니다.

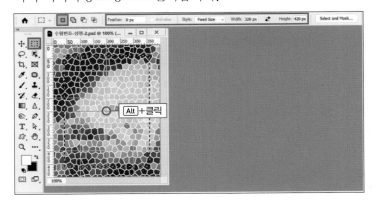

06 [Select(선택)]–[Modify(수정)]–[Smooth(매끄럽게)]를 클릭하여 'Sample Radius(샘플 반경) : 10pixels(픽셀)'을 설정하고 [OK(확인)]를 클릭하여 모서리를 둥글게 합니다. [Delete]를 눌러 선택된 이미지를 삭제하고 프레임을 만듭니다.

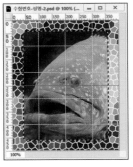

07 [Edit(편집)]–[Stroke(획)]를 클릭하여 'Width(폭) : 5px, Color(색상) : #999999, Location(위치) : Inside(안쪽), Mode(모드) : Normal(표준), Opacity(불투명도) : 100%, Preserve Transparency(투명도 유지) : 체크 해제'를 설정하고 [OK(확인)]를 클릭하여 안쪽 테두리를 적용합니다.

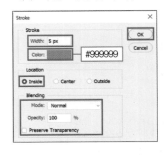
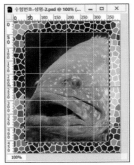

08 [Ctrl]+[D]를 눌러 선택을 해제하고 Layers(레이어) 패널 하단에 'Add a layer style(레이어 스타일 추가, [fx.])'을 클릭하여 [Drop Shadow(드롭 섀도)]를 선택하고 'Opacity(불투명도) : 75%, Angle(각도) : 90°, Distance(거리) : 5px, Size(크기) : 5px'를 설정하고 [OK(확인)]를 클릭합니다.

03 이미지 합성 및 색상 보정, 레이어 스타일 적용

01 [File(파일)]-[Open(열기)]을 선택하여 2급-3.jpg를 불러온 후 Object Selection Tool(개체 선택 도구, [🔲])을 클릭하고 Options Bar(옵션 바)에서 'Mode(모드) : Rectangle(사각형)'을 선택하고 이미지에 드래그하여 선택합니다. [Ctrl]+[C]를 눌러 복사합니다.

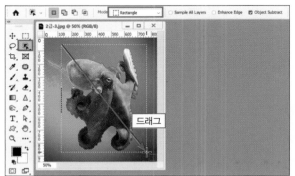

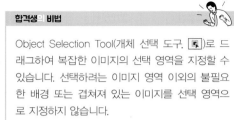

합격생의 비법

Object Selection Tool(개체 선택 도구, [🔲])로 드래그하여 복잡한 이미지의 선택 영역을 지정할 수 있습니다. 선택하려는 이미지 영역 이외의 불필요한 배경 또는 겹쳐져 있는 이미지를 선택 영역으로 지정하지 않습니다.

02 작업 이미지에 [Ctrl]+[V]로 붙여넣은 후 [Ctrl]+[T]를 눌러 크기를 조절하고 회전하여 배치합니다.

03 Layers(레이어) 패널 하단에 'Add a layer style(레이어 스타일 추가, [fx.])'을 클릭하여 [Inner Shadow(내부 그림자)]를 선택하고 'Opacity(불투명도) : 75%, Angle(각도) : 90°, Distance (거리) : 7px, Size(크기) : 7px'를 설정하고 [OK(확인)]를 클릭합니다.

04 [Layer(레이어)]-[Arrang(정돈)]-[Send Backward(뒤로 보내기)]([Ctrl]+[[])를 클릭하여 액자 프레임 레이어의 아래쪽으로 배치합니다.

05 Layers(레이어) 패널에서 'Layer 2' 레이어의 'Layer thumbnail(레이어 축소판)'을 [Ctrl]을 누르고 클릭하여 문어 이미지를 빠르게 선택합니다.

합격생의 비법

'Layer thumbnail(레이어 축소판)'을 Ctrl 을 누르고 클릭하면 레이어의 투명 영역을 제외한 픽셀로 채워진 이미지만을 빠르게 선택할 수 있습니다.

06 Layers(레이어) 패널 하단의 'Create new fill or adjustment layer(새 칠 또는 조정 레이어 생성, ⏺)'를 클릭하고 [Hue/Saturation(색조/채도)]을 선택합니다. Properties(속성) 패널에서 'Colorize(색상화) : 체크, Hue(색조) : 170, Saturation(채도) : 80, Lightness(명도) : -30'으로 설정하여 녹색 계열로 색상을 보정합니다.

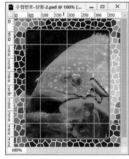

07 [File(파일)]-[Open(열기)]을 선택하여 2급-4.jpg를 불러온 후 Magic Wand Tool(자동 선택 도구, 🪄)를 클릭하고 Options Bar(옵션 바)에서 'New selection(새 선택 영역, ▣), Tolerance(허용치) : 10'을 설정하고 흰 배경 부분을 클릭하여 선택합니다.

08 Shift + Ctrl + I 로 선택 영역을 반전하고 Ctrl + C 로 복사합니다. 작업 이미지에 Ctrl + V 로 붙여넣은 후, [Layer(레이어)]-[Arrang(정돈)]-[Bring Forward(앞으로 가져오기)](Ctrl +])를 클릭하여 액자 프레임 레이어의 위쪽으로 배치합니다. Ctrl + T 를 눌러 Shift 를 누른 채 크기를 축소하고 마우스 오른쪽 버튼을 누르고 [Flip Horizontal(가로로 뒤집기)]로 뒤집고 회전하여 배치합니다.

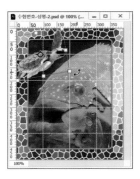

09 Layers(레이어) 패널 하단에 'Add a layer style(레이어 스타일 추가, [fx.])'을 클릭하여 [Drop Shadow(드롭 섀도)]를 선택하고 'Opacity(불투명도) : 75%, Angle(각도) : 90°, Distance(거리) : 5px, Size(크기) : 5px'를 설정하고 [OK(확인)]를 클릭합니다.

04 문자 입력 및 레이어 스타일 적용

01 Horizontal Type Tool(수평 문자 도구, [T])로 작업 이미지를 클릭하고 Options Bar(옵션 바)에서 'Font(글꼴) : 바탕, Set font size(글꼴 크기) : 30pt, Set anti-aliasing method(앤티 앨리어싱 방법 설정) : Strong(강하게), Center text(텍스트 중앙 정렬, [臺]), Color(색상) : #cc0000'으로 설정한 후 신비한 바다의 이야기!를 입력합니다.

02 Options Bar(옵션 바)에서 Create warped text(뒤틀어진 텍스트 만들기, [工])를 클릭하여 [Warp Text(텍스트 뒤틀기)] 대화상자에서 'Style(스타일) : Rise(상승), Horizontal(가로) : 체크, Bend(구부리기) : 45%'를 설정하여 문자의 모양을 왜곡합니다.

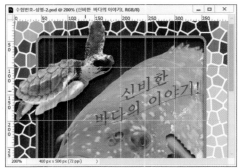

03 Layers(레이어) 패널 하단에 'Add a layer style(레이어 스타일 추가, $fx.$)'을 클릭하여 [Stroke(획)]를 선택하고 'Size(크기) : 3px, Color(색상) : #ffffff'로 정한 후 [OK(확인)]를 클릭합니다. `Ctrl`+`S`를 눌러 파일을 저장합니다.

05 정답 파일 저장

01 [View(보기)]-[Show(표시)]-[Grid(격자)](`Ctrl`+`'`)와 [Guides(안내선)](`Ctrl`+`;`)를 각각 선택하여 격자와 안내선을 가립니다.

02 [File(파일)]-[Save As(다른 이름으로 저장)](`Shift`+`Ctrl`+`S`)를 선택하고 '저장 위치 : 내 PC\문서\GTQ, 파일 형식 : JPEG, 파일 이름 : 수험번호-성명-문제번호.jpg'를 입력하고 [저장]을 클릭한 후 [JPEG Options(JPEG 옵션)] 대화상자에서 'Quality(품질) : 8'로 설정하고 [OK(확인)]를 클릭합니다.

03 [Image(이미지)]-[Image Size(이미지 크기)](`Alt`+`Ctrl`+`I`)를 선택하고 'Constrain aspect ratio(종횡비 제한) : 클릭, Width(폭) : 40Pixels(픽셀), Height(높이) : 50Pixels(픽셀)'로 입력하여 이미지 크기를 1/10로 축소한 후 [OK(확인)]를 클릭합니다.

04 [File(파일)]-[Save As(다른 이름으로 저장)](`Shift`+`Ctrl`+`S`))를 선택하고 '저장 위치 : 내 PC\문서\GTQ, 파일 형식 : Photoshop(*.PSD, *.PDD), 파일 이름 : 수험번호-성명-문제번호.psd'를 입력하고 [저장]을 클릭합니다.

05 답안 저장이 완료가 되면 [File(파일)]-[Close(닫기)](`Ctrl`+`W`)를 선택하여 파일을 닫고 수험 프로그램에서 [답안 전송]을 클릭하여 psd와 jpg 파일을 감독관 컴퓨터로 전송합니다.

문제 **03**	CHAPTER 02 [기능평가] 사진편집

작업과정	새 작업 이미지 만들기 및 파일 저장하기 ▶ 배경색 적용 ▶ 필터 및 레이어 마스크 적용하여 합성하기 ▶ 이미지 선택 및 레이어 스타일 적용 ▶ 모양 생성 및 레이어 스타일 적용 ▶ 문자 입력 및 왜곡, 레이어 스타일 적용 ▶ 정답 파일 저장
완성이미지	Part04\기출유형문제02회\정답파일\G220210002-성명-3.jpg, G220210002-성명-3.psd

01 새 작업 이미지 만들기 및 파일 저장하기

01 [File(파일)]-[New(새로 만들기)](`Ctrl`+`N`)를 선택하고 'Width(폭) : 600Pixels(픽셀), Height(높이) : 400Pixels(픽셀), Resolution(해상도) : 72Pixels/Inch(픽셀/인치), Color Mode(색상 모드) : RGB Color(RGB 색상), 8bit(비트), Background Contents(배경 내용) : White(흰색)'로 설정하여 새 작업 이미지를 만듭니다.

02 [Edit(편집)]–[Preference(환경설정)]([Ctrl]+[K])–[Guides, Grid & Slices(안내선, 격자와 슬라이스)]를 선택하고 Grid(격자)의 'Color(색상)'를 클릭하여 밝은 색상으로 변경한 후 'Gridline Every(격자 간격) : 100Pixels(픽셀), Subdivisions(세분) : 1'로 설정합니다.

03 [View(보기)]–[Show(표시)]–[Grid(격자)]([Ctrl]+[']와 [View(보기)]–[Rulers(눈금자)]([Ctrl]+[R])를 선택하여 격자와 눈금자를 표시합니다.

04 작업 도큐먼트를 저장하기 위해 [File(파일)]–[Save As(다른 이름으로 저장)]([Shift]+[Ctrl]+[S])를 선택하고 임의 경로에 수험번호-성명-문제번호.psd로 파일을 저장합니다.

02 배경색 적용

01 Tool Panel(도구 패널) 하단의 'Set foreground color(전경색 설정)'를 클릭하여 #99ff99로 설정하고 [Alt]+[Delete]를 눌러 이미지의 배경을 채웁니다.

 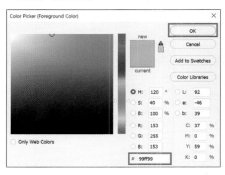 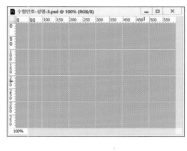

03 필터 및 레이어 마스크 적용하여 합성하기

01 [File(파일)]–[Open(열기)]을 선택하여 2급-5.jpg를 불러옵니다. [Ctrl]+[A]를 눌러 전체를 선택한 후 [Ctrl]+[C]를 눌러 복사하고, 작업 이미지를 선택하여 [Ctrl]+[V]로 붙여넣고 [Ctrl]+[T]를 눌러 [Shift]를 누른 채 크기를 조절하고, 마우스 오른쪽 버튼을 클릭하여 [Flip Horizontal(가로로 뒤집기)]로 뒤집고 배치합니다.

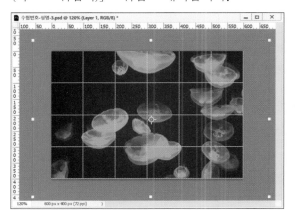

02 [Filter(필터)]–[Filter Gallery(필터 갤러리)]–[Texture(텍스처)]–[Texturizer(텍스처화)]를 선택합니다.

03 Layers(레이어) 패널에서 하단의 'Add layer mask(레이어 마스크 추가, ▣)'를 클릭하여 레이어 마스크를 추가합니다.

04 Gradient Tool(그레이디언트 도구, ▣)을 클릭하고 Options Bar(옵션 바)에서 'Click to open Gradient picker(클릭하여 그레이디언트 픽커 열기)'를 클릭합니다. Basics(기본 사항)에서 Black, White(검정, 흰색)를 선택하고 'Type(유형) : Linear Gradient(선형 그레이디언트), Mode(모드) : Normal(표준), Opacity(불투명도) : 100%'로 설정한 후 [Shift]를 누르고 왼쪽에서 오른쪽으로 드래그하여 배경과 합성합니다.

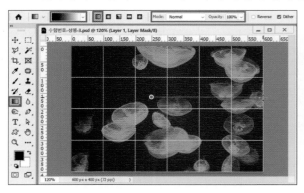
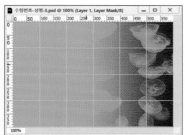

04 이미지 선택 및 레이어 스타일 적용

01 [File(파일)]–[Open(열기)]을 선택하여 2급-6.jpg를 불러온 후, Quick Selection Tool(빠른 선택 도구, ▨)을 클릭하고 Options Bar(옵션 바)에서 'Add to selection(선택 영역에 추가, ▨)'을 설정한 후 브러시의 크기를 조절하며 드래그하고 [Ctrl]+[C]로 복사합니다.

02 작업 이미지를 선택하여 [Ctrl]+[V]로 붙여넣고 [Ctrl]+[T]를 눌러 크기를 조절하고 마우스 오른쪽 버튼을 클릭하여 [Flip Horizontal(가로로 뒤집기)]로 뒤집고 회전하여 배치합니다.

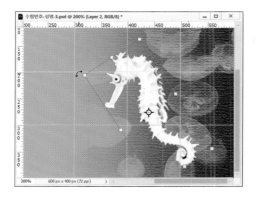

03 Layers(레이어) 패널 하단에 'Add a layer style(레이어 스타일 추가, $fx.$)'을 클릭하여 [Drop Shadow(드롭 섀도)]를 선택하고 'Opacity(불투명도) : 75%, Angle(각도) : 90°, Distance(거리) : 5px, Size(크기) : 5px'로 설정한 후 [OK(확인)]를 클릭합니다.

04 [File(파일)]−[Open(열기)]을 선택하여 2급−7.jpg를 불러옵니다. Magic Wand Tool(자동 선택 도구, $\mathscr{\nearrow}$)을 클릭하고 Options Bar(옵션 바)에서 'Add to selection(선택 영역에 추가, $\boxed{\text{⊡}}$), Tolerance(허용치) : 40'을 설정한 후 배경 부분을 여러 번 클릭합니다. $\boxed{\text{Shift}}$+$\boxed{\text{Ctrl}}$+$\boxed{\text{I}}$ 로 선택 영역을 반전하여 $\boxed{\text{Ctrl}}$+$\boxed{\text{C}}$로 복사합니다.

05 작업 이미지를 선택하여 $\boxed{\text{Ctrl}}$+$\boxed{\text{V}}$로 붙여넣고 $\boxed{\text{Ctrl}}$+$\boxed{\text{T}}$로 크기 조절과 회전을 하여 배치합니다. Layers(레이어) 패널 하단에 'Add a layer style(레이어 스타일 추가, $fx.$)'을 클릭하여 [Drop Shadow(드롭 섀도)]를 선택하고 [OK(확인)]를 클릭합니다.

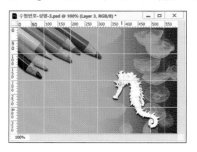

06 [File(파일)]–[Open(열기)]을 선택하여 2급-8.jpg를 불러옵니다. Quick Selection Tool(빠른 선택 도구, ☑️)을 클릭하고 이미지에 드래그하여 선택한 후 Ctrl + C 로 복사합니다. 작업 이미지를 선택하여 Ctrl + V 로 붙여넣고 Ctrl + T 로 크기 조절과 회전을 하여 배치합니다.

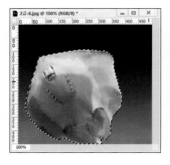 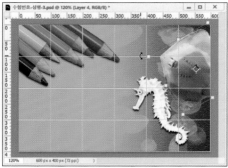

07 Layers(레이어) 패널 하단에 'Add a layer style(레이어 스타일 추가, *fx.*)'을 클릭하여 [Bevel & Emboss(경사와 엠보스)]를 선택하고 'Style(스타일) : Inner Bevel(내부 경사), Direction(방향) : Up(위로), Size(크기) : 5px'로 설정한 후 [OK(확인)]를 클릭합니다.

05 모양 생성 및 레이어 스타일 적용

01 Custom Shape Tool(사용자 정의 모양 도구, ☞)을 클릭하고 Options Bar(옵션 바)에서 'Shape(모양), Fill(칠) : #ffffff, Stroke(획) : No Color(색상 없음), Shape(모양) : Frame 3(프레임 3, ▢)'을 클릭한 후 드래그하여 모양을 그립니다.

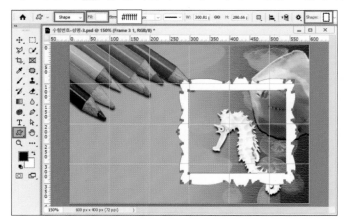

합격생의 비법

[Legacy Shapes and More(레거시 모양 및 기타)]–[All Legacy Default Shapes(모든 레거시 기본 모양)]–[Frames(프레임)]

---

02 Layers(레이어) 패널 상단에 'Opacity(불투명도) : 50%'를 설정하여 불투명도를 적용한 후 [Ctrl]+[T]로 그림과 같이 회전하여 배치합니다.

 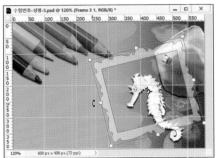

03 Layers(레이어) 패널 하단에 'Add a layer style(레이어 스타일 추가, [fx.])'을 클릭하여 [Drop Shadow(드롭 섀도)]를 선택하고 [OK(확인)]를 클릭합니다.

04 Layers(레이어) 패널에서 'Layer 3' 레이어를 선택하고 'Frame 3 1' 레이어보다 위쪽으로 드래그하여 맨 앞으로 이동하여 배치합니다.

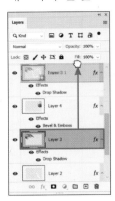 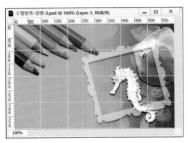

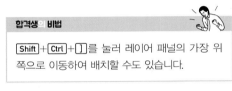

합격생의 비법

[Shift]+[Ctrl]+[]]를 눌러 레이어 패널의 가장 위쪽으로 이동하여 배치할 수도 있습니다.

05 Custom Shape Tool(사용자 정의 모양 도구, [🎨])을 클릭하고 Options Bar(옵션 바)에서 'Shape(모양), Fill(칠) : 임의 색상, Stroke(획) : No Color(색상 없음), Shape(모양) : Ribbon 1(리본 1, [🎗])'을 클릭한 후 [Shift]를 누른 채 드래그하여 모양을 그립니다.

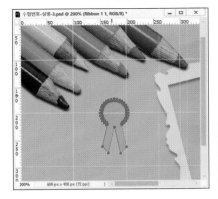

합격생의 비법

[Legacy Shapes and More(레거시 모양 및 기타)]-[All Legacy Default Shapes(모든 레거시 기본 모양)]-[Banners and Awards(배너 및 상장)]

06 Layers(레이어) 패널 하단에 'Add a layer style(레이어 스타일 추가, fx.)'을 클릭하여 [Inner Shadow(내부 그림자)]를 선택하고 'Opacity(불투명도) : 75%, Angle(각도) : 90°, Distance(거리) : 5px, Size(크기) : 5px'를 설정합니다.

07 계속해서 [Gradient Overlay(그레이디언트 오버레이)]를 선택하고 'Click to edit the gradient(클릭하여 그레이디언트 편집)'를 클릭합니다. 그레이디언트 슬라이더 왼쪽 하단의 'Color Stop(색상 정지점)'을 더블 클릭하여 #339999를, 오른쪽 'Color Stop(색상 정지점)'을 더블 클릭하여 #ff6666으로 설정한 후 'Style(스타일) : Linear(선형), Angle(각도) : 90°로 설정합니다.

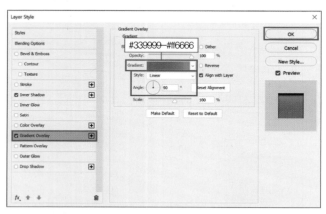

🌀 문자 입력 및 레이어 스타일 적용

01 Horizontal Type Tool(수평 문자 도구, T)로 작업 이미지를 클릭하고 Options Bar(옵션 바)에서 'Font(글꼴) : 바탕, Set font size(글꼴 크기) : 27pt, Set anti-aliasing method(앤티 앨리어싱 방법 설정) : Strong(강하게), Color(색상) : #ffffff'로 설정한 후 바다 속 생물 그리기 대회를 입력합니다.

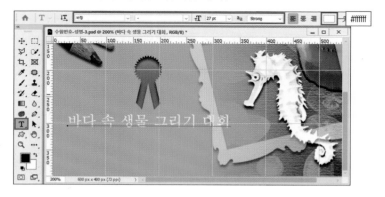

02 Layers(레이어) 패널 하단에 'Add a layer style(레이어 스타일 추가, fx.)'을 클릭하여 [Stroke(획)]를 선택하고 'Size(크기) : 2px, Color(색상) : #666633'으로 설정합니다. 계속해서 [Drop Shadow(드롭 섀도)]를 선택한 후 'Opacity(불투명도) : 75%, Angle(각도) : 90°, Distance(거리) : 5px, Size(크기) : 5px'를 설정하고 [OK(확인)]를 클릭합니다.

03 Horizontal Type Tool(수평 문자 도구, T)로 작업 이미지를 클릭하고 Options Bar(옵션 바)에서 'Font(글꼴) : Arial, Set font style(글꼴 스타일 설정) : Narrow, Set font size(글꼴 크기) : 37pt, Color(색상) : 임의 색상'을 설정한 후 DRAWING CONTEST를 입력합니다.

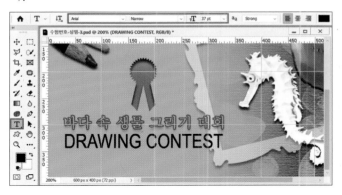

04 Options Bar(옵션 바)에서 Create warped text(뒤틀어진 텍스트 만들기, ⊥)를 클릭하여 [Warp Text(텍스트 뒤틀기)] 대화상자에서 'Style(스타일) : Arc Lower(아래 부채꼴), Horizontal(가로) : 체크, Bend(구부리기) : 40%'를 설정하여 문자의 모양을 왜곡합니다.

05 Layers(레이어) 패널 하단에 'Add a layer style(레이어 스타일 추가, fx)'을 클릭하여 [Stroke(획)]를 선택하고 'Size(크기) : 3px, Color(색상) : #003333'으로 설정합니다. 계속해서 [Gradient Overlay(그레이디언트 오버레이)]를 선택하고 'Click to edit the gradient(클릭하여 그레이디언트 편집)'를 클릭합니다.

06 그레이디언트 슬라이더 왼쪽 하단의 'Color Stop(색상 정지점)'을 더블 클릭하여 #ffff00을, 오른쪽 'Color Stop(색상 정지점)'을 더블 클릭하여 #00cc99로 설정한 후 'Style(스타일) : Linear(선형), Angle(각도) : 90˚로 설정합니다.

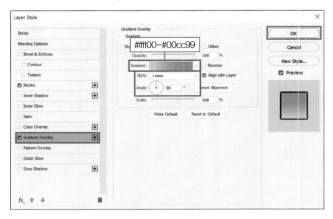

07 Layers(레이어) 패널에서 Shift를 누른 채 'Ribbon 1 1' 레이어를 클릭하여 3개의 레이어를 동시에 선택합니다. Move Tool(이동 도구, ⊕)을 클릭하고 Options Bar(옵션 바)에서 'Align horizontal centers(가로 가운데 정렬, ≑)'를 클릭하여 가로 가운데 정렬을 합니다. Ctrl + S를 눌러 파일을 저장합니다.

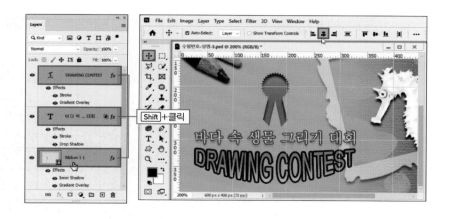

07 정답 파일 저장

01 [View(보기)]-[Show(표시)]-[Grid(격자)]([Ctrl]+[']')를 선택하여 격자를 가립니다

02 [File(파일)]-[Save As(다른 이름으로 저장)]([Shift]+[Ctrl]+[S])를 선택하고 '저장 위치 : 내 PC\문서\GTQ, 파일 형식 : JPEG, 파일 이름 : 수험번호-성명-문제번호.jpg'를 입력하고 [저장]을 클릭한 후 [JPEG Options(JPEG 옵션)] 대화상자에서 'Quality(품질) : 8'로 설정하고 [OK(확인)]를 클릭합니다.

03 [Image(이미지)]-[Image Size(이미지 크기)]([Alt]+[Ctrl]+[I])를 선택하고 'Constrain aspect ratio(종횡비 제한) : 클릭, Width(폭) : 60Pixels(픽셀), Height(높이) : 40Pixels(픽셀)'로 입력하여 이미지 크기를 1/10로 축소한 후 [OK(확인)]를 클릭합니다.

04 [File(파일)]-[Save As(다른 이름으로 저장)]([Shift]+[Ctrl]+[S])를 선택하고 '저장 위치 : 내 PC\문서\GTQ, 파일 형식 : Photoshop(*.PSD, *.PDD), 파일 이름 : 수험번호-성명-문제번호.psd'를 입력하고 [저장]을 클릭합니다.

05 답안 저장이 완료가 되면 [File(파일)]-[Close(닫기)]([Ctrl]+[W])를 선택하여 파일을 닫고 수험 프로그램에서 [답안 전송]을 클릭하여 psd와 jpg 파일을 감독관 컴퓨터로 전송합니다.

문제 **04**	CHAPTER 02 [실무응용] 이벤트 페이지 제작	
작업과정	새 작업 이미지 만들기 및 파일 저장하기 ▶ 필터 적용하기 ▶ 이미지 선택 및 레이어 스타일 적용 ▶ 모양 생성 및 필터와 클리핑 마스크 적용 ▶ 불투명도 조절하여 합성 ▶ 모양 생성 및 레이어 스타일 적용 ▶ 문자 입력 및 왜곡, 레이어 스타일 적용 ▶ 정답 파일 저장	
완성이미지	Part04\기출유형문제|02회\정답파일\G220210002-성명-4.jpg, G220210002-성명-4.psd	

ⓞ 새 작업 이미지 만들기 및 파일 저장하기

01 [File(파일)]-[New(새로 만들기)]([Ctrl]+[N])를 선택하고 'Width(폭) : 600Pixels(픽셀), Height(높이) : 400Pixels(픽셀), Resolution(해상도) : 72Pixels/Inch(픽셀/인치), Color Mode(색상 모드) : RGB Color(RGB 색상), 8bit(비트), Background Contents(배경 내용) : White(흰색)'로 설정하여 새 작업 이미지를 만듭니다.

02 [Edit(편집)]-[Preference(환경설정)]([Ctrl]+[K])-[Guides, Grid & Slices(안내선, 격자와 슬라이스)]를 선택하고 Grid(격자)의 'Color(색상)'를 클릭하여 밝은 색상으로 변경한 후 'Gridline Every(격자 간격) : 100Pixels(픽셀), Subdivisions(세분) : 1'로 설정합니다.

03 [View(보기)]-[Show(표시)]-[Grid(격자)]([Ctrl]+['])와 [View(보기)]-[Rulers(눈금자)] ([Ctrl]+[R])를 선택하여 격자와 눈금자를 표시합니다.

04 작업 도큐먼트를 저장하기 위해 [File(파일)]-[Save As(다른 이름으로 저장)]([Shift]+[Ctrl]+ [S])를 선택하고 임의 경로에 수험번호-성명-문제번호.psd로 파일을 저장합니다.

ⓞ 필터 적용하기

01 [File(파일)]-[Open(열기)]을 선택하여 2급-9.jpg를 불러 옵니다. [Ctrl]+[A]로 선택한 후 [Ctrl]+[C]를 눌러 복사하고 작업 이미지에 [Ctrl]+[V]로 붙여넣기를 합니다. [Ctrl]+[T]를 누르고 [Shift]를 누른 채 크기를 축소하고 배치합니다.

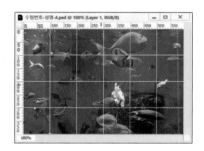

02 [Filter(필터)]-[Filter Gallery(필터 갤러리)]-[Brush Strokes(브러시 선)]-[Crosshatch (그물 눈)]를 선택합니다.

ⓞ 이미지 선택 및 레이어 스타일 적용

01 [File(파일)]-[Open(열기)]을 선택하여 2 급-10.jpg를 불러옵니다. Magic Wand Tool(자동 선택 도구, [이미지])을 클릭하고 Options Bar(옵션 바)에서 'Add to selec-tion(선택 영역에 추가, [이미지]), Tolerance (허용치) : 32'를 설정한 후 배경 부분을 여 러 번 클릭하여 선택합니다.

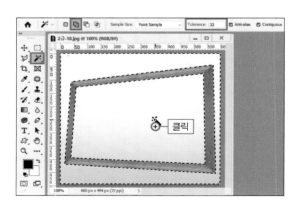

02 Shift + Ctrl + I 로 선택 영역을 반전하고 Ctrl + C 로 복사합니다. 작업 이미지를 선택하여 Ctrl + V 로 붙여넣고 Ctrl + T 로 크기 조절과 회전을 하여 배치합니다.

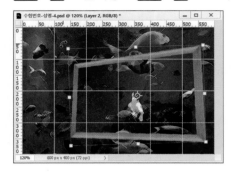

03 Layers(레이어) 패널 하단에 'Add a layer style(레이어 스타일 추가, fx.)'을 클릭하여 [Drop Shadow(드롭 섀도)]를 선택하고 'Opacity(불투명도) : 75%, Angle(각도) : 90°, Distance(거리) : 5px, Size(크기) : 5px'를 설정한 후 [OK(확인)]를 클릭합니다.

04 [File(파일)]-[Open(열기)]을 선택하여 2급-11.jpg를 불러옵니다. Magic Wand Tool(자동 선택 도구, ⚡)을 클릭하고 Options Bar(옵션 바)에서 'Add to selection(선택 영역에 추가, ⬜), Tolerance(허용치) : 60'을 설정한 후 배경을 여러 번 클릭하여 선택합니다.

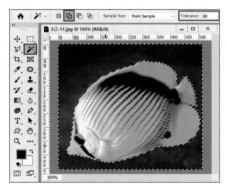

05 Shift + Ctrl + I 로 선택 영역을 반전하여 Ctrl + C 로 복사합니다. 작업 이미지를 선택하여 Ctrl + V 로 붙여넣고 Ctrl + T 를 눌러 크기를 조절하고, 마우스 오른쪽 버튼을 클릭하여 [Flip Horizontal(가로로 뒤집기)]로 뒤집고 회전하여 배치합니다.

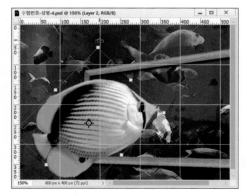

06 Layers(레이어) 패널 하단에 'Add a layer style(레이어 스타일 추가, _fx_)'을 클릭하여 [Drop Shadow(드롭 섀도)]를 선택하고 'Opacity(불투명도) : 90%, Angle(각도) : 90°, Distance(거리) : 5px, Size(크기) : 5px'를 설정하고 [OK(확인)]를 클릭합니다.

04 모양 생성 및 필터와 클리핑 마스크 적용

01 Custom Shape Tool(사용자 정의 모양 도구, _⚙_)을 클릭하고 Options Bar(옵션 바)에서 'Shape(모양), Fill(칠) : 임의 색상, Stroke(획) : No Color(색상 없음), Shape(모양) : Thought 1(생각 1, _●_)'을 설정한 후 드래그하여 모양을 그린 후 Ctrl + T로 회전하여 배치합니다.

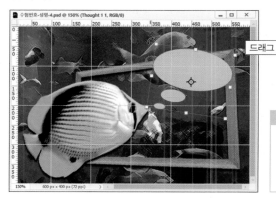

드래그

합격생의 비법

[Legacy Shapes and More(레거시 모양 및 기타)]–[All Legacy Default Shapes(모든 레거시 기본 모양)]–[Talk Bubbles(말풍선)]

02 Layers(레이어) 패널 하단에 'Add a layer style(레이어 스타일 추가, _fx_)'을 클릭하여 [Stroke(획)]를 선택하고 'Size(크기) : 5px, Color(색상) : #ffffff'로 설정합니다. 계속해서 [Inner Shadow(내부 그림자)]를 선택하고 'Opacity(불투명도) : 75%, Angle(각도) : 90°, Distance(거리) : 5px, Size(크기) : 5px'를 설정한 후 [OK(확인)]를 클릭합니다.

03 [File(파일)]–[Open(열기)]을 선택하여 2급-12.jpg를 불러온 후 Ctrl+A를 눌러 전체를 선택하고 Ctrl+C를 눌러 복사합니다. 작업 이미지를 선택하고 Ctrl+V로 붙여넣고 Ctrl+T를 눌러 Shift를 누른 채 조절점을 드래그하여 크기를 조절하고 말풍선 모양과 겹치도록 배치합니다.

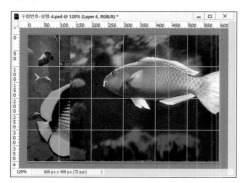

04 Layers(레이어) 패널에서 'Layer 4' 레이어와 'Thought 1 1' 레이어 사이에 마우스 커서를 놓고 Alt 를 누르고 클릭하여 Clipping Mask(클리핑 마스크)를 적용합니다. Ctrl + T 를 눌러 Shift 를 누른 채 조절점을 드래그하여 크기를 조절하고 배치합니다.

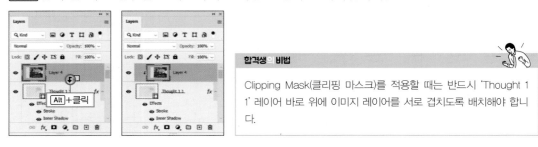

합격생 비법

Clipping Mask(클리핑 마스크)를 적용할 때는 반드시 'Thought 1 1' 레이어 바로 위에 이미지 레이어를 서로 겹치도록 배치해야 합니다.

05 [Filter(필터)]-[Filter Gallery(필터 갤러리)]-[Texture(텍스처)]-[Texturizer(텍스처화)]를 선택합니다.

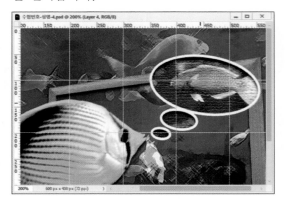

05 불투명도 조절하여 합성

01 [File(파일)]-[Open(열기)]을 선택하여 2급-13.jpg를 불러옵니다. Magic Wand Tool(자동선택 도구, ✎)을 클릭하고 Options Bar(옵션 바)에서 'Tolerance(허용치) : 10'을 설정한 후 배경 부분을 클릭하여 선택합니다.

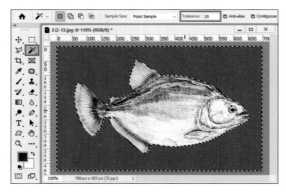

02 Shift + Ctrl + I 로 선택 영역을 반전하여 Ctrl + C 로 복사한 후 작업 이미지를 선택하고 Ctrl + V 로 붙여넣기를 합니다. Ctrl + T 를 눌러 Shift 를 누른 채 크기를 조절하고 마우스 오른쪽 버튼을 클릭하여 [Flip Horizontal(가로로 뒤집기)]로 뒤집고 회전하여 배치합니다.

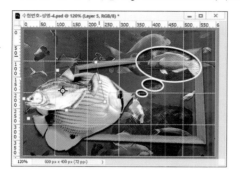

03 Layers(레이어) 패널 하단에 'Add a layer style(레이어 스타일 추가, fx.)'을 클릭하여 [Drop Shadow(드롭 섀도)]를 선택하고 'Opacity(불투명도) : 75%, Angle(각도) : 90°, Distance(거리) : 5px, Size(크기) : 5px'로 설정한 후 [OK(확인)]를 클릭합니다.

04 Layers(레이어) 패널 상단의 'Opacity(불투명도) : 70%'를 설정하고 불투명도를 적용합니다.

 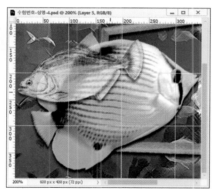

06 모양 생성 및 레이어 스타일 적용

01 Custom Shape Tool(사용자 정의 모양 도구, ⬚)을 클릭하고 Options Bar(옵션 바)에서 'Shape(모양), Fill(칠) : #ccffff, Stroke(획) : No Color(색상 없음), Shape(모양) : Thought 1(생각 1, ●)'을 설정한 후 드래그하여 모양을 그립니다.

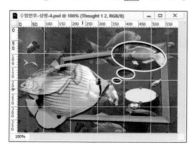

합격생의 비법

[Legacy Shapes and More(레거시 모양 및 기타)]-[All Legacy Default Shapes(모든 레거시 기본 모양)]-[Talk Bubbles(말풍선)]

02 Layers(레이어) 패널 하단에 'Add a layer style(레이어 스타일 추가,)'을 클릭하여 [Drop Shadow(드롭 섀도)]를 선택하고 'Opacity(불투명도) : 75%, Angle(각도) : 120°, Distance(거리) : 5px, Size(크기) : 5px'로 설정한 후 [OK(확인)]를 클릭합니다.

합격생의 비법

작업 이미지의 레이어 스타일에서 그림자 효과의 Angle(각도)을 레이어별로 따로 적용하려면 'Use Global Light(전체 조명 사용)'의 체크를 해제해야 합니다.

---

03 Ctrl + J 를 눌러 복사한 레이어를 만들고 레이어 페널에서 'Thought 1 2 copy' 레이어의 Layer thumbnail(레이어 축소판)을 더블 클릭하여 Color Picker(색상 픽커)에서 'Color(색상) : #ffffff'를 설정합니다. Ctrl + T 를 눌러 회전하여 배치합니다.

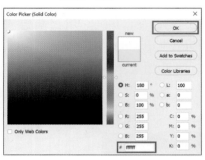
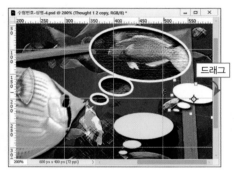

04 Custom Shape Tool(사용자 정의 모양 도구, 🕸)을 클릭하고 Options Bar(옵션 바)에서 'Shape(모양), Fill(칠) : 임의 색상, Stroke(획) : No Color(색상 없음), Shape(모양) : Eighth Notes(8분 음표(두개), ♫)'를 설정한 후 Shift 를 누르고 모양을 그립니다. Ctrl + T 를 눌러 회전하여 배치합니다.

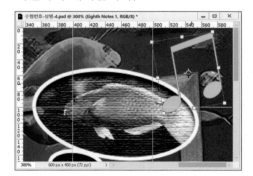

합격생의 비법

[Legacy Shapes and More(레거시 모양 및 기타)]-[All Legacy Default Shapes(모든 레거시 기본 모양)]-[Music(음악)]

---

05 Layers(레이어) 패널 하단에 'Add a layer style(레이어 스타일 추가, fx.)'을 클릭하여 [Bevel & Emboss(경사와 엠보스)]를 선택하고 'Style(스타일) : Inner Bevel(내부 경사), Direction(방향) : Up(위), Size(크기) : 5px'를 설정합니다. 계속해서 [Gradient Overlay (그레이디언트 오버레이)]를 선택하고 'Click to edit the gradient(클릭하여 그레이디언트 편집)'를 클릭합니다. 그레이디언트 슬라이더 왼쪽 하단의 'Color Stop(색상 정지점)'을 더블 클릭하여 #669933을, 오른쪽 'Color Stop(색상 정지점)'을 더블 클릭하여 #ffff00으로 설정한 후 'Style(스타일) : Linear(선형), Angle(각도) : 90°'로 설정합니다.

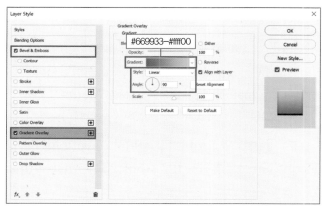

06 계속해서 [Drop Shadow(드롭 섀도)]를 선택하고 'Opacity(불투명도) : 75%, Angle(각도) : 90°, Distance(거리) : 5px, Size(크기) : 5px'로 설정한 후 [OK(확인)]를 클릭합니다.

🟢07 문자 입력 및 왜곡, 레이어 스타일 적용

01 Horizontal Type Tool(수평 문자 도구, T)로 작업 이미지를 클릭하고 Options Bar(옵션 바)에서 'Font(글꼴) : Arial, Set font style(글꼴 스타일 설정) : Bold, Set font size(글꼴 크기) : 48pt, Color(색상) : #ffffff'로 설정한 후 FISH WORLD를 입력합니다.

02 Options Bar(옵션 바)에서 Create warped text(뒤틀어진 텍스트 만들기, ☒)를 클릭하여 [Warp Text(텍스트 뒤틀기)] 대화상자에서 'Style(스타일) : Fish(물고기), Horizontal(가로) : 체크, Bend(구부리기) : 40%'를 설정한 후 문자의 모양을 왜곡합니다.

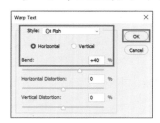

03 Layers(레이어) 패널 하단에 'Add a layer style(레이어 스타일 추가, fx.)'을 클릭하여 [Stroke(획)]를 선택하고 'Size(크기) : 3px, Color(색상) : #ff3300'으로 설정합니다. 계속해서 [Drop Shadow(드롭 섀도)]를 선택하고 'Opacity(불투명도) : 75%, Angle(각도) : 120°, Distance(거리) : 5px, Size(크기) : 5px'로 설정한 후 [OK(확인)]를 클릭합니다.

04 Horizontal Type Tool(수평 문자 도구, ☒)로 작업 이미지를 클릭하고 Options Bar(옵션 바)에서 'Font(글꼴) : 돋움, Set font size(글꼴 크기) : 25pt, Set anti-aliasing method(앤티 앨리어싱 방법 설정) : Strong(강하게), Color(색상) : 임의 색상'으로 설정한 후 해양생물과 함께 하는 힐링 체험!을 입력합니다.

05 Layers(레이어) 패널 하단에 'Add a layer style(레이어 스타일 추가, fx.)'을 클릭하여 [Stroke(획)]를 선택하고 'Size(크기) : 2px, Color(색상) : #ffffff'로 설정합니다. 계속해서 [Gradient Overlay(그레이디언트 오버레이)]를 선택하고 'Click to edit the gradient(클릭하여 그레이디언트 편집)'를 클릭합니다. 그레이디언트 슬라이더 왼쪽 하단의 'Color Stop(색상 정지점)'을 더블 클릭하여 #cc0000을, 오른쪽 'Color Stop(색상 정지점)'을 더블 클릭하여 #006633으로 설정한 후 'Style(스타일) : Linear(선형), Angle(각도) : 90°'로 설정합니다.

06 Horizontal Type Tool(수평 문자 도구, [T])로 작업 이미지를 클릭하고 Options Bar(옵션 바)에서 'Font(글꼴) : 궁서, Set font size(글꼴 크기) : 17pt, Set anti-aliasing method(앤티 앨리어싱 방법 설정) : Strong(강하게), Color(색상) : #ffff66'으로 설정한 후 바다 생물이 가득한 곳으로 놀러 오세요.를 입력합니다.

07 Layers(레이어) 패널 하단에 'Add a layer style(레이어 스타일 추가, [fx.])'을 클릭하여 [Drop Shadow(드롭 섀도)]를 선택하고 'Opacity(불투명도) : 75%, Angle(각도) : 90°, Distance(거리) : 3px, Size(크기) : 3px'로 설정한 후 [OK(확인)]를 클릭합니다. [Ctrl]+[S]를 눌러 파일을 저장합니다.

08 정답 파일 저장

01 [View(보기)]-[Show(표시)]-[Grid(격자)]([Ctrl]+[']를 선택하여 격자를 가립니다.

02 [File(파일)]-[Save As(다른 이름으로 저장)]([Shift]+[Ctrl]+[S])를 선택하고 '저장 위치 : 내 PC₩문서₩GTQ, 파일 형식 : JPEG, 파일 이름 : 수험번호-성명-문제번호.jpg'를 입력하고 [저장]을 클릭한 후 [JPEG Options(JPEG 옵션)] 대화상자에서 'Quality(품질) : 8'로 설정 하고 [OK(확인)]를 클릭합니다.

03 [Image(이미지)]-[Image Size(이미지 크기)]([Alt]+[Ctrl]+[I])를 선택하고 'Constrain aspect ratio(종횡비 제한) : 클릭, Width(폭) : 60Pixels(픽셀), Height(높이) : 40Pixels(픽셀)'로 입력하여 이미지 크기를 1/10로 축소한 후 [OK(확인)]를 클릭합니다.

04 [File(파일)]-[Save As(다른 이름으로 저장)]([Shift]+[Ctrl]+[S])를 선택하고 '저장 위치 : 내 PC₩문서 ₩GTQ, 파일 형식 : Photoshop(*.PSD, *.PDD), 파일 이름 : 수험번호-성명-문제번호.psd'를 입력하고 [저장]을 클릭합니다.

05 답안 저장이 완료가 되면 [File(파일)]-[Exit(종료)]([Ctrl]+[Q])를 선택하여 프로그램을 종료하 고 수험 프로그램에서 [답안 전송]을 클릭하여 psd와 jpg 파일을 감독관 컴퓨터로 전송합니다.

기출 유형 문제 03회

▶ 동영상 무료

급수	문제유형	시험시간	수험번호	성명
2급	A	90분	G220210003	

수 험 자 유 의 사 항

- 수험자는 문제지를 받는 즉시 응시하고자 하는 **과목 및 급수가 맞는지 확인**한 후 수험번호와 성명을 작성합니다.
- 파일명은 본인의 "수험번호–성명–문제번호"로 공백 없이 정확히 입력하고 답안폴더(내 PC₩문서₩GTQ)에 jpg 파일과 psd 파일의 2가지 포맷으로 저장해야 하며, jpg 파일과 psd 파일의 내용이 상이할 경우 0점 처리됩니다. 답안문서 파일명이 "수험번호–성명–문제번호"와 일치하지 않거나, 답안 파일을 전송하지 않아 미제출로 처리될 경우 불합격 처리됩니다.
- 문제의 세부조건은 '영문(한글)' 형식으로 표기되어 있으니 유의하시기 바랍니다.
- 수험자 정보와 저장한 파일명, 저장 위치가 다를 경우 전송이 되지 않으므로, 주의하시기 바랍니다.
- 답안 작성 중에도 **주기적으로 '저장'과 '답안 전송'**을 이용하여 감독위원 PC로 답안을 전송하셔야 합니다.(※ 작업한 내용을 **저장하지 않고 전송할 경우** 이전의 저장내용이 전송되오니 이점 반드시 유념하시기 바랍니다.)
- 답안문서는 지정된 경로 외의 다른 보조기억장치에 저장하는 행위, 지정된 시험 시간 외에 작성된 파일을 활용한 행위, 기타 통신수단(이메일, 메신저, 네트워크 등)을 이용하여 타인에게 전달 또는 외부 반출하는 행위는 부정으로 간주되어 자격기본법 제32조에 의거 본 시험 및 국가공인 자격시험을 2년간 응시할 수 없습니다.
- 시험 중 부주의 또는 고의로 시스템을 파손한 경우와 〈수험자 유의사항〉에 기재된 방법대로 이행하지 않아 생기는 불이익은 수험자의 책임임을 알려 드립니다.
- 시험을 완료한 수험자는 최종적으로 저장한 답안파일이 전송되었는지 확인한 후 감독위원의 지시에 따라 문제지를 제출하고 퇴실합니다.

답 안 작 성 요 령

- **온라인 답안 작성 절차**
  수험자 등록 ⇒ 시험 시작 ⇒ 답안파일 저장 ⇒ 답안 전송 ⇒ 시험 종료
- 내 PC₩문서₩GTQ₩Image폴더에 있는 그림 원본파일을 사용하여 답안을 작성하시고 최종답안을 답안폴더(내 PC₩문서₩GTQ)에 저장하여 답안을 전송하시고, 이미지의 크기가 다른 경우 감점 처리됩니다.
- 배점은 총 100점으로 이루어지며, 점수는 각 문제별로 차등 배분됩니다.
- 각 문제는 주어진 〈조건〉에 따라 작성하고, 언급하지 않은 조건은 《출력형태》와 같이 작성합니다.
- 배치 등의 편의를 위해 주어진 눈금자의 단위는 '픽셀'입니다.
  그 외는 출력형태(효과, 이미지, 문자, 색상, 레이아웃, 규격 등)와 같이 작업하십시오.
- 문제 조건에 서체의 지정이 없을 경우 한글은 굴림이나 돋움, 영문은 Arial로 작업하십시오.
  (단, 그 외에 제시되지 않은 문자 속성을 기본값으로 작성하지 않은 경우는 감점 처리됩니다.)
- Image Mode(이미지 모드)는 별도의 처리조건이 없을 경우에는 RGB(8비트)로 작업하십시오.
- 모든 답안 파일은 해상도 72Pixels/Inch로 작업하십시오.
- Layer(레이어)는 각 기능별로 분할해야 하며, 임의로 합칠 경우나 각 기능에 대한 속성을 해지할 경우 해당 요소는 0점 처리됩니다.

한 국 생 산 성 본 부

문제 1 : Tool(도구) 활용 20점

다음의 《조건》에 따라 아래의 《출력형태》와 같이 작업하시오.

조건

출력형태

원본 이미지		Part04\기출유형문제03회\2급-1.jpg	
파일저장규칙	JPG	파일명	문서\GTQ\수험번호-성명-1.jpg
		크기	400×500 pixels
	PSD	파일명	문서\GTQ\수험번호-성명-1.psd
		크기	40×50 pixels

1. 그림 효과
① 복제 및 변형 : 바이올린
② Shape Tool(모양 도구) 사용 :
  – 프레임 모양(#cccccc, 레이어 스타일 – Drop Shadow(그림자 효과))
  – 음표 모양(#cc0066, #cc9933, 레이어 스타일 – Drop Shadow(그림자 효과))

2. 문자 효과
① Violin(Arial, Bold, 70pt, 레이어 스타일 – 그레이디언트 오버레이(#cc0066, #000066))

문제 2 : 사진편집 기초 20점

다음의 《조건》에 따라 아래의 《출력형태》와 같이 작업하시오.

조건

출력형태

원본 이미지		Part04\기출유형문제03회\2급-2.jpg, 2급-3.jpg, 2급-4.jpg	
파일저장규칙	JPG	파일명	문서\GTQ\수험번호-성명-2.jpg
		크기	400×500 pixels
	PSD	파일명	문서\GTQ\수험번호-성명-2.psd
		크기	40×50 pixels

1. 그림 효과
① 색상 보정 : 2급-3.jpg – 갈색 계열로 보정, Drop Shadow(그림자 효과)
② 액자 제작 :
  필터 – Add Noise(노이즈 추가), 안쪽 테두리(5px, #663300), 레이어 스타일 – Drop Shadow(그림자 효과)
③ 2급-4.jpg : 레이어 스타일 – Outer Glow(외부 광선)

2. 문자 효과
① DRUM & BEAT(Arial, Bold, 37pt, #333399, 레이어 스타일 – Stroke(선/획)(3px, #ffffff)

다음의 《조건》에 따라 아래의 《출력형태》와 같이 작업하시오.

조건

원본 이미지	Part04\기출유형문제\03회\2급-5.jpg, 2급-6.jpg, 2급-7.jpg, 2급-8.jpg		
파일저장규칙	JPG	파일명	문서\GTQ\수험번호-성명-3.jpg
		크기	600×400 pixels
	PSD	파일명	문서\GTQ\수험번호-성명-3.psd
		크기	60×40 pixels

1. 그림 효과
① 배경 : #663300
② 2급-5.jpg : 필터 – Texturizer(텍스처화), 레이어 마스크 – 가로 방향으로 흐릿하게
③ 2급-6.jpg : 레이어 스타일 – Drop Shadow(그림자 효과)
④ 2급-7.jpg : 레이어 스타일 – Drop Shadow(그림자 효과)
⑤ 2급-8.jpg : 레이어 스타일 – Drop Shadow(그림자 효과)
⑥ 그 외 《출력형태》 참조

2. 문자 효과
① 건반 위의 예술(바탕, 30pt, #ff9900, 레이어 스타일 – Stroke(선/획)(2px, #663333), Drop Shadow(그림자 효과))
② Piano Melody(Times New Roman, Bold, 60pt, 레이어 스타일 – 그레이디언트 오버레이(#990000, #003333), Stroke(선/획)(3px, #ffffff))

출력형태

Shape Tool(모양 도구) 사용
#ffffff, 레이어 스타일 – Inner Shadow(내부 그림자)

Shape Tool(모양 도구) 사용
레이어 스타일 – 그레이디언트 오버레이
(#660000, #ffff99),
Outer Glow(외부 광선),
Opacity(불투명도)(70%)

다음의 《조건》에 따라 아래의 《출력형태》와 같이 작업하시오.

조건

원본 이미지		Part04₩기출유형문제03회₩2급-9.jpg, 2급-10.jpg, 2급-11.jpg, 2급-12.jpg, 2급-13.jpg
파일저장규칙	JPG	파일명 문서₩GTQ₩수험번호-성명-4.jpg
		크기 600×400 pixels
	PSD	파일명 문서₩GTQ₩수험번호-성명-4.psd
		크기 60×40 pixels

1. 그림 효과
① 2급-9.jpg : 필터 – Patchwork(패치워크/이어붙이기)
② 2급-10.jpg : 레이어 마스크 – Drop Shadow(그림자 효과)
③ 2급-11.jpg : 레이어 스타일 – Outer Glow(외부 광선), Bevel and Emboss(경사와 엠보스)
④ 2급-12.jpg : 필터 – Rough Pastels(거친 파스텔 효과)
⑤ 2급-13.jpg : 레이어 스타일 – Drop Shadow(그림자 효과), Opacity(불투명도)(70%)
⑥ 그 외 《출력형태》 참조

2. 문자 효과
① 섬세하고 감미로운 현악기(돋움, 30pt, 레이어 스타일 – Stroke(선/획)(3px, #ffffff), 그레이디언트 오버레이(#000033, #669900))
② String Orchestra(Arial, Regular, 40pt, #ffffff, 레이어 스타일 – Drop Shadow(그림자 효과), Stroke(선/획)(3px, #993333))
③ 현악 오케스트라 단원 모집(궁서, 20pt, #333399, 레이어 스타일 – Stroke(선/획)(2px, #ffffcc))

출력형태

Shape Tool(모양 도구) 사용
#ffffff, 레이어 스타일 –
Drop Shadow(그림자 효과),
Opacity(불투명도)(60%)

Shape Tool(모양 도구) 사용
레이어 스타일 –
Stroke(선/획)
(4px, 그레이디언트(#cccc99,
#663300)),
Drop Shadow(그림자 효과)

Shape Tool(모양 도구) 사용
#ffcc99, 레이어 스타일 –
Inner Shadow(내부 그림자),
Opacity(불투명도)(60%)

작업과정	작업 이미지 만들고 파일 저장하기 ▶ 선택 영역 만들고 복제 및 변형하기 ▶ 모양 생성 및 레이어 스타일 적용 ▶ 문자 입력 및 레이어 스타일 적용 ▶ 정답 파일 저장
완성이미지	Part04₩기출유형문제\03회₩정답파일₩G220210003-성명-1.jpg, G220210003-성명-1.psd

01 새 작업 이미지 만들고 파일 저장하기

01 [File(파일)]-[New(새로 만들기)](Ctrl + N)를 선택하고 'Width(폭) : 400Pixels(픽셀), Height(높이) : 500Pixels(픽셀), Resolution(해상도) : 72Pixels/Inch(픽셀/인치), Color Mode(색상 모드) : RGB Color(RGB 색상), 8bit(비트), Background Contents(배경 내용) : White(흰색)'를 설정하여 새 작업 이미지를 만듭니다.

02 [Edit(편집)]-[Preference(환경설정)](Ctrl + K)-[Guides, Grid & Slices(안내선, 격자와 슬라이스)]를 선택하고 Grid(격자)의 'Color(색상)'를 클릭하여 밝은 색상으로 변경한 후 'Gridline Every(격자 간격) : 100Pixels(픽셀), Subdivisions(세분) : 1'로 설정합니다.

03 [View(보기)]-[Show(표시)]-[Grid(격자)](Ctrl + ')와 [View(보기)]-[Rulers(눈금자)] (Ctrl + R)를 선택하여 격자와 눈금자를 표시합니다.

04 작업 도큐먼트를 저장하기 위해 [File(파일)]-[Save As(다른 이름으로 저장)](Shift + Ctrl + S)를 선택하고 임의 경로에 수험번호-성명-문제번호.psd로 파일을 저장합니다.

02 선택 영역 만들고 복제 및 변형하기

01 [File(파일)]-[Open(열기)](Ctrl + O)을 선택하여 2급-1.jpg를 불러옵니다. Ctrl + A를 눌러 전체를 선택한 후 Ctrl + C를 눌러 복사합니다. 작업 이미지를 선택하여 Ctrl + V로 붙여 넣고 Ctrl + T를 눌러 Shift를 누른 채 크기를 조절하고 마우스 오른쪽 버튼을 누르고 [Flip Horizontal(가로로 뒤집기)]로 뒤집은 후 회전하여 배치합니다.

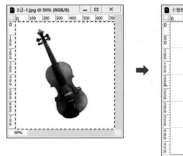 

02 Magic Wand Tool(자동 선택 도구, ✨)을 클릭하고 Options Bar(옵션 바)에서 'Add to selection(선택 영역에 추가, ⬜)'을 설정한 후 배경 부분을 각각 클릭하고 선택합니다.

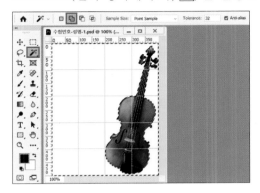

03 Shift + Ctrl + I 로 선택 영역을 반전하고 Ctrl + J 를 눌러 레이어를 복사합니다. Ctrl + T 를 눌러 Shift 를 누른 채 크기를 조절하고 마우스 오른쪽 버튼을 누르고 [Flip Horizontal(가로로 뒤집기)]로 뒤집은 후 회전하여 배치합니다.

03 모양 생성 및 레이어 스타일 적용

01 Custom Shape Tool(사용자 정의 모양 도구, ⬚)을 클릭하고 Options Bar(옵션 바)에서 'Shape(모양), Fill(칠) : #cccccc, Stroke(획) : No Color(색상 없음), Shape(모양) : Frame 5(프레임 5, ⬚)'를 설정한 후 Shift 를 누른 채 드래그하여 모양을 그립니다. Ctrl + T 를 눌러 회전하여 배치합니다.

합격생 의 **비법**

[Legacy Shapes and More(레거시 모양 및 기타)]-[All Legacy Default Shapes(모든 레거시 기본 모양)]-[Frames(프레임)]

02 Layers(레이어) 패널 하단에 'Add a layer style(레이어 스타일 추가, fx)'을 클릭하여 [Drop Shadow(드롭 섀도)]를 선택하고 'Opacity(불투명도) : 60%, Angle(각도) : 90°, Distance(거리) : 8px, Size(크기) : 8px'로 설정한 후 [OK(확인)]를 클릭합니다.

03 Ctrl+[를 눌러 'Layer 2' 레이어의 아래쪽으로 이동하여 배치합니다.

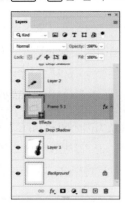 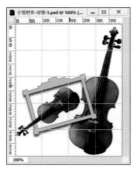

04 Custom Shape Tool(사용자 정의 모양 도구, ⚙)을 클릭하고 Options Bar(옵션 바)에서 'Shape(모양), Color(칠 색상) : #cc0066, Stroke(획) : No Color(색상 없음), Shape(칠 모양) : Eighth Note(8분 음표, ♪)'를 설정한 후 Shift를 누르고 모양을 그립니다. Ctrl+T를 눌러 회전하여 배치합니다.

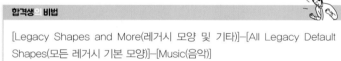

합격생의 비법

[Legacy Shapes and More(레거시 모양 및 기타)]–[All Legacy Default Shapes(모든 레거시 기본 모양)]–[Music(음악)]

05 Layers(레이어) 패널 하단에 'Add a layer style(레이어 스타일 추가, fx.)'을 클릭하여 [Drop Shadow(드롭 섀도)]를 선택하고 'Opacity(불투명도) : 60%, Angle(각도) : 90°, Distance(거리) : 6px, Size(크기) : 6px'로 설정한 후 [OK(확인)]를 클릭합니다.

06 Ctrl+J를 눌러 'Eighth Note 1' 레이어를 복사한 후 'Layer thumbnail(레이어 축소판)'을 더블 클릭하여 'Color(색상) : #cc9933'으로 변경합니다. Ctrl+T를 눌러 Shift를 누른 채 크기를 축소하고 회전하여 배치합니다.

04 문자 입력 및 레이어 스타일 적용

01 Horizontal Type Tool(수평 문자 도구, T)로 작업 이미지를 클릭하고 Options Bar(옵션 바)에서 'Font(글꼴) : Arial, Set font style(글꼴 스타일 설정) : Bold, Set font size(글꼴 크기) : 70pt, Color(색상) : 임의 색상'으로 설정한 후 Violin을 입력합니다.

02 Layerss(레이어) 패널 하단에 'Add a layer style(레이어 스타일 추가, fx.)'을 클릭하여 [Gradient Overlay(그레이디언트 오버레이)]를 선택하고 'Click to edit the gradient(클릭 하여 그레이디언트 편집)'를 클릭합니다. 그레이디언트 슬라이더 왼쪽 하단의 'Color Stop(색 상 정지점)'을 더블 클릭하여 #cc0066을, 오른쪽 'Color Stop(색상 정지점)'을 더블 클릭하여 #000066으로 설정한 후 'Style(스타일) : Linear(선형), Angle(각도) : 90°'로 설정합니다. Ctrl + S 를 눌러 파일을 저장합니다.

🔟 정답 파일 저장

01 [View(보기)]−[Show(표시)]−[Grid(격자)](Ctrl + ')를 선택하여 격자를 가립니다.

02 [File(파일)]−[Save As(다른 이름으로 저장)](Shift + Ctrl + S)를 선택하고 '저장 위치 : 내 PC₩문서₩GTQ, 파일 형식 : JPEG, 파일 이름 : 수험번호−성명−문제번호.jpg'를 입력하고 [저장]을 클릭한 후 [JPEG Options(JPEG 옵션)] 대화상자에서 'Quality(품질) : 8'로 설정 하고 [OK(확인)]를 클릭합니다.

03 [Image(이미지)]−[Image Size(이미지 크기)](Alt + Ctrl + I)를 선택하고 'Constrain aspect ratio(종횡비 제한) : 클릭, Width(폭) : 40Pixels(픽셀), Height(높이) : 50Pixels(픽셀)'로 입력하여 이미지 크기를 1/10로 축소한 후 [OK(확인)]를 클릭합니다.

04 [File(파일)]−[Save As(다른 이름으로 저장)](Shift + Ctrl + S)를 선택하고 '저장 위치 : 내 PC₩문서₩GTQ, 파일 형식 : Photoshop(*.PSD, *.PDD), 파일 이름 : 수험번호−성명−문 제번호.psd'를 입력하고 [저장]을 클릭합니다.

05 답안 저장이 완료가 되면 [File(파일)]−[Close(닫기)](Ctrl + W)를 선택하여 파일을 닫고 수험 프로그램에서 [답안 전송]을 클릭하여 psd와 jpg 파일을 감독관 컴퓨터로 전송합니다.

작업과정	새 작업 이미지 만들기 및 파일 저장하기 ▶ 필터 적용 및 액자 제작 ▶ 이미지 합성 및 색상 보정, 레이어 스타일 적용 ▶ 문자 입력 및 레이어 스타일 적용 ▶ 정답 파일 저장
완성이미지	Part04₩기출유형문제03회₩정답파일₩G220210003-성명-2.jpg, G220210003-성명-2.psd

01 새 작업 이미지 만들기 및 파일 저장하기

01 [File(파일)]-[New(새로 만들기)]([Ctrl]+[N])를 선택하고 'Width(폭) : 400Pixels(픽셀), Height(높이) : 500Pixels(픽셀), Resolution(해상도) : 72Pixels/Inch(픽셀/인치), Color Mode(색상 모드) : RGB Color(RGB 색상), 8bit(비트), Background Contents(배경 내용) : White(흰색)'로 설정하여 새 작업 이미지를 만듭니다.

02 [Edit(편집)]-[Preference(환경설정)]([Ctrl]+[K])-[Guides, Grid & Slices(안내선, 격자와 슬라이스)]를 선택하고 Grid(격자)의 'Color(색상)'를 클릭하여 밝은 색상으로 변경한 후 'Gridline Every(격자 간격) : 100Pixels(픽셀), Subdivisions(세분) : 1'로 설정합니다.

03 [View(보기)]-[Show(표시)]-[Grid(격자)]([Ctrl]+[']])와 [View(보기)]-[Rulers(눈금자)]([Ctrl]+[R])를 선택하여 격자와 눈금자를 표시합니다.

04 작업 도큐먼트를 저장하기 위해 [File(파일)]-[Save As(다른 이름으로 저장)]([Shift]+[Ctrl]+[S])를 선택하고 임의 경로에 수험번호-성명-문제번호.psd로 파일을 저장합니다.

02 필터 적용 및 액자 제작

01 [File(파일)]-[Open(열기)]을 선택하여 2급-2.jpg를 불러옵니다. [Ctrl]+[A]를 눌러 전체를 선택한 후 [Ctrl]+[C]를 눌러 복사하고 작업 이미지를 선택하여 [Ctrl]+[V]로 붙여넣기를 합니다. [Ctrl]+[T]로 [Shift]를 누른 채 크기를 조절하고 배치합니다.

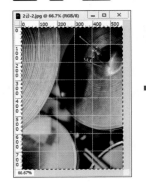 ➡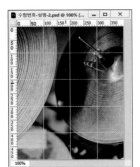

02 [Layer(레이어)]-[New(새로 만들기)]-[Layer Via Copy(복사한 레이어)]([Ctrl]+[J])를 클릭하고 레이어를 복사합니다.

03 [Filter(필터)]-[Noise(노이즈)]-[Add Noise(노이즈 추가)]를 선택하고 'Amount(양) : 35%, Uniform(유니폼) : 체크, Monochromatic(단색) : 체크'를 설정하고 [OK(확인)]를 클릭합니다. 위쪽의 눈금자에서 아래로 드래그하여 작업 이미지의 세로 중앙인 250px의 위치에 안내선을 표시합니다.

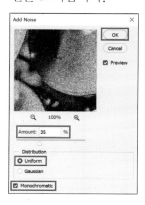
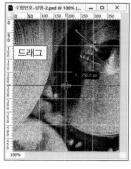

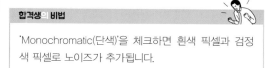

'Monochromatic(단색)'을 체크하면 흰색 픽셀과 검정색 픽셀로 노이즈가 추가됩니다.

04 Rectangular Marquee Tool(사각형 선택 윤곽 도구, [::])을 클릭하고 Options Bar(옵션 바)에서 'New selection(새 선택 영역, ■), Feather(페더) : 0px, Style(스타일) : Fixed Size(크기 고정), Width(폭) : 320px, Height(높이) : 420px'를 설정합니다. 세로 격자와 안내선의 교차 지점에 [Alt]를 누르고 작업 이미지의 중앙에 클릭하여 직사각형 모양으로 선택합니다.

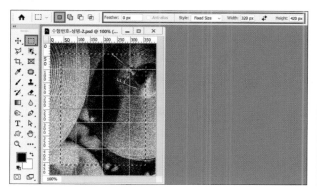

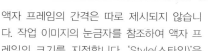

액자 프레임의 간격은 따로 제시되지 않습니다. 작업 이미지의 눈금자를 참조하여 액자 프레임의 크기를 지정합니다. 'Style(스타일)'을 Fixed Size(사이즈 고정)로 설정한 후 상하좌우 각각의 간격인 40px씩을 뺀 나머지 수치를 'Width(폭)'와 'Height(높이)'에 직접 입력합니다.

05 [Select(선택)]-[Modify(수정)]-[Smooth(매끄럽게)]를 선택하여 'Sample Radius(샘플 반경) : 8pixels(픽셀)'을 설정하고 [OK(확인)]를 클릭하여 모서리를 둥글게 합니다. [Delete]를 눌러 선택된 이미지를 삭제하고 프레임을 만듭니다.

06 [Edit(편집)]-[Stroke(획)]를 클릭하여 'Width(폭) : 5px, Color(색상) : #663300, Location(위치) : Inside(안쪽), Mode(모드) : Normal(표준), Opacity(불투명도) : 100%, Preserve Transparency(투명도 유지) : 체크 해제'를 설정한 후 [OK(확인)]를 클릭하여 안쪽 테두리를 적용합니다.

07 Ctrl+D를 눌러 선택을 해제하고 Layers(레이어) 패널 하단에 'Add a layer style(레이어 스타일 추가, fx,)'을 클릭하여 [Drop Shadow(드롭 섀도)]를 선택하고 'Opacity(불투명도) : 75%, Angle(각도) : 120°, Distance(거리) : 5px, Size(크기) : 5px'를 설정하고 [OK(확인)]를 클릭합니다.

03 이미지 합성 및 색상 보정, 레이어 스타일 적용

01 [File(파일)]−[Open(열기)]을 선택하여 2급−3.jpg를 불러온 후 Magic Wand Tool(자동 선택 도구, ✦)로 배경 부분을 클릭하여 선택합니다. Shift+Ctrl+I로 선택 영역을 반전하여 Ctrl+C로 복사합니다.

02 작업 이미지를 클릭하고 Layers(레이어) 패널에서 'Layer 1' 레이어를 클릭한 후 Ctrl+V로 붙여넣은 후 Ctrl+T를 눌러 Shift를 누른 채 드래드하여 크기를 조절하고 마우스 오른쪽 버튼을 누르고 [Flip Horizontal(가로로 뒤집기)]로 뒤집고 그림과 같이 회전하여 배치합니다.

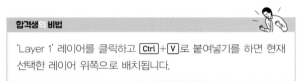

합격생의 비법

'Layer 1' 레이어를 클릭하고 Ctrl+V로 붙여넣기를 하면 현재 선택한 레이어 위쪽으로 배치됩니다.

03 Layers(레이어) 패널 하단에 'Add a layer style(레이어 스타일 추가, fx,)'을 클릭하여 [Drop Shadow(드롭 섀도)]를 선택하고 'Opacity(불투명도) : 75%, Angle(각도) : 120°, Distance(거리) : 5px, Size(크기) : 5px'로 설정한 후 [OK(확인)]를 클릭합니다.

04 Layers(레이어) 패널에서 'Layer 2' 레이어의 'Layer thumbnail(레이어 축소판)'을 Ctrl을 누른 채 클릭하여 드럼 스틱 이미지를 빠르게 선택합니다.

05 Layers(레이어) 패널 하단의 'Create new fill or adjustment layer(새 칠 또는 조정 레이어 생성, [●])'를 클릭하고 [Hue/Saturation(색조/채도)]을 선택합니다. Properties(속성) 패널에서 'Colorize(색상화) : 체크, Hue(색조) : 20, Saturation(채도) : 70, Lightness(명도) : −40'으로 설정하여 갈색 계열로 색상을 보정합니다.

 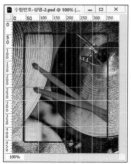

06 [File(파일)]−[Open(열기)]을 선택하여 2급−4.jpg를 불러온 후 Magic Wand Tool(자동 선택 도구, [🪄])로 검정색 이미지 부분을 클릭하여 선택하고 [Ctrl]+[C]로 복사합니다.

07 작업 이미지에 [Ctrl]+[V]로 붙여넣은 후 [Ctrl]+[T]를 눌러 크기를 조절하고, 마우스 오른쪽 버튼을 누르고 [Flip Horizontal(가로로 뒤집기)]로 뒤집고 그림과 같이 배치합니다. [Ctrl]+[]]를 눌러 액자 프레임 'Layer 1 copy' 레이어의 위쪽에 배치합니다.

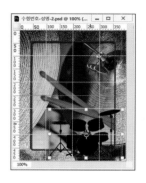

08 Layers(레이어) 패널 하단에 'Add a layer style(레이어 스타일 추가, [fx.])'을 클릭하여 [Outer Glow(외부 광선)]를 선택하고 'Opacity(불투명도) : 75%, Size(크기) : 7px'로 설정하고 [OK(확인)]를 클릭합니다.

04 문자 입력 및 레이어 스타일 적용

01 Horizontal Type Tool(수평 문자 도구, [T])로 작업 이미지를 클릭하고 Options Bar(옵션 바)에서 'Font(글꼴) : Arial, Set font style(글꼴 스타일 설정) : Bold, Set font size(글꼴 크기) : 37pt, Color(색상) : #333399'로 설정한 후 DRUM & BEAT를 입력합니다.

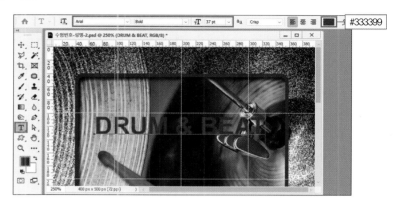

02 Options Bar(옵션 바)에서 Create warped text(뒤틀어진 텍스트 만들기, ⌐ェ⌐)를 클릭하고 [Warp Text(텍스트 뒤틀기)] 대화상자에서 'Style(스타일) : Bulge(돌출), Horizontal(가로) : 체크, Bend(구부리기) : 35%'를 설정하여 문자의 모양을 왜곡합니다.

03 Layers(레이어) 패널 하단에 'Add a layer style(레이어 스타일 추가, ⌐fx.⌐)'을 클릭하여 [Stroke(획)]를 선택하여 'Size(크기) : 3px, Color(색상) : #ffffff'로 설정합니다. Ctrl+S를 눌러 파일을 저장합니다.

🄌 정답 파일 저장

01 [View(보기)]-[Show(표시)]-[Grid(격자)](Ctrl+')와 [Guides(안내선)](Ctrl+;)를 각각 선택하여 격자와 안내선을 가립니다.

02 [File(파일)]-[Save As(다른 이름으로 저장)](Shift+Ctrl+S)를 선택하고 '저장 위치 : 내 PC₩문서₩GTQ, 파일 형식 : JPEG, 파일 이름 : 수험번호-성명-문제번호.jpg'를 입력하고 [저장]을 클릭한 후 [JPEG Options(JPEG 옵션)] 대화상자에서 'Quality(품질) : 8'로 설정하고 [OK(확인)]를 클릭합니다.

03 [Image(이미지)]-[Image Size(이미지 크기)](Alt+Ctrl+I)를 선택하고 'Constrain aspect ratio(종횡비 제한) : 클릭, Width(폭) : 40Pixels(픽셀), Height(높이) : 50Pixels(픽셀)'로 입력하여 이미지 크기를 1/10로 축소한 후 [OK(확인)]를 클릭합니다.

04 [File(파일)]-[Save As(다른 이름으로 저장)](Shift+Ctrl+S)를 선택하고 '저장 위치 : 내 PC₩문서₩GTQ, 파일 형식 : Photoshop(*.PSD, *.PDD), 파일 이름 : 수험번호-성명-문제번호.psd'를 입력하고 [저장]을 클릭합니다.

05 답안 저장이 완료가 되면 [File(파일)]-[Close(닫기)](Ctrl+W)를 선택하여 파일을 닫고 수험 프로그램에서 [답안 전송]을 클릭하여 psd와 jpg 파일을 감독관 컴퓨터로 전송합니다.

작업과정	새 작업 이미지 만들기 및 파일 저장하기 ▶ 배경색 적용 ▶ 필터 및 레이어 마스크 적용하여 합성하기 ▶ 이미지 선택 및 레이어 스타일 적용 ▶ 모양 생성 및 레이어 스타일 적용 ▶ 문자 입력 및 왜곡, 레이어 스타일 적용 ▶ 정답 파일 저장
완성이미지	Part04₩기출유형문제03회₩정답파일₩G220210003−성명−3.jpg, G220210003−성명−3.psd

01 새 작업 이미지 만들기 및 파일 저장하기

01 [File(파일)]−[New(새로 만들기)]([Ctrl]+[N])를 선택하고 'Width(폭) : 600pixels(픽셀), Height(높이) : 400Pixels(픽셀), Resolution(해상도) : 72Pixels/Inch(픽셀/인치), Color Mode(색상 모드) : RGB Color(RGB 색상), 8bit(비트), Background Contents(배경 내용) : White(흰색)'로 설정하여 새 작업 이미지를 만듭니다.

02 [Edit(편집)]−[Preference(환경설정)]([Ctrl]+[K])−[Guides, Grid & Slices(안내선, 격자와 슬라이스)]를 선택하고 Grid(격자)의 'Color(색상)'를 클릭하여 밝은 색상으로 변경한 후 'Gridline Every(격자 간격) : 100Pixels(픽셀), Subdivisions(세분) : 1'로 설정합니다.

03 [View(보기)]−[Show(표시)]−[Grid(격자)]([Ctrl]+[']')와 [View(보기)]−[Rulers(눈금자)] ([Ctrl]+[R])를 선택하여 격자와 눈금자를 표시합니다.

04 작업 도큐먼트를 저장하기 위해 [File(파일)]−[Save As(다른 이름으로 저장)]([Shift]+[Ctrl]+ [S])를 선택하고 임의 경로에 수험번호−성명−문제번호.psd로 파일을 저장합니다.

02 배경색 적용

01 Tool Panel(도구 패널) 하단의 'Set foreground color(전경색 설정)'을 클릭하여 #663300 으로 설정하고 [Alt]+[Delete]를 눌러 이미지의 배경을 채웁니다.

03 필터 및 레이어 마스크 적용하여 합성하기

01 [File(파일)]−[Open(열기)]을 선택하여 2급−5.jpg를 불러옵니다. [Ctrl]+[A]를 눌러 전체를 선택한 후 [Ctrl]+[C]를 눌러 복사하고 작업 이미지를 선택하여 [Ctrl]+[V]로 붙여넣고 [Ctrl]+[T]를 눌러 크기를 조절하여 배치합니다.

02 [Filter(필터)]−[Filter Gallery(필터 갤러리)]−[Texture(텍스처)]−[Texturizer(텍스처화)] 를 선택합니다.

03 Layers(레이어) 패널에서 하단의 'Add layer mask(레이어 마스크 추가, ◼)'를 클릭하여 레이어 마스크를 추가합니다.

04 Gradient Tool(그레이디언트 도구, )을 클릭하고 Options Bar(옵션 바)에서 'Click to open Gradient picker(클릭하여 그레이디언트 피커 열기)'를 클릭합니다. Basics(기본 사항)에서 Black, White(검정, 흰색)를 선택하고 'Type(유형) : Linear Gradient(선형 그레이디언트), Mode(모드) : Normal(표준), Opacity(불투명도) : 100%'로 설정한 후 오른쪽에서 왼쪽 방향으로 드래그하여 이미지의 일부를 자연스럽게 지워 합성합니다.

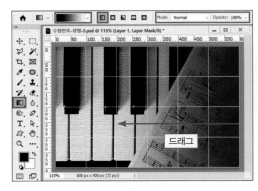

합격생의 비법

Gradient Tool(그레이디언트 도구, )로 Shift 를 누른 채 드래그하면 그레이디언트를 수평, 수직, 45°로 설정할 수 있습니다.

04 이미지 선택 및 레이어 스타일 적용

01 [File(파일)]−[Open(열기)]을 선택하여 2급−6.jpg를 불러온 후 Magic Wand Tool(자동 선택 도구, ✦)을 클릭하고 Options Bar(옵션 바)에서 'Add to selection(선택 영역에 추가, ▣)'을 설정한 후 흰색 배경 부분을 각각 클릭하고 Shift + Ctrl + I 로 선택 영역을 반전하여 Ctrl + C 로 복사합니다.

02 작업 이미지를 선택하여 Ctrl + V 로 붙여넣고 Ctrl + T 로 Shift 를 누른 채 크기를 조절하여 배치합니다.

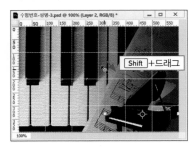

03 Layers(레이어) 패널 하단에 'Add a layer style(레이어 스타일 추가, fx.)'을 클릭하여 [Drop Shadow(드롭 섀도)]를 선택하고 'Opacity(불투명도) : 75%, Angle(각도) : 120°, Distance(거리) : 5px, Size(크기) : 5px'로 설정한 후 [OK(확인)]를 클릭합니다.

04 [File(파일)]−[Open(열기)]을 선택하여 2급−7.jpg를 불러옵니다. Quick Selection Tool(빠른 선택 도구, ✐)을 클릭하고 Options Bar(옵션 바)에서 'Add to selection(선택 영역에 추가, ✐)'을 설정한 후 브러시의 크기를 조절하며 드래그하여 선택합니다.

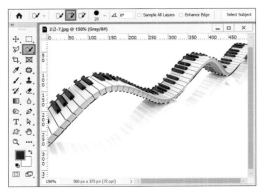

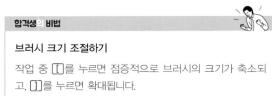

합격생의 비법

브러시 크기 조절하기

작업 중 [ ] 를 누르면 점증적으로 브러시의 크기가 축소되고, [ ] 를 누르면 확대됩니다.

05 [Ctrl]+[C]로 복사한 후 작업 이미지를 선택하여 [Ctrl]+[V]로 붙여넣고 [Ctrl]+[T]로 크기 조절과 회전을 합니다.

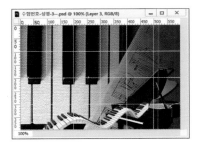

06 Layers(레이어) 패널 하단에 'Add a layer style(레이어 스타일 추가, [fx.])'을 클릭하여 [Drop Shadow(드롭 섀도)]를 선택합니다.

07 [File(파일)]−[Open(열기)]을 선택하여 2급−8.jpg를 불러온 후 Quick Selection Tool(빠른 선택 도구, [ ])을 클릭하고 Options Bar(옵션 바)에서 'Add to selection(선택 영역에 추가, [ ])'을 설정한 후 브러시의 크기를 조절하며 드래그하여 선택합니다. [Ctrl]+[C]로 복사하고 작업 이미지에 [Ctrl]+[V]로 붙여 넣고 [Ctrl]+[T]로 크기를 조절한 후 배치합니다.

 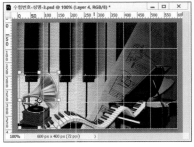

08 Layers(레이어) 패널 하단에 'Add a layer style(레이어 스타일 추가, [fx.])'을 클릭하여 [Drop Shadow(드롭 섀도)]를 선택합니다.

05 모양 생성 및 레이어 스타일 적용

01 Custom Shape Tool(사용자 정의 모양 도구, ⍟)을 클릭하고 Options Bar(옵션 바)에서 'Shape(모양), Fill(칠) : #ffffff, Stroke(획) : No Color(색상 없음), Shape(모양) : Sharp Symbol(올림표, ♯)'를 클릭한 후 드래그하여 모양을 그립니다.

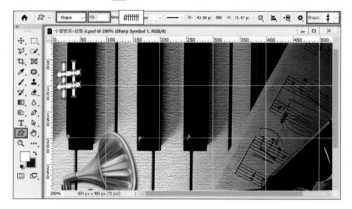

합격생의 비법

[Legacy Shapes and More(레거시 모양 및 기타)]–[All Legacy Default Shapes(모든 레거시 기본 모양)]–[Music(음악)]

02 Layers(레이어) 패널 하단에 'Add a layer style(레이어 스타일 추가, *fx*)'을 클릭하여 [Inner Shadow(내부 그림자)]를 선택하고 'Opacity(불투명도) : 75%, Angle(각도) : 120°, Distance(거리) : 5px, Size(크기) : 5px'로 설정한 후 [OK(확인)]를 클릭합니다.

03 Custom Shape Tool(사용자 정의 모양 도구, ⍟)을 클릭하고 Options Bar(옵션 바)에서 'Shape(모양), Fill(칠) : 임의 색상, Stroke(획) : No Color(색상 없음), Shape(모양) : Treble Clef(높은음자리표, 𝄞)'를 설정한 후 Shift를 누르고 모양을 그리고 Ctrl+T를 눌러 회전하여 배치합니다.

합격생의 비법

[Legacy Shapes and More(레거시 모양 및 기타)]–[All Legacy Default Shapes(모든 레거시 기본 모양)]–[Music(음악)]

04 Layers(레이어) 패널 하단에 'Add a layer style(레이어 스타일 추가, [fx.])'을 클릭하여 [Gradient Overlay(그레이디언트 오버레이)]를 선택하고 'Click to edit the gradient(클릭 하여 그레이디언트 편집)'를 클릭합니다. 그레이디언트 슬라이더 왼쪽 하단의 'Color Stop(색 상 정지점)'을 더블 클릭하여 #660000을, 오른쪽 'Color Stop(색상 정지점)'을 더블 클릭하여 #ffff99로 설정한 후 'Style(스타일) : Linear(선형), Angle(각도) : 90°'로 설정합니다. 계속 해서 [Outer Glow(외부 광선)]를 선택하고 'Opacity(불투명도) : 75%, Spread(스프레드) : 5%, Size(크기) : 7px'로 설정하고 [OK(확인)]를 클릭합니다.

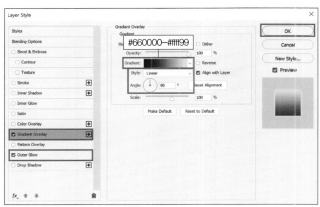

05 Layers(레이어) 패널 상단에 'Opacity(불투명도) : 70%'로 설정합니다.

06 문자 입력 및 레이어 스타일 적용

01 Horizontal Type Tool(수평 문자 도구, [T])로 작업 이미지를 클릭하고 Options Bar(옵션 바)에서 'Font(글꼴) : Times New Roman, Set font style(글꼴 스타일 설정) : Bold, Set font size(글꼴 크기) : 60pt, Color(색상) : 임의 색상'으로 설정한 후 Piano Melody를 입력 합니다.

02 Options Bar(옵션 바)에서 Create warped text(뒤틀어진 텍스트 만들기, [エ])를 클릭하여 [Warp Text(텍스트 뒤틀기)] 대화상자에서 'Style(스타일) : Flag(깃발), Horizontal(가로) : 체크, Bend(구부리기) : 30%'를 설정하여 문자의 모양을 왜곡합니다.

03 Layers(레이어) 패널 하단에 'Add a layer style(레이어 스타일 추가, fx.)'을 클릭하여 [Stroke(획)]를 선택하고 'Size(크기) : 3px, Color(색상) : #ffffff'로 설정합니다. 계속해서 [Gradient Overlay(그레이디언트 오버레이)]를 선택하고 'Click to edit the gradient(클릭하여 그레이디언트 편집)'를 클릭합니다. 그레이디언트 슬라이더 왼쪽 하단의 'Color Stop(색상 정지점)'을 더블 클릭하여 #990000을, 오른쪽 'Color Stop(색상 정지점)'을 더블 클릭하여 #003333으로 설정한 후 'Style(스타일) : Linear(선형), Angle(각도) : 90°'로 설정합니다.

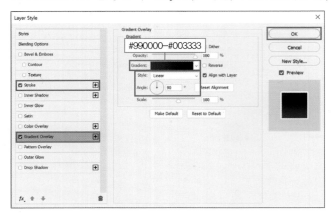

04 Horizontal Type Tool(수평 문자 도구, T)로 작업 이미지를 클릭하고 Options Bar(옵션 바)에서 'Font(글꼴) : 바탕, Set font size(글꼴 크기) : 30pt, Set anti-aliasing method(앤티 앨리어싱 방법 설정) : Strong(강하게), Color(색상) : #ff9900'으로 설정한 후 건반 위의 예술을 입력합니다.

05 Layers(레이어) 패널 하단에 'Add a layer style(레이어 스타일 추가, fx.)'을 클릭하여 [Stroke(획)]를 선택하고 'Size(크기) : 2px, Color(색상) : #663333'으로 설정합니다. 계속해서 [Drop Shadow(드롭 섀도)]를 선택하고 'Opacity(불투명도) : 75%, Angle(각도) : 120°, Distance(거리) : 5px, Size(크기) : 5px'로 설정한 후 [OK(확인)]를 클릭합니다. Ctrl +S를 눌러 파일을 저장합니다.

07 정답 파일 저장

01 [View(보기)]-[Show(표시)]-[Grid(격자)]([Ctrl]+[']))를 선택하여 격자를 가립니다.

02 [File(파일)]-[Save As(다른 이름으로 저장)]([Shift]+[Ctrl]+[S])를 선택하고 '저장 위치 : 내 PC₩문서₩GTQ, 파일 형식 : JPEG, 파일 이름 : 수험번호-성명-문제번호.jpg'를 입력하고 [저장]을 클릭한 후 [JPEG Options(JPEG 옵션)] 대화상자에서 'Quality(품질) : 8'로 설정하고 [OK(확인)]를 클릭합니다.

03 [Image(이미지)]-[Image Size(이미지 크기)]([Alt]+[Ctrl]+[I])를 선택하고 'Constrain aspect ratio(종횡비 제한) : 클릭, Width(폭) : 60Pixels(픽셀), Height(높이) : 40Pixels(픽셀)'로 입력하여 이미지 크기를 1/10로 축소한 후 [OK(확인)]를 클릭합니다.

04 [File(파일)]-[Save As(다른 이름으로 저장)]([Shift]+[Ctrl]+[S])를 선택하고 '저장 위치 : 내 PC₩문서₩GTQ, 파일 형식 : Photoshop(*.PSD, *.PDD), 파일 이름 : 수험번호-성명-문제번호.psd'를 입력하고 [저장]을 클릭합니다.

05 답안 저장이 완료가 되면 [File(파일)]-[Close(닫기)]([Ctrl]+[W])를 선택하여 파일을 닫고 수험 프로그램에서 [답안 전송]을 클릭하여 psd와 jpg 파일을 감독관 컴퓨터로 전송합니다.

문제 **04**	**CHAPTER 03** [실무응용] 이벤트 페이지 제작
작업과정	새 작업 이미지 만들기 및 파일 저장하기 ▶ 필터 적용하기 ▶ 이미지 선택 및 레이어 스타일 적용 ▶ 모양 생성 및 필터와 클리핑 마스크 적용 ▶ 불투명도 조절하여 합성 ▶ 모양 생성 및 레이어 스타일 적용 ▶ 문자 입력 및 왜곡, 레이어 스타일 적용 ▶ 정답 파일 저장
완성이미지	Part04₩기출유형문제03회₩정답파일₩G220210003-성명-4.jpg, G220210003-성명-4.psd

---

01 새 작업 이미지 만들기 및 파일 저장하기

01 [File(파일)]-[New(새로 만들기)]([Ctrl]+[N])를 선택하고 'Width(폭) : 600Pixels(픽셀), Height(높이) : 400Pixels(픽셀), Resolution(해상도) : 72Pixels/Inch(픽셀/인치), Color Mode(색상 모드) : RGB Color(RGB 색상), 8bit(비트), Background Contents(배경 내용) : White(흰색)'로 설정하여 새 작업 이미지를 만듭니다.

02 [Edit(편집)]-[Preference(환경설정)]([Ctrl]+[K])-[Guides, Grid & Slices(안내선, 격자와 슬라이스)]를 선택하고 Grid(격자)의 'Color(색상)'를 클릭하여 밝은 색상으로 변경한 후 'Gridline Every(격자 간격) : 100Pixels(픽셀), Subdivisions(세분) : 1'로 설정합니다.

03 [View(보기)]-[Show(표시)]-[Grid(격자)]([Ctrl]+['])와 [View(보기)]-[Rulers(눈금자)] ([Ctrl]+[R])를 선택하여 격자와 눈금자를 표시합니다.

04 작업 도큐먼트를 저장하기 위해 [File(파일)]-[Save As(다른 이름으로 저장)]([Shift]+[Ctrl]+ [S])를 선택하고 임의 경로에 수험번호-성명-문제번호.psd로 파일을 저장합니다.

⑫ 필터 적용하기

01 [File(파일)]-[Open(열기)]을 선택하여 2급-9.jpg를 불러 옵니다. [Ctrl]+[A]를 눌러 전체를 선택한 후 [Ctrl]+[C]를 눌러 복사하고 작업 이미지를 선택하여 [Ctrl]+[V]로 붙여넣기를 하고 그림과 같이 배치합니다.

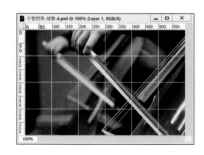

02 [Filter(필터)]-[Filter Gallery(필터 갤러리)]-[Texture(텍스처)]-[Patchwork(패치워크/이어붙이기)]를 선택합니다.

⑬ 이미지 선택 및 레이어 스타일 적용

01 [File(파일)]-[Open(열기)]을 선택하여 2급-10.jpg를 불러옵니다. Quick Selection Tool (빠른 선택 도구,)을 클릭하고 Options Bar(옵션 바)에서 'Add to selection(선택 영역에 추가,)'을 설정한 후 브러시의 크기를 조절하며 드래그하여 선택하고 [Ctrl]+[C]로 복사합니다.

합격생의 비법

선택 작업 중 선택 영역에서 제외할 부분은 [Alt]를 누른 채 드래그나 클릭하면 'Subtract from selection(선택 영역에서 빼기,)'으로 빠르게 전환이 가능합니다.

02 작업 이미지를 선택하여 [Ctrl]+[V]로 붙여넣기를 하고 [Ctrl]+[T]를 눌러 [Shift]를 누른 채 크기를 조절하고 마우스 오른쪽 버튼을 누르고 [Flip Horizontal(가로로 뒤집기)]로 뒤집어 배치합니다.

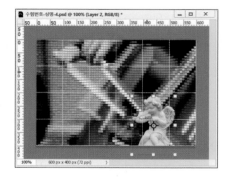

03 Layers(레이어) 패널 하단에 'Add a layer style(레이어 스타일 추가, fx.)'을 클릭하여 [Drop Shadow(드롭 섀도)]를 선택하고 'Opacity(불투명도) : 75%, Angle(각도) : 90°, Distance(거리) : 7px, Size(크기) : 7px'로 설정한 후 [OK(확인)]를 클릭합니다.

04 [File(파일)]-[Open(열기)]을 선택하여 2급-11.jpg를 불러옵니다. Magic Wand Tool(자동 선택 도구, ✎)을 클릭하고 Options Bar(옵션 바)에서 'Contiguous(인접) : 체크 해제'를 설정한 후 흰색 배경 부분을 클릭하여 선택합니다.

합격생의 비법

Magic Wand Tool(자동 선택 도구, ✎)로 'Contiguous (인접) : 체크 해제'를 설정하고 이미지에 클릭하면, 클릭 지점의 색상과 동일한 색상이 경계선으로 구분되어 있어도 선택이 가능합니다. 즉 흰색 부분의 이미지를 모두 한 번에 선택하는 방법입니다.

05 Shift+Ctrl+I로 선택 영역을 반전하여 Ctrl+C로 복사합니다. 작업 이미지를 선택하여 Ctrl+V로 붙여넣고 Ctrl+T로 Shift를 누른 채 크기를 조절하고 회전하여 배치합니다.

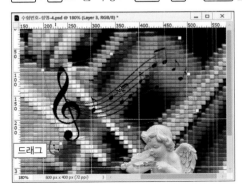

06 Layers(레이어) 패널 하단에 'Add a layer style(레이어 스타일 추가, fx.)'을 클릭하여 [Bevel & Emboss(경사와 엠보스)]를 선택하고 'Style(스타일) : Inner Bevel(내부 경사), Direction(방향) : Up(위로), Size(크기) : 10px'를 설정합니다. 계속해서 [Outer Glow(외부 광선)]를 선택하고 'Opacity(불투명도) : 75%, Spread(스프레드) : 3%, Size(크기) : 5px'로 설정하고 [OK(확인)]를 클릭합니다.

04 모양 생성 및 필터와 클리핑 마스크 적용

01 Custom Shape Tool(사용자 정의 모양 도구, 🎨)을 클릭한 후 Options Bar(옵션 바)에서 'Shape(모양), Fill(칠) : 임의 색상, Stroke(획) : No Color(색상 없음), Shape(모양) : Flower 2(꽃 2, ✹)'를 설정한 후 Shift 를 누른 채 드래그하여 모양을 그립니다.

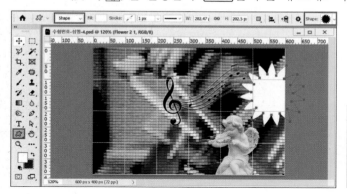

[Legacy Shapes and More(레거시 모양 및 기타)]—[All Legacy Default Shapes (모든 레거시 기본 모양)]—[Shapes(모양)]

02 Layers(레이어) 패널 하단에 'Add a layer style(레이어 스타일 추가, _fx._)'을 클릭하여 [Stroke(획)]를 선택하고 'Size(크기) : 4px, Fill Type(칠 유형) : Gradient(그레이디언트)'로 설정합니다. 'Click to edit the gradient(클릭하여 그레이디언트 편집)'를 클릭하고 그레이디언트 슬라이더 왼쪽 하단의 'Color Stop(색상 정지점)'을 더블 클릭하여 #cccc99를, 오른쪽 'Color Stop(색상 정지점)'을 더블 클릭하여 #663300으로 설정한 후 'Style(스타일) : Linear(선형), Angle(각도) : 0˚'로 설정합니다.

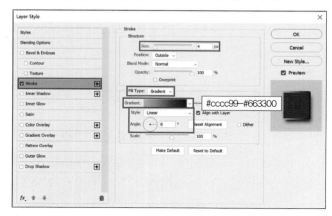

03 계속해서 [Drop Shadow(드롭 섀도)]를 선택하고 'Opacity(불투명도) : 75%, Angle(각도) : 120˚, Use Global Light(전체 조명 사용) : 체크 해제, Distance(거리) : 10px, Size(크기) : 10px'를 설정하고 [OK(확인)]를 클릭합니다.

합격생의 비법

Use Global Light(전체 조명 사용)의 체크를 해제하면 이미 레이어 스타일을 적용한 레이어의 Angle(각도)에는 영향을 미치지 않고 별도로 설정이 가능합니다.

04 [File(파일)]-[Open(열기)]을 선택하여 2급-12.jpg를 불러온 후 Ctrl+A를 눌러 전체를 선택하고 Ctrl+C를 눌러 복사합니다. 작업 이미지를 선택하고 Ctrl+V로 붙여넣기를 하고 꽃 모양과 겹치도록 배치합니다.

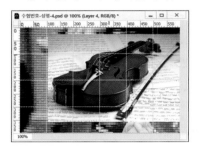

05 Layers(레이어) 패널에서 'Layer 4' 레이어와 'Flower 2 1' 레이어 사이에 마우스 커서를 놓고 Alt를 누르고 클릭하여 Clipping Mask(클리핑 마스크)를 적용합니다. Ctrl+T를 눌러 Shift를 누른 채 조절점을 드래그하여 크기를 조절하고 배치합니다.

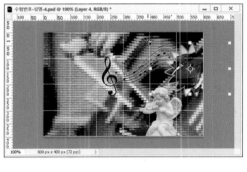

합격생의 비법

Clipping Mask(클리핑 마스크)를 적용할 때는 반드시 'Flower 2 1' 레이어 바로 위에 이미지 레이어를 서로 겹치도록 배치해야 합니다.

06 [Filter(필터)]-[Filter Gallery(필터 갤러리)]-[Artistic(예술 효과)]-[Rough Pastels(거친 파스텔 효과)]를 선택합니다.

05 불투명도 조절하여 합성

01 [File(파일)]-[Open(열기)]을 선택하여 2급-13.jpg를 불러옵니다. Quick Selection Tool (빠른 선택 도구, 🖌️)을 클릭하고 Options Bar(옵션 바)에서 'Add to selection(선택 영역에 추가, 🖌️)'을 설정한 후 브러시의 크기를 조절하며 드래그하여 선택하고 Ctrl+C로 복사합니다.

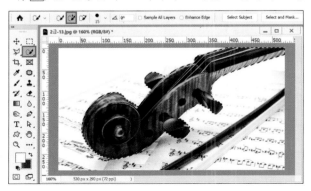

02 작업 이미지를 선택하여 Ctrl+V로 붙여넣기를 합니다. Ctrl+T를 눌러 Shift를 누른 채 크기를 조절하고 회전하여 배치합니다.

03 Layers(레이어) 패널 하단에 'Add a layer style(레이어 스타일 추가, fx.)'을 클릭하여 [Drop Shadow(드롭 섀도)]를 선택하고 'Opacity(불투명도) : 75%, Angle(각도) : 90°, Distance(거리) : 5px, Size(크기) : 5px'로 설정한 후 [OK(확인)]를 클릭합니다.

04 Layers(레이어) 패널 상단의 'Opacity(불투명도) : 70%'를 설정합니다.

06 모양 생성 및 레이어 스타일 적용

01 Custom Shape Tool(사용자 정의 모양 도구, ⊘)을 클릭하고 Options Bar(옵션 바)에서 'Shape(모양), Fill(칠) : #ffcc99, Stroke(획) : No Color(색상 없음), Shape(모양) : Floral Ornament 4(꽃 장식 4, ✿)'를 설정한 후 Shift를 누른 채 드래그하여 모양을 그립니다.

합격생의 비법

[Legacy Shapes and More(레거시 모양 및 기타)]–[All Legacy Default Shapes (모든 레거시 기본 모양)]–[Ornaments(장식)]

02 Layers(레이어) 패널 하단에 'Add a layer style(레이어 스타일 추가, fx.)'을 클릭하여 [Inner Shadow(내부 그림자)]를 선택하고 'Opacity(불투명도) : 75%, Angle(각도) : 90°, Distance(거리) : 3px, Size(크기) : 3px'로 설정한 후 [OK(확인)]를 클릭합니다.

03 Layers(레이어) 패널 상단의 'Opacity(불투명도) : 60%'를 설정합니다.

04 Custom Shape Tool(사용자 정의 모양 도구, 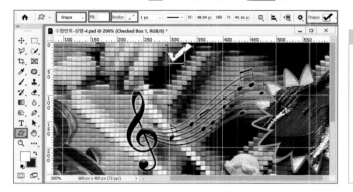)을 클릭하고 Options Bar(옵션 바)에서 'Shape(모양), Fill(칠) : #ffffff, Stroke(획) : No Color(색상 없음), Shape(모양) : Checked Box(확인란, ✔)'를 설정한 후 Shift 를 누르고 모양을 그립니다.

합격생의 비법

연속해서 사용자 정의 모양 도구로 그릴 때 Fill(칠) 설정하기

Options Bar(옵션 바)에서 목록 단추를 눌러 제시된 Shape(모양)을 선택하여 그린 후에 'Layer thumbnail(레이어 축소판)'을 더블 클릭하여 Fill(칠)을 변경합니다.

합격생의 비법

[Legacy Shapes and More(레거시 모양 및 기타)]-[All Legacy Default Shapes(모든 레거시 기본 모양)]-[Symbols(기호)]

05 Layers(레이어) 패널 하단에 'Add a layer style(레이어 스타일 추가, *fx.*)'을 클릭하여 [Drop Shadow(드롭 섀도)]를 선택하고 'Opacity(불투명도) : 75%, Angle(각도) : 90°, Distance(거리) : 7px, Size(크기) : 7px'로 설정한 후 [OK(확인)]를 클릭합니다.

06 Layers(레이어) 패널 상단의 'Opacity(불투명도) : 60%'를 설정합니다.

07 문자 입력 및 왜곡, 레이어 스타일 적용

01 Horizontal Type Tool(수평 문자 도구, T)로 작업 이미지를 클릭하고 Options Bar(옵션 바)에서 'Font(글꼴) : 궁서, Set font size(글꼴 크기) : 20pt, Set anti-aliasing method(앤티 앨리어싱 방법 설정) : Strong(강하게), Color(색상) : #333399'로 설정한 후 현악 오케스트라 단원 모집을 입력합니다.

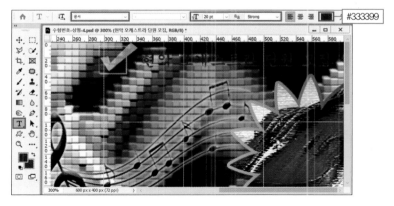

02 Layers(레이어) 패널 하단에 'Add a layer style(레이어 스타일 추가, *fx.*)'을 클릭하여 [Stroke(획)]를 선택하고 'Size(크기) : 2px, Color(색상) : #ffffcc'로 설정합니다.

03 Horizontal Type Tool(수평 문자 도구, T)로 작업 이미지를 클릭하고 Options Bar(옵션 바)에서 'Font(글꼴) : Arial, Set font style(글꼴 스타일 설정) : Regular, Set font size(글꼴 크기) : 40pt, Color(색상) : #ffffff'로 설정한 후 String Orchestra를 입력합니다.

04 Options Bar(옵션 바)에서 Create warped text(뒤틀어진 텍스트 만들기, ⊥)를 클릭하여 [Warp Text(텍스트 뒤틀기)] 대화상자에서 'Style(스타일) : Arch(아치), Horizontal(가로) : 체크, Bend(구부리기) : 25%'를 설정하여 문자의 모양을 왜곡합니다.

05 Layers(레이어) 패널 하단에 'Add a layer style(레이어 스타일 추가, fx.)'을 클릭하여 [Stroke(획)]를 선택하고 'Size(크기) : 3px, Color(색상) : #993333'으로 설정합니다. 계속 해서 [Drop Shadow(드롭 섀도)]를 선택하고 'Opacity(불투명도) : 75%, Angle(각도) : 90°, Distance(거리) : 10px, Size(크기) : 5px'로 설정한 후 [OK(확인)]를 클릭합니다.

06 Horizontal Type Tool(수평 문자 도구, T)로 작업 이미지를 클릭하고 Options Bar(옵션 바)에서 'Font(글꼴) : 돋움, Set font size(글꼴 크기) : 30pt, Set anti-aliasing method(앤티 앨리어싱 방법 설정) : Strong(강하게), Color(색상) : 임의 색상'으로 설정한 후 섬세하고 감미로운 현악기를 입력합니다.

07 Options Bar(옵션 바)에서 Create warped text(뒤틀어진 텍스트 만들기, ⊥)를 클릭하여 [Warp Text(텍스트 뒤틀기)] 대화상자에서 'Style(스타일) : Arc Upper(위 부채꼴), Horizontal(가로) : 체크, Bend(구부리기) : 35%'를 설정하여 문자의 모양을 왜곡합니다.

08 Layers(레이어) 패널 하단에 'Add a layer style(레이어 스타일 추가, fx.)'을 클릭하여 [Stroke(획)]를 선택하고 'Size(크기) : 3px, Color(색상) : #ffffff'로 설정합니다. 계속해서 [Gradient Overlay(그레이디언트 오버레이)]를 선택하고 'Click to edit the gradient (클릭하여 그레이디언트 편집)'를 클릭합니다.

09 그레이디언트 슬라이더 왼쪽 하단의 'Color Stop(색상 정지점)'을 더블 클릭하여 #000033을, 오른쪽 'Color Stop(색상 정지점)'을 더블 클릭하여 #669900으로 설정한 후 'Style(스타일) : Linear(선형), Angle(각도) : 90°로 설정합니다. Ctrl + S 를 눌러 파일을 저장합니다.

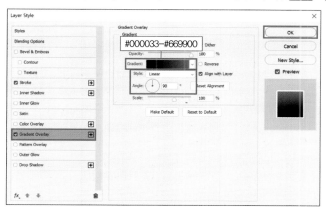

08 정답 파일 저장

01 [View(보기)]-[Show(표시)]-[Grid(격자)](Ctrl + ')를 선택하여 격자를 가립니다.

02 [File(파일)]-[Save As(다른 이름으로 저장)](Shift + Ctrl + S)를 선택하고 '저장 위치 : 내 PC₩문서₩GTQ, 파일 형식 : JPEG, 파일 이름 : 수험번호-성명-문제번호.jpg'를 입력하고 [저장]을 클릭한 후 [JPEG Options(JPEG 옵션)] 대화상자에서 'Quality(품질) : 8'로 설정하고 [OK(확인)]를 클릭합니다.

03 [Image(이미지)]-[Image Size(이미지 크기)](Alt + Ctrl + I)를 선택하고 'Constrain aspect ratio(종횡비 제한) : 클릭, Width(폭) : 60Pixels(픽셀), Height(높이) : 40Pixels(픽셀)'로 입력하여 이미지 크기를 1/10로 축소한 후 [OK(확인)]를 클릭합니다.

04 [File(파일)]-[Save As(다른 이름으로 저장)](Shift + Ctrl + S)를 선택하고 '저장 위치 : 내 PC₩문서₩GTQ, 파일 형식 : Photoshop(*.PSD, *.PDD), 파일 이름 : 수험번호-성명-문제번호.psd'를 입력하고 [저장]을 클릭합니다.

05 답안 저장이 완료가 되면 [File(파일)]-[Exit(종료)](Ctrl + Q)를 선택하여 프로그램을 종료하고 수험 프로그램에서 [답안 전송]을 클릭하여 psd와 jpg 파일을 감독관 컴퓨터로 전송합니다.

기출 유형 문제 04회

▶ 동영상 무료

급수	문제유형	시험시간	수험번호	성명
2급	A	90분	G220210004	

수 험 자 유 의 사 항

- 수험자는 문제지를 받는 즉시 응시하고자 하는 <u>과목 및 급수가 맞는지 확인</u>한 후 수험번호와 성명을 작성합니다.
- 파일명은 본인의 "수험번호–성명–문제번호"로 공백 없이 정확히 입력하고 답안폴더(내 PC₩문서₩GTQ)에 jpg 파일과 psd 파일의 2가지 포맷으로 저장해야 하며, jpg 파일과 psd 파일의 내용이 상이할 경우 0점 처리됩니다. 답안문서 파일명이 "수험번호–성명–문제번호"와 일치하지 않거나, 답안 파일을 전송하지 않아 미제출로 처리될 경우 불합격 처리됩니다.
- 문제의 세부조건은 '영문(한글)' 형식으로 표기되어 있으니 유의하시기 바랍니다.
- 수험자 정보와 저장한 파일명, 저장 위치가 다를 경우 전송이 되지 않으므로, 주의하시기 바랍니다.
- 답안 작성 중에도 <u>주기적으로 '저장'과 '답안 전송'</u>을 이용하여 감독위원 PC로 답안을 전송하셔야 합니다.(※ 작업한 내용을 <u>저장하지 않고 전송할 경우</u> 이전의 저장내용이 전송되오니 이점 반드시 유념하시기 바랍니다.)
- 답안문서는 지정된 경로 외의 다른 보조기억장치에 저장하는 행위, 지정된 시험 시간 외에 작성된 파일을 활용한 행위, 기타 통신수단(이메일, 메신저, 네트워크 등)을 이용하여 타인에게 전달 또는 외부 반출하는 행위는 부정으로 간주되어 자격기본법 제32조에 의거 본 시험 및 국가공인 자격시험을 2년간 응시할 수 없습니다.
- 시험 중 부주의 또는 고의로 시스템을 파손한 경우와 〈수험자 유의사항〉에 기재된 방법대로 이행하지 않아 생기는 불이익은 수험자의 책임임을 알려 드립니다.
- 시험을 완료한 수험자는 최종적으로 저장한 답안파일이 전송되었는지 확인한 후 감독위원의 지시에 따라 문제지를 제출하고 퇴실합니다.

답 안 작 성 요 령

- **온라인 답안 작성 절차**
  수험자 등록 ⇒ 시험 시작 ⇒ 답안파일 저장 ⇒ 답안 전송 ⇒ 시험 종료
- 내 PC₩문서₩GTQ₩Image폴더에 있는 그림 원본파일을 사용하여 답안을 작성하시고 최종답안을 답안폴더(내 PC₩문서₩GTQ)에 저장하여 답안을 전송하시고, 이미지의 크기가 다른 경우 감점 처리됩니다.
- 배점은 총 100점으로 이루어지며, 점수는 각 문제별로 차등 배분됩니다.
- 각 문제는 주어진 〈조건〉에 따라 작성하고, 언급하지 않은 조건은 《출력형태》와 같이 작성합니다.
- 배치 등의 편의를 위해 주어진 눈금자의 단위는 '픽셀'입니다.
  그 외는 출력형태(효과, 이미지, 문자, 색상, 레이아웃, 규격 등)와 같게 작업하십시오.
- 문제 조건에 서체의 지정이 없을 경우 한글은 굴림이나 돋움, 영문은 Arial로 작업하십시오.
  (단, 그 외에 제시되지 않은 문자 속성을 기본값으로 작성하지 않은 경우는 감점 처리됩니다.)
- Image Mode(이미지 모드)는 별도의 처리조건이 없을 경우에는 RGB(8비트)로 작업하십시오.
- 모든 답안 파일은 해상도 72Pixels/Inch로 작업하십시오.
- Layer(레이어)는 각 기능별로 분할해야 하며, 임의로 합칠 경우나 각 기능에 대한 속성을 해지할 경우 해당 요소는 0점 처리됩니다.

한 국 생 산 성 본 부

다음의 《조건》에 따라 아래의 《출력형태》와 같이 작업하시오.

출력형태

조건

원본 이미지		Part04₩기출유형문제04회₩2급-1.jpg	
파일저장규칙	JPG	파일명	문서₩GTQ₩수험번호-성명-1.jpg
		크기	400×500 pixels
	PSD	파일명	문서₩GTQ₩수험번호-성명-1.psd
		크기	40×50 pixels

1. 그림 효과

① 복제 및 변형 : 컵케익

② Shape Tool(모양 도구) 사용 :

   – 나비 모양(#ff9999, 레이어 스타일 – Inner Shadow(내부 그림자))

   – 하트 모양(#66ccff, #ccff99, 레이어 스타일 – Drop Shadow(그림자 효과))

2. 문자 효과

① Dessert(Arial, Regular, 63pt, 레이어 스타일 – 그레이디언트 오버레이(#330033, #ff0033))

문제 2 : 사진편집 기초   20점

다음의 《조건》에 따라 아래의 《출력형태》와 같이 작업하시오.

출력형태

조건

원본 이미지		Part04₩기출유형문제04회₩2급-2.jpg, 2급-3.jpg, 2급-4.jpg	
파일저장규칙	JPG	파일명	문서₩GTQ₩수험번호-성명-2.jpg
		크기	400×500 pixels
	PSD	파일명	문서₩GTQ₩수험번호-성명-2.psd
		크기	40×50 pixels

1. 그림 효과

① 색상 보정 : 2급-3.jpg – 주황색 계열로 보정, 레이어 스타일 – Drop Shadow(그림자 효과)

② 액자 제작 :

   필터 – Stained Glass(스테인드 글라스/채색 유리), 안쪽 테두리(5px, #663333), 레이어 스타일 – Drop Shadow(그림자 효과)

③ 2급-4.jpg : 레이어 스타일 – Drop Shadow(그림자 효과)

2. 문자 효과

① 달콤한 디저트와 함께(돋움, 33pt, #660000, 레이어 스타일 – Stroke(선/획)(3px, #ffcccc))

다음의 《조건》에 따라 아래의 《출력형태》와 같이 작업하시오.

조건

원본 이미지		Part04₩기출유형문제l04회₩2급-5.jpg, 2급-6.jpg, 2급-7.jpg, 2급-8.jpg	
파일저장규칙	JPG	파일명	문서₩GTQ₩수험번호-성명-3.jpg
		크기	600×400 pixels
	PSD	파일명	문서₩GTQ₩수험번호-성명-3.psd
		크기	60×40 pixels

1. 그림 효과
① 배경 : #cccc99
② 2급-5.jpg : 필터 – Texturizer(텍스처화), 레이어 마스크 – 가로 방향으로 흐릿하게
③ 2급-6.jpg : 레이어 스타일 – Outer Glow(외부 광선)
④ 2급-7.jpg : 레이어 스타일 – Drop Shadow(그림자 효과)
⑤ 2급-8.jpg : 레이어 스타일 – Bevel and Emboss(경사와 엠보스)
⑥ 그 외 《출력형태》 참조

2. 문자 효과
① Sweet Dessert Holic(Times New Roman, Bold, 50pt, 레이어 스타일 – Stroke(선/획)(3px, #003366), 그레이디언트 오버레이(#339933, #ffff00))
② 달콤한 디저트!(돋움, 30pt, #ffffff, 레이어 스타일 – Stroke(선/획)(2px, #ff0066), Drop Shadow(그림자 효과))

출력형태

Shape Tool(모양 도구) 사용
레이어 스타일 – Drop Shadow(그림자 효과),
그레이디언트 오버레이(#ffff00,#ff6600)

Shape Tool(모양 도구) 사용
#ccffcc, 레이어 스타일 –
Drop Shadow(그림자 효과)

다음의 《조건》에 따라 아래의 《출력형태》와 같이 작업하시오.

조건

원본 이미지		Part04\기출유형문제04회\2급-9.jpg, 2급-10.jpg, 2급-11.jpg, 2급-12.jpg, 2급-13.jpg	
파일저장규칙	JPG	파일명	문서\GTQ\수험번호-성명-4.jpg
		크기	600×400 pixels
	PSD	파일명	문서\GTQ\수험번호-성명-4.psd
		크기	60×40 pixels

1. 그림 효과
① 2급-9.jpg : 필터 – Texturizer(텍스처화)
② 2급-10.jpg : 레이어 스타일 – Drop Shadow(그림자 효과)
③ 2급-11.jpg : 레이어 스타일 – Bevel and Emboss(경사와 엠보스), Outer Glow(외부 광선)
④ 2급-12.jpg : 필터 – Dry Brush(드라이 브러시)
⑤ 2급-13.jpg : 레이어 스타일 – Bevel and Emboss(경사와 엠보스)
⑥ 그 외 《출력형태》 참조

2. 문자 효과
① Dessert House(Arial, Bold, 37pt, #ffffff, 레이어 스타일 – Drop Shadow(그림자 효과), Stroke(선/획)(3px, #660066))
② Cake & Coffee(Arial, Narrow, 35pt, 레이어 스타일 – 그레이디언트 오버레이(#ff0033 #ffcc00),
   Stroke(선/획)(2px, #330066))
③ 달콤함이 주는 여유와 즐거움(바탕, 20pt, #660066, 레이어 스타일 – Stroke(선/획)(2px, #ffffff))

출력형태

Shape Tool(모양 도구) 사용
레이어 스타일 – 그레이디언트
오버레이(#ffffcc,#33ffcc),
Outer Glow(외부 광선),
Opacity(불투명도)(70%)

Shape Tool(모양 도구) 사용
#993333, 레이어 스타일 –
Inner Shadow(내부 그림자),
Opacity(불투명도)(70%)

Shape Tool(모양 도구)
사용
레이어 스타일 –
Drop Shadow(그림자 효과),
Stroke(선/획)(4px, 그레이디
언트(#ff6600, #9999ff))

작업과정	새 작업 이미지 만들고 파일 저장하기 ▶ 선택 영역 만들고 복제 및 변형하기 ▶ 모양 생성 및 레이어 스타일 적용 ▶ 문자 입력 및 레이어 스타일 적용 ▶ 정답 파일 저장
완성이미지	Part04\기출유형문제04회\정답파일\G220210004-성명-1.jpg, G220210004-성명-1.psd

01 새 작업 이미지 만들고 파일 저장하기

01 [File(파일)]-[New(새로 만들기)]([Ctrl]+[N])를 선택하고 'Width(폭) : 400Pixels(픽셀), Height(높이) : 500Pixels(픽셀), Resolution(해상도) : 72Pixels/Inch(픽셀/인치), Color Mode(색상 모드) : RGB Color(RGB 색상), 8bit(비트), Background Contents(배경 내용) : White(흰색)'를 설정하여 새 작업 이미지를 만듭니다.

02 [Edit(편집)]-[Preference(환경설정)]([Ctrl]+[K])-[Guides, Grid & Slices(안내선, 격자와 슬라이스)]를 선택하고 Grid(격자)의 'Color(색상)'를 클릭하여 밝은 색상으로 변경한 후 'Gridline Every(격자 간격) : 100Pixels(픽셀), Subdivisions(세분) : 1'로 설정합니다.

03 [View(보기)]-[Show(표시)]-[Grid(격자)]([Ctrl]+['])와 [View(보기)]-[Rulers(눈금자)] ([Ctrl]+[R])를 선택하여 격자와 눈금자를 표시합니다.

04 작업 도큐먼트를 저장하기 위해 [File(파일)]-[Save As(다른 이름으로 저장)]([Shift]+[Ctrl]+ [S])를 선택하고 임의 경로에 수험번호-성명-문제번호.psd로 파일을 저장합니다.

02 선택 영역 만들고 복제 및 변형하기

01 [File(파일)]-[Open(열기)]([Ctrl]+[O])을 선택하여 2급-1.jpg를 불러옵니다. [Ctrl]+[A]를 눌러 전체를 선택한 후 [Ctrl]+[C]를 눌러 복사합니다. 작업 이미지를 선택하여 [Ctrl]+[V]로 붙여 넣고 [Ctrl]+[T]를 눌러 [Shift]를 누르고 크기를 조절한 후 그림과 같이 배치합니다.

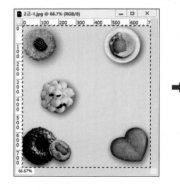 ➡

02 Quick Selection Tool(빠른 선택 도구, 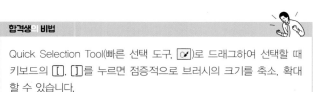)을 클릭하고 Options Bar(옵션 바)에서 'Add to selection(선택 영역에 추가, ⬚)'를 설정한 후 브러시의 크기를 조절하며 드래그하여 선택합니다.

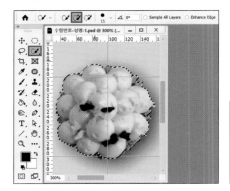

> **합격생의 비법**
>
> Quick Selection Tool(빠른 선택 도구, ⬚)로 드래그하여 선택할 때 키보드의 [[ ], [ ]]를 누르면 점증적으로 브러시의 크기를 축소, 확대할 수 있습니다.

03 Ctrl + J 를 눌러 레이어를 복사한 후 Ctrl + T 를 눌러 Shift 를 누른 채 크기를 축소하고 그림과 같이 회전하여 배치합니다.

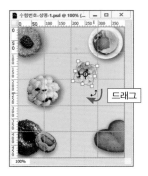

03 모양 생성 및 레이어 스타일 적용

01 Custom Shape Tool(사용자 정의 모양 도구, ⬚)을 클릭하고 Options Bar(옵션 바)에서 'Shape(모양), Fill(칠) : #66ccff, Stroke(획) : No Color(색상 없음), Shape(모양) : Heart Card(하트 카드, ❤)'를 설정한 후 Shift 를 누른 채 드래그하여 모양을 그립니다. Ctrl + T 를 눌러 Shift 를 누른 채 회전하여 배치합니다.

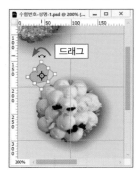

> **합격생의 비법**
>
> [Legacy Shapes and More(레거시 모양 및 기타)]–[All Legacy Default Shapes(모든 레거시 기본 모양)]–[Shapes(모양)]
> Ctrl + T 로 Shift 를 누른 채 회전하면 15° 단위로 회전할 수 있습니다.

02 Layers(레이어) 패널 하단에 'Add a layer style(레이어 스타일 추가, fx.)'을 클릭하여 [Drop Shadow(드롭 섀도)]를 선택하고 'Opacity(불투명도) : 75%, Angle(각도) : 90°, Distance(거리) : 5px, Size(크기) : 5px'로 설정한 후 [OK(확인)]를 클릭합니다.

03 Ctrl+J를 눌러 'Heart Card 1' 레이어를 복사한 후 'Layer thumbnail(레이어 축소판)'을 더블 클릭하여 'Color(색상) : #ccff99'로 변경합니다. Ctrl+T를 눌러 Shift를 누른 채 크기를 확대하고 회전하여 배치합니다.

04 Custom Shape Tool(사용자 정의 모양 도구, 🔊)을 클릭하고 Options Bar(옵션 바)에서 'Shape(모양), Fill(칠) : #ff9999, Stroke(획) : No Color(색상 없음), Shape(모양) : Butterfly(나비, ✖)'를 설정한 후 Shift를 누르고 모양을 그린 후 Ctrl+T를 눌러 그림과 같이 회전하여 배치합니다.

드래그

합격생의 비법

[Legacy Shapes and More(레거시 모양 및 기타)]-[All Legacy Default Shapes(모든 레거시 기본 모양)]-[Nature(자연)]

합격생의 비법

연속해서 사용자 정의 모양 도구로 그릴 때 Fill(칠) 설정하기

Options Bar(옵션 바)에서 목록 단추를 눌러 제시된 Shape(모양)을 선택하여 그린 후에 'Layer thumbnail(레이어 축소판)'을 더블 클릭하여 Fill(칠)을 변경합니다.

05 Layers(레이어) 패널 하단에 'Add a layer style(레이어 스타일 추가, fx.)'을 클릭하여 [Inner Shadow(내부 그림자)]를 선택하고 'Opacity(불투명도) : 35%, Angle(각도) : 90°, Distance(거리) : 5px, Size(크기) : 5px'로 설정한 후 [OK(확인)]를 클릭합니다.

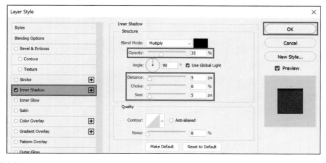

04 문자 입력 및 레이어 스타일 적용

01 Horizontal Type Tool(수평 문자 도구, T)로 작업 이미지를 클릭하고 Options Bar(옵션 바)에서 'Font(글꼴) : Arial, Set font style(글꼴 스타일 설정) : Regular, Set font size(글꼴 크기) : 63pt, Color(색상) : 임의 색상'으로 설정한 후 Dessert를 입력합니다.

02 Layers(레이어) 패널 하단에 'Add a layer style(레이어 스타일 추가, fx)'을 클릭하여 [Gradient Overlay(그레이디언트 오버레이)]를 선택하고 'Click to edit the gradient(클릭 하여 그레이디언트 편집)'를 클릭합니다. 그레이디언트 슬라이더 왼쪽 하단의 'Color Stop(색 상 정지점)'을 더블 클릭하여 #330033을, 오른쪽 'Color Stop(색상 정지점)'을 더블 클릭하여 #ff0033으로 설정한 후 'Style(스타일) : Linear(선형), Angle(각도) : 90°'로 설정하고 [OK(확인)]를 클릭합니다. Ctrl + S 를 눌러 파일을 저장합니다.

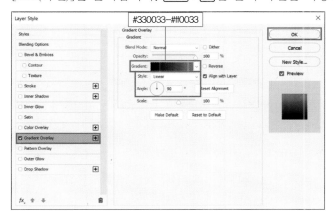

05 정답 파일 저장

01 [View(보기)]−[Show(표시)]−[Grid(격자)](Ctrl + ')를 선택하여 격자를 가립니다.

02 [File(파일)]−[Save As(다른 이름으로 저장)](Shift + Ctrl + S)를 선택하고 '저장 위치 : 내 PC\문서\GTQ, 파일 형식 : JPEG, 파일 이름 : 수험번호−성명−문제번호.jpg'를 입력하고 [저장]을 클릭한 후 [JPEG Options(JPEG 옵션)] 대화상자에서 'Quality(품질) : 8'로 설정 하고 [OK(확인)]를 클릭합니다.

03 [Image(이미지)]–[Image Size(이미지 크기)]($\boxed{\text{Alt}}$+$\boxed{\text{Ctrl}}$+$\boxed{\text{I}}$)를 선택하고 'Constrain aspect ratio(종횡비 제한) : 클릭, Width(폭) : 40Pixels(픽셀), Height(높이) : 50Pixels(픽셀)'로 입력하여 이미지 크기를 1/10로 축소한 후 [OK(확인)]를 클릭합니다.

04 [File(파일)]–[Save As(다른 이름으로 저장)]($\boxed{\text{Shift}}$+$\boxed{\text{Ctrl}}$+$\boxed{\text{S}}$)를 선택하고 '저장 위치 : 내 PC₩문서₩GTQ, 파일 형식 : Photoshop(*.PSD, *.PDD), 파일 이름 : 수험번호–성명–문 제번호.psd'를 입력하고 [저장]을 클릭합니다.

05 답안 저장이 완료가 되면 [File(파일)]–[Close(닫기)]($\boxed{\text{Ctrl}}$+$\boxed{\text{W}}$)를 선택하여 파일을 닫고 수험 프로그램에서 [답안 전송]을 클릭하여 psd와 jpg 파일을 감독관 컴퓨터로 전송합니다.

문제 **02**	**CHAPTER 04** **[기능평가] 사진편집 기초**
작업과정	새 작업 이미지 만들기 및 파일 저장하기 ▶ 필터 적용 및 액자 제작 ▶ 이미지 합성 및 색상 보정, 레이어 스타일 적용 ▶ 문자 입력 및 레이어 스타일 적용 ▶ 정답 파일 저장
완성이미지	Part04₩기출유형문제04회₩정답파일₩G220210004–성명–2.jpg, G220210004–성명–2.psd

🔢 새 작업 이미지 만들기 및 파일 저장하기

01 [File(파일)]–[New(새로 만들기)]($\boxed{\text{Ctrl}}$+$\boxed{\text{N}}$)를 선택하고 'Width(폭) : 400Pixels(픽셀), Height(높이) : 500Pixels(픽셀), Resolution(해상도) : 72Pixels/Inch(픽셀/인치), Color Mode(색상 모드) : RGB Color(RGB 색상), 8bit(비트), Background Contents(배경 내용) : White(흰색)'로 설정하여 새 작업 이미지를 만듭니다.

02 [Edit(편집)]–[Preference(환경설정)]($\boxed{\text{Ctrl}}$+$\boxed{\text{K}}$)–[Guides, Grid & Slices(안내선, 격자와 슬라이스)]를 선택하고 Grid(격자)의 'Color(색상)'를 클릭하여 밝은 색상으로 변경한 후 'Gridline Every(격자 간격) : 100Pixels(픽셀), Subdivisions(세분) : 1'로 설정합니다.

03 [View(보기)]–[Show(표시)]–[Grid(격자)]($\boxed{\text{Ctrl}}$+$\boxed{'}$)와 [View(보기)]–[Rulers(눈금자)] ($\boxed{\text{Ctrl}}$+$\boxed{\text{R}}$)를 선택하여 격자와 눈금자를 표시합니다.

04 작업 도큐먼트를 저장하기 위해 [File(파일)]–[Save As(다른 이름으로 저장)]($\boxed{\text{Shift}}$+$\boxed{\text{Ctrl}}$+$\boxed{\text{S}}$)를 선택하고 임의 경로에 수험번호–성명–문제번호.psd로 파일을 저장합니다.

🔢 필터 적용 및 액자 제작

01 [File(파일)]–[Open(열기)]을 선택하여 2급–2.jpg를 불러옵니다. $\boxed{\text{Ctrl}}$+$\boxed{\text{A}}$를 눌러 전체를 선 택한 후 $\boxed{\text{Ctrl}}$+$\boxed{\text{C}}$를 눌러 복사하고 작업 이미지를 선택하여 $\boxed{\text{Ctrl}}$+$\boxed{\text{V}}$로 붙여넣기를 합니다. $\boxed{\text{Ctrl}}$+$\boxed{\text{T}}$로 $\boxed{\text{Shift}}$를 누른 채 크기를 조절하고 배치합니다.

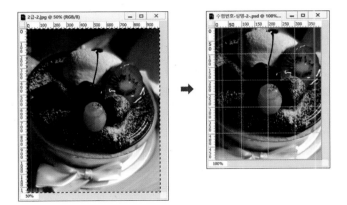

02 [Layer(레이어)]–[New(새로 만들기)]–[Layer Via Copy(복사한 레이어)]([Ctrl]+[J])를 클릭하고 레이어를 복사합니다.

03 Tool Panel(도구 패널) 하단의 Set foreground color(전경색 설정)을 클릭하여 Color Picker(색상 픽커) 대화상자에서 'Color(색상) : #cccccc'를 설정합니다.

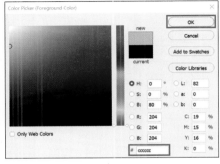

합격생의 비법

'Stained Glass(스테인드 글라스/채색 유리)' 필터는 Foreground color(전경색)가 Border(테두리) 색상이므로 미리 설정합니다.

04 [Filter(필터)]–[Filter Gallery(필터 갤러리)]–[Texture(텍스처)]–[Stained Glass(스테인드 글라스/채색 유리)]를 선택합니다. 위쪽의 눈금자에서 아래로 드래그하여 작업 이미지의 세로 중앙인 250px의 위치에 안내선을 표시합니다.

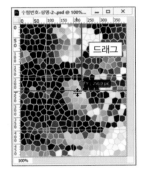

05 Rectangular Marquee Tool(사각형 선택 윤곽 도구, ▢)을 클릭하고 Options Bar(옵션 바)에서 'New selection(새 선택 영역, ▣), Feather(페더) : 0px, Style(스타일) : Fixed Size (크기 고정), Width(폭) : 320px, Height(높이) : 420px'를 설정합니다.

06 제시된 액자의 프레임을 만들기 위해서 세로 격자와 안내선의 교차 지점에 Alt 를 누르고 작업 이미지의 중앙에 클릭하여 직사각형 모양으로 선택합니다.

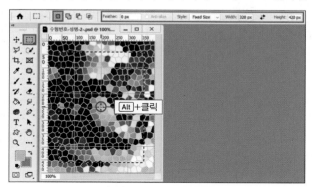

 합격생의 비법

Alt 를 누르고 작업 이미지의 중앙을 클릭하면 작업 이미지의 중앙에서부터 선택이 가능합니다.

07 [Select(선택)]-[Modify(수정)]-[Smooth(매끄럽게)]를 클릭하여 'Sample Radius(샘플 반경) : 10pixels(픽셀)'을 설정하고 [OK(확인)]를 클릭하여 모서리를 둥글게 합니다. Delete 를 눌러 선택된 이미지를 삭제하고 프레임을 만듭니다.

08 [Edit(편집)]-[Stroke(획)]를 클릭하여 'Width(폭) : 5px, Color(색상) : #663333, Location(위치) : Inside(안쪽), Mode(모드) : Normal(표준), Opacity(불투명도) : 100%, Preserve Transparency(투명도 유지) : 체크 해제'를 설정하고 [OK(확인)]를 클릭하여 안쪽 테두리를 적용합니다.

09 Ctrl + D 를 눌러 선택을 해제하고, Layers(레이어) 패널 하단에 'Add a layer style(레이어 스타일 추가, fx.)'을 클릭하여 [Drop Shadow(드롭 섀도)]를 선택하고 'Angle(각도) : 120°, Use Global Light(전체 조명 사용) : 체크 해제, Distance(거리) : 5px, Size(크기) : 5px'로 설정합니다.

03 이미지 합성 및 색상 보정, 레이어 스타일 적용

01 [File(파일)]−[Open(열기)]을 선택하여 2급−3.jpg를 불러온 후 Quick Selection Tool(빠른 선택 도구, )을 클릭하고 이미지에 드래그하여 선택한 후 Ctrl+C로 복사합니다.

02 작업 이미지를 클릭하고, Layers(레이어) 패널에서 'Layer 1' 레이어를 클릭한 후 Ctrl+V로 붙여넣은 후 Ctrl+T를 눌러 Shift를 누른 채 드래그하여 크기를 조절하고 배치합니다.

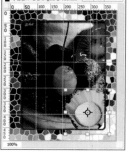

합격생 비법

'Layer 1' 레이어를 클릭하고 Ctrl+V로 붙여넣기를 하면 현재 선택한 레이어 위쪽으로 배치됩니다.

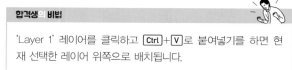

03 Layers(레이어) 패널 하단에 'Add a layer style(레이어 스타일 추가, *fx.*)'을 클릭하여 [Drop Shadow(드롭 섀도)]를 선택하고 'Angle(각도) : 120°, Distance(거리) : 10px, Spread(스프레드) : 20%, Size(크기) : 10px'로 설정합니다.

04 Quick Selection Tool(빠른 선택 도구, )을 클릭하고 가운데 이미지에 드래그하여 선택합니다.

05 Layers(레이어) 패널 하단의 'Create new fill or adjustment layer(새 칠 또는 조정 레이어 생성, ⊘)'를 클릭하고 [Hue/Saturation(색조/채도)]을 선택합니다. Properties(속성) 패널에서 'Colorize(색상화) : 체크, Hue(색조) : 17, Saturation(채도) : 85'로 설정하여 주황색 계열로 색상을 보정합니다.

06 [File(파일)]−[Open(열기)]을 선택하여 2급−4.jpg를 불러온 후 Object Selection Tool(개체 선택 도구, ▣)을 클릭하고 Options Bar(옵션 바)에서 'Mode(모드) : Rectangle(사각형)'을 선택하고 이미지에 드래그하여 선택하고 Ctrl + C 로 복사합니다.

07 작업 이미지에 Ctrl + V 로 붙여넣은 후 Ctrl + T 를 눌러 크기를 조절하고, 마우스 오른쪽 버튼을 누르고 [Flip Horizontal(가로로 뒤집기)]로 뒤집고 그림과 같이 배치합니다. Ctrl +] 를 눌러 액자 프레임 'Layer 1 copy' 레이어의 위쪽에 배치합니다.

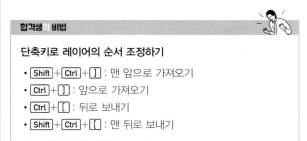

합격생의 비법

단축키로 레이어의 순서 조정하기

• Shift + Ctrl +] : 맨 앞으로 가져오기
• Ctrl +] : 앞으로 가져오기
• Ctrl + [: 뒤로 보내기
• Shift + Ctrl + [: 맨 뒤로 보내기

08 Layers(레이어) 패널 하단에 'Add a layer style(레이어 스타일 추가, fx.)'을 클릭하여 [Drop Shadow(드롭 섀도)]를 선택하고 'Angle(각도) : 120°, Distance(거리) : 12px, Spread(스프레드) : 15%, Size(크기) : 15px'로 설정합니다.

04 문자 입력 및 레이어 스타일 적용

01 Horizontal Type Tool(수평 문자 도구, [T])로 작업 이미지를 클릭하고 Options Bar(옵션 바)에서 'Font(글꼴) : 돋움, Set font size(글꼴 크기) : 33pt, Set anti-aliasing method(앤티 앨리어싱 방법 설정) : Strong(강하게), Center text(텍스트 중앙 정렬, [≣]), Color(색상) : #660000'으로 설정한 후 달콤한 디저트와 함께를 입력합니다.

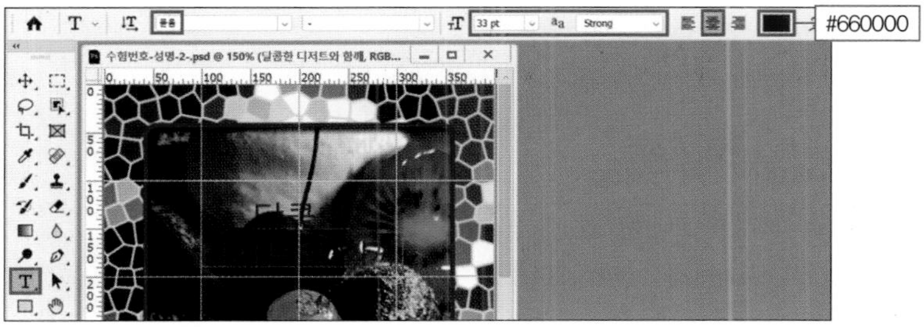

02 Options Bar(옵션 바)에서 Create warped text(뒤틀어진 텍스트 만들기, [工])를 클릭하여 [Warp Text(텍스트 뒤틀기)] 대화상자에서 'Style(스타일) : Arc Upper(위 부채꼴), Horizontal (가로) : 체크, Bend(구부리기) : 40%'를 설정하여 문자의 모양을 왜곡합니다.

03 Layers(레이어) 패널 하단에 'Add a layer style(레이어 스타일 추가, [fx])'을 클릭하여 [Stroke(획)]를 선택하고 'Size(크기) : 3px, Color(색상) : #ffcccc'로 설정한 후 [OK(확인)]를 클릭합니다. [Ctrl]+[S]를 눌러 파일을 저장합니다.

05 정답 파일 저장

01 [View(보기)]–[Show(표시)]–[Grid(격자)]([Ctrl]+[']])와 [Guides(안내선)]([Ctrl]+[;])를 각각 선택하여 격자와 안내선을 가립니다.

02 [File(파일)]–[Save As(다른 이름으로 저장)]([Shift]+[Ctrl]+[S])를 선택하고 '저장 위치 : 내 PC₩문서₩GTQ, 파일 형식 : JPEG, 파일 이름 : 수험번호-성명-문제번호.jpg'를 입력하고 [저장]을 클릭한 후 [JPEG Options(JPEG 옵션)] 대화상자에서 'Quality(품질) : 8'로 설정하고 [OK(확인)]를 클릭합니다.

03 [Image(이미지)]–[Image Size(이미지 크기)]([Alt]+[Ctrl]+[I])를 선택하고 'Constrain aspect ratio(종횡비 제한) : 클릭, Width(폭) : 40Pixels(픽셀), Height(높이) : 50Pixels(픽셀)'로 입력하여 이미지 크기를 1/10로 축소한 후 [OK(확인)]를 클릭합니다.

04 [File(파일)]–[Save As(다른 이름으로 저장)]([Shift]+[Ctrl]+[S])를 선택하고 '저장 위치 : 내 PC₩문서₩GTQ, 파일 형식 : Photoshop(*.PSD, *.PDD), 파일 이름 : 수험번호-성명-문제번호.psd'를 입력하고 [저장]을 클릭합니다.

05 답안 저장이 완료가 되면 [File(파일)]–[Close(닫기)]([Ctrl]+[W])를 선택하여 파일을 닫고 수험 프로그램에서 [답안 전송]을 클릭하여 psd와 jpg 파일을 감독관 컴퓨터로 전송합니다.

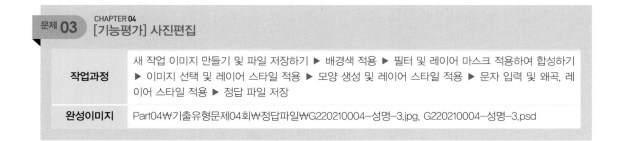

작업과정	새 작업 이미지 만들기 및 파일 저장하기 ▶ 배경색 적용 ▶ 필터 및 레이어 마스크 적용하여 합성하기 ▶ 이미지 선택 및 레이어 스타일 적용 ▶ 모양 생성 및 레이어 스타일 적용 ▶ 문자 입력 및 왜곡, 레이어 스타일 적용 ▶ 정답 파일 저장
완성이미지	Part04₩기출유형문제04회₩정답파일₩G220210004-성명-3.jpg, G220210004-성명-3.psd

01 새 작업 이미지 만들기 및 파일 저장하기

01 [File(파일)]-[New(새로 만들기)]([Ctrl]+[N])를 선택하고 'Width(폭) : 600Pixels(픽셀), Height(높이) : 400Pixels(픽셀), Resolution(해상도) : 72Pixels/Inch(픽셀/인치), Color Mode(색상 모드) : RGB Color(RGB 색상), 8bit(비트), Background Contents(배경 내용) : White(흰색)'로 설정하여 새 작업 이미지를 만듭니다.

02 [Edit(편집)]-[Preference(환경설정)]([Ctrl]+[K])-[Guides, Grid & Slices(안내선, 격자와 슬라이스)]를 선택하고 Grid(격자)의 'Color(색상)'를 클릭하여 밝은 색상으로 변경한 후 'Gridline Every(격자 간격) : 100Pixels(픽셀), Subdivisions(세분) : 1'로 설정합니다.

03 [View(보기)]-[Show(표시)]-[Grid(격자)]([Ctrl]+[`])와 [View(보기)]-[Rulers(눈금자)] ([Ctrl]+[R])를 선택하여 격자와 눈금자를 표시합니다.

04 작업 도큐먼트를 저장하기 위해 [File(파일)]-[Save As(다른 이름으로 저장)]([Shift]+[Ctrl]+ [S])를 선택하고 임의 경로에 수험번호-성명-문제번호.psd로 파일을 저장합니다.

02 배경색 적용

01 Tool Panel(도구 패널) 하단의 'Set foreground color(전경색 설정)'을 클릭하여 #cccc99로 설정하고 [Alt]+[Delete]를 눌러 이미지의 배경을 채웁니다.

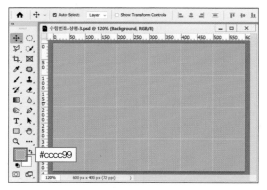

03 필터 및 레이어 마스크 적용하여 합성하기

01 [File(파일)]-[Open(열기)]을 선택하여 2급-5.jpg를 불러옵니다. Ctrl + A 를 눌러 전체를 선택한 후 Ctrl + C 를 눌러 복사하고 작업 이미지를 선택하여 Ctrl + V 로 붙여넣고 Ctrl + T 를 눌러 크기를 축소하고, 마우스 오른쪽 버튼을 눌러 [Flip Horizontal(가로로 뒤집기)]로 뒤집고 그림과 같이 배치합니다.

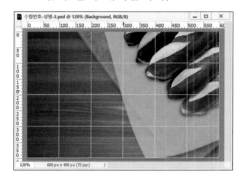

02 [Filter(필터)]-[Filter Gallery(필터 갤러리)]-[Texture(텍스처)]-[Texturizer(텍스처화)]를 선택합니다.

03 Layers(레이어) 패널에서 하단의 'Add layer mask(레이어 마스크 추가, ▣)'를 클릭하여 레이어 마스크를 추가합니다.

04 Gradient Tool(그레이디언트 도구, ▣)을 클릭하고 Options Bar(옵션 바)에서 'Click to open Gradient picker(클릭하여 그레이디언트 픽커 열기)'를 클릭합니다. Basics(기본 사항)에서 Black, White(검정, 흰색)를 선택하고 'Type(유형) : Linear Gradient(선형 그레이디언트), Mode(모드) : Normal(표준), Opacity(불투명도) : 100%'로 설정한 후 왼쪽에서 오른쪽 방향으로 드래그하여 이미지의 일부를 자연스럽게 지워 합성합니다.

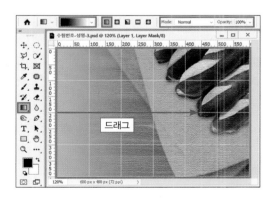

04 이미지 선택 및 레이어 스타일 적용

01 [File(파일)]-[Open(열기)]을 선택하여 2급-6.jpg를 불러옵니다. Quick Selection Tool(빠른 선택 도구, ▣)을 클릭하고 Options Bar(옵션 바)에서 'Add to selection(선택 영역에 추가, ▣)'을 설정한 후 브러시의 크기를 조절하며 드래그하여 선택하고 Ctrl + C 로 복사합니다.

02 작업 이미지를 선택하여 [Ctrl]+[V]로 붙여넣고 [Ctrl]+[T]로 [Shift]를 누른 채 크기를 조절하여 배치합니다.

03 Layers(레이어) 패널 하단에 'Add a layer style(레이어 스타일 추가, [fx.])'을 클릭하여 [Outer Glow(외부 광선)]를 선택하고 'Opacity(불투명도) : 75%, Spread(스프레드) : 10%, Size(크기) : 5px'로 설정하고 [OK(확인)]를 클릭합니다.

04 [File(파일)]−[Open(열기)]을 선택하여 2급−7.jpg를 불러옵니다. Quick Selection Tool(빠른 선택 도구, [✓])을 클릭하고 Options Bar(옵션 바)에서 'Add to selection(선택 영역에 추가, [✓])'를 설정한 후 브러시의 크기를 조절하며 드래그하여 선택합니다.

05 [Ctrl]+[C]로 복사한 후 작업 이미지를 선택하여 [Ctrl]+[V]로 붙여넣고 [Ctrl]+[T]로 [Shift]를 누른 채 크기를 조절하고 회전하여 배치합니다.

06 Layers(레이어) 패널 하단에 'Add a layer style(레이어 스타일 추가, [fx.])'을 클릭하여 [Drop Shadow(드롭 섀도)]를 선택하고 'Opacity(불투명도) : 60%, Angle(각도) : 120°, Use Global Light(전체 조명 사용) : 체크 해제, Distance(거리) : 5px, Size(크기) : 5px'로 설정한 후 [OK(확인)]를 클릭합니다. [Ctrl]+[[]를 눌러 'Layer 2' 레이어 아래쪽으로 배치합니다.

07 [File(파일)]–[Open(열기)]을 선택하여 2급–8.jpg를 불러온 후 Quick Selection Tool(빠른 선택 도구, [아이콘])을 클릭하고 Options Bar(옵션 바)에서 'Add to selection(선택 영역에 추가, [아이콘])'을 설정한 후 브러시의 크기를 조절하며 드래그하여 선택합니다.

합격생의 비법

직선형 이미지의 선택 영역 추가하기

Polygonal Lasso Tool(다각형 올가미 도구, [아이콘])을 클릭하고 Options Bar(옵션 바)에서 'Add to selection(선택 영역에 추가, [아이콘])'을 설정하면 빨대 모양을 추가적으로 선택할 수 있습니다.

08 [Ctrl]+[C]로 복사한 후 작업 이미지를 선택하여 [Ctrl]+[V]로 붙여넣고 [Ctrl]+[T]를 눌러 크기를 축소하고, 마우스 오른쪽 버튼을 누르고 [Flip Horizontal(가로로 뒤집기)]로 뒤집어 배치합니다.

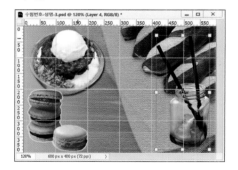

09 Layers(레이어) 패널 하단에 'Add a layer style(레이어 스타일 추가, [fx.])'을 클릭하여 [Bevel & Emboss(경사와 엠보스)]를 선택하고 'Style(스타일) : Inner Bevel(내부 경사), Direction(방향) : Up(위로), Size(크기) : 5px'로 설정한 후 [OK(확인)]를 클릭합니다.

05 모양 생성 및 레이어 스타일 적용

01 Custom Shape Tool(사용자 정의 모양 도구, 🌑)을 클릭하고 Options Bar(옵션 바)에서 'Shape(모양), Fill(칠) : 임의 색상, Stroke(획) : No Color(색상 없음), Shape(모양) : Shape 171(모양 171, 🌸)'을 클릭한 후 Shift를 누른 채 드래그하여 모양을 그립니다.

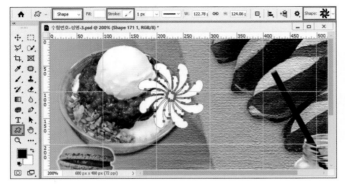

합격생의 비법

[Legacy Shapes and More(레거시 모양 및 기타)]–[2019 Shapes(2019 모양)]–[Spiral Shapes(나선형)]

02 Layers(레이어) 패널 하단에 'Add a layer style(레이어 스타일 추가, *fx.*)'을 클릭하여 [Gradient Overlay(그레이디언트 오버레이)]를 선택하고 'Click to edit the gradient(클릭하여 그레이디언트 편집)'를 클릭합니다.

03 그레이디언트 슬라이더 왼쪽 하단의 'Color Stop(색상 정지점)'을 더블 클릭하여 #ffff00을, 오른쪽 'Color Stop(색상 정지점)'을 더블 클릭하여 #ff6600으로 설정한 후 'Style(스타일) : Linear(선형), Angle(각도) : 90°로 설정합니다. 계속해서 [Drop Shadow(드롭 섀도)]를 선택하고 'Opacity(불투명도) : 75%, Angle(각도) : 120°, Distance(거리) : 5px, Size(크기) : 5px'를 설정하고 [OK(확인)]를 클릭합니다.

04 Custom Shape Tool(사용자 정의 모양 도구, 🌑)을 클릭하고 Options Bar(옵션 바)에서 'Shape(모양), Fill(칠) : #ccffcc, Stroke(획) : No Color(색상 없음), Shape(모양) : Ash Leaf(물푸레나무 잎, 🌿)'를 설정한 후 Shift를 누르고 모양을 그리고 Ctrl+T를 눌러 회전하여 배치합니다.

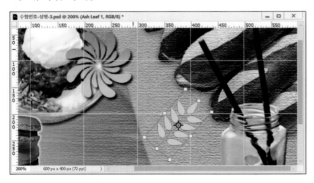

합격생 비법

[Legacy Shapes and More(레거시 모양 및 기타)]–[2019 Shapes(2019 모양)]–[Leaves(나뭇잎)]

05 Layers(레이어) 패널 하단에 'Add a layer style(레이어 스타일 추가, *fx.*)'을 클릭하여 [Drop Shadow(드롭 섀도)]를 선택합니다.

06 문자 입력 및 레이어 스타일 적용

01 Horizontal Type Tool(수평 문자 도구, T)로 작업 이미지를 클릭하고 Options Bar(옵션 바)에서 'Font(글꼴) : Times New Roman, Set font style(글꼴 스타일 설정) : Bold, Set font size(글꼴 크기) : 50pt, Color(색상) : 임의 색상'으로 설정한 후 Sweet Dessert Holic 을 입력합니다.

02 Options Bar(옵션 바)에서 Create warped text(뒤틀어진 텍스트 만들기, ⊥)를 클릭하여 [Warp Text(텍스트 뒤틀기)] 대화상자에서 'Style(스타일) : Flag(깃발), Horizontal(가로) : 체크, Bend(구부리기) : −47%'를 설정하여 문자의 모양을 왜곡합니다.

03 Layers(레이어) 패널 하단에 'Add a layer style(레이어 스타일 추가, fx.)'을 클릭하여 [Stroke(획)]를 선택하고 'Size(크기) : 3px, Color(색상) : #003366'으로 설정합니다. 계속 해서 [Gradient Overlay(그레이디언트 오버레이)]를 선택하고 'Click to edit the gradient(클릭하여 그레이디언트 편집)'를 클릭합니다.

04 그레이디언트 슬라이더 왼쪽 하단의 'Color Stop(색상 정지점)'을 더블 클릭하여 #339933을, 가운데 빈 공간을 클릭하여 Color Stop(색상 정지점)'을 추가하고 더블 클릭하여 #ffff00을, 오른쪽 'Color Stop(색상 정지점)'을 더블 클릭하여 #339933으로 설정한 후 'Style(스타일) : Linear(선형), Angle(각도) : 90°'로 설정하고 [OK(확인)]를 클릭합니다.

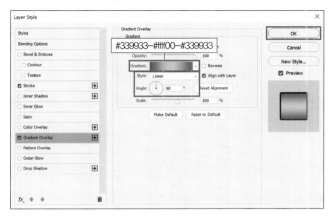

05 Horizontal Type Tool(수평 문자 도구, T)로 작업 이미지를 클릭하고 Options Bar(옵션 바)에서 'Font(글꼴) : 돋움, Set font Size(글꼴 크기) : 30pt, Set anti-aliasing method(앤티 앨리어싱 방법 설정) : Strong(강하게), Color(색상) : #ffffff'로 설정한 후 달 콤한 디저트!를 입력합니다.

06 Options Bar(옵션 바)에서 Create warped text(뒤틀어진 텍스트 만들기, ꔸ)를 클릭하여 [Warp Text(텍스트 뒤틀기)] 대화상자에서 'Style(스타일) : Bulge(돌출), Horizontal(가로) : 체크, Bend(구부리기) : 20%'를 설정하여 문자의 모양을 왜곡합니다.

07 Layers(레이어) 패널 하단에 'Add a layer style(레이어 스타일 추가, fx)'을 클릭하여 [Stroke(획)]를 선택하고 'Size(크기) : 2px, Color(색상) : #ff0066'으로 설정합니다. 계속해 서 Drop Shadow(드롭 섀도)를 선택하고 [OK(확인)]를 클릭합니다. Ctrl + S 를 눌러 파일 을 저장합니다.

07 정답 파일 저장

01 [View(보기)]-[Show(표시)]-[Grid(격자)](Ctrl + ')를 선택하여 격자를 가립니다.

02 [File(파일)]-[Save As(다른 이름으로 저장)](Shift + Ctrl + S)를 선택하고 '저장 위치 : 내 PC\문서\GTQ, 파일 형식 : JPEG, 파일 이름 : 수험번호-성명-문제번호.jpg'를 입력하고 [저장]을 클릭한 후 [JPEG Options(JPEG 옵션)] 대화상자에서 'Quality(품질) : 8'로 설정 하고 [OK(확인)]를 클릭합니다.

03 [Image(이미지)]-[Image Size(이미지 크기)](Alt + Ctrl + I)를 선택하고 'Constrain aspect ratio(종횡비 제한) : 클릭, Width(폭) : 60Pixels(픽셀), Height(높이) : 40Pixels(픽셀)'로 입력하여 이미지 크기를 1/10로 축소한 후 [OK(확인)]를 클릭합니다.

04 [File(파일)]-[Save As(다른 이름으로 저장)](Shift + Ctrl + S)를 선택하고 '저장 위치 : 내 PC\문서\GTQ, 파일 형식 : Photoshop(*.PSD, *.PDD), 파일 이름 : 수험번호-성명-문 제번호.psd'를 입력하고 [저장]을 클릭합니다.

05 답안 저장이 완료가 되면 [File(파일)]-[Close(닫기)](Ctrl + W)를 선택하여 파일을 닫고 수험 프로그램에서 [답안 전송]을 클릭하여 psd와 jpg 파일을 감독관 컴퓨터로 전송합니다.

작업과정	새 작업 이미지 만들기 및 파일 저장하기 ▶ 필터 적용하기 ▶ 이미지 선택 및 레이어 스타일 적용 ▶ 모양 생성 및 필터와 클리핑 마스크 적용 ▶ 모양 생성 및 레이어 스타일과 불투명도 적용 ▶ 문자 입력 및 왜곡, 레이어 스타일 적용 ▶ 정답 파일 저장
완성이미지	Part04₩기출유형문제04회₩정답파일₩G220210004-성명-4.jpg, G220210004-성명-4.psd

01 새 작업 이미지 만들기 및 파일 저장하기

01 [File(파일)]–[New(새로 만들기)]([Ctrl]+[N])를 선택하고 'Width(폭) : 600Pixels(픽셀), Height(높이) : 400Pixels(픽셀), Resolution(해상도) : 72Pixels/Inch(픽셀/인치), Color Mode(색상 모드) : RGB Color(RGB 색상), 8bit(비트), Background Contents(배경 내용) : White(흰색)'로 설정하여 새 작업 이미지를 만듭니다.

02 [Edit(편집)]–[Preference(환경설정)]([Ctrl]+[K])–[Guides, Grid & Slices(안내선, 격자와 슬라이스)]를 선택하고 Grid(격자)의 'Color(색상)'를 클릭하여 밝은 색상으로 변경한 후 'Gridline Every(격자 간격) : 100Pixels(픽셀), Subdivisions(세분) : 1'로 설정합니다.

03 [View(보기)]–[Show(표시)]–[Grid(격자)]([Ctrl]+['])와 [View(보기)]–[Rulers(눈금자)] ([Ctrl]+[R])를 선택하여 격자와 눈금자를 표시합니다.

04 작업 도큐먼트를 저장하기 위해 [File(파일)]–[Save As(다른 이름으로 저장)]([Shift]+[Ctrl]+ [S])를 선택하고 임의 경로에 수험번호-성명-문제번호.psd로 파일을 저장합니다.

02 필터 적용하기

01 [File(파일)]–[Open(열기)]을 선택하여 2급-9.jpg를 불러옵니다. [Ctrl]+[A]를 눌러 전체를 선택한 후 [Ctrl]+[C]를 눌러 복사하고 작업 이미지를 선택하여 [Ctrl]+[V]로 붙여넣기를 하고 배치합니다.

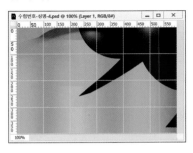

02 [Filter(필터)]–[Filter Gallery(필터 갤러리)]–[Texture(텍스처)]–[Texturizer(텍스처화)] 를 선택합니다.

03 이미지 선택 및 레이어 스타일 적용

01 [File(파일)]-[Open(열기)]을 선택하여 2급-10.jpg를 불러옵니다. Quick Selection Tool(빠른 선택 도구, [🖌️])을 클릭하고 Options Bar(옵션 바)에서 'Add to selection(선택 영역에 추가, [🖌️])'를 설정한 후 브러시의 크기를 조절하며 드래그하여 선택하고 [Ctrl]+[C]로 복사합니다.

02 작업 이미지를 선택하여 [Ctrl]+[V]로 붙여넣기를 하고 [Ctrl]+[T]를 눌러 [Shift]를 누른 채 크기를 조절하고 회전하여 배치합니다.

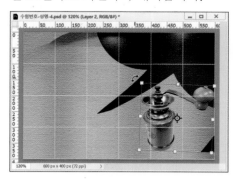

03 Layers(레이어) 패널 하단에 'Add a layer style(레이어 스타일 추가, [fx.])'을 클릭하여 [Drop Shadow(드롭 섀도)]를 선택하고 'Opacity(불투명도) : 75%, Angle(각도) : 120°, Use Global Light(전체 조명 사용) : 체크 해제, Distance(거리) : 7px, Size(크기) : 7px'로 설정한 후 [OK(확인)]를 클릭합니다.

04 [File(파일)]-[Open(열기)]을 선택하여 2급-11.jpg를 불러옵니다. Quick Selection Tool(빠른 선택 도구, [🖌️])을 클릭하고 Options Bar(옵션 바)에서 'Add to selection(선택 영역에 추가, [🖌️])'을 설정한 후 브러시의 크기를 조절하며 배경 이미지에 드래그하여 선택합니다.

05 [Shift]+[Ctrl]+[I]로 선택 영역을 반전하고 [Ctrl]+[C]로 복사합니다. 작업 이미지를 선택하여 [Ctrl]+[V]로 붙여넣기를 하고 [Ctrl]+[T]를 눌러 [Shift]를 누른 채 크기를 조절하고 마우스 오른쪽 버튼을 누르고 [Flip Horizontal(가로로 뒤집기)]로 뒤집어 배치합니다.

06 Layers(레이어) 패널 하단에 'Add a layer style(레이어 스타일 추가, fx)'을 클릭하여 [Bevel & Emboss(경사와 엠보스)]를 선택하고 'Style(스타일) : Inner Bevel(내부 경사), Direction(방향) : Up(위로), Size(크기) : 7px'를 설정합니다. 계속해서 [Outer Glow(외부 광선)]를 선택하고 'Opacity(불투명도) : 75%, Size(크기) : 10px'로 설정하고 [OK(확인)]를 클릭합니다.

④ 모양 생성 및 필터와 클리핑 마스크 적용

01 Custom Shape Tool(사용자 정의 모양 도구, ⚙)을 클릭하고 Options Bar(옵션 바)에서 'Shape(모양), Fill(칠) : 임의 색상, Stroke(획) : No Color(색상 없음), Shape(모양) : Flower 1(꽃 1, ●)'을 설정한 후 Shift 를 누른 채 드래그하여 모양을 그립니다.

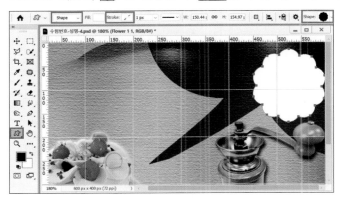

> **합격생의 비법**
>
> [Legacy Shapes and More(레거시 모양 및 기타)]–[All Legacy Default Shapes (모든 레거시 기본 모양)]–[Shapes(모양)]

02 Layers(레이어) 패널 하단에 'Add a layer style(레이어 스타일 추가, fx)'을 클릭하여 [Stroke(획)]를 선택하고 'Size(크기) : 4px, Fill Type(칠 유형) : Gradient(그레이디언트)'로 설정합니다. 'Click to edit the gradient(클릭하여 그레이디언트 편집)'를 클릭하고 그레이디언트 슬라이더 왼쪽 하단의 'Color Stop(색상 정지점)'을 더블 클릭하여 #ff6600을, 오른쪽 'Color Stop(색상 정지점)'을 더블 클릭하여 #9999ff로 설정한 후 'Style(스타일) : Linear(선형), Angle(각도) : 0°'로 설정합니다. 계속해서 [Drop Shadow(드롭 섀도)]를 선택하고 'Opacity(불투명도) : 75%, Angle(각도) : 120°, Distance(거리) : 10px, Size(크기) : 10px'를 설정하고 [OK(확인)]를 클릭합니다.

03 [File(파일)]–[Open(열기)]을 선택하여 2급-12.jpg를 불러온 후 Ctrl + A 를 눌러 전체를 선택하고 Ctrl + C 를 눌러 복사합니다. 작업 이미지를 선택하고 Ctrl + V 로 붙여넣기를 하고 꽃 모양과 겹치도록 배치합니다. Ctrl + T 를 눌러 Shift 를 누른 채 조절점을 드래그하여 크기를 조절하고 배치합니다.

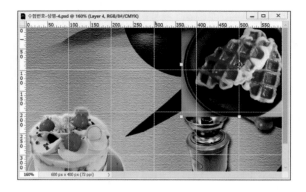

04 Layers(레이어) 패널에서 'Layer 4' 레이어와 'Flower 1 1' 레이어 사이에 마우스 커서를 놓고 Alt를 누르고 클릭하여 Clipping Mask(클리핑 마스크)를 적용합니다.

05 [Filter(필터)]–[Filter Gallery(필터 갤러리)]–[Artistic(예술 효과)]–[Dry Brush(드라이 브러시)]를 선택합니다.

06 [File(파일)]–[Open(열기)]을 선택하여 2급–13.jpg를 불러옵니다. Quick Selection Tool(빠른 선택 도구,) 을 클릭하고 Options Bar(옵션 바)에서 'Add to selection(선택 영역에 추가,) '을 설정한 후 브러시의 크기를 조절하며 드래그하여 선택하고 Ctrl + C로 복사합니다.

07 작업 이미지를 선택하고 Ctrl + V로 붙여넣기를 합니다. Ctrl + T를 눌러 Shift를 누른 채 크기를 조절하여 배치합니다.

08 Layers(레이어) 패널 하단에 'Add a layer style(레이어 스타일 추가, fx.)'을 클릭하여 [Bevel & Emboss(경사와 엠보스)]를 선택하고 'Style(스타일) : Inner Bevel(내부 경사), Direction(방향) : Up(위로), Size(크기) : 5px'로 설정한 후 [OK(확인)]를 클릭합니다.

05 모양 생성 및 레이어 스타일과 불투명도 적용

01 Custom Shape Tool(사용자 정의 모양 도구,)을 클릭하고 Options Bar(옵션 바)에서 'Shape(모양), Fill(칠) : 임의 색상, Stroke(획) : No Color(색상 없음), Shape(모양) : Grass 1(풀 1,)'을 설정한 후 드래그하여 모양을 그립니다.

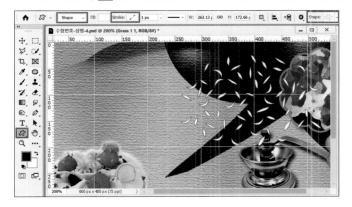

합격생의 비법

[Legacy Shapes and More(레거시 모양 및 기타)]–[All Legacy Default Shapes(모든 레거시 기본 모양)]–[Nature(자연)]

02 Layers(레이어) 패널 하단에 'Add a layer style(레이어 스타일 추가, *fx.*)'을 클릭하여 Gradient Overlay(그레이디언트 오버레이)]를 선택하고 'Click to edit the gradient(클릭하여 그레이디언트 편집)'를 클릭합니다. 그레이디언트 슬라이더 왼쪽 하단의 'Color Stop(색상 정지점)'을 더블 클릭하여 #ffffcc를, 오른쪽 'Color Stop(색상 정지점)'을 더블 클릭하여 #33ffcc로 설정한 후 'Style(스타일) : Linear(선형), Angle(각도) : 90°로 설정합니다.

03 계속해서 [Outer Glow(외부 광선)]를 선택하고 'Opacity(불투명도) : 75%, Size(크기) : 5px'로 설정하고 [OK(확인)]를 클릭합니다.

04 Layers(레이어) 패널 상단의 'Opacity(불투명도) : 70%'를 설정합니다.

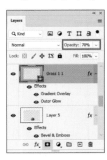

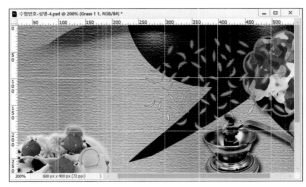

05 Custom Shape Tool(사용자 정의 모양 도구,)을 클릭하고 Options Bar(옵션 바)에서 'Shape(모양), Fill(칠) : #993333, Stroke(획) : No Color(색상 없음), Shape(모양) : Crown 1(왕관 1,)'을 설정한 후 [Shift]를 누르고 드래그하여 모양을 그립니다.

#993333

합격생의 비법

[Legacy Shapes and More(레거시 모양 및 기타)]–[All Legacy Default Shapes(모든 레거시 기본 모양)]–[Objects(물건)]

06 Layers(레이어) 패널 하단에 'Add a layer style(레이어 스타일 추가,)'을 클릭하여 [Inner Shadow(내부 그림자)]를 선택하고 'Opacity(불투명도) : 75%, Angle(각도) : 120°, Distance(거리) : 5px, Size(크기) : 5px'로 설정한 후 [OK(확인)]를 클릭합니다.

07 Layers(레이어) 패널 상단의 'Opacity(불투명도) : 70%'를 설정합니다.

06 문자 입력 및 왜곡, 레이어 스타일 적용

01 Horizontal Type Tool(수평 문자 도구, T)로 작업 이미지를 클릭하고 Options Bar(옵션 바)에서 'Font(글꼴) : Arial, Set font style(글꼴 스타일 설정) : Bold, Set font Size(글꼴 크기) : 37pt, Color(색상) : #ffffff'로 설정한 후 Dessert House를 입력합니다.

02 Options Bar(옵션 바)에서 Create warped text(뒤틀어진 텍스트 만들기, T)를 클릭하여 [Warp Text(텍스트 뒤틀기)] 대화상자에서 'Style(스타일) : Arc Upper(위 부채꼴), Horizontal(가로) : 체크, Bend(구부리기) : 37%'를 설정하여 문자의 모양을 왜곡합니다.

03 Layers(레이어) 패널 하단에 'Add a layer style(레이어 스타일 추가, fx.)'을 클릭하여 [Stroke(획)]를 선택하고 'Size(크기) : 3px, Color(색상) : #660066'으로 설정합니다. 계속해서 [Drop Shadow(드롭 섀도)]를 선택하고 'Opacity(불투명도) : 75%, Angle(각도) : 90°, Distance(거리) : 5px, Size(크기) : 5px'로 설정한 후 [OK(확인)]를 클릭합니다.

04 Horizontal Type Tool(수평 문자 도구, T)로 작업 이미지를 클릭하고 Options Bar(옵션 바)에서 'Font(글꼴) : Arial, Set font style(글꼴 스타일 설정) : Narrow, Set font size(글꼴 크기) : 35pt, Color(색상) : 임의 색상'으로 설정한 후 Cake & Coffee를 입력합니다.

05 Options Bar(옵션 바)에서 Create warped text(뒤틀어진 텍스트 만들기, ㅈ)를 클릭하여 [Warp Text(텍스트 뒤틀기)] 대화상자에서 'Style(스타일) : Arc Lower(아래 부채꼴), Horizontal(가로) : 체크, Bend(구부리기) : 25%'를 설정하여 문자의 모양을 왜곡합니다.

06 Layers(레이어) 패널 하단에 'Add a layer style(레이어 스타일 추가, fx.)'을 클릭하여 [Stroke(획)]를 선택하고 'Size(크기) : 2px, Color(색상) : #330066'으로 설정합니다.

07 계속해서 [Gradient Overlay(그레이디언트 오버레이)]를 선택하고 'Click to edit the gradient(클릭하여 그레이디언트 편집)'를 클릭합니다. 그레이디언트 슬라이더 왼쪽 하단의 'Color Stop(색상 정지점)'을 더블 클릭하여 #ff0033을, 오른쪽 'Color Stop(색상 정지점)'을 더블 클릭하여 #ffcc00으로 설정한 후 'Style(스타일) : Linear(선형), Angle(각도) : 90°'로 설정하고 [OK(확인)]를 클릭합니다.

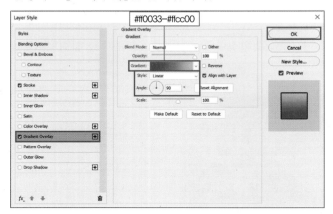

08 Horizontal Type Tool(수평 문자 도구, T)로 작업 이미지를 클릭하고 Options Bar(옵션 바)에서 'Font(글꼴) : 바탕, Set font size(글꼴 크기) : 20pt, Set anti-aliasing method(앤티 앨리어싱 방법 설정) : Strong(강하게), Color(색상) : #660066'으로 설정한 후 달콤함이 주는 여유와 즐거움을 입력합니다.

09 Layers(레이어) 패널 하단에 'Add a layer style(레이어 스타일 추가, fx.)'을 클릭하여 [Stroke(획)]를 선택하고 'Size(크기) : 2px, Color(색상) : #ffffff'로 설정한 후 [OK(확인)]를 클릭합니다. Ctrl + S를 눌러 파일을 저장합니다.

07 정답 파일 저장

01 [View(보기)]-[Show(표시)]-[Grid(격자)]([Ctrl]+[']))를 선택하여 격자를 가립니다.

02 [File(파일)]-[Save As(다른 이름으로 저장)]([Shift]+[Ctrl]+[S])를 선택하고 '저장 위치 : 내 PC\문서\GTQ, 파일 형식 : JPEG, 파일 이름 : 수험번호-성명-문제번호.jpg'를 입력하고 [저장]을 클릭한 후 [JPEG Options(JPEG 옵션)] 대화상자에서 'Quality(품질) : 8'로 설정하고 [OK(확인)]를 클릭합니다.

03 [Image(이미지)]-[Image Size(이미지 크기)]([Alt]+[Ctrl]+[I])를 선택하고 'Constrain aspect ratio(종횡비 제한) : 클릭, Width(폭) : 60Pixels(픽셀), Height(높이) : 40Pixels(픽셀)'로 입력하여 이미지 크기를 1/10로 축소한 후 [OK(확인)]를 클릭합니다.

04 [File(파일)]-[Save As(다른 이름으로 저장)]([Shift]+[Ctrl]+[S])를 선택하고 '저장 위치 : 내 PC\문서\GTQ, 파일 형식 : Photoshop(*.PSD, *.PDD), 파일 이름 : 수험번호-성명-문제번호.psd'를 입력하고 [저장]을 클릭합니다.

05 답안 저장이 완료가 되면 [File(파일)]-[Exit(종료)]([Ctrl]+[Q])를 선택하여 프로그램을 종료하고 수험 프로그램에서 [답안 전송]을 클릭하여 psd와 jpg 파일을 감독관 컴퓨터로 전송합니다.

CHAPTER 05 기출 유형 문제 05회

동영상 무료

급수	문제유형	시험시간	수험번호	성명
2급	A	90분	G220210005	

수 험 자 유 의 사 항

- 수험자는 문제지를 받는 즉시 응시하고자 하는 **과목 및 급수가 맞는지 확인**한 후 수험번호와 성명을 작성합니다.
- 파일명은 본인의 "수험번호–성명–문제번호"로 공백 없이 정확히 입력하고 답안폴더(내 PC\문서\GTQ)에 jpg 파일과 psd 파일의 2가지 포맷으로 저장해야 하며, jpg 파일과 psd 파일의 내용이 상이할 경우 0점 처리됩니다. 답안문서 파일명이 "수험번호–성명–문제번호"와 일치하지 않거나, 답안 파일을 전송하지 않아 미제출로 처리될 경우 불합격 처리됩니다.
- 문제의 세부조건은 '영문(한글)' 형식으로 표기되어 있으니 유의하시기 바랍니다.
- 수험자 정보와 저장한 파일명, 저장 위치가 다를 경우 전송이 되지 않으므로, 주의하시기 바랍니다.
- 답안 작성 중에도 **주기적으로 '저장'과 '답안 전송'**을 이용하여 감독위원 PC로 답안을 전송하셔야 합니다.(※ 작업한 내용을 **저장하지 않고 전송할 경우** 이전의 저장내용이 전송되오니 이점 반드시 유념하시기 바랍니다.)
- 답안문서는 지정된 경로 외의 다른 보조기억장치에 저장하는 행위, 지정된 시험 시간 외에 작성된 파일을 활용한 행위, 기타 통신수단(이메일, 메신저, 네트워크 등)을 이용하여 타인에게 전달 또는 외부 반출하는 행위는 부정으로 간주되어 자격기본법 제32조에 의거 본 시험 및 국가공인 자격시험을 2년간 응시할 수 없습니다.
- 시험 중 부주의 또는 고의로 시스템을 파손한 경우와 〈수험자 유의사항〉에 기재된 방법대로 이행하지 않아 생기는 불이익은 수험자의 책임임을 알려 드립니다.
- 시험을 완료한 수험자는 최종적으로 저장한 답안파일이 전송되었는지 확인한 후 감독위원의 지시에 따라 문제지를 제출하고 퇴실합니다.

답 안 작 성 요 령

- **온라인 답안 작성 절차**
  수험자 등록 ⇒ 시험 시작 ⇒ 답안파일 저장 ⇒ 답안 전송 ⇒ 시험 종료
- 내 PC\문서\GTQ\Image폴더에 있는 그림 원본파일을 사용하여 답안을 작성하시고 최종답안을 답안폴더(내 PC\문서\GTQ)에 저장하여 답안을 전송하시고, 이미지의 크기가 다른 경우 감점 처리됩니다.
- 배점은 총 100점으로 이루어지며, 점수는 각 문제별로 차등 배분됩니다.
- 각 문제는 주어진 〈조건〉에 따라 작성하고, 언급하지 않은 조건은 《출력형태》와 같이 작성합니다.
- 배치 등의 편의를 위해 주어진 눈금자의 단위는 '픽셀'입니다.
  그 외는 출력형태(효과, 이미지, 문자, 색상, 레이아웃, 규격 등)와 같이 작업하십시오.
- 문제 조건에 서체의 지정이 없을 경우 한글은 굴림이나 돋움, 영문은 Arial로 작업하십시오.
  (단, 그 외에 제시되지 않은 문자 속성을 기본값으로 작성하지 않은 경우는 감점 처리됩니다.)
- Image Mode(이미지 모드)는 별도의 처리조건이 없을 경우에는 RGB(8비트)로 작업하십시오.
- 모든 답안 파일은 해상도 72Pixels/Inch로 작업하십시오.
- Layer(레이어)는 각 기능별로 분할해야 하며, 임의로 합칠 경우나 각 기능에 대한 속성을 해지할 경우 해당 요소는 0점 처리됩니다.

한 국 생 산 성 본 부

문제 1 ⋮ Tool(도구) 활용　　　　　　　20점

다음의 《조건》에 따라 아래의 《출력형태》와 같이 작업하시오.

출력형태

조건

원본 이미지	Part04₩기출유형문제05회₩2급-1.jpg		
파일저장규칙	JPG	파일명	문서₩GTQ₩수험번호-성명-1.jpg
		크기	400×500 pixels
	PSD	파일명	문서₩GTQ₩수험번호-성명-1.psd
		크기	40×50 pixels

1. 그림 효과
① 복제 및 변형 : 물고기
② Shape Tool(모양 도구) 사용 :
　– 물고기 모양(#cc0000, 레이어 스타일 – Bevel & Emboss(경사와 엠보스))
　– 풀 모양(#33cc33, #66ff66, 레이어 스타일 – Inner Shadow(내부 그림자))

2. 문자 효과
① 어항속 세상(궁서, 45pt, 레이어 스타일 – Stroke(선/획)(3px, #ffffff), 그레이디언트 오버레이(#000033, #ff6600))

문제 2 ⋮ 사진편집 기초　　　　　　　20점

다음의 《조건》에 따라 아래의 《출력형태》와 같이 작업하시오.

출력형태

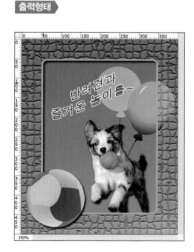

조건

원본 이미지	Part04₩기출유형문제05회₩2급-2.jpg, 2급-3.jpg, 2급-4.jpg		
파일저장규칙	JPG	파일명	문서₩GTQ₩수험번호-성명-2.jpg
		크기	400×500 pixels
	PSD	파일명	문서₩GTQ₩수험번호-성명-2.psd
		크기	40×50 pixels

1. 그림 효과
① 색상 보정 : 2급-3.jpg – 보라색 계열로 보정, 레이어 스타일 – Drop Shadow(그림자 효과)
② 액자 제작 :
　필터 – Mosaic Tiles(모자이크 타일), 안쪽 테두리(5px, #99cc99), 레이어 스타일 – Drop Shadow(그림자 효과)
③ 2급-4.jpg : 레이어 스타일 – Drop Shadow(그림자 효과)

2. 문자 효과
① 반려견과 즐거운 놀이를~(돋움, 30pt, #663333, 레이어 스타일 – Stroke(선/획)(2px, #ffffff))

다음의 《조건》에 따라 아래의 《출력형태》와 같이 작업하시오.

조건

원본 이미지		Part04₩기출유형문제|05회₩2급-5.jpg, 2급-6.jpg, 2급-7.jpg, 2급-8.jpg	
파일저장규칙	JPG	파일명	문서₩GTQ₩수험번호-성명-3.jpg
		크기	600×400 pixels
	PSD	파일명	문서₩GTQ₩수험번호-성명-3.psd
		크기	60×40 pixels

1. 그림 효과

① 배경 : #cccccc
② 2급-5.jpg : 필터 – Texturizer(텍스처화), 레이어 마스크 – 가로 방향으로 흐릿하게
③ 2급-6.jpg : 레이어 스타일 – Bevel and Emboss(경사와 엠보스)
④ 2급-7.jpg : 레이어 스타일 – Drop Shadow(그림자 효과), Opacity(불투명도)(70%)
⑤ 2급-8.jpg : 레이어 스타일 – Drop Shadow(그림자 효과)
⑥ 그 외 《출력형태》 참조

2. 문자 효과

① With My PET(Arial, Bold, 55pt, 레이어 스타일 – 그레이디언트 오버레이(#ffcc33, #ffffff), Stroke(선/획)(3px, #006633))
② 반려동물의 소리에 귀기울여요!(돋움, 24pt, #ffffcc, 레이어 스타일 – Drop Shadow(그림자 효과), Stroke(선/획)(2px, #006633))

출력형태

Shape Tool(모양 도구) 사용
#ff6699, 레이어 스타일 –
Inner Shadow(내부 그림자)

Shape Tool(모양 도구) 사용
레이어 스타일 – 그레이디언트 오버레이(#cc6600, #ffffcc),
Outer Glow(외부 광선), Opacity(불투명도)(70%)

다음의 《조건》에 따라 아래의 《출력형태》와 같이 작업하시오.

조건

원본 이미지	Part04\기출유형문제\05회\2급-9.jpg, 2급-10.jpg, 2급-11.jpg, 2급-12.jpg, 2급-13.jpg		
파일저장규칙	JPG	파일명	문서\GTQ\수험번호-성명-4.jpg
		크기	600×400 pixels
	PSD	파일명	문서\GTQ\수험번호-성명-4.psd
		크기	60×40 pixels

1. 그림 효과

① 2급-9.jpg : 필터 – Rough Pastels(거친 파스텔 효과)
② 2급-10.jpg : 레이어 스타일 – Outer Glow(외부 광선), Bevel and Emboss(경사와 엠보스)
③ 2급-11.jpg : 레이어 스타일 – Drop Shadow(그림자 효과)
④ 2급-12.jpg : 필터 – Crosshatch(그물 눈)
⑤ 2급-13.jpg : 레이어 스타일 – Inner Shadow(내부 그림자), Opacity(불투명도)(70%)
⑥ 그 외 《출력형태》 참조

2. 문자 효과

① Pet Movie Channel(Arial, Bold, 40pt, 레이어 스타일 – 그레이디언트 오버레이(#333399, #99cc33, #ffffff), Stroke(선/획)(3px, #ff9966))
② 반려견과 추억을(궁서, 20pt, 레이어 스타일 – 그레이디언트 오버레이(#000000, #ff0000), Stroke(선/획)(2px, #ccffcc))
③ 반려동물과 함께 한 영상을 업로드하세요.(돋움, 18pt, #333366, 레이어 스타일 – Stroke(선/획)(2px, #ffff99))

출력형태

Shape Tool(모양 도구) 사용
레이어 스타일 – Stroke(선/획)(4px, #99cc66),
Drop Shadow(그림자 효과)

Shape Tool(모양 도구)
사용
#339999, #ffffff, 레이어
스타일 – Inner Shadow
(내부 그림자),
Opacity(불투명도)(70%)

Shape Tool(모양 도구) 사용
레이어 스타일 –
그레이디언트 오버레이
(#ffcc99, #000033),
Drop Shadow(그림자 효과),
Opacity(불투명도)(60%)

작업과정	새 작업 이미지 만들고 파일 저장하기 ▶ 선택 영역 만들고 복제 및 변형하기 ▶ 모양 생성 및 레이어 스타일 적용 ▶ 문자 입력 및 레이어 스타일 적용 ▶ 정답 파일 저장
완성이미지	Part04\기출유형문제05회\정답파일\G220210005-성명-1.jpg, G220210005-성명-1.psd

01 새 작업 이미지 만들고 파일 저장하기

01 [File(파일)]-[New(새로 만들기)]([Ctrl]+[N])를 선택하고 'Width(폭) : 400Pixels(픽셀), Height(높이) : 500Pixels(픽셀), Resolution(해상도) : 72Pixels/Inch(픽셀/인치), Color Mode(색상 모드) : RGB Color(RGB 색상), 8bit(비트), Background Contents(배경 내용) : White(흰색)'를 설정하여 새 작업 이미지를 만듭니다.

02 [Edit(편집)]-[Preference(환경설정)]([Ctrl]+[K])-[Guides, Grid & Slices(안내선, 격자와 슬라이스)]를 선택하고 Grid(격자)의 'Color(색상)'를 클릭하여 밝은 색상으로 변경한 후 'Gridline Every(격자 간격) : 100Pixels(픽셀), Subdivisions(세분) : 1'로 설정합니다.

03 [View(보기)]-[Show(표시)]-[Grid(격자)]([Ctrl]+[']'])와 [View(보기)]-[Rulers(눈금자)] ([Ctrl]+[R])를 선택하여 격자와 눈금자를 표시합니다.

04 작업 도큐먼트를 저장하기 위해 [File(파일)]-[Save As(다른 이름으로 저장)]([Shift]+[Ctrl]+[S])를 선택하고 임의 경로에 수험번호-성명-문제번호.psd로 파일을 저장합니다.

02 선택 영역 만들고 복제 및 변형하기

01 [File(파일)]-[Open(열기)]([Ctrl]+[O])을 선택하여 2급-1.jpg를 불러옵니다. [Ctrl]+[A]를 눌러 전체를 선택한 후 [Ctrl]+[C]를 눌러 복사합니다. 작업 이미지를 선택하여 [Ctrl]+[V]로 붙여넣고 [Ctrl]+[T]를 눌러 [Shift]를 누르고 크기를 조절한 후 배치합니다.

 →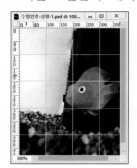

02 Quick Selection Tool(빠른 선택 도구, 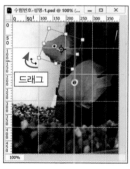)을 클릭하고 Options Bar(옵션 바)에서 'Add to selection(선택 영역에 추가, 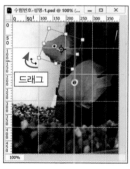)'를 설정한 후 브러시의 크기를 조절하며 드래그하여 선택합니다. [Ctrl]+[J]를 눌러 레이어를 복사한 후 [Ctrl]+[T]를 눌러 [Shift]를 누른 채 크기를 축소하고 회전하여 배치합니다.

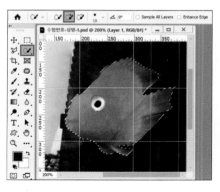

03 모양 생성 및 레이어 스타일 적용

01 Custom Shape Tool(사용자 정의 모양 도구,)을 클릭하고 Options Bar(옵션 바)에서 'Shape(모양), Fill(칠) : #33cc33, Stroke(획) : No Color(색상 없음), Shape(모양) : Grass 3(풀 3,)'을 설정한 후 [Shift]를 누른 채 드래그하여 모양을 그립니다.

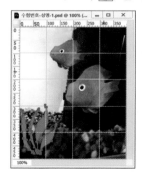

> **합격생의 비법**
>
> [Legacy Shapes and More(레거시 모양 및 기타)]–[All Legacy Default Shapes(모든 레거시 기본 모양)]–[Nature(자연)]

02 Layers(레이어) 패널 하단에 'Add a layer style(레이어 스타일 추가, _fx._)'을 클릭하여 [Inner Shadow(내부 그림자)]를 선택하고 'Opacity(불투명도) : 75%, Angle(각도) : 90°, Distance(거리) : 5px, Size(크기) : 5px'로 설정한 후 [OK(확인)]를 클릭합니다.

03 [Ctrl]+[J]를 눌러 'Crass 3 1' 레이어를 복사한 후 'Layer thumbnail (레이어 축소판)'을 더블 클릭하여 'Color(색상) : #66ff66'으로 변경합니다. [Ctrl]+[T]를 눌러 크기를 축소하고 마우스 오른쪽 버튼을 누르고 [Flip Horizontal(가로로 뒤집기)]로 뒤집고 그림과 같이 회전하여 배치합니다.

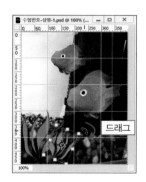

04 Custom Shape Tool(사용자 정의 모양 도구, &)을 클릭하고 Options Bar(옵션 바)에서 'Shape(모양), Fill(칠): #cc0000, Stroke(획) : No Color(색상 없음), Shape(모양) : Fish(물고기, ➡)'를 설정한 후 Shift 를 누르고 모양을 그립니다. Ctrl + T 를 눌러 마우스 오른쪽 버튼을 클릭하여 [Flip Horizontal(가로로 뒤집기)]로 뒤집고 배치합니다.

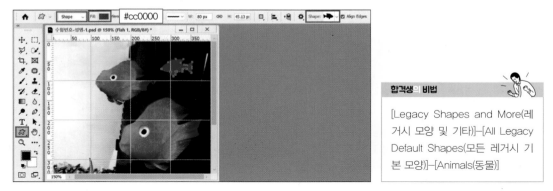

합격생의 비법

[Legacy Shapes and More(레거시 모양 및 기타)]–[All Legacy Default Shapes(모든 레거시 기본 모양)]–[Animals(동물)]

05 Layers(레이어) 패널 하단에 'Add a layer style(레이어 스타일 추가, fx.)'을 클릭하여 [Bevel & Emboss(경사와 엠보스)]를 선택하고 'Style(스타일) : Inner Bevel(내부 경사), Direction(방향) : Up(위로), Size(크기) : 5px'를 설정하고 [OK(확인)]를 클릭합니다.

04 문자 입력 및 레이어 스타일 적용

01 Vertical Type Tool(세로 문자 도구, IT)로 작업 이미지를 클릭하고 Options Bar(옵션 바)에서 'Font(글꼴) : 궁서, Set font size(글꼴 크기) : 45pt, Set anti-aliasing method(앤티 앨리어싱 방법 설정) : Strong(강하게), Color(색상) : 임의 색상'으로 설정한 후 어항속 세상을 입력합니다.

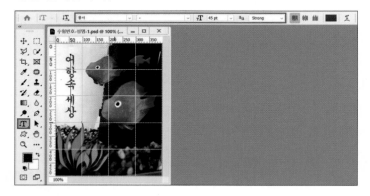

02 Layers(레이어) 패널 하단에 'Add a layer style(레이어 스타일 추가, fx.)'을 클릭하여 [Stroke(획)]를 선택하고 'Size(크기) : 3px, Color(색상) : #ffffff'로 설정합니다. 계속해서 [Gradient Overlay(그레이디언트 오버레이)]를 선택하고 'Click to edit the gradient(클릭하여 그레이디언트 편집)'를 클릭합니다.

03 그레이디언트 슬라이더 왼쪽 하단의 'Color Stop(색상 정지점)'을 더블 클릭하여 #000033을, 오른쪽 'Color Stop(색상 정지점)'을 더블 클릭하여 #ff6600으로 설정한 후 'Style(스타일) : Linear(선형), Angle(각도) : 90°'로 설정합니다. Ctrl + S 를 눌러 파일을 저장합니다.

05 정답 파일 저장

01 [View(보기)]-[Show(표시)]-[Grid(격자)](Ctrl + ')를 선택하여 격자를 가립니다.

02 [File(파일)]-[Save As(다른 이름으로 저장)](Shift + Ctrl + S)를 선택하고 '저장 위치 : 내 PCW문서 WGTQ, 파일 형식 : JPEG, 파일 이름 : 수험번호-성명-문제번호.jpg'를 입력하고 [저장]을 클릭한 후 [JPEG Options(JPEG 옵션)] 대화상자에서 'Quality(품질) : 8'로 설정하고 [OK(확인)]를 클릭합니다.

03 [Image(이미지)]-[Image Size(이미지 크기)](Alt + Ctrl + I)를 선택하고 'Constrain aspect ratio(종횡비 제한) : 클릭, Width(폭) : 40Pixels(픽셀), Height(높이) : 50Pixels (픽셀)'로 입력하여 이미지 크기를 1/10로 축소한 후 [OK(확인)]를 클릭합니다.

04 [File(파일)]-[Save As(다른 이름으로 저장)](Shift + Ctrl + S)를 선택하고 '저장 위치 : 내 PCW문서WGTQ, 파일 형식 : Photoshop(*.PSD, *.PDD), 파일 이름 : 수험번호-성명-문제번호.psd'를 입력하고 [저장]을 클릭합니다.

05 답안 저장이 완료가 되면 [File(파일)]-[Close(닫기)](Ctrl + W)를 선택하여 파일을 닫고 수험 프로그램에서 [답안 전송]을 클릭하여 psd와 jpg 파일을 감독관 컴퓨터로 전송합니다.

문제 **02**	**CHAPTER 05** **[기능평가] 사진편집 기초**	
작업과정	새 작업 이미지 만들기 및 파일 저장하기 ▶ 필터 적용 및 액자 제작 ▶ 이미지 합성 및 색상 보정. 레이어 스타일 적용 ▶ 문자 입력 및 레이어 스타일 적용 ▶ 정답 파일 저장	
완성이미지	Part04W기출유형문제05회W정답파일WG220210005-성명-2.jpg, G220210005-성명-2.psd	

01 새 작업 이미지 만들기 및 파일 저장하기

01 [File(파일)]-[New(새로 만들기)](Ctrl + N)를 선택하고 'Width(폭) : 400Pixels(픽셀), Height(높이) : 500Pixels(픽셀), Resolution(해상도) : 72Pixels/Inch(픽셀/인치), Color Mode(색상 모드) : RGB Color(RGB 색상), 8bit(비트), Background Contents(배경 내용) : White(흰색)'로 설정하여 새 작업 이미지를 만듭니다.

02 [Edit(편집)]–[Preference(환경설정)](⎈Ctrl⎉+⎈K⎉)–[Guides, Grid & Slices(안내선, 격자와 슬라이스)]를 선택하고 Grid(격자)의 'Color(색상)'를 클릭하여 밝은 색상으로 변경한 후 'Gridline Every(격자 간격) : 100Pixels(픽셀), Subdivisions(세분) : 1'로 설정합니다.

03 [View(보기)]–[Show(표시)]–[Grid(격자)](⎈Ctrl⎉+⎈'⎉)와 [View(보기)]–[Rulers(눈금자)] (⎈Ctrl⎉+⎈R⎉)를 선택하여 격자와 눈금자를 표시합니다.

04 작업 도큐먼트를 저장하기 위해 [File(파일)]–[Save As(다른 이름으로 저장)](⎈Shift⎉+⎈Ctrl⎉+ ⎈S⎉)를 선택하고 임의 경로에 수험번호–성명–문제번호.psd로 파일을 저장합니다.

⑫ 필터 적용 및 액자 제작

01 [File(파일)]–[Open(열기)]을 선택하여 2급–2.jpg를 불러옵니다. ⎈Ctrl⎉+⎈A⎉를 눌러 전체를 선택한 후 ⎈Ctrl⎉+⎈C⎉를 눌러 복사하고 작업 이미지를 선택하여 ⎈Ctrl⎉+⎈V⎉로 붙여넣기를 합니다. ⎈Ctrl⎉+⎈T⎉로 ⎈Shift⎉를 누른 채 크기를 조절하고 배치합니다.

02 [Layer(레이어)]–[New(새로 만들기)]–[Layer Via Copy(복사한 레이어)](⎈Ctrl⎉+⎈J⎉)를 클릭하고 레이어를 복사합니다.

03 [Filter(필터)]–[Filter Gallery(필터 갤러리)]–[Texture(텍스처)]– [Mosaic Tiles(모자이크 타일)]을 선택합니다. 위쪽의 눈금자에서 아래로 드래그하여 작업 이미지의 세로 중앙인 250px의 위치에 안내선을 표시합니다.

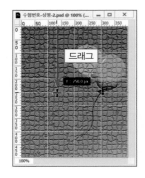

04 Rectangular Marquee Tool(사각형 선택 윤곽 도구, ▭)을 클릭하고 Options Bar(옵션 바)에서 'New selection(새 선택 영역, ▣), Feather(페더) : 0px, Style(스타일) : Fixed Size(크기 고정), Width(폭) : 300px, Height(높이) : 400px'를 설정합니다.

05 제시된 액자의 프레임을 만들기 위해서 세로 격자와 안내선의 교차 지점에 ⎈Alt⎉를 누르고 작업 이미지의 중앙에 클릭하여 직사각형 모양으로 선택합니다.

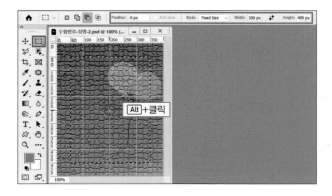

06 [Select(선택)]-[Modify(수정)]-[Smooth(매끄럽게)]를 클릭하여 'Sample Radius(샘플 반경) : 10pixels(픽셀)'을 설정하고 [OK(확인)]를 클릭하여 모서리를 둥글게 합니다. Delete 를 눌러 선택된 이미지를 삭제하고 프레임을 만듭니다.

07 [Edit(편집)]-[Stroke(획)]를 클릭하여 'Width(폭) : 5px, Color(색상) : #99cc99, Location(위치) : Inside(안쪽), Mode(모드) : Normal(표준), Opacity(불투명도) : 100%, Preserve Transparency(투명도 유지) : 체크 해제'를 설정하고 [OK(확인)]를 클릭하여 안쪽 테두리를 적용합니다.

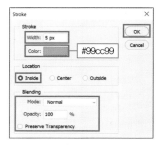 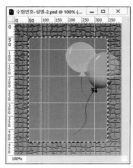

08 Ctrl + D 를 눌러 선택을 해제하고, Layers(레이어) 패널 하단에 'Add a layer style(레이어 스타일 추가, fx.)'을 클릭하여 [Drop Shadow(드롭 섀도)]를 선택한 후 'Angle(각도) : 120°, Distance(거리) : 5px, Size(크기) : 5px'로 설정합니다.

03 이미지 합성 및 색상 보정, 레이어 스타일 적용

01 [File(파일)]-[Open(열기)]을 선택하여 2급-3.jpg를 불러온 후, Quick Selection Tool(빠른 선택 도구, ☑)을 클릭하고 이미지에 드래그하여 선택한 후 Ctrl + C 로 복사합니다. 작업 이미지를 클릭하고 Ctrl + V 로 붙여넣은 후 Ctrl + T 를 눌러 Shift 를 누른 채 크기를 조절하고 회전하여 배치합니다.

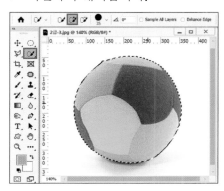 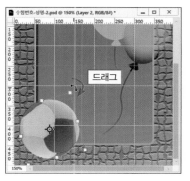

02 Layers(레이어) 패널 하단에 'Add a layer style(레이어 스타일 추가, fx.)'을 클릭하여 [Drop Shadow(드롭 섀도)]를 선택하고 'Angle(각도) : 120°, Distance(거리) : 5px, Size(크기) : 5px'로 설정합니다.

03 Quick Selection Tool(빠른 선택 도구,)을 클릭하고 공 이미지의 파란색 부분에 클릭하여 선택합니다.

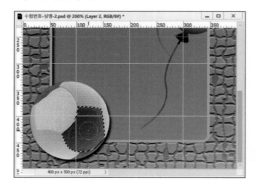

04 Layers(레이어) 패널 하단의 'Create new fill or adjustment layer(새 칠 또는 조정 레이어 생성,)'를 클릭하고 [Hue/Saturation(색조/채도)]을 선택합니다. Properties(속성) 패널에서 'Colorize(색상화) : 체크, Hue(색조) : 270, Saturation(채도) : 60, Lightness(명도) : 10'으로 설정하여 보라색 계열로 색상을 보정합니다.

 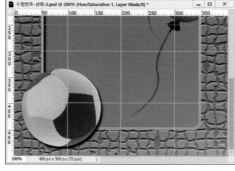

05 [File(파일)]−[Open(열기)]을 선택하여 2급−4.jpg를 불러온 후 Object Selection Tool(개체 선택 도구,)을 클릭하고 Options Bar(옵션 바)에서 'Mode(모드) : Rectangle(사각형)'을 선택하고 이미지에 드래그하여 선택합니다.

06 Options Bar(옵션 바)에서 'Select and Mask(선택 및 마스크)'를 클릭하여 'Properties(속성)'에서 'Radius(반경) : 2px, Smooth(매끄럽게) : 3, Feather(페더) : 1.0px'를 설정한 후 [OK(확인)]를 클릭하고 Ctrl + C로 복사합니다.

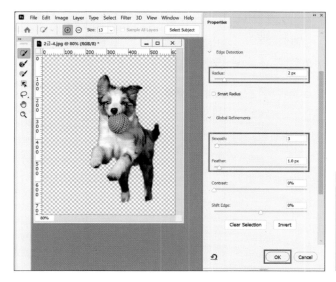

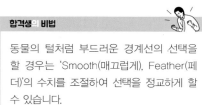

합격생의 **비법**

동물의 털처럼 부드러운 경계선의 선택을 할 경우는 'Smooth(매끄럽게), Feather(페더)'의 수치를 조절하여 선택을 정교하게 할 수 있습니다.

07 작업 이미지에 Ctrl+V로 붙여넣은 후 Ctrl+T를 눌러 Shift를 누른 채 크기를 조절하고 회전하여 그림과 같이 배치합니다. Ctrl+[]를 3번 눌러 액자 프레임 'Layer 1 copy' 레이어의 아래쪽에 배치합니다.

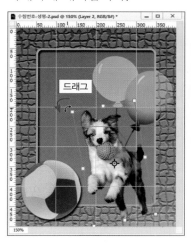
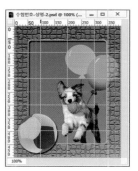

08 Layers(레이어) 패널 하단에 'Add a layer style(레이어 스타일 추가, fx.)'을 클릭하여 [Drop Shadow(드롭 섀도)]를 선택하고 'Angle(각도) : 120°, Distance(거리) : 5px, Size(크기) : 5px'로 설정합니다.

04 문자 입력 및 레이어 스타일 적용

01 Horizontal Type Tool(수평 문자 도구, T)로 작업 이미지를 클릭하고 Options Bar(옵션바)에서 'Font(글꼴) : 돋움, Set font size(글꼴 크기) : 30pt, Set anti-aliasing method(앤티 앨리어싱 방법 설정) : Strong(강하게), Color(색상) : #663333, Center text(텍스트 중앙 정렬, 볼)'로 설정한 후 반려견과 즐거운 놀이를~을 입력합니다.

02 Options Bar(옵션 바)에서 Create warped text(뒤틀어진 텍스트 만들기, $\mathcal{I}$)를 클릭하여 [Warp Text(텍스트 뒤틀기)] 대화상자에서 'Style(스타일) : Rise(상승), Horizontal(가로) : 체크, Bend(구부리기) : 50%'를 설정하여 문자의 모양을 왜곡합니다.

03 Layers(레이어) 패널 하단에 'Add a layer style(레이어 스타일 추가, $fx.$)'을 클릭하여 [Stroke(획)]를 선택하여 'Size(크기) : 2px, Color(색상) : #ffffff'로 설정한 후 [OK(확인)]를 클릭합니다. [Ctrl]+[S]를 눌러 파일을 저장합니다.

05 정답 파일 저장

01 [View(보기)]-[Show(표시)]-[Grid(격자)]([Ctrl]+['])와 [Guides(안내선)]([Ctrl]+[;])를 각각 선택하여 격자와 안내선을 가립니다.

02 [File(파일)]-[Save As(다른 이름으로 저장)]([Shift]+[Ctrl]+[S])를 선택하고 '저장 위치 : 내 PC₩문서₩GTQ, 파일 형식 : JPEG, 파일 이름 : 수험번호-성명-문제번호.jpg'를 입력하고 [저장]을 클릭한 후 [JPEG Options(JPEG 옵션)] 대화상자에서 'Quality(품질) : 8'로 설정하고 [OK(확인)]를 클릭합니다.

03 [Image(이미지)]-[Image Size(이미지 크기)]([Alt]+[Ctrl]+[I])를 선택하고 'Constrain aspect ratio(종횡비 제한) : 클릭, Width(폭) : 40Pixels(픽셀), Height(높이) : 50Pixels (픽셀)'로 입력하여 이미지 크기를 1/10로 축소한 후 [OK(확인)]를 클릭합니다.

04 [File(파일)]-[Save As(다른 이름으로 저장)]([Shift]+[Ctrl]+[S])를 선택하고 '저장 위치 : 내 PC₩문서₩GTQ, 파일 형식 : Photoshop(*.PSD, *.PDD), 파일 이름 : 수험번호-성명-문제번호.psd'를 입력하고 [저장]을 클릭합니다.

05 답안 저장이 완료가 되면 [File(파일)]-[Close(닫기)]([Ctrl]+[W])를 선택하여 파일을 닫고 수험 프로그램에서 [답안 전송]을 클릭하여 psd와 jpg 파일을 감독관 컴퓨터로 전송합니다.

작업과정	새 작업 이미지 만들기 및 파일 저장하기 ▶ 배경색 적용 ▶ 필터 및 레이어 마스크 적용하여 합성하기 ▶ 이미지 선택 및 레이어 스타일 적용 ▶ 모양 생성 및 레이어 스타일 적용 ▶ 문자 입력 및 왜곡, 레이어 스타일 적용 ▶ 정답 파일 저장
완성이미지	Part04₩기출유형문제05회₩정답파일₩G220210005-성명-3.jpg, G220210005-성명-3.psd

01 새 작업 이미지 만들기 및 파일 저장하기

01 [File(파일)]-[New(새로 만들기)]([Ctrl]+[N])를 선택하고 'Width(폭) : 600Pixels(픽셀), Height(높이) : 400Pixels(픽셀), Resolution(해상도) : 72Pixels/Inch(픽셀/인치), Color Mode(색상 모드) : RGB Color(RGB 색상), 8bit(비트), Background Contents(배경 내용) : White(흰색)'로 설정하여 새 작업 이미지를 만듭니다.

02 [Edit(편집)]-[Preference(환경설정)]([Ctrl]+[K])-[Guides, Grid & Slices(안내선, 격자와 슬라이스)]를 선택하고 Grid(격자)의 'Color(색상)'를 클릭하여 밝은 색상으로 변경한 후 'Gridline Every(격자 간격) : 100Pixels(픽셀), Subdivisions(세분) : 1'로 설정합니다.

03 [View(보기)]-[Show(표시)]-[Grid(격자)]([Ctrl]+[']')와 [View(보기)]-[Rulers(눈금자)]([Ctrl]+[R])를 선택하여 격자와 눈금자를 표시합니다.

04 작업 도큐먼트를 저장하기 위해 [File(파일)]-[Save As(다른 이름으로 저장)]([Shift]+[Ctrl]+[S])를 선택하고 임의 경로에 수험번호-성명-문제번호.psd로 파일을 저장합니다.

02 배경색 적용

01 Tool Panel(도구 패널) 하단의 'Set foreground color(전경색 설정)'을 클릭하여 #cccccc로 설정하고 [Alt]+[Delete]를 눌러 이미지의 배경을 채웁니다.

03 필터 및 레이어 마스크 적용하여 합성하기

01 [File(파일)]-[Open(열기)]을 선택하여 2급-5.jpg를 불러옵니다. [Ctrl]+[A]를 눌러 전체를 선택한 후 [Ctrl]+[C]를 눌러 복사하고 작업 이미지를 선택하여 [Ctrl]+[V]로 붙여넣고 [Ctrl]+[T]를 눌러 크기를 조절하여 배치합니다.

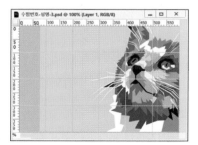

02 [Filter(필터)]–[Filter Gallery(필터 갤러리)]–[Texture(텍스처)]–[Texturizer(텍스처화)]를 선택합니다.

03 Layers(레이어) 패널에서 하단의 'Add layer mask(레이어 마스크 추가, ▣)'를 클릭하여 레이어 마스크를 추가합니다.

04 Gradient Tool(그레이디언트 도구, ▣)을 클릭하고 Options Bar(옵션 바)에서 'Click to open Gradient picker(클릭하여 그레이디언트 픽커 열기)'를 클릭합니다. Basics(기본 사항)에서 Black, White(검정, 흰색)를 선택하고 'Type(유형) : Linear Gradient(선형 그레이디언트), Mode(모드) : Normal(표준), Opacity(불투명도) : 100%'로 설정한 후 왼쪽에서 오른쪽 방향으로 드래그하여 이미지의 일부를 자연스럽게 지워 합성합니다.

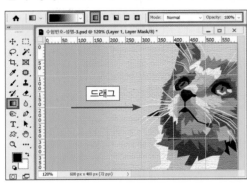 

④ 이미지 선택 및 레이어 스타일 적용

01 [File(파일)]–[Open(열기)]을 선택하여 2급-6.jpg를 불러온 후, Magic Wand Tool(자동 선택 도구, ✎)을 클릭하고 Options Bar(옵션 바)에서 'Add to selection(선택 영역에 추가, ▣), Tolerance(허용치) : 32'를 설정한 후 배경 부분을 각각 클릭하여 선택합니다.

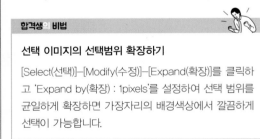

합격생의 비법

선택 이미지의 선택범위 확장하기

[Select(선택)]–[Modify(수정)]–[Expand(확장)]를 클릭하고 'Expand by(확장) : 1pixels'를 설정하여 선택 범위를 균일하게 확장하면 가장자리의 배경색상에서 깔끔하게 선택이 가능합니다.

02 Shift + Ctrl + I 로 선택 영역을 반전하여 Ctrl + C 로 복사합니다. 작업 이미지를 선택하여 Ctrl + V 로 붙여넣고 Ctrl + T 로 크기를 조절하고 마우스 오른쪽 버튼을 누르고 [Flip Horizontal(가로로 뒤집기)]로 뒤집은 후 회전을 하여 배치합니다.

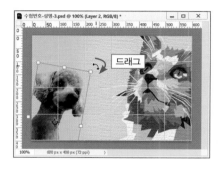

03 Layers(레이어) 패널 하단에 'Add a layer style(레이어 스타일 추가, [fx.])'을 클릭하여 [Bevel & Emboss(경사와 엠보스)]를 선택하고 'Style(스타일) : Inner Bevel(내부 경사), Direction(방향) : Up(위로), Size(크기) : 7px'를 설정하고 [OK(확인)]를 클릭합니다.

04 [File(파일)]-[Open(열기)]을 선택하여 2급-7.jpg를 불러옵니다. Quick Selection Tool(빠른 선택 도구, [✓])을 클릭하고 Options Bar(옵션 바)에서 'Add to selection(선택 영역에 추가, [✓])'을 설정한 후 브러시의 크기를 조절하며 드래그하여 선택합니다.

05 [Ctrl]+[C]로 복사한 후 작업 이미지를 선택하여 [Ctrl]+[V]로 붙여넣기를 합니다. [Ctrl]+[T]를 눌러 크기를 축소하고 마우스 오른쪽 버튼을 누르고 [Flip Horizontal(가로로 뒤집기)]로 뒤집고 그림과 같이 회전하여 배치합니다.

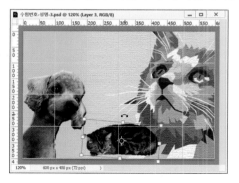

06 Layers(레이어) 패널 하단에 'Add a layer style(레이어 스타일 추가, [fx.])'을 클릭하여 [Drop Shadow(드롭 섀도)]를 선택하고 'Opacity(불투명도) : 75%, Angle(각도) : 120°, Distance(거리) : 5px, Size(크기) : 5px'로 설정한 후 [OK(확인)]를 클릭합니다.

07 Layers(레이어) 패널 상단의 'Opacity(불투명도) : 70%'를 설정합니다.

08 [File(파일)]-[Open(열기)]을 선택하여 2급-8.jpg를 불러온 후, Quick Selection Tool(빠른 선택 도구, [✓])을 클릭하고 Options Bar(옵션 바)에서 'Add to selection(선택 영역에 추가, [✓])'을 설정한 후 브러시의 크기를 조절하며 드래그하여 선택하고 [Ctrl]+[C]로 복사합니다. 작업 이미지를 선택하여 [Ctrl]+[V]로 붙여넣기를 합니다. [Ctrl]+[T]를 눌러 크기를 축소하고 그림과 같이 회전하여 배치합니다.

09 Layers(레이어) 패널 하단에 'Add a layer style(레이어 스타일 추가, [fx.])'을 클릭하여 [Drop Shadow(드롭 섀도)]를 선택합니다.

05 모양 생성 및 레이어 스타일과 불투명도 적용

01 Custom Shape Tool(사용자 정의 모양 도구, [🔊])을 클릭하고 Options Bar(옵션 바)에서 'Shape(모양), Fill(칠) : 임의 색상, Stroke(획) : No Color(색상 없음), Shape(모양) : Flower 4(꽃 4, [✱])'를 설정한 후 [Shift]를 누른 채 드래그하여 모양을 그립니다.

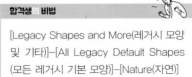

합격생의 비법

[Legacy Shapes and More(레거시 모양 및 기타)]-[All Legacy Default Shapes (모든 레거시 기본 모양)]-[Nature(자연)]

02 Layers(레이어) 패널 하단에 'Add a layer style(레이어 스타일 추가, [fx.])'을 클릭하여 Gradient Overlay(그레이디언트 오버레이)]를 선택하고 'Click to edit the gradient(클릭하여 그레이디언트 편집)'를 클릭합니다. 그레이디언트 슬라이더 왼쪽 하단의 'Color Stop(색상 정지점)'을 더블 클릭하여 #cc6600을, 오른쪽 'Color Stop(색상 정지점)'을 더블 클릭하여 #ffffcc로 설정한 후 'Style(스타일) : Linear(선형), Angle(각도) : 90°로 설정합니다.

03 계속해서 [Outer Glow(외부 광선)]를 선택하고 'Opacity(불투명도) : 75%, Spread(스프레드) : 10%, Size(크기) : 10px'로 설정하고 [OK(확인)]를 클릭합니다.

04 Layers(레이어) 패널 상단의 'Opacity(불투명도) : 70%'를 설정합니다.

05 Custom Shape Tool(사용자 정의 모양 도구,)을 클릭하고 Options Bar(옵션 바)에서 'Shape(모양), Fill(칠) : #ff6699, Stroke(획) : No Color(색상 없음), Shape(모양) : Butterfly(나비, 🦋)'를 설정한 후 Shift 를 누른 채 드래그하여 모양을 그립니다.

합격생의 비법

[Legacy Shapes and More(레거시 모양 및 기타)]-[All Legacy Default Shapes(모든 레거시 기본 모양)]-[Nature(자연)]

06 Ctrl + T 를 눌러 회전하여 배치합니다. Layers(레이어) 패널 하단에 'Add a layer style(레이어 스타일 추가, *fx.*)'을 클릭하여 [Inner Shadow(내부 그림자)]를 선택하고 'Opacity(불투명도) : 75%, Angle(각도) : 120°, Distance(거리) : 5px, Size(크기) : 5px'로 설정한 후 [OK(확인)]를 클릭합니다.

06 문자 입력 및 레이어 스타일 적용

01 Horizontal Type Tool(수평 문자 도구, T)로 작업 이미지를 클릭하고 Options Bar(옵션 바)에서 'Font(글꼴) : Arial, Set font style(글꼴 스타일 설정) : Bold, Set font size(글꼴 크기) : 55pt, Color(색상) : 임의 색상'으로 설정한 후 With My PET을 입력합니다.

02 Options Bar(옵션 바)에서 Create warped text(뒤틀어진 텍스트 만들기, 工)를 클릭하여 [Warp Text(텍스트 뒤틀기)] 대화상자에서 'Style(스타일) : Fish(물고기), Horizontal(가로) : 체크, Bend(구부리기) : −45%'를 설정하여 문자의 모양을 왜곡합니다.

03 Layers(레이어) 패널 하단에 'Add a layer style(레이어 스타일 추가, fx.)'을 클릭하여 [Stroke(획)]를 선택하고 'Size(크기) : 3px, Color(색상) : #006633'으로 설정합니다. 계속해서 [Gradient Overlay(그레이디언트 오버레이)]를 선택하고 'Click to edit the gradient (클릭하여 그레이디언트 편집)'를 클릭합니다.

04 그레이디언트 슬라이더 왼쪽 하단의 'Color Stop(색상 정지점)'을 더블 클릭하여 #ffcc33 을, 오른쪽 'Color Stop(색상 정지점)'을 더블 클릭하여 #ffffff로 설정한 후 'Style(스타일) : Linear(선형), Angle(각도) : 90˚'로 설정하고 [OK(확인)]를 클릭합니다.

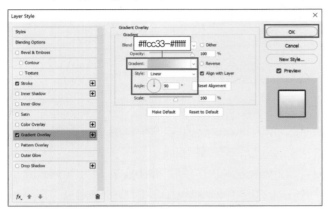

05 Horizontal Type Tool(수평 문자 도구, T)로 작업 이미지를 클릭하고 Options Bar(옵션 바)에서 'Font(글꼴) : 돋움, Set font Size(글꼴 크기) : 24pt, Set anti-aliasing method(앤티 앨리어싱 방법 설정) : Strong(강하게), Color(색상) : #ffffcc'로 설정한 후 반려동물의 소리에 귀기울여요!를 입력합니다.

06 Options Bar(옵션 바)에서 Create warped text(뒤틀어진 텍스트 만들기, 工)를 클릭하여 [Warp Text(텍스트 뒤틀기)] 대화상자에서 'StyZle(스타일) : Flag(깃발), Horizontal(가로) : 체크, Bend(구부리기) : −75%'를 설정하여 문자의 모양을 왜곡합니다.

07 Layers(레이어) 패널 하단에 'Add a layer style(레이어 스타일 추가, fx.)'을 클릭하여 [Stroke(획)]를 선택하고 'Size(크기) : 2px, Color(색상) : #006633'으로 설정합니다. 계속해서 [Drop Shadow(드롭 섀도)]를 선택하고 [OK(확인)]를 클릭합니다. Ctrl+S를 눌러 파일을 저장합니다.

07 정답 파일 저장

01 [View(보기)]-[Show(표시)]-[Grid(격자)]([Ctrl]+[']) 를 선택하여 격자를 가립니다.

02 [File(파일)]-[Save As(다른 이름으로 저장)]([Shift]+[Ctrl]+[S]) 를 선택하고 '저장 위치 : 내 PC\문서\GTQ, 파일 형식 : JPEG, 파일 이름 : 수험번호-성명-문제번호.jpg'를 입력하고 [저장]을 클릭한 후 [JPEG Options(JPEG 옵션)] 대화상자에서 'Quality(품질) : 8'로 설정 하고 [OK(확인)]를 클릭합니다.

03 [Image(이미지)]-[Image Size(이미지 크기)]([Alt]+[Ctrl]+[I]) 를 선택하고 'Constrain aspect ratio(종횡비 제한) : 클릭, Width(폭) : 60Pixels(픽셀), Height(높이) : 40Pixels (픽셀)'로 입력하여 이미지 크기를 1/10로 축소한 후 [OK(확인)]를 클릭합니다.

04 [File(파일)]-[Save As(다른 이름으로 저장)]([Shift]+[Ctrl]+[S]) 를 선택하고 '저장 위치 : 내 PC\문서\GTQ, 파일 형식 : Photoshop(*.PSD, *.PDD), 파일 이름 : 수험번호-성명-문 제번호.psd'를 입력하고 [저장]을 클릭합니다.

05 답안 저장이 완료가 되면 [File(파일)]-[Close(닫기)]([Ctrl]+[W]) 를 선택하여 파일을 닫고 수험 프로그램에서 [답안 전송]을 클릭하여 psd와 jpg 파일을 감독관 컴퓨터로 전송합니다.

문제 04 CHAPTER 05
[실무응용] 이벤트 페이지 제작

작업과정	새 작업 이미지 만들기 및 파일 저장하기 ▶ 필터 적용하기 ▶ 이미지 선택 및 레이어 스타일 적용 ▶ 모양 생성 및 필터와 클리핑 마스크 적용 ▶ 모양 생성 및 레이어 스타일과 불투명도 적용 ▶ 문자 입력 및 왜곡, 레이어 스타일 적용 ▶ 정답 파일 저장
완성이미지	Part04\기출유형문제05회\정답파일\G220210005-성명-4.jpg, G220210005-성명-4.psd

---

01 새 작업 이미지 만들기 및 파일 저장하기

01 [File(파일)]-[New(새로 만들기)]([Ctrl]+[N]) 를 선택하고 'Width(폭) : 600Pixels(픽셀), Height(높이) : 400Pixels(픽셀), Resolution(해상도) : 72Pixels/Inch(픽셀/인치), Color Mode(색상 모드) : RGB Color(RGB 색상), 8bit(비트), Background Contents(배경 내용) : White(흰색)'로 설정하여 새 작업 이미지를 만듭니다.

02 [Edit(편집)]-[Preference(환경설정)]([Ctrl]+[K])-[Guides, Grid & Slices(안내선, 격자와 슬라이스)]를 선택하고 Grid(격자)의 'Color(색상)'를 클릭하여 밝은 색상으로 변경한 후 'Gridline Every(격자 간격) : 100Pixels(픽셀), Subdivisions(세분) : 1'로 설정합니다.

03 [View(보기)]−[Show(표시)]−[Grid(격자)]([Ctrl]+[']) 와 [View(보기)]−[Rulers(눈금자)]([Ctrl]+[R])를 선택하여 격자와 눈금자를 표시합니다.

04 작업 도큐먼트를 저장하기 위해 [File(파일)]−[Save As(다른 이름으로 저장)]([Shift]+[Ctrl]+[S])를 선택하고 임의 경로에 수험번호−성명−문제번호.psd로 파일을 저장합니다.

02 필터 적용하기

01 [File(파일)]−[Open(열기)]을 선택하여 2급−9.jpg를 불러옵니다. [Ctrl]+[A]를 눌러 전체를 선택한 후 [Ctrl]+[C]를 눌러 복사하고 작업 이미지를 선택하여 [Ctrl]+[V]로 붙여넣기를 합니다. [Ctrl]+[T]를 눌러 크기를 축소하고 그림과 같이 배치합니다.

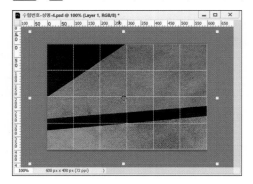

02 [Filter(필터)]−[Filter Gallery(필터 갤러리)]−[Artistic(예술 효과)]−[Rough Pastels(거친 파스텔 효과)]를 선택합니다.

03 이미지 선택 및 레이어 스타일 적용

01 [File(파일)]−[Open(열기)]을 선택하여 2급−10.jpg를 불러옵니다. Magic Wand Tool(자동 선택 도구, ✨)을 선택하고 Options Bar(옵션 바)에서 'Add to selection(선택 영역에 추가, ⬚), Tolerance(허용치) : 32'를 설정한 후 배경 부분을 여러 번 클릭하여 선택합니다.

02 [Shift]+[Ctrl]+[I]로 선택 영역을 반전하여 [Ctrl]+[C]로 복사합니다. 작업 이미지를 선택하여 [Ctrl]+[V]로 붙여넣고 [Ctrl]+[T]로 크기 조절과 회전을 하여 배치합니다.

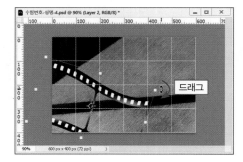

03 Layers(레이어) 패널 하단에 'Add a layer style(레이어 스타일 추가, [fx.])'을 클릭하여 [Bevel & Emboss(경사와 엠보스)]를 선택하고 'Style(스타일) : Inner Bevel(내부 경사), Direction(방향) : Up(위로), Size(크기) : 5px'를 설정합니다. 계속해서 [Outer Glow(외부 광선)]를 선택하고 'Opacity(불투명도) : 75%, Size(크기) : 5px'로 설정하고 [OK(확인)]를 클릭합니다.

04 [File(파일)]-[Open(열기)]을 선택하여 2급-11.jpg를 불러옵니다. Quick Selection Tool(빠른 선택 도구, [🖌])을 클릭하고 Options Bar(옵션 바)에서 'Add to selection(선택 영역에 추가, [🖌])'을 설정한 후 브러시의 크기를 조절하며 이미지에 드래그하여 선택하고 Ctrl+C로 복사합니다.

05 작업 이미지를 선택하여 Ctrl+V로 붙여넣기를 하고 Ctrl+T를 눌러 Shift를 누른 채 크기를 조절하고 회전하여 배치합니다.

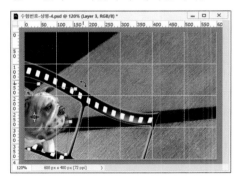

06 Layers(레이어) 패널 하단에 'Add a layer style(레이어 스타일 추가, [fx.])'을 클릭하여 [Drop Shadow(드롭 섀도)]를 선택합니다. Ctrl+[를 눌러 'Layer 2' 레이어의 아래쪽으로 배치합니다.

04 모양 생성 및 필터와 클리핑 마스크 적용

01 Custom Shape Tool(사용자 정의 모양 도구,)을 클릭하고 Options Bar(옵션 바)에서 'Shape(모양), Fill(칠) : 임의 색상, Stroke(획) : No Color(색상 없음), Shape(모양) : Spade Card(스페이드 모양 카드, ♠)'를 설정한 후 Shift 를 누른 채 드래그하여 모양을 그리고 Ctrl + T 를 눌러 회전하여 배치합니다.

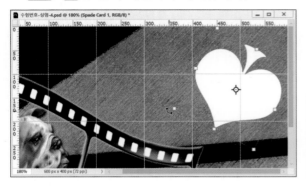

합격생의 비법

[Legacy Shapes and More(레거시 모양 및 기타)]–[All Legacy Default Shapes(모든 레거시 기본 모양)]–[Shapes(모양)]

02 Layers(레이어) 패널 하단에 'Add a layer style(레이어 스타일 추가,)'을 클릭하여 [Stroke(획)]를 선택하고 'Size(크기) : 4px, Color(색상) : #99cc66'으로 설정합니다. 계속해서 [Drop Shadow(드롭 섀도)]를 선택하고 'Angle(각도) : 120°, Use Global Light(전체 조명 사용) : 체크 해제, Distance(거리) : 10px, Size(크기) : 10px'로 설정합니다.

합격생의 비법

'Use Global Light(전체 조명 사용) : 체크 해제를 해야 이전에 적용한 그림자 효과와 다른 'Angle(각도)'를 설정할 수 있습니다.

03 [File(파일)]–[Open(열기)]을 선택하여 2급-12.jpg를 불러온 후 Ctrl + A 를 눌러 전체를 선택하고 Ctrl + C 를 눌러 복사합니다. 작업 이미지를 선택하고 Ctrl + V 로 붙여넣기를 하고 스페이드 모양과 겹치도록 배치합니다.

04 Layers(레이어) 패널에서 'Layer 4' 레이어와 'Spade Card 1' 레이어 사이에 마우스 커서를 놓고 Alt 를 누르고 클릭하여 Clipping Mask(클리핑 마스크)를 적용합니다. Ctrl + T 를 눌러 Shift 를 누른 채 크기를 축소합니다.

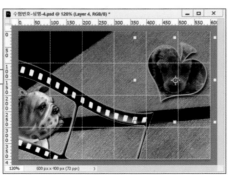

05 [Filter(필터)]−[Filter Gallery(필터 갤러리)]−[Brush Strokes(브러시 선)]−[Crosshatch (그물 눈)]를 선택합니다.

06 [File(파일)]−[Open(열기)]을 선택하여 2급−13.jpg를 불러옵니다. Quick Selection Tool (빠른 선택 도구, ⟋)을 클릭하고 Options Bar(옵션 바)에서 'Add to selection(선택 영역에 추가, ⟋)'을 설정한 후 브러시의 크기를 조절하며 드래그하여 선택하고 Ctrl + C 로 복사합니다.

07 작업 이미지를 선택하고 Ctrl + V 로 붙여넣기를 한 후 Ctrl +] 를 눌러 'Layer 2' 레이어의 위쪽으로 배치합니다. Ctrl + T 를 눌러 Shift 를 누른 채 크기를 조절하고 회전하여 배치합니다.

08 Layers(레이어) 패널 하단에 'Add a layer style(레이어 스타일 추가, fx.)'을 클릭하여 [Inner Shadow(내부 그림자)]를 선택하고 'Opacity(불투명도) : 75%, Angle(각도) : 120°, Distance(거리) : 5px, Size(크기) : 5px'를 설정하고 [OK(확인)]를 클릭합니다.

09 Layers(레이어) 패널 상단의 'Opacity(불투명도) : 70%'를 설정합니다.

05 모양 생성 및 레이어 스타일과 불투명도 적용

01 Custom Shape Tool(사용자 정의 모양 도구, ⬡)을 클릭하고 Options Bar(옵션 바)에서 'Shape(모양), Fill(칠) : 임의 색상, Stroke(획) : No Color(색상 없음), Shape(모양) : Forward(앞으로, ▶)'를 설정한 후 Shift 를 누른 채 드래그하여 모양을 그립니다.

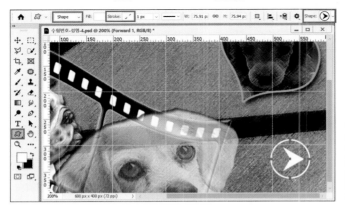

합격생의 **비법**

[Legacy Shapes and More(레거시 모양 및 기타)]−[All Legacy Default Shapes (모든 레거시 기본 모양)]−[Web(웹)]

02 Layers(레이어) 패널 하단에 'Add a layer style(레이어 스타일 추가, _fx._)'을 클릭하여 Gradient Overlay(그레이디언트 오버레이)]를 선택하고 'Click to edit the gradient(클릭하여 그레이디언트 편집)'를 클릭합니다. 그레이디언트 슬라이더 왼쪽 하단의 'Color Stop(색상 정지점)'을 더블 클릭하여 #ffcc99를, 오른쪽 'Color Stop(색상 정지점)'을 더블 클릭하여 #000033으로 설정한 후 'Style(스타일) : Linear(선형), Angle(각도) : −90˚'로 설정합니다. 계속해서 [Drop Shadow(드롭 섀도)]를 선택하고 [OK(확인)]를 클릭합니다.

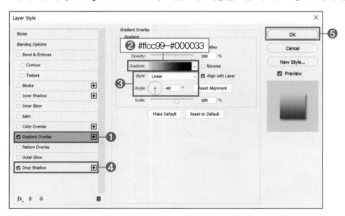

03 Layers(레이어) 패널 상단의 'Opacity(불투명도) : 60%'를 설정합니다.

04 Custom Shape Tool(사용자 정의 모양 도구, _⟳_)을 클릭하고 Options Bar(옵션 바)에서 'Shape(모양), Fill(칠) : #339999, Stroke(획) : No Color(색상 없음), Shape(모양) : Cat Print(고양이 발자국, 🐾)'를 설정한 후 _Shift_ 를 누르고 드래그하여 모양을 그리고 _Ctrl_ + _T_ 를 눌러 회전하여 배치합니다.

합격생 비법

[Legacy Shapes and More(레거시 모양 및 기타)]–[All Legacy Default Shapes(모든 레거시 기본 모양)]–[Animals(동물)]

05 Layers(레이어) 패널 하단에 'Add a layer style(레이어 스타일 추가, _fx._)'을 클릭하여 [Inner Shadow(내부 그림자)]를 선택하고 'Opacity(불투명도) : 75%, Angle(각도) : 90˚, Distance(거리) : 3px, Size(크기) : 7px'로 설정한 후 [OK(확인)]를 클릭합니다.

06 Ctrl + J를 눌러 복사한 레이어를 만들고 'Cat Print 1 copy '레이어의 Layer thumbnail(레이어 축소판)을 더블 클릭하여 Color Picker(색상 픽커)에서 '색상 : #ffffff'를 설정합니다.

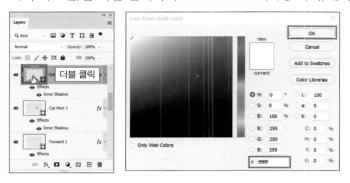

07 Ctrl + T를 눌러 크기를 축소하고 배치한 후, Layers(레이어) 패널 상단의 'Opacity(불투명도) : 70%'를 설정합니다.

06 문자 입력 및 왜곡, 레이어 스타일 적용

01 Horizontal Type Tool(수평 문자 도구, T)로 작업 이미지를 클릭하고 Options Bar(옵션바)에서 'Font(글꼴) : Arial, Set font style(글꼴 스타일 설정) : Bold, Set font Size(글꼴 크기) : 40pt, Center text(텍스트 중앙 정렬, 틀), Color(색상) : 임의 색상'을 설정한 후 Pet Movie Channel을 입력합니다.

02 Options Bar(옵션 바)에서 Create warped text(뒤틀어진 텍스트 만들기, 工)를 클릭하여 [Warp Text(텍스트 뒤틀기)] 대화상자에서 'Style(스타일) : Shell Upper(위가 넓은 조개), Horizontal(가로) : 체크, Bend(구부리기) : 40%'를 설정하여 문자의 모양을 왜곡합니다.

03 Layers(레이어) 패널 하단에 'Add a layer style(레이어 스타일 추가, fx.)'을 클릭하여 [Stroke(획)]를 선택하고 'Size(크기) : 3px, Color(색상) : #ff9966'으로 설정합니다. 계속해서 [Gradient Overlay(그레이디언트 오버레이)]를 선택하고 'Click to edit the gradient (클릭하여 그레이디언트 편집)'를 클릭합니다.

04 그레이디언트 슬라이더 왼쪽 하단의 'Color Stop(색상 정지점)'을 더블 클릭하여 #333399를, 가운데 빈 곳을 클릭하여 'Color Stop(색상 정지점)'을 추가하고 더블 클릭하여 #99cc33을, 오른쪽 'Color Stop(색상 정지점)'을 더블 클릭하여 #ffffff로 설정한 후 'Style(스타일) : Linear(선형), Angle(각도) : 90°로 설정하고 [OK(확인)]를 클릭합니다.

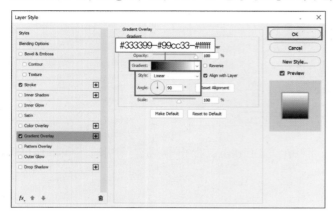

05 Horizontal Type Tool(수평 문자 도구, T)로 작업 이미지를 클릭하고 Options Bar(옵션 바)에서 'Font(글꼴) : 궁서, Set font size(글꼴 크기) : 20pt, Set anti-aliasing method(앤티 앨리어싱 방법 설정) : Strong(강하게), Color(색상) : 임의 색상'으로 설정한 후 반려견과 추억을를 입력합니다.

06 Options Bar(옵션 바)에서 Create warped text(뒤틀어진 텍스트 만들기, I)를 클릭하여 [Warp Text(텍스트 뒤틀기)] 대화상자에서 'Style(스타일) : Arc(부채꼴), Horizontal(가로) : 체크, Bend(구부리기) : 30%'를 설정하여 문자의 모양을 왜곡합니다.

07 Layers(레이어) 패널 하단에 'Add a layer style(레이어 스타일 추가, fx.)'을 클릭하여 [Stroke(획)]를 선택하고 'Size(크기) : 2px, Color(색상) : #ccffcc'로 설정합니다.

08 계속해서 [Gradient Overlay(그레이디언트 오버레이)]를 선택하고 'Click to edit the gradient(클릭하여 그레이디언트 편집)'를 클릭합니다. 그레이디언트 슬라이더 왼쪽 하단의 'Color Stop(색상 정지점)'을 더블 클릭하여 #000000을, 오른쪽 'Color Stop(색상 정지점)'을 더블 클릭하여 #ff0000으로 설정한 후 'Style(스타일) : Linear(선형), Angle(각도) : 90°로 설정하고 [OK(확인)]를 클릭합니다.

09 Horizontal Type Tool(수평 문자 도구, T)로 작업 이미지를 클릭하고 Options Bar(옵션 바)에서 'Font(글꼴) : 돋움, Set font size(글꼴 크기) : 18pt, Set anti-aliasing method(앤티 앨리어싱 방법 설정) : Strong(강하게), Color(색상) : #333366'으로 설정한 후 반려동물과 함께 한 영상을 업로드하세요.를 입력합니다.

10 Layers(레이어) 패널 하단에 'Add a layer style(레이어 스타일 추가, fx.)'을 클릭하여 [Stroke(획)]를 선택하고 'Size(크기) : 2px, Color(색상) : #ffff99'로 설정한 후 [OK(확인)]를 클릭합니다. Ctrl + S 를 눌러 파일을 저장합니다.

07 정답 파일 저장

01 [View(보기)]-[Show(표시)]-[Grid(격자)](Ctrl + ')를 선택하여 격자를 가립니다.

02 [File(파일)]-[Save As(다른 이름으로 저장)](Shift + Ctrl + S)를 선택하고 '저장 위치 : 내 PC₩문서₩GTQ, 파일 형식 : JPEG, 파일 이름 : 수험번호-성명-문제번호.jpg'를 입력하고 [저장]을 클릭한 후 [JPEG Options(JPEG 옵션)] 대화상자에서 'Quality(품질) : 8'로 설정하고 [OK(확인)]를 클릭합니다.

03 [Image(이미지)]-[Image Size(이미지 크기)](Alt + Ctrl + I)를 선택하고 'Constrain aspect ratio(종횡비 제한) : 클릭, Width(폭) : 60Pixels(픽셀), Height(높이) : 40Pixels(픽셀)'로 입력하여 이미지 크기를 1/10로 축소한 후 [OK(확인)]를 클릭합니다.

04 [File(파일)]-[Save As(다른 이름으로 저장)](Shift + Ctrl + S)를 선택하고 '저장 위치 : 내 PC₩문서₩GTQ, 파일 형식 : Photoshop(*.PSD, *.PDD), 파일 이름 : 수험번호-성명-문제번호.psd'를 입력하고 [저장]을 클릭합니다.

05 답안 저장이 완료가 되면 [File(파일)]-[Exit(종료)](Ctrl + Q)를 선택하여 프로그램을 종료하고 수험 프로그램에서 [답안 전송]을 클릭하여 psd와 jpg 파일을 감독관 컴퓨터로 전송합니다.

 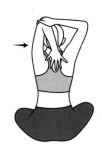 

무리하지말고 틈틈이 쉬어가면서!

자격증은 이기적!

이렇게
기막힌
적중률

GTQ 2급
포토샵+일러스트 올인원

2권 · 일러스트

"이" 한 권으로 합격의 "기적"을 경험하세요!

YoungJin.com Y.
영진닷컴

차례

이 책의 구성

1 일러스트 핵심 기능 익히기

일러스트 CC 2020의 기본 기능을 미리 학습할 수 있도록 소개하였습니다.

※ Adobe CC 버전은 해마다 업데이트 될 수 있고 그에 따른 프로그램의 버전(CC 2021, CC 2022, CC 2023 등)의 메뉴나 용어에서 차이가 있을 수 있습니다.

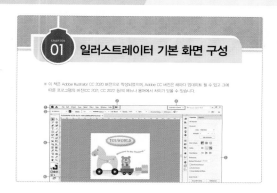

2 시험 문항별 기능 익히기

출제되는 기능별로 Chapter를 구성하여 이해하기 쉽게 설명하였습니다.

3 최신 기출 유형 따라하기

최신 기출 유형 문제를 따라하기 식으로 구성하였습니다.

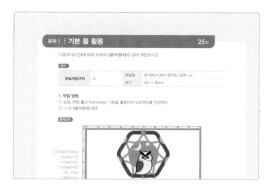

4 기출 유형 문제 5회

기출 유형 문제 5회분을 따라하기 식으로 구성하였습니다.

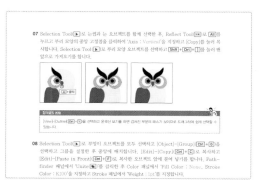

01
PART

GTQ 일러스트는
이렇게 준비하세요

시험 안내

01 응시 자격 조건

02 원서 접수하기

- license.kpc.or.kr에서 접수
- 인터넷 홈페이지를 통해 접수한 후 수험표를 인쇄하여 직접 선택한 고사장, 날짜, 시험시간 확인(방문 접수 가능)
- 응시료
  1급 : 31,000원 / 2급 : 22,000원 / 3급 : 15,000원

03 시험 응시

90분 만에 답안 파일 작성과 네트워크로 연결된 감독위원 PC로 답안 전송

04 합격자 발표

license.kpc.or.kr에서 확인 후 자격증 발급 신청

01 자격검정 응시 안내

가. 응시 자격 : 전 국민 누구나 응시 가능

나. 시험 등급 및 버전, 시험시간

자격 종목	등급	프로그램 버전	평가 범위	시험 시간	합격 기준
GTQ 일러스트	1급	Adobe Illustrator CS4, CS6, CC(영문)	1. BI, CI 디자인 2. 패키지, 비지니스 디자인 3. 광고 디자인	90분	100점 만점 70점 이상
	2급		1. 기본 툴 활용 2. 문자와 오브젝트 3. 어플리케이션 디자인		100점 만점 60점 이상
	3급		1. 기본 툴 활용 2. 응용 툴 활용 3. 어플리케이션 디자인	60분	100점 만점 60점 이상

다. 시험 배점 및 문항

급수	시험 배정	문항 및 시험방법
3급	총점 100점(1문항 : 20점, 2문항 : 35점, 3문항 : 45점)	작업형 실기시험
1, 2급	총점 100점(1문항 : 25점, 2문항 : 35점, 3문항 : 40점)	

라. 응시료

1급	2급	3급
31,000원	22,000원	15,000원

* 온라인 접수 시 수수료 추가

02 GTQ 일러스트 응시 절차

가. 원서 접수

   1) 온라인 접수(license.kpc.or.kr)

   2) 단체인 경우 지도자 선생님을 통한 지역센터 방문 접수 가능

나. 수험표 출력

다. 시험 응시

라. 합격자 발표

   1) 시험일로부터 3주 후 10시부터

   2) license.kpc.or.kr 〉 합격자 발표 〉 합격 내역 조회

마. 자격증 발급

   1) 자격증은 필요 시 신청 가능하며, 신청에서 수령까지 약 2주 소요

시험 소개

01 수험자 유의사항 및 답안 작성 요령

수 험 자 유 의 사 항

- 수험자는 문제지를 받는 즉시 응시하고자 하는 과목 및 급수가 맞는지 확인한 후 수험번호와 성명을 작성합니다.
- 파일명은 본인의 "수험번호-성명-문제번호"로 공백 없이 정확히 입력하고 답안폴더(내 PC₩문서₩GTQ)에 ai 파일 포맷으로 저장해야하며, 다른 파일 형식으로 저장하였을 경우 0점 처리됩니다. 답안문서 파일명이 "수험번호-성명-문제번호"와 일치하지 않거나, 답안 파일을 전송하지 않아 미제출로 처리될 경우 불합격 처리됩니다.
- 수험자 정보와 저장한 파일명, 저장 위치가 다를 경우 전송이 되지 않으므로, 주의하시기 바랍니다.
- 답안 작성 중에도 주기적으로 '저장'과 '답안 전송'을 이용하여 감독위원 PC로 답안을 전송하셔야 합니다. (※ 작업한 내용을 저장하지 않고 전송할 경우 이전의 저장내용이 전송되오니 이점 반드시 유념하시기 바랍니다.)
- 답안문서는 지정된 경로 외의 다른 보조기억장치에 저장하는 행위, 지정된 시험 시간 외에 작성된 파일을 활용한 행위, 기타 통신수단(이메일, 메신저, 네트워크 등)을 이용하여 타인에게 전달 또는 외부 반출하는 행위는 부정으로 간주되어 자격기본법 제32조에 의거 본 시험 및 국가공인 자격시험을 2년간 응시할 수 없습니다.
- 시험 중 부주의 또는 고의로 시스템을 파손한 경우와 〈수험자 유의사항〉에 기재된 방법대로 이행하지 않아 생기는 불이익은 수험자의 책임임을 알려 드립니다.
- 시험을 완료한 수험자는 최종적으로 저장한 답안파일이 전송되었는지 확인한 후 감독위원의 지시에 따라 문제지를 제출한 후 퇴실합니다.

❶ 답안 파일 저장 시 반드시 '수험번호-성명-문제번호' 형식으로 파일 포맷은 ai, 버전은 Illustrator CC를 지정하여 저장해야 하며 '내 PC₩문서₩GTQ' 폴더에 저장해야 합니다. 예를 들어 '수험번호 : G123456789, 성명 : 홍길동, 문제 번호 : 3번 문제'라면 'G123456789-홍길동-3.ai' 파일로 저장하여 제출하면 됩니다.

❷ 작업 진행 중 있을 수 있는 시스템 오류를 대비하여 새 도큐먼트를 만든 후 파일명(수험번호-성명-문제번호)을 지정하여 저장한 후 중간 중간 작업을 진행하며 Ctrl + S 를 눌러 저장합니다.

❸ 모든 작업이 마무리된 후 완성한 정답 파일을 다시 한 번 꼼꼼히 점검 후 전송합니다.

답 안 작 성 요 령

• **온라인 답안 작성 절차**

  수험자 등록 ⇒ 시험 시작 ⇒ 답안파일 저장 ⇒ 답안 전송 ⇒ 시험 종료

• 배점은 총 100점으로 이루어지며, 점수는 각 문제별로 차등 배분됩니다.

• 각 문제는 주어진 조건에 맞게 답안을 작성하셔야 하며, 조건을 지키지 못했을 경우에는 0점 또는 감점 처리됩니다.

• 조건에서 주어진 단위는 'mm(밀리미터)'입니다. 그 외는 출력형태(레이아웃, 색상, 문자, 규격 등)와 같게 작업하시오.

• 문제 조건에 서체의 지정이 없을 경우 한글은 굴림이나 돋움, 영문은 Arial로 작업하십시오.

  (단, 그 외에 제시되지 않은 문자 속성을 기본 값으로 작성하지 않은 경우는 감점 처리됩니다.)

• 문제 조건에 크기와 색상, 두께의 지정이 없을 경우《출력형태》를 참고하여 면 또는 선으로 작업 해주시기 바랍니다.

• Image Mode(이미지 모드)는 별도의 처리 조건이 없을 경우에는 CMYK로 작업하시오.

• 조건에서 제시한 기능의 속성을 해지할 경우 해당 요소는 0점 처리됩니다.

한 국 생 산 성 본 부

❶ 새 도큐먼트 설정 시 [New Document] 대화상자에서 'Units : mm'로 설정하고 작품 규격에 맞게 'Width'와 'Height'를 설정한 후 작업을 진행합니다.

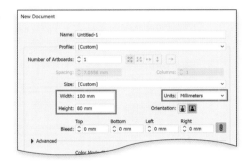

❷ 문제지의 주어진 지시사항에 서체에 대한 조건이 주어지며 보통 기본 속성 값(스타일, 장평, 자간 등)을 이용하여 문자를 작성합니다. 응시자가 임의의 속성 값을 변경하여 입력하면 감점처리 되므로 특별히 문제지 지시문 사항에 주어지지 않은 경우를 제외하고는 기본 속성 값을 이용해 문자를 작성합니다.

❸ 새 도큐먼트 설정 시 [New Document] 대화상자에서 'Advanced'를 클릭하여 추가 옵션을 펼친 후 'Color Mode : CMYK'를 설정한 후 작업을 진행합니다. 각 문제를 작성할 때마다 해상도는 꼭 확인하여 새 도큐먼트를 엽니다.

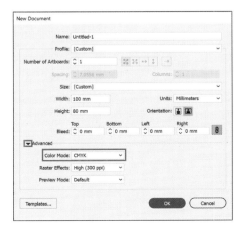

문제 풀이 Tip

문제 1 : 기본 툴 활용   25점

다음의 《조건》에 따라 아래의 《출력형태》와 같이 작업하시오.

출력형태

조건

| 파일저장규칙 | AI | 파일명 | 문서\GTQ\수험번호-성명-1.ai |
| | | 크기 | 100 × 80mm |

1. 작업 방법
① 도형, 변형 툴과 Pathfinder 기능을 활용하여 오브젝트를 작성한다.
② 그 외 《출력형태》 참조

★ 자세한 지시사항은 **기출 유형 문제 05회**를 참고하세요.

❶ 제시된 도큐먼트의 크기대로 파일을 새로 만들고 눈금자의 원점을 도큐먼트의 왼쪽 상단으로 설정한 후 안내선을 출력 형태에 맞게 배치합니다.

❷ 단위는 반드시 mm(밀리미터)로 설정합니다.

❸ 답안 저장 시 ai 파일 포맷, Illustrator CC 버전으로 제시 조건에 준하여 파일을 저장합니다.

❹ 도형, 변형 툴과 Pathfinder 활용하여 제시된 출력 형태와 동일하게 오브젝트를 제작합니다.

❺ Pathfinder 활용한 오브젝트는 윤곽선 보기와 미리보기가 동일하도록 합치거나 삭제하여 오브젝트를 정리합니다.

❻ 안내선 등을 활용하여 출력 형태와 맞는 크기와 위치를 지정하여 배치합니다.

❼ 제시된 조건과 동일한 CMYK 색상을 적용합니다.

❽ 테두리의 색상과 두께는 제시된 조건과 동일하게 적용합니다.

❾ 작업 완료 후 레이아웃을 맞추기 위해 Scale Tool로 임의로 크기를 조절할 경우, 반드시 'Scale Strokes & Effects : 체크 해제'하고 조절을 해야 선의 두께가 변경되지 않습니다.

❿ 제시된 조건 외에 블렌드나 이펙트 등을 사용하여 오브젝트를 생성한 경우는 반드시 속성을 확장합니다.

⓫ 답안 전송 전 최종적으로 저장할 때 작업 중 생성된 불필요한 오브젝트는 삭제하고 눈금자와 안내선 가리기를 합니다.

다음의 《조건》에 따라 아래의 《출력형태》와 같이 작업하시오.

조건

파일저장규칙	AI	파일명	문서₩GTQ₩수험번호-성명-2.ai
		크기	100 × 80mm

출력형태

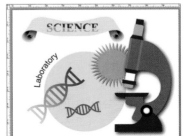

1. 작업 방법
① 'SCIENCE' 문자에 Times New Roman (Bold) 폰트를 적용한다.
② 'Laboratory' 문자에 Type on a Path Tool을 활용한다.
③ Brush는 《출력형태》를 참고하여 작성한다.
④ Effect는 《출력형태》를 참고하여 작성한다.
⑤ 그 외 《출력형태》 참조

2. 문자 효과
① Laboratory (Arial, Regular, 14pt, C40M100Y80K40)

★ 자세한 지시사항은 **기출 유형 문제 02회**를 참고하세요.

❶ 제시된 도큐먼트의 크기대로 파일을 새로 만들고 눈금자의 원점을 도큐먼트의 왼쪽 상단으로 설정한 후 안내선을 출력 형태에 맞게 배치하며, 단위는 반드시 mm(밀리미터)로 설정합니다.

❷ 답안 저장 시 ai 파일 포맷, Illustrator CC 버전으로 제시 조건에 준하여 파일을 저장합니다.

❸ 도형, 변형 툴과 Pathfinder 활용하여 제시된 출력 형태와 동일하게 오브젝트를 제작합니다.

❹ Pathfinder 활용한 오브젝트는 윤곽선 보기와 미리보기가 동일하도록 합치거나 삭제하여 오브젝트를 정리하고, 안내선 등을 활용하여 출력 형태와 맞는 크기와 위치를 지정하여 배치합니다.

❺ 제시된 조건과 동일한 CMYK 색상을 적용합니다.

❻ 그라데이션의 색상 및 방향은 출력 형태와 동일하게 적용합니다.

❼ 문자는 제시된 글꼴을 사용하고 자간, 행간, 장평 등 문자 속성은 임의 지정하지 않고 반드시 기본값으로 작성합니다.

❽ 문자 오브젝트는 작업 방법에서 제시된 글꼴을 사용하고 오타나 누락된 문자가 없는지 확인한 후 에 Create Outlines로 변환한 후 변형합니다.

❾ 곡선을 따라 흐르는 문자는 열린 패스를 그린 후 Type on a Path Tool을 사용하여 입력합니다.

다음의 《조건》에 따라 아래의 《출력형태》와 같이 작업하시오.

조건

파일저장규칙	AI	파일명	문서₩GTQ₩수험번호-성명-3.ai
		크기	120 × 80mm

1. 작업 방법
① 도형 툴로 오브젝트를 제작한 후 Pattern을 활용하여 작성한다. (패턴 등록 : 막대 사탕)
② 태그에는 규칙적인 점선을, 셔츠에는 불규칙적인 점선을 설정한다.
③ 셔츠에 Pattern을 적용한다.
④ 태그 중간에 배치된 오브젝트는 정렬, 간격을 일정하게 한 후 Group을 설정한다.
⑤ 그 외 《출력형태》 참조

2. 문자 효과
① Enjoy! (Arial, Regular, 12pt, C100M60)
② NIGHT PARTY (Arial, Bold, 10pt, K100)

출력형태

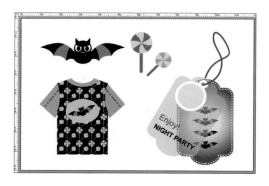

★ 자세한 지시사항은 **기출 유형 문제 05회**를 참고하세요.

❶ 제시된 도큐먼트의 크기대로 파일을 새로 만들고 눈금자의 원점을 도큐먼트의 왼쪽 상단으로 설정한 후 안내선을 출력 형태에 맞게 배치합니다.

❷ 단위는 반드시 mm(밀리미터)로 설정합니다.

❸ 답안 저장 시 ai 파일 포맷, Illustrator CC 버전으로 제시 조건에 준하여 파일을 저장합니다.

❹ 도형, 변형 툴과 Pathfinder 활용하여 제시된 출력 형태와 동일하게 오브젝트를 제작합니다.

❺ Pathfinder 활용한 오브젝트는 윤곽선 보기와 미리보기가 동일하도록 합치거나 삭제하여 오브젝트를 정리합니다.

❻ 안내선 등을 활용하여 출력 형태와 맞는 크기와 위치를 지정하여 배치합니다.

❼ 제시된 조건과 동일한 CMYK 색상을 적용합니다.

❽ 그라데이션의 색상 및 방향은 출력 형태와 동일하게 적용합니다.

❾ 테두리의 색상과 두께는 제시된 조건과 동일하게 적용합니다.

❿ 문자는 제시된 글꼴을 사용하고 자간, 행간, 장평 등 문자 속성을 임의 지정하지 않고 반드시 기본값 작성합니다.

⓫ 작업 완료 후 레이아웃을 맞추기 위해 Scale Tool로 임의로 크기를 조절할 경우, 반드시 'Scale Strokes & Effects : 체크 해제'하고 조절을 해야 선의 두께가 변경되지 않습니다.

⓬ 제시된 조건 외에 블렌드나 이펙트 등을 사용하여 오브젝트를 생성한 경우에는 반드시 그 속성을 확장하고 편집합니다.

⓭ Pattern은 제시된 이름, 색상, 크기, 회전 방향, 간격 등 출력 형태와 동일하게 적용합니다.

⓮ 오브젝트의 불투명도는 Transparency 패널에서 Opacity의 %를 지정하여 적용합니다.

⓯ 규칙적인 점선과 불규칙적인 점선은 Stroke 패널에서 dash와 gab을 지정하고 cap의 모양 등을 고려하여 최대한 출력 형태와 동일하게 지정합니다.

⓰ 그룹으로 제시된 오브젝트는 복사와 변형 툴, Align 패널을 활용하여 출력 형태와 동일하게 크기, 개수, 정렬, 간격을 일정하게 한 후 배치하고 반드시 Group 설정을 합니다.

⓱ 그룹으로 지정된 오브젝트를 포함한 태그나 패키지의 회전 등의 변형은 균등 간격으로 그룹 배치한 후 함께 변형을 적용합니다.

⓲ 답안 전송 전 최종적으로 저장할 때 작업 중 생성된 불필요한 오브젝트는 삭제하고 눈금자와 안내선 가리기를 합니다.

자주 질문하는 Q&A

Q 온라인 답안 작성 절차는 어떻게 되나요?

수험자 등록 → 시험시작 → 수시로 장방 저장 및 전송 → 최종 답안 전송 → 시험 종료

Q 새 도큐먼트의 색상 모드와 작업 단위의 설정은 무엇으로 하나요?

별도의 처리조건이 없을 경우 답안 파일의 색상 모드는 CMYK로 설정하고 작업 조건에서 주어진 단위는 'mm(밀리미터)'를 지정합니다.

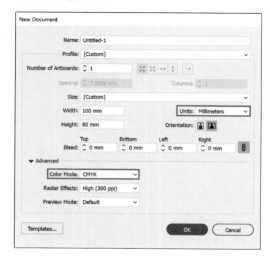

Q 작업 중인 도큐먼트의 색상 모드와 파일의 규격은 어떻게 변경하나요?

– 색상 모드의 변경 : [File]–[Document Color Mode]에서 'CMYK Color'로 변경할 수 있습니다.
– 파일의 규격의 변경 : Artboard Tool(□)을 선택하고 작업 도큐먼트 상단의 Control 패널에서 'W, H'의 수치를 변경하거나 Artboard Tool(□)을 더블 클릭하여 대화상자에서 'Width'와 'Height'를 변경할 수 있습니다.

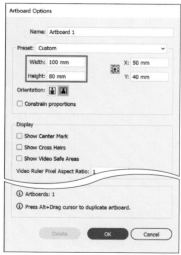

Q 작업 중인 도큐먼트의 눈금자 단위를 mm(밀리미터)로 변경할 수 있나요?

A. [File]–[Document Setup]에서 'Units'를 'Millimeters'로 변경하거나 Ctrl + R 로 눈금자 보기를 한 후 눈금자 위에 마우스 오른쪽 버튼을 누르고 'Millimeters'로 변경이 가능합니다.

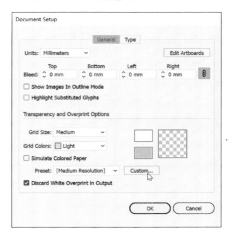 

Q 작업 중 일부 패널이 사라져서 안 보이면 어떻게 하나요?

[Window]–[Workspace]–[Essentials]를 클릭하거나 작업 도큐먼트 오른쪽 상단의 '작업 영역 전환기'에서 'ESSENTIALS'를 클릭하면 모든 패널이 초기 값으로 정렬되어 패널이 모두 나타납니다.

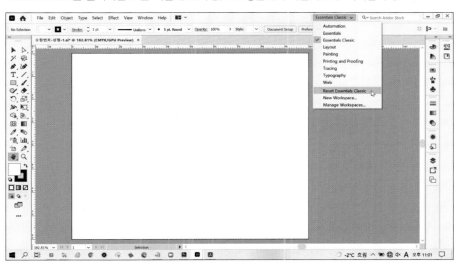

합격생의 비법

[Window]–[Workspace]–[Essentials Classic]를 클릭하면 Tool 패널의 모든 도구를 기본값을 볼 수 있고 이전 버전에서처럼 패널이 오른쪽에 정렬됩니다. 작업 도큐먼트의 오른쪽 상단 '작업 영역 전환기'에서 'Reset Essentials Classic'을 클릭하면 초기화가 가능합니다.

Q 답안 파일을 저장 경로인 답안폴더(내 PC₩문서₩GTQ)에 지정하지 않고 도큐먼트를 닫았을 때 어떻게 찾나요?

[File]–[Open Recent Files] 메뉴를 클릭하면 최근에 작업한 파일의 이름을 확인할 수 있습니다. 클릭하여 파일을 열고 [File]–[Save As]로 저장 위치를 답안 폴더로 지정하고 다시 저장합니다.

Q 문제지에 제시된 브러쉬 이름이 기본 Brushes 패널에 없는데 직접 그려야 하나요?

일러스트레이터가 실행될 때는 기본적인 브러쉬만 Brushes 패널에 표시됩니다. 그 외에 작업 방법에서 제시된 브러쉬는 Brushes 패널 하단의 'Brush Libraries Menu(🔳.)'를 클릭한 후 추가로 불러오거나 [Window]-[Brush Libraries] 메뉴를 클릭하여 불러 올 수 있습니다.

Q Color 패널 또는 Gradient 패널에서 편집 중 Color Stop을 더블 클릭하여 색상을 지정하는데 CMYK가 아닌 K로 나오는 경우 어떻게 CMYK로 설정하나요?

색상이 RGB 또는 K만 있는 Grayscale일 때는 Color 패널 오른쪽 상단의 팝업 버튼을 눌러 CMYK를 지정합니다.

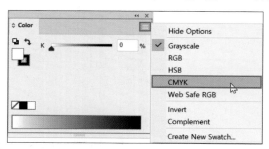 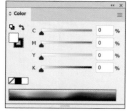

Q 패턴 간의 간격은 어떻게 조절하나요?

– 간격이 없는 패턴 정의하기

▲ 오브젝트 선택 후 Define
   Pattern

▲ 패턴이 적용된 오브젝트

– 간격이 일정하게 있는 패턴 정의하기

▲ 사각형을 그리고 'Fill Color : None,
   Stroke Color : None'을 지정하고
   함께 선택 후 Define Pattern

▲ 패턴이 적용된 오브젝트

– 간격이 어긋나게 배치된 패턴 정의하기

▲ 오브젝트를 어긋나게
　복사, 배치 후 투명 사
　각형과 함께 선택하고
　Define Pattern

▲ 패턴이 적용된 오브젝트

Q 패턴을 정의하고 오브젝트에 적용하면 답안의 출력형태와 패턴의 크기, 위치, 각도가 다르게 나오는데
어떻게 조정하나요?

– 패턴과 크기 조절 : Scale Tool(⊞)을 더블 클릭하고 Options의 'Transform Objects : 체크 해제, Transform
Patterns : 체크'를 지정하고 배율을 입력하면 오브젝트의 크기는 그대로 유지되며 패턴의 크기만 확대 및 축소할
수 있습니다.

 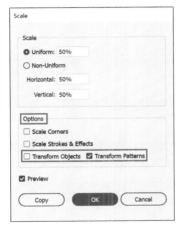 

– 패턴의 위치 조절 : [Object]–[Transform]–[Move] 대화상자에서 Options 항목의 'Transform Objects : 체크 해제,
Transform Patterns : 체크'를 지정하고 'Horizontal'과 'Vertical'에 수치를 입력하여 패턴의 위치를 이동할 수 있
습니다.

– 패턴의 각도 조절 : Rotate Tool()을 더블 클릭하고 Options 항목의 'Transform Objects : 체크 해제, Trans-
form Patterns : 체크'를 지정하고 각도를 입력하면 오브젝트의 각도는 그대로 유지되며 패턴만 회전할 수 있습
니다.

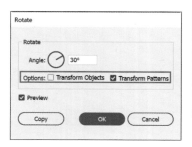

Q 브러쉬를 적용한 후 새로운 오브젝트를 그릴 때 사용된 브러쉬 속성이 그대로 유지되는 경우가 있는데
어떻게 삭제하나요?

Brushes 패널 하단의 'Remove Brush Stroke(☒)'를 클릭하여 브러쉬 속성을 제거하거나 Tool 패널 하단의
'Default Fill and Stroke(◱)'를 클릭하여 기본 색상인 흰색과 검정색을 지정한 후 작업을 연결해서 합니다.

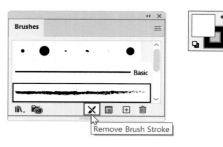

Q 오브젝트에 적용된 이펙트는 어떻게 삭제하나요?

– Appearance 패널에서 해당 이펙트를 선택하고 패널 하단의 휴지통 아이콘을 클릭하여 삭제합니다.
– Properties 패널에서 Appearance 항목의 fx 오른쪽의 휴지통 아이콘을 클릭하여 삭제합니다.

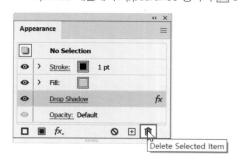

Q 이펙트 적용 후 옵션을 편집하려면 어떻게 하나요?

– Appearance 패널에서 해당 이펙트를 클릭 또는 더블 클릭하여 대화상자에서 편집합니다.

– Properties 패널에서 Appearance 항목의 fx 오른쪽의 해당 이펙트를 클릭하여 편집합니다.

Q 자주 사용하는 도구를 도큐먼트로 분리하는 방법은 없나요?

도구 패널의 툴 중에 오른쪽 하단에 작은 삼각형이 있는 도구는 마우스로 누르면 가려진 도구들이 보이며 오른쪽 끝에 'Tearoff' 막대를 누르면 떼어내기가 가능합니다. 자주 사용하는 도구는 작업의 편리성을 위해 떼어내기를 하고 작업 도큐먼트의 원하는 위치에 배치하여 사용합니다.

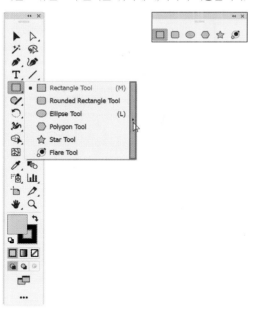

02
PART

시험 문항별
기능 익히기

CHAPTER
01

기본 툴 활용

주요 기능	메뉴	단축키	출제빈도
Selection Tool	▶, ▷, ▷	V, A	★★★★★
Pen Tool	✎	P	★★★★★
Gradient Tool	▣	G	★★
Shape Tool	╱, ◉, ╭, ▢, ▣, ◯, ◎, ☆	W, M, L	★★★★★
Transform Tool	↺, ▷◁, ▣, ▤	R, O, S	★★★★★
Outline Stroke	[Object]–[Path]–[Outline Stroke]		★★★
Offset Path	[Object]–[Path]–[Offset Path]		★★★★
Transform Again	[Object]–[Transform]–[Transform Again]	Ctrl + D	★★★★
Pathfinder Panel	[Window]–[Pathfinder]	Shift + Ctrl + F9	★★★★★
Color Panel	[Window]–[Color]	F6	★★★★★
Stroke Panel	[Window]–[Stroke]	Ctrl + F10	★★★★
Gradient Panel	[Window]–[Gradient]	Ctrl + F9	★★
Align Panel	[Window]–[Align]	Shift + F7	★★★★

01 선택 도구로 오브젝트 모양 변형하기

▲ 완성이미지

▶ 동영상 무료

01 원 그리고 하트 모양으로 변형하기

① [File]-[New]([Ctrl]+[N])를 선택하고 새 도큐먼트를 만듭니다. Ellipse Tool(◉)로 작업 도큐먼트를 클릭한 후 'Width : 40mm, Height : 40mm'를 입력하여 그리고 'Fill Color : M30Y20, Stroke Color : None'을 지정합니다.

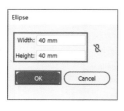 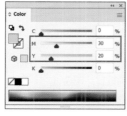 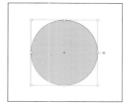

② Direct Selection Tool(▷)로 정원의 상단 고정점을 클릭하여 선택하고 아래쪽으로 이동합니다. [Alt]를 누르면서 오른쪽 핸들을 위로 드래그한 후 왼쪽 핸들도 동일한 방법으로 위로 드래그하여 조절합니다.

 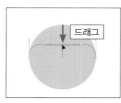 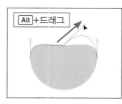 

③ Direct Selection Tool(▷)로 정원 하단의 고정점을 클릭하여 선택한 후 [Alt]를 누르면서 왼쪽과 오른쪽 핸들을 각각 위쪽으로 드래그하여 조절합니다.

④ Ellipse Tool(◉)로 작업 도큐먼트를 클릭한 후 'Width : 5mm, Height : 12mm'를 입력하여 그리고 'Fill Color : C0M0Y0K0, Stroke Color : None'을 지정합니다.

⑤ Direct Selection Tool(▷)로 타원의 오른쪽 고정점을 클릭하여 선택한 후 왼쪽으로 이동하여 오브젝트를 변형합니다.

 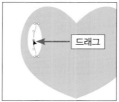 

⑥ Ellipse Tool()로 하트 모양 상단에 클릭한 후 'Width : 6mm, Height : 6mm'를 입력하여 그리고 'Fill Color : M70, Stroke Color : None'을 지정합니다.

 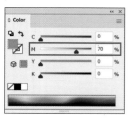 

⑦ Direct Selection Tool()로 정원의 하단 고정점을 클릭하여 선택하고 왼쪽 아래로 이동한 후 Alt 를 누르면서 오른쪽 핸들을 위로 이동하여 오브젝트를 변형합니다.

02 하트 모양 복사하고 크기 조절 및 회전하여 변형하기

① Selection Tool(▶)로 하트 모양을 선택하고 Scale Tool(⬚)을 더블 클릭하여 'Uniform : 60%'를 지정하고 [Copy]를 눌러 축소 복사한 후 'Fill Color : C60Y30, Stroke Color : None'을 지정합니다.

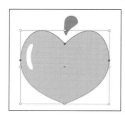 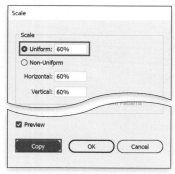 

② Rotate Tool(↻)을 더블 클릭하여 'Angle : -20°'를 지정한 후 오른쪽 아래에 배치합니다. Selection Tool(▶)로 Alt 를 누르면서 오른쪽 아래로 드래그하여 복사하고 'Fill Color : None, Stroke Color : M70'을 지정한 후 Stroke 패널에서 'Weight : 2pt'를 적용합니다.

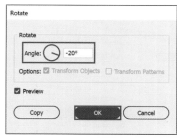   

▲ 완성이미지

① 회전 도구와 Divide를 활용하여 오브젝트 만들기

① [File]-[New]([Ctrl]+[N])를 선택하고 새 도큐먼트를 만듭니다. [View]-[Rulers]-[Show Rulers]([Ctrl]+[R])를 선택하여 눈금자를 표시한 후 작업 도큐먼트의 왼쪽과 상단 눈금자 위에서 마우스를 드래그하여 도큐먼트의 중앙에 안내선을 표시합니다.

② Ellipse Tool([◯])로 [Alt]를 누르면서 안내선의 교차 지점을 클릭하여 'Width : 67mm, Height : 67mm'를 입력하여 그리고 'Fill Color : 임의 색상, Stroke Color : 임의 색상'을 지정합니다. Scale Tool([▦])을 더블 클릭하여 'Uniform : 80%, Scale Strokes & Effects : 체크 해제'를 지정하고 [Copy]를 눌러 축소 복사합니다.

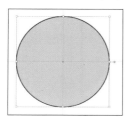

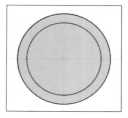

③ Line Segment Tool([╱])로 [Shift]를 누르면서 드래그하여 2개의 정원과 경계선이 겹치도록 수직선을 그리고 'Fill Color : None, Stroke Color : 임의 색상'을 지정합니다. Rotate Tool([↻])로 [Alt]를 누르면서 안내선의 교차 지점을 클릭한 후 [Rotate] 대화상자에서 'Angle : 30°'를 지정하고 [Copy]를 눌러 회전 복사한 후 [Object]-[Transform]-[Transform Again]([Ctrl]+[D])을 10번 선택하고 반복 복사합니다.

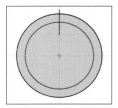  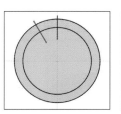 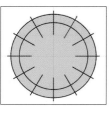

④ [Select]-[All]([Ctrl]+[A])로 모두 선택하고 Pathfinder 패널에서 'Divide(▣)'를 클릭하여 면을 분할합니다. Selection Tool(▶)로 더블 클릭하여 Isolation Mode로 전환하고 중앙의 오브젝트를 선택합니다. Pathfinder 패널에서 'Unite(▣)'를 클릭하여 합친 후 'Fill Color : C10M100Y70K20'을 지정합니다.

 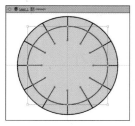  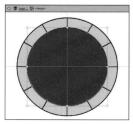

⑤ Selection Tool(▶)로 [Shift]를 누르면서 가장자리 6개의 분할된 오브젝트를 함께 선택하고 Color 패널에서 'Fill Color : C60Y50'을 지정합니다. 계속해서 나머지 6개의 오브젝트를 선택하고 'Fill Color : C10M100Y70'을 지정한 후 [Esc]를 눌러 정상 모드로 전환하고 [Ctrl]+[A]로 모두 선택하고 'Stroke Color : None'을 지정합니다.

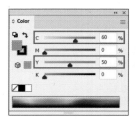 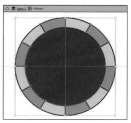 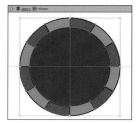 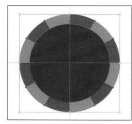

02 꽃 모양 만들기

① Ellipse Tool(◉)로 작업 도큐먼트를 클릭한 후 'Width : 13mm, Height : 13mm'를 입력하여 그리고 'Fill Color : M90Y80K10, Stroke Color : 임의 색상'을 지정합니다. Scale Tool (▣)을 더블 클릭하여 'Uniform : 60%, Scale Strokes & Effects : 체크 해제'를 지정하고 [Copy]를 눌러 축소 복사합니다. [Ctrl]+[D]를 눌러 반복 복사합니다.

 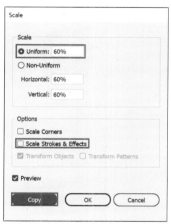 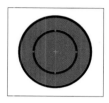 

② 선택된 작은 정원에 'Fill Color : C10M20, Stroke Color : None'을 지정합니다. Selection Tool(▶)로 중간 크기의 정원을 선택하고 'Fill Color : None, Stroke Color : C0M0Y0K0'을 지정한 후 Stroke 패널에서 'Weight : 2pt'를 지정합니다. 큰 정원에는 'Stroke Color : None'을 지정합니다.

③ Ellipse Tool(◯)로 작업 도큐먼트를 클릭한 후 'Width : 3mm, Height : 3mm'를 입력하여 그리고 'Fill Color : M40Y30, Stroke Color : None'을 지정합니다. Direct Selection Tool(▷)로 하단 고정점을 선택하고 아래쪽으로 이동하여 패스를 변형합니다.

합격생의 비법
• 이동할 때 Shift 를 누른 채 드래그하면 반듯하게 이동됩니다.
• 키보드의 방향키 ↓ 를 눌러 이동합니다.

④ Direct Selection Tool(▷)로 Alt 를 누르면서 양쪽의 핸들을 각각 이동하여 패스를 변형합니다. Selection Tool(▶)로 드래그하여 4개의 오브젝트를 선택하고 Align 패널에서 'Horizontal Align Center(▣)'를 클릭하여 가로 가운데 정렬을 지정합니다.

  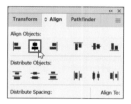 

⑤ Selection Tool(▶)로 상단 오브젝트를 선택한 후 Rotate Tool(↻)로 Alt 를 누르면서 정원의 중심점을 클릭한 후 [Rotate] 대화상자에서 'Angle : 30°'를 지정하고 [Copy]를 눌러 회전복사합니다. Ctrl + D 를 10번 눌러 반복하여 동일한 각도로 회전 복사합니다.

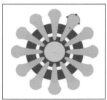

⑥ [Select]−[Same]−[Fill Color]를 선택한 후 [Object]−[Arrange]−[Send to Back](Shift +
Ctrl + [ )을 선택하고 맨 뒤로 보내기를 합니다. Selection Tool(▶)로 꽃 모양을 모두 선택
한 후 [Object]−[Group](Ctrl + G)을 선택하고 그룹으로 설정합니다.

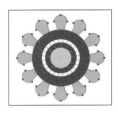
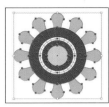

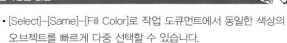

합격생의 비법

• [Select]−[Same]−[Fill Color]로 작업 도큐먼트에서 동일한 색상의
  오브젝트를 빠르게 다중 선택할 수 있습니다.
• Selection Tool(▶)로 Shift 를 누른 채 클릭하면 다중 선택이 가
  능합니다.

03 축소 복사하고 색상 변경하기

① Scale Tool(▦)을 더블 클릭하여 'Uniform : 60%, Scale Strokes & Effects : 체크'를 지
정하고 [Copy]를 눌러 축소 복사합니다.

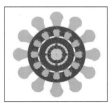

합격생의 비법

'Scale Strokes & Effects'에 체크하면 테두리의 두께와 이펙
트의 수치도 크기가 조절될 때 함께 조절됩니다

② Selection Tool(▶)로 왼쪽 아래로 이동하여 배치하고 더블 클릭하여 Isolation Mode로 전
환합니다. 큰 정원을 선택하여 'Fill Color : C10M80, Stroke Color : None'을 지정하고
Esc 를 눌러 정상 모드로 전환합니다.

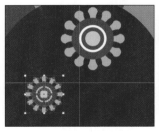
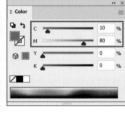
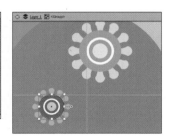

합격생의 비법

Isolation Mode로 전환하면 편집 중인 오브젝트의 색상만 선명하게 표시되고 나머지는 흐릿하게 됩니다.

04 벚꽃 모양 만들기

① Ellipse Tool(⬭)로 작업 도큐먼트를 클릭한 후 'Width : 11mm, Height : 16mm'를 입력하여 그리고 'Fill Color : 임의 색상, Stroke Color : M60'을 지정하고 Stroke 패널에서 'Weight : 2pt'를 적용합니다.

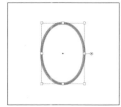

② Direct Selection Tool(▷)로 타원 하단의 고정점을 클릭한 후 Scale Tool(⬚)을 더블 클릭하고 'Uniform : 20%'를 지정하여 패스를 축소합니다.

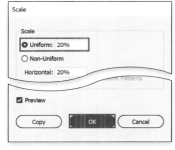
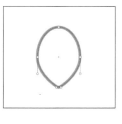

③ Gradient 패널에서 'Type : Linear Gradient, Angle : 90°'를 적용한 후 Gradient Slider의 왼쪽 'Color Stop'을 더블 클릭하여 M50Y40으로 적용하고 오른쪽 'Color Stop'을 더블 클릭하여 Y10을 적용합니다.

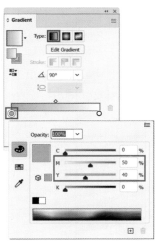
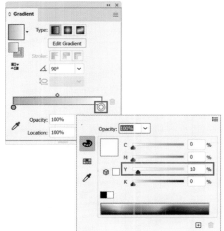

④ Selection Tool(▶)로 꽃잎 모양을 선택한 후 Rotate Tool(↻)로 Alt 를 누르면서 하단의 고정점을 클릭하고 [Rotate] 대화상자에서 'Angle : 60°'로 지정하고 [Copy]를 눌러 회전 복사한 후 Ctrl + D 를 4번 눌러 반복 복사합니다.

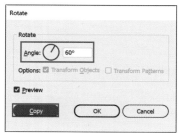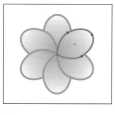

⑤ Selection Tool(▶)로 상단의 꽃잎 모양을 선택하고 [Edit]-[Copy](Ctrl + C)로 복사하고 [Edit]-[Paste in Front](Ctrl + F)로 복사한 꽃잎 모양 앞에 붙여넣기를 한 후 더블 클릭하여 Isolation Mode로 전환합니다. Direct Selection Tool(▷)로 왼쪽 고정점을 선택하고 Delete 를 눌러 삭제하고 Esc 를 눌러 정상 모드로 전환한 후 [Object]-[Arrange]-[Bring to Front](Shift + Ctrl +])로 맨 앞으로 가져오기를 합니다.

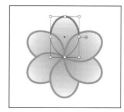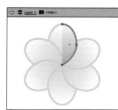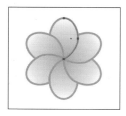

⑥ Rectangle Tool(▭)로 드래그하여 사각형을 그리고 'Fill Color : M90Y20, Stroke Color : None'을 지정합니다. Ellipse Tool(◯)로 작업 도큐먼트를 클릭한 후 'Width : 2.5mm, Height : 2.5mm'를 입력하여 동일한 색상의 정원을 그리고 Selection Tool(▶)로 Alt 를 누르면서 아래쪽으로 드래그하여 복사합니다.

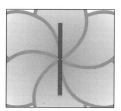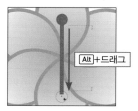

⑦ Selection Tool(▶)로 Shift 를 누르면서 사각형과 2개의 정원을 함께 선택하고 Align 패널에서 'Horizontal Align Center(▣)'를 클릭하여 가로 가운데 정렬을 지정한 후 Pathfinder 패널에서 'Unite(◻)'를 클릭하여 합칩니다.

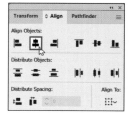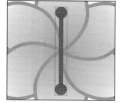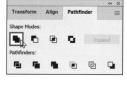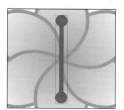

⑧ Rotate Tool( )을 더블 클릭하여 'Angle : 45°'를 지정하고 [Copy]를 눌러 회전 복사한 후 Ctrl+D를 2번 눌러 반복 복사합니다.

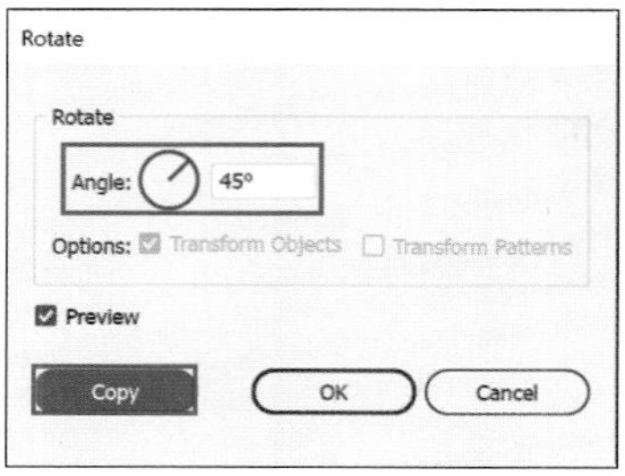

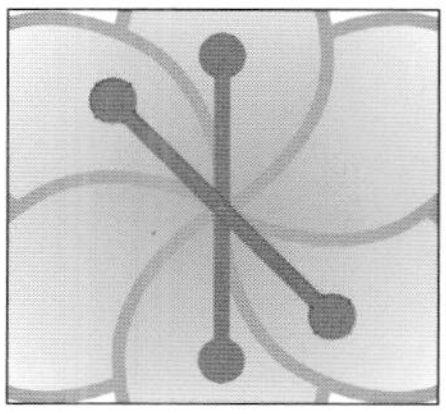
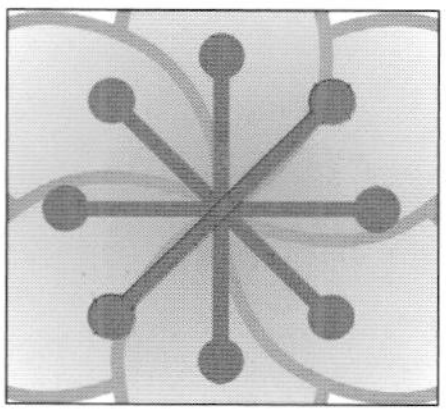

⑨ Ellipse Tool( )로 Shift를 누르면서 정원을 그리고 'Fill Color : M90Y20, Stroke Color : None'을 지정합니다. [Select]–[Same]–[Fill Color]로 동일한 색상의 오브젝트를 모두 선택한 후 Align 패널에서 'Horizontal Align Center( )'와 'Vertical Align Center( )'를 각각 클릭하여 가운데 정렬을 지정한 후 Pathfinder 패널에서 'Unite( )'를 클릭하여 합칩니다.

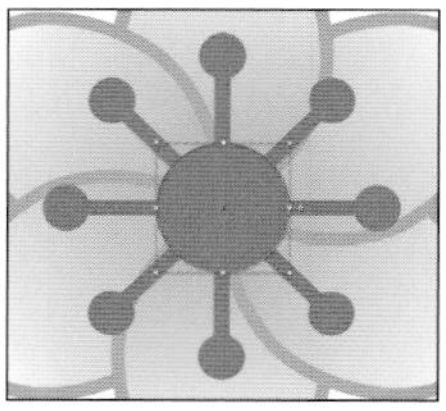
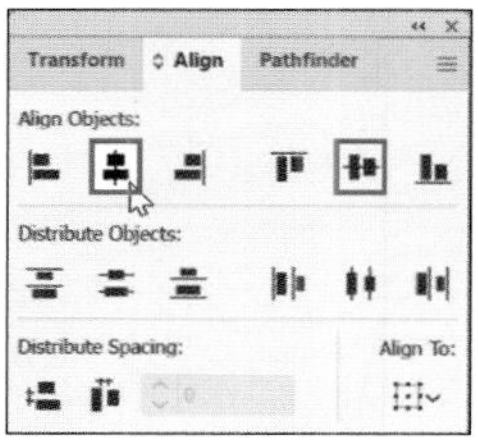

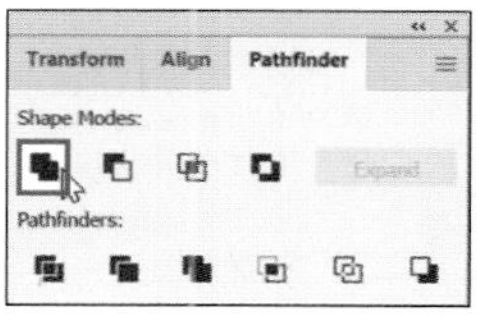

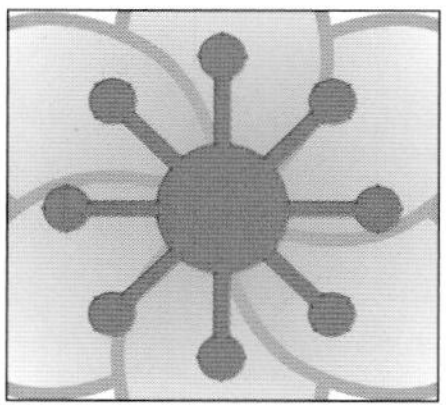

⑩ Scale Tool( )을 더블 클릭하여 'Uniform : 70%'를 지정하고 [Copy]를 눌러 축소 복사합니다. Rotate Tool( )을 더블 클릭하여 [Rotate] 대화상자에서 'Angle : 22.5°'를 지정하고 회전한 후 Color 패널에서 'Fill Color : C10M100Y70K20, Stroke Color : None'을 지정합니다.

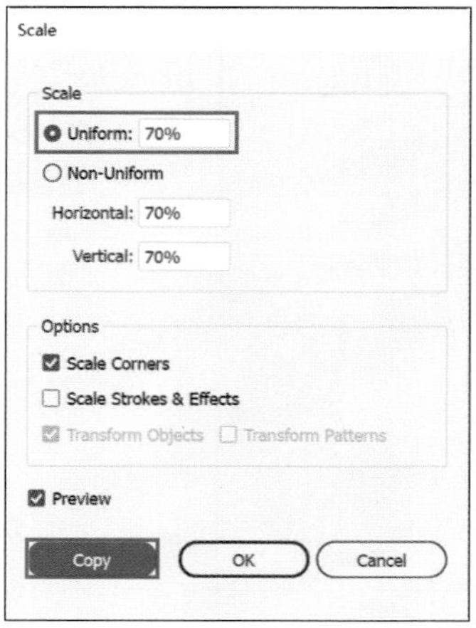

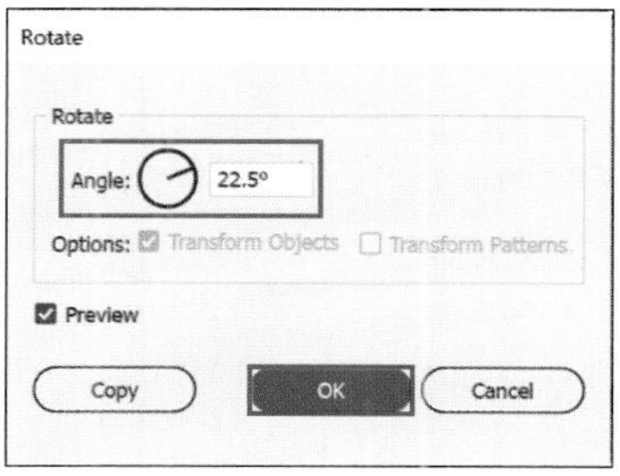

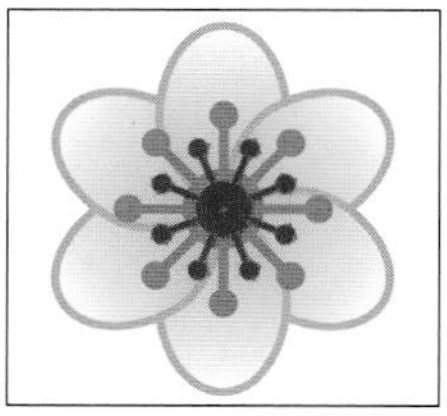

합격생의 비법

테두리가 지정되지 않았으므로 Scale Tool( ) 대화상자의 Options에 'Scale Strokes & Effects'의 체크 여부는 굳이 설정하지 않아도 됩니다.

▲ 완성 이미지

01 가지 모양 만들기

① [File]—[New]를 선택하고 새 도큐먼트를 만듭니다. Pen Tool(✏️)로 가지 모양을 그리고 'Fill Color : C30M100Y30, Stroke Color : None'을 지정합니다.

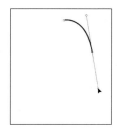 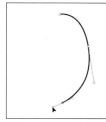 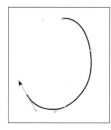 

② Pen Tool(✏️)로 가지 모양과 겹치도록 열린 패스를 그리고 'Fill Color : None, Stroke Color : 임의 색상'을 지정합니다. [Select]—[All](Ctrl+A)로 모두 선택하고 Pathfinder 패널에서 'Divide(🔲)'를 클릭하여 면을 분할한 후 더블 클릭하여 Isolation Mode로 전환합니다. 오른쪽 오브젝트를 선택하여 'Fill Color : C40M100Y30K10, Stroke Color : None'을 지정하고 Esc를 눌러 정상 모드로 전환합니다.

 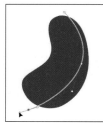  

③ Pen Tool()로 닫힌 패스를 그리고 'Fill Color : C80M50Y90, Stroke Color : None'을 지정합니다.

합격생의 비법

패스를 그리는 과정 중 곡선의 고정점에 마우스를 올리면 (⬦)표시가 됩니다. 클릭하여 한쪽 핸들을 삭제하고 다음 고정점을 직선 또는 곡선 방향이 다른 패스로 연결하여 그릴 수 있습니다.

④ [Object]-[Path]-[Offset Path]를 선택한 후 'Offset : −0.7mm'를 지정하여 축소된 복사본을 만든 후 'Fill Color : C60Y100, Stroke Color : None'을 지정합니다.

⑤ Direct Selection Tool()로 패스의 모서리 부분을 선택하고 이동하여 수정합니다. 축소된 패스의 면 색상을 클릭하여 선택하고 왼쪽으로 이동하여 배치합니다.

합격생의 비법

[Object]-[Path]-[Offset Path]를 선택하고 패스를 확대 및 축소하여 복사하는 과정에서 모서리 부분이 자연스럽지 못할 때는 Direct Selection Tool(⬦)로 고정점을 수정합니다.

02 모자 모양 만들기

① Rounded Rectangle Tool(◻)로 작업 도큐먼트를 클릭한 후 'Width : 15mm, Height : 10mm, Corner Radius : 4mm'를 입력하여 그리고 'Fill Color : M20, Stroke Color : 임의 색상'을 지정합니다.

 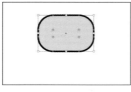

② Ellipse Tool(◯)로 작업 도큐먼트를 클릭한 후 'Width : 30mm, Height : 11mm'를 입력하여 동일한 색상의 타원을 그리고 둥근 사각형의 하단에 겹치도록 배치합니다.

 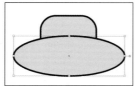

③ [Object]-[Transform]-[Move]를 선택하고 'Horizontal : 0mm, Vertical : −2mm'를 입력하고 [Copy]를 눌러 위쪽으로 이동하여 복사합니다. Direct Selection Tool(▷)로 이동 복사한 타원의 하단 고정점을 선택하고 **Delete**를 눌러 삭제한 후 'Fill Color : None'을 지정합니다.

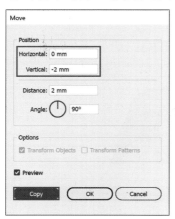 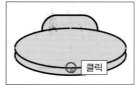 

④ Selection Tool(▶)로 3개의 오브젝트를 선택하고 Pathfinder 패널에서 'Divide(◧)'를 클릭하여 면을 분할한 후 더블 클릭하여 Isolation Mode로 전환합니다. **Shift**를 누르면서 하단 2개의 오브젝트를 함께 선택하고 Pathfinder 패널에서 'Unite(◩)'를 클릭하여 합친 후 'Fill Color : C10M40Y10, Stroke Color : None'을 지정합니다.

 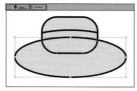  

⑤ Selection Tool(▶)로 가운데 오브젝트를 선택하고 'Fill Color : C70M100, Stroke Color : None'을 지정한 후 상단 오브젝트를 선택하고 'Stroke Color : None'을 지정하고 Esc를 눌러 정상 모드로 전환합니다.

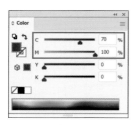  

⑥ Selection Tool(▶)로 모자 모양을 선택하고 Rotate Tool(↻)을 더블 클릭하여 'Angle : −20˚'를 지정하여 회전한 후 [Object]−[Ungroup](Shift+Ctrl+G)을 선택하고 그룹을 해제합니다.

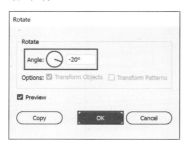 

⑦ Scissors Tool(✄)로 타원의 왼쪽과 오른쪽 패스 위에 각각 클릭하여 패스를 자른 후 Selection Tool(▶)로 하단의 열린 패스를 선택하고 [Object]−[Arrange]−[Send to Back](Shift+Ctrl+[)을 선택하고 맨 뒤로 보내기를 합니다.

⑧ Selection Tool(▶)로 상단의 열린 패스를 더블 클릭하여 Isolation Mode로 전환합니다. Pen Tool(✒)로 열린 패스의 왼쪽 고정점을 클릭하여 패스를 연결한 후 모자의 앞쪽 모양을 닫힌 패스로 완성하고 Esc를 눌러 정상 모드로 전환합니다.

합격생의 비법

Pen Tool(✎)로 열린 패스의 시작 고정점에 마우스를 올리면 (✎)로 표시되며 클릭하여 패스를 연결할 수 있습니다.

03 눈과 입 모양 만들기

① Pen Tool(✎)로 눈썹 모양을 그리고 'Fill Color : K100, Stroke Color : None'을 지정합니다. Ellipse Tool(⬭)로 Shift 를 누르면서 정원을 그리고 'Fill Color : C0M0Y0K0, Stroke Color : K100'을 지정한 후 Stroke 패널에서 'Weight : 1pt'를 적용합니다. 계속해서 크기가 다른 2개의 원을 겹치도록 그리고 'Fill Color : K100, C0M0Y0K0, Stroke Color : None'을 각각 지정하여 눈동자 모양을 완성합니다.

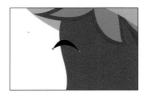
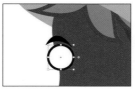

② Selection Tool(▶)로 눈썹과 눈 모양을 함께 선택하고 Alt 를 누르면서 오른쪽 하단으로 드래그하여 복사한 후 복사된 눈썹 모양을 오른쪽으로 이동하여 배치합니다.

③ Pen Tool(✎)로 입 모양을 그리고 'Fill Color : C0M0Y0K0, Stroke Color : None'을 지정합니다.

④ 계속해서 Pen Tool(✎)로 곡선의 열린 패스를 그리고 'Fill Color : None, Stroke Color : K100'을 지정하고 Stroke 패널에서 'Weight : 3pt, Cap : Round Cap'을 지정하여 끝 모양이 둥근 패스를 배치합니다.

04 팔 모양 만들고 변형하기

① Pen Tool(✏)로 곡선의 열린 패스를 그리고 'Fill Color : None, Stroke Color : C60Y100' 을 지정하고 Stroke 패널에서 'Weight : 6pt, Cap : Round Cap'을 지정하여 끝 모양이 둥근 패스를 배치합니다.

합격생의 비법

연속해서 열린 패스 그리기

Pen Tool(✏)로 열린 패스를 그린 후 Selection Tool(▶)을 선택 또는 Ctrl 을 누른채 도큐먼트의 빈 곳을 클릭하여 패스의 선택을 해제한 후 새로운 패스를 그릴 수 있습니다.

② 계속해서 Pen Tool(✏)로 3개의 열린 패스를 각각 그리고 'Fill Color : None, Stroke Color : C60Y100'을 지정하고 Stroke 패널에서 'Weight : 6pt, Cap : Round Cap'을 지정합니다.

③ Pen Tool(✏)로 곡선의 열린 패스를 그리고 'Fill Color : None, Stroke Color : C60Y100' 을 지정하고 Stroke 패널에서 'Weight : 8pt, Cap : Round Cap'을 지정하여 손가락 모양을 완성합니다.

④ Selection Tool(▶)로 드래그하여 5개의 열린 패스를 함께 선택하고 [Object]-[Path]-[Outline Stroke]를 선택하여 선을 면으로 확장합니다.

 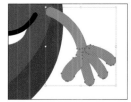

⑤ Ellipse Tool()로 드래그하여 손가락 모양과 겹치도록 타원을 그리고 'Fill Color : C60Y100, Stroke Color : None'을 지정합니다. Selection Tool(▶)로 조절점 밖에 마우스 커서를 위치하여 회전합니다.

⑥ Selection Tool(▶)로 타원과 면으로 확장된 오브젝트를 모두 선택하고 Pathfinder 패널에서 'Unite(■)'를 클릭하여 합칩니다.

⑦ Rotate Tool(↻)을 더블 클릭하여 'Angle : 200°'를 지정하고 [Copy]를 눌러 회전 복사한 후 왼쪽으로 이동하여 배치하고 [Object]-[Arrange]-[Send to Back]([Shift]+[Ctrl]+[[ ])을 선택하고 맨 뒤로 보내기를 합니다.

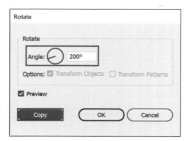

05 다리 모양 만들고 변형하기

① Pen Tool(✐)로 곡선의 열린 패스를 그리고 'Fill Color : None, Stroke Color : C60Y100'을 지정하고 Stroke 패널에서 'Weight : 6pt'를 지정하고 [Object]-[Path]-[Outline Stroke]를 선택하여 선을 면으로 확장합니다.

② Pen Tool(🖊)로 신발 모양 패스를 그리고 Selection Tool(▶)로 다리 모양과 함께 선택한 후 Pathfinder 패널에서 'Unite(🔳)'를 클릭하여 합친 후 'Fill Color : C60Y100, Stroke Color : None'을 지정합니다.

③ Pen Tool(🖊)로 곡선의 열린 패스를 그리고 'Fill Color : None, Stroke Color : 임의 색상'을 지정한 후 Stroke 패널에서 'Weight : 1pt'를 적용하고 [Object]-[Path]-[Outline Stroke]를 선택하여 선을 면으로 확장합니다.

 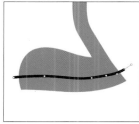 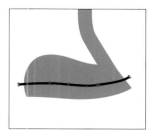

④ Selection Tool(▶)로 2개의 오브젝트를 함께 선택하고 Pathfinder 패널에서 'Minus Front(🔳)'를 클릭합니다.

 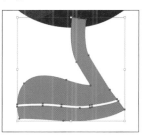

⑤ Rounded Rectangle Tool(▢)로 임의 색상의 둥근 사각형을 신발 모양 하단과 겹치도록 그리고 Selection Tool(▶)로 Alt 를 누르면서 오른쪽으로 드래그하여 복사한 후 Ctrl + D 를 2번 눌러 간격에 맞춰 반복하여 복사합니다.

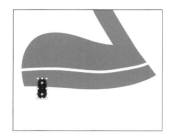 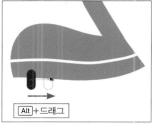 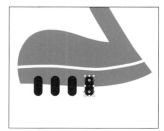

⑥ Group Selection Tool()로 4개의 둥근 사각형과 신발의 굽 모양을 함께 선택하고 Path-finder 패널에서 'Minus Front()'를 클릭한 후 'Fill Color : C80M40Y80, Stroke Color : None'을 지정합니다.

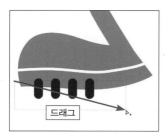

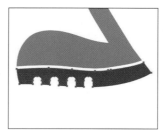

⑦ Selection Tool()로 완성된 다리 모양을 선택하고 Shift+Ctrl+[]를 눌러 맨 뒤로 보내기를 합니다. Rotate Tool()을 더블 클릭하여 'Angle : 50°'를 지정하고 [Copy]를 눌러 복사한 후 오른쪽으로 이동하여 배치합니다.

06 풍선 모양 만들기

① Ellipse Tool()로 작업 도큐먼트에 드래그하여 타원을 그리고 'Fill Color : M30Y100, Stroke Color : None'을 지정합니다. 계속해서 Pen Tool()로 동일한 색상의 삼각형 모양 패스를 타원 하단에 겹치도록 그립니다. Selection Tool()로 타원과 삼각형을 함께 선택하고 Pathfinder 패널에서 'Unite()'를 클릭하여 합칩니다.

② Blob Brush Tool()을 더블 클릭하여 [Blod Brush Tool Options] 대화상자에서 Default Brush Options의 'Size : 3pt'를 지정하고 'Fill Color : None, Stroke Color : C0M0Y0K0' 을 지정한 후 풍선 모양 위에 드래그하여 하이라이트 부분을 그립니다.

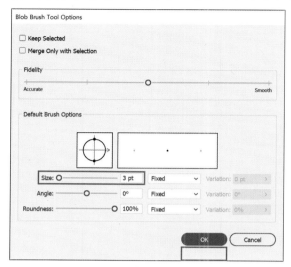

합격생의 비법

Blob Brush Tool()은 드래그하여 면 속성의 오브젝트를 합쳐서 그릴 수 있으며 지정된 선 색상이 면 색상으로 반영됩니다. 키보드의 [와]를 눌러 점증적으로 브러쉬의 크기를 조절할 수 있습니다.

③ Pencil Tool(✏️)로 드래그하여 풍선의 줄 모양을 그리고 'Fill Color : None, Stroke Color : M20'을 지정한 후 Stroke 패널에서 'Weight : 2pt'를 지정합니다. [Object]-[Path]-[Outline Stroke]를 선택하여 선을 면으로 확장하고 Shift + Ctrl + [를 눌러 맨 뒤로 보내기를 합니다.

④ Selection Tool(▶)로 풍선 모양을 모두 선택하고 Scale Tool(🔲)을 더블 클릭하여 'Uni-
form : 75%'를 지정하고 [Copy]를 눌러 축소 복사합니다. Rotate Tool(🔄)을 더블 클릭하여
'Angle : 45°'를 지정하여 회전한 후 왼쪽 상단으로 이동하여 배치하고 풍선 모양을 선택하고
'Fill Color : M50Y30, Stroke Color : None'을 지정합니다.

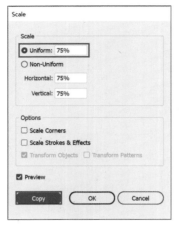
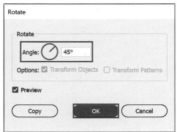

문자와 오브젝트

주요 기능	메뉴	단축키	출제빈도
Selection Tool	▶, ▷, ▷	V, A	★★★★★
Pen Tool	✎	P	★★★★★
Gradient Tool	■	G	★★★★★
Shape Tool	／, ◉, ▦, ▢, ▣, ◉, ◉, ☆, ⌒, ✎, ✂	W, M, L, B, C	★★★★★
Type Tool	T, ↙	T	★★★★★
Transform Tool	↻, ▷◁, ▣, ☞	R, O, S	★★★★★
Transform Again	[Object]–[Transform]–[Transform Again]	Ctrl + D	★★★★
Arrange	[Object]–[Arrange]	Shift + Ctrl +] Ctrl +] Ctrl + [Shift + Ctrl + [	★★★
Outline Stroke	[Object]–[Path]–[Outline Stroke]		★★★★
Offset Path	[Object]–[Path]–[Offset Path]		★★★★
Expand Appearance	[Object]–[Expand Appearance]		★★
Create Outlines	[Type]–[Create Outlines]	Shift + Ctrl + O	★★★★★
Effect	[Effect]–[Illustrator Effects]–[Stylize]–[Drop Shadow]		★★★★★
Color Panel	[Window]–[Color]	F6	★★★★★
Pathfinder Panel	[Window]–[Pathfinder]	Shift + Ctrl + F9	★★★★★
Stroke Panel	[Window]–[Stroke]	Ctrl + F10	★★★★★
Character Panel	[Window]–[Type]–[Character]	Ctrl + T	★★★★★
Paragraph Panel	[Window]–[Type]–[Paragraph]	Alt + Ctrl + T	★★
Gradient Panel	[Window]–[Gradient]	Ctrl + F9	★★★★★
Align Panel	[Window]–[Align]	Shift + F7	★★★
Brushes Panel	[Window]–[Brushes]	F5	★★★★★

▲ 완성 이미지

01 브러쉬 적용하여 배경 오브젝트 만들기

① [File]−[New]를 선택하고 새 도큐먼트를 만든 후 [View]−[Rulers]−[Show Rulers]를 선택하고 도큐먼트의 가로 중앙에 안내선을 표시합니다. Rectangle Tool(▣)로 작업 도큐먼트를 클릭한 후 'Width : 48mm, Height : 35mm'를 입력하여 그리고 'Fill Color : 임의 색상, Stroke Color : 임의 색상'을 지정합니다. Add Anchor Point Tool(⊕)로 사각형 상단 선분 중앙에 클릭하여 고정점을 추가한 후 Direct Selection Tool(▷)로 위쪽으로 이동하여 패스를 변형합니다.

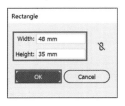
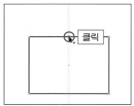
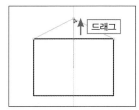

합격생의 비법

키보드의 화살표 ↑를 눌러 고정점을 이동할 수도 있습니다.

② [Object]−[Path]−[Offset Path]를 선택한 후 'Offset : 2mm'를 지정하여 확대된 복사본을 만듭니다.

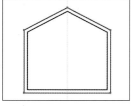

③ 계속해서 [Object]-[Path]-[Offset Path]를 선택한 후 'Offset : 3mm'를 지정하여 확대된 복사본을 만든 후 'Fill Color : C60M20, Stroke Color : None'을 지정한 후 Selection Tool(▶)로 도큐먼트의 빈 곳을 클릭하여 선택을 해제합니다.

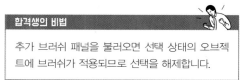

합격생의 비법

추가 브러쉬 패널을 불러오면 선택 상태의 오브젝트에 브러쉬가 적용되므로 선택을 해제합니다.

④ Brushes 패널 하단의 'Brush Libraries Menu'를 클릭하고 [Borders]-[Borders_Dashed]를 선택하여 추가 브러쉬 패널을 불러온 후 'Dashed Circles 1.1'을 선택합니다.

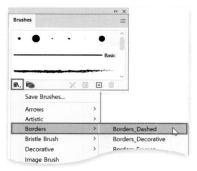
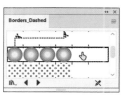

⑤ Selection Tool(▶)로 중간 크기의 오브젝트를 선택하고 브러쉬 패널에서 'Dashed Circles 1.1'을 선택한 후 Stroke 패널에서 'Weight : 0.5pt'를 적용하고 'Fill Color : None'을 지정합니다.

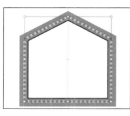

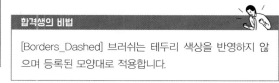

합격생의 비법

[Borders_Dashed] 브러쉬는 테두리 색상을 반영하지 않으며 등록된 모양대로 적용합니다.

⑥ Selection Tool(▶)로 가장 작은 오브젝트를 선택하고 Gradient 패널에서 'Type : Linear Gradient, Angle : 90'를 적용하고 Gradient Slider의 왼쪽 'Color Stop'을 더블 클릭하여 C80M70을 적용하고 오른쪽 'Color Stop'을 더블 클릭하여 K100을 적용한 후 'Stroke Color : None'을 지정합니다.

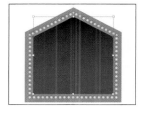

02 눈사람 모양 만들고 그림자 효과 적용하기

① Ellipse Tool(◉)로 작업 도큐먼트를 클릭한 후 'Width : 19mm, Height : 19mm'를 입력하여 그리고 'Fill Color : C10, Stroke Color : None'을 지정합니다. 계속해서 작업 도큐먼트를 클릭한 후 'Width : 12mm, Height : 12mm'를 입력하여 동일한 색상의 정원을 그리고 큰 정원의 상단에 겹치도록 배치합니다.

 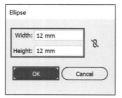 

② Ellipse Tool(◉)로 Shift 를 누르면서 드래그하여 정원을 그리고 'Fill Color : K100, Stroke Color : None'을 지정합니다. Selection Tool(▶)로 Alt 를 누르면서 오른쪽 아래로 드래그하여 복사합니다.

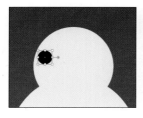 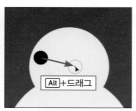

③ Pen Tool(✎)로 코 모양을 닫힌 패스로 그리고 'Fill Color : M100Y50, Stroke Color : None'을 지정합니다.

④ Pen Tool(✎)로 모자 모양을 닫힌 패스로 그리고 'Fill Color : M90Y50, Stroke Color : None'을 지정합니다. Ellipse Tool(◉)로 Shift 를 누르면서 드래그하여 정원을 모자의 끝 부분과 겹치도록 그리고 'Fill Color : M90Y50, Stroke Color : None'을 지정합니다.

⑤ Ellipse Tool()로 작업 도큐먼트를 클릭한 후 'Width : 11mm, Height : 6mm'를 입력하여 그리고 'Fill Color : C50Y100, Stroke Color : None'을 지정한 후 Ctrl+[를 여러 번 눌러 머리 모양의 뒤로 보내기를 합니다.

⑥ Pen Tool(✒)로 머플러 모양을 닫힌 패스로 그리고 'Fill Color : C50Y100, Stroke Color : None'을 지정합니다.

⑦ Knife(🔪)로 머플러 모양을 완전히 통과하도록 가로로 3번 드래그하여 면을 분할합니다. Selection Tool(▶)로 Shift 를 누르면서 2개의 오브젝트를 선택하고 'Fill Color : C40M80Y10, Stroke Color : None'을 지정합니다.

합격생의 비법

Knife(✒)로 면을 분할할 때는 반드시 분할할 오브젝트를 선택한 상태에서 드래그해야 다른 오브젝트에 적용되지 않습니다.

⑧ Selection Tool(▶)로 눈사람 모양을 모두 선택하고 [Object]-[Group]([Ctrl]+[G])을 선택하고 그룹을 설정한 후 [Effect]-[Illustrator Effects]-[Stylize]-[Drop Shadow]를 선택하고 'Opacity : 75%, X Offset : 2.47mm, Y Offset : 2.47mm, Blur : 1.76mm'를 지정하여 그림자 효과를 적용합니다.

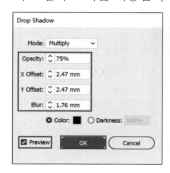

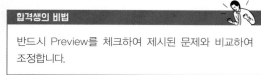

합격생의 비법

반드시 Preview를 체크하여 제시된 문제와 비교하여 조정합니다.

03 눈 결정체 모양 만들기

① Ellipse Tool(◯)로 작업 도큐먼트를 클릭한 후 'Width : 2mm, Height : 2mm'를 입력하여 그리고 'Fill Color : C0M0Y0K0, Stroke Color : None'을 지정합니다. Line Segment Tool(╱)로 [Shift]를 누르면서 드래그하여 정원의 상단에 수직선을 그리고 'Fill Color : None, Stroke Color : C0M0Y0K0'을 지정하고 Stroke 패널에서 'Weight : 2pt, Cap : Round Cap'을 지정합니다.

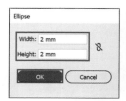

② Selection Tool(▶)로 수직선과 정원을 함께 선택하고 Align 패널에서 'Horizontal Align Center(♣)'를 클릭하여 가로 가운데 정렬을 지정합니다. Line Segment Tool(╱)로 2개의 길이가 다른 사선을 그리고 'Fill Color : None, Stroke Color : C0M0Y0K0'을 지정하고 Stroke 패널에서 'Weight : 2pt, Cap : Round Cap'을 지정합니다.

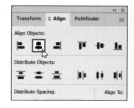

③ Selection Tool(▶)로 2개의 사선을 선택하고 Reflect Tool(◁▷)로 [Alt]를 누르고 정원의 중심점을 클릭하여 'Axis : Vertical'을 지정하고 [Copy]를 눌러 복사합니다. Selection Tool(▶)로 5개의 선을 함께 선택하고 [Object]-[Path]-[Outline Stroke]를 선택하여 선을 면으로 확장합니다.

합격생의 비법

[View]-[Smart Guides]([Ctrl]+[U])를 선택한 후 마우스를 정원의 중심점 위치에 올리면 'x'로 표시되어 정확한 위치 지정에 도움이 됩니다.

④ Rotate Tool()로 [Alt]를 누르면서 정원의 중심점을 클릭하여 [Rotate] 대화상자에서 'Angle : 72°'를 지정하고 [Copy]를 눌러 회전 복사한 후 [Ctrl]+[D]를 3번 눌러 동일한 각도로 반복 복사합니다.

⑤ Selection Tool(▶)로 눈 결정 모양을 모두 선택하고 Pathfinder 패널에서 'Unite(□)'를 클릭하여 합친 후 도큐먼트의 빈 곳을 클릭하여 선택을 해제합니다.

   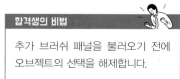

합격생의 비법

추가 브러쉬 패널을 불러오기 전에 오브젝트의 선택을 해제합니다.

04 브러쉬 적용하여 바람 모양 만들기

① Brushes 패널 하단의 'Brush Libraries Menu'를 클릭하고 [Artistic]-[Artistic_Ink]를 선택하여 추가 브러쉬 패널을 불러온 후 'Dry Ink 2'를 선택합니다.

② Paintbrush Tool(✏)을 선택하고 'Fill Color : None, Stroke Color : C0M0Y0K0'을 지정하고 Stroke 패널에서 'Weight : 0.5pt'를 지정한 후 왼쪽에서 오른쪽으로 드래그하여 칠합니다.

합격생의 비법

제시된 브러쉬의 양 끝 형태를 보고 패스의 시작점과 끝점을 설정해야 출력 형태와 동일한 결과가 나옵니다.

05 문자 오브젝트 만들고 변형과 그림자 효과 적용하기

① Type Tool(T)로 작업 도큐먼트를 클릭한 후 Character 패널에서 'Set font family : Arial, Set font style : Black, Set font size : 29pt'를 설정하고 'Fill Color : C20Y10, Stroke Color : None'을 지정한 후 SNOW MAN을 입력합니다. Selection Tool (▶)로 선택한 후 [Type]-[Create Outlines](Shift + Ctrl + O)를 선택하고 문자를 윤곽선으로 변환합니다.

② Selection Tool(▶)로 더블 클릭하여 Isolation Mode로 전환하고 S 문자 오브젝트와 M 문자 오브젝트를 각각 선택하여 Scale Tool(⛶)을 더블 클릭하고 'Uniform : 150%'를 지정하여 확대하고 각각의 위치를 조절합니다.

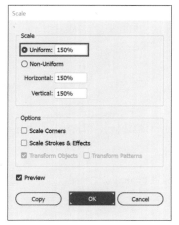

③ Direct Selection Tool(▷)로 S 문자 오브젝트와 N 문자 오브젝트의 왼쪽과 오른쪽 고정점을 각각 클릭하여 선택하고 이동하여 변형한 후 Esc를 눌러 정상 모드로 전환합니다.

④ Selection Tool(▶)로 문자 오브젝트를 선택하고 [Object]-[Path]-[Offset Path]를 선택한 후 'Offset : 2mm'를 지정하여 확대된 복사본을 만든 후 'Fill Color : C60M20, Stroke Color : None'을 지정합니다.

⑤ Pathfinder 패널에서 'Unite(▣)'를 클릭하여 합친 후 Shift + Ctrl + [를 눌러 맨 뒤로 보내기를 합니다.

⑥ [Effect]-[Illustrator Effects]-[Stylize]-[Round Corners]를 선택하고 'Radius : 3mm'를 지정하고 모서리를 둥글게 만든 후 [Object]-[Expand Appearance]를 선택하여 오브젝트의 속성을 확장합니다.

⑦ Selection Tool(▶)로 앞 쪽의 SNOW MAN 문자 오브젝트를 더블 클릭하여 Isolation Mode로 전환합니다. Ctrl + A로 SNOW MAN 문자 오브젝트를 모두 선택하고 [Effect]-[Illustrator Effects]-[Stylize]-[Drop Shadow]를 선택하고 'Opacity : 75%, X Offset : 1mm, Y Offset : 1mm, Blur : 1mm'를 지정하여 그림자 효과를 적용하고 Esc를 눌러 정상 모드로 전환합니다.

02 곡선을 따라 흐르는 문자 입력하기

▲ 완성 이미지

01 기차 모양 오브젝트 만들기

① [File]-[New]로 새 도큐먼트를 만들고 Rectangle Tool(▣)로 작업 도큐먼트를 클릭한 후 'Width : 20mm, Height : 9mm'를 입력하여 그리고 'Fill Color : C30M70, Stroke Color : None'을 지정합니다. 계속해서 작업 도큐먼트를 클릭한 후 'Width : 14mm, Height : 17mm'를 입력하여 그리고 'Fill Color : C30Y100, Stroke Color : None'을 지정하고 그림과 같이 배치합니다.

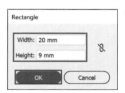  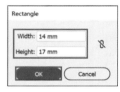 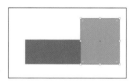

② Rectangle Tool(▣)로 드래그하여 크기가 다른 2개의 사각형을 그리고 'Fill Color : C90M10, M20Y30, Stroke Color : None'을 각각 지정합니다. Rounded Rectangle Tool (▣)로 드래그하여 2개의 둥근 사각형을 그리고 'Fill Color : M100Y60, M40Y100, Stroke Color : None'을 각각 지정합니다.

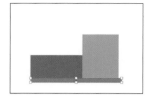 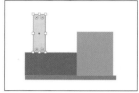 

③ Selection Tool(▶)로 3개의 오브젝트를 함께 선택하고 Align 패널에서 'Horizontal Align Center(▣)'를 클릭하여 가로 가운데 정렬을 지정합니다.

 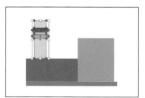

④ Rounded Rectangle Tool(□)로 드래그하여 크기가 다른 2개의 둥근 사각형을 그리고 'Fill Color : M90Y10, C30Y100, Stroke Color : None'을 각각 지정하여 배치합니다. 계속해서 창문 모양을 그리고 'Fill Color : C0M0Y0K0, Stroke Color : None'을 지정하고 Selection Tool(▶)로 Alt + Shift 를 누르면서 오른쪽으로 드래그하여 복사합니다.

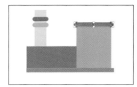 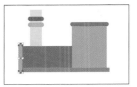 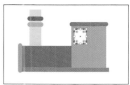 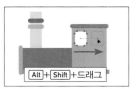

⑤ Rectangle Tool(□)로 드래그하여 사각형을 그리고 'Fill Color : M20Y30, Stroke Color : None'을 지정합니다. Direct Selection Tool(▷)로 왼쪽 2개의 고정점을 드래그하여 선택하고 [Object]-[Path]-[Average]를 선택하고 'Axis : Both'를 지정하여 한 점에 정렬하여 삼각형을 만듭니다.

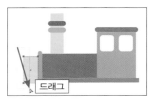  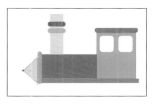

합격생의 비법

Polygon Tool(⬡)로 작업 도큐먼트를 클릭한 후 'Sides : 3'을 입력하여 삼각형을 그리고 회전하여 배치할 수도 있습니다.

⑥ Ellipse Tool(○)로 작업 도큐먼트를 클릭한 후 'Width : 6.5mm, Height : 6.5mm'를 입력하여 정원을 그리고 'Fill Color : M40Y100, Stroke Color : None'을 지정합니다. 계속해서 Shift 를 누르면서 드래그하여 크기가 작은 정원을 그리고 'Fill Color : M90Y10, Stroke Color : None'을 지정합니다.

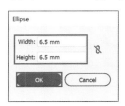 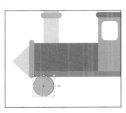 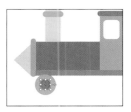

⑦ Selection Tool(▶)로 2개의 정원을 함께 선택하고 Align 패널에서 'Horizontal Align Center(🔳)'와 'Vertical Align Center(🔳)'를 클릭하여 중앙에 정렬합니다.

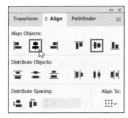 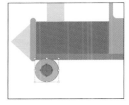

합격생의 비법

Alt + Shift 를 누르면서 큰 정원의 중심점에서부터 드래그하면 중앙에 정렬하여 정원을 그릴 수 있습니다.

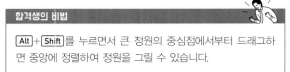

⑧ Selection Tool(▶)로 Alt + Shift 를 누르면서 오른쪽으로 드래그하여 복사하고 Ctrl + D 를 눌러 간격에 맞춰 반복하여 복사합니다.

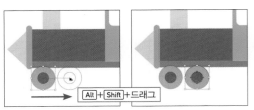

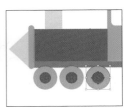

합격생의 비법

Selection Tool(▶)로 Alt 를 누르면서 드래그하여 복사를 할 때 Shift 를 동시에 누르면 드래그하는 방향으로 반듯하게 이동하여 복사할 수 있습니다.

⑨ Ellipse Tool(◯)로 작업 도큐먼트를 클릭한 후 'Width : 12mm, Height : 12mm'를 입력하여 그리고 'Fill Color : M60Y90, Stroke Color : None'을 지정합니다. 계속해서 Alt + Shift 를 누르면서 큰 정원의 중심점에서부터 드래그하여 크기가 다른 2개의 정원을 그리고 'Fill Color : M40Y100, M90Y10, Stroke Color : None'을 순서대로 각각 지정합니다.

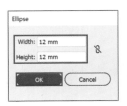

⑩ Rectangle Tool(▢)로 작업 도큐먼트를 클릭한 후 'Width : 20mm, Height : 13mm'를 입력하여 그리고 'Fill Color : C60Y80, Stroke Color : None'을 지정합니다.

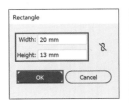

⑪ Rounded Rectangle Tool(▢)로 작업 도큐먼트를 클릭한 후 'Width : 17mm, Height : 8mm, Corner Radius : 1mm'를 입력하여 그리고 'Fill Color : 임의 색상, Stroke Color : 임의 색상'을 지정합니다. Ctrl + Y 로 윤곽선 보기를 한 후 Direct Selection Tool(▷)로 드래그하여 상단 4개의 고정점을 선택하고 ◉를 안쪽으로 드래그하여 모서리를 둥글게 조절하고 Ctrl + Y 로 미리보기로 전환합니다.

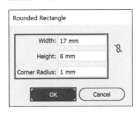

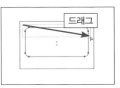

합격생의 비법

둥근 사각형 안쪽의 ◉를 안쪽으로 드래그하여 모서리의 둥근 정도를 각각 조절할 수 있습니다.

⑫ Selection Tool(▶)로 사각형과 함께 선택하고 Align 패널에서 'Horizontal Align Center(♣)'를 클릭하여 가로 가운데 정렬을 지정한 후 Pathfinder 패널에서 'Minus Front(▣)'를 클릭합니다.

  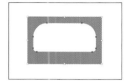

⑬ Rectangle Tool(▣)로 드래그하여 상단에 사각형을 그리고 'Fill Color : C90M10, Stroke Color : None'을 지정합니다. Selection Tool(▶)로 Alt 를 누르면서 아래쪽으로 드래그하여 복사한 후 3개의 오브젝트를 선택하고 Align 패널에서 'Horizontal Align Center(♣)'를 클릭하여 가로 가운데 정렬을 지정합니다.

 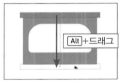 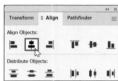 

⑭ Rectangle Tool(▣)로 2개의 기차 모양 사이에 드래그하여 사각형을 그리고 'Fill Color : C80M70, Stroke Color : None'을 지정한 후 Shift + Ctrl + [를 눌러 맨 뒤로 보내기를 합니다.

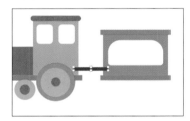 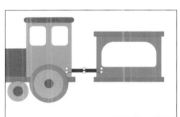

⑮ Selection Tool(▶)로 작은 바퀴 모양의 2개의 정원을 선택하고 Alt + Shift 를 누르면서 오른쪽 작은 기차 모양으로 드래그하여 복사합니다. 계속해서 같은 방법으로 복사하여 오른쪽에 배치합니다.

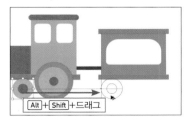 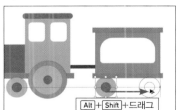

합격생의 비법

오브젝트 생성, 이동, 복사할 때는 [View]-[Smart Guides](Ctrl + U)를 클릭하면 오브젝트의 중심점, 위치, 배치 등을 지정하기 편리합니다.

⑫ 인형 모양 만들기

① Rounded Rectangle Tool(▣)로 작업 도큐먼트를 클릭한 후 'Width : 6mm, Height : 10mm, Corner Radius : 3mm'를 입력하여 그리고 'Fill Color : C50M20, Stroke Color : None'을 지정합니다.

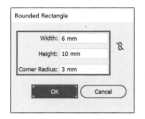

② 계속해서 Rounded Rectangle Tool(▣)로 둥근 사각형의 하단과 겹치도록 그리고 'Fill Color : 임의 색상, Stroke Color : 임의 색상'을 지정합니다. Selection Tool(▶)로 2개의 오브젝트를 함께 선택하고 Pathfinder 패널에서 'Minus Front(▣)'를 클릭합니다.

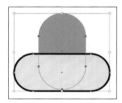

③ Line Segment Tool(／)로 Shift를 누르면서 드래그하여 수평선을 겹치도록 그리고 'Fill Color : None, Stroke Color : 임의 색상'을 지정합니다. Selection Tool(▶)로 2개의 오브젝트를 선택하고 Pathfinder 패널에서 'Divide(▣)'를 클릭하여 면을 분할한 후 더블 클릭하여 Isolation Mode로 전환합니다. 하단 오브젝트를 선택하여 'Fill Color : C30M70, Stroke Color : None'을 지정합니다.

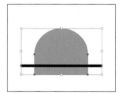

④ Ellipse Tool(◉)로 작업 도큐먼트를 클릭한 후 'Width : 2mm, Height : 3.5mm'를 입력하여 그리고 'Fill Color : C50M20, Stroke Color : None'을 지정한 후 Rotate Tool(↻)을 더블 클릭하여 'Angle : 20°'를 지정하여 회전합니다.

⑤ Reflect Tool()로 Alt 를 누르고 가운데 고정점을 클릭하여 'Axis : Vertical'을 지정하고
[Copy]를 눌러 복사합니다.

합격생의 비법

[View]–[Smart Guides](Ctrl + U)를 선택하고 마우스를 오브젝트의 윤곽선에 올리면 고정점이 작은 사각형으로 표시되
어 변형 축을 지정할 때 편리합니다.

⑥ Selection Tool(▶)로 3개의 오브젝트를 함께 선택하고 Pathfinder 패널에서 'Unite()'를
클릭하여 합칩니다.

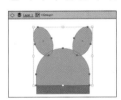  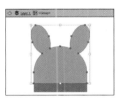

⑦ Ellipse Tool(◯)로 Shift 를 누르면서 드래그하여 정원을 그리고 'Fill Color : K100, Stroke
Color : None'을 지정한 후 Selection Tool(▶)로 Alt + Shift 를 누르면서 오른쪽으로 드래
그하여 복사하고 Esc 를 눌러 정상 모드로 전환합니다. Selection Tool(▶)로 인형 모양을 선
택하고 작은 기차 모양 중앙에 배치한 후 Shift + Ctrl + [를 눌러 맨 뒤로 보내기를 합니다.

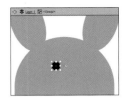  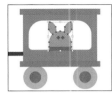 

03 증기 모양 오브젝트 만들고 그라디언트 적용하기

① Ellipse Tool(◯)로 작업 도큐먼트에 드래그하여 크기가 다른 3개의 타원을 겹치도록 그리고
'Fill Color : 임의 색상, Stroke Color : 임의 색상'을 지정합니다. Pen Tool(✐)로 타원과
겹치도록 패스를 그리고 4개의 오브젝트를 함께 선택하고 Pathfinder 패널에서 'Unite(◻)'
를 클릭하여 합칩니다.

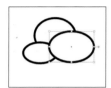   

② Gradient 패널에서 'Type : Linear Gradient, Angle : 90°'를 적용하고 Gradient Slider 의 왼쪽 'Color Stop'을 더블 클릭하여 C10M10을 적용하고 오른쪽 'Color Stop'을 더블 클릭 하여 C30M20을 적용한 후 'Stroke Color : None'을 지정합니다.

 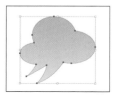

③ Scale Tool(⬚)을 더블 클릭하여 'Uniform : 70%'를 지정하고 [Copy]를 눌러 복사합니다. Rotate Tool(↻)을 더블 클릭하여 'Angle : −30°'를 지정하여 회전한 후 'Fill Color : C20M10, Stroke Color : None'을 지정하고, Ctrl+[를 눌러 뒤로 보내기를 하고 배치합니다.

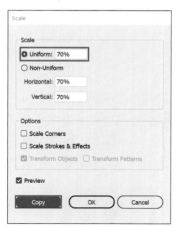  

🄀 곡선 패스 그리고 문자 입력하기

① Pen Tool(✎)로 드래그하여 문자를 입력할 열린 곡선 패스를 그리고 'Fill Color : None, Stroke Color : 임의 색상'을 지정합니다.

② Type on a Path Tool()로 곡선 패스의 왼쪽 끝점을 클릭하고 Character 패널에서 'Set font family : Times New Roman, Set font style : Bold, Set font size : 17pt'를 설정하고 'Fill Color : C100M100K20, Stroke Color : None'을 지정하여 International Toy Fair를 입력합니다.

③ Selection Tool(▶)로 패스 상의 왼쪽 수직선 모양()을 클릭하여 오른쪽으로 드래그하여 패스 상의 문자의 위치를 조절한 후, 도큐먼트의 빈 곳을 클릭하여 선택을 해제합니다.

05 브러쉬 적용하기

① Brushes 패널 하단의 'Brush Libraries Menu'를 클릭하고 [Artistic]-[Artistic_Watercolor]를 선택하여 추가 브러쉬 패널을 불러온 후 'Watercolor Stroke 3'을 선택합니다.

② Line Segment Tool(/)로 Shift를 누르면서 왼쪽에서 오른쪽으로 드래그하여 바퀴 모양 하단에 수평선을 그리고 'Fill Color : None, Stroke Color : C80Y100'을 지정하고 Stroke 패널에서 'Weight : 0.75pt'를 지정합니다. [Object]-[Arrange]-[Send to Back](Shift+Ctrl+[)을 선택하고 맨 뒤로 보내기를 합니다.

03 원형 엠블럼 만들기

▲ 완성 이미지

01 브러쉬와 그라디언트 적용하여 원형 만들기

① [File]–[New]로 새 도큐먼트를 만들고 [View]–[Rulers]–[Show
Rulers]를 선택한 후 도큐먼트의 중앙에 안내선을 표시합니다. Brushes
패널 하단의 'Brush Libraries Menu'를 클릭하고 [Artistic]–
[Artistic_Ink]를 선택하여 추가 브러쉬 패널을 불러온 후 'Light Ink
Wash'를 선택합니다.

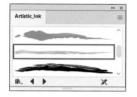

② Ellipse Tool(◯)로 Alt 를 누르면서 안내선의 교차 지점을 클릭하여 'Width : 67mm,
Height : 67mm'를 입력하여 그리고 'Fill Color : C10M10Y30, Stroke Color :
C40M70Y100K50'을 지정하고 Stroke 패널에서 'Weight : 1pt'를 지정합니다.

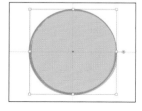

③ Scale Tool(▣)을 더블 클릭하여
'Uniform : 70%, Scale Strokes &
Effects : 체크 해제'를 지정하고
[Copy]를 눌러 축소하여 복사합니다.

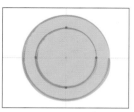

④ Gradient 패널에서 'Type : Radial Gradient'를 적용하고 Gradient Slider의 왼쪽 'Color Stop'을 더블 클릭하여 C20Y30을 적용하여 'Location : 30%'로 지정하고 오른쪽 'Color Stop'을 더블 클릭하여 C0M0Y0K0을 적용합니다.

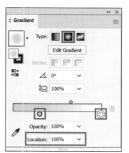 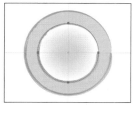

02 곡선을 따라 흐르는 문자 입력하기

① Scale Tool(⊞)을 더블 클릭하여 'Uniform : 110%, Scale Strokes & Effects : 체크 해제'를 지정하고 [Copy]를 눌러 확대하여 복사한 후 'Fill Color : None, Stroke Color : 임의 색상'을 지정합니다. Direct Selection Tool(▷)로 정원 하단의 고정점을 클릭하고 Delete 를 눌러 삭제하여 열린 패스로 변형합니다.

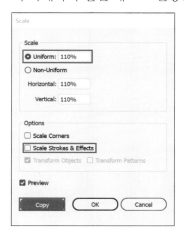  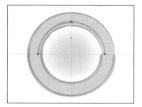

② Type on a Path Tool(⤳)로 곡선 패스의 왼쪽 끝점을 클릭하고 Character 패널에서 'Set font family : Times New Roman, Set font style : Bold, Set font size : 18pt'를 설정하고 Paragraph 패널에서 'Align center(≡)'를 클릭하여 가운데 정렬을 지정합니다. Color 패널에서 'Fill Color : C40M60Y90K30, Stroke Color : None'을 지정하고 DINOSAUR PARK를 입력합니다.

합격생의 비법

Type on a Path Tool(⤳)을 사용하여 문자를 입력할 때는 패스의 색상은 없어지므로 면과 테두리에 별도의 색상 지정은 큰 의미가 없습니다.

③ Selection Tool()로 큰 정원을 선택하고 Scale Tool(🔲)을 더블 클릭하여 'Uniform : 90%, Scale Strokes & Effects : 체크 해제'를 지정하고 [Copy]를 눌러 축소하여 복사한 후 'Fill Color : None, Stroke Color : 임의 색상'을 지정합니다. Scissors Tool(✂)로 정원 하단의 왼쪽과 오른쪽 선분 위에 각각 클릭하여 패스를 자릅니다.

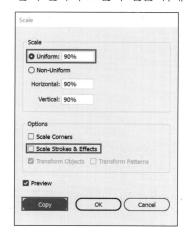
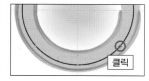

④ Selection Tool(▶)로 상단의 열린 패스를 선택하고 Delete 를 눌러 삭제합니다.

⑤ Type on a Path Tool(〽)로 곡선 패스의 오른쪽 끝점을 클릭한 후 Character 패널에서 'Set font family : Times New Roman, Set font style : Bold, Set font size : 12pt'를 설정 하고 Paragraph 패널에서 'Align center(≡)'를 클릭하여 가운데 정렬을 지정합니다.

⑥ Color 패널에서 'Fill Color : C40M60Y90K30, Stroke Color : None'을 지정하고 Since 2012를 입력합니다. Selection Tool(▶)로 패스 상의 중앙 수직선 모양(▶)을 클릭하여 위쪽 으로 드래그하고 패스 안쪽으로 이동하여 문자의 위치를 조절합니다.

⑦ Star Tool(⭐)로 Shift 를 누르면서 드래그하여 별 모양을 그리고 'Fill Color : C20M40Y60, Stroke Color : None'을 지정합니다. Selection Tool(▶)로 Alt + Shift 를 누르면서 오른쪽으로 드래그하여 복사하여 배치합니다.

03 공룡 모양 오브젝트 만들기

① Pen Tool(✎)로 공룡의 얼굴과 몸통 모양을 그리고 'Fill Color : C50M10Y40, Stroke Color : None'을 지정합니다. 계속해서 머리와 코의 뿔 모양을 그리고 'Fill Color : M90Y50, Stroke Color : None'을 지정합니다.

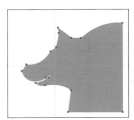 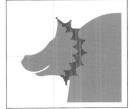 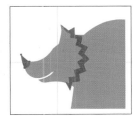

② Pen Tool(✎)로 동일한 색상으로 머리의 뿔 모양을 그리고 Selection Tool(▶)로 Alt 를 누르면서 왼쪽으로 드래그하여 복사하고 Shift + Ctrl + [를 눌러 맨 뒤로 보내기를 합니다.

③ Ellipse Tool(⬭)로 Shift 를 누르면서 드래그하여 크기가 다른 2개의 정원을 그리고 'Fill Color : C0M0Y0K0, K100, Stroke Color : None'을 각각 지정하여 눈의 모양을 완성합니다.

④ Selection Tool(▶)로 중앙의 정원을 선택하고 Ctrl + C로 복사를 하고 Ctrl + F로 복사한 오브젝트 앞에 붙이기를 한 후 Shift + Ctrl +]로 맨 앞으로 가져오기를 합니다. Tool 패널 하단의 Default Fill and Stroke(◨)를 클릭합니다.

합격생의 비법

Default Fill and Stroke(◨)를 클릭하여 브러쉬 속성을 해제합니다.

⑤ Selection Tool(▶)로 정원과 공룡 모양을 함께 선택하고 Pathfinder 패널에서 'Crop(◨)'을 클릭하여 맨 앞의 정원과 겹친 부분을 잘라준 후, 도큐먼트의 빈 곳을 클릭하여 선택을 해제합니다.

합격생의 비법

선택의 용이성을 위해 배경의 원형과 문자는 [Object]–[Lock]–[Selection](Ctrl + 2)으로 잠금을 설정합니다. 작업 완료 후에는 반드시 [Object]–[Unlock All](Alt + Ctrl + 2)로 잠금을 해제합니다.

04 배너 브러쉬와 이펙트 적용하기

① Brushes 패널 하단의 'Brush Libraries Menu'를 클릭하고 [Decorative]–[Decorative_Banners and Seals]를 선택하여 추가 브러쉬 패널을 불러온 후 'Banner 14'를 선택합니다.

② Line Segment Tool(╱)로 작업 도큐먼트에 클릭하여 'Length : 85mm, Angle : 0˚'를 지정하여 수평선을 그리고 'Fill Color : None, Stroke Color : 임의 색상'을 지정한 후 'Banner 14' 브러쉬를 적용하고 Stroke 패널에서 'Weight : 1pt'를 지정합니다.

③ [Effect]-[Illustrator Effects]-[Stylize]-[Drop Shadow]를 선택하고 'Opacity : 50%, X Offset : 2mm, Y Offset : 2mm, Blur : 1mm'를 지정하여 그림자 효과를 적용합니다.

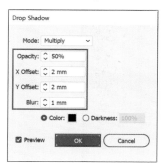

🔵05 문자 오브젝트 만들고 변형하기

① Type Tool(T)로 작업 도큐먼트를 클릭한 후 Character 패널에서 'Set font family : Arial, Set font style : Black, Set font size : 26pt'를 설정하고 'Fill Color : C10M60Y70, Stroke Color : None'을 지정한 후 ADVENTURE를 입력합니다.

② Selection Tool(▶)로 ADVENTURE 문자를 선택하고 [Effect]-[Illustrator Effects]-[Warp]-[Arc]를 선택하고 'Horizontal : 체크, Bend : 25%'를 설정하고 문자의 모양을 변형한 후 [Object]-[Expand Appearance]를 선택하여 오브젝트의 속성을 확장합니다.

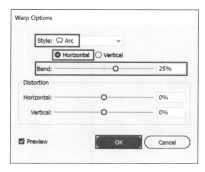

합격생의 비법

오브젝트의 속성을 확장하면 [Type]-[Create Outlines](Shift + Ctrl + O)를 하지 않아도 문자가 변형된 모양대로 윤곽선으로 변환합니다.

③ Selection Tool(▶)로 ADVENTURE 문자 오브젝트를 더블 클릭하여 Isolation Mode로 전환합니다. Pen Tool(✎)로 곡선의 열린 패스를 겹치도록 그리고 'Fill Color : None, Stroke Color : 임의 색상'을 지정합니다.

합격생의 비법

Isolation Mode로 전환하면 선택된 오브젝트의 격리 모드에서 편집하므로 선택이 용이합니다.

④ Ctrl + A 로 문자 오브젝트와 열린 패스를 모두 선택하고 Pathfinder 패널에서 'Divide(🔲)'를 클릭하여 면을 분할합니다.

⑤ Selection Tool(▶)로 Shift 를 누르면서 클릭하여 분할된 하단 오브젝트를 모두 선택하고 'Fill Color : C70M30Y30K50, Stroke Color : None'을 지정하고 키보드의 화살표 ↓를 여러 번 눌러 이동한 후 Esc 를 눌러 정상 모드로 전환합니다.

CHAPTER 03

어플리케이션 디자인

주요 기능	메뉴	단축키	출제빈도
Selection Tool	▶, ▷, ⮕	V, A	★★★★★
Pen Tool	✎	P	★★★★★
Gradient Tool	◨	G	★★★★★
Shape Tool	/, ◉, ⌒, ▢, ▣, ◯, ◯, ☆	W, M, L	★★★★★
Type Tool	T	T	★★★★★
Transform Tool	↻, ⮘, ▣, ⮕	R, O, S	★★★★★
Transform Again	[Object]–[Transform]–[Transform Again]	Ctrl+D	★★★★★
Arrange	[Object]–[Arrange]	Shift+Ctrl+] Ctrl+] Ctrl+[Shift+Ctrl+[	★★★
Group	[Object]–[Group]	Ctrl+G	★★★★★
Outline Stroke	[Object]–[Path]–[Outline Stroke]		★★★
Offset Path	[Object]–[Path]–[Offset Path]		★★★★
Expand Appearance	[Object]–[Expand Appearance]		★★
Pathfinder Panel	[Window]–[Pathfinder]	Shift+Ctrl+F9	★★★★★
Color Panel	[Window]–[Color]	F6	★★★★★
Stroke Panel	[Window]–[Stroke]	Ctrl+F10	★★★★★
Character Panel	[Window]–[Type]–[Character]	Ctrl+T	★★★★★
Paragraph Panel	[Window]–[Type]–[Paragraph]	Alt+Ctrl+T	★★
Gradient Panel	[Window]–[Gradient]	Ctrl+F9	★★★★★
Align Panel	[Window]–[Align]	Shift+F7	★★★★
Transparency Panel	[Window]–[Transparency]	Shift+Ctrl+F10	★★★★★

01 간격이 일정한 그룹 지정하여 태그 모양 만들기

▲ 완성 이미지

01 구름 문양 만들기

① [File]-[New]로 새 도큐먼트를 만들고 Ellipse Tool(⬤)로 크기가 다른 3개의 원을 겹치도록 그리고 'Fill Color : 임의 색상, Stroke Color : 임의 색상'을 지정합니다. 계속해서 Pen Tool(✎)로 하단에 겹치도록 패스를 그리고 배치합니다.

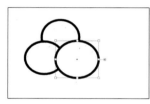

② Ctrl+A로 모두 선택하고 Pathfinder 패널에서 'Unite(◧)'를 클릭하여 합친 후 'Fill Color : C10M70Y40, Stroke Color : None'을 지정합니다.

③ [Object]-[Path]-[Offset Path]를 선택한 후 'Offset : 1mm'를 지정하여 확대된 복사본을 만든 후 'Fill Color : M30Y80, Stroke Color : None'을 지정합니다. 계속해서 [Offset Path]를 선택한 후 'Offset : 1mm'를 지정하여 확대된 복사본을 만든 후 'Fill Color : None, Stroke Color : M60Y50'을 지정하고 Stroke 패널에서 'Weight : 1pt'를 지정합니다.

④ Direct Selection Tool(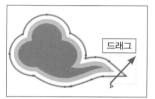)로 드래그하여 2개의 고정점을 선택하고 오른쪽으로 이동하여 패스를 변형합니다.

⑤ Selection Tool(▶)로 Shift를 누르면서 안쪽 2개의 구름 문양을 함께 선택하고 Scale Tool (⊞)을 더블 클릭하여 'Uniform : 60%'를 지정하고 [Copy]를 눌러 복사한 후 이동하여 배치합니다. Selection Tool(▶)로 각각 선택하여 'Fill Color : C50M30Y60, C10Y50, Stroke Color : None'을 지정한 후 축소된 안쪽 구름 문양을 오른쪽 위로 이동합니다.

02 꽃 모양 오브젝트 만들기

① Ctrl+R로 눈금자를 표시하고 작업 도큐먼트에 안내선을 지정합니다. Ellipse Tool(◉)로 작업 도큐먼트를 클릭한 후 'Width : 8mm, Height : 8mm'를 입력하여 그리고 'Fill Color : 임의 색상, Stroke Color : 임의 색상'을 지정합니다. [Object]-[Transform]-[Move]를 선택하고 'Horizontal : 4.2mm, Vertical : 0mm'를 지정하고 [Copy]를 눌러 오른쪽으로 반듯하게 이동하여 복사합니다.

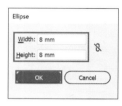

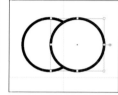

합격생의 비법

오브젝트를 선택한 후 Tool 패널의 Selection Tool(▶) 또는 Direct Selection Tool(▷)을 더블 클릭하면 [Move] 대화 상자를 빠르게 설정할 수 있습니다.

② Selection Tool(▶)로 2개의 정원을 함께 선택하고 Pathfinder 패널에서 'Intersect(▣)'를 클릭하여 겹치는 부분만을 남깁니다.

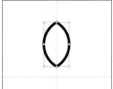

③ Line Segment Tool(╱)로 **Shift**를 누르면서 드래그하여 중앙에 수직선을 그리고 'Fill Color : None, Stroke Color : 임의 색상'을 지정합니다. Selection Tool(▶)로 2개의 오브 젝트를 함께 선택하고 Pathfinder 패널에서 'Divide(▣)'를 클릭하여 면을 분할한 후 더블 클 릭하여 Isolation Mode로 전환합니다. 2개의 오브젝트를 각각 선택하여 'Fill Color : M40Y30, M100Y70, Stroke Color : None'을 지정하고 **Esc**를 눌러 정상 모드로 전환합니다.

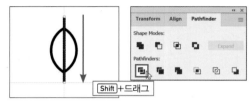
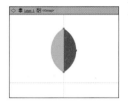

④ Selection Tool(▶)로 꽃잎 모양을 선택하고 Rotate Tool(⟳)로 **Alt**를 누르면서 안내선의 교차지점을 클릭합니다. [Rotate] 대화상자에서 'Angle : 90°'를 지정하고 [Copy]를 눌러 회 전 복사한 후 **Ctrl**+**D**를 2번 눌러 반복하여 복사합니다.

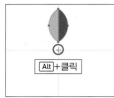

합격생의 비법

Rotate Tool(⟳)로 안내선의 교차지점을 클릭하여 회전축을 지정한 후 **Alt**+**Shift**를 누르면서 드래그하면 45° 단위로 회전하며 복사할 수 있습니다.

⑤ Selection Tool(▶)로 4개의 꽃잎 모양을 모두 선택하고 Rotate Tool(⟳)을 더블클릭하여 [Rotate] 대화상자에서 'Angle : 45°'를 지정하고 [Copy]를 눌러 회전 복사합니다. 계속해서 Scale Tool(▣)을 더블 클릭하여 'Uniform : 120%'를 지정하여 확대합니다.

  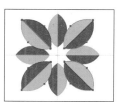

⑥ Shift + Ctrl + [로 맨 뒤로 보내기를 한 후 Group Selection Tool(▶)로 Shift 를 누르면서
4개의 오브젝트를 함께 선택하고 'Fill Color : C60Y100, Stroke Color : None'을 지정합니
다. 나머지 4개의 오브젝트도 동일한 방법으로 선택한 후 'Fill Color : C10M60Y60, Stroke
Color : None'을 지정합니다.

⑦ Ellipse Tool(◉)로 Alt 를 누르면서 안내선의 교차 지점을 클릭하여 'Width : 23mm,
Height : 23mm'를 입력하여 그리고 'Fill Color : C10Y10, Stroke Color : C20M20Y20'
을 지정하고 Stroke 패널에서 'Weight : 1pt'를 지정한 후 Shift + Ctrl + [를 눌러 맨 뒤로
보내기를 합니다.

  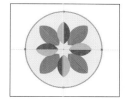

⑧ Ellipse Tool(◉)로 Alt + Shift 를 누르면서 안내선의 교차지점에서부터 드래그하여 크기가
다른 2개의 정원을 그리고 'Fill Color : C10M60Y60, M40Y30, Stroke Color : None'을
각각 지정합니다.

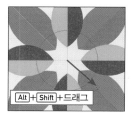  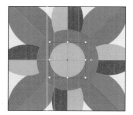

합격생의 비법

중심에서부터 정확한 수치 입력하여 원 그리기

[Alt]를 누르면서 중심점에 클릭하여 [대화상자]에서 수치를 입력합니다.

중심에서부터 정원 그리기

[Alt]+[Shift]를 누르면서 중심점에 드래그하여 그립니다. 이때 마우스 드래그 후까지 키보드를 눌러 줍니다.

03 점선과 그라디언트 적용하여 태그 모양 만들기

① Rounded Rectangle Tool(▣)로 작업 도큐먼트를 클릭한 후 'Width : 49mm, Height : 27mm, Corner Radius : 3mm'를 입력하여 그리고 Gradient 패널에서 'Type : Radial Gradient'를 적용하고 Gradient Slider의 왼쪽 'Color Stop'을 더블 클릭하여 C10Y10을 적용하고 오른쪽 'Color Stop'을 더블 클릭하여 C10M30Y50을 적용한 후 'Stroke Color : None'을 지정합니다.

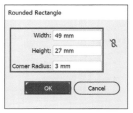

② [Object]-[Path]-[Offset Path]를 선택한 후 'Offset : −2mm'를 지정하여 축소된 복사본을 만든 후 'Fill Color : None, Stroke Color : C10Y10'을 지정하고 Stroke 패널에서 'Weight : 1pt, Dashed Line : 체크, dash : 8pt, gap : 2pt, dash : 3pt, gap : 2pt'를 입력하여 불규칙적인 점선을 그려 배치합니다.

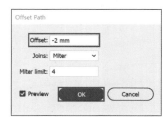

③ Rectangle Tool(▣)로 [Alt]를 누르면서 안내선의 교차 지점에 클릭하여 'Width : 8mm, Height : 27mm'를 입력하여 그리고 'Fill Color : C10M30Y50, Stroke Color : None'을 지정한 후 [Ctrl]+[[]를 눌러 뒤로 보내기를 합니다.

④ Selection Tool(▶)로 정원과 꽃 모양을 함께 선택하고 Ctrl+C 로 복사하고 Ctrl+V 로 붙여 넣기를 한 후 Scale Tool(☒)을 더블 클릭하고 'Uniform : 60%, Scale Strokes & Effects : 체크'를 지정하여 축소한 후 중앙에 배치합니다.

⑤ Type Tool(T)로 작업 도큐먼트를 클릭한 후 Character 패널에서 'Set font family : 돋움, Set font size : 9pt'를 설정하고 'Fill Color : C50M100Y100K10, Stroke Color : None'을 지정한 후 전통문화체험을 입력합니다.

❹ 불투명도 및 정렬과 간격이 일정한 그룹 설정하기

① Rectangle Tool(☐)로 작업 도큐먼트를 클릭한 후 'Width : 23mm, Height : 15mm'를 입력하여 그리고 'Fill Color : C10Y50, Stroke Color : None'을 지정합니다. Add Anchor Point Tool(📍)로 왼쪽 선분의 중앙에 클릭하여 고정점을 추가하고 키보드의 화살표 ← 를 여러 번 눌러 왼쪽으로 이동하여 패스를 변형합니다.

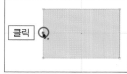
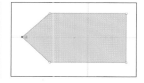

② [Effect]-[Illustrator Effects]-[Stylize]-[Round Corners]를 선택하고 'Radius : 2mm'를 지정하고 모서리를 둥글게 만든 후 [Object]-[Expand Appearance]를 선택하여 오브젝트의 속성을 확장합니다.

  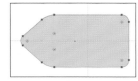

③ Transparency 패널에서 'Opacity : 60%'를 지정하여 불투명도를 조절합니다.

 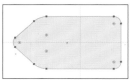

④ Selection Tool(▶)로 도큐먼트 상단의 큰 구름 문양을 선택하고 Ctrl+C로 복사하고 Ctrl+V로 붙여 넣기를 합니다. Scale Tool(⊞)을 더블 클릭하여 'Uniform : 30%, Scale Strokes & Effects : 체크'를 지정하여 축소한 후 Reflect Tool(◁)을 더블 클릭하여 'Axis : Vertical'을 지정하고 태그 모양 위에 배치합니다.

  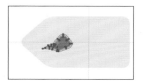

⑤ Selection Tool(▶)로 Alt+Shift를 누르면서 오른쪽으로 드래그하여 복사하고 Ctrl+D를 눌러 간격에 맞춰 반복하여 복사합니다. 3개의 구름 문양을 함께 선택하고 [Object]-[Group](Ctrl+G)을 선택하고 그룹을 설정합니다.

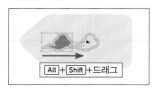  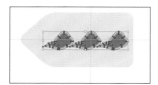

합격생의 비법

Alt 를 누르면서 드래그하여 복사할 때 Shift 를 동시에 누르면 드래그 방향으로 반듯하게 이동하여 복사할 수 있습니다.

⑥ Ellipse Tool()로 Shift를 누르면서 드래그하여 정원을 그리고 'Fill Color : C30M60Y80 K30, Stroke Color : None'을 지정합니다. Selection Tool(▶)로 구름 문양 그룹, 태그 모양과 함께 선택하고 Align 패널에서 'Vertical Align Center(▦)'를 클릭하여 세로 가운데 정렬을 지정합니다.

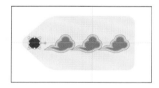
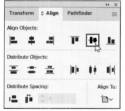
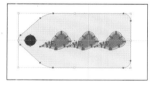

⑦ Selection Tool(▶)로 구름 그룹을 제외한 2개의 오브젝트를 선택하고 Pathfinder 패널에서 'Minus Front(▣)'를 클릭합니다. Ctrl+[[]를 눌러 뒤로 보내기를 합니다.

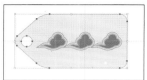

⑧ Selection Tool(▶)로 태그 오브젝트를 함께 선택하고 Rotate Tool(↻)을 더블 클릭하여 'Angle : 30°'를 지정하고 [OK]를 눌러 회전합니다.

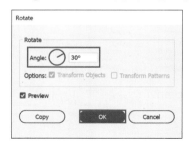

⑨ Pen Tool(✎)로 곡선의 열린 패스를 그리고 'Fill Color : None, Stroke Color : C30M60Y80K30'을 지정하고 Stroke 패널에서 'Weight : 3pt, Dashed Line : 체크, dash : 3pt'를 입력하여 규칙적인 점선을 그려 배치합니다.

▲ 완성 이미지

01 이펙트를 활용한 꽃 모양 만들고 패턴 등록하기

① [File]-[New]로 새 도큐먼트를 만들고 Polygon Tool(⬡)로 작업 도큐먼트를 클릭한 후 'Radius : 5mm, Sides : 6'을 입력하여 그리고 'Fill Color : C30M10, Stroke Color : None'을 지정합니다.

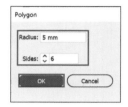
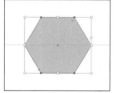

② [Effect]-[Illustrator Effects]-[Distort & Transform]-[Pucker & Bloat]를 선택하고 '70%'를 지정하여 꽃 모양을 만들고 [Object]-[Expand Appearance]를 선택하여 오브젝트의 속성을 확장합니다.

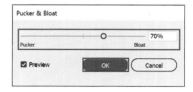
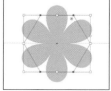
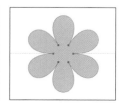

③ Scale Tool(⬚)을 더블 클릭하여 'Uniform : 115%'를 지정하고 [Copy]를 눌러 확대 복사한 후 'Fill Color : C10Y40, Stroke Color : None'을 지정합니다. Selection Tool(▶)로 조절점 밖에 마우스 커서를 위치하여 시계 방향으로 회전합니다.

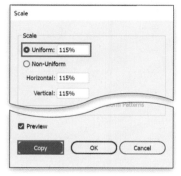

④ Rectangle Tool()로 작업 도큐먼트를 클릭한 후 'Width : 28mm, Height : 27mm'를 입력하여 2개의 꽃 모양과 완전히 겹치도록 그리고 'Fill Color : None, Stroke Color : None'을 지정합니다.

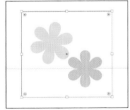

⑤ Ctrl + A 로 모두 선택하고 [Object]-[Pattern]-[Make]로 'Name : 꽃'을 지정하여 패턴으로 등록한 후 Esc 를 눌러 패턴의 편집 모드에서 정상 모드로 전환합니다. Selection Tool(▶)로 투명한 사각형을 선택하고 Delete 를 눌러 삭제합니다.

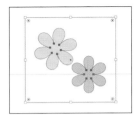

02 오리 모양 만들기

① Ellipse Tool(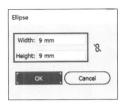)로 작업 도큐먼트를 클릭한 후 'Width : 9mm, Height : 9mm'를 입력하여 그리고 'Fill Color : M10Y100, Stroke Color : None'을 지정합니다.

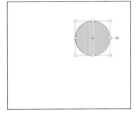

② Pen Tool(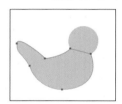)로 오리의 몸통 모양을 그리고 'Fill Color : M10Y100, Stroke Color : None'
을 지정합니다. Selection Tool(▶)로 정원과 함께 선택하고 Pathfinder 패널에서
'Unite(◼)'를 클릭하여 합칩니다.

③ Pen Tool(✎)로 날개 모양을 그리고 'Fill Color : Y80, Stroke Color : None'을 지정합니
다. 계속해서 부리 모양을 그리고 'Fill Color : M50Y100, Stroke Color : None'을 지정합
니다. Ellipse Tool(⬭)로 Shift를 누르면서 드래그하여 정원을 그리고 'Fill Color : K100,
Stroke Color : None'을 지정하고 눈 모양을 완성합니다.

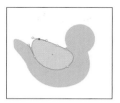

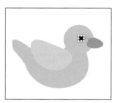

03 패스파인더 활용하여 안내 문걸이 모양 만들기

① Ctrl+R로 눈금자를 표시하고 안내선을 지정합니다. Rounded Rectangle Tool(▢)로 작업
도큐먼트를 클릭한 후 'Width : 29mm, Height : 34mm, Corner Radius : 7mm'를 입력하
여 그리고 'Fill Color : 임의 색상, Stroke Color : 임의 색상'을 지정합니다.

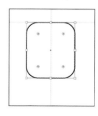

② 계속해서 작업 도큐먼트를 클릭한 후 'Width : 29mm, Height : 40mm, Corner Radius :
14mm'를 입력하여 임의 색상의 둥근 사각형을 그리고 하단에 겹치도록 배치합니다.

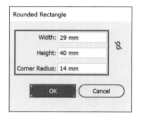

③ Selection Tool(▶)로 2개의 둥근 사각형을 함께 선택하고 Align 패널에서 'Horizontal Align Center(▣)'를 클릭하여 가로 가운데 정렬을 지정한 후 Pathfinder 패널에서 'Unite (◧)'를 클릭하여 합칩니다.

 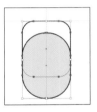  

④ Rectangle Tool(▣)로 작업 도큐먼트를 클릭한 후 'Width : 14mm, Height : 17mm'를 입력하여 그리고 'Fill Color : 임의 색상, Stroke Color : 임의 색상'을 지정하고 왼쪽 하단에 배치합니다.

⑤ Selection Tool(▶)로 둥근 사각형과 함께 선택하고 Align 패널에서 'Horizontal Align Left(▣)'와 'Vertical Align Bottom(▙)'을 각각 클릭하여 왼쪽 하단에 정렬하고 Path-finder 패널에서 'Unite(◧)'를 클릭하여 합칩니다.

⑥ Ellipse Tool(⬤)로 작업 도큐먼트를 클릭한 후 'Width : 24mm, Height : 24mm'를 입력하여 그리고 'Fill Color : None, Stroke Color : 임의 색상'을 지정하고 Stroke 패널에서 'Weight : 15pt, Cap : Round Cap'을 지정하여 상단에 배치합니다.

  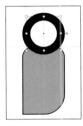

⑦ Direct Selection Tool(▷)로 드래그하여 왼쪽 하단의 선분을 선택하고 Delete 를 눌러 열린 패스를 만들고 [Object]–[Path]–[Outline Stroke]를 선택하여 선을 면으로 확장합니다.

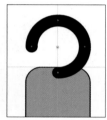
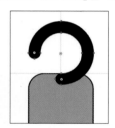

⑧ Pen Tool(✎)로 상단과 하단 오브젝트의 중간을 연결할 직각 삼각형을 오른쪽에 겹치도록 그리고 'Fill Color : 임의 색상, Stroke Color : None'을 지정합니다.

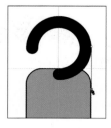

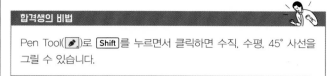

합격생의 비법

Pen Tool(✎)로 Shift 를 누르면서 클릭하면 수직, 수평, 45° 사선을 그릴 수 있습니다.

⑨ Selection Tool(▶)로 3개의 오브젝트를 선택하고 Align 패널에서 'Horizontal Align Right(▤)'를 클릭하여 오른쪽에 정렬한 후 Pathfinder 패널에서 'Unite(▣)'를 클릭하여 합칩니다.

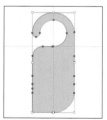

04 패턴 적용 및 크기 조절하고 불투명도 적용하기

① Selection Tool(▶)로 안내 문걸이 모양을 선택하고 Ctrl + C 로 복사하고 Ctrl + F 로 복사한 오브젝트 앞에 붙여 넣기를 한 후 Swatches 패널에서 등록된 꽃 패턴을 클릭하여 면 색상에 적용하고 'Stroke Color : None'을 지정합니다.

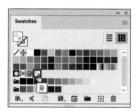

② Scale Tool(⊞)을 더블 클릭하고 'Uniform : 30%, Transform Objects : 체크 해제, Transform Patterns : 체크'를 지정하여 패턴의 크기만 축소한 후 Transparency 패널에서 'Opacity : 50%'를 지정하여 불투명도를 조절합니다. [Object]-[Lock]-[Selection](Ctrl + 2)을 선택하고 패턴이 적용된 오브젝트에 잠금을 설정합니다.

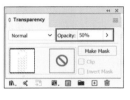
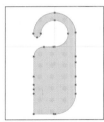

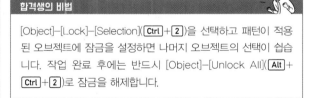

합격생의 비법

[Object]-[Lock]-[Selection](Ctrl + 2)을 선택하고 패턴이 적용된 오브젝트에 잠금을 설정하면 나머지 오브젝트의 선택이 쉽습니다. 작업 완료 후에는 반드시 [Object]-[Unlock All](Alt + Ctrl + 2)로 잠금을 해제합니다.

③ Selection Tool(▶)로 임의 색상이 적용된 안내 문걸이 모양 오브젝트를 더블 클릭하여 Isolation Mode로 전환합니다. Line Segment Tool(╱)로 Shift 를 누르면서 수평선을 그리고 'Fill Color : None, Stroke Color : 임의 색상'을 지정한 후 Ctrl + A 로 모두 선택하고 Pathfinder 패널에서 'Divide(▣)'를 클릭합니다. Selection Tool(▶)로 분할된 오브젝트를 각각 선택하여 'Fill Color : C50M100, C50M10, Stroke Color : None'을 지정하고 Esc 를 눌러 정상 모드로 전환합니다.

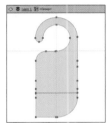

05 간격을 일정하게 지정하여 그룹 설정하기

① Selection Tool(▶)로 오리 모양 오브젝트를 모두 선택하고 Ctrl + G 로 그룹을 설정한 후 Ctrl + C 로 복사하고 Ctrl + V 로 붙여 넣기를 합니다. Scale Tool(⊞)을 더블 클릭하고 'Uniform : 85%, Transform Objects : 체크, Transform Patterns : 체크 해제'를 지정하여 오브젝트의 크기를 축소한 후 Reflect Tool(◀)을 더블 클릭하고 'Axis : Vertical'을 지정하고 하단에 배치합니다. 축소 변형된 오리 모양 오브젝트를 다시 한 번 Ctrl + C 로 복사합니다.

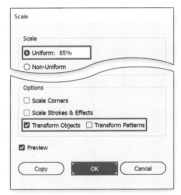

② Selection Tool(▶)로 더블 클릭하여 Isolation Mode로 전환한 후 오리의 날개와 몸통 모양을 함께 선택하고 'Fill Color : C0M0Y0K0, Stroke Color : None'을 지정하고 **Esc**를 눌러 정상 모드로 전환합니다.

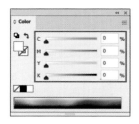 

③ **Ctrl**+**V**로 앞서 복사한 축소 변형된 오리 모양 오브젝트를 붙여 넣기를 하고 Scale Tool (▣)을 더블 클릭하고 'Uniform : 25%, Transform Objects : 체크, Transform Patterns : 체크 해제'를 지정하여 오브젝트의 크기를 축소한 후 왼쪽 하단에 배치합니다.

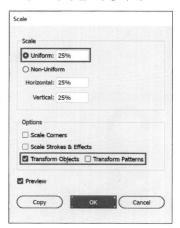 

④ Selection Tool(▶)로 **Alt**+**Shift**를 누르면서 오른쪽으로 드래그하여 복사하고 **Ctrl**+**D**를 2번 눌러 간격에 맞춰 반복하여 복사합니다. 축소된 4개의 오리 모양 오브젝트를 함께 선택하고 **Ctrl**+**G**로 그룹을 설정합니다.

⑤ Selection Tool(▶)로 왼쪽 꽃 모양 오브젝트를 선택하고 [Ctrl]+[C]로 복사하고 [Ctrl]+[V]로 붙여 넣기를 합니다. Scale Tool(🔲)을 더블 클릭하고 'Uniform : 70%, Transform Objects : 체크, Transform Patterns : 체크 해제'를 지정하여 오브젝트의 크기를 축소한 후 'Fill Color : M30, Stroke Color : None'을 지정하고 [Ctrl]+[[]를 여러 번 눌러 오리 모양보다 뒤쪽으로 배치합니다.

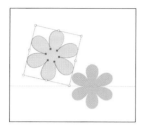
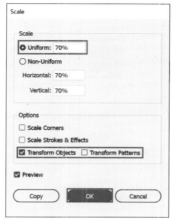

06 문자 입력하기

① Type Tool(T)로 작업 도큐먼트를 클릭한 후 Character 패널에서 'Set font family : Times New Roman, Set font style : Bold, Set font size : 16pt'를 설정하고 Paragraph 패널에서 'Align right(▤)'를 클릭하여 오른쪽 정렬을 지정합니다. Color 패널에서 'Fill Color : C0M0Y0K0, Stroke Color : None'을 지정한 후 Kid Zone을 입력합니다.

▲ 완성 이미지

01 고양이 발바닥 모양 만들고 패턴 등록하기

① [File]-[New]로 새 도큐먼트를 만들고 Ellipse Tool(⬭)로 크기가 다른 3개의 원을 그리고 'Fill Color : M80Y40, Stroke Color : None'을 지정합니다. 계속해서 Pen Tool(✏)로 중앙의 원과 겹치도록 닫힌 패스를 그립니다.

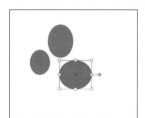
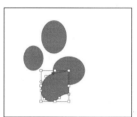

② Selection Tool(▶)로 중앙의 원을 제외한 3개의 오브젝트를 함께 선택하고 Reflect Tool(◭)로 Alt 를 누르고 가운데 고정점을 클릭하여 'Axis : Vertical'을 지정하고 [Copy]를 눌러 복사합니다.

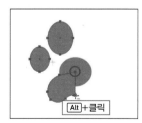

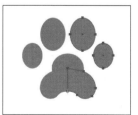

합격생의 비법

[View]-[Smart Guides](Ctrl + U)를 선택하고 패스의 윤곽에 마우스를 올리면 작은 사각형으로 연두색 표시가 되므로 클릭 지점을 찾기가 쉽습니다.

③ Selection Tool(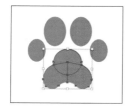)로 하단 3개의 오브젝트를 함께 선택하고 Pathfinder 패널에서 'Unite(▣)'를 클릭하여 합칩니다.

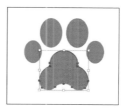

④ Ctrl+A로 모두 선택하고 Ctrl+G로 그룹을 설정한 후 Scale Tool(▣)을 더블 클릭하여 'Uniform : 60%'를 지정하여 [Copy]를 눌러 축소 복사합니다. Rotate Tool(▣)을 더블 클릭하여 'Angle : 45°'를 지정하여 회전하고 'Fill Color : M40Y60, Stroke Color : None'을 지정하고 이동하여 배치합니다.

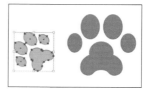

⑤ Rectangle Tool(▣)로 2개의 발바닥 모양과 충분히 겹치도록 사각형을 그리고 'Fill Color : None, Stroke Color : None'을 지정합니다. Ctrl+A로 모두 선택하고 [Object]-[Pattern]-[Make]로 'Name : 발바닥'을 지정하여 패턴으로 등록합니다. Selection Tool(▣)로 투명한 사각형을 선택하고 Delete를 눌러 삭제합니다.

02 고양이 실루엣 만들기

① Pen Tool(✏️)로 고양이 실루엣을 그리고 'Fill Color : M50Y30, Stroke Color : None'을 지정합니다. 계속해서 목걸이 모양을 그리고 'Fill Color : C10M80Y50, Stroke Color : None'을 지정합니다. Ellipse Tool(⬭)로 동일 색상의 타원을 그리고 Selection Tool(▶)로 조절점 밖에 마우스 커서를 위치하여 회전합니다.

03 반려 동물 이동장 모양 만들기

① Pen Tool(✏️)로 오른쪽 모양을 그리고 'Fill Color : M20Y10, Stroke Color : None'을 지정합니다. 계속해서 왼쪽 모양을 그리고 'Fill Color : M50Y20, Stroke Color : None'을 지정합니다.

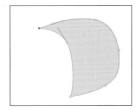 

② Ellipse Tool(⬭)로 작업 도큐먼트를 클릭한 후 'Width : 18mm, Height : 18mm'를 입력하여 그리고 'Fill Color : 임의 색상, Stroke Color : 임의 색상'을 지정합니다. Rounded Rectangle Tool(⬜)로 작업 도큐먼트를 클릭한 후 'Width : 18mm, Height : 24mm, Corner Radius : 4mm'를 입력하여 정원과 겹치도록 배치합니다.

③ Selection Tool(▶)로 정원과 둥근 사각형을 함께 선택하고 Align 패널에서 'Horizontal Align Center(≣)'를 클릭하여 가로 가운데 정렬을 지정한 후 Pathfinder 패널에서 'Unite(◧)'를 클릭하여 합칩니다.

④ Shear Tool()을 더블 클릭하고 'Shear Angle : 18°, Axis : Vertical'을 지정하여 왼쪽 오브젝트와 기울기를 맞춰 배치하고 'Fill Color : C30M20Y10, Stroke Color : None'을 지정합니다.

⑤ [Object]-[Path]-[Offset Path]를 선택한 후 'Offset : −1.5mm'를 지정하여 축소된 복사본을 만든 후 'Fill Color : C40M70Y100K50, Stroke Color : None'을 지정합니다. Pen Tool(✏)로 오른쪽 상단에 오브젝트를 그리고 'Fill Color : M40Y20, Stroke Color : None'을 지정한 후 Ctrl+[]를 여러 번 눌러 왼쪽 오브젝트보다 뒤쪽으로 배치합니다.

 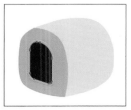 

⑥ Rounded Rectangle Tool(▢)로 작업 도큐먼트를 클릭한 후 'Width : 20mm, Height : 14mm, Corner Radius : 8mm'를 입력하여 그리고 'Fill Color : None, Stroke Color : K100'을 지정한 후 Stroke 패널에서 'Weight : 10pt, Cap : Round Cap'을 지정합니다.

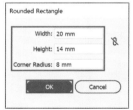  

⑦ Shear Tool()을 더블 클릭하고 'Shear Angle : −15°, Axis : Vertical'을 지정하여 오른쪽 오브젝트와 기울기를 맞춰 배치합니다.

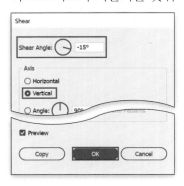

⑧ Direct Selection Tool(▷)로 Shift 를 누르면서 2개의 하단 고정점을 선택하고 Delete 를 눌러 삭제하고 열린 패스로 변형합니다.

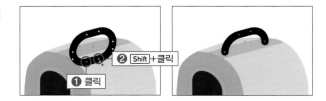

04 패턴 적용 및 패턴 크기 변형하기

① Selection Tool(▶)로 오른쪽 하단 오브젝트를 선택하고 Ctrl+C로 복사하고 Ctrl+F로 복사한 오브젝트 앞에 붙여 넣기를 한 후 Swatches 패널에서 등록된 발바닥 패턴을 클릭하여 면 색상에 적용하고 'Stroke Color : None'을 지정합니다.

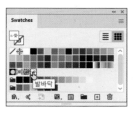

② Scale Tool()을 더블 클릭하고 'Uniform : 40%, Transform Objects : 체크 해제, Transform Patterns : 체크'를 지정하여 패턴의 크기를 축소한 후 Transparency 패널에서 'Opacity : 50%'를 지정하여 패턴의 불투명도를 조절합니다.

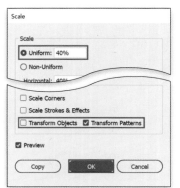

05 둥근 점선과 규칙적인 점선 적용하기

① Selection Tool(▶)로 손잡이 모양의 열린 패스를 선택하고 Ctrl + C로 복사한 후 [Object]−[Path]−[Outline Stroke]를 선택하여 선을 면으로 확장합니다. Ctrl + F로 복사한 오브젝트 앞에 붙여 넣기를 하고 'Fill Color : None, Stroke Color : C20M20Y40'을 지정합니다. Stroke 패널에서 'Weight : 3pt, Cap : Round Cap, Dashed Line : 체크, dash : 0pt, gap : 4pt'를 입력하여 둥근 모양의 점선을 지정합니다.

합격생의 비법

오브젝트가 겹쳐 있을 때는 Ctrl + 2로 잠금을 설정하면 나머지 오브젝트의 선택이 쉽습니다. 작업 완료 후에는 반드시 Alt + Ctrl + 2로 잠금을 해제합니다.

② Line Segment Tool(／)로 Shift를 누르면서 드래그하여 5개의 수직선을 왼쪽 오브젝트와 겹치도록 그리고 'Fill Color : None, Stroke Color : C10M90'을 지정하고 Stroke 패널에서 'Weight : 2pt, Cap : Butt Cap, Dashed Line : 체크, dash : 3pt'를 입력하여 규칙적인 점선을 배치합니다.

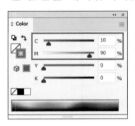

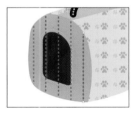

③ Selection Tool(▶)로 Shift를 누르면서 5개의 수직선을 함께 선택하고 Align 패널에서 'Horizontal Distribute Center(𝗂𝗂)'를 클릭하여 균등 간격으로 배치한 후 Ctrl + [를 여러 번 눌러 입구 모양보다 뒤쪽으로 배치합니다.

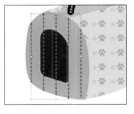
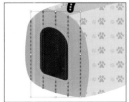

06 특정 모양으로 오브젝트 자르고 불규칙적인 점선 적용하기

① Selection Tool(▶)로 고양이 실루엣만을 선택하고 Ctrl+C로 복사하고 Ctrl+V로 붙여 넣기를 합니다. Scale Tool(✑)을 더블 클릭하고 'Uniform : 130%, Transform Objects : 체크, Transform Patterns : 체크 해제'를 지정하여 오브젝트의 크기를 확대한 후 Reflect Tool(▷◁)을 더블 클릭하고 'Axis : Vertical'을 지정하고 'Fill Color : M20Y10, Stroke Color : None'을 지정합니다.

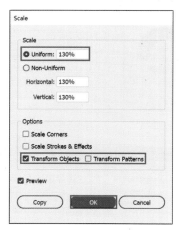  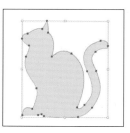

② [Object]-[Path]-[Offset Path]를 선택한 후 'Offset : 1mm'를 지정하여 확대된 복사본을 만든 후 'Fill Color : C0M0Y0K0, Stroke Color : None'을 지정합니다. 계속해서 [Offset Path]를 선택한 후 'Offset : 1.3mm'를 지정하여 확대된 복사본을 만든 후 'Fill Color : M50Y30, Stroke Color : None'을 지정합니다.

 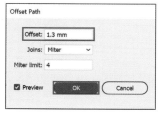 

③ Selection Tool(▶)로 패턴이 적용된 오브젝트를 선택하고 Ctrl+C로 복사하고 Ctrl+F로 복사한 오브젝트 앞에 붙여 넣기를 합니다. 계속해서 Shift+Ctrl+]를 눌러 맨 앞으로 가져오기를 하고 'Fill Color : None, Stroke Color : 임의 색상'을 지정합니다.

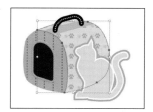 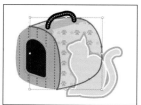

④ Selection Tool(▶)로 3개의 고양이 실루엣 모양과 함께 선택하고 Pathfinder 패널에서 'Crop(▣)'을 클릭하여 맨 앞의 오브젝트와 겹친 부분을 잘라 줍니다.

  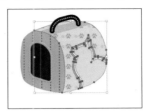

⑤ Selection Tool(▶)로 고양이 모양을 더블 클릭하여 Isolation Mode로 전환합니다. 가장 작은 고양이 모양을 선택하고 Ctrl + C로 복사하고 Ctrl + F로 복사한 오브젝트 앞에 붙여 넣기를 한 후 'Fill Color : None, Stroke Color : M80'을 지정하고 Stroke 패널에서 'Weight : 1pt, Dashed Line : 체크, dash : 8pt, gap : 3pt, dash : 2pt, gap : 3pt'를 입력하여 점선을 그려 배치합니다.

 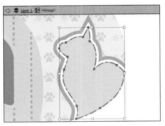

⑥ Direct Selection Tool(▷)로 오른쪽 하단의 고정점을 클릭하여 선택하고 Delete 를 눌러 삭제한 후 Esc 를 눌러 정상 모드로 전환합니다.

07 문자 입력하고 기울이기

① Type Tool(T)로 작업 도큐먼트를 클릭한 후 Character 패널에서 'Set font family : Arial, Set font style : Bold, Set font size : 9pt'를 설정하고 'Fill Color : M90Y20, Stroke Color : None'을 지정한 후 Pink Cat을 입력합니다. Shear Tool(🖍)을 더블 클릭하고 'Shear Angle : −26°, Axis : Vertical'을 지정하여 기울기를 맞춰 오른쪽 하단에 배치합니다.

 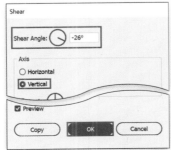 

03

PART

최신 기출 유형
따라하기

CHAPTER 01 최신 기출 유형 따라하기

급수	문제유형	시험시간	수험번호	성명
2급	A	90분		

수 험 자 유 의 사 항

- 수험자는 문제지를 받는 즉시 응시하고자 하는 과목 및 급수가 맞는지 확인한 후 수험번호와 성명을 작성합니다.
- 파일명은 본인의 "수험번호-성명-문제번호"로 공백 없이 정확히 입력하고 답안폴더(내 PC\문서\GTQ)에 ai 파일 포맷으로 저장해야 하며, 다른 파일 형식으로 저장하였을 경우 0점 처리됩니다. 답안문서 파일명이 "수험번호-성명-문제번호"와 일치하지 않거나, 답안 파일을 전송하지 않아 미제출로 처리될 경우 불합격 처리됩니다.
- 수험자 정보와 저장한 파일명, 저장 위치가 다를 경우 전송이 되지 않으므로, 주의하시기 바랍니다.
- 답안 작성 중에도 주기적으로 '저장'과 '답안 전송'을 이용하여 감독위원 PC로 답안을 전송하셔야 합니다. (※ 작업한 내용을 저장하지 않고 전송할 경우 이전의 저장내용이 전송되오니 이점 반드시 유념하시기 바랍니다.)
- 답안문서는 지정된 경로 외의 다른 보조기억장치에 저장하는 행위, 지정된 시험 시간 외에 작성된 파일을 활용한 행위, 기타 통신수단(이메일, 메신저, 네트워크 등)을 이용하여 타인에게 전달 또는 외부 반출하는 행위는 부정으로 간주되어 자격기본법 제32조에 의거 본 시험 및 국가공인 자격시험을 2년간 응시할 수 없습니다.
- 시험 중 부주의 또는 고의로 시스템을 파손한 경우와 〈수험자 유의사항〉에 기재된 방법대로 이행하지 않아 생기는 불이익은 수험자의 책임임을 알려 드립니다.
- 시험을 완료한 수험자는 최종적으로 저장한 답안파일이 전송되었는지 확인한 후 감독위원의 지시에 따라 문제지를 제출하고 퇴실합니다.

답 안 작 성 요 령

- 온라인 답안 작성 절차
  수험자 등록 ⇒ 시험 시작 ⇒ 답안파일 저장 ⇒ 답안 전송 ⇒ 시험 종료
- 배점은 총 100점으로 이루어지며, 점수는 각 문제별로 차등 배분됩니다.
- 각 문제는 제시된 조건에 맞게 답안을 작성하셔야 하며, 조건을 지키지 못했을 경우에는 0점 또는 감점 처리됩니다.
- 조건에서 주어진 단위는 'mm(밀리미터)'입니다. 눈금자는 작성하지 않으며, 그 외는 출력형태(레이아웃, 색상, 문자, 규격 등)와 같게 작업하십시오.
- 문제 조건에 서체의 지정이 없을 경우 한글은 굴림이나 돋움, 영문은 Arial로 작업하십시오. (단, 그 외 제시되지 않은 문자 속성을 기본값으로 작성하지 않은 경우는 감점 처리됩니다.)
- 문제 조건에 크기와 색상, 두께의 지정이 없을 경우 《출력형태》를 참고하여 작업해 주시기 바랍니다.
- Image Mode(이미지 모드)는 별도의 처리조건이 없을 경우에는 CMYK로 작업하십시오.
- 조건에서 제시한 기능을 임의로 합치거나 각 기능에 대한 속성을 해지할 경우 해당 요소는 0점 처리됩니다.

한 국 생 산 성 본 부

다음의 《조건》에 따라 아래의 《출력형태》와 같이 작업하시오.

조건

파일저장규칙	AI	파일명	문서₩GTQ₩수험번호-성명-1.ai
		크기	100 × 80mm

1. 작업 방법

① 도형, 변형 툴과 Pathfinder 기능을 활용하여 오브젝트를 작성한다.

② 그 외 《출력형태》 참조

출력형태

C70M80Y10K10,
C30M40Y10,
C40M10Y10,
C10M60Y60,
Y30, K100,
C0M0Y0K0,
C20Y10,
C70M80Y10,
(선/획) K100, 1pt

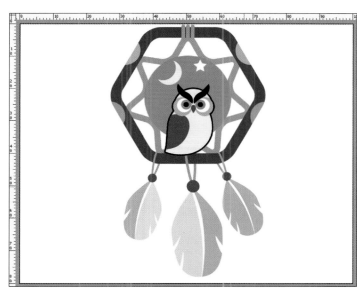

다음의 《조건》에 따라 아래의 《출력형태》와 같이 작업하시오.

조건

파일저장규칙	AI	파일명	문서₩GTQ₩수험번호−성명−2.ai
		크기	100 × 80mm

1. 작업 방법
① 'JEWELRY' 문자에 Arial (Bold) 폰트를 적용한다.
② 'Forever You' 문자에 Type on a Path Tool을 활용한다.
③ Brush는 《출력형태》를 참고하여 작성한다.
④ Effect는 《출력형태》를 참고하여 작성한다.
⑤ 그 외 《출력형태》 참조

2. 문자 효과
① Forever You (Times New Roman, Bold, 11pt, C20M40Y10)

출력형태

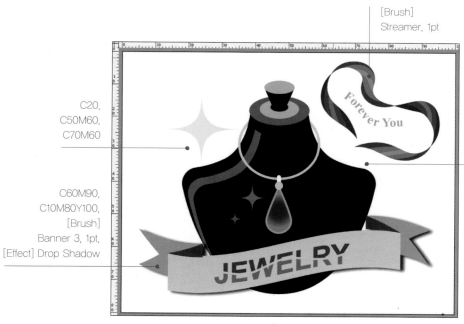

[Brush]
Streamer, 1pt

C20,
C50M60,
C70M60

C60M90,
C10M80Y100,
[Brush]
Banner 3, 1pt,
[Effect] Drop Shadow

M50Y50K90,
M10Y10K60,
M10Y40K20,
C10M50,
M20Y50,
C50M100K30 →
C20M60Y20,
C0M0Y0K0,
(선/획) M20Y50, 2pt

다음의 《조건》에 따라 아래의 《출력형태》와 같이 작업하시오.

조건

파일저장규칙	AI	파일명	문서₩GTQ₩수험번호-성명-3.ai
		크기	120 × 80mm

1. 작업 방법
① 도형 툴로 오브젝트를 제작한 후 Pattern을 활용하여 작성한다. (패턴 등록 : 장식)
② 패키지에는 불규칙한 점선을, 입체 패키지에는 규칙적인 점선을 설정한다.
③ 패키지에 Pattern을 적용한다.
④ 패키지에 배치된 오브젝트는 정렬, 간격을 일정하게 한 후 Group 설정을 한다.
⑤ 그 외 《출력형태》 참조

2. 문자 효과
① Special Gift (Arial, Bold, 8pt, M20Y50)
② JEWELRY (Times New Roman, Bold, 8pt, M40Y100)

출력형태

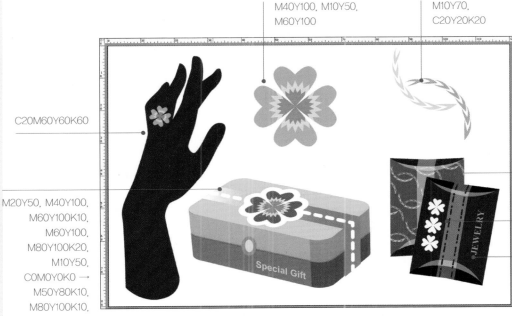

M40Y100, M10Y50,
M60Y100

M10Y70,
C20Y20K20

C20M60Y60K60

[Pattern]

C0M0Y0K0,
[Group]

M20Y50, M40Y100,
M60Y100K10,
M60Y100,
M80Y100K20,
M10Y50,
C0M0Y0K0 →
M50Y80K10,
M80Y100K10,
C0M0Y0K0,
(선/획) K50, 1pt,
C0M0Y0K0, 3pt

Special Gift

JEWELRY

C20M60Y50K20,
C20M60Y60K60,
C0M0Y0K0,
Opacity 50%,
C90M80Y30K10,
C90M80Y30K50,
(선/획)
C20M60Y60K60, 1pt

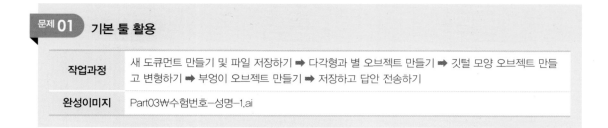

작업과정	새 도큐먼트 만들기 및 파일 저장하기 ➡ 다각형과 별 오브젝트 만들기 ➡ 깃털 모양 오브젝트 만들고 변형하기 ➡ 부엉이 오브젝트 만들기 ➡ 저장하고 답안 전송하기
완성이미지	Part03₩수험번호-성명-1.ai

01 새 도큐먼트 만들기 및 파일 저장하기

01 [File]-[New]([Ctrl]+[N])를 선택하고 'Width : 100mm, Height : 80mm, Units : Millimeters, Color Mode : CMYK'를 설정하여 새 도큐먼트를 만들고, [View]-[Rulers]-[Show Rulers]([Ctrl]+[R])를 선택하여 눈금자를 표시합니다.

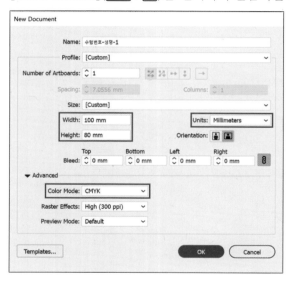 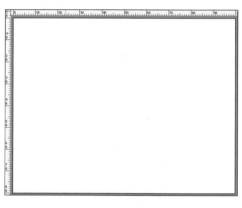

합격생의 비법

• Advanced를 클릭하여 확장하면 CMYK 컬러 모드를 확인 및 설정할 수 있습니다.

• [File]-[New]를 설정하는 화면이 아래와 같다면 [Edit]-[Preferences]-[General]의 Options에서 'Use legacy "File New" Interface'를 체크하여 설정을 바꿀 수 있습니다.

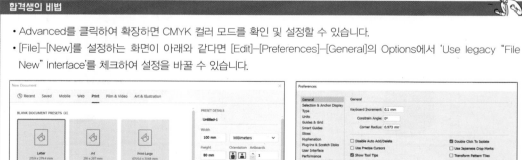 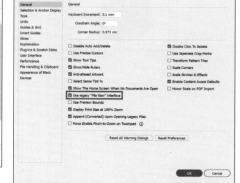

02 작품의 규격 왼쪽 상단에 원점(0,0)을 확인하고 왼쪽과 상단 눈금자 위에서 마우스로 각각 드래그하여 제시된 출력형태와 레이아웃 구성이 동일하게 안내선을 표시합니다.

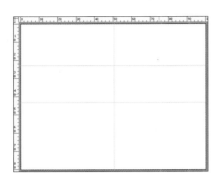

합격생의 비법

• 안내선의 위치는 오브젝트의 중앙 위치에 드래그하여 배치한 후 제시된 문제의 전체적인 레이아웃에 맞게 적절하게 표시합니다.
• 작업 도큐먼트의 상단과 왼쪽에 보이는 눈금자 위를 더블 클릭해서 안내선을 표시할 수도 있습니다.
• 안내선의 편집은 [View]-[Guides]-[Unlock Guides]([Alt]+[Ctrl]+[;])를 선택하고 잠금을 해제한 후 Selection Tool([▶]) 또는 Direct Selection Tool([▷])로 선택하여 이동, 삭제가 가능합니다. 편집 후 반드시 [View]-[Guides]-[Lock Guides]([Alt]+[Ctrl]+[;])를 선택하고 잠금을 해야 안내선이 고정되어 편집되지 않습니다.

03 작업 도큐먼트를 저장하기 위해 [File]-[Save As]를 선택하고 '저장 위치 : 내 PC₩문서₩GTQ, 파일 형식 : Adobe Illustrator(*AI), 파일 이름 : 수험번호-성명-문제번호'를 입력하고 [저장]을 클릭한 후 [Illustrator Options] 대화상자에서 'Version : Illustrator 2020'으로 설정하고 [OK]를 클릭합니다.

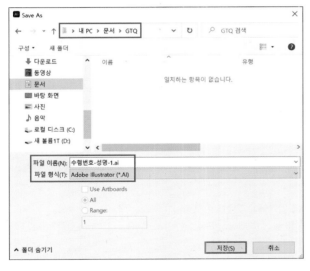

합격생의 비법

• [Illustrator Options]의 'Version'은 작업 중인 컴퓨터에 설치된 Adobe Illustrator CC의 버전에 따라 다르게 표시됩니다.
• 작업 중에 발생할 수 있는 에러나 시스템 오류에 대비하여 [Ctrl]+[S]를 수시로 눌러 저장합니다.

⑫ 다각형과 별 오브젝트 만들기

01 Polygon Tool(⬡)로 작업 도큐먼트 위쪽 안내선의 교차지점을 클릭한 후 'Radius : 22.5mm, Sides : 6'을 입력하여 육각형을 그리고 'Fill Color : None, Stroke Color : C70M80Y10K10'을 지정한 후 Stroke 패널에서 'Weight : 9pt'를 지정합니다.

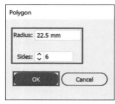

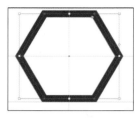

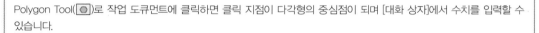

합격생의 비법

Polygon Tool(⬡)로 작업 도큐먼트에 클릭하면 클릭 지점이 다각형의 중심점이 되며 [대화 상자]에서 수치를 입력할 수 있습니다.

02 [Effect]–[Illustrator Effects]–[Stylize]–[Round Corners]를 선택하고 'Radius : 3mm'를 지정하여 모서리를 둥글게 만든 후 [Object]–[Path]–[Outline Stroke]를 선택하여 선을 면으로 확장합니다.

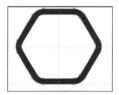

합격생의 비법

오브젝트의 모서리를 둥글게 만드는 방법

• [Effect]–[Stylize]–[Round Corners]로 'Radius'를 입력하여 적용할 수 있습니다.
• [Properties] 패널에서 [Appearance] 항목의 [fx]를 눌러 [Illustrator Effects]–[Stylize]–[Round Corners]를 바로 적용할 수 있습니다.
• 오브젝트 모서리 안쪽의 둥근 점(◉)을 더블 클릭하여 다양한 모서리 모양과 둥근 정도를 설정할 수 있습니다.

03 Star Tool(☆)로 작업 도큐먼트를 클릭한 후 'Radius 1 : 20mm, Radius 2 : 12mm, Points : 7'을 입력하여 그리고 'Fill Color : None, Stroke Color : C30M40Y10'을 지정하고 Stroke 패널에서 'Weight : 5pt'를 지정합니다.

04 [Effect]-[Illustrator Effects]-[Stylize]-[Round Corners]를 선택하고 'Radius : 3mm' 를 지정하여 모서리를 둥글게 만든 후 [Object]-[Path]-[Outline Stroke]를 선택하여 선을 면으로 확장합니다.

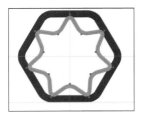 

합격생의 비법

앞서 적용한 동일 속성의 이펙트를 적용할 때는 [Effect]-[Apply Round Corners]([Shift]+[Ctrl]+[E])를 선택하면 시간을 단축할 수 있습니다.

05 Ellipse Tool(◎)로 작업 도큐먼트를 클릭한 후 'Width : 9mm, Height : 9mm'를 입력하여 그리고 'Fill Color : C40M10Y10, Stroke Color : None'을 지정한 후 확장된 육각형의 왼쪽 상단과 겹치도록 배치합니다.

 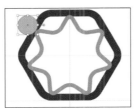

06 [Object]-[Transform]-[Move]를 선택한 후 'Horizontal : -4.5mm, Vertical : 20.5 mm'를 입력하고 [Copy]를 눌러 아래쪽으로 이동하여 복사한 후 'Fill Color : C30M40Y10, Stroke Color : None'을 지정합니다.

 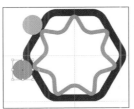

합격생의 비법

Tool 패널의 Selection Tool(▶) 또는 Direct Selection Tool(▷)을 더블 클릭하여 [Move] 대화상자를 빠르게 지정할 수도 있습니다.

07 Selection Tool(▶)로 Shift 를 누르면서 2개의 정원을 함께 선택한 후 Reflect Tool(▷◁)로 Alt 를 누르고 세로 안내선을 클릭하여 'Axis : Vertical'을 지정하고 [Copy]를 눌러 복사합니다.

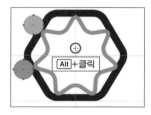  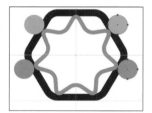

08 Selection Tool(▶)로 Shift 를 누르면서 별 모양 오브젝트를 제외한 5개의 오브젝트를 함께 선택하고 Pathfinder 패널에서 'Divide(◧)'를 클릭합니다.

 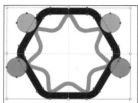

합격생의 비법

[Select]–[All](Ctrl +A)로 모두 선택한 후, Selection Tool(▶)로 Shift 를 누르면서 선택에서 제외할 오브젝트를 클릭하면 선택적 해제가 가능합니다.

09 Selection Tool(▶)로 더블 클릭하여 Isolation Mode로 전환하고 Shift 를 누른 채 클릭하여 불필요한 4개의 오브젝트를 선택하고 Delete 를 눌러 삭제한 후 Esc 를 눌러 정상 모드로 전환합니다.

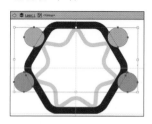 

합격생의 비법

Isolation Mode란 Pathfinder 적용 후 개별 오브젝트를 편집할 때 Group 상태를 해제하지 않고 부분적으로 선택, 편집할 수 있는 격리 모드입니다. 개별 오브젝트의 편집이 끝나면 도큐먼트의 빈 곳을 더블 클릭하거나 Esc 를 눌러 정상 모드로 전환합니다.

10 Line Segment Tool(⬚)로 Shift 를 누르면서 드래그하여 상단에 수직선을 겹치도록 그리고 'Fill Color : None, Stroke Color : C30M40Y10'을 지정하고 Stroke 패널에서 'Weight : 3pt, Cap : Round Cap'을 지정합니다.

 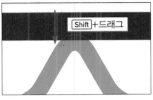 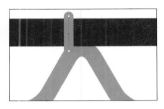

합격생의 비법

Line Segment Tool(⬚)로 Shift 를 누르면서 드래그하면 수직선, 수평선, 45° 사선을 그릴 수 있습니다.

11 [Object]-[Path]-[Outline Stroke]를 선택하고 선을 면으로 확장한 후 Selection Tool (▶)로 Alt + Shift 를 누르면서 오른쪽으로 드래그하여 복사하고 [Object]-[Transform]-[Transform Again](Ctrl + D)을 선택하고 반복하여 복사합니다.

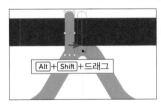 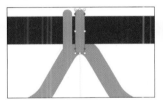 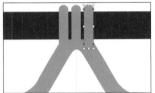

12 Ellipse Tool(◯)로 작업 도큐먼트를 클릭한 후 'Width : 26mm, Height : 26mm'를 입력하여 그리고 'Fill Color : C10M60Y60, Stroke Color : None'을 지정하고 중앙에 배치합니다. 계속해서 Shift 를 누르면서 크기가 작은 정원을 그리고 'Fill Color : 임의 색상, Stroke Color : 임의 색상'을 지정합니다. Selection Tool(▶)로 Alt 를 누르면서 왼쪽 상단으로 드래그하여 복사하고 겹치도록 배치합니다.

 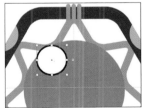 

합격생의 비법

Ellipse Tool(◯)로 Alt 를 누르면서 클릭하면, 클릭 지점이 오브젝트의 중심점이 되며 대화상자에서 정확한 수치를 입력하여 그릴 수 있습니다.

13 Selection Tool(▶)로 2개의 정원을 함께 선택하고 Pathfinder 패널에서 'Minus Front(🖻)'를 클릭한 후 'Fill Color : Y30, Stroke Color : None'을 지정합니다.

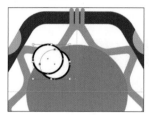  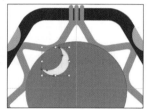

14 Star Tool(★)로 드래그하여 그리고 'Fill Color : C0M0Y0K0, Stroke Color : None'을 지정합니다.

> **합격생의 비법**
> • Star Tool(★)로 드래그하면서 키보드의 ↑를 누르면 별의 포인트가 증가하고, ↓를 누르면 포인트가 감소됩니다.
> • Star Tool(★)로 Shift를 누르면서 드래그하면 반듯하게 별을 그릴 수 있습니다.

03 깃털 모양 오브젝트 만들고 변형하기

01 Pen Tool(✏)로 드래그하여 깃털 모양 오브젝트의 왼쪽 열린 패스를 그린 후 'Fill Color : None, Stroke Color : 임의 색상'을 지정합니다.

 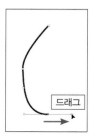

> **합격생의 비법**
>
> **Pen Tool(✏)로 패스 그리기**
> • 드래그하면 곡선을 그릴 수 있으며, 곡선의 고정점에 클릭하면 한쪽 핸들을 삭제할 수 있습니다.
> • Shift를 누른 채 클릭하면 수직선, 수평선을 그릴 수 있습니다.
> • Shift를 누른 채 드래그하면 핸들의 수직, 수평을 유지할 수 있습니다.
> • 패스를 그리고 Ctrl을 누르면서 도큐먼트의 빈 곳을 클릭하면 열린 패스를 그릴 수 있습니다.

02 Direct Selection Tool(▷)로 드래그하여 2개의 고정점을 선택한 후, [Object]-[Path]-[Average]를 선택하고 'Axis : Vertical'을 지정하여 세로의 평균 지점에 반듯하게 정렬합니다.

 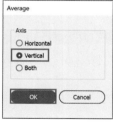

03 Selection Tool()로 패스를 선택하고, Reflect Tool(▷◁)로 Alt 를 누르고 상단 고정점을 클릭하여 'Axis : Vertical'을 지정하고 [Copy]를 눌러 복사합니다. Selection Tool(▶)로 2개의 패스를 선택하고 Pathfinder 패널에서 'Unite(▣)'를 클릭한 후 'Fill Color : C20Y10, Stroke Color : None'을 지정합니다.

합격생의 비법

작업 중 Direct Selection Tool(▷)이 선택된 상태에서 Ctrl 을 누르거나 영문 입력 모드에서 V 를 눌러 Selection Tool(▶)로 빠르게 전환이 가능합니다.

04 Pen Tool(✐)로 드래그하여 깃털 모양 오브젝트의 중앙에 곡선의 열린 패스를 아래에서 위쪽으로 그리고 'Fill Color : None, Stroke Color : 임의 색상'을 지정한 후 Stroke 패널에서 'Weight : 3pt, Profile : Width Profile 5'를 지정합니다.

합격생의 비법

Stroke 패널의 옵션 확장하기

• Stroke 패널의 'Stroke' 탭을 여러 번 더블 클릭하여 다양하게 확장이 가능합니다.

• Stroke 패널의 오른쪽 상단 팝업 메뉴 아이콘을 클릭하여 'Show Options'를 클릭합니다.

합격생의 비법

• Selection Tool(▶)로 열린 패스를 선택하고 Control 패널에서 'Variable Width Profile : Width Profile 5'를 지정할 수도 있습니다.

• 'Width Profile 5'의 모양을 보고 패스의 시작점을 지정해야 동일한 모양으로 지정됩니다.

05 계속해서 Pen Tool(✐)로 안쪽에서 바깥쪽으로 드래그하여 2개의 열린 패스를 그린 후 앞서 그린 패스와 동일한 설정을 지정합니다. 오른쪽에 열린 패스를 그린 후 Stroke 패널에서 'Weight : 5pt, Profile : Width Profile 5'를 지정합니다.

06 Selection Tool(▶)로 4개의 열린 패스를 선택하고, [Object]-[Path]-[Outline Stroke]를 선택하고 선을 면으로 확장합니다. 계속해서 5개의 오브젝트를 함께 선택하고 Pathfinder 패널에서 'Minus Front(◧)'를 클릭합니다.

  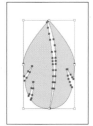

07 Selection Tool(▶)로 더블 클릭하여 Isolation Mode로 전환하고 오른쪽 오브젝트를 선택한 후 'Fill Color : C40M10Y10, Stroke Color : None'을 지정하고 Esc 를 눌러 정상 모드로 전환합니다.

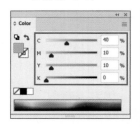 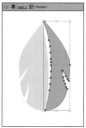

08 Ellipse Tool(⬤)로 Shift 를 누르면서 정원을 그리고 'Fill Color : C70M80Y10, Stroke Color : None'을 지정합니다. 계속해서 상단에 타원을 그리고 'Fill Color : None, Stroke Color : C30M40Y10'을 지정하고 Stroke 패널에서 'Weight : 2pt'를 지정합니다. Selection Tool(▶)로 깃털 오브젝트와 2개의 원을 함께 선택하고 Align 패널에서 'Horizontal Align Center(⬓)'를 클릭하여 가운데 정렬을 지정합니다.

   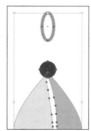

09 Direct Selection Tool(▷)로 타원 하단의 고정점을 클릭하여 선택하고 하단으로 이동하여 패스를 변형한 후, [Object]-[Arrange]-[Send Backward](Ctrl+[)를 선택하고 뒤로 보내기를 합니다.

 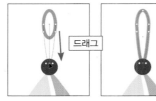

합격생의 비법

반듯하게 이동하기

- 키보드의 ↓를 눌러 이동할 수 있습니다. Shift를 누르면서 ↓를 눌러 10배수로 이동이 가능합니다.
- Direct Selection Tool(▷)로 고정점을 이동할 때 Shift를 누르면 반듯하게 이동이 가능합니다.

---

10 Selection Tool(▶)로 깃털 오브젝트를 모두 선택하고, Rotate Tool(↻)을 더블 클릭하여 'Angle : 5°'를 지정한 후 [OK]를 눌러 회전하고 하단 중앙에 배치합니다.

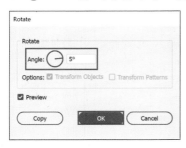 

11 Selection Tool(▶)로 고리 모양을 더블 클릭하여 Isolation Mode로 전환하고 Scissors Tool(✂)로 상단과 하단 고정점에 각각 클릭하여 패스를 자른 후 Esc를 눌러 정상 모드로 전환합니다.

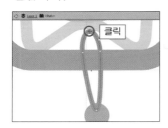 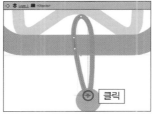

12 오른쪽 열린 패스를 선택한 후 [Object]-[Arrange]-[Send to Back]([Shift]+[Ctrl]+[[])을 선택하고 맨 뒤로 보내기를 합니다. 2개의 패스를 선택한 후 [Object]-[Path]-[Outline Stroke]를 선택하고 선을 면으로 확장합니다.

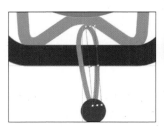 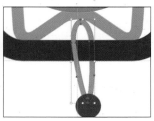

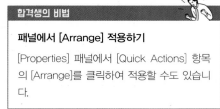

합격생의 비법

패널에서 [Arrange] 적용하기

[Properties] 패널에서 [Quick Actions] 항목의 [Arrange]를 클릭하여 적용할 수도 있습니다.

13 Selection Tool(▶)로 깃털 오브젝트를 모두 선택한 후, Scale Tool(⊡)을 더블 클릭하여 'Uniform : 70%'를 지정하고 [Copy]를 눌러 축소 복사합니다. Rotate Tool(↻)을 더블 클릭하여 'Angle : 20°'를 지정하고 [OK]를 눌러 회전하고 오른쪽에 배치합니다.

14 Reflect Tool(◁▷)을 더블 클릭하여 'Angle : 95°'를 지정하고 [Copy]를 눌러 복사한 후 왼쪽으로 이동하여 배치합니다.

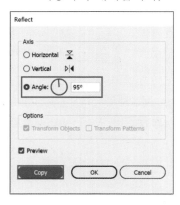 

15 Selection Tool(▶)로 [Shift]를 누르면서 왼쪽과 오른쪽의 고리 모양을 함께 선택하고 [Shift] +[Ctrl]+[[ ]을 눌러 맨 뒤로 보내기를 합니다. 오른쪽 깃털 오브젝트를 선택하고 더블 클릭하여 Isolation Mode로 전환한 후 왼쪽 오브젝트를 선택하고 Eyedropper Tool(✎)로 오른쪽 오브젝트에 클릭하여 동일한 색상으로 지정한 후 [Esc]를 눌러 정상 모드로 전환합니다.

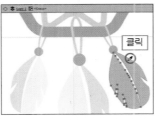
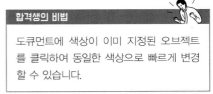

04 **부엉이 오브젝트 만들기**

01 Ellipse Tool(◯)로 작업 도큐먼트를 클릭한 후 'Width : 11.5mm, Height : 11mm'를 입력하여 그리고 'Fill Color : 임의 색상, Stroke Color : 임의 색상'을 지정합니다.

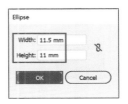

02 Pen Tool(✎)로 하단 오브젝트를 그린 후 'Fill Color : 임의 색상, Stroke Color : 임의 색상'을 지정하고, Selection Tool(▶)로 원형과 함께 선택한 후 Pathfinder 패널에서 'Unite(◱)'를 클릭합니다.

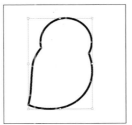

03 Pen Tool(✎)로 날개 모양의 열린 패스를 그린 후 'Fill Color : None, Stroke Color : 임의 색상'을 지정합니다. Selection Tool(▶)로 함께 선택하고 Pathfinder 패널에서 'Divide(◱)'를 클릭한 후 더블 클릭하여 Isolation Mode로 전환합니다. 각각 선택한 후 'Fill Color : Y30, C70M80Y10, Stroke Color : None'을 지정하고 [Esc]를 눌러 정상 모드로 전환합니다.

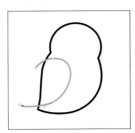

합격생의 비법

• Pathfinder 패널에서 'Divide(▣)'로 면을 분리하기 위해서 열린 패스는 오브젝트와 겹치도록 충분한 길이로 그려줍니다.
• 'Divide(▣)'를 지정할 열린 패스를 그리고 'Fill Color : None, Stroke Color : 임의 색상'을 지정해야 면 분할 과정에서 불필요한 오브젝트 생성을 방지할 수 있습니다.

04 Ellipse Tool(◎)로 작업 도큐먼트를 클릭한 후 'Width : 5.8mm, Height : 5.8mm'를 입력하여 그리고 'Fill Color : C40M10Y10, Stroke Color : None'을 지정합니다. 계속해서 Shift를 누르면서 크기가 다른 3개의 정원을 겹치도록 그리고 'Fill Color : C0M0Y0K0, C10M60Y60, K100, Stroke Color : None'을 순서대로 지정합니다.

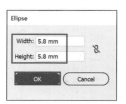

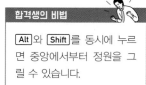

합격생의 비법

Alt와 Shift를 동시에 누르면 중앙에서부터 정원을 그릴 수 있습니다.

05 Ellipse Tool(◎)로 드래그하여 타원을 그리고 'Fill Color : C70M80Y10, Stroke Color : None'을 지정합니다. Direct Selection Tool(▷)로 하단 고정점을 클릭하여 선택하고 하단으로 이동한 후 Anchor Point Tool(⊿)로 고정점을 클릭하여 패스를 뾰족하게 변형합니다.

06 Pen Tool(✒)로 눈썹 모양의 열린 패스를 그린 후 'Fill Color : None, Stroke Color : K100'을 지정하고 Stroke 패널에서 'Weight : 5pt, Profile : Width Profile 1'을 지정한 후 [Object]−[Path]−[Outline Stroke]를 선택하고 선을 면으로 확장합니다.

합격생의 비법

작업 중 Ctrl을 누르고 있으면 Selection Tool(▶)로 전환되어 선택을 빠르게 할 수 있습니다.

07 Selection Tool(▶)로 눈썹과 눈 오브젝트를 함께 선택한 후, Reflect Tool(▷◁)로 **Alt**를 누르고 부리 모양의 중앙 고정점을 클릭하여 'Axis : Vertical'을 지정하고 [Copy]를 눌러 복사합니다. Selection Tool(▶)로 부리 모양 오브젝트를 선택하고 **Shift**+**Ctrl**+**]**를 눌러 맨 앞으로 가져오기를 합니다.

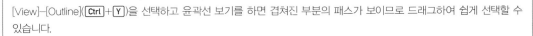

합격생의 비법

[View]–[Outline](**Ctrl**+**Y**)을 선택하고 윤곽선 보기를 하면 겹쳐진 부분의 패스가 보이므로 드래그하여 쉽게 선택할 수 있습니다.

08 Selection Tool(▶)로 부엉이 오브젝트를 모두 선택하고 [Object]–[Group](**Ctrl**+**G**)을 선택하고 그룹을 설정한 후 중앙에 배치합니다. [Edit]–[Copy](**Ctrl**+**C**)로 복사하고 [Edit]–[Paste in Front](**Ctrl**+**F**)로 복사한 오브젝트 앞에 붙여 넣기를 합니다. Path-finder 패널에서 'Unite(■)'를 클릭한 후 Color 패널에서 'Fill Color : None, Stroke Color : K100'을 지정하고 Stroke 패널에서 'Weight : 1pt'를 지정합니다.

 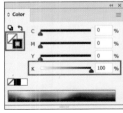 

🔟 저장하고 답안 전송하기

01 [View]–[Guides]–[Hide Guides](**Ctrl**+**;**)를 선택하여 안내선을 숨기고 [View]–[Fit Artboard in Window](**Ctrl**+**0**)를 선택하여 현재 창에 맞추기를 합니다.

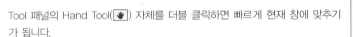

합격생의 비법

Tool 패널의 Hand Tool(✋) 자체를 더블 클릭하면 빠르게 현재 창에 맞추기가 됩니다.

02 [File]-[Save As]를 선택하고 '저장 위치 : 내 PC₩문서₩GTQ, 파일 형식 : Adobe Illus-trator(*AI), 파일 이름 : 수험번호-성명-문제번호.ai'를 확인하고 [저장]을 클릭한 후 [Il-lustrator Options] 대화상자에서 'Version : Illustrator 2020'으로 설정하고 [OK]를 클릭합니다.

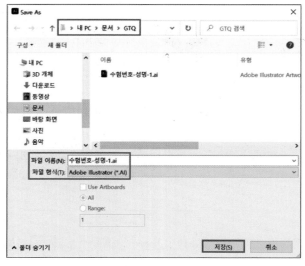 

합격생의 비법

작업의 시작 단계에서 저장 위치와 파일 형식, 파일 이름, 버전을 지정하여 저장하였어도 최종적인 작업 완료 후 [File]-[Save As]를 통해 다시 확인을 합니다.

03 답안 저장이 완료가 되면 [File]-[Close]([Ctrl]+[W])를 선택하여 파일을 닫고 수험 프로그램에서 [답안 전송]을 클릭하여 감독관 컴퓨터로 전송합니다.

문제 02	문자와 오브젝트
작업과정	새 도큐먼트 만들기 및 파일 저장하기 ➡ 마네킹 오브젝트 만들기 ➡ 목걸이 오브젝트 만들고 그라디언트 적용하기 ➡ 브러쉬와 이펙트 적용하기 ➡ 문자 입력하고 변형하기 ➡ 패스를 따라 흐르는 문자 입력하고 브러쉬 적용하기 ➡ 저장하기
완성이미지	Part03₩수험번호-성명-2.ai

01 새 도큐먼트 만들기 및 파일 저장하기

01 [File]-[New]를 선택하고 'Width : 100mm, Height : 80mm, Units : Millimeters, Color Mode : CMYK'를 설정하여 새 도큐먼트를 만들고 [View]-[Rulers]-[Show Rulers] (Ctrl+R)를 선택하여 눈금자를 표시합니다.

> **합격생의 비법**
>
> Advanced를 클릭하여 확장하면 CMYK 컬러 모드를 확인 및 설정할 수 있습니다.

02 작품의 규격 왼쪽 상단에 원점(0,0)을 확인하고 왼쪽과 상단 눈금자 위에서 마우스로 각각 드래그하여 제시된 출력형태와 레이아웃 구성이 동일하게 안내선을 표시합니다.

> **합격생의 비법**
>
> 안내선의 위치는 제시된 문제의 전체적인 레이아웃에 맞게 적절하게 배치합니다.

03 작업 도큐먼트를 저장하기 위해 [File]-[Save As]를 선택하고 '저장 위치 : 내 PC₩문서₩GTQ, 파일 형식 : Adobe Illustrator(*AI), 파일 이름 : 수험번호-성명-문제번호'를 입력하고 [저장]을 클릭한 후 [Illustrator Options] 대화상자에서 'Version : Illustrator 2020'으로 설정하고 [OK]를 클릭합니다.

> **합격생의 비법**
>
> 작업 중에 발생할 수 있는 에러나 시스템 오류에 대비하여 Ctrl+S를 수시로 눌러 저장합니다.

02 마네킹 오브젝트 만들기

01 Pen Tool(✎)로 드래그하여 마네킹 오브젝트의 왼쪽 모양을 닫힌 패스로 수직 안내선 왼쪽에 그리고 'Fill Color : 임의 색상, Stroke Color : 임의 색상'을 지정합니다.

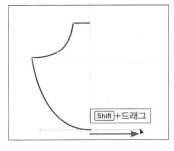
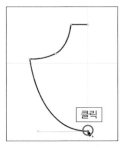

> **합격생의 비법**
>
> • Pen Tool(✎)로 Shift를 누르면서 드래그하여 곡선을 그리면 핸들을 수평, 수직, 45° 각도를 유지하며 그릴 수 있습니다.
> • 패스를 그리는 과정 중 드래그하여 그린 곡선의 고정점에 마우스를 올리면 ◤ 모양으로 바뀝니다. 클릭하면 한쪽 방향선이 삭제되며 직선 또는 곡선의 방향이 다른 패스를 연결하여 그릴 수 있습니다.

02 Direct Selection Tool(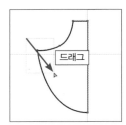)로 드래그하여 왼쪽 고정점을 선택하고 선택된 고정점 안쪽의 ⊙ 를 안쪽으로 드래그하여 둥근 정도를 조절합니다.

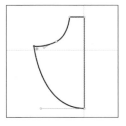

합격생의 비법

오브젝트 모서리의 둥근 정도를 각각 조절하기

Direct Selection Tool(▷)로 고정점 안쪽의 ⊙를 더블 클릭하여 대화상자에서 모서리 모양, 둥근 정도 등을 다양하게 조절할 수 있습니다.

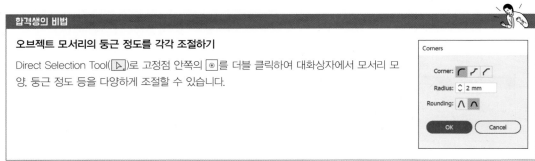

03 [Select]-[All](Ctrl+A)로 패스를 선택한 후, Reflect Tool(▷|◁)로 Alt 를 누르면서 세로 안 내선에 클릭하여 'Axis : Vertical'을 지정하고 [Copy]를 눌러 복사합니다. Ctrl+A 로 모두 선택하고 Pathfinder 패널에서 'Unite(◧)'를 클릭한 후 Color 패널에서 'Fill Color : M50Y50K90, Stroke Color : None'을 지정합니다.

합격생의 비법

Pathfinder 패널에서 'Unite(◧)'를 클릭하여 오브젝트를 합칠 때 중앙에 경계선이 보이는 경우가 있습니다. [Edit]-[Undo](Ctrl+Z)로 명령 취소를 한 후, 합치려는 2개의 오브젝트가 중앙에서 충분히 겹쳐지도록 키보드의 화살표로 이동하여 배치한 후 다시 실행합니다.

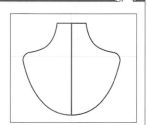

04 Ellipse Tool(◉)로 상단 수직의 안내선에 [Alt]를 누른 채 클릭한 후 'Width : 18mm, Height : 9mm'를 입력하여 그리고 'Fill Color : M10Y10K60, Stroke Color : None'을 지정합니다.

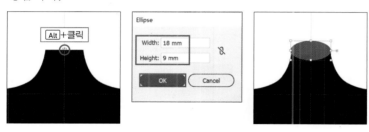

05 Scale Tool(⊡)을 더블 클릭하여 'Uniform : 65%'를 지정하고 [Copy]를 눌러 축소 복사한 후 키보드의 [↑]를 누르고 위쪽으로 이동한 후 'Fill Color : M10Y40K20, Stroke Color : None'을 지정합니다.

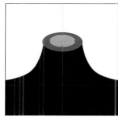

06 Scale Tool(⊡)을 더블 클릭하여 'Uniform : 45%'를 지정하고 [Copy]를 눌러 축소 복사한 후 키보드의 [↑]를 누르고 위쪽으로 이동한 후 Color 패널에서 'Fill Color : M50Y50K90, Stroke Color : None'을 지정합니다.

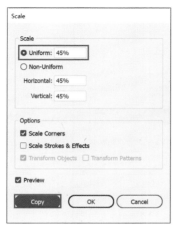

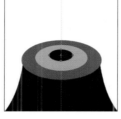

07 Ellipse Tool()로 상단 수직의 안내선에 Alt 를 누른 채 클릭한 후 'Width : 9mm, Height : 4mm'를 입력하여 그리고 'Fill Color : M10Y40K20, Stroke Color : None'을 지정합니다. Rectangle Tool(□)로 작업 도큐먼트를 클릭한 후 'Width : 9mm, Height : 6mm'를 입력하여 그리고 'Fill Color : M50Y50K90, Stroke Color : None'을 지정합니다.

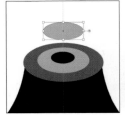
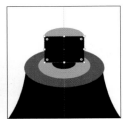

합격생의 비법

중심에서부터 오브젝트 그리기

- Alt 를 누른 채 클릭하여 대화상자에서 수치를 입력하여 그릴 수 있습니다.
- Alt 를 누른 채 드래그하여 중앙에서부터 그릴 수 있습니다.
- Alt + Shift 를 동시에 누른 채 드래그하면 중앙에서부터 정원을 그릴 수 있습니다.

08 Selection Tool(▶)로 사각형을 더블 클릭하여 Isolation Mode로 전환합니다. Direct Selection Tool(▷)로 사각형 하단 2개의 고정점을 선택하고 Scale Tool(⊡)을 더블 클릭하여 'Uniform : 45%'를 지정하고 [OK]를 눌러 패스를 축소 변형한 후 Esc 를 눌러 정상 모드로 전환합니다.

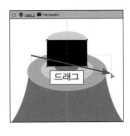

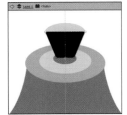

합격생의 비법

Isolation Mode로 전환하면 편집 중인 오브젝트만 선명하게 표시되고 나머지 오브젝트는 흐릿하게 보입니다. 편집 중인 현재 오브젝트만 격리한 상태로 선택 및 편집 작업하기에 편리한 기능입니다.

09 Selection Tool(▶)로 상단 타원형을 선택하고 Ctrl +]를 눌러 앞으로 가져오기를 합니다.

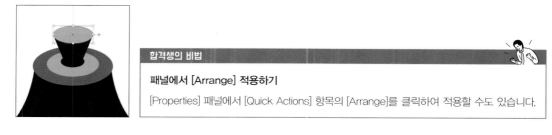

합격생의 비법

패널에서 [Arrange] 적용하기

[Properties] 패널에서 [Quick Actions] 항목의 [Arrange]를 클릭하여 적용할 수도 있습니다.

10 Selection Tool(▶)로 마네킹의 바디 오브젝트를 선택한 후 [Edit]−[Copy](Ctrl + C)로 복사하고 [Edit]−[Paste in Front](Ctrl + F)로 복사한 오브젝트 앞에 붙여 넣기를 한 후 더블 클릭하여 Isolation Mode로 전환합니다. [Object]−[Transform]−[Move]를 선택하고 'Horizontal : 1.7mm, Vertical : 3mm'를 지정하고 [OK]를 눌러 오른쪽 아래로 이동합니다.

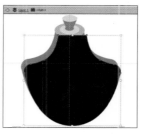

11 계속해서 [Object]−[Transform]−[Move]를 선택하고 'Horizontal : 1.7mm, Vertical : 2mm'를 지정하고 [Copy]를 눌러 오른쪽 아래로 이동하여 복사합니다. Pen Tool(✎)로 드래그하여 열린 패스를 2개의 오브젝트와 겹치도록 그리고 'Fill Color : None, Stroke Color : 임의 색상'을 지정합니다.

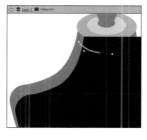

합격생의 비법

Tool 패널의 Selection Tool(▶) 또는 Direct Selection Tool(▷)을 더블 클릭하여 [Move] 대화상자를 빠르게 지정할 수도 있습니다.

12 Ctrl+A로 모두 선택하고 Pathfinder 패널에서 'Divide(⬛)'를 클릭합니다. Selection Tool(▶)로 불필요한 오브젝트를 선택하고 Delete를 눌러 삭제한 후 왼쪽 오브젝트에 'Fill Color : M10Y10K60, Stroke Color : None'을 지정하고 Esc를 눌러 정상 모드로 전환합니다.

03 목걸이 오브젝트를 만들고 그라디언트 적용하기

01 Ellipse Tool(⬤)로 작업 도큐먼트를 클릭한 후 'Width : 8mm, Height : 8mm'를 입력하여 그리고 'Fill Color : 임의 색상, Stroke Color : None'을 지정합니다.

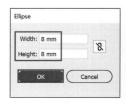 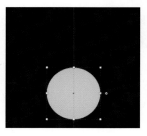

02 Direct Selection Tool(▷)로 상단 고정점을 클릭하여 선택하고 키보드의 ↑를 여러 번 눌러 위쪽으로 이동하고 Anchor Point Tool(◹)로 고정점을 클릭하여 패스를 변형한 후 'Fill Color : C10M50, Stroke Color : None'을 지정합니다.

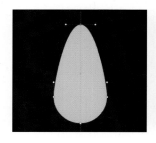 

03 [Object]-[Path]-[Offset Path]를 선택하고 'Offset : -0.6mm'를 지정하고 [OK]를 눌러 안쪽으로 패스를 이동하여 만듭니다.

04 Gradient 패널에서 'Type : Radial Gradient'를 적용하고 Gradient Slider의 왼쪽 'Color Stop'을 더블 클릭하여 C50M100K30을, 오른쪽 'Color Stop'을 더블 클릭하여 C20M60Y20을 적용합니다.

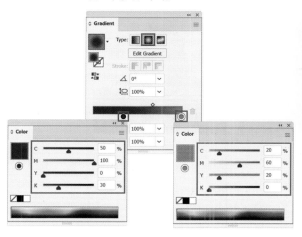 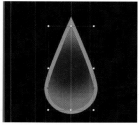

05 Rounded Rectangle Tool(▢)로 드래그하여 둥근 사각형을 그리고 'Fill Color : C0M0Y0K0, Stroke Color : None'을 지정합니다. Ellipse Tool(◯)로 Shift를 누르면서 정원을 그리고 'Fill Color : M20Y50, Stroke Color : None'을 지정합니다.

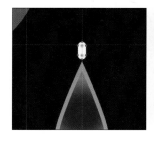 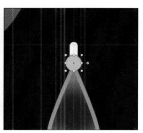

합격생의 비법

- Alt + Shift 를 누르면서 드래그하면 중앙에서부터 정원을 그릴 수 있습니다.
- 둥근 사각형을 그린 후 고정점 안쪽의 ◉를 안쪽으로 드래그하여 모서리의 둥근 정도를 조절할 수 있습니다.

06 Ellipse Tool(⬤)로 작업 도큐먼트를 클릭한 후 'Width : 24mm, Height : 21mm'를 입력하여 그리고 'Fill Color : None, Stroke Color : M20Y50'을 지정하고 Stroke 패널에서 'Weight : 2pt'를 지정합니다.

07 Scissors Tool(✂)로 왼쪽과 오른쪽 선분에 각각 클릭하여 패스를 자른 후 Selection Tool(▶)로 상단 열린 패스를 선택하고 Shift + Ctrl + [를 눌러 맨 뒤로 보내기를 합니다.

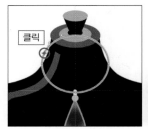  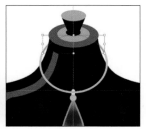

08 Selection Tool(▶)로 중앙에 배치된 오브젝트를 모두 선택하고 Align 패널에서 'Horizontal Align Center(🎚)'를 클릭하여 가로 중앙에 정렬합니다. 정원과 둥근 사각형을 함께 선택하고 Shift + Ctrl +] 를 눌러 맨 앞으로 가져오기를 합니다.

09 Rectangle Tool(▣)로 작업 도큐먼트를 클릭한 후 'Width : 9.5mm, Height : 9.5mm'를 입력하여 그리고 'Fill Color : C20, Stroke Color : None'을 지정합니다.

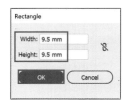 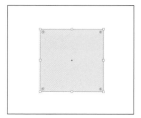

10 Rotate Tool(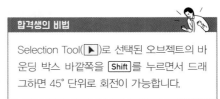)을 더블 클릭하여 'Angle : 45°'를 지정한 후 [OK]를 눌러 회전하고 왼쪽에 배치합니다.

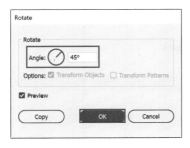

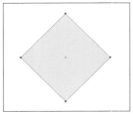

합격생의 비법

Selection Tool(▶)로 선택된 오브젝트의 바
운딩 박스 바깥쪽을 Shift 를 누르면서 드래
그하면 45° 단위로 회전이 가능합니다.

11 [Effect]−[Illustrator Effects]−[Distort & Transform]−[Pucker & Bloat]를 선택하고 −64%를 지정하여 오브젝트를 변형한 후 [Object]−[Expand Appearance]를 선택하여 오브젝트의 모양을 확장합니다.

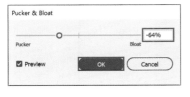

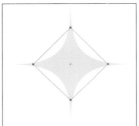

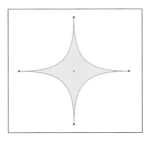

12 Scale Tool()을 더블 클릭하여 'Uniform : 40%'를 지정하고 [Copy]를 눌러 축소 복사한 후 'Fill Color : C50M60, Stroke Color : None'을 지정하고 하단으로 이동하여 배치합니다. 계속해서 더블 클릭하여 'Uniform : 50%'를 지정하고 [Copy]를 눌러 축소 복사한 후 'Fill Color : C70M60, Stroke Color : None'을 지정하고 이동하여 배치합니다.

04 브러쉬와 이펙트 적용하기

01 Line Segment Tool(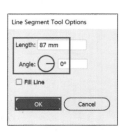)로 작업 도큐먼트 하단을 클릭하여 'Length : 87mm, Angle : 0°'를 지정하고 'Fill Color : None, Stroke Color : 임의 색상'을 지정한 후 Stroke 패널에서 'Weight : 1pt'를 지정하고 수평선을 그립니다.

합격생의 비법

- [Decorative]–[Decorative_Banners and Seals]의 브러쉬는 등록된 모양대로 출력되므로 'Fill Color : None, Stroke Color : 임의 색상'을 지정합니다.
- 제시된 브러쉬의 양 끝 형태를 보고 패스의 시작점과 끝점을 설정해야 출력 형태와 동일한 결과가 나옵니다.

02 Brushes 패널 하단의 'Brush Libraries Menu'를 클릭하고 [Decorative]–[Decorative_Banners and Seals]를 선택하여 추가 브러쉬 패널을 불러온 후 'Banner 3'을 선택하고 적용합니다.

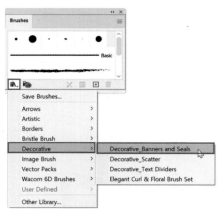

03 [Effect]–[Illustrator Effects]–[Stylize]–[Drop Shadow]를 선택하고 'Opacity : 75%, X Offset : 1mm, Y Offset : 0.4mm, Blur : 0.4mm'를 지정하여 그림자 효과를 적용합니다.

합격생의 비법

Effect의 옵션 편집 및 삭제하기

- Properties 패널에서 [Appearance] 항목의 fx를 클릭하여 새로 적용하거나 해당 이펙트를 클릭하여 편집 또는 삭제할 수 있습니다.
- Appearance 패널에서 해당 이펙트를 클릭하여 편집하거나 삭제가 가능합니다.

05 문자 입력하고 변형하기

01 Type Tool(T)로 작업 도큐먼트를 클릭한 후 Character 패널에서 'Set font family : Arial, Set font style : Bold, Set font size : 24pt'를 설정하고 'Fill Color : C60M90, Stroke Color : None'을 지정한 후 JEWELRY를 입력합니다.

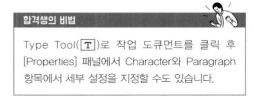

합격생의 비법

Type Tool(T)로 작업 도큐먼트를 클릭 후 [Properties] 패널에서 Character와 Paragraph 항목에서 세부 설정을 지정할 수도 있습니다.

02 [Object]–[Envelope Distort]–[Make with Warp]를 선택하고 'Style : Rise, Horizontal : 체크, Bend : 50%'를 지정하여 문자 모양을 왜곡한 후, [Object]–[Envelope Distort]–[Expand]를 선택하여 확장합니다.

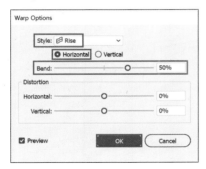

합격생의 비법

[Object]–[Envelope Distort]–[Expand]를 선택하여 확장하면 [Type]–[Create Outlines](Shift + Ctrl + O)로 문자를 윤곽선으로 변환하지 않아도 일반 오브젝트로 변환됩니다.

03 Pen Tool(✏)로 드래그하여 글자를 완전히 통과하는 열린 곡선의 패스를 그리고 'Fill Color : None, Stroke Color : 임의 색상'을 지정한 후 Stroke 패널에서 'Weight : 1pt'를 지정합니다. [Object]–[Path]–[Outline Stroke]를 선택하여 선을 면으로 확장합니다.

04 Selection Tool(▶)로 문자 오브젝트와 함께 선택하고 Pathfinder 패널에서 'Trim(⬚)'을 클릭합니다. 분할된 오브젝트를 더블 클릭하여 Isolation Mode로 전환한 후 면으로 확장된 오브젝트를 선택하고 Delete 를 눌러 삭제합니다.

합격생의 비법

Isolation Mode로 전환하면 편집 중인 오브젝트의 색상만 선명하게 표시되고 나머지는 흐릿하게 됩니다.

합격생의 비법

작업 중 Ctrl 을 누르면 최근에 선택한 선택 도구인 Selection Tool(▶) 또는 Direct Selection Tool(▷)로 빠르게 전환이 가능합니다.

05 Selection Tool(▶)로 Shift 를 누르면서 분리된 하단의 오브젝트를 모두 선택하고 'Fill Color : C10M80Y100, Stroke Color : None'을 지정한 후 Esc 를 눌러 정상 모드로 전환합니다.

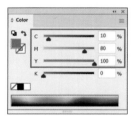 

06 패스를 따라 흐르는 문자 입력하고 브러쉬 적용하기

01 Pen Tool(✐)로 드래그하여 문자를 입력할 열린 곡선 패스를 오른쪽 상단에 그리고 'Fill Color : None, Stroke Color : 임의 색상'을 지정합니다.

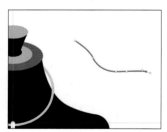

02 Type on a Path Tool(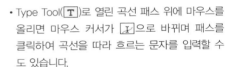)로 열린 곡선 패스의 왼쪽을 클릭한 후 Character 패널에서 'Set font family : Times New Roman, Set font style : Bold, Set font size : 11pt'를 설정하고 'Fill Color : C20M40Y10, Stroke Color : None'을 지정한 후 Forever You를 입력합니다. [Select]-[Deselect]([Shift]+[Ctrl]+[A])로 선택을 해제합니다.

합격생의 비법

• Type Tool([T])로 열린 곡선 패스 위에 마우스를 올리면 마우스 커서가 [I]으로 바뀌며 패스를 클릭하여 곡선을 따라 흐르는 문자를 입력할 수도 있습니다.
• 작업 중 [Ctrl]을 누르면 Selection Tool([▶]) 또는 Direct Selection Tool([▷])로 빠르게 전환되어 도큐먼트의 빈 곳을 클릭하면 선택을 해제할 수 있습니다.

합격생의 비법

패스 외곽선에 입력한 문자의 위치 편집하기

Selection Tool([▶]) 또는 Direct Selection Tool([▷])로 패스 상의 수직선 모양([⊦])을 클릭하여 패스의 왼쪽이나 오른쪽으로 드래그하여 위치를 조절할 수 있습니다.

03 Pen Tool(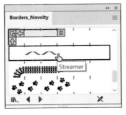)로 드래그하여 브러쉬를 적용할 열린 곡선 패스를 오른쪽 상단에 그리고 'Fill Color : None, Stroke Color : 임의 색상'을 지정합니다. Brushes 패널 하단의 'Brush Libraries Menu'를 클릭하고 [Borders]-[Borders_Novelty]를 선택하여 추가 브러쉬 패널을 불러온 후 'Streamer'를 선택하고 적용합니다. Stroke 패널에서 'Weight : 1pt'를 지정합니다.

합격생의 비법

[Borders]-[Borders_Novelty]의 브러쉬는 등록된 모양대로 출력되므로 'Fill Color : None, Stroke Color : 임의 색상'을 지정합니다.

07 저장하기

01 [View]-[Guides]-[Hide Guides](Ctrl+;)를 선택하여 안내선을 숨기고 [View]-[Fit Artboard in Window](Ctrl+0)를 선택하여 현재 창에 맞추기를 합니다.

합격생의 비법

Tool 패널의 Hand Tool(✋) 자체를 더블 클릭하면 빠르게 현재 창에 맞추기가 됩니다.

02 [File]-[Save As]를 선택하고 '저장 위치 : 내 PC₩문서₩GTQ, 파일 형식 : Adobe Illustrator(*AI), 파일 이름 : 수험번호-성명-문제번호.ai'를 확인하고 [저장]을 클릭한 후 [Illustrator Options] 대화상자에서 'Version : Illustrator 2020'으로 설정하고 [OK]를 클릭합니다.

합격생의 비법

작업의 시작 단계에서 저장 위치와 파일 형식, 파일 이름, 버전을 지정하여 저장하였어도 최종적인 작업 완료 후 [File]-[Save As]를 통해 다시 확인을 합니다.

03 답안 저장이 완료가 되면 [File]-[Close](Ctrl+W)를 선택하여 파일을 닫고 수험 프로그램에서 [답안 전송]을 클릭하여 감독관 컴퓨터로 전송합니다.

문제 03	어플리케이션 디자인
작업과정	새 도큐먼트 만들기 및 파일 저장하기 ➡ 클로버 오브젝트 만들기 ➡ 체인 장식 모양 오브젝트 만들고 패턴 정의하기 ➡ 손 모양 오브젝트 만들기 ➡ 입체 패키지 만들기 ➡ 규칙적인 점선과 오브젝트 변형 및 문자 입력하기 ➡ 패키지 만들고 패턴과 불투명도 지정하기 ➡ 불규칙적인 점선 지정하기 ➡ 정렬과 간격 일정하게 한 후 그룹 지정하기 ➡ 문자 입력하기 ➡ 저장 및 답안 전송하기
완성이미지	Part03₩수험번호-성명-3.ai

01 새 도큐먼트 만들기 및 파일 저장하기

01 [File]-[New]를 선택하고 'Width : 120mm, Height : 80mm, Units : Millimeters, Color Mode : CMYK'를 설정하여 새 도큐먼트를 만들고 [View]-[Rulers]-[Show Rulers] (Ctrl+R)를 선택하여 눈금자를 표시합니다.

합격생의 비법

Advanced를 클릭하여 확장하면 CMYK 컬러 모드를 확인 및 설정할 수 있습니다.

02 작품의 규격 왼쪽 상단에 원점(0,0)을 확인하고 왼쪽과 상단 눈금자 위에서 마우스로 각각 드래그하여 제시된 출력형태와 레이아웃 구성이 동일하게 안내선을 표시합니다.

합격생의 비법

안내선의 위치는 제시된 문제의 전체적인 레이아웃에 맞게 적절하게 배치합니다.

03 작업 도큐먼트를 저장하기 위해 [File]-[Save As]를 선택하고 '저장 위치 : 내 PC₩문서₩ GTQ, 파일 형식 : Adobe Illustrator(*AI), 파일 이름 : 수험번호-성명-문제번호'를 입력하고 [저장]을 클릭한 후 [Illustrator Options] 대화상자에서 'Version : Illustrator 2020'으로 설정하고 [OK]를 클릭합니다.

합격생의 비법

작업 중에 발생할 수 있는 에러나 시스템 오류에 대비하여 Ctrl+S를 수시로 눌러 저장합니다.

⑫ 클로버 오브젝트 만들기

01 Pen Tool(✎)로 드래그하여 닫힌 곡선 패스를 세로 안내선의 오른쪽에 그리고 'Fill Color : 임의 색상, Stroke Color : 임의 색상'을 지정합니다.

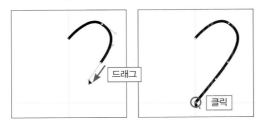

02 [Select]-[All](Ctrl+A)로 패스를 선택하고 Reflect Tool(▷◁)로 Alt를 누르면서 세로 안내선에 클릭하여 'Axis : Vertical'을 지정하고 [Copy]를 눌러 복사합니다.

03 Ctrl + A 로 모두 선택하고 Pathfinder 패널에서 'Unite(■)'를 클릭한 후 Color 패널에서 'Fill Color : M40Y100, Stroke Color : None'을 지정합니다.

04 Rotate Tool(↻)로 Alt 를 누르면서 안내선의 교차 지점을 클릭하여 'Angle : 90°'를 지정하고 [Copy]를 눌러 회전하여 복사한 후 [Object]-[Transform]-[Transform Again](Ctrl + D)을 2번 선택하고 반복하여 회전 복사합니다.

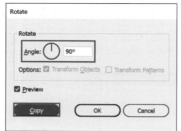

합격생의 비법

45° 단위로 회전하기

• Rotate Tool(↻)로 클릭한 후 Shift 를 누르면서 드래그하면 클릭 지점이 회전축으로 지정되며 45° 단위로 회전이 가능합니다.

• Alt + Shift 를 누르면서 드래그하면 45° 단위로 회전 복사가 가능합니다.

---

05 Star Tool(★)로 안내선의 교차 지점에 클릭하여 'Radius 1 : 8mm, Radius 2 : 6mm, Points : 22'를 지정하고 [OK]를 눌러 그리고 'Fill Color : 임의 색상, Stroke Color : 임의 색상'을 지정합니다.

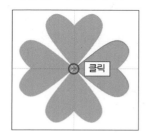

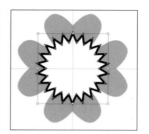

합격생의 비법

• Star Tool(★)로 드래그하면서 키보드의 ↑를 누르면 별의 포인트가 증가하고, ↓를 누르면 포인트가 감소됩니다.

• Star Tool(★)로 Shift 를 누르면서 드래그하면 반듯하게 별을 그릴 수 있습니다.

06 Scale Tool()을 더블 클릭하여 'Uniform : 70%'를 지정하고 [Copy]를 눌러 축소 복사합니다.

07 [Ctrl]+[A]로 모두 선택하고 Pathfinder 패널에서 'Divide(▣)'를 클릭합니다. Selection Tool(▶)로 오브젝트를 더블 클릭하여 Isolation Mode로 전환한 후, 불필요한 오브젝트를 선택하고 [Delete]를 눌러 삭제합니다.

 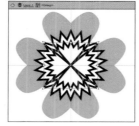 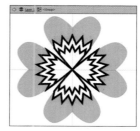

08 Selection Tool(▶)로 [Shift]를 누르면서 중간 4개의 오브젝트를 함께 선택하고 'Fill Color : M10Y50, Stroke Color : None'을 지정합니다. 계속해서 동일한 방법으로 안쪽 4개의 오브젝트를 함께 선택하고 'Fill Color : M60Y100, Stroke Color : None'을 지정하고 [Esc]를 눌러 정상 모드로 전환합니다.

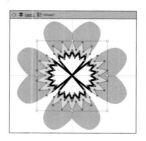 

⑬ 체인 장식 모양 오브젝트 만들고 패턴 정의하기

01 Ellipse Tool(◯)로 작업 도큐먼트를 클릭한 후 'Width : 2mm, Height : 5mm'를 입력하여 그리고 'Fill Color : M10Y70, Stroke Color : None'을 지정합니다.

02 Direct Selection Tool()로 하단 고정점을 선택한 후 [Object]-[Transform]-[Move]를 선택하고 'Horizontal : 0mm, Vertical : 0.5mm'를 지정하고 [OK]를 눌러 아래로 이동합니다. Anchor Point Tool()로 하단 고정점에 클릭하여 뾰족하게 패스를 변형합니다.

합격생의 비법

Tool 패널의 Selection Tool(▶) 또는 Direct Selection Tool(▷) 을 더블 클릭하여 [Move] 대화 상자를 빠르게 지정할 수도 있 습니다.

03 Selection Tool(▶)로 오브젝트를 선택하고 Scale Tool(⬚)을 더블 클릭하여 'Uniform : 80%'를 지정하고 [Copy]를 눌러 축소 복사합니다. [Object]-[Transform]-[Move]를 선택 한 후 'Horizontal : 0mm, Vertical : −1.35mm'를 지정하고 [OK]를 눌러 위로 이동합니다.

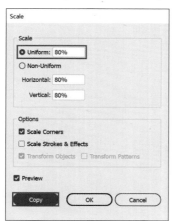

04 Selection Tool(▶)로 2개의 오브젝트를 선택한 후 Pathfinder 패널에서 'Minus Front (⬚)'를 클릭합니다.

05 Scale Tool()을 더블 클릭하여 'Uniform : 80%'를 지정하고 [Copy]를 눌러 축소 복사합니다. [Object]-[Transform]-[Move]를 선택한 후 'Horizontal : 0mm, Vertical : -18.5mm'를 지정하고 [OK]를 눌러 위로 이동합니다.

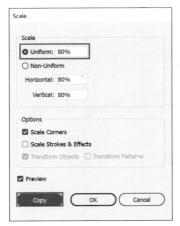

06 Selection Tool(▶)로 2개의 오브젝트를 선택한 후 [Object]-[Blend]-[Make]를 적용하고 [Object]-[Blend]-[Blend Options]로 'Specified Steps : 5'를 적용합니다.

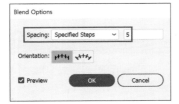

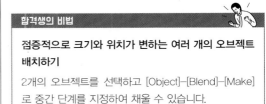

합격생의 비법

점증적으로 크기와 위치가 변하는 여러 개의 오브젝트 배치하기

2개의 오브젝트를 선택하고 [Object]-[Blend]-[Make]로 중간 단계를 지정하여 채울 수 있습니다.

07 [Effect]-[Illustrator Effects]-[Warp]-[Arc]를 선택하고 'Style : Arc, Vertical : 체크, Bend : 75%'를 지정하고 변형한 후 [Object]-[Expand Appearance]를 선택하여 오브젝트의 모양을 확장합니다.

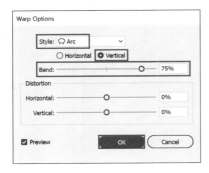

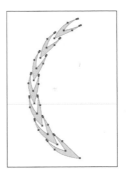

합격생의 비법

변형 도구로 오브젝트를 변형하기 전에 [Object]-[Expand Appearance]를 지정해야 출력 형태와 동일한 결과가 됩니다.

08 Reflect Tool()로 더블 클릭하여 'Axis : Vertical'을 지정하고 [Copy]를 눌러 복사한 후 하단으로 이동하여 배치하고 'Fill Color : C20Y20K20, Stroke Color : None'을 지정합 니다.

09 Selection Tool(▶)로 2개의 오브젝트를 선택한 후 Rotate Tool(⟳)을 더블 클릭하여 'Angle : 45°'를 지정하고 회전합니다.

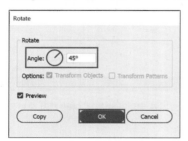

합격생의 비법

Rotate Tool(⟳)로 **Shift**를 누르면서 드래그하면 45° 단위로 회전이 가능합니다.

합격생의 비법

바운딩 박스를 조절하여 45° 단위로 회전하기

- Selection Tool(▶)로 오브젝트를 선택하면 오브젝트의 외곽에 여덟 개의 조절점이 표시되어 크기와 회전을 조절할 수 있습니다. **Shift**를 누르면서 조절점 밖에 마우스를 놓고 ↱로 바뀌면 **Shift**를 누르면서 드래그하여 45° 단위로 회전이 가능합니다.
- 조절점이 표시되지 않을 때는 [View]-[Show Bounding Box](**Shift**+**Ctrl**+**B**)를 선택합니다.

---

10 [Object]-[Pattern]-[Make]를 선택하고 Pattern Options에서 'Name : 장식'을 지정하고 패턴으로 등록하고 **Esc**를 눌러 패턴의 편집 모드에서 정상 모드로 전환합니다.

04 손 모양 오브젝트 만들기

01 Pen Tool(✐)로 드래그하여 손 모양의 닫힌 패스를 그리고 'Fill Color : C20M60Y60K60, Stroke Color : None'을 지정합니다.

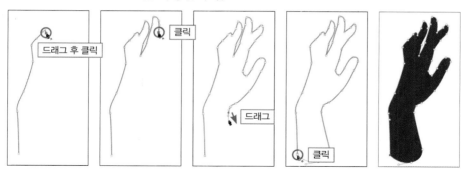

합격생의 비법

패스를 그리는 과정 중 드래그하여 그린 곡선의 고정점에 마우스를 올리면 ▶. 모양으로 바뀝니다. 클릭하면 곡선 핸들의 한쪽 방향선을 삭제하여 직선 또는 곡선의 방향이 다른 패스를 연결하여 그릴 수 있습니다.

02 Selection Tool(▶)로 클로버 오브젝트를 선택하고 [Edit]-[Copy]([Ctrl]+[C])로 복사하고 [Edit]-[Paste]([Ctrl]+[V])로 붙여 넣기를 합니다. Scale Tool(☒)을 더블 클릭하여 'Uniform : 25%'를 지정하고 [OK]를 눌러 축소한 후 Rotate Tool(↻)을 더블 클릭하여 'Angle : 75°'를 지정하고 회전하여 손 모양 오브젝트 위에 배치합니다.

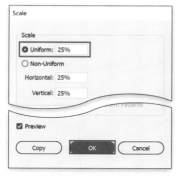

05 입체 패키지 만들기

01 Rounded Rectangle Tool(▢)로 작업 도큐먼트를 클릭한 후 'Width : 50mm, Height : 30mm, Corner Radius : 5mm'를 입력하여 그리고 'Fill Color : 임의 색상, Stroke Color : None'을 지정합니다.

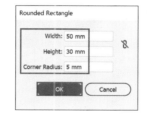
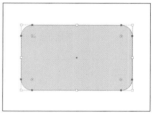

02 [Effect]-[Illustrator Effects]-[3D]-[Extrude & Bevel]을 선택하고 'Specify rotation around the X axis : $60°$, Specify rotation around the Y axis : $30°$, Specify rotation around the Z axis : $-13°$, Perspective : $60°$, Extrude Depth : 45pt'를 지정합니다.

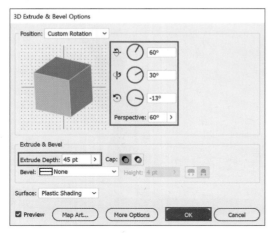

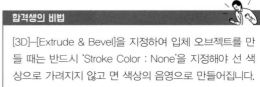

합격생의 비법

[3D]-[Extrude & Bevel]을 지정하여 입체 오브젝트를 만들 때는 반드시 'Stroke Color : None'을 지정해야 선 색상으로 가려지지 않고 면 색상의 음영으로 만들어집니다.

03 [Object]-[Expand Appearance]를 선택하여 오브젝트의 모양을 확장한 후, [Object]-[Ungroup]을 지정합니다. Selection Tool(▶)로 오브젝트를 더블 클릭하여 Isolation Mode로 전환한 후 상단 오브젝트를 선택하고 [Alt]를 누르면서 아래로 드래그하여 복사하고 'Fill Color : None, Stroke Color : 임의 색상'을 지정합니다.

04 Selection Tool(▶)로 선을 더블 클릭하여 한번 더 Isolation Mode로 전환한 후 Direct Selection Tool(▷)로 상단의 선을 드래그하여 선택한 후 [Delete]를 눌러 삭제합니다. 작업 도큐먼트 왼쪽 상단의 첫 번째 〈Group〉을 클릭한 후, Selection Tool(▶)로 바운딩 박스의 세로 중앙점을 바깥쪽으로 드래그하여 열린 패스의 너비를 확대합니다.

합격생의 비법

Pathfinder 패널에서 'Divide(▣)'를 클릭하여 깔끔하게 면을 분할하기 위해 열린 패스의 너비를 확대하여 충분히 겹치도록 배치합니다.

05 [Select]-[All]([Ctrl]+[A])로 모두 선택한 후 Pathfinder 패널에서 'Divide(□)'를 클릭합니다.

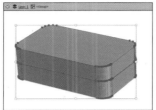

합격생의 비법

〈Group〉의 Isolation Mode에서 [Ctrl]+[A]로 모두 선택하면 격리 모드의 오브젝트만을 모두 선택할 수 있습니다.

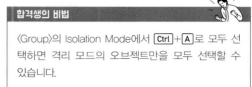

06 Selection Tool(▶)로 상단 면을 선택하고 'Fill Color : M20Y50, Stroke Color : None'을 지정합니다. 나머지 면들을 드래그하여 각각 선택하고 Pathfinder 패널에서 'Unite(■)'를 클릭한 후 Color 패널에서 'Fill Color : M40Y100, M60Y100K10, M60Y100, M80Y100K20, Stroke Color : None'을 순서대로 각각 지정합니다.

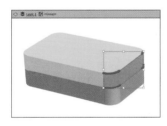
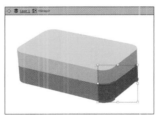

합격생의 비법

• Selection Tool(▶)로 [Shift]를 누르면서 클릭 또는 드래그하여 여러 개의 오브젝트를 함께 선택할 수 있습니다.
• [View]-[Outline]([Ctrl]+[Y])을 선택하고 윤곽선 보기를 하면 드래그하여 선택할 수 있습니다.

07 Pen Tool(✎)로 드래그하여 상하 오브젝트의 경계면에 열린 패스를 그리고 'Fill Color : None, Stroke Color : K50'을 지정한 후 Stroke 패널에서 'Weight : 1pt'를 지정하고 [Esc]를 눌러 정상 모드로 전환합니다.

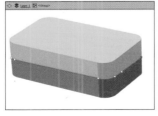

08 Ellipse Tool()로 드래그하여 타원을 그리고 'Fill Color : M60Y100, Stroke Color : None'을 지정합니다. [Object]-[Path]-[Offset Path]를 선택한 후 'Offset : −1mm'를 지정하고 [OK]를 눌러 안쪽으로 패스를 이동하여 만든 후 'Fill Color : M10Y50, Stroke Color : None'을 지정합니다.

06 규칙적인 점선과 오브젝트 변형 및 문자 입력하기

01 Pen Tool()로 클릭하여 직선의 열린 패스를 기울기에 맞춰서 그리고 'Fill Color : None, Stroke Color : 임의 색상'을 지정하고 Stroke 패널에서 'Weight : 13pt'를 지정합니다. Selection Tool(▶)로 선을 선택하고 [Edit]-[Copy]([Ctrl]+[C])로 복사한 후 [Object]-[Path]-[Outline Stroke]를 선택하고 선을 면으로 확장합니다.

  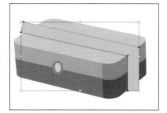

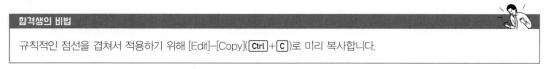

합격생의 비법

규칙적인 점선을 겹쳐서 적용하기 위해 [Edit]-[Copy]([Ctrl]+[C])로 미리 복사합니다.

02 Line Segment Tool(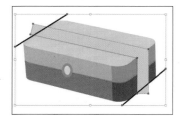)로 드래그하여 기울기에 맞춰서 2개의 사선을 겹치도록 각각 그리고 'Fill Color : None, Stroke Color : 임의 색상'을 지정합니다. Selection Tool(▶)로 확장된 선과 함께 선택하고 Pathfinder 패널에서 'Divide()'를 클릭합니다.

03 Selection Tool(▶)로 더블 클릭하여 Isolation Mode로 전환합니다. Shift 를 누르면서 클릭하여 불필요한 2개의 오브젝트를 선택하고 Delete 를 눌러 삭제한 후 Esc 를 눌러 정상 모드로 전환합니다.

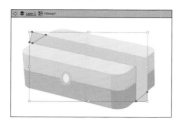 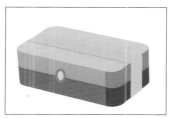

04 Selection Tool(▶)로 선택하고 Gradient 패널에서 'Type : Linear Gradient, Angle : 0°'를 적용하고 Gradient Slider의 왼쪽 'Color Stop'을 더블 클릭하여 C0M0Y0K0을, 오른쪽 'Color Stop'을 더블 클릭하여 M50Y80K10을 적용합니다.

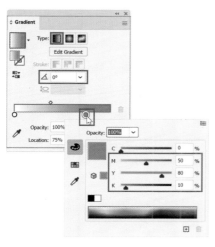 

05 [Edit]-[Paste in Front](Ctrl+F)를 선택하고 앞서 Ctrl+C로 복사한 오브젝트의 앞에 붙여 넣기를 합니다. Color 패널에서 'Fill Color : None, Stroke Color : C0M0Y0K0'을 지정하고 Stroke 패널에서 'Weight : 3pt, Cap : Round Cap, Corner : Round Join, Dashed Line : 체크, dash : 5pt'를 입력하여 규칙적인 점선을 지정합니다.

 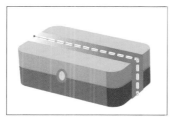

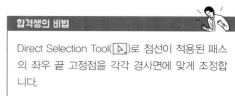

합격생의 비법

Direct Selection Tool(▷)로 점선이 적용된 패스의 좌우 끝 고정점을 각각 경사면에 맞게 조정합니다.

06 Selection Tool()로 도큐먼트 왼쪽 상단의 클로버 오브젝트를 선택한 후 [Edit]-[Copy]([Ctrl]+[C])로 복사하고 [Edit]-[Paste]([Ctrl]+[V])로 붙여 넣기를 합니다. Scale Tool()을 더블 클릭하여 'Uniform : 50%'를 지정하고 [OK]를 눌러 축소한 후 [Object]-[Path]-[Offset Path]를 선택하고 'Offset : 1.5mm'를 지정합니다.

07 Pathfinder 패널에서 'Unite()'를 클릭한 후 Color 패널에서 'Fill Color : C0M0Y0K0, Stroke Color : None'을 지정하고 [Shift]+[Ctrl]+[[ ]를 눌러 맨 뒤로 보내기를 합니다.

 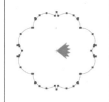 

08 Delete Anchor Point Tool()로 튀어나온 고정점에 각각 클릭하여 패스의 모양을 정리합니다.

09 Selection Tool()로 축소한 클로버 오브젝트와 함께 선택하고 Rotate Tool()로 더블 클릭하여 'Angle : 45°'를 지정하고 회전합니다.

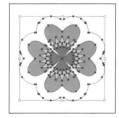  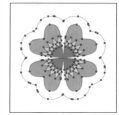

10 Selection Tool(▶)로 입체 패키지와 겹치도록 배치하고 Shear Tool(🗇)로 왼쪽 하단 고정점을 클릭한 후 오른쪽으로 드래그하여 기울이기를 조절한 후 배치합니다.

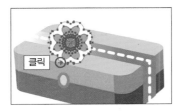

합격생의 비법

Shear Tool(🗇)과 같은 변형 도구의 초기 변형 축의 위치는 오브젝트의 중심에 있습니다. 특정 지점을 클릭하면 클릭 지점이 변형의 축으로 변경됩니다.

11 Selection Tool(▶)로 클로버 오브젝트를 더블 클릭하여 Isolation Mode로 전환한 후 'Fill Color : M40Y100'인 4개의 오브젝트를 함께 선택하고 'Fill Color : M80Y100K10, Stroke Color : None'을 지정하고 Esc 를 눌러 정상 모드로 전환합니다.

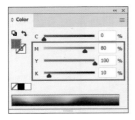

12 Type Tool(T)로 작업 도큐먼트를 클릭한 후 Character 패널에서 'Set font family : Arial, Set font style : Bold, Set font size : 8pt'를 설정하고 'Fill Color : M20Y50, Stroke Color : None'을 지정한 후 Special Gift를 입력합니다. Shear Tool(🗇)로 더블 클릭하여 'Shear Angle : 14.5°, Axis : Vertical'을 지정하고 배치합니다.

합격생의 비법

기울이기를 지정한 후 Character 패널에서 'Horizontal Scale(⊥) : 100%'를 다시 지정합니다.

07 패키지 만들고 패턴과 불투명도 지정하기

01 Rectangle Tool(■)로 작업 도큐먼트를 클릭한 후 'Width : 22mm, Height : 30mm'를 입력하여 그리고 'Fill Color : C20M60Y50K20, Stroke Color : 임의 색상'을 지정합니다. [Object]-[Path]-[Add Anchor Points]를 선택하고 고정점을 추가합니다.

02 Direct Selection Tool(▷)로 드래그하여 가로 중앙의 2개의 고정점을 선택한 후 Scale Tool(⬚)을 더블 클릭하여 'Uniform : 97%'를 지정하고 [OK]를 눌러 패스를 축소합니다.

 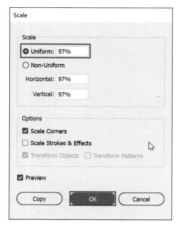 

03 Ellipse Tool(◯)로 드래그하여 크기가 다른 2개의 타원을 사각형의 위와 아래에 겹치도록 그리고 'Fill Color : None, Stroke Color : 임의 색상'을 지정합니다.

 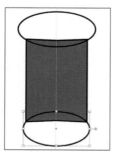

04 Selection Tool(▶)로 3개의 오브젝트를 함께 선택하고 Pathfinder 패널에서 'Divide(▣)'를 클릭합니다. Selection Tool(▶)로 더블 클릭하여 Isolation Mode로 전환한 후 불필요한 오브젝트를 선택하고 Delete를 눌러 삭제합니다. Shift를 누르면서 2개의 오브젝트를 함께 선택한 후 'Fill Color : C20M60Y60K60'을 지정하고, Ctrl+A로 모두 선택하고 'Stroke Color : None'을 지정한 후 Esc를 눌러 정상 모드로 전환합니다.

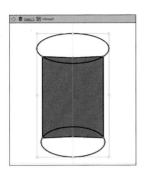  

05 Pen Tool(✏)로 3개의 닫힌 패스를 그리고 'Fill Color : C0M0Y0K0, Stroke Color : None'을 지정한 후 Transparency 패널에서 'Opacity : 50%'를 각각 지정합니다.

 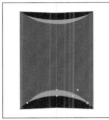 

06 Selection Tool(▶)로 패키지 오브젝트를 더블 클릭하여 Isolation Mode로 전환한 후 중앙의 오브젝트를 선택합니다. [Edit]-[Copy](Ctrl+C)로 복사하고 [Edit]-[Paste in Front](Ctrl+F)로 복사한 오브젝트 앞에 붙여 넣기를 한 후 Swatches 패널에 등록된 장식 패턴을 클릭하여 면 색상에 적용합니다.

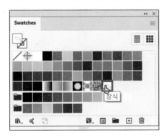 

07 Scale Tool(⬚)을 더블 클릭하고 'Uniform : 30%, Transform Objects : 체크 해제, Transform Patterns : 체크'를 지정하여 패턴의 크기만을 축소합니다.

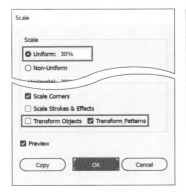 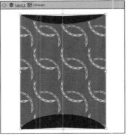

합격생의 비법

적용된 패턴의 크기만을 조절할 때는 반드시 'Transform Objects : 체크 해제, Transform Patterns : 체크'를 지정해야 합니다.

08 Rotate Tool()을 더블 클릭하여 'Angle : 15°, Transform Objects : 체크 해제, Transform Patterns : 체크'를 지정하고 패턴을 회전한 후 Esc 를 눌러 정상 모드로 전환합니다.

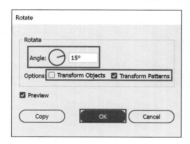 

합격생의 비법

패턴으로 정의한 원래 오브젝트의 위치에 따라 적용된 패턴의 위치는 다를 수 있습니다. [Object]-[Transform]-[Move]
를 선택하고 [Move] 대화상자에서 'Transform Objects : 체크 해제, Transform Patterns : 체크, Preview : 체크'를 지정
하고 Horizontal과 Vertical에 수치를 조절하여 맞춰 줍니다.

09 Selection Tool(▶)로 패키지 오브젝트를 모두 선택하고 [Edit]-[Copy](Ctrl + C)로 복사
하고 [Edit]-[Paste](Ctrl + V)로 붙여 넣기를 한 후 이동하여 배치합니다. Selection
Tool(▶)로 더블 클릭하여 Isolation Mode로 전환한 후 패턴이 적용된 오브젝트를 선택하
고 Delete 를 눌러 삭제합니다. 나머지 오브젝트를 선택한 후 'Fill Color : C90M80Y30K10,
C90M80Y30K50, Stroke Color : None'을 각각 지정하고 Esc 를 눌러 정상 모드로 전환합
니다.

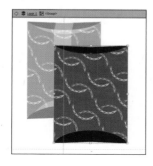 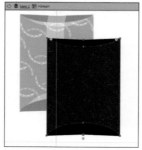

08 불규칙적인 점선 지정하기

01 Selection Tool(▶)로 중앙의 오브젝트를 선택한 후 [Object]-[Path]-[Offset Path]를 선
택하고 'Offset : −1mm'를 지정하고 'Fill Color : None, Stroke Color : C20M60Y60K60'
을 지정합니다. Stroke 패널에서 'Weight : 1pt, Dashed Line : 체크, dash : 5pt, gap :
1pt, dash : 2pt, gap : 3pt'를 지정한 후 Transparency 패널에서 'Opacity : 100%'를 지
정합니다.

02 Selection Tool(▶)로 점선 오브젝트를 더블 클릭하여 Isolation Mode로 전환한 후 Direct Selection Tool(▷)로 상단과 하단의 선분을 선택하고 Delete 를 눌러 삭제합니다. 열린 점선 패스의 끝 고정점을 각각 선택하고 길이를 조절한 후 Esc 를 눌러 정상 모드로 전환합니다.

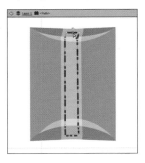
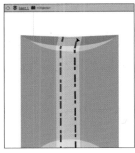
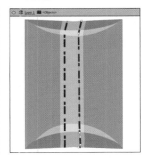

⑨ 정렬과 간격 일정하게 한 후 그룹 지정하기

01 Selection Tool(▶)로 클로버 오브젝트를 선택하고 Ctrl + C 로 복사하고 Ctrl + V 로 붙여 넣기를 한 후 Scale Tool(⊡)을 더블 클릭하고 'Uniform : 20%, Transform Objects : 체크, Transform Patterns : 체크 해제'를 지정하여 크기를 축소합니다. Pathfinder 패널에서 'Unite(▣)'를 클릭한 후 'Fill Color : C0M0Y0K0, Stroke Color : None'을 지정합니다.

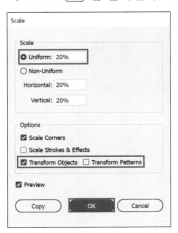

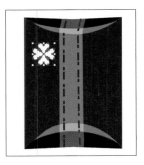

02 Selection Tool(▶)로 Alt + Shift 를 누르면서 아래로 드래그하여 복사하고 Ctrl + D 를 눌러 반복하여 복사합니다. 3개의 클로버 오브젝트를 함께 선택한 후 [Object]-[Group](Ctrl + G)을 선택하여 그룹을 지정합니다.

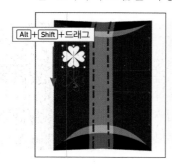

합격생의 비법

Selection Tool(▶)로 Alt 와 Shift 를 누르면서 드래그하면, 드래그하는 방향으로 오브젝트를 반듯하게 복사할 수 있습니다.

⑩ 문자 입력하기

01 Type Tool(T)로 작업 도큐먼트를 클릭한 후 Character 패널에서 'Set font family : Times New Roman, Set font style : Bold, Set font size : 8pt'를 설정하고 'Fill Color : M40Y100, Stroke Color : None'을 지정한 후 JEWELRY를 입력합니다. Rotate Tool(↻)을 더블 클릭하여 'Angle : 90°'를 지정하여 회전한 후 배치합니다.

02 Selection Tool(▶)로 함께 선택하고 Rotate Tool(↻)을 더블 클릭한 후 'Angle : -10°'를 지정하여 회전 배치합니다.

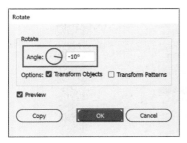

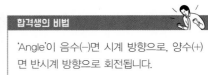

합격생의 비법

'Angle'이 음수(−)면 시계 방향으로, 양수(+)면 반시계 방향으로 회전됩니다.

⑪ 저장 및 답안 전송하기

01 [View]−[Guides]−[Hide Guides](`Ctrl` + `;`)를 선택하여 안내선을 숨기고 [View]−[Fit Artboard in Window](`Ctrl` + `0`)를 선택하여 현재 창에 맞추기를 합니다.

합격생의 비법

Tool 패널의 Hand Tool(✋) 자체를 더블 클릭하면 빠르게 현재 창에 맞추기가 됩니다.

02 [File]−[Save As]를 선택하고 '저장 위치 : 내 PC₩문서₩GTQ, 파일 형식 : Adobe Illustrator(*AI), 파일 이름 : 수험번호−성명−문제번호.ai'를 확인하고 [저장]을 클릭한 후 [Illustrator Options] 대화상자에서 'Version : Illustrator 2020'으로 설정하고 [OK]를 클릭합니다.

합격생의 비법

작업의 시작 단계에서 저장 위치와 파일 형식, 파일 이름, 버전을 지정하여 저장하였어도 최종적인 작업 완료 후 [File]−[Save As]를 통해 다시 확인을 합니다.

03 답안 저장이 완료가 되면 [File]−[Exit](`Ctrl` + `Q`)를 선택하여 일러스트레이터 프로그램을 종료하고 수험 프로그램에서 [답안 전송]을 클릭하여 감독관 컴퓨터로 전송합니다.

04
PART

기출 유형 문제

급수	문제유형	시험시간	수험번호	성명
2급	A	90분	G123456789	

수 험 자 유 의 사 항

- 수험자는 문제지를 받는 즉시 응시하고자 하는 과목 및 급수가 맞는지 확인한 후 수험번호와 성명을 작성합니다.
- 파일명은 본인의 "수험번호−성명−문제번호"로 공백 없이 정확히 입력하고 답안폴더(내 PC₩문서₩GTQ)에 ai 파일 포맷으로 저장해야 하며, 다른 파일 형식으로 저장하였을 경우 0점 처리됩니다. 답안문서 파일명이 "수험번호−성명−문제번호"와 일치하지 않거나, 답안 파일을 전송하지 않아 미제출로 처리될 경우 불합격 처리됩니다.
- 수험자 정보와 저장한 파일명, 저장 위치가 다를 경우 전송이 되지 않으므로, 주의하시기 바랍니다.
- 답안 작성 중에도 주기적으로 '저장'과 '답안 전송'을 이용하여 감독위원 PC로 답안을 전송하셔야 합니다. (※ 작업한 내용을 저장하지 않고 전송할 경우 이전의 저장내용이 전송되오니 이점 반드시 유념하시기 바랍니다.)
- 답안문서는 지정된 경로 외의 다른 보조기억장치에 저장하는 행위, 지정된 시험 시간 외에 작성된 파일을 활용한 행위, 기타 통신수단(이메일, 메신저, 네트워크 등)을 이용하여 타인에게 전달 또는 외부 반출하는 행위는 부정으로 간주되어 자격기본법 제32조에 의거 본 시험 및 국가공인 자격시험을 2년간 응시할 수 없습니다.
- 시험 중 부주의 또는 고의로 시스템을 파손한 경우와 〈수험자 유의사항〉에 기재된 방법대로 이행하지 않아 생기는 불이익은 수험자의 책임임을 알려 드립니다.
- 시험을 완료한 수험자는 최종적으로 저장한 답안파일이 전송되었는지 확인한 후 감독위원의 지시에 따라 문제지를 제출하고 퇴실합니다.

답 안 작 성 요 령

- 온라인 답안 작성 절차
  수험자 등록 ⇒ 시험 시작 ⇒ 답안파일 저장 ⇒ 답안 전송 ⇒ 시험 종료
- 배점은 총 100점으로 이루어지며, 점수는 각 문제별로 차등 배분됩니다.
- 각 문제는 제시된 조건에 맞게 답안을 작성하셔야 하며, 조건을 지키지 못했을 경우에는 0점 또는 감점 처리됩니다.
- 조건에서 주어진 단위는 'mm(밀리미터)'입니다. 눈금자는 작성하지 않으며, 그 외는 출력형태(레이아웃, 색상, 문자, 규격 등)와 같게 작업하십시오.
- 문제 조건에 서체의 지정이 없을 경우 한글은 굴림이나 돋움, 영문은 Arial로 작업하십시오. (단, 그 외 제시되지 않은 문자 속성을 기본값으로 작성하지 않은 경우는 감점 처리됩니다.)
- 문제 조건에 크기와 색상, 두께의 지정이 없을 경우 《출력형태》를 참고하여 작업해 주시기 바랍니다.
- Image Mode(이미지 모드)는 별도의 처리조건이 없을 경우에는 CMYK로 작업하십시오.
- 조건에서 제시한 기능을 임의로 합치거나 각 기능에 대한 속성을 해지할 경우 해당 요소는 0점 처리됩니다.

한 국 생 산 성 본 부

다음의 《조건》에 따라 아래의 《출력형태》와 같이 작업하시오.

조건

파일저장규칙	AI	파일명	문서₩GTQ₩수험번호−성명−1.ai
		크기	100 × 80mm

1. 작업 방법
① 도형, 변형 툴과 Pathfinder 기능을 활용하여 오브젝트를 작성한다.
② 그 외 《출력형태》 참조

출력형태

C10K10,
C100M10,
C0M0Y0K0,
M10Y10,
M20Y10K10,
K100, K10,
C100Y50K30,
(선/획) K100, 1pt

다음의 《조건》에 따라 아래의 《출력형태》와 같이 작업하시오.

조건

파일저장규칙	AI	파일명	문서₩GTQ₩수험번호−성명−2.ai
		크기	100 × 80mm

1. 작업 방법
① 'SCIENCE' 문자에 Times New Roman (Bold) 폰트를 적용한다.
② 'Laboratory' 문자에 Type on a Path Tool을 활용한다.
③ Brush는 《출력형태》를 참고하여 작성한다.
④ Effect는 《출력형태》를 참고하여 작성한다.
⑤ 그 외 《출력형태》 참조

2. 문자 효과
① Laboratory (Arial, Regular, 14pt, C40M100Y80K40)

출력형태

C60Y30, C60M100Y30,
[Brush]
Banner 7, 1pt

[Brush]
Starburst 4, 0.7pt

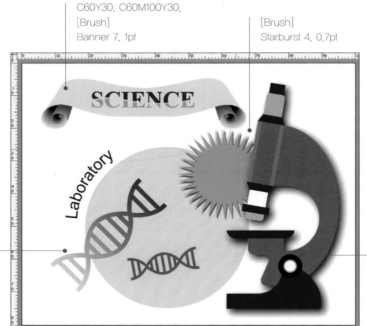

C60M20Y60K20,
Y90 → M100Y100K20,
M10Y60

C60M20Y60K20,
C40M100Y80K40,
C30M20Y20,
C50M20Y60K10,
C0M0Y0K0, K100,
(선/획) K40, 1pt,
[Effect] Drop Shadow

다음의 《조건》에 따라 아래의 《출력형태》와 같이 작업하시오.

조건

파일저장규칙	AI	파일명	문서₩GTQ₩수험번호-성명-3.ai
		크기	120 × 80mm

1. 작업 방법
① 도형 툴로 오브젝트를 제작한 후 Pattern을 활용하여 작성한다. (패턴 등록 : 잎)
② 손 세정제에는 불규칙한 점선을, 물티슈에는 규칙적인 점선을 설정한다.
③ 물티슈에 Pattern을 적용한다.
④ 손 세정제에 배치된 오브젝트는 정렬, 간격을 일정하게 한 후 Group 설정을 한다.
⑤ 그 외 《출력형태》 참조

2. 문자 효과
① KEEP CLEAN (Times New Roman, Bold, 9pt, K100)
② Hand Sanitizer (Arial, Bold, 9pt, C50Y20)

출력형태

C20M80,
C20M10Y10,
C20M50

C60Y100K10, C20Y30,
(선/획) C60Y100K10, 2pt,
C20Y30, 2pt

C30K10, C20,
C0M0Y0K0, Opacity 60%,
C50M10, C80M80, K10,
C0M0Y0K0,
(선/획) K50, 1pt

C80M80, C0M0Y0K0,
(선/획) C80M80, 1pt

C0M0Y0K0,
[Group]

[Pattern]

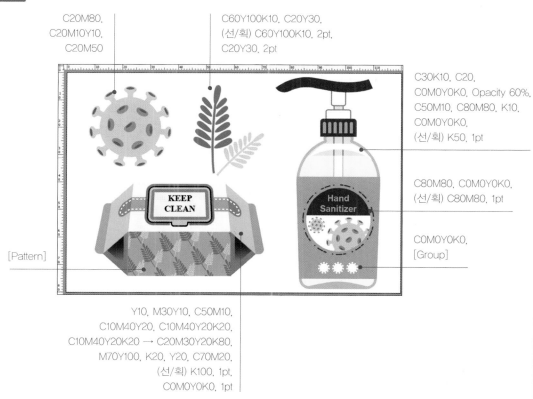

Y10, M30Y10, C50M10,
C10M40Y20, C10M40Y20K20,
C10M40Y20K20 → C20M30Y20K80,
M70Y100, K20, Y20, C70M20,
(선/획) K100, 1pt,
C0M0Y0K0, 1pt

문제 01

CHAPTER 01
기본 툴 활용

작업과정	새 도큐먼트 만들기 및 파일 저장하기 ➡ 배경 오브젝트 만들기 ➡ 의사 캐릭터 만들기 ➡ 청진기 오브젝트 만들기 ➡ 마스크 오브젝트 만들기 ➡ 저장하기
완성이미지	Part04\기출유형문제\01회\수험번호-성명-1.ai

01 새 도큐먼트 만들기 및 파일 저장하기

01 [File]-[New]([Ctrl]+[N])를 선택하고 'Width : 100mm, Height : 80mm, Units : Millimeters, Color Mode : CMYK'를 설정하여 새 도큐먼트를 만들고 [View]-[Rulers]-[Show Rulers]([Ctrl]+[R])를 선택하여 눈금자를 표시합니다.

02 작품의 규격 왼쪽 상단에 원점(0,0)을 확인하고 왼쪽과 상단 눈금자 위에서 마우스로 각각 드래그하여 제시된 출력형태와 레이아웃 구성이 동일하게 안내선을 표시합니다.

03 작업 도큐먼트를 저장하기 위해 [File]-[Save As]를 선택하고 '저장 위치 : 내 PC\문서\GTQ, 파일 형식 : Adobe Illustrator(*AI), 파일 이름 : 수험번호-성명-문제번호'를 입력하고 [저장]을 클릭한 후 [Illustrator Options] 대화상자에서 'Version : Illustrator 2020'으로 설정하고 [OK]를 클릭합니다.

02 배경 오브젝트 만들기

01 Ellipse Tool(◉)로 작업 도큐먼트를 클릭한 후 'Width : 88mm, Height : 68mm'를 입력하여 그리고 'Fill Color : C10K10, Stroke Color : None'을 지정합니다. Rotate Tool(↻)을 더블 클릭하여 'Angle : −25°'를 지정하고 [OK]를 눌러 회전합니다.

 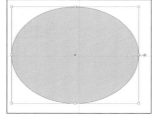 

02 Scale Tool(⊡)을 더블 클릭하여 'Uniform : 95%'를 지정한 후, [Copy]를 눌러 축소 복사하고 'Fill Color : C100M10, Stroke Color : None'을 지정합니다. [Object]-[Transform]-[Move]를 선택하고 'Horizontal : 6mm, Vertical : 1mm'를 지정하고 [OK]를 눌러 오른쪽 아래로 이동합니다.

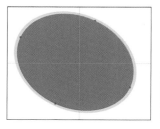
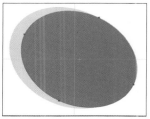

합격생의 비법

Tool 패널의 Selection Tool(▶) 또는 Direct
Selection Tool(▷)을 더블 클릭하여 [Move]
를 빠르게 지정할 수 있습니다.

03 Star Tool(★)로 작업 도큐먼트를 클릭한 후 'Radius 1 : 70mm, Radius 2 : 35mm, Points : 5'를 입력하여 그리고 'Fill Color : 임의 색상, Stroke Color : 임의 색상'을 지정합니다. Rotate Tool(↻)을 더블 클릭하여 'Angle : 14°'를 지정하고 [OK]를 눌러 회전하여 작은 타원과 겹치도록 배치합니다.

04 Selection Tool(▶)로 타원과 함께 선택한 후 Pathfinder 패널에서 'Minus Front(◧)'를 클릭합니다.

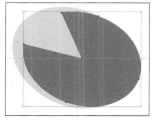

05 Rounded Rectangle Tool(▢)로 작업 도큐먼트를 클릭한 후 'Width : 3mm, Height : 9mm, Corner Radius : 2mm'를 입력하여 그리고 'Fill Color : C10K10, Stroke Color : None'을 지정합니다. Rotate Tool(↻)을 더블 클릭하여 'Angle : 90°'를 지정하고 [Copy]를 눌러 회전 복사합니다.

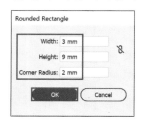

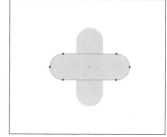

06 Selection Tool(▶)로 2개의 둥근 사각형을 함께 선택한 후 Pathfinder 패널에서 'Unite(■)'를 클릭합니다.

07 Scale Tool(⬜)을 더블 클릭하여 'Uniform : 180%'를 지정하고 [Copy]를 눌러 확대 복사합니다. Line Segment Tool(╱)로 Shift 를 누르면서 드래그하여 2개의 사선을 그리고 'Fill Color : None, Stroke Color : 임의 색상'을 지정합니다.

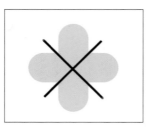

합격생의 비법

Line Segment Tool(╱)로 Shift 를 누르면서 드래그하면 수직선, 수평선, 45° 사선을 그릴 수 있습니다.

08 Selection Tool(▶)로 3개의 오브젝트를 함께 선택하고 Align 패널에서 'Horizontal Align Center(■)'와 'Vertical Align Center(■)'를 각각 클릭하여 가운데 정렬을 지정합니다.

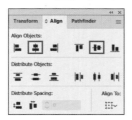

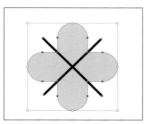

09 Pathfinder 패널에서 'Divide(■)'를 클릭합니다. Selection Tool(▶)로 분할된 오브젝트를 더블 클릭하여 Isolation Mode로 전환합니다. Shift 를 누른 채 클릭하여 2개의 오브젝트를 함께 선택하고 'Fill Color : C0M0Y0K0, Stroke Color : None'을 지정한 후 Esc 를 눌러 정상 모드로 전환합니다.

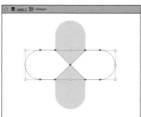

합격생의 비법

Isolation Mode란 Pathfinder 적용 후 개별 오브젝트를 편집할 때 Group 상태를 해제하지 않고 부분적으로 선택, 편집할 수 있는 격리 모드입니다. 개별 오브젝트의 편집이 끝나면 도큐먼트의 빈 곳을 더블 클릭하거나 Esc 를 눌러 정상 모드로 전환합니다.

10 Selection Tool(▶)로 오브젝트를 선택하고 Scale Tool(⬚)을 더블 클릭하여 'Uniform : 70%'를 지정하고 [Copy]를 눌러 축소 복사합니다. Rotate Tool(⟳)을 더블 클릭하여 'Angle : 90°'를 지정하고 [OK]를 눌러 회전하여 배치합니다.

  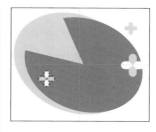

03 의사 캐릭터 만들기

01 Ellipse Tool(⬭)로 작업 도큐먼트를 클릭한 후 'Width : 25mm, Height : 27mm'를 입력하여 그리고 'Fill Color : M10Y10, Stroke Color : None'을 지정합니다. 계속해서 클릭하여 'Width : 7mm, Height : 8mm'를 입력하여 그리고 배치합니다.

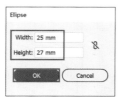 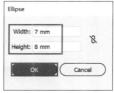 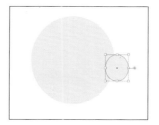

02 Ellipse Tool(⬭)로 드래그하여 크기가 다른 2개의 원을 겹치도록 그리고 'Fill Color : M20Y10K10, M10Y10, Stroke Color : None'을 각각 지정하고 귀 위치에 배치합니다.

03 Ellipse Tool(⬭)로 작업 도큐먼트를 클릭한 후 'Width : 3.5mm, Height : 3.5mm'를 입력하여 그리고 'Fill Color : K100, Stroke Color : None'을 지정합니다. Transform 패널에서 'Pie End Angle : 337°'를 지정하여 눈 모양을 만듭니다.

  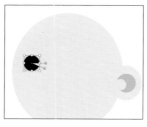

합격생의 비법

Ellipse Tool(⬭)로 원형을 그린 후 바운딩 박스 오른쪽의 ◉를 드래그하여 파이 모양으로 조절할 수도 있습니다.

04 Pen Tool(🖊)로 드래그하여 눈썹 모양의 열린 패스로 그린 후 'Fill Color : None, Stroke Color : K100'을 지정하고 Stroke 패널에서 'Weight : 2pt, Profile : Width Profile 1'을 지정한 후 [Object]–[Path]–[Outline Stroke]를 선택하고 선을 면으로 확장합니다.

05 Selection Tool(▶)로 Shift 를 누르면서 눈과 눈썹 오브젝트를 함께 선택하고 Alt 를 누른 채 오른쪽으로 드래그하여 복사합니다.

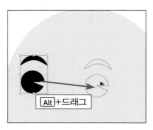

06 Pen Tool(🖊)로 드래그하여 머리카락 모양의 닫힌 패스로 그린 후 'Fill Color : K100, Stroke Color : None'을 지정하고 [Object]–[Arrange]–[Send to Back](Shift + Ctrl + [ ) 을 선택하고 맨 뒤로 보내기를 합니다. 계속해서 동일한 색상으로 앞 머리카락 모양의 닫힌 패스를 그립니다.

07 Pen Tool(🖊)로 가운 모양의 닫힌 패스를 그리고 'Fill Color : C0M0Y0K0, Stroke Color : K100'을 지정하고 Stroke 패널에서 'Weight : 1pt'를 지정합니다. 계속해서 순서대로 2개 의 닫힌 패스를 그린 후 'Fill Color : C100Y50K30, M20Y10K10, Stroke Color : None' 을 지정합니다.

08 Selection Tool(▶)로 Shift 를 누르면서 3개의 닫힌 패스와 뒷 머리카락 모양의 오브젝트를 함께 선택하고 [Object]-[Arrange]-[Send to Back](Shift + Ctrl + [)을 선택하고 맨 뒤로 보내기를 합니다.

09 Selection Tool(▶)로 가운 모양의 닫힌 패스를 [Edit]-[Copy](Ctrl + C)로 복사하고 'Stroke Color : None'을 지정합니다. [Edit]-[Paste in Front](Ctrl + F)로 복사한 오브젝트 앞에 붙여 넣기를 한 후 더블 클릭하여 Isolation Mode로 전환하고 'Fill Color : None'을 지정합니다.

10 Direct Selection Tool(▷)로 하단의 고정점을 클릭하여 선택하고 Delete 를 눌러 삭제한 후 Esc 를 눌러 정상 모드로 전환합니다.

11 Pen Tool(✎)로 2개의 열린 패스를 그리고 'Fill Color : C0M0Y0K0, Stroke Color : K100'을 지정하고 Stroke 패널에서 'Weight : 1pt'를 지정합니다. 계속해서 손 모양의 닫힌 패스를 그린 후 'Fill Color : M20Y10K10, Stroke Color : None'을 지정하고 Ctrl + [를 눌러 뒤로 보내기를 합니다.

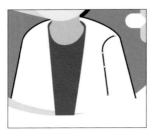  

04 청진기 오브젝트 만들기

01 Rounded Rectangle Tool(▢)로 작업 도큐먼트를 클릭한 후 'Width : 16mm, Height : 28mm, Corner Radius : 6mm'를 지정하여 그리고 'Fill Color : None, Stroke Color : K100'을 지정한 후 Stroke 패널에서 'Weight : 2pt'를 지정합니다. 계속해서 클릭하여 'Width : 11mm, Height : 18mm, Corner Radius : 5mm'를 지정하여 동일한 색상의 둥근 사각형을 그립니다.

02 Ellipse Tool(⬭)로 작업 도큐먼트를 클릭한 후 'Width : 6mm, Height : 6mm'를 입력하여 그리고 'Fill Color : K100, Stroke Color : None'을 지정합니다.

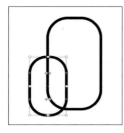 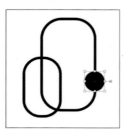

03 Selection Tool(▶)로 큰 둥근 사각형을 더블 클릭하여 Isolation Mode로 전환합니다. Scissors Tool(✂)로 둥근 사각형의 왼쪽과 오른쪽 선분에 각각 클릭하여 패스를 자른 후 Delete 를 2번 눌러 자른 패스를 삭제하고 Esc 를 눌러 정상 모드로 전환합니다.

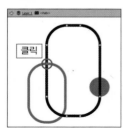 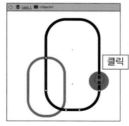 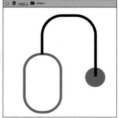

04 Rounded Rectangle Tool(▢)로 드래그하여 둥근 사각형을 그리고 'Fill Color : K100, Stroke Color : None'을 지정합니다. 작은 둥근 사각형과 겹치도록 배치하고 Selection Tool(▶)로 바운딩 박스의 모서리 밖을 드래그하여 회전합니다. Reflect Tool(◁)로 Alt 를 누르면서 둥근 사각형의 가로 중앙을 클릭하여 'Axis : Vertical'을 지정하고 [Copy]를 눌러 복사합니다.

 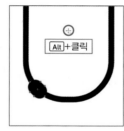 

05 Selection Tool(▶)로 작은 둥근 사각형을 더블 클릭하여 Isolation Mode로 전환합니다. Scissors Tool(✂)로 둥근 사각형의 왼쪽과 오른쪽 선분에 각각 클릭하여 패스를 자른 후 Delete를 2번 눌러 자른 패스를 삭제하고 Esc를 눌러 정상 모드로 전환합니다.

06 Selection Tool(▶)로 2개의 열린 패스를 선택하고 [Object]-[Path]-[Outline Stroke]를 선택하여 선을 면으로 확장합니다. 5개의 오브젝트를 함께 선택하고 Pathfinder 패널에서 'Unite(▣)'를 클릭합니다.

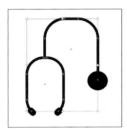  

07 Selection Tool(▶)로 바운딩 박스의 모서리 밖을 드래그하여 회전하여 배치하고 Ctrl+[를 여러 번 눌러 배치합니다.

합격생의 비법

Selection Tool(▶)로 오브젝트를 선택하면 오브젝트의 외곽에 여덟 개의 조절점이 있는 사각형이 표시됩니다. 조절점과 모서리 밖을 드래그하여 크기와 회전을 빠르게 조절할 수 있습니다. 조절점이 표시되지 않을 때는 [View]-[Show Bounding Box](Shift+Ctrl+B)를 선택합니다.

05 마스크 오브젝트 만들기

01 Rounded Rectangle Tool(▣)로 작업 도큐먼트를 클릭한 후 'Width : 17mm, Height : 7mm, Corner Radius : 1mm'를 지정하여 그리고 'Fill Color : K10, Stroke Color : K100'을 지정한 후 Stroke 패널에서 'Weight : 1pt'를 지정합니다. [Object]–[Path]–[Add Anchor Points]를 선택하고 선분에 고정점을 추가합니다.

02 Direct Selection Tool(▷)로 가로 중앙의 2개의 고정점을 함께 선택하고 Scale Tool(⬚)을 더블 클릭하여 'Uniform : 180%'를 지정하고 [OK]를 눌러 패스를 변형합니다.

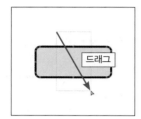 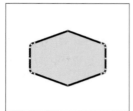

03 Direct Selection Tool(▷)로 선택된 고정점 안쪽의 ◉를 안쪽으로 드래그하여 둥근 정도를 조절한 후 키보드의 ← 를 여러 번 눌러 고정점의 위치를 왼쪽으로 이동합니다.

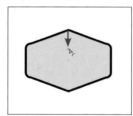 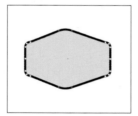

04 Selection Tool(▶)로 오브젝트를 선택하고 Scale Tool(⬚)을 더블 클릭하여 'Horizontal : 100%, Vertical : 65%'를 지정하고 [Copy]를 눌러 복사한 후 'Fill Color : C0M0Y0K0, Stroke Color : None'을 지정합니다.

05 Selection Tool(▶)로 뒤쪽 오브젝트를 선택하고 [Edit]–[Copy](Ctrl+C)로 복사하고 [Edit]–[Paste in Front](Ctrl+F)로 복사한 오브젝트 앞에 붙이기를 합니다. Shift+Ctrl +] 를 눌러 맨 앞으로 가져오기를 한 후 'Fill Color : None'을 지정합니다.

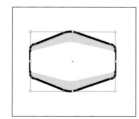 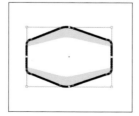

06 Selection Tool(▶)로 마스크 오브젝트를 모두 선택하고 바운딩 박스의 모서리 밖을 시계 방향으로 드래그하여 회전합니다.

07 Line Segment Tool(╱)로 드래그하여 2개의 선을 그리고 'Fill Color : None, Stroke Color : K100'을 지정하고 Stroke 패널에서 'Weight : 2pt'를 지정한 후 [Object]−[Path]−[Outline Stroke]를 선택하여 선을 면으로 확장합니다.

06 저장하기

01 [View]−[Guides]−[Hide Guides](Ctrl+;)를 선택하여 안내선을 숨기고 [View]−[Fit Artboard in Window](Ctrl+0)를 선택하여 현재 창에 맞추기를 합니다.

02 [File]−[Save As]를 선택하고 '저장 위치 : 내 PC₩문서₩GTQ, 파일 형식 : Adobe Illustrator(*AI), 파일 이름 : 수험번호−성명−문제번호.ai'를 확인하고 [저장]을 클릭한 후 [Illustrator Options] 대화상자에서 'Version : Illustrator 2020'으로 설정하고 [OK]를 클릭합니다.

03 답안 저장이 완료가 되면 [File]−[Close](Ctrl+W)를 선택하여 파일을 닫고 수험 프로그램에서 [답안 전송]을 클릭하여 감독관 컴퓨터로 전송합니다.

문자와 오브젝트

작업과정	새 도큐먼트 만들기 및 파일 저장하기 ➡ 현미경 오브젝트 만들고 이펙트 적용하기 ➡ 세포 오브젝트 만들고 그라디언트 적용하기 ➡ 브러쉬 적용하기 ➡ 문자 입력하고 변형하기 ➡ 패스를 따라 흐르는 문자 입력하기 ➡ 저장하기
완성이미지	Part04₩기출유형문제01회₩수험번호−성명−2.ai

01 새 도큐먼트 만들기 및 파일 저장하기

01 [File]−[New]를 선택하고 'Width : 100mm, Height : 80mm, Units : Millimeters, Color Mode : CMYK'를 설정하여 새 도큐먼트를 만들고 [View]−[Rulers]−[Show Rulers] (Ctrl+R)를 선택하여 눈금자를 표시합니다.

02 작품의 규격 왼쪽 상단에 원점(0,0)을 확인하고 왼쪽과 상단 눈금자 위에서 마우스로 각각 드래그하여 제시된 출력형태와 레이아웃 구성이 동일하게 안내선을 표시합니다.

03 작업 도큐먼트를 저장하기 위해 [File]−[Save As]를 선택하고 '저장 위치 : 내 PC₩문서₩GTQ, 파일 형식 : Adobe Illustrator(*AI), 파일 이름 : 수험번호−성명−문제번호'를 입력하고 [저장]을 클릭한 후 [Illustrator Options] 대화상자에서 'Version : Illustrator 2020'으로 설정하고 [OK]를 클릭합니다.

02 현미경 오브젝트 만들고 이펙트 적용하기

01 Ellipse Tool(◉)로 작업 도큐먼트를 클릭한 후 'Width : 36mm, Height : 49mm'를 입력하여 그리고 'Fill Color : 임의 색상, Stroke Color : 임의 색상'을 지정합니다. Rounded Rectangle Tool(▢)로 작업 도큐먼트를 클릭한 후 'Width : 38mm, Height : 20mm, Corner Radius : 10mm'를 입력하여 그리고 'Fill Color : 임의 색상, Stroke Color : 임의 색상'을 지정하고 겹치도록 배치합니다.

 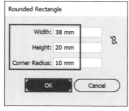 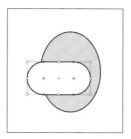

02 Rectangle Tool()로 드래그하여 2개의 오브젝트의 왼쪽과 겹치도록 그리고 'Fill Color : 임의 색상, Stroke Color : 임의 색상'을 지정합니다. [Select]-[All]([Ctrl]+[A])로 모두 선택하고 Pathfinder 패널에서 'Minus Front()'를 클릭합니다.

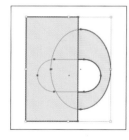  

03 Direct Selection Tool()로 드래그하여 왼쪽 하단 고정점을 선택하고 왼쪽으로 이동하여 패스를 변형합니다.

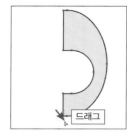 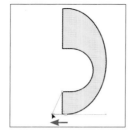 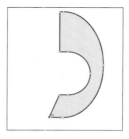

04 Rectangle Tool()로 드래그하여 임의 색상의 사각형을 겹치도록 그리고 배치합니다. [Ctrl]+[A]로 모두 선택하고 Pathfinder 패널에서 'Unite()'를 클릭합니다.

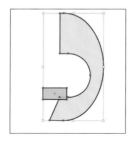  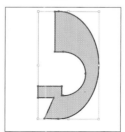

05 Direct Selection Tool()로 드래그하여 하단 3개의 고정점을 선택하고 선택된 고정점 안쪽의 를 바깥쪽으로 드래그하여 둥근 정도를 조절한 후 'Fill Color : C60M20Y60K20, Stroke Color : None'을 지정합니다.

06 Rounded Rectangle Tool(■)로 작업 도큐먼트를 클릭한 후 'Width : 20mm, Height : 5mm, Corner Radius : 7mm'를 입력하여 그리고 'Fill Color : C40M100Y80K40, Stroke Color : None'을 지정합니다. Rectangle Tool(■)로 드래그하여 임의 색상의 사각형을 상단에 겹치도록 배치한 후 둥근 사각형과 함께 선택하고 Pathfinder 패널에서 'Minus Front(■)'를 클릭합니다.

07 Rounded Rectangle Tool(■)로 작업 도큐먼트를 클릭한 후 'Width : 5.5mm, Height : 39mm, Corner Radius : 1mm'를 입력하여 그리고 'Fill Color : 임의 색상, Stroke Color : 임의 색상'을 지정합니다. Rectangle Tool(■)로 작업 도큐먼트를 클릭한 후 'Width : 8mm, Height : 19mm'를 입력하여 임의 색상의 사각형을 겹치도록 배치합니다.

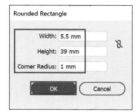 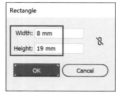 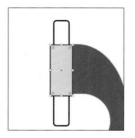

08 Selection Tool(▶)로 2개의 오브젝트를 함께 선택하고 Align 패널에서 'Horizontal Align Center(■)'를 클릭하여 가로 중앙에 정렬한 후 Pathfinder 패널에서 'Divide(■)'를 클릭합니다.

09 Selection Tool(▶)로 분할된 오브젝트를 더블 클릭하여 Isolation Mode로 전환한 후 각각 선택하고 'Fill Color : C30M20Y20, C60M20Y60K20, C50M20Y60K10, Stroke Color : None'을 지정한 후 Esc 를 눌러 정상 모드로 전환합니다.

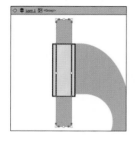  

10 Rectangle Tool(▣)로 드래그하여 사각형을 그리고 'Fill Color : C40M100M80K40, Stroke Color : None'을 지정합니다. Selection Tool(▶)로 Alt + Shift 를 누르면서 하단 으로 드래그하여 2개의 사각형을 복사하여 배치합니다. Rectangle Tool(▣)로 상단에 드래 그하여 동일 색상의 사각형을 그리고 Shift + Ctrl + [를 눌러 맨 뒤로 보내기를 합니다.

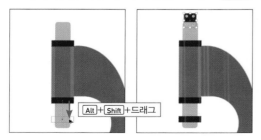

11 Direct Selection Tool(▷)로 Shift 를 누르면서 클릭하여 상단 2개의 고정점을 선택하고 Scale Tool(☞)로 안쪽으로 드래그하여 패스를 축소합니다. 동일한 방법으로 하단 사각형의 고정점도 축소하여 패스를 변형합니다.

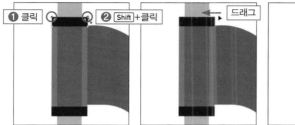

12 Rectangle Tool(▣)로 드래그하여 사각형을 그리고 'Fill Color : C0M0Y0K0, Stroke Color : None'을 지정합니다. Selection Tool(▶)로 선택하고 Rotate Tool(↻)을 더블 클 릭하여 'Angle : −10°'를 지정하고 [OK]를 눌러 회전하여 배치합니다.

13 Ellipse Tool(⬭)로 작업 도큐먼트를 클릭한 후 'Width : 36mm, Height : 27mm'를 입력 하여 그리고 'Fill Color : 임의 색상, Stroke Color : 임의 색상'을 지정합니다. Rounded Rectangle Tool(▣)로 작업 도큐먼트를 클릭한 후 'Width : 30mm, Height : 15mm, Corner Radius : 8mm'를 입력하여 그리고 'Fill Color : 임의 색상, Stroke Color : 임의 색상' 지정하고 배치합니다.

 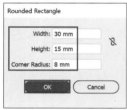 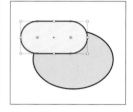

14 Selection Tool(▶)로 타원과 함께 선택하고 Pathfinder 패널에서 'Minus Front(⬛)'를 클릭합니다.

15 Rectangle Tool(⬜)로 드래그하여 임의 색상의 사각형을 겹치도록 그리고 Selection Tool (▶)로 2개의 오브젝트를 함께 선택하고 Pathfinder 패널에서 'Intersect(⬜)'를 클릭한 후 'Fill Color : C40M100Y80K40, Stroke Color : None'을 지정하고 배치합니다.

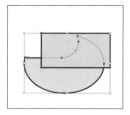  

16 Ellipse Tool(⬤)로 Shift 를 누르면서 드래그하여 정원을 그리고 'Fill Color : K100, Stroke Color : None'을 지정합니다. 계속해서 Alt + Shift 를 누르면서 정원의 중앙에서부터 드래그하여 작은 정원을 그리고 'Fill Color : C0M0Y0K0, Stroke Color : K40'을 지정한 후 Stroke 패널에서 'Weight : 1pt'를 지정합니다.

17 Ctrl + A 로 모두 선택한 후 [Object]-[Group](Ctrl + G)을 선택하고 그룹을 설정합니다. [Effect]-[Illustrator Effects]-[Stylize]-[Drop Shadow]를 선택하고 'Opacity : 75%, X Offset : 1mm, Y Offset : 1mm, Blur : 1mm'를 지정하여 그림자 효과를 적용합니다.

합격생의 비법

- [Drop Shadow] 이펙트 적용 전 그룹을 설정하지 않으면 각각의 오브젝트에 이펙트가 모두 적용되어 제시된 출력형 태와 다르게 표현됩니다.
- 반드시 Preview를 체크하여 제시된 문제와 비교하여 조정합니다.
- [Properties] 패널에서 [Appearance] 항목의 [fx.]를 눌러 [Illustrator Effects]-[Stylize]-[Drop Shadow]를 바로 적용할 수도 있습니다.

03 세포 오브젝트 만들고 그라디언트 적용하기

01 Ellipse Tool(◉)로 작업 도큐먼트를 클릭한 후 'Width : 10mm, Height : 6mm'를 입력하여 그리고 'Fill Color : 임의 색상, Stroke Color : 임의 색상'을 지정합니다. [Object]-[Transform]-[Move]를 선택한 후 'Horizontal : 10mm, Vertical : 0mm'를 입력하고 [Copy]를 클릭하여 이동 복사한 후 Ctrl+D를 눌러 반복하여 이동 복사합니다.

02 Direct Selection Tool(▷)로 왼쪽 2개의 타원형 접점 부분의 고정점을 드래그하여 선택하고 Scale Tool(◩)을 더블 클릭하여 'Uniform : 10%'를 지정하고 [OK]를 지정하고 패스를 축소합니다. 동일한 방법으로 오른쪽 2개의 타원의 고정점도 패스를 축소합니다.

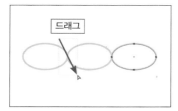 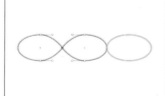 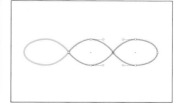

03 Direct Selection Tool(▷)로 Shift를 누르면서 왼쪽과 오른쪽 타원형의 2개의 고정점을 드래그하여 선택하고 Delete를 눌러 삭제합니다.

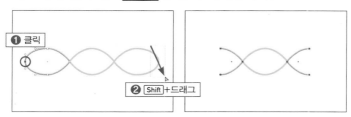

04 Selection Tool(▶)로 3개의 오브젝트를 선택하고 'Fill Color : None, Stroke Color : C60M20Y60K20'을 지정한 후 Stroke 패널에서 'Weight : 2pt, Cap : Projecting Cap'을 지정합니다. Line Segment Tool(╱)로 Shift를 누르면서 드래그하여 길이가 다른 5개의 수직선을 그리고 'Fill Color : None, Stroke Color : C60M20Y60K20'을 지정하고 Stroke 패널에서 'Weight : 2pt'를 지정합니다.

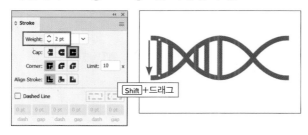

05 Selection Tool(▶)로 4개의 수직선을 선택하고 Reflect Tool(▷◁)로 Alt 를 누르면서 가운데 오브젝트 중앙 부분을 클릭하여 'Axis : Vertical'을 지정하고 [Copy]를 눌러 복사합니다.

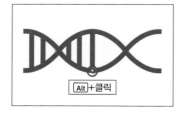

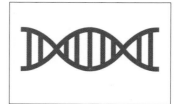

06 Selection Tool(▶)로 오브젝트를 선택한 후 [Object]-[Path]-[Outline Stroke]를 선택하고 선을 면으로 확장하고 Pathfinder 패널에서 'Unite(▣)'를 클릭합니다.

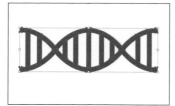

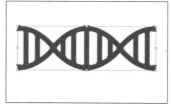

07 Rotate Tool(↺)을 더블 클릭하여 'Angle : 10°'를 지정하고 [OK]를 눌러 회전합니다.

08 Scale Tool(▣)을 더블 클릭하여 'Uniform : 180%'를 지정하고 [Copy]를 눌러 확대 복사한 후 Rotate Tool(↺)을 더블 클릭하여 'Angle : 35°'를 지정하고 [OK]를 눌러 회전합니다.

09 Gradient 패널에서 'Type : Linear Gradient, Angle : 45°'를 적용하고 Gradient Slider의 왼쪽 'Color Stop'을 더블 클릭하여 Y90을 적용하고 오른쪽 'Color Stop'을 더블 클릭하여 M100Y100K20을 적용합니다.

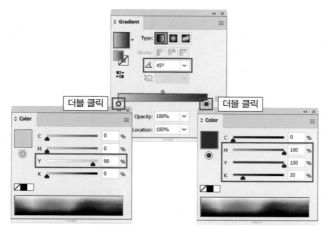
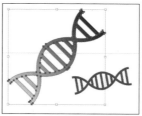

10 Ellipse Tool()로 작업 도큐먼트를 클릭한 후 'Width : 49mm, Height : 49mm'를 입력하여 그리고 'Fill Color : M10Y60, Stroke Color : None'을 지정한 후 도큐먼트의 빈 곳을 클릭하고 선택을 해제합니다.

04 브러쉬 적용하기

01 Line Segment Tool()로 [Shift]를 누르면서 왼쪽에서 오른쪽으로 드래그하여 수평선을 그리고 'Fill Color : None, Stroke Color : 임의 색상'을 지정합니다.

02 Brushes 패널 하단의 'Brush Libraries Menu'를 클릭하고 [Decorative]-[Decorative_Banners and Seals]를 선택하여 추가 브러쉬 패널을 불러온 후 'Starburst 4'를 선택합니다.

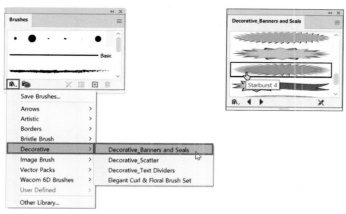

03 Stroke 패널에서 'Weight : 0.7pt'를 지정합니다. Selection Tool()로 정원과 함께 선택하고 [Shift]+[Ctrl]+[[]를 눌러 맨 뒤로 보내기를 합니다.

04 Line Segment Tool()로 작업 도큐먼트를 클릭한 후 'Length : 64mm, Angle : 0°'를 입력하여 그리고 추가 브러쉬 패널에서 'Banner 7'을 선택합니다. 'Fill Color : None, Stroke Color : 임의 색상'을 지정하고 Stroke 패널에서 'Weight : 1pt'를 지정합니다.

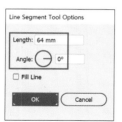

🔵05 문자 입력하고 변형하기

01 Type Tool(□T□)로 작업 도큐먼트를 클릭한 후 Character 패널에서 'Set font family : Times New Roman, Set font style : Bold, Set font size : 20pt'를 설정하고 'Fill Color : C60Y30, Stroke Color : None'을 지정한 후 SCIENCE를 입력합니다. [Type]-[Create Outlines](□Shift□+□Ctrl□+□O□)를 선택하여 문자를 윤곽선으로 변환합니다.

> **합격생의 비법**
>
> • Selection Tool(▶)로 문자를 선택해야 [Type]-[Create Outlines]가 활성화됩니다.
> • [Properties] 패널에서 [Quick Actions] 항목의 [Create Outlines]를 클릭하여 적용할 수도 있습니다.

02 Pen Tool(✏)로 드래그하여 열린 곡선 패스를 그리고 'Fill Color : None, Stroke Color : 임의 색상'을 지정하고 Stroke 패널에서 'Weight : 1pt'를 지정한 후 [Object]-[Path]-[Outline Stroke]를 선택하고 선을 면으로 확장합니다.

03 Selection Tool(▶)로 문자 오브젝트와 함께 선택하고 Pathfinder 패널에서 'Trim(▣)'을 클릭합니다. 분할된 오브젝트를 더블 클릭하여 Isolation Mode로 전환한 후 면으로 확장된 선 오브젝트를 선택하고 □Delete□를 눌러 삭제합니다.

04 Selection Tool(▶)로 □Shift□를 누르면서 분리된 상단 오브젝트를 모두 선택하고 'Fill Color : C60M100Y30, Stroke Color : None'을 지정한 후 □Esc□를 눌러 정상 모드로 전환합니다.

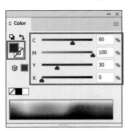 

06 패스를 따라 흐르는 문자 입력하기

01 Pen Tool(✒)로 드래그하여 문자를 입력할 열린 곡선 패스를 정원의 왼쪽에 그리고 'Fill Color : None, Stroke Color : 임의 색상'을 지정합니다.

02 Type on a Path Tool(⤳)로 열린 곡선 패스의 아래쪽을 클릭한 후 Character 패널에서 'Set font family : Arial, Set font style : Regular, Set font size : 14pt'를 설정하고 'Fill Color : C40M100Y80K40, Stroke Color : None'을 지정한 후 Laboratory를 입력합니다.

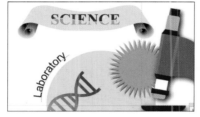

07 저장하기

01 [View]-[Guides]-[Hide Guides](Ctrl+;)를 선택하여 안내선을 숨기고 [View]-[Fit Artboard in Window](Ctrl+0)를 선택하여 현재 창에 맞추기를 합니다.

02 [File]-[Save As]를 선택하고 '저장 위치 : 내 PC₩문서₩GTQ, 파일 형식 : Adobe Illustrator(*AI), 파일 이름 : 수험번호-성명-문제번호.ai'를 확인하고 [저장]을 클릭한 후 [Illustrator Options] 대화상자에서 'Version : Illustrator 2020'으로 설정하고 [OK]를 클릭합니다.

03 답안 저장이 완료가 되면 [File]-[Close](Ctrl+W)를 선택하여 파일을 닫고 수험 프로그램에서 [답안 전송]을 클릭하여 감독관 컴퓨터로 전송합니다.

작업과정	새 도큐먼트 만들기 및 파일 저장하기 ➡ 바이러스 오브젝트 만들기 ➡ 잎 오브젝트 만들고 패턴 정의하기 ➡ 물티슈 오브젝트 만들기 ➡ 규칙적인 점선 적용하고 문자 입력하기 ➡ 패턴 적용 및 변형하기 ➡ 손 세정제 오브젝트 만들기 ➡ 불규칙적인 점선 적용과 오브젝트 복사 및 변형하기 ➡ 정렬과 간격을 일정하게 한 후 그룹 지정하기 ➡ 문자 입력하기 ➡ 저장하기
완성이미지	Part04₩기출유형문제01회₩수험번호-성명-3.ai

01 새 도큐먼트 만들기 및 파일 저장하기

01 [File]-[New]를 선택하고 'Width : 120mm, Height : 80mm, Units : Millimeters, Color Mode : CMYK'를 설정하여 새 도큐먼트를 만들고 [View]-[Rulers]-[Show Rulers] (Ctrl+R)를 선택하여 눈금자를 표시합니다.

02 작품의 규격 왼쪽 상단에 원점(0,0)을 확인하고 왼쪽과 상단 눈금자 위에서 마우스로 각각 드래그하여 제시된 출력형태와 레이아웃 구성이 동일하게 작업하기 위해서 안내선을 표시합니다.

03 작업 도큐먼트를 저장하기 위해 [File]-[Save As]를 선택하고 '저장 위치 : 내 PC₩문서₩ GTQ, 파일 형식 : Adobe Illustrator(*AI), 파일 이름 : 수험번호-성명-문제번호'를 입력하고 [저장]을 클릭한 후 [Illustrator Options] 대화상자에서 'Version : Illustrator 2020'으로 설정하고 [OK]를 클릭합니다.

02 바이러스 오브젝트 만들기

01 Ellipse Tool(◎)로 작업 도큐먼트를 클릭한 후 'Width : 22mm, Height : 22mm'를 입력하여 그리고 'Fill Color : 임의 색상, Stroke Color : 임의 색상'을 지정합니다. 계속해서 상단에 클릭하여 'Width : 4.5mm, Height : 2.5mm'를 입력하여 그리고 'Fill Color : 임의 색상, Stroke Color : 임의 색상'을 지정합니다.

02 Ellipse Tool(◎)로 드래그하여 타원보다 작은 타원을 겹치도록 그리고 'Fill Color : C20M80, Stroke Color : None'을 지정합니다. Rectangle Tool(▣)로 작업 도큐먼트를 클릭한 후 'Width : 2mm, Height : 3mm'를 입력하여 그리고 'Fill Color : 임의 색상, Stroke Color : None'을 지정한 후 2개의 원 사이에 겹치도록 배치합니다.

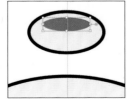

03 Ctrl+A를 눌러 모두 선택하고 Align 패널에서 'Horizontal Align Center(⬚)'를 클릭하여 가로 가운데 정렬을 지정합니다.

04 Selection Tool(▶)로 큰 타원과 사각형을 함께 선택하고 Pathfinder 패널에서 'Unite(⬚)'를 클릭합니다.

 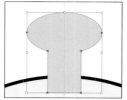

05 Direct Selection Tool(▷)로 드래그하여 2개의 고정점을 선택하고 선택된 고정점 바깥쪽의 ◉를 바깥쪽으로 드래그하여 각진 모서리를 둥글게 조절합니다.

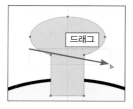  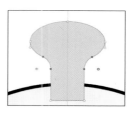

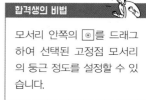

합격생의 비법

모서리 안쪽의 ◉를 드래그하여 선택된 고정점 모서리의 둥근 정도를 설정할 수 있습니다.

06 Ctrl+[를 눌러 뒤로 보내기를 한 후 Selection Tool(▶)로 타원과 함께 선택하고 Rotate Tool(↻)로 Alt를 누르면서 안내선의 교차 지점에 클릭하여 'Angle : 32.7°'를 지정하고 [Copy]를 눌러 회전 복사한 후 Ctrl+D를 9번 눌러 반복하여 회전 복사합니다.

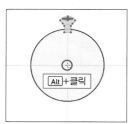 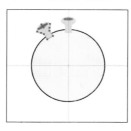 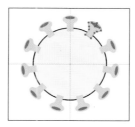

07 Selection Tool(▶)로 타원을 선택하고 [Select]-[Same]-[Fill Color]로 동일한 색상의 오브젝트를 모두 선택합니다. [Select]-[Inverse]로 선택을 반전한 후 Pathfinder 패널에서 'Unite(⬚)'를 클릭합니다.

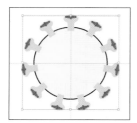 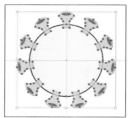 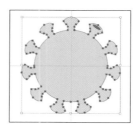

08 [Object]−[Arrange]−[Send to Back](⇧Shift+Ctrl+[)을 선택하고 맨 뒤로 보내기를 한 후 'Fill Color : C20M10Y10, Stroke Color : None'을 지정합니다.

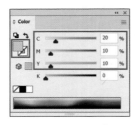 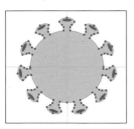

09 Ellipse Tool(◯)로 작업 도큐먼트를 클릭한 후 'Width : 4.6mm, Height : 2.8mm'를 입력하여 그리고 'Fill Color : C20M50, Stroke Color : None'을 지정합니다. Direct Selection Tool(▷)로 상단 고정점을 선택하고 키보드의 ↓를 여러 번 눌러 변형합니다.

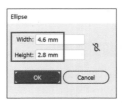 

10 Ellipse Tool(◯)로 드래그하여 작은 타원을 겹치도록 그리고 'Fill Color : C20M80, Stroke Color : None'을 지정합니다. Selection Tool(▶)로 2개의 타원을 함께 선택하고 Rotate Tool(◯)을 더블 클릭하여 'Angle : 30°'를 지정하고 [OK]를 눌러 회전하고 배치합니다.

  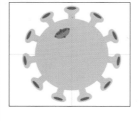

11 Rotate Tool(◯)로 Alt를 누르면서 안내선의 교차 지점에 클릭하여 'Angle : 60°'를 지정하고 [Copy]를 눌러 회전 복사한 후 Ctrl+D를 4번 눌러 반복하여 회전 복사합니다.

 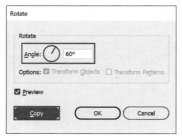 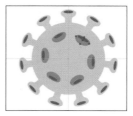

12 Rotate Tool()을 더블 클릭하여 'Angle : 70°'를 지정하고 [Copy]를 눌러 회전 복사한 후 안내선의 교차 지점에 배치합니다. Direct Selection Tool(▷)로 큰 타원의 오른쪽 하단 고정점을 선택하고 이동한 후 핸들을 조절하여 오브젝트를 변형합니다.

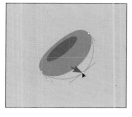
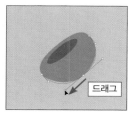

13 [Select]−[All]([Ctrl]+[A])로 모두 선택하고 [Object]−[Group]([Ctrl]+[G])으로 그룹으로 지정합니다.

03 잎 오브젝트 만들고 패턴 정의하기

01 Pen Tool(✐)로 드래그하여 줄기 모양의 열린 곡선 패스를 그린 후 'Fill Color : None, Stroke Color : C60Y100K10'을 지정한 후 Stroke 패널에서 'Weight : 2pt'를 지정합니다.

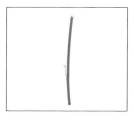

02 Ellipse Tool(◯)로 작업 도큐먼트를 클릭한 후 'Width : 2.3mm, Height : 7mm'를 입력하여 그리고 'Fill Color : C60Y100K10, Stroke Color : None'을 지정합니다. Direct Selection Tool(▷)로 드래그하여 중앙 2개의 고정점을 선택합니다.

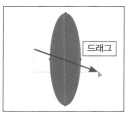

03 [Object]−[Transform]−[Move]를 선택한 후 'Horizontal : 0mm, Vertical : −1mm'를 입력하고 [OK]를 눌러 위쪽으로 이동합니다.

04 Selection Tool(▶)로 오브젝트를 선택한 후 Rotate Tool(⟲)을 더블 클릭하여 'Angle : −10°'를 지정하고 [OK]를 눌러 회전하고 상단으로 이동하여 배치합니다. 계속해서 Rotate Tool(⟲)을 더블 클릭하여 'Angle : 70°'를 지정하고 [Copy]를 눌러 회전 복사하고 하단으로 이동하여 배치합니다.

 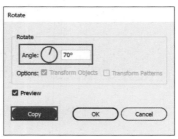 

05 Scale Tool(⬚)을 더블 클릭하여 'Uniform : 75%'를 지정하고 [Copy]를 눌러 축소 복사합니다. Rotate Tool(⟲)을 더블 클릭하여 'Angle : −20°'를 지정하고 [OK]를 눌러 회전하고 상단으로 이동하여 배치합니다.

06 Selection Tool(▶)로 2개의 잎 모양 오브젝트를 선택하고 [Object]−[Blend]−[Make]를 적용하고 [Object]−[Blend]−[Blend Options]로 'Specified Steps : 4'를 적용한 후 [Object]−[Blend]−[Expand]로 블렌드 오브젝트를 확장합니다.

 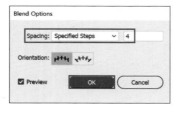  

07 Reflect Tool(◁)로 Alt 를 누르면서 줄기 모양을 클릭하여 'Angle : 88°'를 지정하고 [Copy]를 눌러 복사한 후 이동하여 배치합니다. Selection Tool(▶)로 잎 모양 오브젝트를 모두 선택하고 Ctrl + G 로 그룹을 지정합니다.

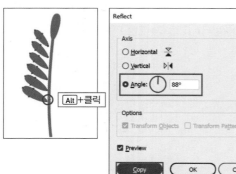 

08 Rotate Tool(⟳)을 더블 클릭하여 'Angle : −45˚'를 지정하고 [Copy]를 눌러 회전 복사한 후 Scale Tool(⊞)을 더블 클릭하여 'Uniform : 70%, Scale Strokes & Effects : 체크 해제'를 지정하고 [OK]를 눌러 축소하고 이동하여 배치합니다.

09 Selection Tool(▶)로 더블 클릭하여 Isolation Mode로 전환합니다. 줄기 모양을 선택하고 'Fill Color : None, Stroke Color : C20Y30'을 지정합니다. [Select]-[Inverse]로 선택을 반전하고 'Fill Color : C20Y30, Stroke Color : None'을 지정하고 Esc를 눌러 정상 모드로 전환합니다.

합격생의 비법

- Selection Tool(▶)로 Shift를 누르면서 클릭하여 여러 개의 오브젝트를 함께 선택할 수 있습니다.
- Ctrl+A로 모두 선택한 후 Shift를 누르면서 선택에서 제외할 오브젝트를 클릭해도 됩니다.

10 Selection Tool(▶)로 잎 모양 오브젝트를 모두 선택한 후 [Object]-[Pattern]-[Make]를 선택하고 Pattern Options에서 'Name : 잎'을 지정하여 패턴으로 등록하고 Esc를 눌러 패턴의 편집 모드에서 정상 모드로 전환합니다.

04 물티슈 오브젝트 만들기

01 Rectangle Tool(▭)로 작업 도큐먼트를 클릭한 후 'Width : 37mm, Height : 18mm'를 지정하여 그리고 'Fill Color : Y10, Stroke Color : 임의 색상'을 지정합니다.

02 Rectangle Tool(▭)로 작업 도큐먼트를 클릭한 후 'Width : 9mm, Height : 18mm'를 지정하여 그리고 'Fill Color : M30Y10, Stroke Color : 임의 색상'을 지정합니다. Direct Selection Tool(▷)로 드래그하여 왼쪽 2개의 고정점을 선택하고 [Object]-[Transform]-[Move]를 선택한 후 'Horizontal : 0mm, Vertical : 8mm'를 입력하고 [OK]를 눌러 아래쪽으로 이동합니다.

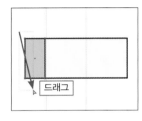  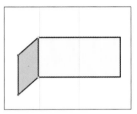

03 Rectangle Tool(▣)로 작업 도큐먼트를 클릭한 후 'Width : 3mm, Height : 18mm'를 지정하여 그리고 'Fill Color : C50M10, Stroke Color : 임의 색상'을 지정합니다. Direct Selection Tool(▷)로 드래그하여 왼쪽 2개의 고정점을 선택하고 선택된 고정점 안쪽의 ◉를 안쪽으로 드래그하여 각진 모서리를 둥글게 조절합니다.

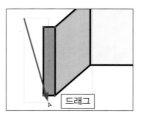 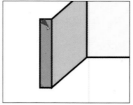 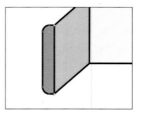

합격생의 비법

모서리 안쪽의 ◉를 드래그하여 선택된 고정점 모서리의 둥근 정도를 설정할 수 있습니다.

04 Rectangle Tool(▣)로 큰 직사각형의 왼쪽 하단 고정점에 클릭하여 'Width : 37mm, Height : 16mm'를 지정하여 그리고 'Fill Color : C10M40Y20, Stroke Color : 임의 색상'을 지정합니다.

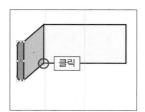 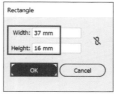 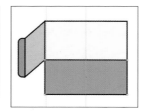

합격생의 비법

Rectangle Tool(▣)로 클릭한 후 대화상자에서 수치를 입력하여 그리면 클릭 지점에 사각형의 왼쪽 상단 고정점이 정렬됩니다.

05 Rectangle Tool(▣)로 작업 도큐먼트를 클릭한 후 'Width : 9mm, Height : 16mm'를 지정하여 그리고 'Fill Color : C10M40Y20K20, Stroke Color : 임의 색상'을 지정합니다. Selection Tool(▶)로 더블 클릭하여 Isolation Mode로 전환하고 Direct Selection Tool(▷)로 드래그하여 왼쪽 2개의 고정점을 선택합니다.

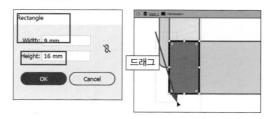

06 [Object]−[Path]−[Average]를 선택한 후 'Axis : Both'를 지정하고 [OK]를 눌러 한 점에 정렬하여 삼각형 모양으로 패스를 변형합니다. Esc 를 눌러 정상 모드로 전환합니다.

 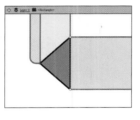

07 Selection Tool(▶)로 삼각형 오브젝트를 선택하고 Scale Tool(⊡)을 더블 클릭하여 'Uniform : 65%'를 지정하고 [Copy]를 눌러 축소하고 상단으로 이동하여 배치합니다.

08 Gradient 패널에서 'Type : Linear Gradient, Angle : 90°'를 적용하고 Gradient Slider 의 왼쪽 'Color Stop'을 더블 클릭하여 C10M40Y20K20을 적용하고 오른쪽 'Color Stop'을 더블 클릭하여 C20M30Y20K80을 적용한 후, 'Stroke Color : None'을 지정합니다.

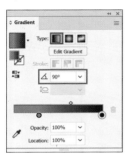 

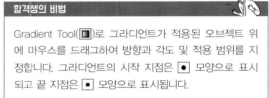

합격생의 비법

Gradient Tool(■)로 그라디언트가 적용된 오브젝트 위에 마우스를 드래그하여 방향과 각도 및 적용 범위를 지정합니다. 그라디언트의 시작 지점은 [●] 모양으로 표시되고 끝 지점은 [■] 모양으로 표시됩니다.

09 Selection Tool(▶)로 대칭 복사할 4개의 오브젝트를 함께 선택하고 Reflect Tool(◁)로 Alt 를 누르면서 사각형의 중심점을 클릭하여 'Axis : Vertical'을 지정하고 [Copy]를 눌러 복사합니다.

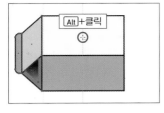  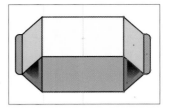

10 Direct Selection Tool(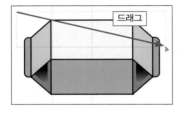)로 드래그하여 상단의 고정점들을 선택하고 Scale Tool(□)을 더블 클릭하여 'Uniform : 90%'를 지정하고 [OK]를 눌러 패스를 축소합니다.

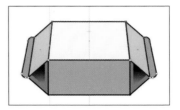

11 Selection Tool(▶)로 물티슈 오브젝트를 모두 선택하고 Color 패널에서 'Stroke Color : None'을 지정합니다.

12 Rounded Rectangle Tool(□)로 **Alt**를 누르면서 세로 안내선에 클릭한 후 'Width : 25mm, Height : 15mm, Corner Radius : 3mm'를 입력하여 그리고 'Fill Color : M70Y100, Stroke Color : None'을 지정합니다.

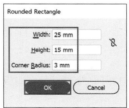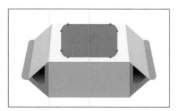

13 [Object]−[Path]−[Offset Path]를 선택하여 'Offset : −1mm'를 지정하고 [OK]를 클릭한 후 'Fill Color : K20, Stroke Color : K100'을 지정하고 Stroke 패널에서 'Weight : 1pt'를 지정합니다.

14 계속해서 [Object]−[Path]−[Offset Path]를 선택하고 'Offset : −1.5mm'를 지정하여 [OK]를 클릭한 후 'Fill Color : Y20, Stroke Color : C70M20'을 지정하고 Stroke 패널에서 'Weight : 3pt'를 지정합니다. [Object]−[Path]−[Outline Stroke]를 선택하고 선을 면으로 확장합니다.

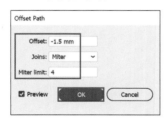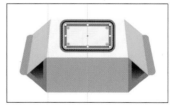

15 Rectangle Tool()로 <kbd>Alt</kbd>를 누르면서 세로 안내선에 클릭한 후 'Width : 7mm, Height : 3.5mm'를 지정하여 그리고 'Fill Color : 임의 색상, Stroke Color : 임의 색상'을 지정하고 겹치도록 배치합니다. [Object]-[Path]-[Offset Path]를 선택한 후 'Offset : −0.6mm'를 지정하고 [OK]를 클릭합니다.

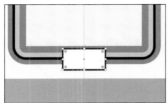
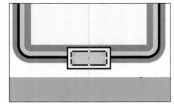

16 Selection Tool()로 가장 큰 둥근 사각형과 중앙의 큰 사각형을 함께 선택하고 Pathfinder 패널에서 'Minus Front(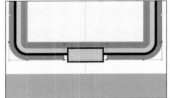)'를 클릭합니다. <kbd>Ctrl</kbd>+<kbd>[</kbd>를 여러 번 눌러 뒤로 보내기를 합니다.

17 Selection Tool(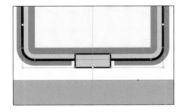)로 중간 크기의 둥근 사각형과 중앙의 작은 사각형을 함께 선택하고 Pathfinder 패널에서 'Unite()'를 클릭한 후 <kbd>Ctrl</kbd>+<kbd>[</kbd>를 눌러 뒤로 보내기를 합니다.

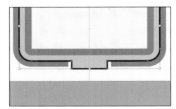

18 Selection Tool(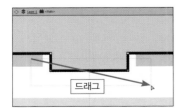)로 더블 클릭하여 Isolation Mode로 전환합니다. Direct Selection Tool(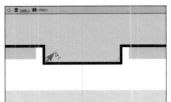)로 드래그하여 하단 중앙 2개의 고정점을 선택하고 선택된 고정점 안쪽의 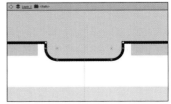를 안쪽으로 드래그하여 각진 모서리를 둥글게 조절합니다.

19 Color 패널에서 'Fill Color : K20, Stroke Color : K100'을 지정하고 Stroke 패널에서 'Weight : 1pt'를 지정한 후 [Esc]를 눌러 정상 모드로 전환합니다.

20 Selection Tool(▶)로 'Fill Color : Y10, Stroke Color : None'을 지정한 오브젝트를 선택하고 [Object]-[Lock]-[Selection]([Ctrl]+[2])으로 잠금을 지정합니다. Direct Selection Tool(▷)로 드래그하여 뚜껑 모양 상단의 고정점들을 선택하고 Scale Tool(⬚)을 더블 클릭하여 'Uniform : 96%'를 지정하고 [OK]를 눌러 패스를 축소합니다. [Alt]+[Ctrl]+[2]로 잠금을 해제합니다.

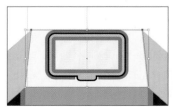 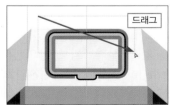 

🄌5 규칙적인 점선 적용하고 문자 입력하기

01 Rectangle Tool(▢)로 작업 도큐먼트를 클릭한 후 'Width : 22mm, Height : 5mm'를 입력하여 그리고 'Fill Color : C50M10, Stroke Color : None'을 지정합니다. Line Segment Tool(⁄)로 드래그하여 사선을 그리고 'Fill Color : None, Stroke Color : 임의 색상'을 지정합니다.

02 Selection Tool(▶)로 2개의 오브젝트를 함께 선택하고 Pathfinder 패널에서 'Divide(⬚)'를 클릭합니다.

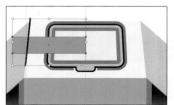 

03 Selection Tool(▶)로 더블 클릭하여 Isolation Mode로 전환합니다. 왼쪽 오브젝트를 선택하고 'Fill Color : C70M20, Stroke Color : None'을 지정한 후 Direct Selection Tool(▷)로 드래그하여 왼쪽 2개의 고정점을 선택하고 선택된 고정점 안쪽의 ◉를 안쪽으로 드래그하여 모서리를 둥글게 조절합니다.

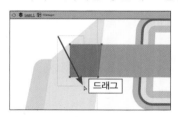 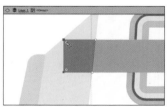 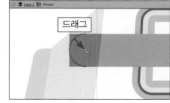

04 Selection Tool(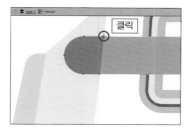)로 왼쪽 오브젝트를 선택하고 Shear Tool(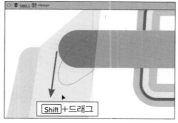)로 오른쪽 상단 고정점을 클릭한 후 Shift 를 누르면서 아래쪽으로 드래그하여 기울이기를 조절합니다.

05 Direct Selection Tool(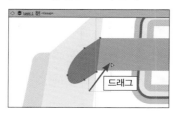)로 드래그하여 2개의 고정점을 선택하고 [Object]-[Path]-[Average]를 선택한 후 'Axis : Both'를 지정하고 [OK]를 눌러 한 점에 정렬합니다.

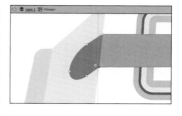

06 Ctrl + A 를 눌러 모두 선택하고 Reflect Tool(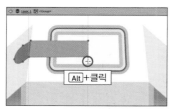)로 Alt 를 누르면서 세로 안내선에 클릭하여 'Axis : Vertical'을 지정하고 [Copy]를 눌러 복사합니다.

07 Direct Selection Tool(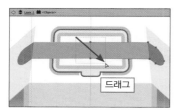)로 가운데 2개의 오브젝트를 함께 선택하고 Pathfinder 패널에서 'Unite()'를 클릭합니다.

08 Ctrl+A를 눌러 모두 선택하고 Ctrl+C로 복사하고 Ctrl+F로 앞에 붙여 넣기를 한 후 Pathfinder 패널에서 'Unite(■)'를 클릭합니다.

09 [Object]-[Path]-[Offset Path]를 선택한 후 'Offset : −0.7mm'를 지정하고 [OK]를 클릭합니다. 'Fill Color : None, Stroke Color : C0M0Y0K0'을 지정하고 Stroke 패널에서 'Weight : 1pt, Dashed Line : 체크, dash : 2pt'를 지정합니다.

10 Selection Tool(▶)로 붙여 넣기를 한 오브젝트를 선택한 후 Delete를 눌러 삭제한 후 Esc를 눌러 정상 모드로 전환합니다. Selection Tool(▶)로 중앙의 오브젝트를 선택하고 Ctrl+[]를 여러 번 눌러 뒤로 보내기를 합니다.

11 Type Tool(T)로 작업 도큐먼트를 클릭한 후 Character 패널에서 'Set font family : Times New Roman, Set font style : Bold, Set font size : 9pt'를 설정하고 Paragraph 패널에서 'Align center(≡)'를 지정하고 'Fill Color : K100, Stroke Color : None'을 지정한 후 KEEP CLEAN을 입력합니다.

06 패턴 적용 및 변형하기

01 Selection Tool(▶)로 중앙의 오브젝트를 선택하고 Ctrl+C로 복사하고 Ctrl+F로 앞에 붙여 넣기를 한 후 Swatches 패널에 등록된 잎 패턴을 클릭하여 면 색상에 적용합니다.

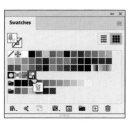 

02 Scale Tool(▣)을 더블 클릭하고 'Uniform : 30%, Transform Objects : 체크 해제, Transform Patterns : 체크'를 지정하여 패턴의 크기만을 축소합니다. Rotate Tool(↻)을 더블 클릭하여 'Angle : 30°, Transform Objects : 체크 해제, Transform Patterns : 체크'를 지정하여 패턴을 회전합니다.

ⓐ 손 세정제 오브젝트 만들기

01 Ellipse Tool(◯)로 작업 도큐먼트를 클릭하여 'Width : 30mm, Height : 32mm'를 입력하여 그리고 'Fill Color : 임의 색상, Stroke Color : 임의 색상'을 지정합니다. Rectangle Tool(▢)로 클릭하여 'Width : 30mm, Height : 39mm'를 입력하여 그리고 'Fill Color : 임의 색상, Stroke Color : 임의 색상'을 지정하고 원의 하단과 겹치도록 배치합니다.

02 Rounded Rectangle Tool(▢)로 드래그하여 임의 색상의 둥근 사각형을 그리고 원의 상단과 겹치도록 배치합니다.

03 Selection Tool(▶)로 3개의 오브젝트를 선택하고 Align 패널에서 'Horizontal Align Center(➡)'를 클릭하여 가로 가운데 정렬을 지정합니다. Pathfinder 패널에서 'Unite(▣)'를 클릭하여 하나로 합칩니다.

 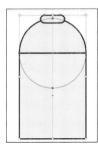 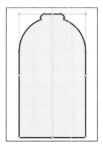

04 Direct Selection Tool(▷)로 드래그하여 하단 2개의 고정점을 선택하고 Scale Tool(▦)을 더블 클릭하고 'Uniform : 92%, Transform Objects : 체크, Transform Patterns : 체크 해제'를 지정하여 패스를 축소하여 변형합니다.

 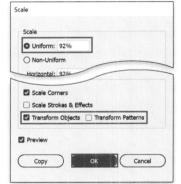 

05 Direct Selection Tool(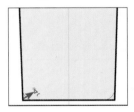)로 드래그하여 하단 2개의 고정점을 선택하고 선택된 고정점 안쪽의 ⊙를 안쪽으로 드래그하여 모서리를 둥글게 조절합니다.

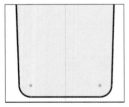

06 Color 패널에서 'Fill Color : C30K10, Stroke Color : None'을 지정하고 [Object]−[Path]−[Offset Path]를 선택하고 'Offset : −1mm'를 지정하고 [OK]를 클릭한 후 'Fill Color : C20, Stroke Color : None'을 지정합니다.

07 Direct Selection Tool(⊿)로 Shift 를 누르면서 클릭하여 안쪽 오브젝트의 상단 2개의 고정점을 선택하고, 선택된 고정점 바깥쪽의 ⊙를 바깥쪽으로 드래그하여 모서리를 둥글게 조절합니다.

08 Add Anchor Point Tool(👆)로 안쪽 오브젝트의 하단 중앙의 선분을 클릭하여 고정점을 추가하고 Direct Selection Tool(⊿)로 위쪽으로 이동한 후 Anchor Point Tool(∧)로 고정점에 드래그하여 곡선으로 변형합니다.

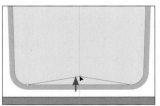
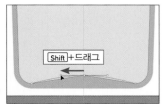

합격생의 비법

Anchor Point Tool(∧)로 Shift 를 누르면서 고정점을 드래그하면 수평으로 핸들을 유지할 수 있습니다.

09 Selection Tool(▶)로 안쪽 오브젝트를 선택하고 Ctrl + C 로 복사하고 Ctrl + F 로 앞에 붙여 넣기를 한 후 더블 클릭하여 Isolation Mode로 전환합니다. Rectangle Tool(■)로 드래그하여 임의 색상의 사각형을 그리고 상단과 겹치도록 배치합니다.

10 Ctrl+A로 모두 선택하고 Pathfinder 패널에서 'Minus Front(▣)'를 클릭합니다. Color 패널에서 'Fill Color : C0M0Y0K0, Stroke Color : None'을 지정하고 Transparency 패널에서 'Opacity : 60%'를 지정한 후 Esc를 눌러 정상 모드로 전환합니다.

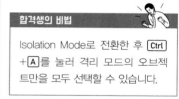

합격생의 비법

Isolation Mode로 전환한 후 Ctrl +A를 눌러 격리 모드의 오브젝 트만을 모두 선택할 수 있습니다.

11 Selection Tool(▶)로 바깥쪽 오브젝트를 선택하고 Ctrl+C로 복사하고 Ctrl+F로 앞에 붙여 넣기를 한 후 더블 클릭하여 Isolation Mode로 전환합니다. Rectangle Tool(▣)로 드래그하여 그리고 Fill Color : C50M10, Stroke Color : None'을 지정하고 겹치도록 배치합니다.

12 Ctrl+A로 모두 선택하고 Pathfinder 패널에서 'Intersect(▣)'를 클릭한 후 Esc를 눌러 정상 모드로 전환하고 Shift+Ctrl+]를 눌러 맨 앞으로 가져오기를 합니다.

13 Rectangle Tool(▣)로 클릭하여 'Width : 13mm, Height : 6.6mm'를 입력하여 그리고 'Fill Color : C80M80, Stroke Color : None'을 지정하고 상단에 배치합니다. Direct Selection Tool(▷)로 드래그하여 상단 2개의 고정점을 선택하고 선택된 고정점 안쪽의 ◉를 안쪽으로 드래그하여 모서리를 둥글게 조절합니다.

14 Rectangle Tool(▣)로 드래그하여 'Fill Color : C50M10, Stroke Color : None'을 지정하고 왼쪽에 겹치도록 배치하고 Direct Selection Tool(▷)로 상단 고정점을 선택하고 동일한 방법으로 모서리를 둥글게 만듭니다. Selection Tool(▶)로 Alt를 누르면서 오른쪽으로 드래그하여 복사한 후 Ctrl+D를 4번 눌러 반복하여 이동 복사합니다.

  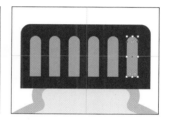

15 Rectangle Tool()로 드래그하여 그리고 'Fill Color : K10, Stroke Color : K50'을 지정하고 Stroke 패널에서 'Weight : 1pt'를 지정합니다. Rounded Rectangle Tool()로 드래그하여 크기가 다른 2개의 둥근 사각형을 겹치도록 그리고 'Fill Color : C0M0Y0K0, Stroke Color : K50'을 지정하고 Stroke 패널에서 'Weight : 1pt'로 지정합니다. `Ctrl`+`[` 를 여러 번 눌러 'Opacity : 60%'가 지정된 오브젝트의 뒤로 보내기를 합니다.

 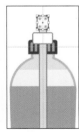 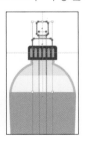

16 Pen Tool()로 열린 패스를 그리고 'Fill Color : None, Stroke Color : C80M80'을 지정하고 Stroke 패널에서 'Weight : 10pt'를 지정한 후 [Object]-[Path]-[Outline Stroke]를 선택하고 선을 면으로 확장합니다.

17 Direct Selection Tool()로 클릭하여 왼쪽 하단의 고정점을 선택하고 고정점 안쪽의 를 안쪽으로 드래그하여 모서리를 둥글게 조절합니다. Pen Tool()로 드래그하여 병 모양 상단에 닫힌 패스를 그리고 'Fill Color : C0M0Y0K0, Stroke Color : None'을 지정합니다.

08 불규칙적인 점선 적용과 오브젝트 복사 및 변형하기

01 Ellipse Tool()로 작업 도큐먼트를 클릭한 후 'Width : 23mm, Height : 23mm'를 입력하여 그리고 'Fill Color : C80M80, Stroke Color : None'을 지정합니다.

02 Scale Tool()을 더블 클릭하여 'Uniform : 110%'를 지정하고 [Copy]를 눌러 확대 복사한 후 'Fill Color : None, Stroke Color : C80M80'을 지정합니다. Stroke 패널에서 'Weight : 1pt, Dashed Line : 체크, dash : 1pt, gap : 6pt, dash : 3pt'를 지정합니다.

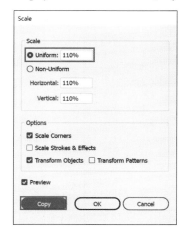

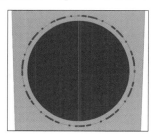

03 Line Segment Tool(/)로 Shift 를 누르면서 드래그하여 작은 정원을 통과하는 수평선을 그리고 'Fill Color : None, Stroke Color : 임의 색상'을 지정합니다. Selection Tool(▶)로 2개의 오브젝트를 함께 선택하고 Pathfinder 패널에서 'Divide(▣)'를 클릭합니다. 더블 클릭하여 Isolation Mode로 전환한 후 하단 오브젝트를 선택하고 'Fill Color : C0M0Y0K0, Stroke Color : None'을 지정한 후 Esc 를 눌러 정상 모드로 전환합니다.

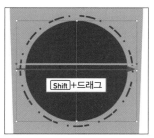
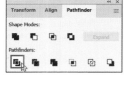
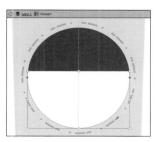

04 Selection Tool(▶)로 분할된 오브젝트를 선택하고 Shift + Ctrl + G 로 그룹을 해제합니다. 도큐먼트 왼쪽 상단의 바이러스 오브젝트를 선택하고 Ctrl + C 로 복사하고 Ctrl + V 로 붙여 넣기를 하고 겹치도록 배치합니다. Scale Tool()을 더블 클릭하여 'Uniform : 55%'를 지정하고 [OK]를 눌러 축소하여 배치합니다.

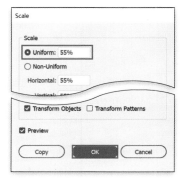
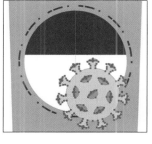

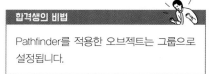

합격생의 비법

Pathfinder를 적용한 오브젝트는 그룹으로 설정됩니다.

05 Selection Tool(▶)로 분할된 하단 오브젝트를 선택하고 Ctrl+C로 복사하고 Ctrl+F로 복사한 오브젝트 앞에 붙여 넣기를 한 후 Shift+Ctrl+]를 눌러 맨 앞으로 가져오기를 합니다. Selection Tool(▶)로 바이러스 오브젝트와 함께 선택하고 Pathfinder 패널에서 'Crop(▣)'을 클릭합니다.

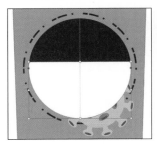

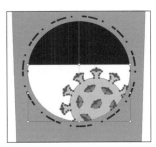

06 Selection Tool(▶)로 도큐먼트 왼쪽 상단의 바이러스 오브젝트를 선택하고 Ctrl+C로 복사하고 Ctrl+V로 붙여 넣기를 하고 겹치도록 배치합니다. Scale Tool(圇)을 더블 클릭하여 'Uniform : 20%'를 지정하고 [OK]를 눌러 축소하여 배치합니다.

09 정렬과 간격을 일정하게 한 후 그룹 지정하기

01 Selection Tool(▶)로 축소한 바이러스 오브젝트를 선택한 후 Scale Tool(圇)을 더블 클릭하여 'Uniform : 70%'를 지정하고 [Copy]를 눌러 축소 복사하여 하단에 배치합니다. Pathfinder 패널에서 'Unite(▣)'를 클릭하고 'Fill Color : C0M0Y0K0, Stroke Color : None'을 지정합니다.

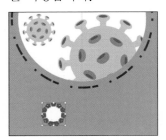

02 Selection Tool(▶)로 Alt+Shift를 누르면서 오른쪽으로 드래그하여 복사하고 Ctrl+D를 눌러 반복하여 복사합니다. 3개의 오브젝트를 함께 선택하고 Ctrl+G를 눌러 그룹을 설정합니다.

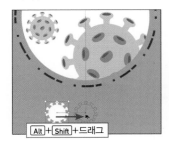
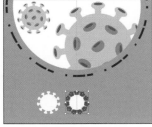
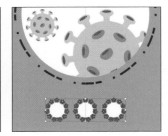

⑩ 문자 입력하기

01 Type Tool(T)로 작업 도큐먼트를 클릭한 후 Character 패널에서 'Set font family : Ar-ial, Set font style : Bold, Set font size : 9pt'를 설정합니다. Paragraph 패널에서 'Align center(≡)'를 지정하고 'Fill Color : C50Y20, Stroke Color : None'을 지정한 후 Hand Sanitizer를 입력합니다.

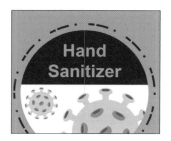

⑪ 저장하기

01 [View]-[Guides]-[Hide Guides](Ctrl+;)를 선택하여 안내선을 숨기고 [View]-[Fit Artboard in Window](Ctrl+0)를 선택하여 현재 창에 맞추기를 합니다.

02 [File]-[Save As]를 선택하고 '저장 위치 : 내 PC₩문서₩GTQ, 파일 형식 : Adobe Illus-trator(*AI), 파일 이름 : 수험번호-성명-문제번호.ai'를 확인하고 [저장]을 클릭한 후 [Il-lustrator Options] 대화상자에서 'Version : Illustrator 2020'으로 설정하고 [OK]를 클릭합니다.

03 답안 저장이 완료가 되면 [File]-[Exit](Ctrl+Q)를 선택하여 일러스트레이터 프로그램을 종료하고 수험 프로그램에서 [답안 전송]을 클릭하여 감독관 컴퓨터로 전송합니다.

기출 유형 문제 02회

▶ 동영상 무료

급수	문제유형	시험시간	수험번호	성명
2급	A	90분	G123456789	

수 험 자 유 의 사 항

- 수험자는 문제지를 받는 즉시 응시하고자 하는 과목 및 급수가 맞는지 확인한 후 수험번호와 성명을 작성합니다.
- 파일명은 본인의 "수험번호–성명–문제번호"로 공백 없이 정확히 입력하고 답안폴더(내 PC₩문서₩GTQ)에 ai 파일 포맷으로 저장해야 하며, 다른 파일 형식으로 저장하였을 경우 0점 처리됩니다. 답안문서 파일명이 "수험번호–성명–문제번호"와 일치하지 않거나, 답안 파일을 전송하지 않아 미제출로 처리될 경우 불합격 처리됩니다.
- 수험자 정보와 저장한 파일명, 저장 위치가 다를 경우 전송이 되지 않으므로, 주의하시기 바랍니다.
- 답안 작성 중에도 주기적으로 '저장'과 '답안 전송'을 이용하여 감독위원 PC로 답안을 전송하셔야 합니다. (※ 작업한 내용을 저장하지 않고 전송할 경우 이전의 저장내용이 전송되오니 이점 반드시 유념하시기 바랍니다.)
- 답안문서는 지정된 경로 외의 다른 보조기억장치에 저장하는 행위, 지정된 시험 시간 외에 작성된 파일을 활용한 행위, 기타 통신수단(이메일, 메신저, 네트워크 등)을 이용하여 타인에게 전달 또는 외부 반출하는 행위는 부정으로 간주되어 자격기본법 제32조에 의거 본 시험 및 국가공인 자격시험을 2년간 응시할 수 없습니다.
- 시험 중 부주의 또는 고의로 시스템을 파손한 경우와 〈수험자 유의사항〉에 기재된 방법대로 이행하지 않아 생기는 불이익은 수험자의 책임임을 알려 드립니다.
- 시험을 완료한 수험자는 최종적으로 저장한 답안파일이 전송되었는지 확인한 후 감독위원의 지시에 따라 문제지를 제출하고 퇴실합니다.

답 안 작 성 요 령

- 온라인 답안 작성 절차
  수험자 등록 ⇒ 시험 시작 ⇒ 답안파일 저장 ⇒ 답안 전송 ⇒ 시험 종료
- 배점은 총 100점으로 이루어지며, 점수는 각 문제별로 차등 배분됩니다.
- 각 문제는 제시된 조건에 맞게 답안을 작성하셔야 하며, 조건을 지키지 못했을 경우에는 0점 또는 감점 처리됩니다.
- 조건에서 주어진 단위는 'mm(밀리미터)'입니다. 눈금자는 작성하지 않으며, 그 외는 출력형태(레이아웃, 색상, 문자, 규격 등)와 같게 작업하십시오.
- 문제 조건에 서체의 지정이 없을 경우 한글은 굴림이나 돋움, 영문은 Arial로 작업하십시오. (단, 그 외 제시되지 않은 문자 속성을 기본값으로 작성하지 않은 경우는 감점 처리됩니다.)
- 문제 조건에 크기와 색상, 두께의 지정이 없을 경우 《출력형태》를 참고하여 작업해 주시기 바랍니다.
- Image Mode(이미지 모드)는 별도의 처리조건이 없을 경우에는 CMYK로 작업하십시오.
- 조건에서 제시한 기능을 임의로 합치거나 각 기능에 대한 속성을 해지할 경우 해당 요소는 0점 처리됩니다.

한 국 생 산 성 본 부

다음의 《조건》에 따라 아래의 《출력형태》와 같이 작업하시오.

조건

파일저장규칙	AI	파일명	문서₩GTQ₩수험번호−성명−1.ai
		크기	100 × 80mm

1. 작업 방법
① 도형, 변형 툴과 Pathfinder 기능을 활용하여 오브젝트를 작성한다.
② 그 외 《출력형태》 참조

출력형태

K100,
M50Y30K10,
M30Y10,
C20M30,
C0M0Y0K0,
C40M70Y60K30,
C10M80Y90, K40,
(선/획) K100, 1pt

다음의 《조건》에 따라 아래의 《출력형태》와 같이 작업하시오.

조건

파일저장규칙	AI	파일명	문서₩GTQ₩수험번호-성명-2.ai
		크기	100 × 80mm

1. 작업 방법

① 'CAMPING' 문자에 Arial (Bold) 폰트를 적용한다.

② 'Let's enjoy nature' 문자에 Type on a Path Tool을 활용한다.

③ Brush는 《출력형태》를 참고하여 작성한다.

④ Effect는 《출력형태》를 참고하여 작성한다.

⑤ 그 외 《출력형태》 참조

2. 문자 효과

① Let's enjoy nature (Arial, Regular, 13pt, C30M60Y100)

출력형태

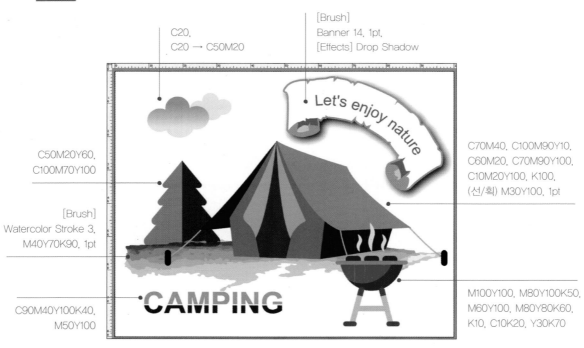

C20,
C20 → C50M20

[Brush]
Banner 14, 1pt,
[Effects] Drop Shadow

C50M20Y60,
C100M70Y100

[Brush]
Watercolor Stroke 3,
M40Y70K90, 1pt

C90M40Y100K40,
M50Y100

C70M40, C100M90Y10,
C60M20, C70M90Y100,
C10M20Y100, K100,
(선/획) M30Y100, 1pt

M100Y100, M80Y100K50,
M60Y100, M80Y80K60,
K10, C10K20, Y30K70

다음의 《조건》에 따라 아래의 《출력형태》와 같이 작업하시오.

조건

파일저장규칙	AI	파일명	문서₩GTQ₩수험번호-성명-3.ai
		크기	120 × 80mm

1. 작업 방법
① 도형 툴로 오브젝트를 제작한 후 Pattern을 활용하여 작성한다. (패턴 등록 : 나침반)
② 모자에는 불규칙한 점선을, 배낭에는 규칙적인 점선을 설정한다.
③ 배낭에 Pattern을 적용한다.
④ 배낭에 배치된 오브젝트는 정렬, 간격을 일정하게 한 후 Group 설정을 한다.
⑤ 그 외 《출력형태》 참조

2. 문자 효과
① FOREST (Times New Roman, Bold, 6pt, C20M10Y80)
② ADVENTURE TIME (Arial, Bold, 5pt, C40M70Y90K50)

출력형태

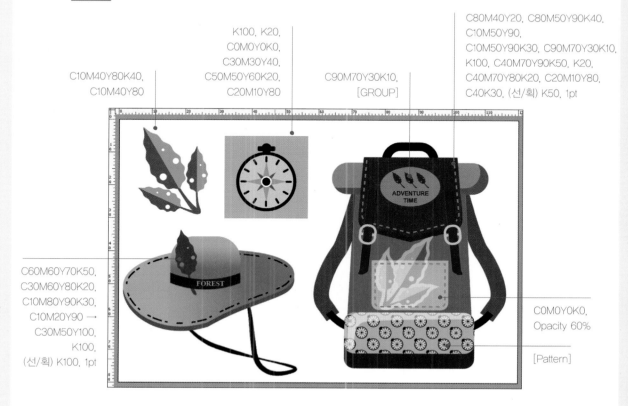

C10M40Y80K40,
C10M40Y80

K100, K20,
C0M0Y0K0,
C30M30Y40,
C50M50Y60K20,
C20M10Y80

C90M70Y30K10,
[GROUP]

C80M40Y20, C80M50Y90K40,
C10M50Y90,
C10M50Y90K30, C90M70Y30K10,
K100, C40M70Y90K50, K20,
C40M70Y80K20, C20M10Y80,
C40K30, (선/획) K50, 1pt

C60M60Y70K50,
C30M60Y80K20,
C10M80Y90K30,
C10M20Y90 →
C30M50Y100,
K100,
(선/획) K100, 1pt

C0M0Y0K0,
Opacity 60%

[Pattern]

작업과정	새 도큐먼트 만들기 및 파일 저장하기 ➡ 롤러 스케이트화 오브젝트 만들기 ➡ 끈 모양 오브젝트 만들기 ➡ 바퀴 오브젝트 만들기 ➡ 저장하기
완성이미지	Part04₩기출유형문제02회₩수험번호−성명−1.ai

01 새 도큐먼트 만들기 및 파일 저장하기

01 [File]−[New]([Ctrl]+[N])를 선택하고 'Width : 100mm, Height : 80mm, Units : Millimeters, Color Mode : CMYK'를 설정하여 새 도큐먼트를 만들고 [View]−[Rulers]−[Show Rulers]([Ctrl]+[R])를 선택하여 눈금자를 표시합니다.

02 작품의 규격 왼쪽 상단에 원점(0,0)을 확인하고 왼쪽과 상단 눈금자 위에서 마우스로 각각 드래그하여 제시된 출력형태와 레이아웃 구성이 동일하게 안내선을 표시합니다.

03 작업 도큐먼트를 저장하기 위해 [File]−[Save As]를 선택하고 '저장 위치 : 내 PC₩문서₩GTQ, 파일 형식 : Adobe Illustrator(*AI), 파일 이름 : 수험번호−성명−문제번호'를 입력하고 [저장]을 클릭한 후 [Illustrator Options] 대화상자에서 'Version : Illustrator 2020'으로 설정하고 [OK]를 클릭합니다.

02 롤러 스케이트화 오브젝트 만들기

01 Pen Tool(🖊)로 드래그하여 스케이트화 모양의 닫힌 패스를 그린 후 'Fill Color : 임의 색상, Stroke Color : 임의 색상'을 지정합니다.

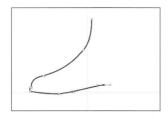 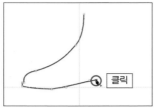 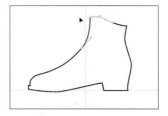

02 Direct Selection Tool(▷)로 클릭하여 왼쪽 상단 모서리의 고정점을 선택한 후 고정점 안쪽의 ◉를 안쪽으로 드래그하여 둥근 정도를 조절합니다. 같은 방법으로 오른쪽 상단 모서리의 둥근 정도를 조절합니다.

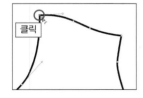 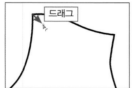 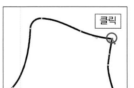 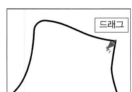

03 Pen Tool()로 드래그하여 3개의 열린 패스를 그리고 'Fill Color : None, Stroke Color : 임의 색상'을 지정합니다.

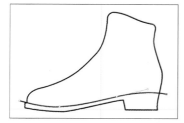 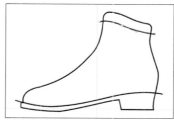 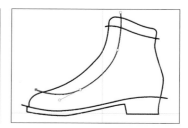

합격생의 비법

Pathfinder 패널에서 'Divide(⬚)'를 클릭하여 면을 분할하려면 열린 패스를 스케이트화 모양 오브젝트와 충분히 겹쳐지 도록 그려야 합니다.

연속해서 열린 패스 그리기

열린 패스란 시작점과 끝점이 만나지 않는 패스입니다. Pen Tool(✎)로 패스를 그리는 도중 Ctrl 을 누르면서 도큐먼트 의 빈 곳을 클릭하면 현재 그리는 패스의 선택을 해제할 수 있습니다. 마우스 포인터가 ✎ 모양일 때 새로운 패스를 그 릴 수 있습니다.

04 Ellipse Tool(◯)로 작업 도큐먼트를 클릭한 후 'Width : 48mm, Height : 50mm'를 입력 하여 그리고 'Fill Color : None, Stroke Color : 임의 색상'을 지정하고 겹치도록 배치합니다.

05 Scale Tool(⬚)을 더블 클릭하여 'Uniform : 90%'를 지정하고 [Copy]를 눌러 축소 복사하 고 [Object]-[Transform]-[Transform Again](Ctrl + D)을 선택하고 반복하여 축소 복사 합니다.

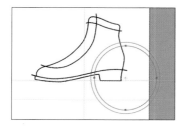 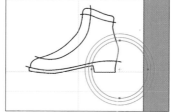

06 Ellipse Tool(◯)로 작업 도큐먼트를 클릭한 후 'Width : 25mm, Height : 23mm'를 입력 하여 그리고 'Fill Color : None, Stroke Color : 임의 색상'을 지정하고 앞 부분과 겹치도록 배치합니다. [Select]-[All](Ctrl + A)로 모두 선택하고 Pathfinder 패널에서 'Divide(⬚)' 를 클릭합니다.

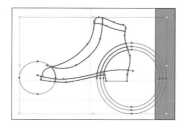 

07 Selection Tool(▶)로 분할된 오브젝트를 더블 클릭하여 Isolation Mode로 전환합니다. Shift 를 누른 채 클릭하여 불필요한 오브젝트를 함께 선택하고 Delete 를 눌러 삭제합니다.

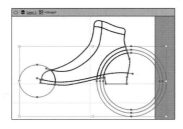 

08 Selection Tool(▶)로 굽 부분의 오브젝트를 모두 선택하고 Pathfinder 패널에서 'Unite (▣)'를 클릭한 후 'Fill Color : K100, Stroke Color : None'을 지정합니다. 상단 2개의 오브젝트를 선택하고 'Unite(▣)'를 클릭한 후 'Fill Color : M50Y30K10, Stroke Color : None'을 지정합니다.

 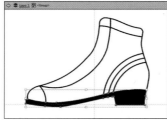 

09 Selection Tool(▶)로 오브젝트를 순서대로 선택하고 'Fill Color : M30Y10, C20M30, C40M70Y60K30, Stroke Color : None'을 각각 지정합니다.

10 Selection Tool(▶)로 상단 오브젝트를 선택하고 Ctrl + C 로 복사하고 Ctrl + F 로 복사한 오브젝트 앞에 붙여 넣기를 합니다. Shift + Ctrl +] 로 맨 앞으로 가져오기를 하고 'Fill Color : None, Stroke Color : K100'을 지정하고 Stroke 패널에서 'Weight : 1pt'를 지정합니다.

 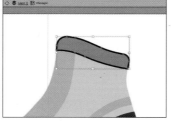

11 Selection Tool(▶)로 상단 오브젝트의 테두리를 더블 클릭하여 패스의 Isolation Mode로 전환합니다. Lasso Tool(🔍)로 드래그하여 삭제할 고정점을 선택하고 Delete 를 눌러 삭제한 후 Esc 를 눌러 정상 모드로 전환합니다.

12 Star Tool(⭐)로 작업 도큐먼트를 클릭한 후 'Radius 1 : 5mm, Radius 2 : 2.5mm, Points : 5'를 입력하여 그리고 'Fill Color : M50Y30K10, Stroke Color : None'을 지정합니다.

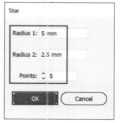 

13 Scale Tool(📐)을 더블 클릭하여 'Uniform : 55%'를 지정하고 [Copy]를 눌러 축소 복사합니다. Rotate Tool(🔄)을 더블 클릭하여 'Angle : 45°'를 지정하고 [OK]를 눌러 회전하여 배치한 후 'Fill Color : C40M70Y60K30, Stroke Color : None'을 지정합니다.

03 끈 모양 오브젝트 만들기

01 Ellipse Tool(⬭)로 작업 도큐먼트를 클릭한 후 'Width : 3mm, Height : 3mm'를 입력하여 그리고 'Fill Color : K100, Stroke Color : None'을 지정합니다. Selection Tool(▶)로 Alt 를 누르면서 드래그하여 하단에 복사하여 배치합니다.

02 Selection Tool(▶)로 Shift 를 누르면서 2개의 정원을 함께 선택하고 [Object]-[Blend]-[Make]를 적용하고 [Object]-[Blend]-[Blend Options]로 'Specified Steps : 4'를 적용합니다. Add Anchor Point Tool(✒)로 블렌드 오브젝트를 연결하는 패스에 2번 클릭하여 고정점을 추가합니다.

03 Direct Selection Tool(▷)로 2개의 고정점을 선택하고 스케이트화의 패스 모양에 따라 고정점을 각각 이동합니다. [Object]-[Blend]-[Expand]로 블렌드 오브젝트를 확장합니다.

04 Rounded Rectangle Tool(▢)로 작업 도큐먼트를 클릭한 후 'Width : 5.5mm, Height : 2mm, Corner Radius : 1mm'를 지정하여 그리고 'Fill Color : C10M80Y90, Stroke Color : None'을 지정합니다. Selection Tool(▶)로 Alt 를 누르면서 드래그하여 둥근 사각형을 복사하고 바운딩 박스의 모서리 밖을 드래그하여 회전한 후 각각 배치합니다.

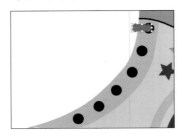 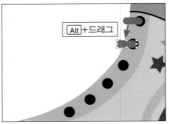 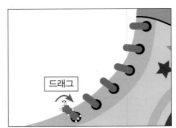

⑭ 바퀴 오브젝트 만들기

01 Rounded Rectangle Tool(▢)로 작업 도큐먼트를 클릭한 후 'Width : 61mm, Height : 4.5mm, Corner Radius : 3mm'를 지정하여 그리고 'Fill Color : K40, Stroke Color : K100'을 지정한 후 Stroke 패널에서 'Weight : 1pt'를 지정합니다. Shift + Ctrl + [를 눌러 맨 뒤로 보내기를 합니다.

02 Rectangle Tool(▢)로 드래그하여 크기가 다른 2개의 사각형을 그리고 'Fill Color : 임의색상, Stroke Color : 임의 색상'을 지정합니다. Direct Selection Tool(▷)로 드래그하여 작은 사각형의 2개의 하단 고정점을 선택하고 Scale Tool(🔳)을 더블 클릭하여 'Uniform : 80%'를 지정하고 [OK]를 눌러 패스를 변형합니다.

 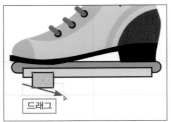 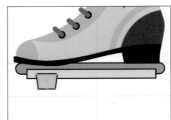

03 Selection Tool(▶)로 변형
된 오브젝트를 선택하고 [Alt]+
[Shift]를 누르면서 오른쪽으로
드래그하여 복사합니다. [Ctrl]
+[D]를 눌러 반복하여 복사합
니다.

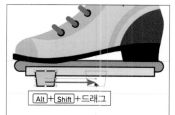
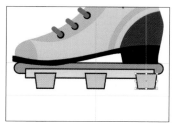

04 Selection Tool(▶)로 4개의 오브젝트를 함께 선택하고 Pathfinder 패널에서 'Unite(■)'
를 클릭하여 합치고 'Fill Color : K100, Stroke Color : None'을 지정한 후 [Shift]+[Ctrl]+
[[]를 눌러 맨 뒤로 보내기를 합니다. [Effect]-[Stylize]-[Round Corners]를 선택하고
'Radius : 2mm'를 설정하고 [Object]-[Expand Appearance]를 선택하여 오브젝트의 속
성을 확장합니다.

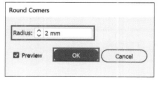

05 Ellipse Tool(◯)로 작업 도큐먼트를 클릭한 후 'Width : 15mm, Height : 15mm'를 입력
하여 그리고 'Fill Color : M50Y30K10, Stroke Color : K100'을 지정하고 Stroke 패널에
서 'Weight : 1pt'를 지정합니다. Scale Tool(⊡)을 더블 클릭하여 'Uniform : 60%'를 지정
하고 [Copy]를 눌러 축소 복사하고 'Fill Color : C40M70Y60K30, Stroke Color : None'
을 지정합니다.

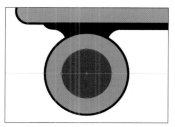

06 Polygon Tool(◯)로 작업 도큐먼트를 클릭한 후 'Radius : 2mm, Sides : 6'을 지정하여 그
리고 'Fill Color : C0M0Y0K0, Stroke Color : None'을 지정합니다. Ellipse Tool(◯)로
[Shift]를 누르면서 드래그하여 정원을 그리고 'Fill Color : K100, Stroke Color : None'을
지정합니다.

07 Selection Tool(▶)로 4개의 오브젝
트를 함께 선택하고 Align 패널에서
'Horizontal Align Center(🔳)'와
'Vertical Align Center(🔳)'를 각각
클릭하여 가운데 정렬을 지정합니다.

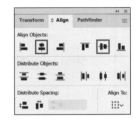 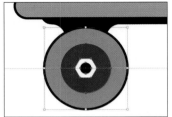

08 Selection Tool(▶)로 [Alt]+[Shift]를 누르면서 오른쪽으로 드래그하여 복사합니다. [Ctrl]+[D]
를 눌러 반복하여 복사합니다. Ellipse Tool(⬭)로 작업 도큐먼트를 클릭한 후 'Width : 75
mm, Height : 6mm'를 입력하여 그리고 'Fill Color : K40, Stroke Color : None'을 지정
한 후 [Shift]+[Ctrl]+[[]를 눌러 맨 뒤로 보내기를 합니다.

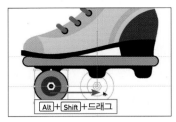 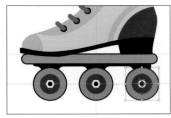 

🟣 05 저장하기

01 [View]-[Guides]-[Hide Guides]([Ctrl]+[;])를 선택하여 안내선을 숨기고 [View]-[Fit
Artboard in Window]([Ctrl]+[0])를 선택하여 현재 창에 맞추기를 합니다.

02 [File]-[Save As]를 선택하고 '저장 위치 : 내 PC\문서\GTQ, 파일 형식 : Adobe Illus-
trator(*AI), 파일 이름 : 수험번호-성명-문제번호.ai'를 확인하고 [저장]을 클릭한 후 [Il-
lustrator Options] 대화상자에서 'Version : Illustrator 2020'으로 설정하고 [OK]를 클릭
합니다.

03 답안 저장이 완료가 되면 [File]-[Close]([Ctrl]+[W])를 선택하여 파일을 닫고 수험 프로그램에
서 [답안 전송]을 클릭하여 감독관 컴퓨터로 전송합니다.

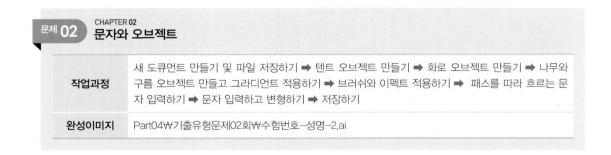

문제 02	**CHAPTER 02** **문자와 오브젝트**
작업과정	새 도큐먼트 만들기 및 파일 저장하기 ➡ 텐트 오브젝트 만들기 ➡ 화로 오브젝트 만들기 ➡ 나무와 구름 오브젝트 만들고 그라디언트 적용하기 ➡ 브러쉬와 이펙트 적용하기 ➡ 패스를 따라 흐르는 문 자 입력하기 ➡ 문자 입력하고 변형하기 ➡ 저장하기
완성이미지	Part04\기출유형문제\02회\수험번호-성명-2.ai

01 새 도큐먼트 만들기 및 파일 저장하기

01 [File]-[New]를 선택하고 'Width : 100mm, Height : 80mm, Units : Millimeters, Color Mode : CMYK'를 설정하여 새 도큐먼트를 만들고 [View]-[Rulers]-[Show Rulers] (Ctrl + R)를 선택하여 눈금자를 표시합니다.

02 작품의 규격 왼쪽 상단에 원점(0,0)을 확인하고 왼쪽과 상단 눈금자 위에서 마우스로 각각 드래그하여 제시된 출력형태와 레이아웃 구성이 동일하게 안내선을 표시합니다.

03 작업 도큐먼트를 저장하기 위해 [File]-[Save As]를 선택하고 '저장 위치 : 내 PCW문서W GTQ, 파일 형식 : Adobe Illustrator(*AI), 파일 이름 : 수험번호-성명-문제번호'를 입력하고 [저장]을 클릭한 후 [Illustrator Options] 대화상자에서 'Version : Illustrator 2020'으로 설정하고 [OK]를 클릭합니다.

02 텐트 오브젝트 만들기

01 Pen Tool(✐)로 클릭하여 텐트 모양 하단에 2개의 닫힌 패스를 그린 후 'Fill Color : C70M40, C100M90Y10, Stroke Color : None'을 각각 지정합니다.

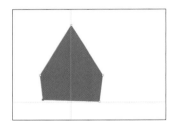

02 Pen Tool(✐)로 드래그하여 텐트 모양 오른쪽 상단에 닫힌 패스를 그리고 'Fill Color : C60M20, Stroke Color : None'을 지정합니다. 계속해서 왼쪽 상단에 닫힌 패스를 그리고 'Fill Color : C100M90Y10, Stroke Color : None'을 지정한 후 Shift + Ctrl + [를 눌러 맨 뒤로 보내기를 합니다.

합격생의 비법

Pen Tool(✐)로 앞서 드래그한 곡선 고정점에 마우스를 올리면 으로 바뀝니다. 이 때 클릭하면 한 쪽 핸들이 삭제되어 다음 고정점을 직선 또는 곡선 방향이 다른 곡선 패스로 연결하여 그릴 수 있습니다.

03 Pen Tool()로 텐트 모양 중앙에 2개의 닫힌 패스를 그리고 'Fill Color : C70M90Y100, C10M20Y100, Stroke Color : None'을 각각 지정합니다.

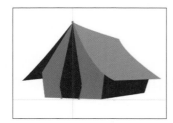 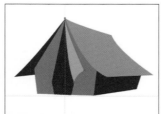

04 Selection Tool(▶)로 오브젝트를 선택하고 Reflect Tool(◀▶)로 세로 안내선에 클릭한 후 Alt를 누르면서 왼쪽 방향으로 뒤집어 복사하여 배치합니다.

 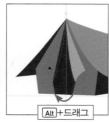 

05 Direct Selection Tool(▷)로 뒤집어 복사한 오브젝트의 왼쪽 고정점을 클릭하여 선택하고 모서리 안쪽의 ◉를 안쪽으로 드래그하여 둥근 정도를 조절합니다.

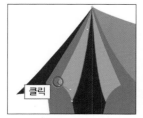 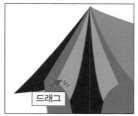 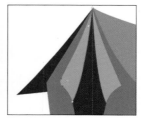

06 Pen Tool()로 3개의 열린 패스를 그리고 'Fill Color : None, Stroke Color : M30Y100' 을 지정한 후 Stroke 패널에서 'Weight : 1pt'를 지정합니다. Rounded Rectangle Tool(▢) 로 드래그하여 둥근 사각형을 그리고 'Fill Color : K100, Stroke Color : None'을 지정한 후 Selection Tool(▶)로 Alt를 누르면서 오른쪽으로 드래그하여 복사하여 배치합니다.

③ 화로 오브젝트 만들기

01 Ellipse Tool(⬭)로 작업 도큐먼트를 클릭한 후 'Width : 19mm, Height : 21mm'를 입력하여 그리고 'Fill Color : 임의 색상, Stroke Color : 임의 색상'을 지정합니다.

02 Rectangle Tool(⬜)로 드래그하여 타원의 상단과 겹치도록 임의 색상의 사각형을 그립니다. Selection Tool(▶)로 타원과 함께 선택하고 Pathfinder 패널에서 'Minus Front(⬚)'를 클릭합니다.

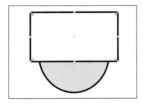  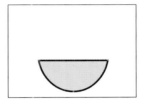

03 Selection Tool(▶)로 Alt 를 누르면서 왼쪽 상단으로 드래그하여 서로 겹치도록 복사합니다. Selection Tool(▶)로 2개의 오브젝트를 함께 선택하고 Pathfinder 패널에서 'Divide(⬚)'를 클릭합니다.

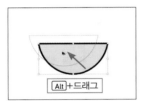  

04 Selection Tool(▶)로 더블 클릭하여 Isolation Mode로 전환합니다. 왼쪽 상단의 오브젝트를 선택하고 Delete 를 눌러 삭제한 후 나머지 오브젝트를 각각 선택하고 'Fill Color : M100Y100, M80Y100K50, Stroke Color : None'을 지정한 후 Esc 를 눌러 정상 모드로 전환합니다.

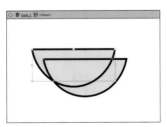 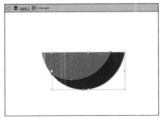

05 Rounded Rectangle Tool(▢)로 드래그하여 상단에 둥근 사각형을 그리고 'Fill Color : M60Y100, Stroke Color : None'을 지정합니다. 계속해서 드래그하여 크기가 다른 둥근 사각형을 그리고 'Fill Color : M80Y80K60, Stroke Color : None'을 지정한 후 Shift + Ctrl + [를 눌러 맨 뒤로 보내기를 합니다. Selection Tool(▶)로 Alt 를 누르면서 오른쪽으로 드래그하여 복사한 후 [Object]-[Transform]-[Transform Again](Ctrl + D)을 선택하고 반복하여 복사합니다.

06 Pen Tool(✎)로 열린 패스를 그리고 'Fill Color : None, Stroke Color : K10'을 지정하고 Stroke 패널에서 'Weight : 3pt, Profile : Width Profile 1'을 지정합니다. Selection Tool(▶)로 Alt 를 누르면서 오른쪽으로 드래그하여 복사한 후 [Object]-[Transform]-[Transform Again](Ctrl + D)을 선택하고 반복하여 복사합니다.

07 Selection Tool(▶)로 가운데 패스를 선택하고 바운딩 박스의 가로 중앙점을 위쪽으로 드래그하여 길이를 확대한 후 Stroke 패널에서 'Weight : 4pt'를 지정합니다.

08 Selection Tool(▶)로 3개의 패스를 선택하고 [Object]-[Expand Appearance]를 선택하여 오브젝트의 모양을 확장한 후 Ctrl + G 로 그룹을 설정합니다. 하단 3개의 둥근 사각형을 함께 선택하고 Ctrl + G 로 그룹을 설정합니다. Selection Tool(▶)로 2개의 그룹과 둥근 사각형, 분리된 하단 오브젝트를 함께 선택하고 Align 패널에서 'Horizontal Align Center(▦)'를 클릭하여 가로 가운데 정렬을 지정합니다.

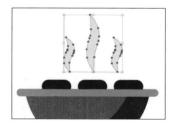  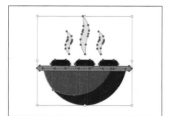

09 Rounded Rectangle Tool(■)로 작업 도큐먼트를 클릭한 후 'Width : 1.6mm, Height : 12mm, Corner Radius : 1mm'를 입력하여 그리고 'Fill Color : C10K20, Stroke Color : None'을 지정합니다. Line Segment Tool(✎)로 Shift를 누르면서 드래그하여 수평선을 그리고 'Fill Color : None, Stroke Color : 임의 색상'을 지정합니다.

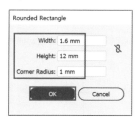 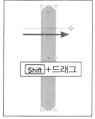 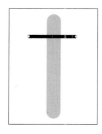

10 Selection Tool(▶)로 2개의 오브젝트를 선택하고 Pathfinder 패널에서 'Divide(■)'를 클릭한 후 더블 클릭하여 Isolation Mode로 전환합니다. 상단의 오브젝트를 선택하고 'Fill Color : Y30K70, Stroke Color : None'을 지정한 후 Esc를 눌러 정상 모드로 전환합니다.

11 Selection Tool(▶)로 오브젝트를 선택하고 Rotate Tool(↻)을 더블 클릭하여 'Angle : 15°'를 지정하고 [OK]를 눌러 회전하여 배치합니다.

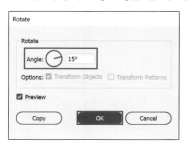 

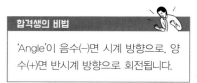

합격생의 비법

'Angle'이 음수(–)면 시계 방향으로, 양수(+)면 반시계 방향으로 회전됩니다.

12 Reflect Tool(◁▷)로 Alt를 누르면서 오브젝트의 가로 중앙 부분을 클릭하여 'Axis : Vertical'을 지정하고 [Copy]를 눌러 복사합니다. Rounded Rectangle Tool(■)로 드래그하여 중앙에 그리고 'Fill Color : C10K20, Stroke Color : None'을 지정합니다.

🄬 나무와 구름 오브젝트 만들고 그라디언트 적용하기

01 Polygon Tool(⬣)로 작업 도큐먼트를 클릭한 후 'Radius : 15mm, Sides : 3'을 지정하여 삼각형을 그리고 'Fill Color : 임의 색상, Stroke Color : 임의 색상'을 지정합니다. Scale Tool(⬚)을 더블 클릭하여 'Horizontal : 100%, Vertical : 70%'를 지정하고 [OK]를 지정합니다.

02 Direct Selection Tool(▷)로 드래그하여 하단 2개의 고정점을 선택하고 선택된 고정점 안쪽의 ◉를 안쪽으로 드래그하여 둥근 정도를 조절합니다.

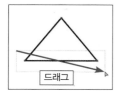  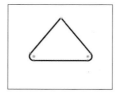

03 Selection Tool(▶)로 오브젝트를 선택한 후 Scale Tool(⬚)로 작업 도큐먼트의 상단에 Alt 를 누르면서 클릭하여 'Uniform : 80%'를 지정하고 [Copy]를 눌러 축소 복사합니다. Ctrl+D를 2번 눌러 클릭 지점을 향해 반복하여 축소 복사합니다.

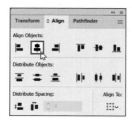 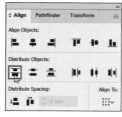 

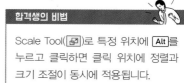

합격생의 비법

Scale Tool(⬚)로 특정 위치에 Alt 를 누르고 클릭하면 클릭 위치에 정렬과 크기 조절이 동시에 적용됩니다.

04 Selection Tool(▶)로 4개의 오브젝트를 함께 선택하고 Align 패널에서 'Horizontal Align Center(▮)'와 'Vertical Distribute Top(▮)'을 클릭하여 정렬과 배분을 지정합니다. Pathfinder 패널에서 'Unite(▮)'를 클릭합니다.

05 Line Segment Tool(☑)로 Shift를 누르면서 드래그하여 수직선을 그리고 'Fill Color : None, Stroke Color : 임의 색상'을 지정합니다. Selection Tool(▶)로 2개의 오브젝트를 함께 선택하고 Align 패널에서 'Horizontal Align Center(☐)'를 지정한 후 Pathfinder 패널에서 'Divide(☐)'를 클릭합니다. Selection Tool(▶)로 분할된 오브젝트를 더블 클릭하여 Isolation Mode로 전환한 후 각각 선택하고 'Fill Color : C50M20Y60, C100M70Y100, Stroke Color : None'을 지정한 후 Esc를 눌러 정상 모드로 전환합니다.

   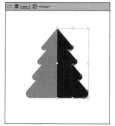

06 Ellipse Tool(◯)로 작업 도큐먼트에 드래그하여 크기가 다른 4개의 원을 서로 겹치도록 배치합니다. Selection Tool(▶)로 4개의 오브젝트를 함께 선택하고 Pathfinder 패널에서 'Unite(☐)'를 클릭하고 'Fill Color : C20, Stroke Color : None'을 지정합니다.

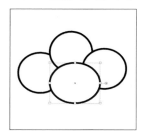  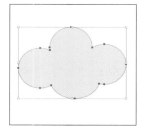

07 Scale Tool(☐)을 더블 클릭하여 'Uniform : 150%'를 지정하고 [Copy]를 눌러 확대 복사하여 배치합니다. Gradient 패널에서 'Type : Linear Gradient, Angle : 90°'를 적용하고 Gradient Slider의 왼쪽 'Color Stop'을 더블 클릭하여 C20을, 오른쪽 'Color Stop'을 더블 클릭하여 C50M20을 적용한 후, 'Stroke Color : None'을 지정합니다.

 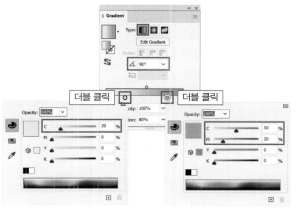 

05 브러쉬와 이펙트 적용하기

01 Line Segment Tool(✏️)로 Shift 를 누르면서 텐트 모양 하단에 왼쪽에서 오른쪽으로 드래그하여 수평선을 그리고 'Fill Color : None, Stroke Color : M40Y70K90'을 지정하고 Stroke 패널에서 'Weight : 1pt'를 지정합니다.

 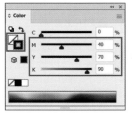 

02 Brushes 패널 하단의 'Brush Libraries Menu'를 클릭하고 [Artistic]-[Artistic_Water-color]을 선택하여 추가 브러쉬 패널을 불러온 후 'Watercolor Stroke 3'을 선택하여 적용합니다.

03 Selection Tool(▶)로 Shift 를 누르면서 나무 오브젝트와 함께 선택하고 Shift + Ctrl + [를 눌러 맨 뒤로 보내기를 지정합니다.

04 Line Segment Tool(✏️)로 왼쪽 상단에서 오른쪽 하단으로 드래그하여 사선을 그리고 'Fill Color : None, Stroke Color : 임의 색상'을 지정하고 Stroke 패널에서 'Weight : 1pt'를 지정합니다. Brushes 패널 하단의 'Brush Libraries Menu'를 클릭하고 [Decorative]-[Decorative_Banners and Seals]를 선택하여 추가 브러쉬 패널을 불러온 후 'Banner 14'를 선택하여 적용합니다.

05 [Effect]-[Illustrator Effects]-[Stylize]-[Drop Shadow]를 선택하고 'Opacity : 75%, X Offset : 1mm, Y Offset : 1mm, Blur : 1mm'를 지정하여 그림자 효과를 적용합니다.

06 패스를 따라 흐르는 문자 입력하기

01 Pen Tool()로 드래그하여 문자를 입력할 열린 곡선 패스를 브러쉬 위쪽에 그리고 'Fill Color : None, Stroke Color : 임의 색상'을 지정합니다.

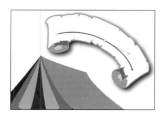

02 Type on a Path Tool()로 열린 곡선 패스의 왼쪽을 클릭한 후 Character 패널에서 'Set font family : Arial, Set font style : Regular, Set font size : 13pt'를 설정하고 'Fill Color : C30M60Y100, Stroke Color : None'을 지정합니다. Paragraph 패널에서 Align center()을 설정하고 Let's enjoy nature를 입력합니다.

07 문자 입력하고 변형하기

01 Type Tool(T)로 도큐먼트를 클릭한 후 Character 패널에서 'Set font family : Arial, Set font style : Bold, Set font size : 25pt'를 설정하고 'Fill Color : C90M40Y100K40, Stroke Color : None'을 지정한 후 CAMPING을 입력합니다. [Type] −[Create Outlines](Shift+Ctrl+O)를 선택하여 문자를 윤곽선으로 변환합니다.

02 Line Segment Tool(/)로 Shift를 누르면서 드래그하여 수평선을 그리고 'Fill Color : None, Stroke Color : 임의 색상'을 지정하고 Stroke 패널에서 'Weight : 1pt'를 지정한 후 [Object]−[Path]−[Outline Stroke]를 선택하고 선을 면으로 확장합니다. Selection Tool (▶)로 문자 오브젝트와 함께 선택하고 Pathfinder 패널에서 'Trim()'을 클릭합니다.

기출 유형 문제 02회 CHAPTER 02 2-211

03 Selection Tool(▶)로 분할된 오브젝트를 더블 클릭하여 Isolation Mode로 전환합니다. 사각형 오브젝트를 선택하고 `Delete`를 눌러 삭제한 후 `Shift`를 누르면서 분리된 상단 오브젝트를 모두 선택하고 'Fill Color : M50Y100, Stroke Color : None'을 지정한 후 `Esc`를 눌러 정상 모드로 전환합니다.

08 저장하기

01 [View]-[Guides]-[Hide Guides](`Ctrl`+`;`)를 선택하여 안내선을 숨기고 [View]-[Fit Artboard in Window](`Ctrl`+`0`)를 선택하여 현재 창에 맞추기를 합니다.

02 [File]-[Save As]를 선택하고 '저장 위치 : 내 PC₩문서₩GTQ, 파일 형식 : Adobe Illustrator(*AI), 파일 이름 : 수험번호-성명-문제번호.ai'를 확인하고 [저장]을 클릭한 후 [Illustrator Options] 대화상자에서 'Version : Illustrator 2020'으로 설정하고 [OK]를 클릭합니다.

03 답안 저장이 완료가 되면 [File]-[Close](`Ctrl`+`W`)를 선택하여 파일을 닫고 수험 프로그램에서 [답안 전송]을 클릭하여 감독관 컴퓨터로 전송합니다.

문제 03	CHAPTER 02 어플리케이션 디자인	
작업과정	새 도큐먼트 만들기 및 파일 저장하기 ➡ 나뭇잎 오브젝트 만들기 ➡ 나침반 오브젝트 만들고 패턴 정의하기 ➡ 모자 오브젝트 만들고 그라디언트, 불규칙적인 점선 만들기 ➡ 문자 입력하기 ➡ 배낭 오브젝트 만들고 규칙적인 점선 만들기 ➡ 불투명도와 오브젝트 변형하기 ➡ 패턴 적용 및 변형하기 ➡ 정렬과 간격 일정하게 한 후 그룹 지정하기 ➡ 문자 입력하기 ➡ 저장하기	
완성이미지	Part04₩기출유형문제02회₩수험번호-성명-3.ai	

01 새 도큐먼트 만들기 및 파일 저장하기

01 [File]-[New]를 선택하고 'Width : 120mm, Height : 80mm, Units : Millimeters, Color Mode : CMYK'를 설정하여 새 도큐먼트를 만들고 [View]-[Rulers]-[Show Rulers] (`Ctrl`+`R`)를 선택하여 눈금자를 표시합니다.

02 작품의 규격 왼쪽 상단에 원점(0,0)을 확인하고 왼쪽과 상단 눈금자 위에서 마우스로 각각 드래그하여 제시된 출력형태와 레이아웃 구성이 동일하게 안내선을 표시합니다.

03 작업 도큐먼트를 저장하기 위해 [File]–[Save As]를 선택하고 '저장 위치 : 내 PC\문서\ GTQ, 파일 형식 : Adobe Illustrator(*AI), 파일 이름 : 수험번호–성명–문제번호'를 입력하고 [저장]을 클릭한 후 [Illustrator Options] 대화상자에서 'Version : Illustrator 2020'으로 설정하고 [OK]를 클릭합니다.

🔟 나뭇잎 오브젝트 만들기

01 Ellipse Tool(◉)로 작업 도큐먼트를 클릭한 후 'Width : 9.5mm, Height : 16mm'를 입력하여 그리고 'Fill Color : 임의 색상, Stroke Color : 임의 색상'을 지정합니다.

02 Direct Selection Tool(▷)로 상단 고정점을 클릭하여 선택하고 [Object]–[Transform]– [Move]를 선택하고 'Horizontal : 0mm, Vertical : −5mm'를 입력하고 [OK]를 눌러 이동한 후 Scale Tool(⊞)을 더블 클릭하여 'Uniform : 20%'를 지정하고 [OK]를 눌러 패스를 축소합니다.

03 [Effect]–[Illustrator Effects]–[Distort & Transform]–[Zig Zag]를 선택하고 'Size : 0.27mm, Absolute : 체크, Ridges per segment : 5, Points : Smooth'를 지정하고 패스를 왜곡한 후 [Object]–[Expand Appearance]를 선택하여 오브젝트의 모양을 확장합니다.

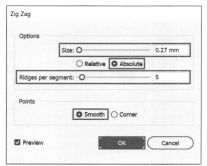
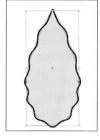
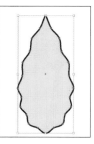

04 Line Segment Tool(✏️)로 Shift 를 누르면서 드래그하여 수직선을 그리고 'Fill Color : None, Stroke Color : 임의 색상'을 지정합니다. Selection Tool(▶)로 2개의 오브젝트를 함께 선택하고 Align 패널에서 'Horizontal Align Center(🔳)'를 지정합니다.

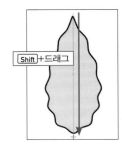  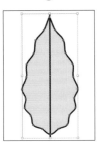

05 Pathfinder 패널에서 'Divide(🔲)'를 클릭한 후 Selection Tool(▶)로 분할된 오브젝트를 더블 클릭하여 Isolation Mode로 전환한 후 각각 선택하고 'Fill Color : C10M40Y80K40, C10M40Y80, Stroke Color : None'을 지정합니다.

06 Ellipse Tool(⬭)로 Shift 를 누르면서 드래그하여 크기가 다른 3개의 정원을 겹치도록 그리고 'Fill Color : 임의 색상, Stroke Color : 임의 색상'을 지정합니다. Selection Tool(▶)로 왼쪽 오브젝트를 정원과 함께 선택하고 Pathfinder 패널에서 'Minus Front(🔲)'를 클릭합니다. 동일한 방법으로 오른쪽 오브젝트도 완료한 후 Esc 를 눌러 정상 모드로 전환합니다.

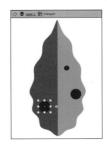   

07 Pen Tool(✒️)로 닫힌 패스를 그리고 'Fill Color : C10M40Y80K40, Stroke Color : None'을 지정하고 Ctrl + [를 눌러 뒤로 보내기를 합니다. Ctrl + A 로 모두 선택하고 Scale Tool(🔳)을 더블 클릭하여 'Uniform : 65%'를 지정하고 [Copy]를 눌러 축소 복사합니다. Rotate Tool(🔄)을 더블 클릭하여 'Angle : −30°'를 지정하고 [OK]를 눌러 회전하여 배치합니다.

08 Rotate Tool(🔄)로 [Alt]를 누르면서 하단 고정점에 클릭하여 'Angle : 65°'를 지정하고 [Copy]를 눌러 회전하여 복사하고 배치합니다. [Ctrl]+[A]로 모두 선택하고 Rotate Tool(🔄)을 더블 클릭하여 'Angle : 30°'를 지정하고 [OK]를 눌러 회전합니다.

03 나침반 오브젝트 만들고 패턴 정의하기

01 Ellipse Tool(⬭)로 [Alt]를 누르면서 안내선의 교차 지점에 클릭하여 'Width : 18mm, Height : 18mm'를 입력하여 그리고 'Fill Color : K100, Stroke Color : None'을 지정합니다. Scale Tool(📲)을 더블 클릭하여 'Uniform : 90%'를 지정하고 [Copy]를 눌러 축소 복사한 후 'Fill Color : K20, Stroke Color : None'을 지정합니다.

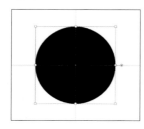
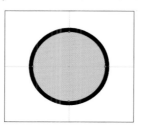

02 Scale Tool(📲)을 더블 클릭하여 'Uniform : 20%'를 지정하고 [Copy]를 눌러 축소 복사한 후 'Fill Color : C0M0Y0K0, Stroke Color : None'을 지정합니다. 계속해서 더블 클릭하여 'Uniform : 74%'를 지정하고 [Copy]를 눌러 축소 복사한 후 'Fill Color : K100, Stroke Color : None'을 지정합니다.

03 Ellipse Tool(⬭)로 [Alt]를 누르면서 수직의 안내선에 클릭하여 'Width : 3mm, Height : 3mm'를 입력하여 그리고 'Fill Color : K100, Stroke Color : None'을 지정합니다.

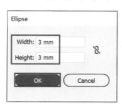
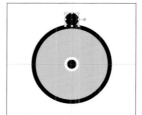

04 Rounded Rectangle Tool(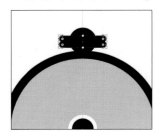)로 드래그하여 정원과 겹치도록 둥근 사각형을 그리고 'Fill Color : K100, Stroke Color : None'을 지정합니다. Selection Tool(▶)로 6개의 오브젝트를 함께 선택하고 Align 패널에서 'Horizontal Align Center(▮)'를 지정합니다.

  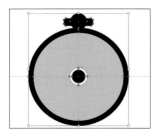

05 Line Segment Tool(✏)로 Shift 를 누르면서 드래그하여 수직선을 그리고 'Fill Color : None, Stroke Color : K100'을 지정하고 Stroke 패널에서 'Weight : 1.5pt, Cap : Round Cap'을 지정합니다. [Object]–[Path]–[Outline Stroke]를 선택하고 선을 면으로 확장합니다.

 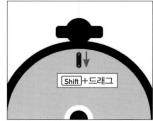 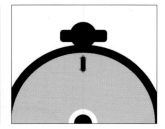

06 Rotate Tool(↻)로 Alt 를 누르면서 안내선의 교차 지점에 클릭하여 'Angle : 30°'를 지정하고 [Copy]를 눌러 회전 복사한 후 Ctrl + D 를 10번 눌러 반복하여 회전 복사합니다.

07 Star Tool(★)로 안내선의 교차 지점에 클릭한 후 'Radius 1 : 6mm, Radius 2 : 1.5mm, Points : 4'를 입력하여 그리고 'Fill Color : C30M30Y40, Stroke Color : None'을 지정합니다. Ctrl + [를 여러 번 눌러 뒤로 보내기를 합니다.

08 Rotate Tool()을 더블 클릭하여 'Angle : 45°'를 지정하고 [Copy]를 눌러 회전 복사한 후 Scale Tool(▣)을 더블 클릭하여 'Uniform : 65%'를 지정하고 [OK]를 눌러 축소하고 'Fill Color : C50M50Y60K20, Stroke Color : None'을 지정합니다. Ctrl + [를 눌러 뒤로 보내기를 합니다.

09 Rectangle Tool(▣)로 작업 도큐먼트를 클릭한 후 'Width : 25mm, Height : 25mm'를 지정하여 그리고 'Fill Color : C20M10Y80, Stroke Color : None'을 지정합니다. Shift + Ctrl + [를 눌러 맨 뒤로 보내기를 합니다.

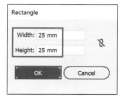

10 Selection Tool(▶)로 사각형을 제외한 나침반 오브젝트를 모두 선택하고 Ctrl + G 로 그룹을 지정합니다. 사각형과 함께 선택하고 Align 패널에서 'Horizontal Align Center(▥)'와 'Vertical Align Center(▥)'를 클릭하여 가운데 정렬을 지정합니다.

11 [Object]-[Pattern]-[Make]를 선택하고 Pattern Options에서 'Name : 나침반'을 지정하고 패턴으로 등록합니다. Esc 를 눌러 패턴의 편집 모드에서 정상 모드로 전환합니다.

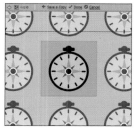

04 모자 오브젝트 만들고 그라디언트, 불규칙적인 점선 만들기

01 Rounded Rectangle Tool(■)로 작업 도큐먼트에 클릭한 후 'Width : 21mm, Height : 25mm, Corner Radius : 7mm'를 입력하여 그리고 'Fill Color : 임의 색상, Stroke Color : 임의 색상'을 지정합니다. Ellipse Tool(●)로 작업 도큐먼트를 클릭하여 'Width : 38mm, Height : 24mm'를 입력하여 그리고 'Fill Color : None, Stroke Color : 임의 색상'을 지정하고 겹치도록 배치합니다.

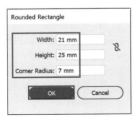

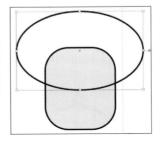

02 [Object]-[Transform]-[Move]를 선택하고 'Horizontal : 0mm, Vertical : 3mm'를 지정하고 [Copy]를 눌러 아래쪽으로 이동하여 복사합니다.

03 Selection Tool(▶)로 3개의 오브젝트를 선택하고 Pathfinder 패널에서 'Divide(▣)'를 클릭하고 분할된 오브젝트를 더블 클릭하여 Isolation Mode로 전환합니다. [Shift]를 누른 채 불필요한 오브젝트를 함께 선택하고 [Delete]를 눌러 삭제합니다. 하단 오브젝트를 선택하고 'Fill Color : C60M60Y70K50, Stroke Color : None'을 지정한 후 [Esc]를 눌러 정상 모드로 전환합니다.

04 Ellipse Tool(●)로 작업 도큐먼트를 클릭한 후 'Width : 51mm, Height : 22mm'를 입력하여 그리고 'Fill Color : 임의 색상, Stroke Color : 임의 색상'을 지정하고 [Ctrl]+[[]를 눌러 뒤로 보내기를 합니다. Direct Selection Tool(▷)로 고정점과 곡선의 핸들을 각각 조절하여 패스를 변형합니다.

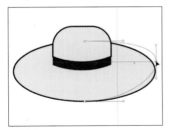

05 Selection Tool(▶)로 Alt 를 누르면서 변형된 오브젝트를 위쪽으로 드래그하여 복사합니다. 하단 오브젝트를 선택하고 'Fill Color : C30M60Y80K20, Stroke Color : None'을 지정합니다.

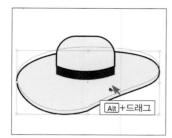 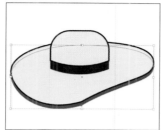

06 Selection Tool(▶)로 상단 모자챙 오브젝트를 선택하고 Gradient 패널에서 'Type : Linear Gradient, Angle : 0°'를 적용하고 Gradient Slider의 왼쪽 'Color Stop'을 더블 클릭하여 C10M20Y90을, 오른쪽 'Color Stop'을 더블 클릭하여 C30M50Y100을 적용한 후, 'Stroke Color : None'을 지정합니다. Direct Selection Tool(▷)로 상단 오브젝트를 선택하고 동일한 그라디언트를 적용하고 Gradient 패널에서 'Angle : −90°'를 적용합니다.

 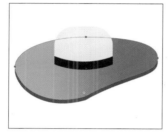 

합격생의 비법

도큐먼트의 오브젝트에 적용된 색상과 동일한 색상 빠르게 지정하기
오브젝트를 선택한 후 Eyedropper Tool(✎)로 이미 색상이 적용된 오브젝트를 클릭합니다.

07 Pen Tool(✎)로 드래그하여 모자 끈 모양의 열린 곡선 패스를 그린 후 'Fill Color : None, Stroke Color : K100'을 지정하고 Stroke 패널에서 'Weight : 4pt, Profile : Width Profile 2'를 지정합니다. [Object]-[Path]-[Outline Stroke]를 선택하고 선을 면으로 확장한 후 Shift + Ctrl + [를 눌러 맨 뒤로 보내기를 합니다.

08 Selection Tool(▶)로 그라디언트가 적용된 모자 챙 오브젝트를 선택하고 [Object]−[Path]−[Offset Path]를 선택하고 'Offset : −1mm'를 지정하고 [OK]를 클릭한 후 'Fill Color : None, Stroke Color : K100'을 지정합니다. Stroke 패널에서 'Weight : 1pt, Dashed Line : 체크, dash : 3pt, gap : 8pt, dash : 2pt'를 지정합니다.

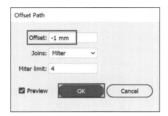  

09 Selection Tool(▶)로 도큐먼트 상단의 오른쪽 나뭇잎 오브젝트를 선택하고 Ctrl+C로 복사한 후 모자 상단 오브젝트를 더블 클릭하여 Isolation Mode로 전환한 후 Ctrl+V로 붙여넣기를 합니다. Pathfinder 패널에서 'Unite(▣)'를 클릭하고 'Fill Color : C10M80Y90K30, Stroke Color : None'을 지정합니다.

 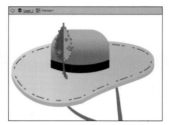 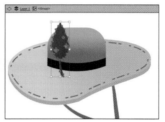

10 Rotate Tool(↻)을 더블 클릭하여 'Angle : 10°'를 지정하고 [OK]를 눌러 회전하고 배치합니다. 하단 오브젝트를 선택하고 Ctrl+]를 눌러 앞으로 가져오기를 하고 Esc를 눌러 정상 모드로 전환합니다.

05 문자 입력하기

01 Type Tool(T)로 작업 도큐먼트를 클릭한 후 Character 패널에서 'Set font family : Times New Roman, Set font style : Bold, Set font size : 6pt'를 설정하고 'Fill Color : C20M10Y80, Stroke Color : None'을 지정한 후 FOREST를 입력합니다.

06 배낭 오브젝트 만들고 규칙적인 점선 만들기

01 Rectangle Tool(▦)로 작업 도큐먼트를 클릭한 후 'Width : 33mm, Height : 40mm'를 지정하여 그리고 'Fill Color : C80M40Y20, Stroke Color : None'을 지정합니다. Direct Selection Tool(▷)로 드래그하여 하단 2개의 고정점을 선택하고 Scale Tool(▣)을 더블 클릭하여 'Uniform : 113%'를 지정하고 [OK]를 눌러 패스를 확대합니다.

02 Rounded Rectangle Tool(▦)로 작업 도큐먼트를 클릭한 후 'Width : 39mm, Height : 12.5mm, Corner Radius : 3mm'를 지정하여 그리고 'Fill Color : C80M50Y90K40, Stroke Color : None'을 지정하고 하단에 배치합니다. [Object]-[Transform]-[Move]를 선택하고 'Horizontal : 0mm, Vertical : -4.5mm'를 입력하고 [Copy]를 클릭하고 이동하여 복사한 후 'Fill Color : 임의 색상, Stroke Color : None'을 지정합니다.

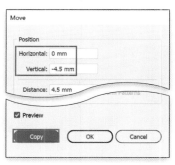

03 Rounded Rectangle Tool(▦)로 작업 도큐먼트를 클릭한 후 'Width : 47mm, Height : 9.5mm, Corner Radius : 5mm'를 지정하여 그리고 'Fill Color : C10M50Y90, Stroke Color : 임의 색상'을 지정하고 상단에 배치합니다.

04 Selection Tool(▶)로 Alt 를 누르면서 왼쪽 상단으로 드래그하여 복사하여 배치합니다. Selection Tool(▶)로 2개의 오브젝트를 함께 선택하고 Pathfinder 패널에서 'Divide(▣)'를 클릭한 후 더블 클릭하여 Isolation Mode로 전환합니다. 불필요한 오브젝트를 선택하고 Delete 를 눌러 삭제합니다. 하단 오브젝트를 선택하고 'Fill Color : C10M50Y90K30'을 지정한 후 Ctrl + A 로 모두 선택하고 'Stroke Color : None'을 지정한 후 Esc 를 눌러 정상 모드로 전환합니다.

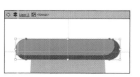

05 Rectangle Tool(▣)로 작업 도큐먼트를 클릭한 후 'Width : 28mm, Height : 20mm'를 지정하여 그리고 'Fill Color : C80M50Y90K40, Stroke Color : None'을 지정합니다.

06 Add Anchor Point Tool(✒)로 사각형 하단 중앙의 선분을 클릭하여 고정점을 추가하고 [Object]-[Transform]-[Move]를 선택하고 'Horizontal : 0mm, Vertical : 4mm'를 지정하고 [OK]를 눌러 아래로 이동합니다. Direct Selection Tool(▷)로 Shift 를 누르면서 사각형 하단 2개의 고정점을 선택하고 Scale Tool(◫)을 더블 클릭하여 'Uniform : 113%'를 지정하고 [OK]를 눌러 패스를 확대합니다.

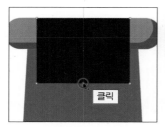
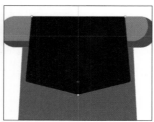

07 Direct Selection Tool(▷)로 선택된 2개의 고정점 안쪽의 ◉를 안쪽으로 드래그하여 둥근 정도를 조절합니다. Selection Tool(▶)로 오브젝트를 선택하고 Alt + Shift 를 누르면서 위쪽으로 드래그하여 복사한 후 'Fill Color : C90M70Y30K10, Stroke Color : None'을 지정합니다.

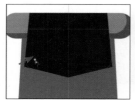
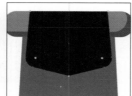
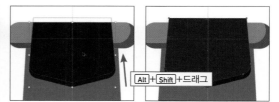

08 [Object]-[Path]-[Offset Path]를 선택하고 'Offset : -1mm'를 지정하고 [OK]를 클릭한 후 'Fill Color : None, Stroke Color : K50'을 지정하고 Stroke 패널에서 'Weight : 1pt, Dashed Line : 체크, dash : 3pt'를 지정합니다. Direct Selection Tool(▷)로 상단의 선분을 선택하고 Delete 를 눌러 삭제한 후 열린 점선 패스의 끝 고정점을 각각 선택하고 길이를 각각 조절합니다.

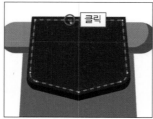

09 Rounded Rectangle Tool()로 드래그하여 둥근 사각형을 그리고 'Fill Color : None, Stroke Color : K100'을 지정하고 Stroke 패널에서 'Weight : 7pt'를 지정합니다. [Object]–[Path]–[Outline Stroke]를 선택하고 선을 면으로 확장한 후 Shift + Ctrl + [를 눌러 맨 뒤로 보내기를 합니다.

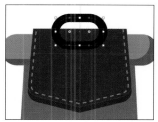

10 Rectangle Tool(■)로 작업 도큐먼트를 클릭한 후 'Width : 2.5mm, Height : 25mm'를 입력하여 그리고 'Fill Color : C40M70Y90K50, Stroke Color : None'을 지정합니다. Direct Selection Tool(▷)로 사각형 하단 2개의 고정점을 선택한 후, 선택된 고정점 안쪽의 ◉를 안쪽으로 드래그하여 둥근 정도를 조절하고 왼쪽 하단으로 이동하여 패스를 변형합니다.

11 Rounded Rectangle Tool(■)로 작업 도큐먼트를 클릭한 후 'Width : 4.5mm, Height : 5.5mm, Corner Radius : 2mm'를 입력하여 둥근 사각형을 겹치도록 그리고 'Fill Color : None, Stroke Color : K20'을 지정하고 Stroke 패널에서 'Weight : 2pt'을 지정합니다. Line Segment Tool(╱)로 Shift 를 누르면서 드래그하여 수평선을 그리고 'Fill Color : None, Stroke Color : K20'을 지정하고 Stroke 패널에서 'Weight : 2pt'을 지정한 후 Shift + Ctrl + [를 눌러 맨 뒤로 보내기를 합니다.

12 Selection Tool(▶)로 2개의 오브젝트를 함께 선택하고 Align 패널에서 'Horizontal Align Center(▤)'와 'Vertical Align Center(▥)'를 클릭하여 가운데 정렬을 지정한 후 [Object]−[Path]−[Outline Stroke]를 선택하고 선을 면으로 확장합니다.

  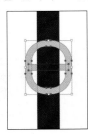

13 Selection Tool(▶)로 3개의 오브젝트를 함께 선택하고 Ctrl+G를 눌러 그룹을 지정합니다. Rotate Tool(↻)을 더블 클릭하여 'Angle : −6°'를 지정하고 [OK]를 눌러 회전하여 배치합니다.

14 Pen Tool(✐)로 드래그하여 2개의 열린 곡선 패스를 그리고 'Fill Color : None, Stroke Color : C40M70Y80K20'을 지정하고 Stroke 패널에서 'Weight : 13pt'를 지정합니다. 계속해서 열린 곡선 패스를 하단에 그리고 'Fill Color : None, Stroke Color : K100'을 지정하고 Stroke 패널에서 'Weight : 6pt'를 지정합니다. Selection Tool(▶)로 2개의 열린 패스를 함께 선택하고 [Object]−[Path]−[Outline Stroke]를 선택하고 선을 면으로 확장한 후 Shift+Ctrl+[를 눌러 맨 뒤로 보내기를 합니다.

15 Selection Tool(▶)로 그룹으로 지정된 오브젝트와 함께 선택하고 Reflect Tool(◀)로 Alt를 누르면서 수직의 안내선에 클릭하여 'Axis : Vertical'을 지정하고 [Copy]를 눌러 복사한 후 배낭 끈은 Shift+Ctrl+[를 눌러 맨 뒤로 보내기를 합니다.

⑦ 불투명도와 오브젝트 변형하기

01 Rectangle Tool(▢)로 작업 도큐먼트를 클릭한 후 'Width : 23mm, Height : 15mm'를 입력하여 그리고 'Fill Color : C0M0Y0K0, Stroke Color : None'을 지정합니다. Direct Selection Tool(▷)로 Shift를 누르면서 사각형 하단 2개의 고정점을 선택한 후 선택된 고정점 안쪽의 ◉를 안쪽으로 드래그하여 둥근 정도를 조절합니다.

02 [Object]-[Path]-[Offset Path]를 선택하고 'Offset : -1mm'를 지정하고 [OK]를 클릭한 후 'Fill Color : None, Stroke Color : K50'을 지정하고 Stroke 패널에서 'Weight : 1pt, Dashed Line : 체크, dash : 3pt'를 지정합니다. Selection Tool(▶)로 바깥쪽 오브젝트를 선택하고 Transparency 패널에서 'Opacity : 60%'를 지정합니다.

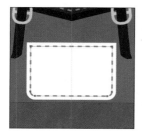  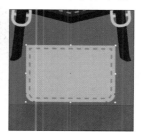

03 Selection Tool(▶)로 3개의 나뭇잎 오브젝트를 선택하고 Ctrl + C로 복사하고 Ctrl + V로 붙여 넣기를 합니다. Reflect Tool(◁)을 더블 클릭하여 'Axis : Vertical'을 지정하고 [OK]를 눌러 뒤집은 후 Scale Tool(◱)을 더블 클릭하여 'Uniform : 75%'를 지정하고 [OK]를 눌러 축소합니다.

04 [Object]-[Path]-[Offset Path]를 선택하고 'Offset : 1mm'를 지정하고 [OK]를 눌러 오브젝트를 확장합니다. Pathfinder 패널에서 'Unite(■)'를 클릭하여 합치고 'Fill Color : C20M10Y80, Stroke Color : None'을 지정합니다. Selection Tool(▶)로 나뭇잎 오브젝트를 모두 선택하고 Shift + Ctrl + G를 2번 눌러 그룹을 해제합니다.

 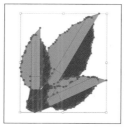  

05 Selection Tool(▶)로 'Fill Color : C20M10Y80, Stroke Color : None'을 지정한 오브젝트를 선택하고 Shift + Ctrl + [를 눌러 맨 뒤로 보내기를 합니다. Selection Tool(▶)로 나뭇잎 오브젝트를 모두 선택하고 Ctrl + G를 눌러 그룹을 지정하고 불투명도가 적용된 오브젝트와 겹치도록 배치한 후 Ctrl + [를 여러 번 눌러 뒤로 보내기를 하고 배치합니다.

 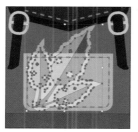

🔟 패턴 적용 및 변형하기

01 Selection Tool(▶)로 하단 오브젝트를 선택하고 Swatches 패널에 등록된 나침반 패턴을 클릭하여 면 색상에 적용합니다.

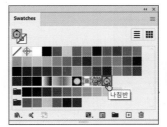

02 Scale Tool(⬛)을 더블 클릭하고 'Uniform : 20%, Transform Objects : 체크 해제, Transform Patterns : 체크'를 지정하여 패턴의 크기만을 축소합니다. Rotate Tool(🔄)을 더블 클릭하여 'Angle : 45°, Transform Objects : 체크 해제, Transform Patterns : 체크'를 지정하여 패턴을 회전합니다.

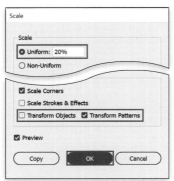

03 Pen Tool(✏)로 드래그하여 닫힌 패스를 그리고 'Fill Color : C0M0Y0K0, Stroke Color : None'을 지정한 후 Transparency 패널에서 'Opacity : 60%'를 지정합니다.

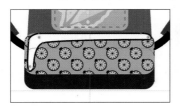

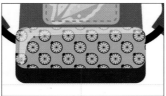

🔟 정렬과 간격 일정하게 한 후 그룹 지정하기

01 Ellipse Tool(⬭)로 작업 도큐먼트를 클릭한 후 'Width : 18mm, Height : 12mm'를 입력하여 그리고 'Fill Color : C40K30, Stroke Color : None'을 지정합니다.

02 Selection Tool(▶)로 나뭇잎 모양의 왼쪽 오브젝트를 선택하고 Ctrl+C로 복사하고 Ctrl +V로 붙여 넣기를 한 후 Scale Tool(⬛)을 더블 클릭하고 'Uniform : 30%, Transform Objects : 체크, Transform Patterns : 체크 해제'를 지정하여 축소합니다. Rotate Tool(🔄)을 더블 클릭하여 'Angle : −30°'를 지정하여 회전합니다.

03 Pathfinder 패널에서 'Unite()'를 클릭한 후 'Fill Color : C90M70Y30K10, Stroke Color : None'을 지정합니다. Selection Tool(▶)로 [Alt]+[Shift]를 누르면서 오른쪽으로 드래그하여 복사하고 [Ctrl]+[D]를 눌러 반복 복사합니다. 3개의 나뭇잎 오브젝트를 선택하고 [Ctrl]+[G]로 그룹을 지정합니다.

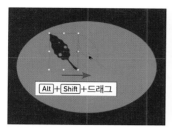
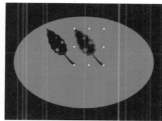
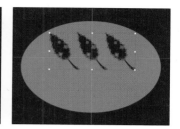

⑩ 문자 입력하기

01 Type Tool([T])로 작업 도큐먼트를 클릭한 후 Character 패널에서 'Set font family : Arial, Set font style : Bold, Set font size : 5pt'를 설정하고 Paragraph 패널에서 'Align center(≡)'를 지정하고 'Fill Color : C40M70Y90K50, Stroke Color : None'을 지정한 후 ADVENTURE TIME을 입력합니다.

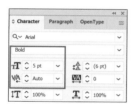
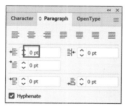

⑪ 저장하기

01 [View]-[Guides]-[Hide Guides]([Ctrl]+[;])를 선택하여 안내선을 숨기고 [View]-[Fit Artboard in Window]([Ctrl]+[0])를 선택하여 현재 창에 맞추기를 합니다.

02 [File]-[Save As]를 선택하고 '저장 위치 : 내 PC₩문서₩GTQ, 파일 형식 : Adobe Illustrator(*AI), 파일 이름 : 수험번호-성명-문제번호.ai'를 확인하고 [저장]을 클릭한 후 [Illustrator Options] 대화상자에서 'Version : Illustrator 2020'으로 설정하고 [OK]를 클릭합니다.

03 답안 저장이 완료가 되면 [File]-[Exit]([Ctrl]+[Q])를 선택하여 일러스트레이터 프로그램을 종료하고 수험 프로그램에서 [답안 전송]을 클릭하여 감독관 컴퓨터로 전송합니다.

기출 유형 문제 03회

▶동영상 무료

급수	문제유형	시험시간	수험번호	성명
2급	A	90분	G123456789	

수 험 자 유 의 사 항

- 수험자는 문제지를 받는 즉시 응시하고자 하는 과목 및 급수가 맞는지 확인한 후 수험번호와 성명을 작성합니다.
- 파일명은 본인의 "수험번호–성명–문제번호"로 공백 없이 정확히 입력하고 답안폴더(내 PC₩문서₩GTQ)에 ai 파일 포맷으로 저장해야 하며, 다른 파일 형식으로 저장하였을 경우 0점 처리됩니다. 답안문서 파일명이 "수험번호–성명–문제번호"와 일치하지 않거나, 답안 파일을 전송하지 않아 미제출로 처리될 경우 불합격 처리됩니다.
- 수험자 정보와 저장한 파일명, 저장 위치가 다를 경우 전송이 되지 않으므로, 주의하시기 바랍니다.
- 답안 작성 중에도 주기적으로 '저장'과 '답안 전송'을 이용하여 감독위원 PC로 답안을 전송하셔야 합니다. (※ 작업한 내용을 저장하지 않고 전송할 경우 이전의 저장내용이 전송되오니 이점 반드시 유념하시기 바랍니다.)
- 답안문서는 지정된 경로 외의 다른 보조기억장치에 저장하는 행위, 지정된 시험 시간 외에 작성된 파일을 활용한 행위, 기타 통신수단(이메일, 메신저, 네트워크 등)을 이용하여 타인에게 전달 또는 외부 반출하는 행위는 부정으로 간주되어 자격기본법 제32조에 의거 본 시험 및 국가공인 자격시험을 2년간 응시할 수 없습니다.
- 시험 중 부주의 또는 고의로 시스템을 파손한 경우와 〈수험자 유의사항〉에 기재된 방법대로 이행하지 않아 생기는 불이익은 수험자의 책임임을 알려 드립니다.
- 시험을 완료한 수험자는 최종적으로 저장한 답안파일이 전송되었는지 확인한 후 감독위원의 지시에 따라 문제지를 제출하고 퇴실합니다.

답 안 작 성 요 령

- 온라인 답안 작성 절차
  수험자 등록 ⇒ 시험 시작 ⇒ 답안파일 저장 ⇒ 답안 전송 ⇒ 시험 종료
- 배점은 총 100점으로 이루어지며, 점수는 각 문제별로 차등 배분됩니다.
- 각 문제는 제시된 조건에 맞게 답안을 작성하셔야 하며, 조건을 지키지 못했을 경우에는 0점 또는 감점 처리됩니다.
- 조건에서 주어진 단위는 'mm(밀리미터)'입니다. 눈금자는 작성하지 않으며, 그 외는 출력형태(레이아웃, 색상, 문자, 규격 등)와 같게 작업하십시오.
- 문제 조건에 서체의 지정이 없을 경우 한글은 굴림이나 돋움, 영문은 Arial로 작업하십시오. (단, 그 외 제시되지 않은 문자 속성을 기본값으로 작성하지 않은 경우는 감점 처리됩니다.)
- 문제 조건에 크기와 색상, 두께의 지정이 없을 경우 《출력형태》를 참고하여 작업해 주시기 바랍니다.
- Image Mode(이미지 모드)는 별도의 처리조건이 없을 경우에는 CMYK로 작업하십시오.
- 조건에서 제시한 기능을 임의로 합치거나 각 기능에 대한 속성을 해지할 경우 해당 요소는 0점 처리됩니다.

한 국 생 산 성 본 부

다음의 《조건》에 따라 아래의 《출력형태》와 같이 작업하시오.

조건

파일저장규칙	AI	**파일명**	문서₩GTQ₩수험번호-성명-1.ai
		크기	100 × 80mm

1. 작업 방법

① 도형, 변형 툴과 Pathfinder 기능을 활용하여 오브젝트를 작성한다.

② 그 외 《출력형태》 참조

출력형태

C10M50Y70,
C60M80Y80K50,
Y20K10,
K100,
C0M0Y0K0,
C10M60Y70K10,
M20Y30K10,
C10M50Y70K30,
M40Y50K20,
(선/획) M50Y80, 1pt,
K100, 1pt

다음의 《조건》에 따라 아래의 《출력형태》와 같이 작업하시오.

조건

파일저장규칙	AI	파일명	문서₩GTQ₩수험번호-성명-2.ai
		크기	100 × 80mm

1. 작업 방법

① 'HAPPY SAPARI' 문자에 Arial (Bold) 폰트를 적용한다.
② 'Welcome to the Jungle' 문자에 Type on a Path Tool을 활용한다.
③ Brush는 《출력형태》를 참고하여 작성한다.
④ Effect는 《출력형태》를 참고하여 작성한다.
⑤ 그 외 《출력형태》 참조

2. 문자 효과

① Welcome to the Jungle (Arial, Bold, 9pt, M70Y100)

출력형태

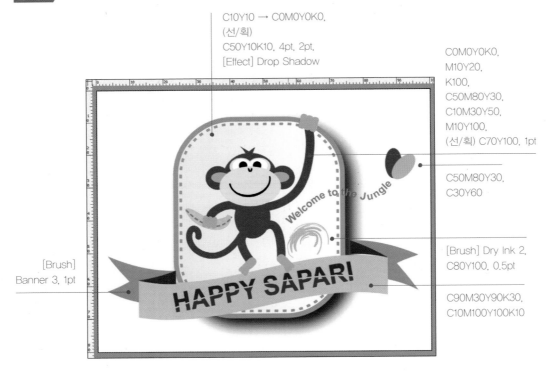

C10Y10 → C0M0Y0K0,
(선/획)
C50Y10K10, 4pt, 2pt,
[Effect] Drop Shadow

C0M0Y0K0,
M10Y20,
K100,
C50M80Y30,
C10M30Y50,
M10Y100,
(선/획) C70Y100, 1pt

C50M80Y30,
C30Y60

[Brush] Dry Ink 2,
C80Y100, 0.5pt

C90M30Y90K30,
C10M100Y100K10

[Brush]
Banner 3, 1pt

다음의 《조건》에 따라 아래의 《출력형태》와 같이 작업하시오.

조건

파일저장규칙	AI	파일명	문서₩GTQ₩수험번호-성명-3.ai
		크기	120 × 80mm

1. 작업 방법
① 도형 툴로 오브젝트를 제작한 후 Pattern을 활용하여 작성한다. (패턴 등록 : 감자튀김)
② 컵 중앙의 도형에는 규칙적인 점선을, 포장 봉투에는 불규칙한 점선을 설정한다.
③ 포장 봉투에 Pattern을 적용한다.
④ 컵 중앙에 배치된 오브젝트는 정렬, 간격을 일정하게 한 후 Group 설정한다.
⑤ 그 외 《출력형태》 참조

2. 문자 효과
① TASTY! (Arial, Black, 10pt, K100)
② HOMEMADE (Arial, Black, 15pt, C20M100Y90K20)

출력형태

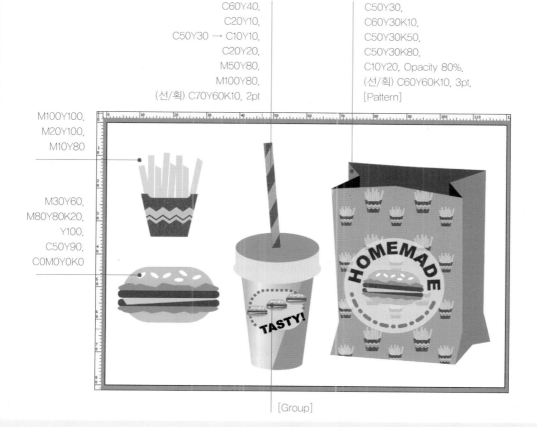

C60Y40,
C20Y10,
C50Y30 → C10Y10,
C20Y20,
M50Y80,
M100Y80,
(선/획) C70Y60K10, 2pt

C50Y30,
C60Y30K10,
C50Y30K50,
C50Y30K80,
C10Y20, Opacity 80%,
(선/획) C60Y60K10, 3pt,
[Pattern]

M100Y100,
M20Y100,
M10Y80

M30Y60,
M80Y80K20,
Y100,
C50Y90,
C0M0Y0K0

[Group]

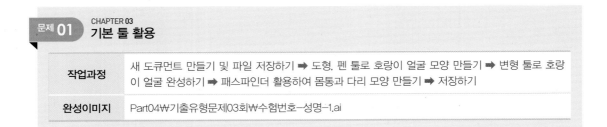

작업과정	새 도큐먼트 만들기 및 파일 저장하기 ➡ 도형, 펜 툴로 호랑이 얼굴 모양 만들기 ➡ 변형 툴로 호랑이 얼굴 완성하기 ➡ 패스파인더 활용하여 몸통과 다리 모양 만들기 ➡ 저장하기
완성이미지	Part04₩기출유형문제03회₩수험번호-성명-1.ai

01 새 도큐먼트 만들기 및 파일 저장하기

01 [File]-[New]를 선택하고 'Width : 100mm, Height : 80mm, Units : Millimeters, Color Mode : CMYK'를 설정하여 새 도큐먼트를 만들고 [View]-[Rulers]-[Show Rulers] (Ctrl+R)를 선택하여 눈금자를 표시합니다.

02 작품의 규격 왼쪽 상단에 원점(0,0)을 확인하고 왼쪽과 상단 눈금자 위에서 마우스로 각각 드래그하여 제시된 출력형태와 레이아웃 구성이 동일하게 안내선을 표시합니다.

03 작업 도큐먼트를 저장하기 위해 [File]-[Save As]를 선택하고 '저장 위치 : 내 PC₩문서₩ GTQ, 파일 형식 : Adobe Illustrator(*AI), 파일 이름 : 수험번호-성명-문제번호'를 입력하고 [저장]을 클릭한 후 [Illustrator Options] 대화상자에서 'Version : Illustrator 2020'으로 설정하고 [OK]를 클릭합니다.

02 도형, 펜 툴로 호랑이 얼굴 모양 만들기

01 Pen Tool(✐)로 세로 안내선을 기준으로 호랑이 얼굴의 왼쪽 모양을 그리고 'Fill Color : C10M50Y70, Stroke Color : None'을 지정합니다.

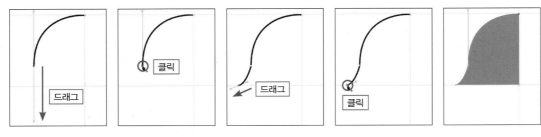

02 계속해서 Pen Tool(✐)로 열린 패스를 그리고 'Fill Color : None, Stroke Color : 임의 색상'을 지정합니다.

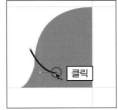
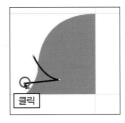

03 [Select]-[All]($\boxed{\text{Ctrl}}$+$\boxed{\text{A}}$)로 모두 선택하고 Pathfinder 패널에서 'Divide(⊡)'를 클릭하여 면을 분할합니다. Selection Tool(▶)로 오브젝트를 더블 클릭한 후 Isolation Mode로 전환하여 선택하고 'Fill Color : C60M80Y80K50, Stroke Color : None'을 지정한 후 $\boxed{\text{Esc}}$를 눌러 정상 모드로 전환합니다.

  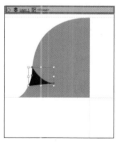

04 Pen Tool(✐)로 닫힌 패스를 그리고 'Fill Color : Y20K10, Stroke Color : None'을 지정합니다. 계속해서 Pen Tool(✐)로 눈썹 모양을 그리고 'Fill Color : K100, Stroke Color : None'을 지정합니다.

05 Ellipse Tool(⬤)로 드래그하여 원을 그리고 'Fill Color : C0M0Y0K0, Stroke Color : K100'을 지정한 후 Stroke 패널에서 'Weight : 1pt'를 지정합니다. 계속해서 크기가 다른 3개의 원을 그리고 'Fill Color : K100, C0M0Y0K0, Stroke Color : None'을 각각 지정하여 눈 모양을 완성합니다.

06 Ellipse Tool(⬤)로 [Shift]를 누르면서 드래그하여 정원을 그리고 'Fill Color : C10M60Y70K10, Stroke Color : None'을 지정합니다. Direct Selection Tool(▷)로 [Shift]를 누르면서 하단과 오른쪽의 2개의 고정점을 선택한 후 Scale Tool(🔳)을 더블 클릭하여 'Uniform : 90%'를 지정합니다.

07 [Object]-[Path]-[Offset Path]를 선택한 후 'Offset : -3mm'를 지정하여 축소된 복사본을 만들고 'Fill Color : C60M80Y80K50, Stroke Color : M50Y80'을 지정합니다. Stroke 패널에서 'Weight : 1pt, Dashed Line : 체크, dash : 3pt'를 입력합니다.

 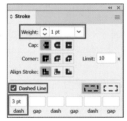 

08 Direct Selection Tool(▷)로 오른쪽 하단의 선분을 클릭하고 [Delete]를 눌러 삭제하여 열린 패스를 만듭니다. Selection Tool(▶)로 2개의 오브젝트를 선택하고 [Object]-[Arrange]-[Send to Back]([Shift]+[Ctrl]+[[ ])으로 맨 뒤로 보내기를 합니다.

⑬ 변형 툴로 호랑이 얼굴 완성하기

01 [Select]-[All]([Ctrl]+[A])로 모두 선택하고 Reflect Tool([▷◁])로 [Alt]를 누르면서 세로 안내
선을 클릭하여 'Axis : Vertical'을 지정하고 [Copy]를 눌러 복사합니다.

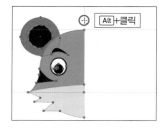  

02 [View]-[Outline]([Ctrl]+[Y])을 선택하고 윤곽선 보기를 하고 오른쪽 눈썹과 눈 모양 오브젝
트를 드래그하여 모두 선택하고 왼쪽으로 이동하여 배치한 후 [Ctrl]+[Y]를 눌러 미리보기를 합
니다.

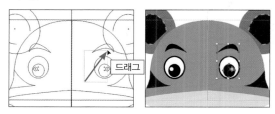

합격생의 비법

[View]-[Outline]([Ctrl]+[Y])을 선택하고 윤곽선 보기를
하여 드래그하면 빠르게 여러 개의 오브젝트를 선택할
수 있습니다.

03 Polygon Tool([⬠])로 작업 도큐먼트를 클릭한 후 'Radius : 6mm, Sides : 3'을 입력하여
그리고 'Fill Color : C60M80Y80K50, Stroke Color : None'을 지정한 후, Selection
Tool([▶])로 조절점의 상단 중간을 아래로 드래그하여 높이를 줄입니다.

04 Selection Tool([▶])로 [Alt]를 누르면서 아래로 드래그하여 삼각형을 복사합니다. [Object]-
[Transform]-[Transform Again]([Ctrl]+[D])을 선택하여 반복 복사합니다. Scale Tool
([🔲])을 더블 클릭하여 'Uniform : 70%'를 지정하여 3번째 삼각형을 축소합니다.

05 Ellipse Tool(◉)로 코의 위치에 드래그하여 타원을 그리고 'Fill Color : Y20K10, Stroke Color : None'을 지정합니다. Selection Tool(▶)로 Shift 를 누르면서 3개의 오브젝트를 동시에 선택하고 Pathfinder 패널에서 'Unite(◼)'를 클릭하여 합칩니다.

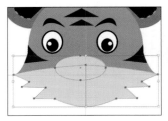  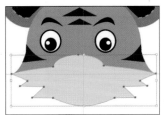

06 Group Selection Tool(▷)로 드래그하여 2개의 오브젝트를 함께 선택한 후 Pathfinder 패널에서 'Unite(◼)'를 클릭하여 합칩니다.

  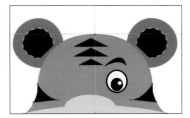

07 [View]−[Outline](Ctrl + Y)으로 윤곽선 보기를 하고 왼쪽 눈썹과 눈 모양 오브젝트를 드래그하여 모두 선택하고 [Object]−[Arrange]−[Bring to Front](Shift + Ctrl +])로 맨 앞으로 가져오기를 한 후 Ctrl + Y 를 눌러 미리보기를 합니다.

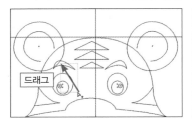 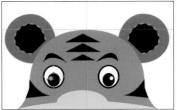

08 Ellipse Tool(◯)로 드래그하여 임의 색상의 크기가 다른 2개의 타원을 겹치도록 그리고 Ctrl 과 Shift 를 동시에 누르면서 클릭하여 2개의 오브젝트를 선택한 후 Pathfinder 패널에서 'Unite(◼)'를 클릭하여 합칩니다.

09 Ellipse Tool(⊙)로 드래그하여 크기가 같은 2개의 타원을 겹쳐 그린 후 Ctrl과 Shift를 동시에 누르면서 클릭하여 3개의 오브젝트를 선택합니다. Pathfinder 패널에서 'Minus Front(⬚)'를 클릭하여 코 모양을 완성한 후 'Fill Color : K100, Stroke Color : None'을 지정합니다.

합격생의 비법

Ellipse Tool(⊙)로 드래그하여 타원을 그린 후, 작업 도큐먼트를 클릭하면 바로 전에 그린 타원의 크기가 대화상자에 입력되어 있어 [OK]를 눌러 연속해서 같은 크기의 타원을 그릴 수 있습니다.

10 Line Segment Tool(╱)로 Shift를 누르면서 드래그하여 코 하단에 수직선을 그린 후 'Fill Color : None, Stroke Color : K100'을 지정하고 Stroke 패널에서 'Weight : 1pt'를 지정합니다.

11 Ellipse Tool(⊙)로 드래그하여 타원을 그리고 'Fill Color : None, Stroke Color : K100'을 지정하고 Stroke 패널에서 'Weight : 1pt'를 지정합니다. Direct Selection Tool(▷)로 상단의 고정점을 클릭하여 선택하고 Delete를 눌러 삭제합니다.

04 패스파인더 활용하여 몸통과 다리 모양 만들기

01 Rounded Rectangle Tool(▢)로 키보드의 →를 누르면서 드래그하여 둥근 사각형을 그리고 'Fill Color : C10M50Y70, Stroke Color : K100'을 지정한 후 Stroke 패널에서 'Weight : 1pt'를 적용합니다. 계속해서 Pen Tool(✎)로 드래그하여 다리 모양을 그립니다.

 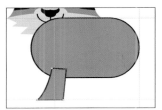 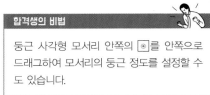

합격생의 비법

둥근 사각형 모서리 안쪽의 ◉를 안쪽으로 드래그하여 모서리의 둥근 정도를 설정할 수 도 있습니다.

02 Ellipse Tool(◉)로 드래그하여 타원을 그리고 'Fill Color : M20Y30K10, Stroke Color : K100'을 지정한 후 Stroke 패널에서 'Weight : 1pt'를 적용합니다. Selection Tool(▶)로 Alt를 누르면서 드래그하여 복사한 후 [Object]-[Transform]-[Transform Again](Ctrl + D)으로 간격을 일정하게 유지하며 반복 복사합니다.

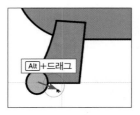 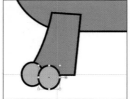 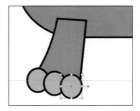

합격생의 비법

3개 이상의 오브젝트에 균등 간격 배분하기

Selection Tool(▶)로 첫 번째 타원과 세 번째 타원을 다리 모양 끝에 각각 배치한 후 3개의 타원을 동시에 선택하고 Align 패널에서 Horizontal Distribute Center(♦)를 클릭하여 균등 간격으로 배분할 수도 있습니다.

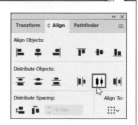

---

03 Selection Tool(▶)로 4개의 오브젝트를 함께 선택하고 Alt를 누르면서 오른쪽으로 드래그하여 복사합니다. Selection Tool(▶)로 다리 모양을 모두 선택하고 Alt를 누르면서 왼쪽 상단으로 드래그하여 복사한 후 [Object]-[Arrange]-[Send to Back](Shift+Ctrl+[)으로 맨 뒤로 보내기를 합니다.

  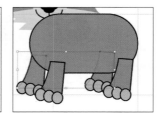

04 Selection Tool(▶)로 2개의 다리 모양을 함께 선택하고 'Fill Color : C10M50Y70K30'을 지정한 후 뒤쪽의 6개의 타원을 함께 선택하여 'Fill Color : M40Y50K20'을 지정합니다. Selection Tool(▶)로 둥근 사각형과 앞쪽 2개의 다리 모양을 함께 선택하고 Pathfinder 패널에서 'Unite(◼)'를 클릭하여 합칩니다.

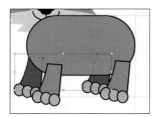  

05 Pen Tool(✒️)로 열린 패스를 그리고 'Fill Color : None, Stroke Color : 임의 색상'을 지정합니다. Selection Tool(▶)로 열린 패스를 선택하고 Alt 를 누르면서 오른쪽으로 드래그하여 복사한 후 Ctrl + D 를 눌러 간격을 일정하게 유지하며 반복 복사합니다.

 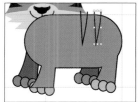 

06 Selection Tool(▶)로 가운데 열린 패스를 선택하고 조절점의 하단 중앙을 아래쪽으로 드래그하여 높이를 조절합니다.

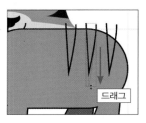 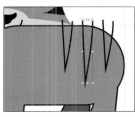

합격생의 비법

Selection Tool(▶)로 오브젝트를 선택하면 오브젝트의 외곽에 여덟 개의 조절점이 표시되어 크기와 회전을 조절할 수 있습니다. 조절점이 표시되지 않을 때는 [View]-[Show Bounding Box](Shift + Ctrl + B)를 선택합니다.

07 Selection Tool(▶)로 몸통 오브젝트와 3개의 열린 패스를 함께 선택하고 Pathfinder 패널에서 'Divide(▣)'를 클릭하여 면을 분할합니다.

합격생의 비법

'Divide'를 할 때는 열린 패스를 오브젝트 영역 밖으로 넉넉하게 그려야 면 분할이 확실하게 됩니다.

08 Selection Tool(▶)로 분리된 오브젝트를 더블 클릭하여 Isolation Mode로 전환하고 3개의 오브젝트를 선택하고 'Fill Color : C60M80Y80K50'을 지정한 후 Esc 를 눌러 정상 모드로 전환합니다.

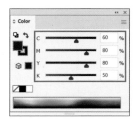 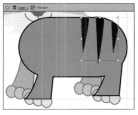 

09 Selection Tool(▶)로 앞쪽 6개의 타원을 제외한 몸통과 다리 모양을 함께 선택하고 [Object]-[Arrange]-[Send to Back]([Shift]+[Ctrl]+[[])으로 맨 뒤로 보내기를 합니다.

10 Pen Tool(✎)로 곡선 패스로 꼬리 모양을 그리고 Stroke 패널에서 'Weight : 10pt, Cap : Round Cap'을 설정합니다. [Object]-[Path]-[Outline Stroke]로 선을 면으로 확장한 후 'Fill Color : C10M50Y70K30, Stroke Color : K100'을 지정하고 Stroke 패널에서 'Weight : 1pt'를 적용합니다.

  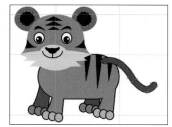

11 [Object]-[Arrange]-[Send to Back]([Shift]+[Ctrl]+[[])으로 맨 뒤로 보내기를 한 후 Knife (✎)로 드래그하여 꼬리 끝 부분을 분할하고 'Fill Color : C60M80Y80K50'을 지정합니다.

 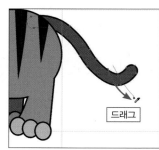 

05 저장하기

01 [View]-[Guides]-[Hide Guides]([Ctrl]+[;])를 선택하여 안내선을 숨기고 [View]-[Fit Artboard in Window]([Ctrl]+[0])를 선택하여 현재 창에 맞추기를 합니다.

02 [File]-[Save As]를 선택하고 '저장 위치 : 내 PC₩문서₩GTQ, 파일 형식 : Adobe Illustrator(*.AI), 파일 이름 : 수험번호-성명-문제번호.ai'를 확인하고 [저장]을 클릭한 후 [Illustrator Options] 대화상자에서 'Version : Illustrator 2020'으로 설정하고 [OK]를 클릭합니다.

03 답안 저장이 완료가 되면 [File]-[Close]([Ctrl]+[W])를 선택하여 파일을 닫고 수험 프로그램에서 [답안 전송]을 클릭하여 감독관 컴퓨터로 전송합니다.

작업과정	새 도큐먼트 만들기 및 파일 저장하기 ➡ 그라디언트와 점선 적용하여 오브젝트 만들기 ➡ 리본 모양 배너 브러쉬 적용하기 ➡ 원숭이 캐릭터 만들기 ➡ 브러쉬 적용과 곡선을 따라 흐르는 문자 입력하기 ➡ 문자 오브젝트 만들기 ➡ 저장하기
완성이미지	Part04₩기출유형문제03회₩수험번호-성명-2.ai

01 새 도큐먼트 만들기 및 파일 저장하기

01 [File]-[New]를 선택하고 'Width : 100mm, Height : 80mm, Units : Millimeters, Color Mode : CMYK'를 설정하여 새 도큐먼트를 만들고 [View]-[Rulers]-[Show Rulers] (Ctrl+R)를 선택하여 눈금자를 표시합니다.

02 작품의 규격 왼쪽 상단에 원점(0,0)을 확인하고 왼쪽과 상단 눈금자 위에서 마우스로 각각 드래그하여 제시된 출력형태와 레이아웃 구성이 동일하게 안내선을 표시합니다.

03 작업 도큐먼트를 저장하기 위해 [File]-[Save As]를 선택하고 '저장 위치 : 내 PC₩문서₩ GTQ, 파일 형식 : Adobe Illustrator(*AI), 파일 이름 : 수험번호-성명-문제번호'를 입력하고 [저장]을 클릭한 후 [Illustrator Options] 대화상자에서 'Version : Illustrator 2020' 으로 설정하고 [OK]를 클릭합니다.

02 그라디언트와 점선 적용하여 오브젝트 만들기

01 Rounded Rectangle Tool(■)로 작업 도큐먼트를 클릭한 후 'Width : 50mm, Height : 60mm, Corner Radius : 17mm'를 입력하여 그리고 'Fill Color : 임의 색상, Stroke Color : C50Y10K10'을 지정한 후 Stroke 패널에서 'Weight : 4pt'를 적용합니다.

02 Gradient 패널에서 Fill을 클릭하고 'Type : Linear Gradient, Angle : 0°'를 적용하고 Gradient Slider의 왼쪽 'Color Stop'을 더블 클릭하여 C10Y10을 적용하고 오른쪽 'Color Stop'을 더블 클릭하여 C0M0Y0K0을 적용합니다.

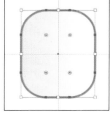

03 [Object]-[Path]-[Offset Path]를 선택한 후 'Offset : -1.5mm'를 지정하여 축소된 복사본을 만든 후 Stroke 패널에서 'Weight : 2pt, Dashed Line : 체크, dash : 3pt, gap : 4pt'를 입력하여 점선을 그려 배치합니다.

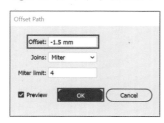  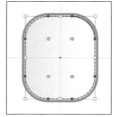

04 Selection Tool(▶)로 바깥쪽 둥근 사각형을 선택한 후 [Effect]-[Illustrator Effects]-[Stylize]-[Drop Shadow]를 선택하고 'Opacity : 75%, X Offset : 2.47mm, Y Offset : 2.47mm, Blur : 1.76mm'를 지정하여 그림자 효과를 적용한 후 도큐먼트의 빈 곳을 클릭하여 선택을 해제합니다.

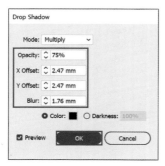 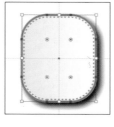

합격생의 비법

[Properties] 패널에서 [Appearance] 항목의 fx.를 눌러 [Illustrator Effects]-[Stylize]-[Drop Shadow]를 바로 적용할 수도 있습니다.

03 리본 모양 배너 브러쉬 적용하기

01 Brushes 패널 하단의 'Brush Libraries Menu'를 클릭하고 [Decorative]-[Decorative_ Banners and Seals]를 선택하여 추가 브러쉬 패널을 불러온 후 'Banner 3'을 선택합니다.

02 Line Segment Tool(/)로 작업 도큐먼트에 클릭한 후 'Length : 93mm, Angle : 0°'를 지정하여 수평선을 그리고 Brushes 패널에서 'Banner 3' 브러쉬를 클릭한 후 'Fill Color : None, Stroke Color : 임의 색상'을 지정하고 Stroke 패널에서 'Weight : 1pt'를 지정합니다.

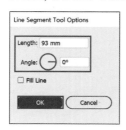 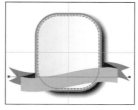

⑭ 원숭이 캐릭터 만들기

01 Ellipse Tool(◉)로 작업 도큐먼트를 클릭한 후 'Width : 16mm, Height : 14mm'를 입력하여 그리고 'Fill Color : C50M80Y30, Stroke Color : None'을 지정합니다. 왼쪽에도 동일한 색상의 작은 타원을 그리고 배치합니다.

 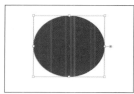 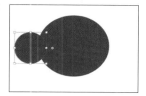

02 계속해서 드래그하여 크기가 다른 4개의 원을 그리고 'Fill Color : C10M30Y50, M10Y20, C0M0Y0K0, K100, Stroke Color : None'을 각각 지정하여 귀와 눈 모양을 만듭니다.

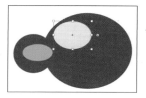 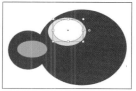 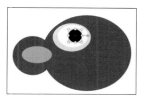

03 Ellipse Tool(◉)로 2개의 타원을 그리고 'Fill Color : M10Y20, K100, Stroke Color : None'을 각각 지정한 후 Selection Tool(▶)로 검정색 타원을 선택하고 조절점의 밖을 드래그하여 회전합니다.

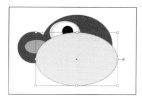 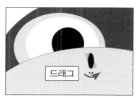

04 Selection Tool(▶)로 대칭 복사할 6개의 오브젝트를 함께 선택한 후 Reflect Tool(�)로 Alt를 누르고 큰 타원의 가로 중앙을 클릭하여 'Axis : Vertical'을 지정하고 [Copy]를 눌러 복사합니다.

05 Selection Tool(▶)로 Shift를 누르면서 복사된 코 부분의 검정색 오브젝트를 클릭하여 선택을 해제하고 Ctrl + [를 2번 눌러 뒤로 보내기를 합니다. 오른쪽 눈 부분의 큰 타원을 다시 선택하고 Ctrl + [를 여러 번 눌러 뒤로 보내기를 합니다.

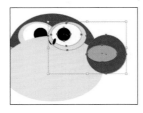  

06 Ellipse Tool(◯)로 드래그하여 타원을 그리고 'Fill Color : None, Stroke Color : K100'을 지정한 후 Stroke 패널에서 'Weight : 1pt, Cap : Round Cap'을 지정합니다. Direct Selection Tool(▷)로 상단의 고정점을 클릭하고 Delete를 눌러 삭제하고 열린 패스를 만듭니다.

07 [Object]-[Path]-[Outline Stroke]를 선택하여 선을 면으로 확장한 후 [View]-[Outline] (Ctrl + Y)을 선택하고 윤곽선 보기를 합니다. Direct Selection Tool(▷)로 하단 중앙의 고정점을 클릭하여 선택하고 키보드의 화살표 ↓를 눌러 아래쪽으로 이동하고 입 모양을 만든 후 Ctrl + Y를 눌러 미리보기로 전환합니다.

 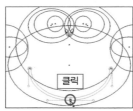 

08 Selection Tool(▶)로 입 모양을 선택하고 Rotate Tool(↻)을 더블 클릭하여 'Angle : 10°'를 지정하여 회전하고 배치합니다. Pen Tool(✎)로 머리털 모양을 그리고 'Fill Color : C50M80Y30, Stroke Color : None'을 지정합니다. Ellipse Tool(◯)로 드래그하여 동일한 색상의 타원을 그리고 Shift + Ctrl + [를 눌러 맨 뒤로 보내기를 합니다.

09 Pen Tool(✎)로 팔과 다리 모양을 열린 패스로 각각 그리고 'Fill Color : None, Stroke Color : C50M80Y30'을 지정하고 Stroke 패널에서 'Weight : 7pt'를 지정합니다.

10 계속해서 Pen Tool(✎)로 꼬리 모양을 동일한 색상의 열린 패스로 그리고 Stroke 패널에서 'Weight : 5pt, Cap : Round Cap'을 지정하여 패스의 끝 모양을 둥글게 지정합니다. Selection Tool(▶)로 5개의 열린 패스를 함께 선택하고 [Object]-[Path]-[Outline Stroke]를 선택하여 선을 면으로 확장한 후 Shift + Ctrl + [ ] 를 눌러 맨 뒤로 보내기를 합니다.

11 Rounded Rectangle Tool(▢)로 작업 도큐먼트를 클릭한 후 'Width : 1.5mm, Height : 3.5mm, Corner Radius : 1mm'를 입력하여 그리고 'Fill Color : C10M30Y50, Stroke Color : None'을 지정합니다. Selection Tool(▶)로 Alt 를 누르면서 오른쪽으로 드래그하여 복사하고 Ctrl + D 를 눌러 반복하여 복사한 후 3개의 둥근 사각형을 함께 선택하고 Ctrl + G 를 눌러 그룹으로 설정합니다.

  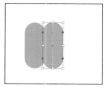 

12 Scale Tool()을 더블 클릭하여 'Uniform : 130%'를 지정하고 [Copy]를 눌러 복사한 후 Selection Tool(▶)로 조절점 밖을 드래그하여 회전하고 각각의 위치에 배치합니다.

13 Rounded Rectangle Tool(▢)로 드래그하여 손과 동일한 색상으로 크기가 다른 2개의 둥근 사각형을 그리고 Selection Tool(▶)로 Alt 를 누르면서 아래쪽으로 드래그하여 복사한 후 Ctrl + D 를 눌러 반복하여 복사합니다. 조절점 밖을 드래그하여 회전하고 Ctrl + G 를 눌러 그룹으로 설정합니다.

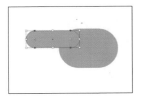 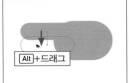 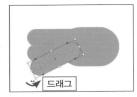 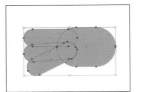

14 Selection Tool(▶)로 조절점 밖을 드래그하여 회전하여 배치하고 Reflect Tool(◖◗)을 더블 클릭하여 'Axis : Vertical'을 지정하고 [Copy]를 눌러 복사한 후 이동하여 배치합니다.

15 Pen Tool(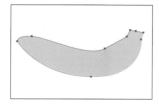)로 바나나 모양을 그리고 'Fill Color : M10Y100, Stroke Color : None'을 지정합니다. 계속해서 열린 패스를 겹치도록 그리고 'Fill Color : None, Stroke Color : C70Y100'을 지정한 후 Stroke 패널에서 'Weight : 1pt, Dashed Line : 체크, dash : 3pt, gap : 2pt'를 입력하여 점선을 설정합니다.

16 Selection Tool()로 바나나 모양과 점선을 함께 선택하고 Ctrl+G를 눌러 그룹으로 설정한 후 조절점 밖을 드래그하여 회전합니다. 손 모양을 선택하고 Shift+Ctrl+] 를 눌러 맨 앞으로 가져오기를 하고 도큐먼트의 빈 곳을 클릭하여 선택을 해제합니다.

05 브러쉬 적용과 곡선을 따라 흐르는 문자 입력하기

01 Brushes 패널 하단의 'Brush Libraries Menu'를 클릭하고 [Artistic]−[Artistic_Ink]를 선택하여 추가 브러쉬 패널을 불러온 후 'Dry Ink 2'를 선택합니다.

02 Paintbrush Tool()로 'Fill Color : None, Stroke Color : C80Y100'을 지정하고 Stroke 패널에서 'Weight : 0.5pt'를 지정하여 왼쪽에서 오른쪽으로 드래그하여 칠합니다.

03 Pen Tool(✐)로 드래그하여 문자를 입력할 열린 곡선 패스를 그리고 'Fill Color : None, Stroke Color : 임의 색상'을 지정합니다. Type on a Path Tool(⤵)로 열린 패스의 왼쪽을 클릭한 후 Character 패널에서 'Set font family : Arial, Set font style : Bold, Set font size : 9pt'를 설정하고 'Fill Color : M70Y100, Stroke Color : None'을 지정한 후 Welcome to the Jungle을 입력합니다.

04 Ellipse Tool(⬭)로 작업 도큐먼트에 드래그하여 타원을 그리고 'Fill Color : C50M80Y30, Stroke Color : None'을 지정합니다. Rotate Tool(↻)로 타원 하단의 고정점을 클릭하여 회전축을 지정한 후 Alt 를 누르면서 시계 방향으로 드래그하여 회전하여 복사하고 'Fill Color : C30Y60, Stroke Color : None'을 지정합니다.

 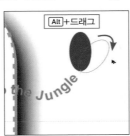 

🟢 06 문자 오브젝트 만들기

01 Type Tool(T)로 작업 도큐먼트를 클릭한 후 Character 패널에서 'Set font family : Arial, Set font style : Bold, Set font size : 21pt'를 설정하고 'Fill Color : C10M100Y100K10, Stroke Color : None'을 지정하고 HAPPY SAPARI를 입력합니다. Selection Tool(▶)로 문자를 선택한 후 [Type]-[Create Outlines](Shift+Ctrl+O)를 선택하고 문자를 윤곽선으로 변환합니다.

HAPPY SAPARI   **HAPPY SAPARI**

02 Ellipse Tool(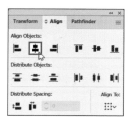)로 드래그하여 문자와 겹치도록 타원을 그리고 'Fill Color : None, Stroke Color : 임의 색상'을 지정한 후 Selection Tool(▶)로 문자 오브젝트와 함께 선택하고 Align 패널에서 'Horizontal Align Center(▣)'를 클릭하여 가로 가운데 정렬을 지정합니다.

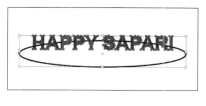

03 Direct Selection Tool(▷)로 타원 하단의 고정점을 클릭하여 Delete를 눌러 삭제하고 열린 패스를 만듭니다. Selection Tool(▶)로 문자와 열린 패스를 함께 선택하고 Pathfinder 패널에서 'Divide(▣)'를 클릭하여 면을 분할합니다.

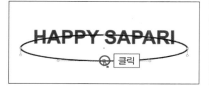

04 Selection Tool(▶)로 문자 오브젝트를 더블 클릭하여 Isolation Mode로 전환하고 분리된 문자 오브젝트의 상단 경계선을 드래그하여 선택한 후 키보드의 화살표 ↑를 눌러 위로 이동하고 'Fill Color : C90M30Y90K30, Stroke Color : None'을 지정합니다.

05 Esc를 눌러 정상 모드로 전환하고 Selection Tool(▶)로 문자 오브젝트를 선택하고 Rotate Tool(↻)을 더블 클릭한 후 'Angle : 10°'를 지정하여 회전하고 리본 모양 브러쉬와 겹치도록 배치합니다.

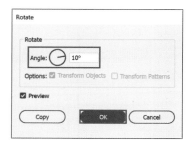

07 저장하기

01 [View]-[Guides]-[Hide Guides](Ctrl+;)를 선택하여 안내선을 숨기고 [View]-[Fit Artboard in Window](Ctrl+0)를 선택하여 현재 창에 맞추기를 합니다.

02 [File]-[Save As]를 선택하고 '저장 위치 : 내 PC₩문서₩GTQ, 파일 형식 : Adobe Illustrator(*AI), 파일 이름 : 수험번호-성명-문제번호.ai'를 확인하고 [저장]을 클릭한 후 [Illustrator Options] 대화상자에서 'Version : Illustrator 2020'으로 설정하고 [OK]를 클릭합니다.

03 답안 저장이 완료가 되면 [File]-[Close](Ctrl+W)를 선택하여 파일을 닫고 수험 프로그램에서 [답안 전송]을 클릭하여 감독관 컴퓨터로 전송합니다.

문제 03	**CHAPTER 03** **어플리케이션 디자인**
작업과정	새 도큐먼트 만들기 및 파일 저장하기 ➡ 감자튀김 모양 만들기 ➡ 햄버거 모양 만들기 ➡ 음료수 컵 모양 만들고 규칙적인 점선 적용하기 ➡ 정렬과 간격을 지정하여 그룹 설정하고 문자 입력하기 ➡ 포장 봉투 모양 만들고 패턴 적용하기 ➡ 원형 마크 만들고 불투명도 및 규칙적인 점선 적용하기 ➡ 호 모양으로 문자 입력하기 ➡ 저장하기
완성이미지	Part04₩기출유형문제03회₩수험번호-성명-3.ai

---

01 새 도큐먼트 만들기 및 파일 저장하기

01 [File]-[New]를 선택하고 'Width : 120mm, Height : 80mm, Units : Millimeters, Color Mode : CMYK'를 설정하여 새 도큐먼트를 만들고 [View]-[Rulers]-[Show Rulers] (Ctrl+R)를 선택하여 눈금자를 표시합니다.

02 작품의 규격 왼쪽 상단에 원점(0,0)을 확인하고 왼쪽과 상단 눈금자 위에서 마우스로 각각 드래그하여 제시된 출력형태와 레이아웃 구성이 동일하게 안내선을 표시합니다.

03 작업 도큐먼트를 저장하기 위해 [File]-[Save As]를 선택하고 '저장 위치 : 내 PC₩문서₩GTQ, 파일 형식 : Adobe Illustrator(*AI), 파일 이름 : 수험번호-성명-문제번호'를 입력하고 [저장]을 클릭한 후 [Illustrator Options] 대화상자에서 'Version : Illustrator 2020'으로 설정하고 [OK]를 클릭합니다.

⑫ 감자튀김 모양 만들기

01 Rectangle Tool(▦)로 작업 도큐먼트를 클릭한 후 'Width : 17mm, Height : 13mm'를 입력하여 그리고 'Fill Color : M100Y100, Stroke Color : None'을 지정합니다. Rounded Rectangle Tool(▢)로 작업 도큐먼트를 클릭한 후 'Width : 13mm, Height : 3mm, Corner Radius : 2mm'를 입력하여 그리고 'Fill Color : 임의 색상, Stroke Color : 임의 색상'을 지정합니다.

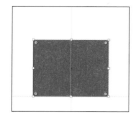 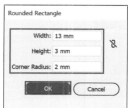 

02 Ctrl+A를 눌러 모두 선택하고 Align 패널에서 'Horizontal Align Center(▤)'를 클릭하여 가로 가운데 정렬을 지정한 후 Pathfinder 패널에서 'Minus Front(▣)'를 클릭합니다.

03 Direct Selection Tool(▷)로 하단 2개의 고정점을 드래그하여 선택한 후 Scale Tool(▦)을 더블 클릭하고 'Uniform : 65%'를 지정하여 축소합니다.

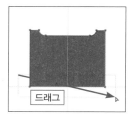  

04 Line Segment Tool(╱)로 작업 도큐먼트에 클릭한 후 'Length : 20mm, Angle : 0°'를 지정하여 수평선을 그리고 'Fill Color : None, Stroke Color : M20Y100'을 지정한 후 Stroke 패널에서 'Weight : 5pt'를 지정합니다.

 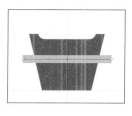

05 [Effect]–[Illustrator Effects]–[Distort & Transform]–[Zig Zag]를 선택하고 'Size : 0.7mm, Ridges per segment : 9, Points : Corner'를 지정합니다. Selection Tool(▶)로 Alt 를 누르면서 아래로 드래그하여 복사하고 Stroke 패널에서 'Weight : 2pt'를 지정합니다.

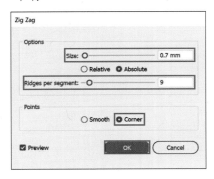  

합격생의 비법

반드시 Preview를 체크하여 제시된 출력형태와 비교하여 조정합니다.

06 Selection Tool(▶)로 2개의 선을 함께 선택하고 [Object]–[Path]–[Outline Stroke]를 선택하여 선을 면으로 확장합니다.

07 Ctrl + A 를 눌러 모두 선택하고 Pathfinder 패널에서 'Divide(▣)'를 클릭하여 면을 분할합니다. Selection Tool(▶)로 더블 클릭하여 Isolation Mode로 전환하고 불필요한 4개의 오브젝트를 선택하고 Delete 를 눌러 삭제한 후 Esc 를 눌러 정상 모드로 전환합니다.

08 Rectangle Tool(▣)로 드래그하여 직사각형을 그리고 'Fill Color : M10Y80, Stroke Color : None'을 지정합니다. 계속해서 작업 도큐먼트를 클릭하고 대화상자의 [OK]를 눌러 동일한 크기의 직사각형을 추가하여 그리고 Direct Selection Tool(▷)로 상단 오른쪽 고정점을 선택하고 아래로 이동하여 패스를 변형합니다.

  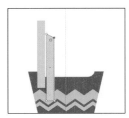

09 Selection Tool(▶)로 2개의 오브젝트를 선택하고 Shift + Ctrl + [를 눌러 맨 뒤로 보내기를 합니다. Alt 를 누르면서 드래그하여 여러 개를 복사하고, 조절점 밖을 각각 드래그하여 회전한 후 배치합니다.

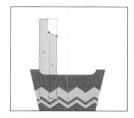 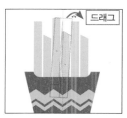 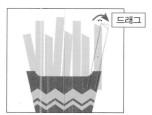

03 햄버거 모양 만들기

01 Rounded Rectangle Tool(▢)로 작업 도큐먼트를 클릭한 후 'Width : 28mm, Height : 17mm, Corner Radius : 10mm'를 입력하여 그리고 'Fill Color : M30Y60, Stroke Color : None'을 지정합니다.

02 Rounded Rectangle Tool(▢)로 드래그하여 둥근 사각형을 그리고 'Fill Color : M80Y80K20, Stroke Color : None'을 지정합니다. Selection Tool(▶)로 Alt 를 누르면서 아래쪽으로 드래그하여 복사하여 배치합니다.

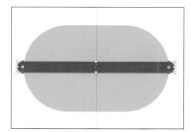 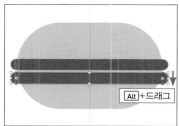

03 Pen Tool(✎)로 클릭하여 오브젝트를 그리고 'Fill Color : Y100, Stroke Color : None'을 지정합니다. Selection Tool(▶)로 상단 둥근 사각형을 선택하고 Shift + Ctrl +] 를 눌러 맨 앞으로 가져오기를 합니다.

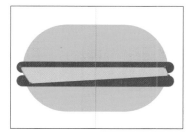 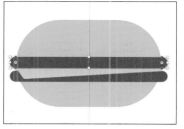

04 Pen Tool(✐)로 2개의 오브젝트를 각각 그리고 'Fill Color : C50Y90, Stroke Color : None'을 지정합니다. Ellipse Tool(◉)로 드래그하여 타원을 그리고 'Fill Color : C0M0Y0K0, Stroke Color : None'을 지정합니다. Selection Tool(▶)로 Alt 를 누르면서 드래그하여 타원을 5개 복사하여 배치하고 조절점 밖을 드래그하여 각각 회전합니다.

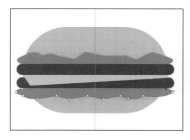 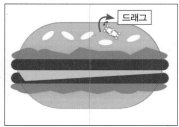

05 Selection Tool(▶)로 드래그하여 햄버거 모양을 모두 선택하고 Ctrl + G 를 눌러 그룹으로 설정합니다.

④ 음료수 컵 모양 만들고 규칙적인 점선 적용하기

01 Ellipse Tool(◉)로 작업 도큐먼트를 클릭한 후 'Width : 25mm, Height : 9mm'를 입력하여 그리고 'Fill Color : C60Y40, Stroke Color : None'을 지정합니다.

02 Selection Tool(▶)로 Alt + Shift 를 누르면서 드래그하여 타원을 아래쪽으로 복사하여 배치하고 Scale Tool(⬚)을 더블 클릭하여 'Uniform : 105%'를 지정하여 확대하고 'Fill Color : C20Y10'을 지정합니다.

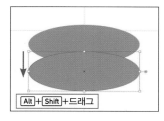 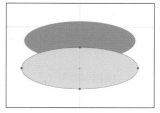

03 Rectangle Tool(▣)로 작업 도큐먼트를 클릭한 후 'Width : 25mm, Height : 7mm'를 입력하여 그리고 'Fill Color : C20Y10, Stroke Color : None'을 지정하고 배치합니다. Selection Tool(▶)로 하단 타원과 함께 선택하고 Pathfinder 패널에서 'Unite(◨)'를 클릭하여 합친 후 Ctrl + [를 눌러 뒤로 보내기를 합니다.

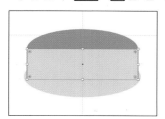 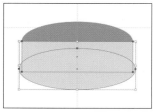 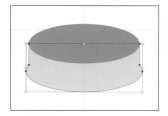

04 Rectangle Tool(▣)로 드래그하여 그리고 'Fill Color : C60Y40, Stroke Color : None'
을 지정합니다. Direct Selection Tool(▷)로 사각형 하단 2개의 고정점을 드래그하여 선택
한 후 Scale Tool(▣)을 더블 클릭하고 'Uniform : 70%'를 지정하여 크기를 축소합니다.

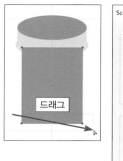

05 Ellipse Tool(◉)로 Alt를 누르면서 컵 모양 하단 중앙에서부터 드래그하여 타원을 그리고
Selection Tool(▶)로 컵 모양 하단과 함께 선택하고 Pathfinder 패널에서 'Unite(▣)'를
클릭하여 합칩니다.

06 Line Segment Tool(／)로 드래그하여 컵 모양 하단과 겹치도록 사선을 그리고 Selection
Tool(▶)로 컵 모양 하단과 함께 선택하고 Pathfinder 패널에서 'Divide(▣)'를 클릭하여
면을 분할합니다.

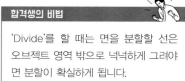

합격생의 비법

'Divide'를 할 때는 면을 분할할 선은
오브젝트 영역 밖으로 넉넉하게 그려야
면 분할이 확실하게 됩니다.

07 Selection Tool(▶)로 더블 클릭하여 Isolation Mode로 전환한 후 왼쪽 오브젝트를 선택하고 Gradient 패널에서 'Type : Linear Gradient, Angle : 0°'를 적용하고 Gradient Slider의 왼쪽 'Color Stop'을 더블 클릭하여 C50Y30을, Gradient Slider의 가운데 빈 공간을 클릭하여 'Color Stop'을 추가한 후 더블 클릭하여 C10Y10을, 오른쪽 'Color Stop'을 더블 클릭하여 C50Y30을 적용합니다. [Esc]를 눌러 정상 모드로 전환한 후 컵 모양 하단을 선택하고 [Shift]+[Ctrl]+[[]를 눌러 맨 뒤로 보내기를 합니다.

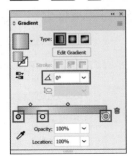

08 Rounded Rectangle Tool(▢)로 작업 도큐먼트를 클릭한 후 'Width : 16mm, Height : 12mm, Corner Radius : 5mm'를 입력하여 그리고 'Fill Color : C20Y20, Stroke Color : None'을 지정합니다.

09 [Ctrl]+[C]로 복사를 하고 [Object]-[Lock]-[Selection]([Ctrl]+[2])을 선택하여 오브젝트를 잠그고 [Edit]-[Paste in Front]([Ctrl]+[F])로 복사한 오브젝트 앞에 붙여 넣기를 합니다. 'Fill : None, Stroke Color : C70Y60K10'을 지정하고 Stroke 패널에서 'Weight : 2pt, Dashed Line : 체크, dash : 2pt'를 입력하여 규칙적인 점선을 그려 배치합니다.

합격생의 비법

겹쳐 있는 두 개의 오브젝트 중에 앞에 놓인 오브젝트만을 잘라 열린 패스를 만들기 위해 [Object]-[Lock]-[Selection]([Ctrl]+[2])으로 오브젝트를 잠그고 Scissors Tool(✂)로 클릭합니다.

10 Scissors Tool(✂)로 점선이 적용된 오브젝트의 선분 위를 2번 클릭하여 자르고 [Delete]를 2번 눌러 잘린 패스를 삭제합니다. [Object]-[Unlock All]([Alt]+[Ctrl]+[2])을 선택하여 오브젝트의 잠금을 해제합니다.

11 Rectangle Tool(■)로 작업 도큐먼트를 클릭한 후 'Width : 2.5mm, Height : 32mm'를 입력하여 그리고 'Fill Color : M50Y80, Stroke Color : None'을 지정합니다. Line Segment Tool(／)로 드래그하여 직사각형과 겹치도록 사선을 그리고 Selection Tool(▶)로 Alt + Shift 를 누르면서 아래쪽으로 드래그하여 복사하고 Ctrl + D 를 4번 눌러 간격을 일정하게 유지하며 반복 복사합니다.

 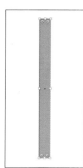  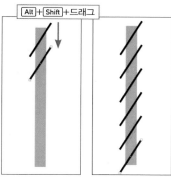

12 Selection Tool(▶)로 직사각형과 6개의 사선을 함께 선택하고 Pathfinder 패널에서 'Divide(■)'를 클릭하여 면을 분할합니다. Selection Tool(▶)로 더블 클릭한 후 Isolation Mode로 전환하고 Shift 를 누르면서 4의 오브젝트를 동시에 선택하고 'Fill Color : M100Y80, Stroke Color : None'을 지정하고 Esc 를 눌러 정상 모드로 전환합니다. Selection Tool(▶)로 완성된 빨대 모양을 선택하고 Rotate Tool(↻)을 더블 클릭하여 'Angle : 5°'를 지정하여 회전합니다.

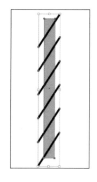   

🄾🄾 정렬과 간격을 지정하여 그룹 설정하고 문자 입력하기

01 Selection Tool(▶)로 햄버거 오브젝트를 선택하여 Ctrl + C 로 복사하고 Ctrl + V 로 붙여 넣기를 합니다. Scale Tool(□)을 더블 클릭하여 'Uniform : 20%'를 지정하고 컵 모양 위에 배치합니다.

02 Selection Tool(▶)로 Alt 를 누르면서 오른쪽 상단으로 드래그하여 복사하고 Ctrl + D 를 눌러 간격을 일정하게 유지하며 반복 복사합니다. 3개의 햄버거 오브젝트를 함께 선택하고 Ctrl + G 로 그룹을 설정합니다.

03 Type Tool(T)로 작업 도큐먼트를 클릭한 후 Character 패널에서 'Set font family : Ar-ial, Set font style : Black, Set font size : 10pt'를 설정하고 'Fill Color : K100, Stroke Color : None'을 지정한 후 TASTY!를 입력합니다. Selection Tool(▶)로 조절점의 밖을 드래그하여 회전하고 배치합니다.

06 포장 봉투 모양 만들고 패턴 적용하기

01 Pen Tool(✏)로 클릭하여 포장 봉투의 앞모양을 그리고 'Fill Color : C50Y30, Stroke Color : None'을 지정한 후 뒷모양을 그리고 'Fill Color : C60Y30K10, Stroke Color : None'을 지정하고 Ctrl + [ ]를 눌러 뒤로 보내기를 합니다.

02 Pen Tool(✏)로 포장 봉투의 상단 모양을 그리고 'Fill Color : C50Y30K50, Stroke Color : None'을 지정합니다. 계속해서 클릭하여 양쪽 2개의 접히는 모양을 그리고 'Fill Color : C50Y30K80, Stroke Color : None'을 지정합니다. Selection Tool(▶)로 앞모양을 선택하고 Shift + Ctrl + [ ]를 눌러 맨 앞으로 가져오기를 합니다.

03 Selection Tool(▶)로 감자튀김 오브젝트를 선택한 후 [Ctrl]+[C]로 복사하고 [Ctrl]+[V]로 붙여 넣기를 합니다. Scale Tool(⊞)을 더블 클릭하여 'Uniform : 80%'를 지정한 후 [Copy]를 클릭하여 축소 복사합니다.

04 Rectangle Tool(▣)로 작업 도큐먼트를 클릭한 후 'Width : 50mm, Height : 47mm'를 입력하여 그리고 'Fill Color : None, Stroke Color : None'을 지정한 후 2개의 감자튀김 오브젝트와 겹치도록 사각형을 배치합니다.

합격생의 비법

색상이 없는 투명한 사각형을 겹치도록 그리고 패턴으로 함께 등록하면 반복되는 패턴 사이의 간격을 조정할 수 있습니다.

05 Selection Tool(▶)로 감자튀김 오브젝트와 사각형을 함께 선택하고 [Object]-[Pattern]-[Make]를 선택하고 Pattern Options에서 'Name : 감자튀김'을 지정하고 패턴으로 등록합니다. [Esc]를 눌러 패턴의 편집 모드에서 정상 모드로 전환하고 [Delete]를 눌러 삭제합니다.

06 Selection Tool(▶)로 포장 봉투의 앞모양을 선택한 후 [Ctrl]+[C]로 복사하고 [Ctrl]+[F]로 복사한 오브젝트 앞에 붙여 넣기를 합니다. Swatches 패널에서 등록된 감자튀김 패턴을 클릭하여 면 색상에 적용합니다.

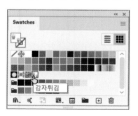

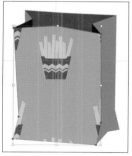

합격생의 비법

패턴으로 등록한 오브젝트의 위치에 따라 적용된 패턴의 위치는 다를 수 있습니다. [Object]-[Transform]-[Move]를 선택하고 [Move] 대화상자에서 'Transform Objects : 체크 해제, Transform Patterns : 체크, Preview : 체크'를 지정하고 Horizontal과 Vertical을 조절하여 맞춰 줍니다.

07 Scale Tool(⊞)을 더블 클릭하고 'Uniform : 30%, Transform Objects : 체크 해제, Transform Patterns : 체크'를 지정하여 패턴의 크기를 축소합니다.

합격생의 비법

적용된 패턴의 크기만을 조절할 때는 반드시 'Transform Objects : 체크 해제, Transform Patterns : 체크'를 지정해야 합니다.

07 원형 마크 만들고 불투명도 및 규칙적인 점선 적용하기

01 Ellipse Tool(◉)로 작업 도큐먼트를 클릭한 후 'Width : 30mm, Height : 29mm'를 입력하여 그리고 'Fill Color : C10Y20, Stroke Color : None'을 지정한 후 Transparency 패널에서 'Opacity : 80%'를 설정하여 불투명도를 조절합니다.

02 [Object]-[Path]-[Offset Path]를 선택한 후 'Offset : −2mm'를 지정하여 축소된 복사본을 만들고 'Fill Color : None, Stroke Color : C60Y60K10'을 지정합니다. Stroke 패널에서 'Weight : 3pt, Cap : Round Cap, Dashed Line : 체크, dash : 5pt, gap : 5pt, dash : 1pt, gap : 5pt'를 입력하여 끝 모양이 둥근 불규칙적인 점선을 그려 배치합니다.

03 Scissors Tool(✂)로 불규칙적인 점선이 적용된 오브젝트의 선분 위를 2번 클릭하여 패스를 자릅니다. Selection Tool(▶)로 잘린 패스의 상단을 선택한 후 Delete 를 눌러 삭제하고 열린 패스를 완성합니다. Transparency 패널에서 'Opacity : 100%'를 설정합니다.

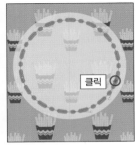

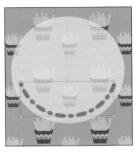

04 Selection Tool(▶)로 햄버거 오브젝트를 선택하여 Ctrl + C 로 복사하고 Ctrl + V 로 붙여 넣기를 한 후 Scale Tool(🔲)을 더블 클릭하여 'Uniform : 60%, Transform Objects : 체크, Transform Patterns : 체크 해제'를 지정하고 배치합니다.

08 호 모양으로 문자 입력하기

01 Selection Tool(▶)로 포장 봉투 중앙의 원을 선택하고 [Object]-[Path]-[Offset Path]를 선택한 후 'Offset : −5mm'를 지정하여 축소된 복사본을 만듭니다.

02 Scissors Tool(✂)로 축소 복사한 원의 선분 위를 2번 클릭하여 패스를 자르고 Delete 를 2번 눌러 잘린 패스를 삭제하고 상단 패스만을 남깁니다.

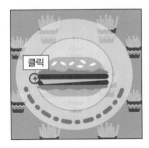
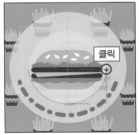
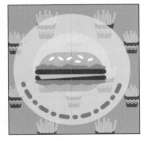

03 Type on a Path Tool(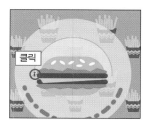)로 상단 곡선 패스의 왼쪽 끝점을 클릭하고 Character 패널에서 'Set font family : Arial, Set font style : Black, Set font size : 15pt'를 설정하고 Paragraph 패널에서 'Align center(≡)'를 지정하고 'Fill Color : C20M100Y90K20, Stroke Color : None'을 지정하여 HOMEMADE를 입력합니다.

04 Selection Tool(▶)로 봉투 중앙의 4개의 오브젝트를 함께 선택하고 조절점 밖을 시계 방향으로 드래그하여 회전하고 배치합니다.

🟢 09 저장하기

01 [View]−[Guides]−[Hide Guides]([Ctrl]+[;])를 선택하여 안내선을 숨기고 [View]−[Fit Artboard in Window]([Ctrl]+[0])를 선택하여 현재 창에 맞추기를 합니다.

02 [File]−[Save As]를 선택하고 '저장 위치 : 내 PC₩문서₩GTQ, 파일 형식 : Adobe Illustrator(*AI), 파일 이름 : 수험번호−성명−문제번호.ai'를 확인하고 [저장]을 클릭한 후 [Illustrator Options] 대화상자에서 'Version : Illustrator 2020'으로 설정하고 [OK]를 클릭합니다.

03 답안 저장이 완료가 되면 [File]−[Exit]([Ctrl]+[Q])를 선택하여 일러스트레이터 프로그램을 종료하고 수험 프로그램에서 [답안 전송]을 클릭하여 감독관 컴퓨터로 전송합니다.

기출 유형 문제 04회

▶ 동영상 무료

급수	문제유형	시험시간	수험번호	성명
2급	A	90분	G123456789	

수 험 자 유 의 사 항

- 수험자는 문제지를 받는 즉시 응시하고자 하는 과목 및 급수가 맞는지 확인한 후 수험번호와 성명을 작성합니다.
- 파일명은 본인의 "수험번호–성명–문제번호"로 공백 없이 정확히 입력하고 답안폴더(내 PC₩문서₩GTQ)에 ai 파일 포맷으로 저장해야 하며, 다른 파일 형식으로 저장하였을 경우 0점 처리됩니다. 답안문서 파일명이 "수험번호–성명–문제번호"와 일치하지 않거나, 답안 파일을 전송하지 않아 미제출로 처리될 경우 불합격 처리됩니다.
- 수험자 정보와 저장한 파일명, 저장 위치가 다를 경우 전송이 되지 않으므로, 주의하시기 바랍니다.
- 답안 작성 중에도 주기적으로 '저장'과 '답안 전송'을 이용하여 감독위원 PC로 답안을 전송하셔야 합니다. (※ 작업한 내용을 저장하지 않고 전송할 경우 이전의 저장내용이 전송되오니 이점 반드시 유념하시기 바랍니다.)
- 답안문서는 지정된 경로 외의 다른 보조기억장치에 저장하는 행위, 지정된 시험 시간 외에 작성된 파일을 활용한 행위, 기타 통신수단(이메일, 메신저, 네트워크 등)을 이용하여 타인에게 전달 또는 외부 반출하는 행위는 부정으로 간주되어 자격기본법 제32조에 의거 본 시험 및 국가공인 자격시험을 2년간 응시할 수 없습니다.
- 시험 중 부주의 또는 고의로 시스템을 파손한 경우와 〈수험자 유의사항〉에 기재된 방법대로 이행하지 않아 생기는 불이익은 수험자의 책임임을 알려 드립니다.
- 시험을 완료한 수험자는 최종적으로 저장한 답안파일이 전송되었는지 확인한 후 감독위원의 지시에 따라 문제지를 제출하고 퇴실합니다.

답 안 작 성 요 령

- 온라인 답안 작성 절차
  수험자 등록 ⇒ 시험 시작 ⇒ 답안파일 저장 ⇒ 답안 전송 ⇒ 시험 종료
- 배점은 총 100점으로 이루어지며, 점수는 각 문제별로 차등 배분됩니다.
- 각 문제는 제시된 조건에 맞게 답안을 작성하셔야 하며, 조건을 지키지 못했을 경우에는 0점 또는 감점 처리됩니다.
- 조건에서 주어진 단위는 'mm(밀리미터)'입니다. 눈금자는 작성하지 않으며, 그 외는 출력형태(레이아웃, 색상, 문자, 규격 등)와 같게 작업하십시오.
- 문제 조건에 서체의 지정이 없을 경우 한글은 굴림이나 돋움, 영문은 Arial로 작업하십시오. (단, 그 외 제시되지 않은 문자 속성을 기본값으로 작성하지 않은 경우는 감점 처리됩니다.)
- 문제 조건에 크기와 색상, 두께의 지정이 없을 경우 《출력형태》를 참고하여 작업해 주시기 바랍니다.
- Image Mode(이미지 모드)는 별도의 처리조건이 없을 경우에는 CMYK로 작업하십시오.
- 조건에서 제시한 기능을 임의로 합치거나 각 기능에 대한 속성을 해지할 경우 해당 요소는 0점 처리됩니다.

한 국 생 산 성 본 부

다음의 《조건》에 따라 아래의 《출력형태》와 같이 작업하시오.

조건

파일저장규칙	AI	파일명	문서₩GTQ₩수험번호-성명-1.ai
		크기	100 × 80mm

1. 작업 방법

① 도형, 변형 툴과 Pathfinder 기능을 활용하여 오브젝트를 작성한다.
② 그 외 《출력형태》 참조

출력형태

C20M20Y10,
C10Y10K10,
C50M100K30,
M70Y60K20,
C70M70Y60K20,
M50Y90,
M30Y80,
M10Y50,
C40,
C50M30,
(선/획) C0M0Y0K0, 1pt,
K60, 2pt

다음의 《조건》에 따라 아래의 《출력형태》와 같이 작업하시오.

조건

파일저장규칙	AI	파일명	문서\GTQ\수험번호-성명-2.ai
		크기	100 × 80mm

1. 작업 방법
① '15% COUPON' 문자에 Arial (Bold) 폰트를 적용한다.
② 'Flower Festival' 문자에 Type on a Path Tool을 활용한다
③ Brush는 《출력형태》를 참고하여 작성한다.
④ Effect는 《출력형태》를 참고하여 작성한다.
⑤ 그 외 《출력형태》 참조

2. 문자 효과
① Flower Festival (Times New Roman, Bold, 20pt, M70Y70)

출력형태

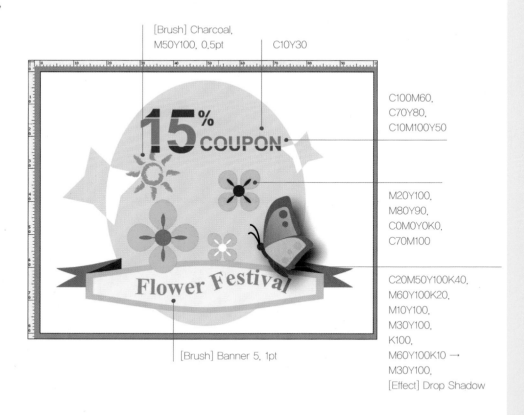

[Brush] Charcoal, M50Y100, 0.5pt　　　C10Y30

C100M60,
C70Y80,
C10M100Y50

M20Y100,
M80Y90,
C0M0Y0K0,
C70M100

C20M50Y100K40,
M60Y100K20,
M10Y100,
M30Y100,
K100,
M60Y100K10 →
M30Y100,
[Effect] Drop Shadow

[Brush] Banner 5, 1pt

다음의 《조건》에 따라 아래의 《출력형태》와 같이 작업하시오.

조건

파일저장규칙	AI	파일명	문서₩GTQ₩수험번호−성명−3.ai
		크기	120 × 80mm

1. 작업 방법

① 도형 툴로 오브젝트를 제작한 후 Pattern을 활용하여 작성한다. (패턴 등록 : 튤립)
② 할인 광고 태그에는 불규칙적인 점선을, 파우더 용기에는 규칙적인 점선을 설정한다.
③ 파우더 용기에 Pattern을 적용한다.
④ 꽃 오브젝트는 정렬, 간격을 일정하게 한 후 Group 설정한다.
⑤ 그 외 《출력형태》 참조

2. 문자 효과

① BODY POWDER (Arial, Regular, 11pt, C10M90Y70)
② UP TO 30% OFF (Times New Roman, Bold, 16pt, C0M0Y0K0)

출력형태

M30Y100,
Y60,
C10M90Y70K20,
M90Y70,
C50Y100,
C50Y100K20

C0M0Y0K0, Opacity 70%,
C50M80Y30,
(선/획) M40, 2pt

[Group]

[Pattern]

M20Y30,
M30Y40 → C0M0Y0K0,
(선/획) C10M80Y90, 1pt

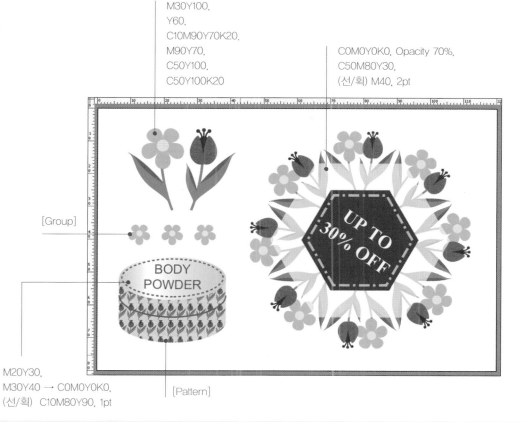

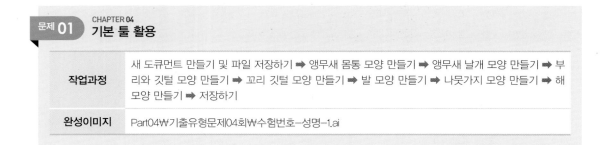

작업과정	새 도큐먼트 만들기 및 파일 저장하기 ➡ 앵무새 몸통 모양 만들기 ➡ 앵무새 날개 모양 만들기 ➡ 부리와 깃털 모양 만들기 ➡ 꼬리 깃털 모양 만들기 ➡ 발 모양 만들기 ➡ 나뭇가지 모양 만들기 ➡ 해 모양 만들기 ➡ 저장하기
완성이미지	Part04₩기출유형문제04회₩수험번호-성명-1.ai

01 새 도큐먼트 만들기 및 파일 저장하기

01 [File]-[New]를 선택하고 'Width : 100mm, Height : 80mm, Units : Millimeters, Color Mode : CMYK'를 설정하여 새 도큐먼트를 만들고 [View]-[Rulers]-[Show Rulers] (Ctrl+R)를 선택하여 눈금자를 표시합니다.

02 작품의 규격 왼쪽 상단에 원점(0,0)을 확인하고 왼쪽과 상단 눈금자 위에서 마우스로 각각 드래그하여 제시된 출력형태와 레이아웃 구성이 동일하게 안내선을 표시합니다.

03 작업 도큐먼트를 저장하기 위해 [File]-[Save As]를 선택하고 '저장 위치 : 내 PC₩문서₩ GTQ, 파일 형식 : Adobe Illustrator(*AI), 파일 이름 : 수험번호-성명-문제번호'를 입력하고 [저장]을 클릭한 후 [Illustrator Options] 대화상자에서 'Version : Illustrator 2020' 으로 설정하고 [OK]를 클릭합니다.

02 앵무새 몸통 모양 만들기

01 Ellipse Tool(◎)로 작업 도큐먼트를 클릭한 후 'Width : 38mm, Height : 38mm'를 입력하여 그리고 'Fill Color : None, Stroke Color : 임의 색상'을 지정합니다.

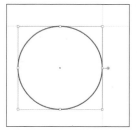

02 Tool 패널의 Selection Tool(▶)을 더블 클릭하여 [Move] 대화상자에서 'Width : 19mm, Height : 0mm'를 지정하고 [Copy]를 클릭한 후 오른쪽으로 이동하여 반지름이 겹치도록 복사합니다.

03 Rectangle Tool(▢)로 작업 도큐먼트를 클릭한 후 'Width : 18.9mm, Height : 43mm'를 입력하여 그리고 'Fill Color : None, Stroke Color : 임의 색상'을 지정하고 서로 중앙이 겹치도록 배치합니다. Ctrl+A를 눌러 모두 선택하고 Pathfinder 패널에서 'Divide(▣)'를 클릭하여 면을 분할합니다.

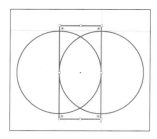  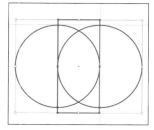

04 Selection Tool(▶)로 더블 클릭하여 Isolation Mode로 전환하고 불필요한 6개의 오브젝트를 Shift를 누르면서 클릭하여 선택한 후 Delete를 눌러 삭제합니다. Ctrl+A를 눌러 3개의 오브젝트를 모두 선택하고 Pathfinder 패널에서 'Unite(▣)'를 클릭하여 합친 후 'Fill Color : C20M20Y10, Stroke Color : None'을 지정합니다. Esc를 눌러 정상 모드로 전환합니다.

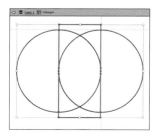 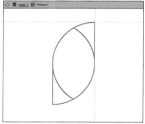 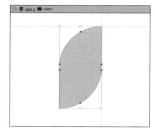

03 앵무새 날개 모양 만들기

01 Ellipse Tool(◯)로 작업 도큐먼트를 클릭한 후 'Width : 20mm, Height : 20mm'를 입력하여 그리고 'Fill Color : C10Y10K10, Stroke Color : None'을 지정합니다. Direct Selection Tool(▷)로 하단의 고정점을 선택하고 아래로 드래그하여 패스를 변형한 후, Anchor Point Tool(⊾)로 고정점을 클릭하여 핸들을 없애고 뾰족하게 만듭니다.

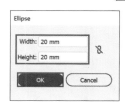 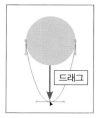  

02 Ellipse Tool(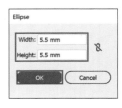)로 작업 도큐먼트를 클릭한 후 'Width : 5.5mm, Height : 5.5mm'를 입력하여 그리고 'Fill Color : 임의 색상, Stroke Color : None'을 지정합니다. Selection Tool(▶)로 Alt 를 누르면서 오른쪽으로 드래그하여 복사하고 Ctrl + D 를 2번 눌러 간격을 일정하게 유지하며 반복 복사합니다.

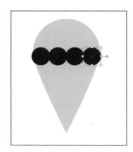

03 Selection Tool(▶)로 5개의 오브젝트를 선택하고 Pathfinder 패널에서 'Divide()'를 클릭하여 면을 분할합니다. 오브젝트를 더블 클릭하여 Isolation Mode로 전환하고 왼쪽과 오른쪽에 불필요한 오브젝트를 클릭하여 선택한 후 Delete 를 눌러 삭제합니다.

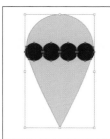
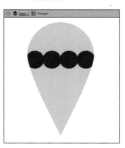

04 Selection Tool(▶)로 상단 오브젝트를 선택하고 'Unite(■)'를 클릭하여 합친 후 'Fill Color : C50M100K30, Stroke Color : None'을 지정하고 Esc 를 눌러 정상 모드로 전환합니다. Selection Tool(▶)로 날개 모양을 선택하고 Rotate Tool(↻)을 더블 클릭한 후 'Angle : −30°'를 지정하여 회전한 후 Selection Tool(▶)로 그림과 같이 배치합니다.

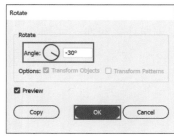

04 부리와 깃털 모양 만들기

01 Rounded Rectangle Tool(▢)로 작업 도큐먼트를 클릭한 후 'Width : 10mm, Height : 8mm, Corner Radius : 4mm'를 입력하여 그리고 'Fill Color : None, Stroke Color : 임의 색상'을 지정합니다.

02 Rectangle Tool(▣)로 드래그하여 서로 겹치도록 사각형을 그리고 Selection Tool(▶)로 2개의 오브젝트를 선택한 후 Pathfinder 패널에서 'Intersect(▣)'를 클릭하여 겹친 부분만을 남기고 'Fill Color : M70Y60K20, Stroke Color : None'을 지정합니다.

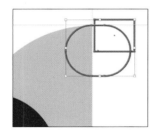  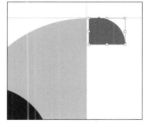

03 Reflect Tool(◁|)로 Alt를 누르고 오브젝트의 하단을 클릭하여 'Axis : Horizontal'을 지정하고 [Copy]를 눌러 복사합니다. Scale Tool(◰)로 Alt를 누르고 오브젝트의 왼쪽 상단 고정점을 클릭하여 'Uniform : 70%'를 지정하여 크기를 축소합니다.

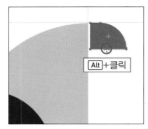 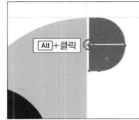 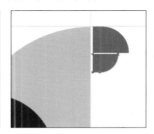

> **합격생의 비법**
>
> Alt를 누르고 클릭하면 클릭 지점이 변형 축으로 설정되고, [대화상자]에서 정확한 옵션을 지정할 수 있으므로 정렬과 위치 설정을 동시에 할 수 있습니다.

04 Ellipse Tool(◯)로 Shift를 누르면서 드래그하여 정원을 그리고 'Fill Color : C70M70Y60K20, Stroke Color : C0M0Y0K0'을 지정한 후 Stroke 패널에서 'Weight : 1pt'를 지정하여 눈을 그립니다.

05 Rounded Rectangle Tool(▢)로 둥근 사각형을 그리고 Ellipse Tool(◯)로 타원을 서로 겹치도록 그린 후 Selection Tool(▶)로 타원의 조절점 밖을 드래그하여 회전하여 배치합니다.

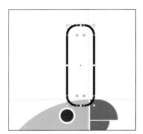 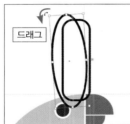

> **합격생의 비법**
>
> **바운딩 박스로 회전하기**
>
> • Selection Tool(▶)로 오브젝트를 선택하면 오브젝트의 외곽에 여덟 개의 조절점이 표시되어 크기와 회전을 조절할 수 있습니다. 조절점 밖에 마우스를 놓고 ↻로 바뀌면 드래그하여 회전이 가능합니다.
> • 조절점이 표시되지 않을 때는 [View]-[Show Bounding Box](Shift+Ctrl+B)를 선택합니다.

06 Selection Tool(▶)로 타원과 둥근 사각형을 선택하고 Pathfinder 패널에서 'Intersect(◱)'를 클릭하여 'Fill Color : M70Y60K20, Stroke Color : None'을 지정한 후 Shift + Ctrl + [를 눌러 맨 뒤로 보내기를 합니다. Rotate Tool(↻)로 Alt 를 누르면서 하단을 클릭하여 'Angle : 20°'를 지정하여 [Copy]를 클릭하고 회전 복사합니다.

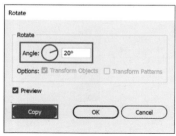

07 Ctrl + D 를 4번 눌러 반복하여 복사합니다. Selection Tool(▶)로 순서대로 선택하고 'Fill Color : M50Y90, M30Y80, M10Y50, C40, C50M30, Stroke Color : None'을 각각 지정하여 머리 깃털을 완성합니다.

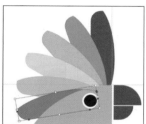

🔟 꼬리 깃털 모양 만들기

01 Rounded Rectangle Tool(▢)로 작업 도큐먼트를 클릭한 후 'Width : 10mm, Height : 25mm, Corner Radius : 2mm'를 입력하여 그리고 Direct Selection Tool(▷)로 상단 4개의 고정점을 드래그하여 선택하고 Scale Tool(▣)로 안쪽으로 드래그하여 패스를 축소한 후 'Fill Color : C50M30, Stroke Color : None'을 지정합니다.

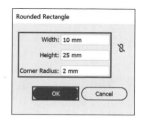

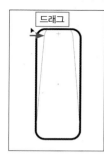

02 Ellipse Tool()로 작업 도큐먼트에 드래그하여 타원을 그리고 ‘Fill Color : C50M100K30, Stroke Color : None’을 지정합니다. Direct Selection Tool(▷)로 상단의 고정점을 클릭하여 선택하고 위로 이동한 후 Anchor Point Tool(△)로 클릭하여 핸들을 삭제합니다.

03 Selection Tool(▶)로 Alt를 누르면서 왼쪽으로 드래그하여 복사하고 조절점 밖을 드래그하여 회전합니다. Reflect Tool(◁▷)로 Alt를 누르고 가운데 오브젝트의 중심점을 클릭하여 ‘Axis : Vertical’을 지정하고 [Copy]를 눌러 복사합니다. Selection Tool(▶)로 2개의 오브젝트를 각각 선택하고 ‘Fill Color : M70Y60K20, M30Y80, Stroke Color : None’을 지정합니다.

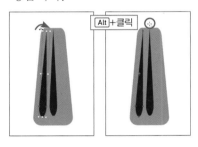

04 Selection Tool(▶)로 4개의 오브젝트를 선택하고 조절점 밖을 시계 방향으로 회전하여 배치합니다. Ctrl+[]를 여러 번 눌러 날개 모양 뒤로 보내기를 합니다.

합격생의 비법

날개 모양 오브젝트를 선택하고 Shift+Ctrl+[]를 눌러 맨 앞으로 가져오기를 해도 됩니다.

06 발 모양 만들기

01 Ellipse Tool(⬤)로 드래그하여 원을 그리고 'Fill Color : None, Stroke Color : K60'을 지정한 후 Stroke 패널에서 'Weight : 2pt, Cap : Round Cap'을 설정합니다. Direct Selection Tool(▷)로 하단의 고정점을 클릭하여 선택하고 Delete 를 눌러 삭제합니다.

 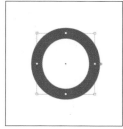  

02 Line Segment Tool(╱)로 Shift 를 누르면서 드래그하여 열린 패스의 중간에 수직선을 그리고 'Fill Color : None, Stroke Color : K60'을 지정한 후 Stroke 패널에서 'Weight : 2pt, Cap : Round Cap'을 지정합니다. Selection Tool(▶)로 2개의 오브젝트를 선택하고 Ctrl +G 를 눌러 그룹으로 설정합니다.

> **합격생의 비법**
> Stroke 패널의 설정을 바꾸지 않으면 앞서 지정한 설정이 그대로 유지합니다.

03 Selection Tool(▶)로 배치한 후 Shift + Ctrl + [를 눌러 맨 뒤로 보내기를 합니다. Alt 를 누르면서 드래그하여 복사하고 배치합니다.

07 나뭇가지 모양 만들기

01 Rounded Rectangle Tool(▢)로 작업 도큐먼트를 클릭한 후 'Width : 72mm, Height : 4mm, Corner Radius : 2mm'를 입력하여 그리고 'Fill Color : C70M70Y60K20, Stroke Color : None'을 지정합니다.

02 Direct Selection Tool(▷)로 오른쪽 고정점들을 드래그하여 선택한 후 Scale Tool(▣)을 더블 클릭하여 'Uniform : 70%'를 지정하여 패스의 크기를 축소합니다.

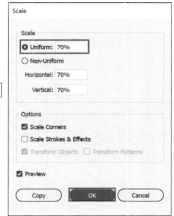

03 Rounded Rectangle Tool(▣)로 드래그하여 크기가 작은 동일한 색상의 둥근 사각형을 그리고 동일한 방법으로 오른쪽 패스를 축소하여 작은 나뭇가지 모양을 만든 후, Selection Tool(▶)로 조절점의 밖을 드래그하여 회전하여 배치합니다.

04 Selection Tool(▶)로 Alt를 누르면서 드래그하여 복사하고 조절점의 밖을 드래그하여 회전하여 배치합니다. 계속해서 Shift를 누르면서 조절점을 안쪽으로 드래그하여 크기를 축소합니다.

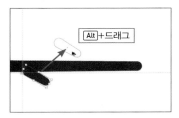

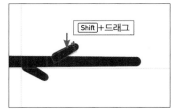

05 Selection Tool(▶)로 3개의 오브젝트를 선택하고 Pathfinder 패널에서 'Unite(▣)'를 클릭하여 합칩니다. Selection Tool(▶)로 조절점의 밖을 드래그하여 회전하고 Shift+Ctrl+[를 눌러 맨 뒤로 보내기를 하고 제시된 레이아웃과 동일하게 배치합니다.

08 해 모양 만들기

01 Ellipse Tool(⬤)로 작업 도큐먼트를 클릭한 후 'Width : 13mm, Height : 13mm'를 입력하여 그리고 'Fill Color : M30Y80, Stroke Color : None'을 지정합니다.

02 Rectangle Tool(⬜)로 드래그하여 사각형을 그리고 'Fill Color : M30Y80, Stroke Color : None'을 지정합니다. Selection Tool(▶)로 정원과 사각형을 함께 선택하고 Align 패널에서 'Horizontal Align Center(⬛)'를 클릭하여 가로 가운데 정렬을 지정합니다. Delete Anchor Point Tool(✒)로 사각형의 오른쪽 상단의 고정점에 클릭하여 고정점을 삭제하고 직각삼각형을 만듭니다.

03 Selection Tool(▶)로 직각삼각형을 선택하고 Rotate Tool(↻)로 [Alt]를 누르면서 정원의 중심점을 클릭합니다. [Rotate] 대화상자에서 'Angle : 30°'를 지정하고 [Copy]를 눌러 복사를 한 후, [Ctrl]+[D]를 10번 눌러 반복 복사합니다.

09 저장하기

01 [View]-[Guides]-[Hide Guides]([Ctrl]+[;])를 선택하여 안내선을 숨기고 [View]-[Fit Artboard in Window]([Ctrl]+[0])를 선택하여 현재 창에 맞추기를 합니다.

02 [File]-[Save As]를 선택하고 '저장 위치 : 내 PC₩문서₩GTQ, 파일 형식 : Adobe Illustrator(*AI), 파일 이름 : 수험번호-성명-문제번호.ai'를 확인하고 [저장]을 클릭한 후 [Illustrator Options] 대화상자에서 'Version : Illustrator 2020'으로 설정하고 [OK]를 클릭합니다.

03 답안 저장이 완료가 되면 [File]-[Close]([Ctrl]+[W])를 선택하여 파일을 닫고 수험 프로그램에서 [답안 전송]을 클릭하여 감독관 컴퓨터로 전송합니다.

작업과정	새 도큐먼트 만들기 및 파일 저장하기 ➡ 타원과 별 & 해 모양 만들기 ➡ 꽃 모양 만들고 변형하기 ➡ 리본 모양 브러쉬 적용하고 곡선을 따라 흐르는 문자 입력하기 ➡ 문자 오브젝트 만들기 ➡ 나비 모양 만들고 이펙트 적용하기 ➡ 저장하기
완성이미지	Part04₩기출유형문제04회₩수험번호-성명-2.ai

01 새 도큐먼트 만들기 및 파일 저장하기

01 [File]–[New]를 선택하고 'Width : 100mm, Height : 80mm, Units : Millimeters, Color Mode : CMYK'를 설정하여 새 도큐먼트를 만들고 [View]–[Rulers]–[Show Rulers] (Ctrl+R)를 선택하여 눈금자를 표시합니다.

02 작품의 규격 왼쪽 상단에 원점(0,0)을 확인하고 왼쪽과 상단 눈금자 위에서 마우스로 각각 드래그하여 제시된 출력형태와 레이아웃 구성이 동일하게 안내선을 표시합니다.

03 작업 도큐먼트를 저장하기 위해 [File]–[Save As]를 선택하고 '저장 위치 : 내 PC₩문서₩ GTQ, 파일 형식 : Adobe Illustrator(*.AI), 파일 이름 : 수험번호–성명–문제번호'를 입력하고 [저장]을 클릭한 후 [Illustrator Options] 대화상자에서 'Version : Illustrator 2020' 으로 설정하고 [OK]를 클릭합니다.

02 타원과 별 & 해 모양 만들기

01 Ellipse Tool(◉)로 Alt를 누르면서 안내선의 교차지점을 클릭한 후 'Width : 60mm, Height : 75mm'를 입력하여 그리고 'Fill Color : C10Y30, Stroke Color : 임의 색상'을 지정합니다.

02 Star Tool(☆)로 작업 도큐먼트에 드래그하며 키보드의 ↓를 한 번 눌러 별 모양을 그리고 'Fill Color : C10Y30, Stroke Color : 임의 색상'을 지정합니다. 계속해서 타원의 오른쪽 상단에 작은 별을 겹치도록 그리고 Ctrl+A로 모두 선택한 후 Pathfinder 패널에서 'Exclude(◨)'를 클릭하고 'Stroke Color : None'을 지정합니다. Ctrl을 누르고 도큐먼트의 빈곳을 클릭하여 선택을 해제합니다.

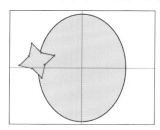 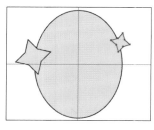 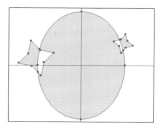

03 Brushes 패널 하단의 'Brush Libraries Menu'를 클릭하고 [Artistic]-[Artistic_
ChalkCharcoalPencil]을 선택하여 추가 브러쉬 패널을 불러온 후 'Charcoal'을 선택합니다.

04 Ellipse Tool(⬤)로 Shift를 누르면서 드래그하여 정원을 그리고 'Fill Color : None,
Stroke Color : M50Y100'을 지정합니다. Brushes 페널에서 'Charcoal'을 클릭하고
Stroke 패널에서 'Weight : 0.5pt'를 지정합니다. Line Segment Tool(╱)로 Shift를 누르
면서 정원의 상단에 아래에서 위쪽으로 드래그하여 수직선을 그린 후 동일한 브러쉬 속성을
적용합니다.

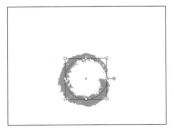 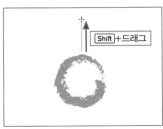 

05 Rotate Tool(🔄)로 Alt를 누르면서 정원의 중심점을 클릭한 후 [Rotate] 대화상자에서 'Angle :
45°'를 지정하고 [Copy]를 눌러 회전 복사합니다. Ctrl+D를 6번 눌러 반복하여 회전 복사한
후 Selection Tool(▶)로 해 모양을 모두 선택하고 Ctrl+G를 눌러 그룹 설정을 합니다.

03 꽃 모양 만들고 변형하기

01 Ellipse Tool(⬤)로 Shift를 누르면서 드래그하여 정원을 그리고 'Fill Color : M20Y100,
Stroke Color : None'을 지정합니다. Direct Selection Tool(▷)로 정원의 하단 고정점을
클릭하여 선택하고 키보드의 화살표 ↓를 눌러 아래로 이동한 후 Scale Tool(▦)을 더블 클
릭하고 'Uniform : 50%'를 지정하여 하단 패스를 축소합니다.

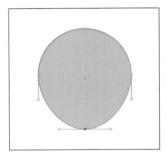 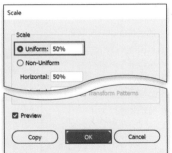 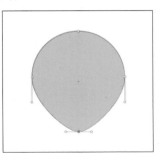

02 Direct Selection Tool(⬧)로 가운데 2개의 고정점을 드래그하여 선택하고 Scale Tool(⬚)
을 더블 클릭한 후 'Uniform : 105%'를 지정하여 패스를 확대합니다.

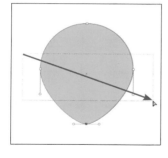

03 Ellipse Tool(⬤)로 Shift를 누르면서 드래그하여 정원과 타원을 그린 후 Rectangle Tool
(▢)로 직사각형을 그리고 'Fill Color : M80Y90, Stroke Color : None'을 지정합니다.
Selection Tool(▶)로 4개의 오브젝트를 동시에 선택하고 Align 패널에서 'Horizontal
Align Center(▤)'를 클릭하여 가로 가운데 정렬을 지정합니다.

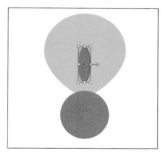
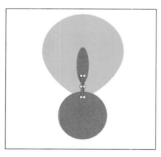
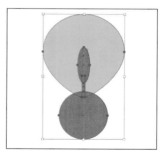

04 Selection Tool(▶)로 정원을 제외한 3개의 오브젝트를 선택하고 Rotate Tool(↻)로 정원
의 중심점을 클릭한 후 Alt와 Shift를 누르면서 시계 방향으로 드래그하여 90° 회전하여 복사
합니다. Ctrl+D를 2번 눌러 반복하여 회전 복사합니다. Selection Tool(▶)로 꽃잎을 제외
한 오브젝트를 동시에 선택하고 Pathfinder 패널에서 'Unite(▣)'를 클릭하여 합칩니다.

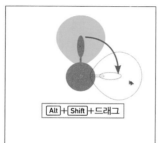
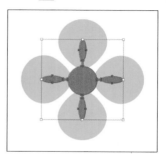

05 Direct Selection Tool(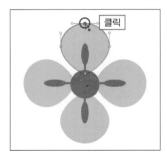)로 위쪽 꽃잎 모양의 상단 고정점을 클릭하여 선택하고 키보드의 화살표 ↑를 눌러 위로 이동하여 하나의 꽃잎만을 변형합니다. Selection Tool(▶)로 완성된 꽃 모양을 선택하고 Ctrl + G를 눌러 그룹으로 설정합니다.

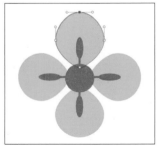
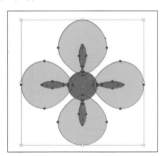

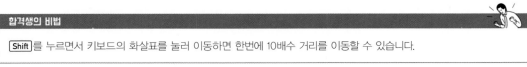

합격생의 비법

Shift 를 누르면서 키보드의 화살표를 눌러 이동하면 한번에 10배수 거리를 이동할 수 있습니다.

06 Selection Tool(▶)로 완성된 꽃 모양을 선택하고 Scale Tool(⊡)을 더블 클릭하여 'Uniform : 70%'를 지정하여 [Copy]를 눌러 축소 복사한 후 Ctrl + D를 눌러 반복 복사합니다.

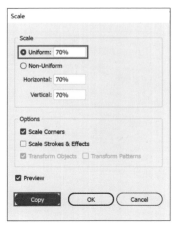
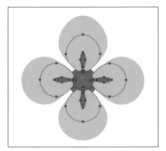
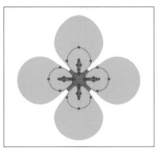

07 Selection Tool(▶)로 복사된 꽃 모양을 이동하여 배치하고 조절점 밖을 Shift 를 누르면서 시계 방향과 반시계방향으로 각각 드래그하여 45°씩 회전합니다. 축소된 꽃 모양을 각각 더블 클릭하여 가운데 오브젝트를 선택하고 'Fill Color : C0M0Y0K0, C70M100, Stroke Color : None'을 각각 지정한 후 도큐먼트의 빈 곳을 더블 클릭하여 정상 모드로 전환합니다.

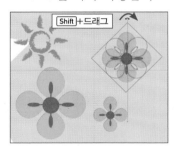

04 리본 모양 브러쉬 적용하고 곡선을 따라 흐르는 문자 입력하기

01 Brushes 패널 하단의 'Brush Libraries Menu'를 클릭하고 [Decorative]-[Decorative_ Banners and Seals]를 선택하여 추가 브러쉬 패널을 불러온 후 'Banner 5'를 선택합니다.

02 Line Segment Tool(✏)로 Shift 를 누르면서 오른쪽에서 왼쪽으로 드래그하여 수평선을 그리고 'Fill Color : None, Stroke Color : 임의 색상'을 지정한 후 'Banner 5' 브러쉬를 적용하고, Stroke 패널에서 'Weight : 1pt'를 지정합니다.

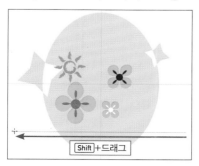

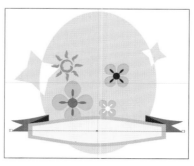

합격생의 비법

[Decorative]-[Decorative_ Banners and Seals] 브러쉬는 드래그하여 그리는 방향에 따라 모양이 다르게 출력됩니다.

03 Pen Tool(✏)로 드래그하여 문자를 입력할 열린 곡선 패스를 그리고 'Fill Color : None, Stroke Color : 임의 색상'을 지정합니다.

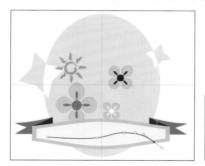

합격생의 비법

Tool 패널 하단의 Default Fill and Stroke(◻)를 클릭하여 면과 선 속성을 초기화한 후에 패스를 그립니다.

04 Type on a Path Tool(✏)로 열린 패스를 클릭한 후, Character 패널에서 'Set font family : Times New Roman, Set font style : Bold, Set font size : 20pt'를 설정하고 Paragraph 패널에서 'Align center(≡)'를 지정하고 문장을 패스의 중앙에 배치합니다. 'Fill Color : M70Y70, Stroke Color : None'을 지정한 후 Flower Festival을 입력합니다.

05 Selection Tool(▶)로 가장 큰 꽃 모양을 선택하고 Ctrl +Shift+]를 눌러 맨 앞으로 가져오기를 합니다.

05 문자 오브젝트 만들기

01 Type Tool(T)로 작업 도큐먼트를 클릭한 후 Character 패널에서 'Set font family : Arial, Set font style : Bold, Set font size : 16pt'를 설정하고 15% COUPON을 입력합니다.

02 Type Tool(T)로 15 문자를 드래그하여 선택하고 Character 패널에서 'Set font size : 50pt'를 설정합니다. Selection Tool(▶)로 15% COUPON 문자를 선택하고 [Type]-[Create Outlines](Shift+Ctrl+O)를 선택하고 문자를 윤곽선으로 변환한 후 'Fill Color : C100M60, Stroke Color : None'을 지정합니다.

합격생의 비법

• Selection Tool(▶)로 문자를 선택해야 [Type]-[Create Outlines]가 활성화됩니다.
• [Properties] 패널에서 [Quick Actions] 항목의 [Create Outlines]를 클릭하여 적용할 수도 있습니다.

03 Selection Tool(▶)로 문자 오브젝트를 더블 클릭하여 Isolation Mode로 전환하고 이동하여 배치합니다.

04 Line Segment Tool(/)로 Shift를 누르면서 드래그하여 임의 색상의 2개의 수평선을 그리고 배치합니다. Selection Tool(▶)로 문자와 2개의 수평선을 동시에 선택하고 Pathfinder 패널에서 'Divide(🔲)'를 클릭하여 면을 분할합니다.

05 Selection Tool(▶)로 분리된 문자 오브젝트의 상단을 드래그하여 선택한 후 Shift를 누르면서 키보드의 화살표 ↑를 눌러 위로 이동하여 배치합니다. Selection Tool(▶)로 Shift를 누르면서 클릭하여 중앙 부분의 분리된 문자 오브젝트를 동시에 선택하고 'Fill Color : C70Y80, Stroke Color : None'을 지정합니다.

06 Selection Tool(▶)로 하단의 문자 오브젝트를 동시에 선택하고 **Shift** 를 누르면서 키보드의 화살표 ↓ 를 눌러 아래로 이동하여 배치한 후 COUPON 문자 하단을 드래그하여 선택하고 'Fill Color : C10M100Y50, Stroke Color : None'을 지정한 후 **Esc** 를 눌러 정상 모드로 전환합니다.

06 나비 모양 만들고 이펙트 적용하기

01 Ellipse Tool(⬤)로 작업 도큐먼트에 드래그하여 하나의 정원과 크기가 다른 2개의 타원을 그리고 'Fill Color : C20M50Y100K40, Stroke Color : None'을 지정합니다. Direct Selection Tool(▷)로 타원의 왼쪽과 오른쪽의 고정점을 각각 클릭하여 선택하고 패스를 변형합니다. Selection Tool(▶)로 조절점 밖을 드래그하여 회전합니다.

 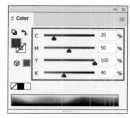  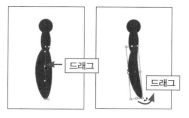

02 Pen Tool(✐)로 드래그하여 날개 모양을 그리고 'Fill Color : M60Y100K20, Stroke Color : None'을 지정합니다. 계속해서 면을 분리할 열린 곡선 패스를 그리고 'Fill Color : None, Stroke Color : 임의 색상'을 지정합니다. Selection Tool(▶)로 2개의 오브젝트를 동시에 선택하고 Pathfinder 패널에서 'Divide(🖿)'를 클릭하여 면을 분할합니다.

03 Selection Tool(▶)로 더블 클릭하여 Isolation Mode로 전환하고 안쪽의 오브젝트를 선택한 후 Gradient 패널에서 'Type : Linear Gradient, Angle : 0°'를 적용하고 Gradient Slider의 왼쪽 'Color Stop'을 더블 클릭하여 M60Y100K10을 적용하고 오른쪽 'Color Stop'을 더블 클릭하여 M30Y100을 적용합니다.

04 Pen Tool(✒)로 드래그하여 하단의 날개 모양을 임의 색상으로 그리고 Scale Tool(⊞)로 Alt를 누르면서 날개 모양 상단의 고정점을 클릭하여 'Uniform : 85%'를 지정한 후 [Copy]를 눌러 축소 복사하고 위치를 조절합니다. Selection Tool(▶)로 Fill Color : M60Y100K20, M10Y100, Stroke Color : None'을 각각 지정합니다.

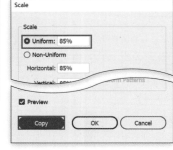

05 Ellipse Tool(◯)로 Shift를 누르면서 드래그하여 5개의 크기가 다른 정원을 그리고 'Fill Color : M60Y100K20, M30Y100, Stroke Color : None'을 각각 지정하고 Esc를 눌러 정상 모드로 전환합니다.

06 Pen Tool(✒)로 더듬이 모양의 열린 곡선 패스를 그리고 'Fill Color : None, Stroke Color : K100'을 지정한 후 Stroke 패널에서 'Weight : 1pt'를 지정하고 [Object]-[Path]-[Outline Stroke]를 선택하여 선을 면으로 확장합니다.

07 Selection Tool(▶)로 완성된 나비 모양을 모두 선택하여 Ctrl +G를 눌러 그룹으로 설정한 후 [Effect]-[Illustrator Effects]-[Stylize]-[Drop Shadow]를 선택하고 'Opacity : 75%, X Offset : 2.42mm, Y Offset : 2.42mm, Blur : 1.74mm'를 지정하여 그림자 효과를 적용합니다. Rotate Tool(↻)을 더블 클릭하여 'Angle : 35°'를 지정하여 회전하고 제시된 레이아웃대로 배치합니다.

   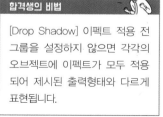

합격생의 비법

[Drop Shadow] 이펙트 적용 전 그룹을 설정하지 않으면 각각의 오브젝트에 이펙트가 모두 적용되어 제시된 출력형태와 다르게 표현됩니다.

07 저장하기

01 [View]-[Guides]-[Hide Guides](Ctrl +;)를 선택하여 안내선을 숨기고 [View]-[Fit Artboard in Window](Ctrl +0)를 선택하여 현재 창에 맞추기를 합니다.

02 [File]-[Save As]를 선택하고 '저장 위치 : 내 PC₩문서₩GTQ, 파일 형식 : Adobe Illustrator(*.AI), 파일 이름 : 수험번호-성명-문제번호.ai'를 확인하고 [저장]을 클릭한 후 [Illustrator Options] 대화상자에서 'Version : Illustrator 2020'으로 설정하고 [OK]를 클릭합니다.

03 답안 저장이 완료가 되면 [File]-[Close](Ctrl +W)를 선택하여 파일을 닫고 수험 프로그램에서 [답안 전송]을 클릭하여 감독관 컴퓨터로 전송합니다.

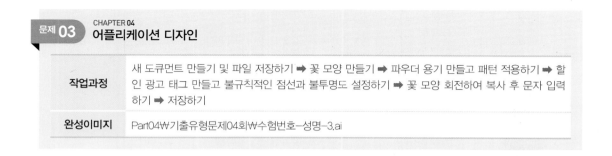

문제 03	**CHAPTER 04** **어플리케이션 디자인**
작업과정	새 도큐먼트 만들기 및 파일 저장하기 ➡ 꽃 모양 만들기 ➡ 파우더 용기 만들고 패턴 적용하기 ➡ 할인 광고 태그 만들고 불규칙적인 점선과 불투명도 설정하기 ➡ 꽃 모양 회전하여 복사 후 문자 입력하기 ➡ 저장하기
완성이미지	Part04₩기출유형문제04회₩수험번호-성명-3.ai

01 새 도큐먼트 만들기 및 파일 저장하기

01 [File]-[New]를 선택하고 'Width : 120mm, Height : 80mm, Units : Millimeters, Color Mode : CMYK'를 설정하여 새 도큐먼트를 만들고 [View]-[Rulers]-[Show Rulers] (Ctrl +R)를 선택하여 눈금자를 표시합니다.

02 작품의 규격 왼쪽 상단에 원점(0,0)을 확인하고 왼쪽과 상단 눈금자 위에서 마우스로 각각 드래그하여 제시된 출력형태와 레이아웃 구성이 동일하게 안내선을 표시합니다.

03 작업 도큐먼트를 저장하기 위해 [File]-[Save As]를 선택하고 '저장 위치 : 내 PC₩문서₩ GTQ, 파일 형식 : Adobe Illustrator(*AI), 파일 이름 : 수험번호-성명-문제번호'를 입력하고 [저장]을 클릭한 후 [Illustrator Options] 대화상자에서 'Version : Illustrator 2020' 으로 설정하고 [OK]를 클릭합니다.

02 꽃 모양 만들기

01 Polygon Tool(⬡)로 작업 도큐먼트를 클릭한 후 'Radius : 6mm, Sides : 5'를 입력하여 그리고 'Fill Color : M30Y100, Stroke Color : None'을 지정합니다. [Effect]-[Illustrator Effects]-[Distort & Transform]-[Pucker & Bloat]를 선택하고 '70%'를 입력하여 꽃 모양을 만듭니다.

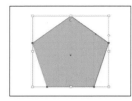 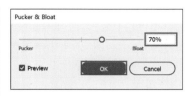 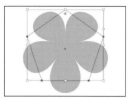

02 [Object]-[Expand Appearance]를 선택하여 오브젝트의 속성을 확장합니다. Ellipse Tool(⬭)로 Shift 를 누르면서 꽃 모양 중앙에 정원을 그리고 'Fill Color : Y60, Stroke Color : None'을 지정합니다.

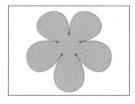 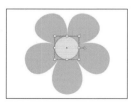

03 Ellipse Tool(⬭)로 타원을 그리고 'Fill Color : C10M90Y70K20, Stroke Color : None' 을 지정합니다. 계속해서 Pen Tool(✒)로 꽃잎 모양을 그리고 'Fill Color : M90Y70, Stroke Color : None'을 지정한 후 Reflect Tool(◄)로 Alt 를 누르고 꽃잎 모양 하단의 고정점을 클릭하여 'Axis : Vertical'을 지정하고 [Copy]를 눌러 복사합니다.

04 Ellipse Tool(⬤)로 상단에 정원을 그리고 'Fill Color : C10M90Y70K20, Stroke Color : None'을 지정합니다. Line Segment Tool(╱)로 수직선을 그리고 'Fill Color : None, Stroke Color : C10M90Y70K20'을 지정하고 Stroke 패널에서 'Weight : 1pt'를 적용합니다.

05 Selection Tool(▶)로 Alt 를 누르면서 드래그하여 정원을 복사하고 Arc Tool(◠)로 그림과 같이 하단에서 상단으로 드래그하여 호를 그리고 배치한 후 'Fill Color : None, Stroke Color : C10M90Y70K20'을 지정하고 Stroke 패널에서 'Weight : 1pt'를 적용합니다.

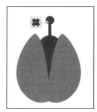 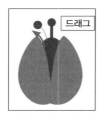 

06 Selection Tool(▶)로 왼쪽의 정원과 호를 동시에 선택하고 Reflect Tool(◢◣)로 Alt 를 누르면서 타원의 가로 중앙을 클릭하고 'Axis : Vertical'을 지정하고 [Copy]를 눌러 복사합니다.

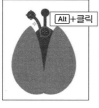  

07 Selection Tool(▶)로 수직선과 2개의 호를 동시에 선택하고 [Object]-[Path]-[Outline Stroke]를 선택하여 선을 면으로 확장한 후 색상이 동일한 7개의 오브젝트를 모두 선택하고 Pathfinder 패널에서 'Unite(▣)'를 클릭하여 합칩니다. Shift + Ctrl + [를 눌러 맨 뒤로 보내기를 합니다.

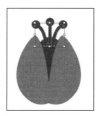  

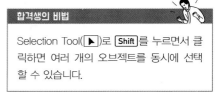

합격생의 비법

Selection Tool(▶)로 Shift 를 누르면서 클릭하면 여러 개의 오브젝트를 동시에 선택할 수 있습니다.

08 Pen Tool()로 곡선의 열린 패스를 그리고 'Fill Color : None, Stroke Color : C50Y100'
을 지정하고 Stroke 패널에서 'Weight : 2pt'를 지정한 후 [Object]-[Path]-[Outline
Stroke]를 선택하여 선을 면으로 확장하여 줄기 모양을 완성합니다.

09 Pen Tool()로 잎 모양을 그리고 'Fill Color : C50Y100, Stroke Color : None'을 지정
합니다. 계속해서 열린 패스를 겹치도록 그리고 'Fill Color : None, Stroke Color : 임의 색
상'을 지정합니다. Selection Tool()로 2개의 오브젝트를 선택하고 Pathfinder 패널에서
'Divide()'를 클릭하여 면을 분할합니다. 더블 클릭하여 Isolation Mode로 전환하여 상단
오브젝트를 선택한 후 'Fill Color : C50Y100K20, Stroke Color : None'을 지정하고 [Esc]
를 눌러 정상 모드로 전환합니다.

10 Selection Tool()로 잎 모양을 선택하고 Reflect Tool()로 줄기 부분을 클릭하여 변형
축을 지정한 후 [Alt]를 누르면서 뒤집어 드래그하여 복사합니다. Selection Tool()로
[Shift]를 누르면서 조절점의 모서리를 안으로 드래그하여 크기를 축소하고 배치합니다.

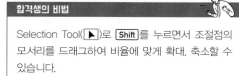

합격생의 비법

Selection Tool(▶)로 [Shift]를 누르면서 조절점의
모서리를 드래그하여 비율에 맞게 확대, 축소할 수
있습니다.

11 Selection Tool()로 줄기와 큰 잎 모양을 선택하고 [Shift]+[Ctrl]+[[]를 눌러 맨 뒤로 보내
기를 하고 Reflect Tool()로 작업 도큐먼트를 클릭한 후 변형 축을 지정하고 [Alt]와 [Shift]
를 누르면서 뒤집어 드래그하여 복사합니다.

  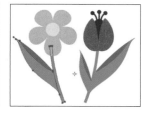

12 Selection Tool(▶)로 왼쪽의 꽃 모양을 선택하고 Scale Tool(⬚)을 더블 클릭하여 'Uni-form : 50%'를 지정하고 [Copy]를 눌러 축소 복사합니다.

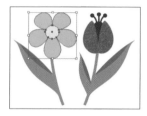 

13 Selection Tool(▶)로 축소된 꽃 모양을 Alt 와 Shift 를 누르면서 오른쪽으로 드래그하여 복사합니다. Ctrl + D 를 눌러 균등한 간격으로 반복 복사한 후 3개의 꽃 모양을 모두 선택하고 Ctrl + G 를 눌러 그룹으로 설정합니다.

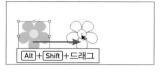 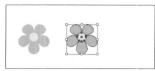 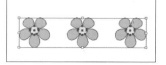

03 파우더 용기 만들고 패턴 적용하기

01 Rectangle Tool(▣)로 작업 도큐먼트를 클릭한 후 'Width : 32mm, Height : 13mm'를 입력하여 그리고 'Fill Color : M20Y30, Stroke Color : 임의 색상'을 지정합니다.

02 Ellipse Tool(◉)로 Alt 를 누르면서 안내선의 교차지점을 클릭하여 'Width : 32mm, Height : 13mm'를 입력하여 그리고 'Fill Color : M20Y30, Stroke Color : 임의 색상'을 지정합니다.

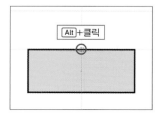  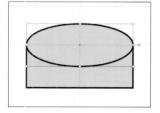

03 Tool 패널의 Selection Tool(▶)을 더블 클릭하고 [Move] 대화상자에서 'Horizontal : 0mm, Vertical : 13mm'를 입력하고 [Copy]를 눌러 아래쪽으로 이동하여 복사합니다. Selection Tool(▶)로 하단의 타원과 직사각형을 선택하고 Pathfinder 패널에서 'Unite(▣)'를 클릭하여 합친 후 Ctrl + [를 눌러 뒤로 보내기를 하고 'Stroke Color : None'을 지정합니다.

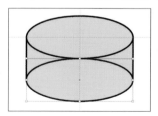  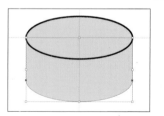

04 Selection Tool(▶)로 타원을 선택하고 Alt 와 Shift 를 누르면서 아래쪽으로 드래그하여 복사합니다. Direct Selection Tool(▷)로 복사된 타원 상단의 고정점을 클릭하여 선택한 후 Delete 를 눌러 삭제하여 열린 패스를 만들고 'Fill Color : None, Stroke Color : C10M80Y90'을 지정하고 Stroke 패널에서 'Weight : 1pt'를 지정합니다.

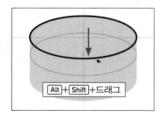  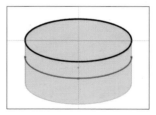

05 Selection Tool(▶)로 상단의 타원을 선택한 후 Gradient 패널에서 'Type : Linear Gradient, Angle : 0°'를 설정하고 Gradient Slider의 왼쪽 'Color Stop'을 더블 클릭하여 M30Y40을, Gradient Slider의 가운데 빈 공간을 클릭하여 'Color Stop'을 추가한 후 더블 클릭하여 C0M0Y0K0을, 오른쪽 'Color Stop'을 더블 클릭하여 M30Y40을 적용한 후 'Stroke Color : None'을 지정합니다.

 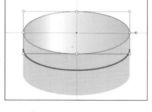

06 [Object]-[Path]-[Offset Path]를 선택한 후 'Offset : −0.8mm'를 지정하여 축소된 복사본을 만들고 키보드의 화살표 ↑ 를 눌러 위쪽으로 조금 이동합니다. Color 패널에서 'Fill Color : None, Stroke Color : C10M80Y90'을 지정하고 Stroke 패널에서 'Weight : 1pt, Dashed Line : 체크, dash : 2pt'를 입력하여 규칙적인 점선을 그려 배치합니다.

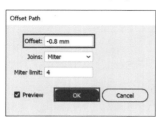  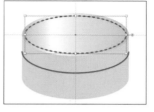

07 Selection Tool(▶)로 튤립 모양을 선택하고 [Object]-[Pattern]-[Make]를 선택하고 Pattern Options에서 'Name : 튤립'을 지정하고 패턴으로 등록합니다. Esc 를 눌러 패턴의 편집 모드에서 정상 모드로 전환합니다.

08 Selection Tool(▶)로 파우더 용기 하단의 오브젝트를 선택한 후 [Ctrl]+[C]로 복사를 하고 [Ctrl]+[F]로 복사한 오브젝트 앞에 붙여 넣기를 합니다. Swatches 패널에서 등록된 튤립 패턴을 클릭하여 면 색상에 적용합니다. Scale Tool(⊞)을 더블 클릭하고 'Uniform : 20%, Transform Objects : 체크 해제, Transform Patterns : 체크'를 지정하여 패턴의 크기를 축소합니다.

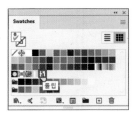 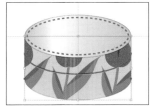 

09 Type Tool([T])로 작업 도큐먼트를 클릭한 후 Character 패널에서 'Set font family : Arial, Set font style : Regular, Set font size : 11pt'를 설정하고 Paragraph 패널에서 'Align center(≡)'를 지정하고 문장을 중앙에 배치합니다. 'Fill Color : C10M90Y70, Stroke Color : None'을 지정하고 BODY POWDER를 입력합니다.

  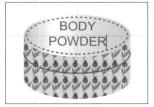

④ 할인 광고 태그 만들고 불규칙적인 점선과 불투명도 설정하기

01 Polygon Tool(⬡)로 상단의 안내선 교차 지점을 클릭하여 'Radius : 27mm, Sides : 6'을 입력하여 그리고 'Fill Color : 임의 색상, Stroke Color : 임의 색상'을 지정합니다.

 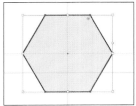 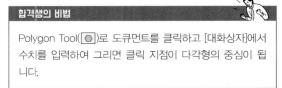

합격생의 비법

Polygon Tool(⬡)로 도큐먼트를 클릭하고 [대화상자]에서 수치를 입력하여 그리면 클릭 지점이 다각형의 중심이 됩니다.

02 Scale Tool(⊞)을 더블 클릭하여 'Uniform : 65%, Transform Objects : 체크'를 지정하고 [Copy]를 눌러 복사합니다. 계속해서 더블 클릭하여 'Uniform : 90%'를 지정하고 [Copy]를 눌러 복사합니다.

03 작은 육각형에 'Fill Color : None, Stroke Color : M40'을 지정하고 Stroke 패널에서 'Weight : 2pt, Dashed Line : 체크, dash : 9pt, gap : 3pt, dash : 2pt, gap : 3pt'를 입력하여 불규칙적인 점선을 적용합니다.

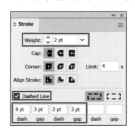
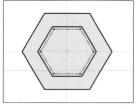

04 Selection Tool(▶)로 두 번째 육각형을 선택하고 'Fill Color : C50M80Y30, Stroke Color : None'을 지정합니다. 세 번째 육각형을 선택하고 'Fill Color : C0M0Y0K0, Stroke Color : None'을 지정한 후 Transparency 패널에서 'Opacity : 70%'를 설정하여 불투명도를 조절합니다.

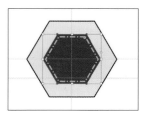

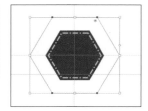

05 꽃 모양 회전하여 복사 후 문자 입력하기

01 Selection Tool(▶)로 2개의 꽃 모양을 선택한 후 Scale Tool(▣)을 더블 클릭하여 'Uniform : 75%, Transform Objects : 체크'를 지정하고 [Copy]를 눌러 축소 복사한 후 육각형의 상단 중앙에 배치합니다. 2개의 꽃 모양의 가운데 간격을 이동하여 배치합니다.

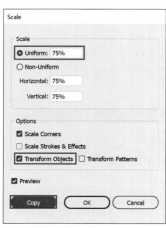

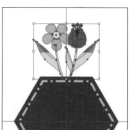

합격생의 비법

Pattern이 적용된 오브젝트가 있는 도큐먼트는 기본적으로 변형 도구의 Options에 'Transform Patterns : 체크'가 되어 있습니다. 패턴이 적용되지 않은 오브젝트에는 체크 해제를 굳이 하지 않아도 됩니다.

02 Rotate Tool(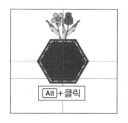)로 Alt 를 누르면서 안내선의 상단 교차 지점을 클릭하여 [Rotate] 대화상자에서 'Angle : 45°'를 지정하고 [Copy]를 눌러 회전 복사한 후 Ctrl + D 를 6번 눌러 반복하여 복사합니다.

03 Type Tool(T)로 작업 도큐먼트를 클릭한 후 Character 패널에서 'Set font family : Times New Roman, Set font style : Bold, Set font size : 16pt'를 설정하고 Paragraph 패널에서 'Align center(≡)'를 지정하고 문장을 중앙에 배치합니다. 'Fill Color : C0M0Y0K0, Stroke Color : None'을 지정하고 UP TO 30% OFF를 입력합니다. Rotate Tool()로 더블 클릭하여 'Angle : −35°'를 지정하여 회전한 후 배치합니다.

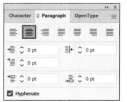

06 저장하기

01 [View]−[Guides]−[Hide Guides](Ctrl + ;)를 선택하여 안내선을 숨기고 [View]−[Fit Artboard in Window](Ctrl + 0)를 선택하여 현재 창에 맞추기를 합니다.

02 [File]−[Save As]를 선택하고 '저장 위치 : 내 PC₩문서₩GTQ, 파일 형식 : Adobe Illustrator(*AI), 파일 이름 : 수험번호−성명−문제번호.ai'를 확인하고 [저장]을 클릭한 후 [Illustrator Options] 대화상자에서 'Version : Illustrator 2020'으로 설정하고 [OK]를 클릭합니다.

03 답안 저장이 완료가 되면 [File]−[Exit](Ctrl + Q)를 선택하여 일러스트레이터 프로그램을 종료하고 수험 프로그램에서 [답안 전송]을 클릭하여 감독관 컴퓨터로 전송합니다.

기출 유형 문제 05회

▶ 동영상 무료

급수	문제유형	시험시간	수험번호	성명
2급	A	90분	G123456789	

수 험 자 유 의 사 항

• 수험자는 문제지를 받는 즉시 응시하고자 하는 과목 및 급수가 맞는지 확인한 후 수험번호와 성명을 작성합니다.
• 파일명은 본인의 "수험번호–성명–문제번호"로 공백 없이 정확히 입력하고 답안폴더(내 PC₩문서₩GTQ)에 ai 파일 포맷으로 저장해야 하며, 다른 파일 형식으로 저장하였을 경우 0점 처리됩니다. 답안문서 파일명이 "수험번호–성명–문제번호"와 일치하지 않거나, 답안 파일을 전송하지 않아 미제출로 처리될 경우 불합격 처리됩니다.
• 수험자 정보와 저장한 파일명, 저장 위치가 다를 경우 전송이 되지 않으므로, 주의하시기 바랍니다.
• 답안 작성 중에도 주기적으로 '저장'과 '답안 전송'을 이용하여 감독위원 PC로 답안을 전송하셔야 합니다. (※ 작업한 내용을 저장하지 않고 전송할 경우 이전의 저장내용이 전송되오니 이점 반드시 유념하시기 바랍니다.)
• 답안문서는 지정된 경로 외의 다른 보조기억장치에 저장하는 행위, 지정된 시험 시간 외에 작성된 파일을 활용한 행위, 기타 통신수단(이메일, 메신저, 네트워크 등)을 이용하여 타인에게 전달 또는 외부 반출하는 행위는 부정으로 간주되어 자격기본법 제32조에 의거 본 시험 및 국가공인 자격시험을 2년간 응시할 수 없습니다.
• 시험 중 부주의 또는 고의로 시스템을 파손한 경우와 〈수험자 유의사항〉에 기재된 방법대로 이행하지 않아 생기는 불이익은 수험자의 책임임을 알려 드립니다.
• 시험을 완료한 수험자는 최종적으로 저장한 답안파일이 전송되었는지 확인한 후 감독위원의 지시에 따라 문제지를 제출하고 퇴실합니다.

답 안 작 성 요 령

• 온라인 답안 작성 절차
  수험자 등록 ⇒ 시험 시작 ⇒ 답안파일 저장 ⇒ 답안 전송 ⇒ 시험 종료
• 배점은 총 100점으로 이루어지며, 점수는 각 문제별로 차등 배분됩니다.
• 각 문제는 제시된 조건에 맞게 답안을 작성하셔야 하며, 조건을 지키지 못했을 경우에는 0점 또는 감점 처리됩니다.
• 조건에서 주어진 단위는 'mm(밀리미터)'입니다. 눈금자는 작성하지 않으며, 그 외는 출력형태(레이아웃, 색상, 문자, 규격 등)와 같게 작업하십시오.
• 문제 조건에 서체의 지정이 없을 경우 한글은 굴림이나 돋움, 영문은 Arial로 작업하십시오. (단, 그 외 제시되지 않은 문자 속성을 기본값으로 작성하지 않은 경우는 감점 처리됩니다.)
• 문제 조건에 크기와 색상, 두께의 지정이 없을 경우 《출력형태》를 참고하여 작업해 주시기 바랍니다.
• Image Mode(이미지 모드)는 별도의 처리조건이 없을 경우에는 CMYK로 작업하십시오.
• 조건에서 제시한 기능을 임의로 합치거나 각 기능에 대한 속성을 해지할 경우 해당 요소는 0점 처리됩니다.

한 국 생 산 성 본 부

다음의 《조건》에 따라 아래의 《출력형태》와 같이 작업하시오.

조건

파일저장규칙	AI	파일명	문서₩GTQ₩수험번호─성명─1.ai
		크기	100 × 80mm

1. 작업 방법
① 도형, 변형 툴과 Pathfinder 기능을 활용하여 오브젝트를 작성한다.
② 그 외 《출력형태》 참조

출력형태

C30M80Y70K20,
C0M0Y0K0,
K100,
C30M50Y40,
M50Y80K10,
M30Y50,
C30M50Y40K20,
C40Y20,
M80Y80,
(선/획) C0M0Y0K0, 1pt

문제 2 ┆ 문자와 오브젝트　　　　　　　　　　　　　　　　　　　　　**35점**

다음의 《조건》에 따라 아래의 《출력형태》와 같이 작업하시오.

조건

파일저장규칙	AI	파일명	문서₩GTQ₩수험번호−성명−2.ai
		크기	100 × 80mm

1. 작업 방법
① 'TRICK OR TREAT' 문자에 Arial (Black) 폰트를 적용한다.
② 'Happy Halloween Day' 문자에 Type on a Path Tool을 활용한다.
③ Brush는 《출력형태》를 참고하여 작성한다.
④ Effect는 《출력형태》를 참고하여 작성한다.
⑤ 그 외 《출력형태》 참조

2. 문자 효과
① Happy Halloween Day (Arial, Bold, 13pt, C80M100Y30K40)

출력형태

[Brush] Dry Brush 6, M40Y90, 3pt, [Effect] Drop Shadow

M80Y50, C80M100Y30K40

C0M0Y0K0

M30Y100, M10Y80, C80M30Y100K20, K100, C100M20Y100 → C10Y100

[Brush] Banner 6, 1.2pt

다음의 《조건》에 따라 아래의 《출력형태》와 같이 작업하시오.

조건

파일저장규칙	AI	파일명	문서₩GTQ₩수험번호-성명-3.ai
		크기	120 × 80mm

1. 작업 방법

① 도형 툴로 오브젝트를 제작한 후 Pattern을 활용하여 작성한다. (패턴 등록 : 막대 사탕)

② 태그에는 규칙적인 점선을, 셔츠에는 불규칙적인 점선을 설정한다.

③ 셔츠에 Pattern을 적용한다.

④ 태그 중간에 배치된 오브젝트는 정렬, 간격을 일정하게 한 후 Group 설정한다.

⑤ 그 외 《출력형태》 참조

2. 문자 효과

① Enjoy! (Arial, Regular, 12pt, C100M60)

② NIGHT PARTY (Arial, Bold, 10pt, K100)

출력형태

K100,
Y20K50,
C0M0Y0K0

Y90,
M90Y100,
M60Y90K20,
C50Y50

C50Y20, Opacity 50%,
C0M0Y0K0,
C10Y30,
(선/획) Y20K70, 2pt

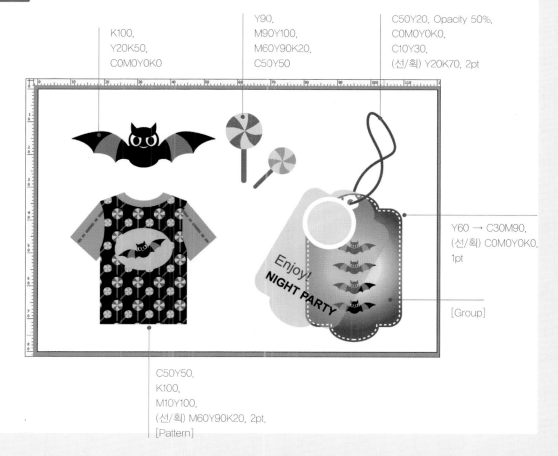

Y60 → C30M90,
(선/획) C0M0Y0K0,
1pt

[Group]

C50Y50,
K100,
M10Y100,
(선/획) M60Y90K20, 2pt,
[Pattern]

작업과정	새 도큐먼트 만들기 및 파일 저장하기 ➡ 부엉이 모양 만들기 ➡ 모자 모양 만들기 ➡ 별과 원형으로 배경 만들기 ➡ 저장하기
완성이미지	Part04₩기출유형문제05회₩수험번호-성명-1.ai

01 새 도큐먼트 만들기 및 파일 저장하기

01 [File]-[New]를 선택하고 'Width : 100mm, Height : 80mm, Units : Millimeters, Color Mode : CMYK'를 설정하여 새 도큐먼트를 만들고 [View]-[Rulers]-[Show Rulers] (Ctrl+R)를 선택하여 눈금자를 표시합니다.

02 작품의 규격 왼쪽 상단에 원점(0,0)을 확인하고 왼쪽과 상단 눈금자 위에서 마우스로 각각 드래그하여 제시된 출력형태와 레이아웃 구성이 동일하게 안내선을 표시합니다.

03 작업 도큐먼트를 저장하기 위해 [File]-[Save As]를 선택하고 '저장 위치 : 내 PC₩문서₩ GTQ, 파일 형식 : Adobe Illustrator(*AI), 파일 이름 : 수험번호-성명-문제번호'를 입력하고 [저장]을 클릭한 후 [Illustrator Options] 대화상자에서 'Version : Illustrator 2020' 으로 설정하고 [OK]를 클릭합니다.

02 부엉이 모양 만들기

01 Ellipse Tool(◉)로 작업 도큐먼트를 클릭한 후 'Width : 30mm, Height : 25mm'를 입력하여 그리고 'Fill Color : C30M80Y70K20, Stroke Color : None'을 지정합니다. 계속해서 클릭하여 'Width : 35mm, Height : 30mm'를 입력하여 그리고 하단에 겹치도록 배치합니다.

 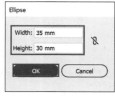 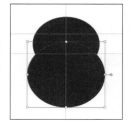

02 Ellipse Tool(◉)로 3개의 정원을 겹치도록 그리고 'Fill Color : C0M0Y0K0, K100, C0M0Y0K0, Stroke Color : 임의 색상'을 각각 지정합니다. 계속해서 타원을 3개의 정원 상단에 겹치도록 그리고 'Fill Color : 임의 색상, Stroke Color : 임의 색상'을 지정합니다. Rotate Tool(◔)을 더블 클릭하여 'Angle : -15°'를 지정하여 타원을 회전합니다.

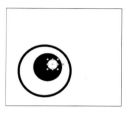 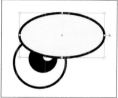 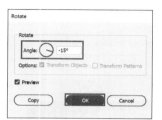 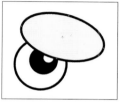

03 Selection Tool(▶)로 3개의 정원과 타원을 함께 선택하고 Pathfinder 패널에서 'Trim
(⬛)'을 클릭합니다. Selection Tool(▶)로 더블 클릭하여 Isolation Mode로 전환한 후 타
원을 선택하고 Delete를 눌러 삭제합니다. Esc를 눌러 정상모드로 전환하고 눈의 위치에 배
치합니다.

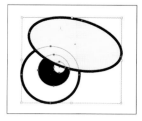  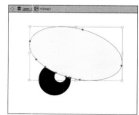 

> **합격생의 비법**
>
> Trim(⬛)은 선택한 오브젝트 중에 맨 앞에 있는 오브젝트와 뒤쪽에 있는 오브젝트의 겹친 부분은 합쳐지고 보이는 부
> 분만 남기며 테두리 색상은 투명해집니다.

04 Ellipse Tool(⬤)로 작업 도큐먼트를 클릭한 후 'Width : 10mm, Height : 24mm'를 입력
하여 그리고 'Fill Color : C30M50Y40, Stroke Color : None'을 지정합니다. Direct Se-
lection Tool(▷)로 타원의 오른쪽 고정점을 클릭하여 선택한 후 위로 이동합니다. 계속해서
하단 고정점의 오른쪽 핸들을 왼쪽으로 드래그하여 날개 모양을 완성합니다.

 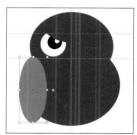  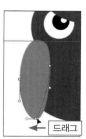

05 Arc Tool(⌒)로 날개 모양 위에 오른쪽 상단에서 왼쪽 하단으로 드래그하여 2개의 호를 그리
고 'Fill Color : None, Stroke Color : C0M0Y0K0'을 지정하고 Stroke 패널에서 'Weight :
1pt'를 적용합니다.

06 Ellipse Tool()로 몸통 모양 하단에 드래그하여 타원을 그리고 'Fill Color : M50Y80K10, Stroke Color : None'을 지정합니다. Selection Tool(▶)로 Alt 를 누르면서 오른쪽으로 드래그하여 복사하고 Ctrl + D 를 눌러 반복하여 복사한 후 가운데 타원을 선택하고 조절점 하단 중앙을 아래로 드래그하여 길이를 조절합니다.

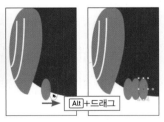

07 Selection Tool(▶)로 Shift 를 누르면서 눈 모양과 날개, 발 모양을 모두 선택하고 Reflect Tool(◖◗)로 Alt 를 누르면서 세로 안내선을 클릭하여 'Axis : Vertical'을 지정하고 [Copy]를 눌러 복사합니다.

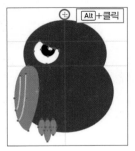

08 Polygon Tool()로 안내선의 하단 교차 지점을 클릭한 후 'Radius : 2.5mm, Sides : 3'을 입력하여 삼각형을 그리고 'Fill Color : M30Y50, Stroke Color : None'을 지정합니다. Reflect Tool(◖◗)을 더블 클릭하여 'Axis : Horizontal'을 지정하고 역삼각형으로 변형합니다.

09 Pen Tool(🖊)로 클릭하여 열린 패스를 그리고 'Fill Color : None, Stroke Color : C30M50Y40K20'을 지정한 후 Stroke 패널에서 'Weight : 4pt, Cap : Round Cap, Corner : Round Join'을 클릭하여 패스의 끝점과 모서리 바깥쪽을 둥근 모양으로 지정하고 [Object]-[Path]-[Outline Stroke]로 선을 면으로 확장합니다.

10 Selection Tool(▶)로 Alt 를 누르면서 오른쪽으로 드래그하여 복사하고 Ctrl + D 를 눌러 반복하여 복사합니다. Shift 를 누르면서 3개의 오브젝트를 함께 선택하고 Alt 를 누르면서 아래쪽으로 드래그하여 복사합니다.

03 모자 모양 만들기

01 Ellipse Tool(⬭)로 작업 도큐먼트를 클릭한 후 'Width : 36mm, Height : 10mm'를 입력하여 그리고 'Fill Color : C40Y20, Stroke Color : 임의 색상'을 지정합니다.

02 Pen Tool(🖊)과 Ellipse Tool(⬭)로 닫힌 패스와 정원을 겹치도록 그리고 'Fill Color : C40Y20, Stroke Color : 임의 색상'을 지정합니다. Selection Tool(▶)로 3개의 오브젝트를 함께 선택하고 Pathfinder 패널에서 'Unite(🔲)'를 클릭하여 합칩니다.

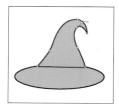 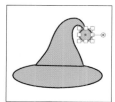  

03 Pen Tool(✐)로 6개의 열린 패스를 모자 모양과 겹치도록 그리고 'Fill Color : None, Stroke Color : 임의 색상'을 지정합니다. Selection Tool(▶)로 모자 모양과 열린 패스를 함께 선택하고 Pathfinder 패널에서 'Divide(◧)'를 클릭하여 면을 분할합니다.

04 Selection Tool(▶)로 더블 클릭하여 Isolation Mode로 전환한 후 Shift 를 누르면서 4개의 분할된 오브젝트를 함께 선택하고 'Fill Color : K100'을 지정합니다. Esc 를 눌러 정상 모드로 전환한 후 모자 모양을 선택하고 'Stroke Color : None'을 지정합니다.

05 Ellipse Tool(⬤)로 드래그하여 원을 그리고 'Fill Color : M80Y80, Stroke Color : 임의 색상'을 지정합니다. Rounded Rectangle Tool(▢)로 Alt 를 누르면서 원의 중앙에서 드래그하여 임의 색상의 둥근 사각형을 원과 겹치도록 그리고 Selection Tool(▶)로 원과 함께 선택한 후 Pathfinder 패널에서 'Minus Front(◳)'를 클릭합니다.

06 Selection Tool(▶)로 조절점의 밖을 드래그하여 회전하고 이동하여 배치합니다.

④ 별과 원형으로 배경 만들기

01 Ellipse Tool(⬤)로 Alt 를 누르면서 안내선의 하단 교차지점을 클릭한 후 'Width : 83mm, Height : 83mm'를 입력하여 그리고 'Fill Color : M30Y50, Stroke Color : None'을 지정합니다.

02 Pen Tool()로 정원의 하단에 클릭하여 열린 패스를 그리고 'Fill Color : None, Stroke Color : 임의 색상'을 지정합니다. Selection Tool(▶)로 정원과 함께 선택하고 Pathfinder 패널에서 'Divide(▣)'를 클릭하여 면을 분할합니다.

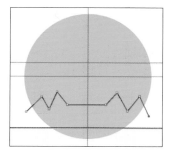

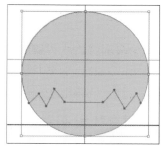

03 Selection Tool(▶)로 더블 클릭하여 Isolation Mode로 전환하고 분할된 하단의 오브젝트를 선택하고 Delete 를 눌러 삭제합니다. Esc 를 눌러 정상 모드로 전환한 후 Shift + Ctrl + [를 눌러 맨 뒤로 보내기를 합니다.

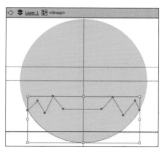
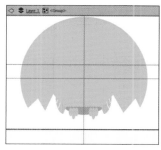

04 Star Tool(★)로 작업 도큐먼트의 왼쪽 상단에 드래그하여 크기가 다른 2개의 별을 그리고 'Fill Color : M30Y50, Stroke Color : None'을 지정합니다.

05 저장하기

01 [View]-[Guides]-[Hide Guides](Ctrl + ;)를 선택하여 안내선을 숨기고 [View]-[Fit Artboard in Window](Ctrl + 0)를 선택하여 현재 창에 맞추기를 합니다.

02 [File]-[Save As]를 선택하고 '저장 위치 : 내 PC₩문서₩GTQ, 파일 형식 : Adobe Illustrator(*AI), 파일 이름 : 수험번호-성명-문제번호.ai'를 확인하고 [저장]을 클릭한 후 [Illustrator Options] 대화상자에서 'Version : Illustrator 2020'으로 설정하고 [OK]를 클릭합니다.

03 답안 저장이 완료가 되면 [File]-[Close](Ctrl + W)를 선택하여 파일을 닫고 수험 프로그램에서 [답안 전송]을 클릭하여 감독관 컴퓨터로 전송합니다.

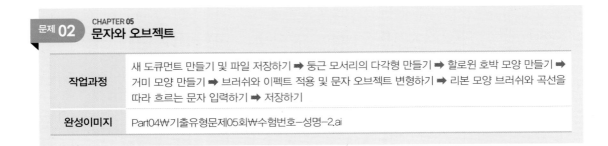

CHAPTER 05
문제 02 문자와 오브젝트

작업과정	새 도큐먼트 만들기 및 파일 저장하기 ➡ 둥근 모서리의 다각형 만들기 ➡ 할로윈 호박 모양 만들기 ➡ 거미 모양 만들기 ➡ 브러쉬와 이펙트 적용 및 문자 오브젝트 변형하기 ➡ 리본 모양 브러쉬와 곡선을 따라 흐르는 문자 입력하기 ➡ 저장하기
완성이미지	Part04₩기출유형문제05회₩수험번호-성명-2.ai

01 새 도큐먼트 만들기 및 파일 저장하기

01 [File]-[New]를 선택하고 'Width : 100mm, Height : 80mm, Units : Millimeters, Color Mode : CMYK'를 설정하여 새 도큐먼트를 만들고 [View]-[Rulers]-[Show Rulers] (Ctrl+R)를 선택하여 눈금자를 표시합니다.

02 작품의 규격 왼쪽 상단에 원점(0,0)을 확인하고 왼쪽과 상단 눈금자 위에서 마우스로 각각 드래그하여 제시된 출력형태와 레이아웃 구성이 동일하게 안내선을 표시합니다.

03 작업 도큐먼트를 저장하기 위해 [File]-[Save As]를 선택하고 '저장 위치 : 내 PC₩문서₩ GTQ, 파일 형식 : Adobe Illustrator(*AI), 파일 이름 : 수험번호-성명-문제번호'를 입력하고 [저장]을 클릭한 후 [Illustrator Options] 대화상자에서 'Version : Illustrator 2020' 으로 설정하고 [OK]를 클릭합니다.

02 둥근 모서리의 다각형 만들기

01 Polygon Tool(⬡)로 안내선의 교차 지점을 클릭하여 'Radius : 33mm, Sides : 6'을 입력하여 그리고 'Fill Color : M80Y50, Stroke Color : None'을 지정합니다.

02 [Effect]-[Illustrator Effects]-[Stylize]-[Round Corners]를 선택하고 'Radius : 5mm' 를 입력하여 각진 모서리를 둥글게 만들고 [Object]-[Expand Appearance]를 선택하여 오브젝트의 속성을 확장합니다.

  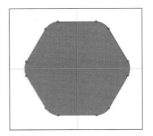

합격생의 비법

다각형 모서리 안쪽의 ◉를 안쪽으로 드래그하여 모서리의 둥근 정도를 설정할 수 있습니다.

03 [Object]-[Path]-[Offset Path]를 선택한 후 'Offset : −2mm'를 지정하여 축소된 복사본
을 만든 후 'Fill Color : C80M100Y30K40, Stroke Color : None'을 지정합니다.

03 할로윈 호박 모양 만들기

01 Rounded Rectangle Tool(▣)로 작업 도큐먼트를 클릭한 후 'Width : 35mm, Height :
24mm, Corner Radius : 15mm'를 입력하여 그리고 'Fill Color : M30Y100, Stroke
Color : None'을 지정합니다. Add Anchor Point Tool(✏)로 상단 선분 중앙에 클릭하여
고정점을 추가한 후 키보드의 화살표 ⬇를 눌러 아래로 이동하여 모양을 변형합니다.

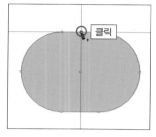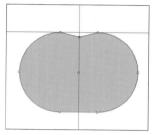

02 Pen Tool(✒)로 호박 모양 왼쪽과 겹치도록 곡선의 열린 패스를 그리고 'Fill Color : None,
Stroke Color : 임의 색상'을 지정을 지정합니다. Selection Tool(▶)로 열린 패스를 선택
한 후 Reflect Tool(◁)로 Alt 를 누르고 가운데 세로 안내선을 클릭하여 'Axis : Vertical'
을 지정하고 [Copy]를 눌러 복사합니다.

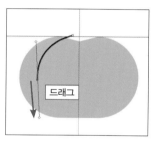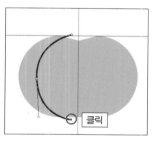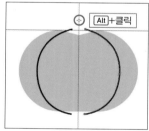

03 Selection Tool(▶)로 2개의 열린 패스를 함께 선택한 후 [Object]-[Blend]-[Make]를 적
용하고 [Object]-[Blend]-[Blend Options]로 'Specified Steps : 2'를 적용합니다.

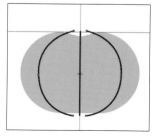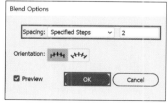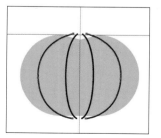

04 [Object]-[Blend]-[Expand]로 확장하고 Selection Tool(▶)로 호박 모양과 함께 선택하고 Pathfinder 패널에서 'Divide(▣)'를 클릭하여 면을 분할합니다. Selection Tool(▶)로 더블 클릭하여 Isolation Mode로 전환하고 2개의 오브젝트를 선택하고 'Fill Color : M10Y80, Stroke Color : None'을 지정한 후 Esc 를 눌러 정상 모드로 전환합니다.

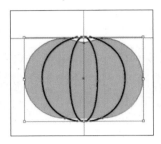 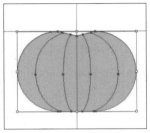 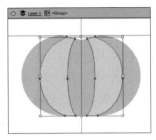

05 Pen Tool(✏)로 줄기 모양을 그리고 Gradient 패널에서 'Type : Linear Gradient, Angle : 0°'를 적용하고 Gradient Slider의 왼쪽 'Color Stop'을 더블 클릭하여 C100M20Y100을, 오른쪽 'Color Stop'을 더블 클릭하여 C10Y100을 적용한 후, 'Stroke Color : None'을 지정합니다.

 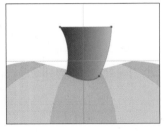

06 Ellipse Tool(⬭)로 줄기 모양 상단에 드래그하여 타원을 그리고 'Fill Color : C80M30Y100K20, Stroke Color : None'을 지정하고 Direct Selection Tool(▷)로 하단의 고정점을 이동하여 패스를 변형합니다.

07 Pen Tool(✏)로 클릭하여 크기가 다른 삼각형을 그리고 'Fill Color : K100, Stroke Color : None'을 지정합니다. Selection Tool(▶)로 Alt 를 누르면서 오른쪽으로 드래그하여 복사합니다. 계속해서 Pen Tool(✏)로 동일한 색상의 입 모양을 그립니다.

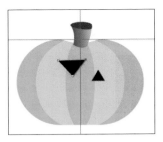 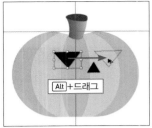 

08 Selection Tool(▶)로 호박 모양을 모두 선택하고 Ctrl + G를 눌러 그룹으로 설정한 후 Rotate Tool(↻)을 더블 클릭하여 'Angle : 5°'를 지정하여 회전합니다.

04 거미 모양 만들기

01 Ellipse Tool(◯)로 작업 도큐먼트를 클릭한 후 'Width : 5mm, Height : 5mm'와 'Width : 2mm, Height : 2mm'를 각각 입력하여 그리고 'Fill Color : C0M0Y0K0, Stroke Color : None'을 지정하고 배치합니다.

  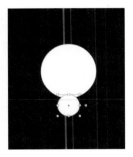

02 Rectangle Tool(▢)로 큰 정원의 상단에 드래그하여 동일한 색상의 직사각형을 그립니다. Selection Tool(▶)로 3개의 오브젝트를 함께 선택하고 Align 패널에서 'Horizontal Align Center(▮)'를 클릭하여 가로 가운데 정렬을 지정합니다.

03 Pen Tool(✒)로 클릭하여 거미의 다리 모양을 열린 패스로 그리고 'Fill Color : None, Stroke Color : C0M0Y0K0'을 지정하고 Stroke 패널에서 'Weight : 0.75pt'를 적용한 후 [Object]-[Path]-[Outline Stroke]를 선택하여 선을 면으로 확장합니다. Rotate Tool(↻)로 Alt 를 누르면서 다리 모양 오른쪽 하단의 고정점을 클릭하고 [대화상자]에서 'Angle : 30°'를 지정하고 [Copy]를 클릭한 후 Ctrl + D 를 눌러 반복 복사합니다.

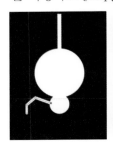    

04 Selection Tool(▶)로 3개의 다리 모양 오브젝트를 함께 선택하고 Reflect Tool(▷◀)로 Alt 를 누르고 정원의 중심점을 클릭하여 'Axis : Vertical'을 지정하고 [Copy]를 눌러 복사합니다.

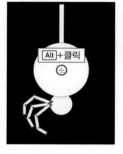

05 Selection Tool(▶)로 거미 모양을 모두 선택하고 Pathfinder 패널에서 'Unite(■)'를 클릭하여 하나의 오브젝트로 합친 후 도큐먼트의 빈 곳을 클릭하여 선택을 해제합니다.

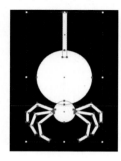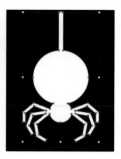

05 브러쉬와 이펙트 적용 및 문자 오브젝트 변형하기

01 Brushes 패널 하단의 'Brush Libraries Menu'를 클릭하고 [Artistic]−[Artistic_Paint−brush]를 선택하여 추가 브러쉬 패널을 불러온 후 'Dry Brush 6'을 선택합니다.

02 Line Segment Tool(／)로 작업 도큐먼트에 클릭하여 'Length : 86mm, Angle : 8°'를 지정하여 그리고 'Fill Color : None, Stroke Color : M40Y90'을 지정하고 'Dry Brush 6' 브러쉬를 적용한 후 Stroke 패널에서 'Weight : 3pt'를 지정합니다.

03 [Effect]-[Illustrator Effects]-[Stylize]-[Drop Shadow]를 선택하고 'Opacity : 75%, X Offset : 2.47mm, Y Offset : 2.47mm, Blur : 1.76mm'를 지정하여 그림자 효과를 적용합니다.

04 Type Tool(T)로 작업 도큐먼트를 클릭한 후 Character 패널에서 'Set font family : Arial, Set font style : Black, Set font size : 15pt'를 설정하고 'Fill Color : C0M0Y0K0, Stroke Color : None'을 지정한 후 TRICK OR TREAT을 입력합니다.

05 Selection Tool(▶)로 문자를 클릭하여 선택하고 [Type]-[Create Outlines]([Shift]+[Ctrl]+[O])를 선택하여 문자를 윤곽선으로 변환한 후 더블 클릭하여 Isolation Mode로 전환합니다.

06 Direct Selection Tool(▷)로 T 문자 오브젝트의 상단 6개의 고정점을 드래그하여 선택하고 키보드의 화살표 [↑]를 눌러 위쪽으로 이동하고 변형합니다. 계속해서 K 문자 오브젝트의 왼쪽 상단과 T 문자 오브젝트의 하단 고정점을 각각 드래그하여 선택하고 키보드의 화살표를 눌러 모양을 변형합니다.

07 Selection Tool(▶)로 2개의 T 문자 오브젝트를 각각 선택하고 키보드의 화살표를 눌러 안쪽으로 이동하여 문자 오브젝트의 간격을 조절하여 배치하고 도큐먼트의 빈 곳을 더블 클릭하여 정상 모드로 전환합니다.

06 리본 모양 브러쉬와 곡선을 따라 흐르는 문자 입력하기

01 Brushes 패널 하단의 'Brush Libraries Menu'를 클릭하고 [Decorative]–[Decorative_ Banners and Seals]를 선택하여 추가 브러쉬 패널을 불러온 후 'Banner 6'을 선택합니다.

02 Line Segment Tool(/)로 Shift 를 누르면서 할로윈 호박 모양 하단에 오른쪽에서 왼쪽으로 드래그하여 수평선을 그리고 'Fill Color : None, Stroke Color : 임의 색상'을 지정한 후 Stroke 패널에서 'Weight : 1.2pt'를 지정합니다.

03 Pen Tool(✎)로 드래그하여 문자를 입력할 열린 곡선 패스를 그리고 'Fill Color : None, Stroke Color : 임의 색상'을 지정합니다. Type on a Path Tool(↜)로 열린 패스의 왼쪽을 클릭한 후 Character 패널에서 'Set font family : Arial, Set font style : Bold, Set font size : 13pt'를 설정하고 'Fill Color : C80M100Y30K40, Stroke Color : None'을 지정한 후 Happy Halloween Day를 입력합니다.

07 저장하기

01 [View]–[Guides]–[Hide Guides](Ctrl + ;)를 선택하여 안내선을 숨기고 [View]–[Fit Artboard in Window](Ctrl + 0)를 선택하여 현재 창에 맞추기를 합니다.

02 [File]–[Save As]를 선택하고 '저장 위치 : 내 PC₩문서₩GTQ, 파일 형식 : Adobe Illustrator(*AI), 파일 이름 : 수험번호–성명–문제번호.ai'를 확인하고 [저장]을 클릭한 후 [Illustrator Options] 대화상자에서 'Version : Illustrator 2020'으로 설정하고 [OK]를 클릭합니다.

03 답안 저장이 완료가 되면 [File]–[Close](Ctrl + W)를 선택하여 파일을 닫고 수험 프로그램에서 [답안 전송]을 클릭하여 감독관 컴퓨터로 전송합니다.

작업과정	새 도큐먼트 만들기 및 파일 저장하기 ➡ 박쥐 모양 만들기 ➡ 사탕 모양 만들기 ➡ 티셔츠 모양 만들고 패턴 적용하기 ➡ 태그 모양 만들기 ➡ 정렬과 간격 조정하여 그룹 설정하기 ➡ 저장하기
완성이미지	Part04₩기출유형문제05회₩수험번호-성명-3.ai

01 새 도큐먼트 만들기 및 파일 저장하기

01 [File]-[New]를 선택하고 'Width : 120mm, Height : 80mm, Units : Millimeters, Color Mode : CMYK'를 설정하여 새 도큐먼트를 만들고 [View]-[Rulers]-[Show Rulers](Ctrl + R)를 선택하여 눈금자를 표시합니다.

02 작품의 규격 왼쪽 상단에 원점(0,0)을 확인하고 왼쪽과 상단 눈금자 위에서 마우스로 각각 드래그하여 제시된 출력형태와 레이아웃 구성이 동일하게 안내선을 표시합니다.

03 작업 도큐먼트를 저장하기 위해 [File]-[Save As]를 선택하고 '저장 위치 : 내 PC₩문서₩GTQ, 파일 형식 : Adobe Illustrator(*AI), 파일 이름 : 수험번호-성명-문제번호'를 입력하고 [저장]을 클릭한 후 [Illustrator Options] 대화상자에서 'Version : Illustrator 2020'으로 설정하고 [OK]를 클릭합니다.

02 박쥐 모양 만들기

01 Ellipse Tool(◉)로 Alt 를 누르면서 세로 안내선에 클릭하여 'Width : 9mm, Height : 8mm'와 'Width : 9mm, Height : 6mm'를 각각 입력하여 그리고 'Fill Color : K100, Stroke Color : None'을 지정합니다.

02 Pen Tool(✎)로 왼쪽 귀 모양과 날개 모양을 그리고 'Fill Color : K100, Stroke Color : None'을 지정합니다.

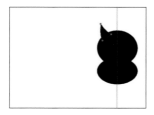 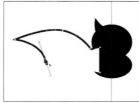 

03 Arc Tool(◠)로 왼쪽 하단에서 오른쪽 상단으로 드래그하여 2개의 호를 그리고 'Fill Color : None, Stroke Color : 임의 색상'을 지정합니다.

04 Selection Tool(▶)로 날개 모양과 2개의 호를 함께 선택하고 Pathfinder 패널에서 'Divide(⬚)'를 클릭하여 면을 분할한 후 더블 클릭하여 Isolation Mode로 전환합니다. 가운데 오브젝트를 선택하고 'Fill Color : Y20K50, Stroke Color : None'을 지정한 후 Esc 를 눌러 정상 모드로 전환합니다.

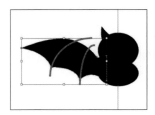  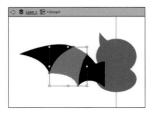

05 Ellipse Tool(⬤)로 드래그하여 타원을 그리고 'Fill Color : C0M0Y0K0, Stroke Color : None'을 지정한 후 임의 색상의 타원을 상단과 겹치도록 그립니다. Selection Tool(▶)로 2 개의 원을 함께 선택한 후 Pathfinder 패널에서 'Minus Front(⬚)'를 클릭하여 눈 모양을 만들고 Ellipse Tool(⬤)로 타원을 그리고 'Fill Color : K100, Stroke Color : None'을 지정합니다.

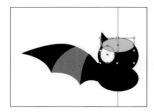  

06 Selection Tool(▶)로 대칭 복사할 오브젝트를 모두 선택하고 Reflect Tool(◁▷)로 Alt 를 누르고 안내선을 클릭하여 'Axis : Vertical'을 지정하고 [Copy]를 눌러 복사합니다.

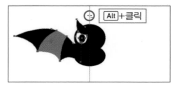 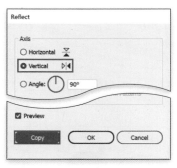 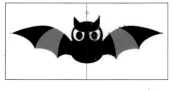

07 Ellipse Tool(⬤)로 드래그하여 2개의 타원을 겹치도록 그리고 Selection Tool(▶)로 2개의 타원을 함께 선택한 후 Pathfinder 패널에서 'Minus Front(⬚)'를 클릭하여 입 모양을 만들고 'Fill Color : C0M0Y0K0, Stroke Color : None'을 지정합니다.

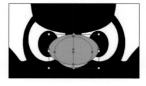  

08 Ctrl+A를 눌러 박쥐 모양을 모두 선택하고 Ctrl+G를 눌러 그룹을 설정합니다.

03 사탕 모양 만들기

01 Ellipse Tool(◯)로 작업 도큐먼트를 클릭한 후 'Width : 11mm, Height : 11mm'를 입력하여 그리고 'Fill Color : Y90, Stroke Color : None'을 지정합니다.

02 Line Segment Tool(╱)로 작업 도큐먼트에 클릭하여 'Length : 16mm, Angle : 90°'를 지정하여 수직선을 그리고 'Fill Color : None, Stroke Color : 임의 색상'을 지정합니다. Rotate Tool(⟳)을 더블 클릭하여 'Angle : 45°'를 지정하고 [Copy]를 눌러 복사하고 Ctrl+D를 2번 눌러 반복하여 복사합니다.

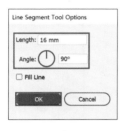  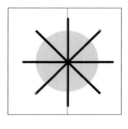

03 Selection Tool(▶)로 4개의 선을 함께 선택한 후 [Effect]-[Illustrator Effects]-[Distort & Transform]-[Twist]를 선택하고 'Angle : 30°'를 지정하여 변형한 후 [Object]-[Expand Appearance]를 선택하여 오브젝트의 속성을 확장합니다.

 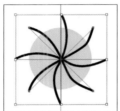 

04 Selection Tool(▶)로 정원과 함께 선택하고 Align 패널에서 'Horizontal Align Center(⯐)'와 'Vertical Align Center(⯐)'를 각각 클릭하여 가운데 정렬을 지정합니다.

 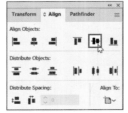 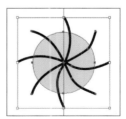

05 Pathfinder 패널에서 'Divide()'를 클릭하여 면을 분할하고 Selection Tool(▶)로 더블 클릭하여 Isolation Mode로 전환하고 4개의 오브젝트를 선택한 후 'Fill Color : M90Y100, Stroke Color : None'을 지정하고 Esc 를 눌러 정상 모드로 전환합니다.

06 Rounded Rectangle Tool(▢)로 드래그하여 둥근 사각형을 그리고 'Fill Color : M60Y90K20, Stroke Color : None'을 지정하고 Ctrl + [를 눌러 뒤로 보내기를 합니다. Selection Tool(▶)로 막대 사탕 모양을 모두 선택한 후 Scale Tool(🔲)을 더블 클릭하여 'Uniform : 75%'를 지정하고 [Copy]를 눌러 축소하여 복사합니다.

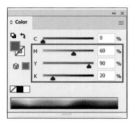

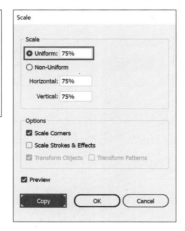

07 Rotate Tool(🔄)을 더블 클릭한 후 'Angle : −45°'를 지정하여 회전하고 배치합니다. Selection Tool(▶)로 더블 클릭하여 Isolation Mode로 전환하고 4개의 오브젝트를 선택한 후 'Fill Color : C50Y50, Stroke Color : None'을 지정하고 Esc 를 눌러 정상 모드로 전환합니다.

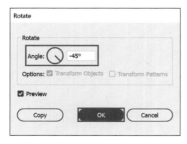
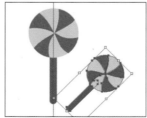
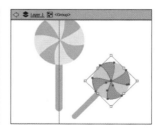

04 티셔츠 모양 만들고 패턴 적용하기

01 Rectangle Tool(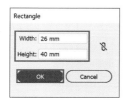)로 작업 도큐먼트를 클릭한 후 'Width : 26mm, Height : 40mm'를 입력하여 임의 색상의 사각형을 그리고, Ellipse Tool()로 'Width : 13mm, Height : 9mm'를 입력하여 그리고 'Fill Color : None, Stroke Color : 임의 색상'을 지정합니다.

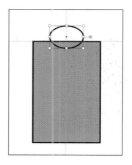

02 Scale Tool(⊞)을 더블 클릭하여 'Uniform : 145%'를 지정하고 [Copy]를 눌러 확대 복사합니다.

03 Selection Tool(▶)로 사각형과 작은 타원을 함께 선택하고 Pathfinder 패널에서 'Minus Front(⬛)'를 클릭합니다. Direct Selection Tool(▷)로 Shift 를 누르면서 사각형의 상단 왼쪽과 오른쪽 고정점을 선택한 후 키보드의 화살표 ↓ 를 눌러 아래로 이동하고 어깨선을 만듭니다.

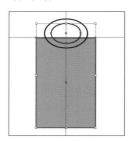
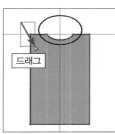
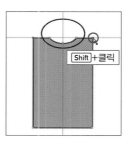
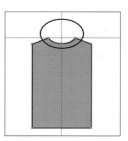

04 Selection Tool(▶)로 2개의 오브젝트를 함께 선택하고 Pathfinder 패널에서 'Divide(⬛)'로 면을 분할한 후 더블 클릭하여 Isolation Mode로 전환합니다. 분할된 상단 오브젝트를 선택하고 Delete 를 눌러 삭제한 후 2개의 오브젝트를 각각 선택하여 'Fill Color : C50Y50, K100, Stroke Color : None'을 지정합니다.

05 Ellipse Tool(◉)로 드래그하여 임의 색상의 타원을 그리고 Reflect Tool(▷◁)로 Alt 를 누르고 세로 안내선을 클릭하여 'Axis : Vertical'을 지정하고 [Copy]를 눌러 복사합니다. Selection Tool(▶)로 몸통 부분과 2개의 타원을 함께 선택하고 Pathfinder 패널에서 'Minus Front(◻)'를 클릭하고 셔츠의 앞모양을 만들고 Esc 를 눌러 정상 모드로 전환합니다.

06 Pen Tool(✎)로 클릭하여 소매 모양을 그리고 'Fill Color : C50Y50, Stroke Color : None'을 지정합니다. Line Segment Tool(╱)로 소매 모양과 겹치도록 드래그하여 'Fill Color : None, Stroke Color : M60Y90K20'을 지정하고 Stroke 패널에서 'Weight : 2pt, Dashed Line : 체크, dash : 10pt, gap : 2pt, dash : 3pt, gap : 2pt'를 입력하여 불규칙적인 점선을 그려 배치합니다.

07 Selection Tool(▶)로 점선과 소매 모양을 함께 선택한 후 Ctrl + [를 눌러 뒤로 보내기를 하고 Reflect Tool(▷◁)로 Alt 를 누르고 세로 안내선을 클릭하여 'Axis : Vertical'을 지정하고 [Copy]를 눌러 복사합니다.

08 Ellipse Tool(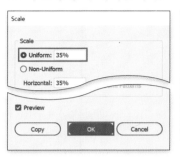)로 셔츠 중앙에 드래그하여 타원을 그리고 'Fill Color : M10Y100, Stroke Color : None'을 지정합니다. Selection Tool(▶)로 박쥐 모양을 선택한 후 Ctrl+C로 복사하고 Ctrl+V로 붙여 넣기를 합니다. Scale Tool(🔲)을 더블 클릭한 후 'Uniform : 35%'를 지정하여 축소하고 Rotate Tool(🔄)을 더블 클릭한 후 'Angle : 20°'를 지정하여 회전하고 타원 중앙에 배치합니다.

09 Selection Tool(▶)로 막대 사탕을 선택하고 [Object]-[Pattern]-[Make]를 선택하고 Pattern Options에서 'Name : 막대 사탕'을 지정하고 패턴으로 등록합니다. Esc를 눌러 패턴의 편집 모드에서 정상 모드로 전환합니다.

10 Selection Tool(▶)로 셔츠 모양을 더블 클릭하여 Isolation Mode로 전환한 후 셔츠의 앞모양을 선택합니다. Ctrl+C로 복사를 하고 Ctrl+F로 복사한 오브젝트 앞에 붙여 넣기한 후 Swatches 패널에서 등록된 막대 사탕 패턴을 클릭하여 면 색상에 적용합니다.

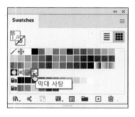
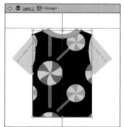

11 Scale Tool(🔲)을 더블 클릭하고 'Uniform : 30%, Transform Objects : 체크 해제, Transform Patterns : 체크'를 지정하여 패턴의 크기를 축소합니다.

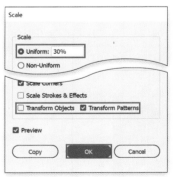

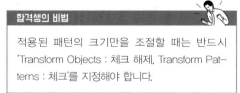

합격생의 비법

적용된 패턴의 크기만을 조절할 때는 반드시 'Transform Objects : 체크 해제, Transform Patterns : 체크'를 지정해야 합니다.

05 태그 모양 만들기

01 Rounded Rectangle Tool(🔲)로 작업 도큐먼트를 클릭한 후 'Width : 29mm, Height : 36mm, Corner Radius : 4mm'를 입력하여 그리고 임의 색상을 지정합니다.

02 Ellipse Tool()로 작업 도큐먼트를 클릭한 후 'Width : 15mm, Height : 10mm'를 입력하여 그리고 임의 색상을 지정합니다. Selection Tool(▶)로 Alt + Shift 를 누르면서 아래로 드래그하여 타원을 복사합니다.

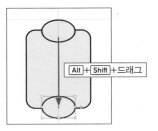

03 Selection Tool(▶)로 3개의 오브젝트를 함께 선택한 후 Pathfinder 패널에서 'Unite(■)'를 클릭하여 합칩니다. Gradient 패널에서 'Type : Radial Gradient'를 적용한 후 Gradient Slider의 왼쪽 'Color Stop'을 더블 클릭하여 Y60을 지정하고 'Location : 40%'를, 오른쪽 'Color Stop'을 더블 클릭하여 C30M90을 적용한 후 'Stroke Color : None'을 지정합니다.

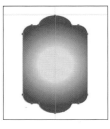

04 [Object]−[Path]−[Offset Path]를 선택한 후 'Offset : −0.7mm'를 지정하여 축소된 복사본을 만든 후 'Fill Color : None, Stroke Color : C0M0Y0K0'을 지정합니다. Stroke 패널에서 'Weight : 1pt, Dashed Line : 체크, Dash : 2pt'를 입력하여 규칙적인 점선을 그려 배치합니다.

05 Ellipse Tool(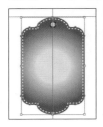)로 Shift 를 누르면서 드래그하여 상단 중앙에 정원을 그리고 그라디언트가 적용된 오브젝트와 함께 선택하고 Pathfinder 패널에서 'Minus Front(■)'를 클릭한 후 Shift + Ctrl + [를 눌러 맨 뒤로 보내기를 합니다.

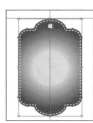

06 Selection Tool( )로 그라디언트가 적용된 오브젝트를 선택하고 Rotate Tool( )로 Alt 를 누르면서 상단 중앙의 고정점을 클릭한 후 [Rotate] 대화상자에서 'Angle : −30°, Transform Objects : 체크'를 지정하고 [Copy]를 눌러 회전 복사합니다. 'Fill Color : C50Y20, Stroke Color : None'을 지정하고 Transparency 패널에서 'Opacity : 50%'를 지정하여 불투명도를 조절합니다.

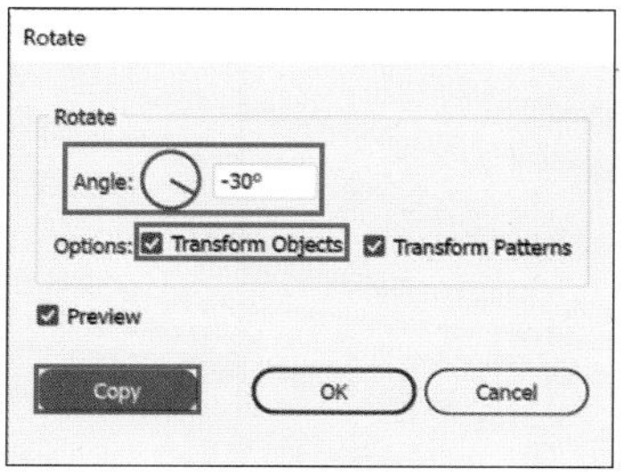

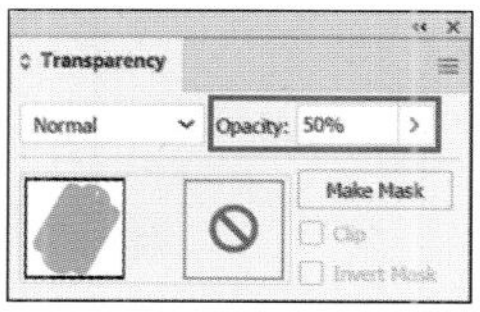

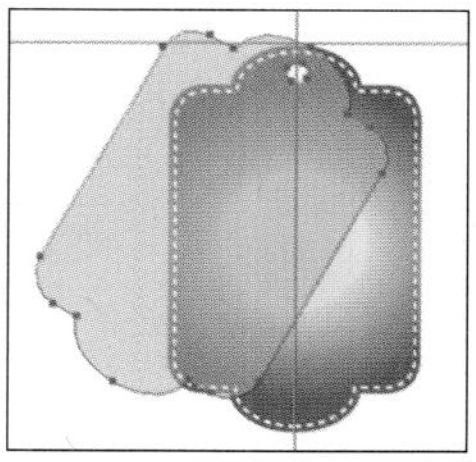

07 Ellipse Tool( )로 작업 도큐먼트를 클릭한 후 'Width : 16mm, Height : 16mm'를 입력하여 그리고 'Fill Color : 임의 색상, Stroke Color : 임의 색상'을 지정합니다. 계속해서 Shift 를 누르면서 크기가 다른 3개의 정원을 겹치도록 그리고 배치합니다.

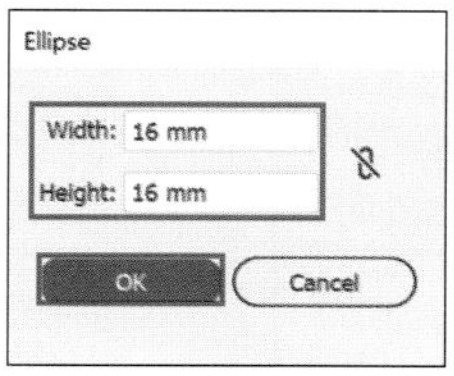

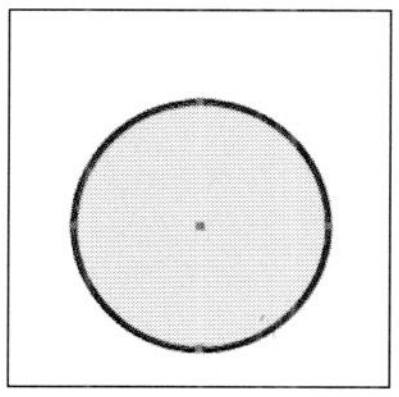
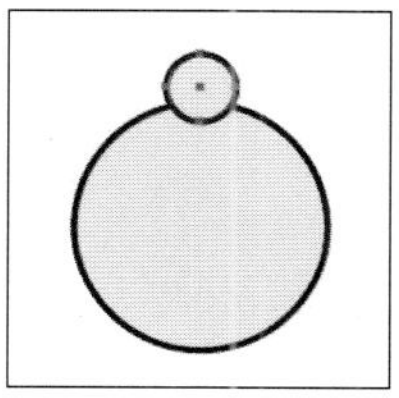
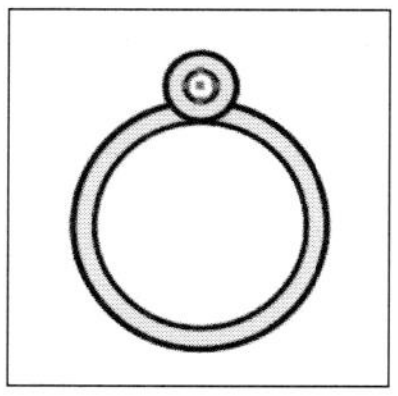

합격생의 비법

4개의 정원을 모두 선택하고 Align 패널에서 'Horizontal Align Center( )'를 클릭하여 가로 가운데 정렬을 지정합니다.

08 Selection Tool( )로 뒤쪽의 크기가 다른 2개의 정원을 선택하고 Pathfinder 패널에서 'Unite( )'를 클릭하여 합칩니다. Selection Tool( )로 합쳐진 오브젝트와 상단의 작은 정원을 선택하고 Pathfinder 패널에서 'Minus Front( )'를 클릭합니다. Ctrl + [를 눌러 뒤로 보내기를 하고 각각 'Fill Color : C0M0Y0K0, C10Y30, Stroke Color : None'을 지정하고 Ctrl + G 로 그룹을 설정합니다.

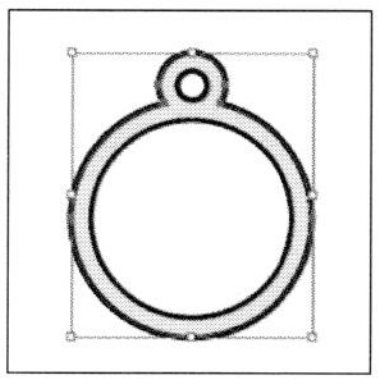
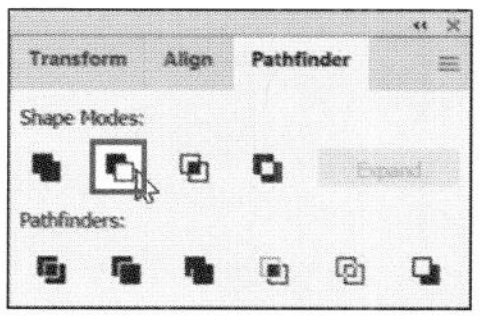

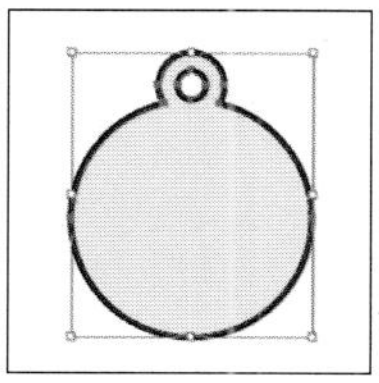
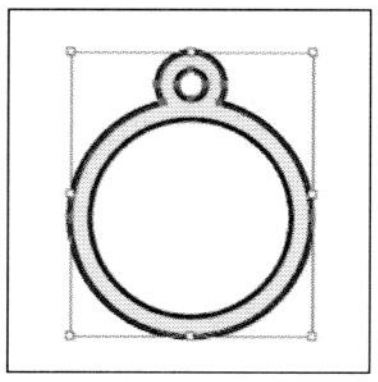
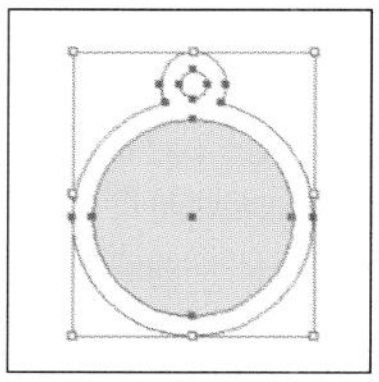

09 Rotate Tool( )을 더블 클릭하여 'Angle : −45°, Transform Objects : 체크'를 지정하여 회전하고 태그 상단에 배치합니다.

10 Pen Tool()로 드래그하여 태그의 줄 모양을 열린 패스로 그리고 'Fill Color : None, Stroke Color : Y20K70'을 지정하고 Stroke 패널에서 'Weight : 2pt'를 지정합니다.

06 정렬과 간격 조정하여 그룹 설정하기

01 Selection Tool(▶)로 박쥐 모양을 선택하여 Ctrl+C로 복사하고 Ctrl+V로 태그 중앙에 붙여 넣기를 한 후 Scale Tool(📐)을 더블 클릭하고 'Uniform : 30%'를 지정하여 축소합니다.

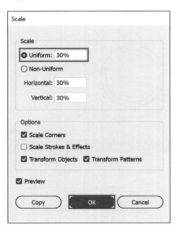 

합격생의 비법

박쥐 모양에는 선이나 이펙트가 적용된 오브젝트가 없으므로 Options의 'Scale Strokes & Effects'는 체크 유무를 굳이 지정하지 않아도 됩니다.

02 Selection Tool(▶)로 Alt+Shift를 누르면서 아래쪽으로 드래그하여 복사하고 Ctrl+D를 2번 눌러 반복 복사합니다. Selection Tool(▶)로 4개의 박쥐 모양을 Shift를 누르면서 함께 선택하고 Ctrl+G를 눌러 그룹으로 설정한 후 Ctrl+[를 여러 번 눌러 반투명한 태그 모양 뒤로 보내기를 하여 배치합니다.

03 Type Tool(T)로 도큐먼트를 클릭한 후 Character 패널에서 'Set font family : Arial, Set font style : Regular, Set font size : 12pt'를 설정하고 'Fill Color : C100M60, Stroke Color : None'을 지정한 후 Enjoy!를 입력합니다. Ctrl을 누르면서 도큐먼트 빈 곳을 클릭합니다.

04 계속해서 Type Tool(T)로 도큐먼트를 클릭한 후 Character 패널에서 'Set font family : Arial, Set font style : Bold, Set font size : 10pt'를 설정하고 'Fill Color : K100, Stroke Color : None'을 지정한 후 NIGHT PARTY를 입력합니다.

05 Selection Tool(▶)로 2개의 문자를 함께 선택하고 Align 패널에서 'Horizontal Align Left(⬛)'를 클릭하여 왼쪽 정렬을 지정합니다. Rotate Tool(🔄)을 더블 클릭한 후 'Angle : −30°'를 지정하여 회전하고 태그 위에 배치합니다.

 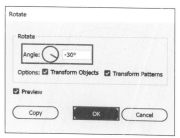 

🄰 저장하기

01 [View]-[Guides]-[Hide Guides](Ctrl+;)를 선택하여 안내선을 숨기고 [View]-[Fit Artboard in Window](Ctrl+0)를 선택하여 현재 창에 맞추기를 합니다.

02 [File]-[Save As]를 선택하고 '저장 위치 : 내 PC₩문서₩GTQ, 파일 형식 : Adobe Illustrator(*AI), 파일 이름 : 수험번호-성명-문제번호.ai'를 확인하고 [저장]을 클릭한 후 [Illustrator Options] 대화상자에서 'Version : Illustrator 2020'으로 설정하고 [OK]를 클릭합니다.

03 답안 저장이 완료가 되면 [File]-[Exit](Ctrl+Q)를 선택하여 일러스트레이터 프로그램을 종료하고 수험 프로그램에서 [답안 전송]을 클릭하여 감독관 컴퓨터로 전송합니다.

자격증은 이기적!